本刊入選 CSSCI（2014—2015）來源集刊目錄

傳統中國研究集刊

Journal of Ancient China Studies

上海社會科學院《傳統中國研究集刊》編輯委員會　編

第十二、十三合輯

Vol.12 & 13

上海社会科学院出版社
Shanghai Academy of Social Sciences Press

卷首语

“传统”一词，古已有之，所谓传者，“相传继续也”，而统乃“众丝得其首”，所谓“本”也。“传统”二字相连，始见于《后汉书·东夷传》：“倭在韩东南大海中，依山岛为居，凡百余国。自武帝灭朝鲜，使驿通于汉者三十许国，国皆称王，世世传统”。南朝沈约《立太子教诏》言：“王公卿士，咸以为树元立嫡，有邦所先，守器传统，于斯为重”。此传统乃王统之义，故章学诚言“易姓为代，传统为朝”。此后又衍伸为道统，明胡应麟便云：“儒主传统翼教”。晚近所用“传统”一义与此不同，本源于西文，大规模运用已在民国初年，此后往往与“现代”一词对立。西文“传统”一词源于拉丁文 traditum，其意乃“从过去传承到现在的事物”。可见传统是一个开放的动态系统，能为现时所接受者方是传统，且一个社会不可能完全破除其传统，必须在旧传统的基础上对其进行创造性的改造。

上海社会科学院历史研究所身处中国最大的都市——上海，原属传统中国江南文化之一部分，自 19 世纪中叶开埠以来，吸收、融合了西方文化的某些成分，逐渐形成了属于自己的富有鲜明特色的文化，并在近代以来的中国历史中占据着举足轻重的地位。改革开放以后，以上海为龙头的长三角经济圈已经发展成为世界著名的六大都市经济圈之一，成为中国经济最发达、最富有发展前景的地区之一。回顾上海以及江南发展的历程，其实是这一地区自身经济社会发展的历史性必然结果。从这个意义上来讲，无论是对过去中国发展经验的总结，还是描绘未来中国健康和可持续发展的发展蓝图，都离不开对传统中国的研究。

上海社会科学院历史研究所一向是中国历史研究的重镇，不久将迎来建所六十周年的历史性时刻。本所创办《传统中国研究集刊》，其宗旨便是为寻求中国传统之创造性转化略尽绵薄之力。传统中国研究绝非仅限于历史学一隅，希望来自于各个领域有志于此的学者参与其中，共同努力，求同存异，拾遗补阙，协力为传统中国研究的深入发展做出新的贡献。本所坚信，通过各位学者的共同努力，传统中国研究将取得令人瞩目的成果，为中国未来的发展提供更多有价值的指导与借鉴。

上海社会科学院历史研究所所长　黄仁伟

目　录

新谱研究导论:意义·规模·方法

□钱　杭

［摘　要］ 1949年建国后,中国大陆的谱牒编撰活动从未停止,不存在“中断”问题;研究者可以、而且也有必要对其进行阶段划分,却没有任何理由怀疑中国谱学发展在事实层面所具之连贯性。作为一种可以大致反映当代中国宗族文化价值的文本形式,新谱的持续出现以及相关人群的广泛参与,既不是偶然的和随心所欲的,更不是没有意义的。就中国谱学史而言,包括新谱在内的所有现存谱牒,显然都只是某一历史阶段的产物。

［关键词］ 新编谱牒;新谱研究;中国谱学史

一

1949年10月1日中华人民共和国成立以后所出新谱,对于中国宗族史及谱学史研究者的吸引程度,一直远低于建国前问世的传统谱牒;一个明显的标志是,除了近年有为数不多的几篇介绍性文字外①,长期以来,既没有就新谱问题出版过一部学术专著,也没有发表过一篇学术专论。导致出现这一研究态势的原因很多,除了建国后受主流意识形态的影响——在政治上视新谱为异己,在性质上定新谱为封建,在风俗上认新谱为落后——以外,在学术方面,则与一个理论预设有关。

1960年,日本学者多贺秋五郎在所著《宗谱的研究·资料篇》第一部《解说》之十一《宗谱的年代》中指出:

> 不言而喻,正由于辛亥革命作为政治革命完成得不彻底,加之没有伴随着进行一场社会革命,因此,宗族原封不动得到保存,其结果,就使得修谱照常进行。但是,一旦宗族的动摇逐渐明朗化,那么修谱的行为就像此前发生过的一样难以进行,如“日华事变”

* 本文为教育部人文社会科学研究规划基金一般项目《建国后三十年间所出“新谱”研究》(批准号:13YJA770025)、上海市教委科研创新(人文社科类)重点项目《三十年来中国大陆城市新编谱牒研究》(批准号:14ZS116)中期研究成果。其中部分内容曾以《关注新谱》为题,发表于《光明日报》2014年5月27日“国学版”。

① 励双杰:《中国家谱藏谈》之十《建国初期家谱》,山西古籍出版社2008年版;《涓涓不壅,终为江河——共和国前三十年家谱纂修概述》,收入上海图书馆编:《中国家谱论丛》,上海古籍出版社2010年版。

后修谱出现衰退，中共统治大陆为修谱打上终止符，更可作为证明。[①]

多贺氏把是否出现"宗族的动摇"，与"修谱的行为"是否可以进行相关联，所依据的主要理由之一，是宗族—谱牒之间存在着"反映"与"被反映"的对应关系——宗族保存，修谱进行；宗族动摇，修谱衰退；宗族瓦解，修谱终止。这一论断大体符合族—谱的历史关系，应该可以成立[②]，而且也确实成为学术界的共识，没有出现太多的异议。然而，这个带有明显进化论色彩的公式，线条过于粗放，思路也欠精细。就族、谱的发生史而言，固然是先有族后有谱，但族、谱本身有自己的逻辑，一旦形成后即在不同的条件下自主展开，尤其是谱牒，更要受到外在条件的制约，不会出现简单的对应，具体过程也难以用保存—进行、动摇—衰退、瓦解—终止的公式作一般概括。就像宗族会经历不同的历史阶段一样，族谱也有不同的历史形态，并且还可以比宗族本身变化更多，转型更快，持续更长。由于"宗族"是一个宗、族各有规定、各有渊源的二元结构——"宗"指认同同一祖先来源的人群之间的世系类型、世系传递、世系规则，"族"则指上述人群之间的聚居类型、结合程度、相处之道[③]，因此，作为主要以文字形态展现出来的"谱"，既可以综合反映"二元"结构，也可以仅反映结构中的"一元"。更重要的是，宗族史上的所谓动摇、瓦解，主要是就"族"的聚居形态而言，对于"宗"的认同并不会出现变化，即便一时忘却，无人提及，也只是潜伏沉寂而已，一旦条件允许，立刻就能"激活"，聚居状态的变化不会对这一点造成太大的影响。历史上和现实中的同姓或异姓联宗行为，就集中反映了聚居状态变化后的相关人群，在某一(些)利益的推动下对于"宗"的需求；而联宗谱，就记录了在宗系上一时"失联"的人们重建"宗"系的过程。[④]

若不能对族—谱间的对应关系作历史的和辩证的理解，就有可能降低学者对建国后新谱问题的敏感程度。不说别人，笔者就是如此。1995年，笔者与原华东师大谢维扬教授在合著之《传统与转型——江西泰和农村宗族形态》第四章《宗族谱牒的重修》中，谈到过建国后的修谱活动：

由于1949年以后的政治环境，修谱活动和其他宗族活动一样一度完全被禁止举行；十年"文革"(尤其是初期的"扫四旧")给宗族文化带来的扫荡性破坏，人们也记忆犹新。而一旦放宽限制，修谱活动就如雨后之春笋，在广大农村地区此起彼伏地展开了。在某种意义上，

---

① [日]多贺秋五郎：《宗譜の研究・資料篇》："いうまでもなく，辛亥革命は，政治革命としてさえ不徹底に終り，まして社會革命を伴わなかったので，宗族の存置は，そのまま繼續した結果，依然として修譜が行われているのである。しかし，しだいに宗族の動搖がいちじるしくなると，これまでのように，修譜が行われなくなったように，ことに，日華事變以後衰退し，中共の大陸支配は修譜に終止符を打ったようである。""东洋文库论丛"第四十五，《东洋文库》1960年版，第59页。

② 绝不能成立的，是多贺氏把抗日战争(即所谓"日华事变")后"修谱出现衰退"，也说成是因"宗族的动摇逐渐明朗化"所致，这就是昧于大节了。事实上，"国"之不存，"族"将焉附？这个道理对于中国人来说很清楚，日本学者将"事变"意义作学术化处理，因此不可能在中国得到正面评价。

③ 有关"宗族"的二元结构问题，参见拙著《宗族的世系学研究》第一章，复旦大学出版社2011年版。

④ 参见拙著《血缘与地缘之间：中国历史上的联宗与联宗组织》第八、第九章，上海社会科学院出版社2001年版。

现时的重修谱牒是对原先高压的一种反弹，有时还不无情绪化色彩。[①]

虽然“修谱活动……一度完全被禁止举行”的描述，在程度上与多贺氏所谓“打上了终止符”不同，似乎可为“一度”之外的尚未“完全被禁止”预留一些余地，但当时我们其实并不了解处于“建国以后的政治环境”下的中国大陆，在“一度”之外，是否还真会有一个尚不为外人所知的谱牒世界？而使这一“缺损的视野”获得支撑的，正是拙著《引言》开头两句话所表达出的一个理论前提：

中国社会中传统宗族组织的发展历程，到1949年中华人民共和国建立之后，应该说已经基本终结。在这之后存在的以及近年来重新恢复的宗族组织，无论是其结构还是功能，严格地说都已经不是旧宗族形态的简单重复和翻版，而应被看成是传统宗族转型过程中一个阶段的产物。[②]

很明显，既然1949年的建国终止了“传统宗族组织的发展历程”，那么作为“宗族组织”文字反映形式的宗族谱牒之被“打上了终止符”，就是一个自然的、合乎逻辑的结果，无论是否“一度完全被禁止”，都不会改变这一大势。正因为有了并愿意坚守这个前提，就使得研究者几乎不会再形成“一度”之外是否还存在某些“例外”的问题意识，甚至连对类似问题的好奇心都受到压抑，更遑论探索。在这个意义上，建立在族—谱对应关系和反映论基础上的理论预设，就成了影响研究者(哪怕是已经进入田野的研究者)睁眼看现实、放眼看全局的关键所在；虽然经证实的“被禁止”可能只是局部个案，也很容易地就被放大、推演、抽象为一种普遍规律；反过来也一样：现实中明明存在并不断出现新谱，却轻易地被视为残余、反常、余孽，或嗤之以鼻，或不屑一顾。中国宗族史和谱牒史的“现代阶段”(或“建国后阶段”)，就是这样与中国现代社会科学研究失之交臂的。

当然，1949年后30年间毕竟有新谱涌现，不少学者对这一个基本事实还是有所了解的[③]，比如湖北省社科院徐扬杰教授就将20世纪60年代初中国农村出现的“建祠堂、续家谱”活动，称为“建国以后第一个宗法思想和家族观念比较活跃的时期”[④]。虽然受到各种条件的限制，学者们掌握的资料不够系统，分析理解亦各有局限，但都在不同程度上肯定了这是一个值得研究的重要领域。

近年来，由于以上海图书馆《中国家谱总目》为代表的一批谱牒目录的编撰、出版[⑤]，尤其

---

① 钱杭、谢维扬：《传统与转型：江西泰和农村宗族形态》，上海社会科学院出版社1995年版，第83—84页。

② 钱杭、谢维扬：《传统与转型：江西泰和农村宗族形态》，第1页。

③ 参见徐扬杰：《中国家族制度史》第十章《民主革命与土地改革的胜利和封建家族制度的彻底灭亡》，人民出版社1992年版；冯尔康：《中国宗族制度与谱牒编纂》“绪论”，天津古籍出版社2011年版；常建华：《社会生活的历史学：中国社会史研究新探》北京师范大学出版社2004年版；王鹤鸣：《中国家谱通论》“经编”之八《中国家谱的新修》，上海古籍出版社2011年版；袁逸：《关于新修宗谱》，上海图书馆编：《中华谱牒研究——迈入新世纪中国族谱国际学术研讨会论文集》，上海科学技术文献出版社2000年版；许倬云：《中国家谱文化》序，朱炳国主编，凤凰出版社2012年版等。

④ 徐扬杰：《中国家族制度史》，第472页。

⑤ 上海图书馆编：《中国家谱总目》，上海古籍出版社2008年版。以下简称“《总目》”。另有美国犹他家谱协会编：《中国族谱目录》(*Chinese Genealogies at the Genealogical Society of Utah An Annotated Bibliography*)，1988年；《浙江家谱总目提要》，浙江人民出版社2005年版；《湖南家谱知见录》，湖南教育出版社2011年版等。

是美国犹他家谱学会(GSU)在互联网上免费提供该会收藏的大部分中国家谱影本，就为学者进行建国后30年新谱的专题研究，提供了前所未有的便利条件。以上述谱牒及谱牒目录为基础，配合研究者个人在田野考察中的收获，中国谱学发展史的这一段空白，已有希望得到一定程度的填补了。

为了有一个确定的学术目标，需要先对与新谱研究直接相关的基本定义、阶段划分、数量规模、区域分布及研究意义等问题，作一简要说明。

关于"新谱"定义，可从以下两个层面加以把握。

时代层面。不论谱本何时起草，只看谱本何时问世。凡1949年10月1日中华人民共和国建国之前所编、刻、印、抄而成的谱牒类文献，统称"旧谱"①，此后所出即为"新谱"。这一定义比一些学者在基本忽略建国后30年新谱的情况下，只将"文革"以后所出谱牒称为"新谱"更为明确，②也便于研究者操作。

以政权更迭之前后作为谱牒的新旧分界，自然有其合理性。一种不同于此前的政治、经济、社会、文化制度，至少在法理上是从这一天开始推向全国，并逐渐确立、稳定和发展起来的。这就明确了当代新谱之所以为"新"的时代特征。但这种以开国大典日期为唯一分界的原则并非没有问题。由于中国地广域宽，各地建政时间前后不一，相差很大，既然遵守同一逻辑，那么在研究实践上，对各级行政区(省市县)内谱牒的新、旧边界，还须进行或早或晚的区别确认，以符合各地的实际情况。如地处中原的河南省各县市新政权建立的时间，大致在1948年4月至5月间，比渡江战役以后陆续解放的华东、华南、中南、西南诸省各县市新政权的建立，就至少提前了一年；而浙江全省解放的日期更要迟至1955年2月。将研究对象定为"建国后30年"，自然是取其约数，具体所指则须以当地新政权之建立时间为准。

另外，在理论上也应注意，谱牒本身既非政治性文件，亦非宣传类作品，作为宗族文化的文字表现形态，它是对基层社会中某一宗族内部的世系、聚居、人口、规则的记录，接近社会学、人类学视野下的"亚文化"(subculture)③概念，与发生在社会主流层面上的国体变动和政权更替，不属于同一层级，因此不会也没有必要将"时代背景"作为证明本身合法性或合历史

① 民国族谱的体例和内容与清代相比已多有不同(历代、历朝间亦为如此)，南开大学冯尔康教授对此进行了精要总结，参见冯著《18世纪以来中国家族的现代转向》第七章《20世纪上半叶的家谱修纂和谱例改良》，上海人民出版社2005年版。由于本文所论主要是建国后的"新谱"，故对"旧谱"仅作广义描述。

② 参见江西师大梁洪生：《新谱与新志的对接——方志界对谱牒的认识和一种理想设计的考察》，上海图书馆《中国谱牒研究》(全国谱牒开发与利用学术研讨会论文集)，上海古籍出版社1999年版。

③ 又称"副"文化，指与主文化相对应的那些非主流的、局部的文化现象；是在主文化或综合文化的背景下，属于某一区域或某个集体所特有的观念和生活方式，所以又称"集体文化"。一种"亚文化"不仅包含着与主文化相通的价值与观念，也有属于自己的独特的价值与观念。判定和研究"亚文化"的一个决定性要素，是要了解"一个类型的其他成员，或者那些沉溺于某种独特行为的人们所共同享有的道德价值准则、组织结构的人为现象和自居作用，究竟到达何种程度。……有的亚文化群，非但与众不同，而且与主要的文化价值相对抗；如果这样，它们就被恰如其分地称为反主流亚文化群。"参见亚当·库珀主编：《社会科学百科全书》"亚文化群"，小詹姆斯·F·肖特执笔，章克生译，上海译文出版社1989年版，第773页。宗族、族谱是"亚文化群"现象，但肯定不属于"反主流亚文化群"。

性的要素；换言之，建国后一段时间内问世的新谱，虽然一定会顾及鼎革剧变给整个文化环境带来的巨大影响，但不会立刻对尚在建立过程中的、具有与传统不同的新型意识形态定位的新政权、新制度作出实质性的反应，存在一个或长或短的观望期、适应期和过渡期是合乎常理的。既然传统会延续，“新社会”的到来又须经历缓慢的阵痛，新谱所具之各类“新”特征，因此也会有一个逐渐成型和积累的过程。当然，以建国及新政权建立前后为谱牒之新、旧边界，毕竟可使新谱获得一个起点，保证研究的顺利开展。

过程层面，又可分为两个阶段。第一阶段指建国后30年间(1950—1979)所出新谱，也就是本课题关注的阶段。具体包含以下三类：

第一，文稿主体编定于建国前、问世已在建国后之谱，可称为“新旧谱”。

第二，对旧稿主体作部分修改后新刻、新抄、新印之谱，可称为“半新谱”。

第三，建国后开始起草并完成的新编、新撰、新印之谱，可称为“全新谱”。

就30年新谱的整体发展态势而言，三种类型所占比例并非固定不变，期间亦有高低起伏的波动。大致说来，1949年下半年至20世纪50年代末，以第一、二类为主，第三类为辅；20世纪60年代初至20世纪70年代末则以第三类为主，第一、二类为辅。这是因为历经合作化、人民公社化、大跃进、社会主义教育运动等一次比一次全面深刻的政治洗礼，建国前问世的旧谱已退出公众视野或损耗殆尽。谱牒不编则已，若编，则无“旧”可凭，只能重新开始，“全新谱”因而逐渐成为新谱主流。当然，各地具体的新谱种类比重常有特殊表现，需结合地方社会环境的特点作细致分辨。

至于以1979年为第一阶段下限的理由，一是出于习惯上对年代跨度的整数考虑；二是就中国大陆而言，1980年以后开始正式进入了国家改革开放、社会重新整合的新时期，1979年则仍处于建国以后的建政期与摸索期。以1979年为界，将建国后的新谱分为前30年与后35年两个阶段，符合中国大陆社会的实际变化。

谱牒是现实宗族在文本上的表现形态，虽非直接、同步的“摹写”，但迟早必依宗族生存条件的变化而变化；对推动宗族从传统的“村—族”聚居方式，向代表了现代化趋势的“城—乡”散居方式演变起到关键作用的，是以限制人口自由流动为基本特征的现行户籍管理制度的逐步放松，和1985年前后人民公社制度的走向解体。因此，虽然以建国后前30年所出新谱为研究的重点，也一定要将1980年以后的新谱发展纳入研究的宏观视野中。

第二阶段指1980年以来直至当下所出新谱，时间已达35年。中国大陆多数地区都在20世纪80年代完成了“文革”后的第一次重新修谱；所出新谱在编撰上体现出的主要特点，是以前述第三类为主，第一、二类为辅。然而，此时宗族所处的外部环境已较前一阶段发生了巨大变化。宗族文化固然还未被社会主流价值认可(至今也仍未被完全认可)，但修谱、散谱活动(甚至包括跨地域的类似活动)一般情况下已不再被视为政治上的异端；所获得的宽松政策和宽容对待，已超出了所有生活于前30年间的宗族成员之所能想象。这是观察此一阶段新谱特征不可忽略的重要前提。

除此之外，第二阶段新谱还有一个明显区别于前一阶段的特点。自政社合一的人民公社解体后，全国范围内人口频繁流动，城市(镇)化大规模、高速度推进，农村宗族已普遍出现了世系认同与聚居形态分离的趋势，传统的“村—族”聚处方式和建国后对跨地域串联的严禁措施已难照常维系。特别需要提及的是，由于互联网和无线通讯技术的高速发展，导致最近25年所出新谱在体例、内容、介质、形态上已经实现了全方位的突破。当然，这一时期仍有许多对旧谱的新刻、新印(影)和新抄以及数字化制作①，但那主要是为了抢救有研究价值和有商业前景的珍贵历史文献，而非“借壳上市”般的利用。此一阶段新谱的主体，已不再是“新旧谱”“半新谱”，而是新编、新撰、新印且被赋予新目标、采取新形式的“全新谱”。

对新谱基本定义和阶段划分作上述说明是否合理，尚待研究实践的检验，笔者亦愿意随时加以修正。无论如何，对新谱的研究与评价，总要以确定新谱概念的能指与实指为逻辑前提，否则即溢出学术范围，自另当别论。

二

在中国谱学史研究著作中，凡提及建国后30年的大陆谱学发展，总会作出“中断”“沉寂”或类似的概括；凡提及1980年以后35年的谱学成就，又总会认为“这是中国历史上修谱的继续与发展、延伸与创新。短短几十年内形成的这股编修新谱热潮，其声势之大、数量之多、影响之深，远远超过了中国历史上编修家谱的任何一个历史阶段”②。然而若要请教这一“热潮”是对“中国历史上”哪个时段的“继续与发展、延伸与创新”？给出的答案却往往在模糊与清晰间徘徊，难以落实。一般的回答当然都泛指明、清以降及至1949年前的民国，而不会包括建国后30年。但很明显，这不符合中国谱学的实际状况，建国后30年所出大量新谱怎能用“中断”“沉寂”轻轻带过？

有一组数据曾被广泛引用，并在当代谱牒史上发生过重要作用。在作为“社会主义教育运动”纲领性文件之一的《中共中央关于目前农村工作中若干问题的决定(草案)》(即《前十条》)中有七个附件，其中第二个为《东北、河南报告两件》。“河南报告”的呈送日期是1963年4月15日。该报告声称，在河南省的90个县中发现“续家谱一万多宗……不少党员、干部参与了这些活动，有些甚至是他们带头干的”③。这组数字根据的是县、公社、大队干部的汇报和揭发，存在明显的夸大甚至臆测，但谱牒曾在河南省被普遍续修，且达到过一定的规模，则

① 如1990年北京燕山出版社影印清同治间纂修抄本《五庆堂重修曹氏宗谱》不分卷；1992年广东省中山图书馆复印清宣统二年抄本《清远圯围大坑狗囫村李氏族谱》不分卷一册。位于浙江省金华市的北京史志谱数码科技有限公司亦从2003年起挑选多种名谱名志，扫描制成大量便于收藏阅读的数码光盘。

② 王鹤鸣：《中国家谱通论》，第247页。

③ 《河南省委关于当前农村社会主义教育运动情况的报告》，中共中央文献研究室编：《建国以来重要文献选编》第16册，中央文献出版社1997年版，第302页。

应是一个基本的事实①。由于这是向最高领袖及中央主管部门郑重呈报的“反面典型”，对全党全国“以阶级斗争为纲”认识新谱、处理新谱，发生了巨大的推动和示范效应，也成为谱学史研究不能忽视、更不能忽略建国后 30 年所出新谱的充分理由。

笔者根据上海图书馆编《中国家谱总目》、美国犹他家谱学会所藏中国家谱目录，配以个人收藏和其他来源，逐年统计了建国后 30 年大陆地区所出新谱，其中仅《总目》一处就著录了 1 150种。现每年选列一种如下：

浙江缙云，《清河张氏宗谱》十一卷，1950 年，木活字本，十二册。

江西兴国，《王氏联修族谱》不分卷，1951 年，晋贤堂木活字本，存八册，五修本。

山东济宁，《东原陈氏族谱》十二卷，1952 年，正己堂石印本，十二册。

福建晋江，《温陵晋邑古西吴氏疊轩公派下分支家谱》，1953 年，修本一册。

山东诸城，《诸城丁氏茂甲庄支谱》，1954 年，铅印本，一册。

山西沁县，《后羊霍氏宗谱》，1955 年，抄本，一册。

青海西宁，《李氏家谱》，1956 年，抄本，一册，二修本。

陕西武功，《韩氏族谱》三集本，1957 年，抄本，九册，三修本。

广东东莞，《水边吴氏族谱》，1958 年，抄本，一册。

浙江苍南，《横渎武都章氏六修宗谱》二卷，1959 年，木活字本，二册。

青海湟中，《湟中杨氏宗谱》不分卷，1960 年，抄本，二册。

山东栖霞，《前亭口李氏谱书》，1961 年，稿本一册，二修本。

河南太康，《刘氏族谱》，1962 年，油印本，四册。

辽宁盖州，《盖州青石岭后蚂虹嘴村李氏家谱》，1963 年，一册。

四川新都，《薛氏族谱》不分卷，1964 年，抄本，一册。

福建晋江，《晋江桐城龚氏家乘》，1965 年，油印本，一册。

广东信宜，《信宜陆氏族谱初稿》，1966 年，稿本，一册。

广西贺县，《古氏族谱》不分卷，1967 年，抄本，一册。

浙江平阳，《济阳郡丁氏宗谱》，1968 年，木活字本，一册。

广东陆丰，《彭氏天佑公派支谱》，1969 年稿本，一册。

安徽歙县，《古歙谢氏统宗志》，1970 年，铅印本，四册。

广东宝安，《宝安县霸刚乡洞梓村黄江夏堂族谱》，1971 年，黄华宫蓝字抄本，一册。

浙江苍南，《灵溪镇晓峰村冯翊郡岳氏五修宗谱》一卷，1972 年，南港文新斋木活字本，一册。

江西万载，《万载义井龙氏重修族谱》，1973 年，忠孝堂铅印本，二十四册。

浙江苍南，《豫章郡罗氏宗谱》，1974 年，越国堂木活字本，一册，四修本。

---

① 参见笔者专论《中国现代谱牒性质转变的重要节点：以〈前十条〉附件中的“河南报告”为中心》，《清华大学学报》(哲学社会科学版)2015 年第 6 期。

广东蕉岭，《谯国戴氏族谱》四十八卷，1975 年，铅印本，一册。

河南浚县，《申氏家谱一卷》，1976 年，稿本，一册。

云南龙陵，《段氏宗谱资料》，1977 年，稿本，一册。

浙江平湖，《乍浦东陈氏族谱稿》不分卷，1978 年，抄本，一册。

浙江苍南，《灵溪对务西山江夏郡黄氏宗谱》，1979 年，木活字本，一册。

以上虽然只从每年所出新谱中选列了一种，但已可初步表明，对于建立一部完整的中国谱学史的目标来说，建国后 30 年所出新谱显然是一个不能忽视、轻视的重要阶段；没有对这个阶段的正视、重视，就不可能在“继续与发展、延伸与创新”的宏观视野下，对中华民族在 1979 年以后 35 年间取得的谱学成就及其意义进行正确评价。

若再按省别进行大致统计，更可显示其分布的广泛性。如在《总目》著录的建国后 30 年所出新谱中，谱籍所在大陆各行政区的数量分别为：安徽 8 种，北京 1 种，福建 151 种，广东 202 种，广西 7 种，贵州 3 种，海南 7 种（原属广东），河北 3 种，河南 18 种，湖北 16 种，湖南 184 种，江苏 69 种，江西 41 种，辽宁 10 种，内蒙古 1 种，青海 7 种，山东 70 种，山西 7 种，陕西 19 种，上海 10 种，四川 14 种，浙江 250 种，云南 4 种，重庆 3 种（原属四川），“全国”36 种，“世界”2 种，不详 7 种。如果参考其他收藏单位（如美国犹他）的目录，或细读某些旧谱，以上数字将会被轻易突破。兹举山西省沁县族谱为例：

（1）《总目》著录，山西沁县，《连氏宗谱》不分卷，1941 年，抄本，一册。美国犹他影印本则为 1963 年续修本。

（2）《总目》著录，山西沁县，《张氏族谱》一卷，1913 年，稿本，一册。据美国犹他摄影本，该稿本内含 1960 年新改、新注内容。

（3）《总目》著录山西沁县霍氏谱抄本共 4 种，美国犹他补充沁县霍氏谱 1955 年抄本 2 种，1963 年抄本 1 种。

某地一位资深谱学研究者亦向笔者提供了 12 种《总目》未收新谱：

（1）《常德梁氏族谱》，1950 年，刻印本。

（2）《桓台张家埠张氏世谱》，1950 年，石印本。

（3）《肥城辛氏族谱》，1951 年，刻印本。

（4）《董氏宗谱》，1951 年，刻印本。

（5）《东原陈氏家乘》，1951 年，石印本。

（6）《湖南新邵银禄朱氏五修族谱》，1952 年，刻印本。

（7）《肥城县刘氏族谱》，1961 年，刻印本。

（8）《济南赵氏族谱》，1962 年，铅印本。

（9）《东平府汶阳贾氏族谱》，1962 年，刻印本。

（10）《古滕张氏族谱》，1962 年，刻印本。

（11）《玄氏宗谱》，1963 年，刻印本。

（12）《江西泰和阙城罗氏草谱》，1972 年，刻印本。

以上几种资料只是冰山一角，大致已能从数量规模、地域分布、年度频次等角度证实中国大陆在建国后30年谱牒的编撰活动从未停止，不存在“中断”问题；研究者可以、而且也有必要对其进行阶段划分，却没有任何理由怀疑中国谱学发展在事实层面所具之连贯性。

三

新谱研究的学术价值从理论和事实层面应能得到初步确定，据此还可作进一步的展望和期待。

第一，新谱与旧谱间存在“自然衔接”。第一节所说建国后30年间所出新谱中，有一种“文稿主体编定于建国前、问世已在建国后之谱”，此即所谓“自然衔接”。建国后最初几年所出新谱大多具有此类特征。兹举数例。

（1）《总目》著录，江苏武进《瓯山金氏常州缸行街支谱》，金璞如纂修，1951年铅印本，上海图书馆、常州图书馆等藏。据二十世孙金璋等撰谱跋，该谱的基本资料，来源于金璞如“先考惟三公、先堂叔赞卿公”早年编辑的《武进缸行善房存鉴派草谱》，经1940年、1947年“两次列表，备函采访”，皆因战乱而中止。1948年底，金璞如“根据草谱，详叙来源，知者补之，不知者缺之，经年余之整理，复经紫珮数次之校雠，然后马丁与明毅亲手排印”，终告落成，时间已在1951年[1]。

（2）《总目》著录，无锡《吴氏全国大统宗谱》，1951年铅印本，上海图书馆藏，美国犹他摄影本。据吴荫渠撰谱序，该谱“开始于公元一九四八年夏，完成于一九五一年冬，历时四载。”

（3）湖南新邵《银禄朱氏五修族谱》，1952年木活字本。据该谱扉页：“民国三十八年己丑八月开雕于银禄祠，中华人民共和国公元一九五二年壬辰仲春月谷旦于长稼冲告成。”

以上三谱，按起草、编定时间应为旧谱，按印成、问世时间则已为新谱，旧、新两种形态之间实现了“自然衔接”；华北、华南、华中各地建国初期的新谱大多如此，因此非罕见特例。建国初期，百废待兴，政府倾全力于“大事”，无暇整顿传统，这就形成了“自然衔接”所需要的外部环境，而宗族世系本身之延续性，亦为其关键内因。若欲清理某族近代以来至20世纪50年代初为止的世系传承及迁徙分化状况，这类“自然衔接”而成的新谱，是重要的基本资料。

第二，基层社会自我满足的“价值追求”。建国后历次政治运动固然雷霆万钧，所向披靡，但宗族活动自有其特定的“小共同体”范围和内容，一般不需要张扬和排场，正常情况下都以低调和内敛处世，尤其是凭个人或少数人的投入即可完成的修谱更是如此。在政治运动开始逐步升级的20世纪60年代，仅《总目》著录的现存新谱就有269种；即便在最触及灵

---

① 参见拙文《略论〈瓯山金氏常州缸行街支谱〉的研究价值》，《山西大学学报》（哲学社会科学版）2014年第6期。

魂的十年“文革”期间，仍有236种，不免令过来人瞠目。当年，所有倡议和参与修谱者都被认定怀有复旧的反骨，现在看来显然不符合事实。这批宗族成员只是在坚守一种宗族性文化价值而已；在他们看来，将本族世系的传承情况准确记录下来并流传下去，是最平常、也是自己最应该做或能够做的事，虽不能强盛“大共同体”的国运，却与外世无争，与外人无关。以下摘录山西省沁县《唐村温氏家谱》序言的部分内容，由温氏十七世孙温如圣撰于1963年1月，感情真挚朴实，忠厚坦诚，可视之为心声：

> 我们温氏宗谱，自1877年(光绪三年)大遭饥馑，人们生命难保，顾不得一切，将宗谱宗轴一并失落。1886年(光绪十二年)，有十五世祖儒、东铭等先公，费了很大力气，受了不少辛苦，向年长访问，细密追踪。可是人们记不清远年祖先，因之八世以前仅列祖讳。长、二门合叙一本，三门另叙一本。都是半路截起，首世七祖，不合乎我氏传说“一传三门”。后人续叙两次，也没再作稽考，只是照例抄录。1932年(民国二十一年)，有十五世祖“清”指导帮助十七世依仁、常润等，亲到南里祖茔，照对推测，结合实际，谱首增加了两世先祖，三门合成一门，以标志一脉相传，免分门别户之亲疏。并一式叙了三本，按长、二、三门分别保存。迄今三十年，经抗日战争、自卫战争、土地改革以及各个时期的运动，宗族不知啥时又致失落。细密追究，仅三门十六世“先纲”保留一本，也被鼠咬破烂不堪。愚等恐再受损失，将先人之宝贵遗传尽弃，无法接叙。遂约十余人，通过全族人商议，一致同情，重新振叙，设法叙得更清楚一些，以资后人陆续追叙详尽。……此次叙谱，共需工二百余个，花洋九十余元，费了不少力气，受了不少辛苦。希望后世子孙，慎重保存，以达承先启后，报本追远，尽为人后者之义务，万不可漠不关心，看作废物，造成千百世之遗憾，是我们之至嘱。

山西省1963年所修新谱如果传至中枢，在刺激最高领导下定决心扩大“四清”运动规模方面，一定会像河南新谱一样起到同样的作用。河南新谱虽然大多已不存于世，但读了上引山西沁县温氏谱序后或可体会，民间修谱之所以会激怒当时的决策者，除了某些群体性串联活动会引起高度政治警觉之外，以天下为己任的新文化、新生活创造者，对恪守“统宗收族”“尊祖敬宗”的宗族文化价值的隔膜、不屑，也是重要原因。幸亏社会主流价值已告别了偏执偏激，认同并崇尚兼容互尊。笔者曾在江西泰和农村宗族的研究中，很正面地理解过与宗族文化价值有关的历史感与归属感问题，读者可以参见。

第三，宗族向“后宗族”形态转型在文本上的反映。传统宗族形态的基本特征是世系(宗)与聚居(族)的统一；“后宗族”形态则是世系与聚居的分离，对世系的认定与认同，逐渐成为与聚居及其功能相脱离的一种文化活动。这是一个演变期很长的历史过程，大约从明中期以后开始，一直到当代仍在不断进行，并有可能成为中国宗族完成现代转型的一个重要指标，其中尤以江南及华南地区的表现为典型。“后宗族”形态的产生，既与族外的社会动荡、战乱兵燹有关，也与族内的世系分支、迁徙分化有关。反映在谱种上，就是联宗类谱牒的广泛编撰。

与联宗、联宗谱和“后宗族”形态有关的理论问题,笔者已有系统阐述①,此不赘述。

在《总目》著录的1949年末至2007年大陆所出9 883种新谱中,联宗类谱到底有多少是一个需经鉴别方能把握的数字,若凭谱名联想,则不易作出准确判断。1960年,日本学者多贺秋五郎根据谱内反映的族类结合性质,将他当时所见、所知的中国谱牒,分为“宗族统一体”(狭义宗谱)、“宗族复合体・联合体・统合体・流通体”(广义宗谱)两大类。所谓“狭义宗谱”主要指宗谱、族谱、谱、世谱、谱略、谱录、谱传、谱书、家谱、家乘、家传、家记、家志、房谱、世系谱等;而“广义宗谱”则指通谱、全谱、统谱、大同宗谱、会谱、联宗谱、统宗会谱等②。但实际上,名属“狭义宗谱”、实为“广义宗谱”(即上文所说“联宗类谱”)的例子很多,如山西省沁县《沁县牛家巷牛氏宗谱》③、山西省襄垣县《连氏宗谱》④等,都是由某地某族发起、连接散居各地同姓为特征的联宗谱。目前,笔者已根据严格且便于操作的学术定义,在可见资料范围内,对新谱中的联宗类谱进行细致分类,有关数据将公布于其后的综合研究中。

中国新谱所涉及的地区包括大陆、港台和海外三大部分。就新谱研究的学术潜力而言,除大陆外,最主要的应属对台湾新谱的研究。谱学研究者对台湾地区1949年前、后所出谱牒的研究成果,目前主要集中在目录学领域。如1987年陈美桂所编《台湾区族谱目录》,著录台湾新、旧谱牒共10 613部;2001年陈龙贵所编《台北故宫博物院所藏族谱简目》,著录台湾新、旧谱牒共10 300部。加上其他收藏单位所著录者,总数达36 600部(一说扣除复本为28 846部),其中1949年以后所出新谱约占80%左右。2008年上海图书馆《中国家谱总目》出版,据笔者统计,在总共52 401种谱类文献中,台湾1949—2003年所出新谱为5 779种。最近10年的新谱数量已有初步统计,正在进一步核实、分析中。

对于1949年以来的台湾新谱,谱学研究者的一般观点是:(1)可以说明台湾居民继承并发扬光大了中华民族优秀的文化传统。(2)反映了98%以上的台湾居民与大陆各省区存在紧密的血缘关系。(3)充分表达了台湾人民寻根问祖、心向大陆、回归祖国的强烈愿望。这些观点当然总体不错,但仍可以从以下几方面着手,努力提高学术水准。

第一,1949年以前的台湾,不过是脱离日据、回归祖国不久,且远离中国现代政治、经济、文化核心的边陲省份之一,对于中国乃至世界而言,其重要性远非1949年以后的台湾可比。因此,1949年以前的台湾谱牒,充其量只是中国一省之谱牒(如浙江、江苏等省一样,但地位却远远不及),而1949年以后,随着各省移民的大量进入、长期定居和台海架构的逐渐确立,台湾岛内逐年新修积累的谱牒,已成为罕见的“中国谱牒之窗”。这在中国文化史和谱牒史上都具有极重要的地位,值得精确统计,认真研究。

---

① 参见拙著《血缘与地缘之间:中国历史上的联宗与联宗组织》《宗族的世系学研究》,《论“后宗族形态”》,《中国农业大学学报》(社会科学版)2011年第4期。

② [日]多贺秋五郎:《宗谱的研究・资料篇》第一部《解说》之八《宗谱的分类》,第45—50页,东洋文库论丛第四十五,东洋文库1960年版。

③ 山西沁县《沁县牛家巷牛氏宗谱》,牛青山主编,2012年简体排印本,美国犹他摄影本。

④ 山西襄垣《连氏宗谱》,1941年抄本,1963年续修本。《总目》277-0004,山西家谱、美国犹他摄影本。

第二，谱学研究者曾经普遍认为，中国传统谱牒的发展历程，随着新中国的建立，在大陆地区已基本中断，没有中断且有所发展的，只是在台湾地区。这个观点已被上文基本"证伪"——大陆谱牒的编撰步伐虽然放慢，规模亦有所缩小，但谱学传统本身则没有中断。即便某族在 30 年间没有编谱，也不能成为"中断"说的证据，因为"修谱间隔一般为三十年。……三十年一修是修谱的常识"①，如限于主客观条件，间隔 40 年或 50 年方完成重修，也都在被允许的范围之内。需要指出的是，20 世纪 80 年代以后台湾新谱的发展并不是孤立或独立的，而是与大陆地区 1949 年后不绝如缕、1979 年后不断加速的新谱编撰活动及其成果积累，有着不可分割的关系。大陆新谱与台湾新谱互相影响，互相促进，共同营建了中国现代谱牒发展的全局。将台湾新谱置于包括大陆新谱在内的整个中国现代谱牒发展的大背景下，是提高 1949 年以来台湾新谱研究水准的重要基础。

第三，在谱牒学的逻辑框架中，不仅包含了对谱牒功能、谱牒资料的研究，还包括了对谱牒类型和谱牒样式的分析。1949 年以来的台湾新谱，在对传统谱牒类型、谱牒样式的继承、创新方面，提供了远比同时期大陆新谱丰富、生动得多的现代样本，为中国谱牒学的发展作出了重要贡献。

第四，1949 年以来的台湾，经历了都市中心化—农村城镇化的发展道路，完成了由传统宗族向"后宗族"形态的转型，谱牒的编撰亦从多方面反映了城市(镇)化过程中脱离了"村—族"聚居状态的城镇居民对传统文化形式的需求。对于正在经历这一过程的大陆居民来说，台湾新谱走过的道路(包括商业运作机制)，是一项值得认真借鉴的重要经验。

总之，台湾新谱的发展以及在中国谱学史上的地位，都离不开大陆新谱，离不开对大陆新谱的认真研究和系统总结。

就一般的判断而言，在中国，汉人宗族以及其他一些具有血缘—世系性质的团体(如宗亲会等)，在现代生活中所占据的地位与作用呈递减趋势这一点应该不会和世界其他地区出现什么根本的区别，但这并不能证明它们不具备文化上的合理性。由宗族文化传统所代表的那种对自身及其所属群体价值的深刻的历史性认定，恰恰是现代商业社会中的人们所缺乏的一种修养和境界。从这个意义上说，作为一种可以大致反映当代中国宗族文化价值的文本形式，新谱的持续出现以及相关人群的广泛参与，既不是偶然的和随心所欲的，更不是没有意义的。由于各种类型的新谱还在大量产生，前所未见的问题将层出不穷。就中国谱学史而言，包括新谱在内的所有现存谱牒，显然都只是某一历史阶段的产物；科学化的研究既需要对资料进行广泛收集，系统整理，更需要在理论和实践两个层面周密设计，精心部署，分区调查，分题落实。笔者相信，随着对新谱研究的深化，中国谱学史将与时俱进，更加贴近生活，更加丰满真实。

(钱杭，上海师范大学教授)

---

① 多贺秋五郎：《宗谱的研究》，第 57 页。

古代中国医药及养生术里的婆罗门教影响

□严 耀 中

［摘　要］ 通过书籍和人员的交往，有很多属于婆罗门教文化的医药书籍和医疗的实践经验进入了中国，婆罗门的养生与治病之道以及所谓不死之术，更为华土所神往。此外，在密教名义下的各种瑜伽术，在古代中国也有着很大的影响。

［关键词］ 古代中国；医药养生；婆罗门教；影响

印度与中国之间的文化交流是多途径的，这当然包括医药卫生方面。在印度社会里讲究生生之道的婆罗门教，有着比佛教更为丰富的医药知识。当中土开始接纳以佛教为主的印度文化时，那些属于婆罗门教文化系统的医药养生之术是否也随之而来呢？

一

人员和文献是文化交流的两大载体，属于婆罗门教的医药养生典籍之传入中国是有明确记载的。在《隋书・经籍志》的"医方"类书名中，有一些较为特殊的医家典籍，如《婆罗门诸仙药方》二十卷、《婆罗门药方》五卷、《西域诸仙所说药方》二十三卷、《西域波罗仙人方》三卷、《耆婆所述仙人命论方》二卷、《乾陀利治鬼方》十卷、《新录乾陀利治鬼方》四卷等等。仅从这些书名看，就可确定两点：其一，这些医书都来自包括天竺在内的西域，有的注明是属于"婆罗门"的，而所谓"仙人""是婆罗门种姓的修道人的尊称"①；其二，这些书和《隋书・经籍志》内同一类里的诸如《释僧匡针灸经》一卷、《释道洪方》一卷、《龙树菩萨药方》四卷等，属佛教的或佛僧所撰的佛家医书有着明显的区别。出身婆罗门种姓的佛教僧侣所撰之书一般没有必要强调自己婆罗门身份，因为在佛教中，"婆罗门自命世袭神圣受到嘲笑而不予考虑"②，且"佛教否认婆罗门的权威，这是最重要的事"③，所以这些书的撰者系信仰婆罗门教的可能性很大。

---

① 金克木：《"摩诃婆罗多插话选"序》，《南亚研究》1984 年第 4 期。

② 僧伽罗克悉多比丘：《佛教》，A・L・巴沙姆主编，闵光沛等译：《印度文化史》，商务印书馆 1999 年版，第 143 页。

③ 查尔斯・埃利奥特：《印度教与佛教史纲》，商务印书馆 1982 年版，第 133、141 页。

治病的医药之术无论对印度还是中国的民众都有吸引力，所以婆罗门教的这些医书流入中土。在佛教早期，佛陀曾明确反对外道“行遮道法，邪命自活：为人咒病，或诵恶术，或为善咒，或为医方、针灸、药石，疗治众病。入我法者，无如是事”①。这也说明当时婆罗门教是非常善于用医药等手段来吸引信众，和佛陀以法智度人救世迥然不同，是完全有可能的事，于是也就有了上述《隋书·经籍志》所列的种种有关婆罗门医药之书。这也可以说是中国古代史料中所保存的婆罗门教医药养生之术曾在东土流传过的证据之一。因为凡在正史《志》上能被著录，说明它已在社会上有了相当的流传和影响。②

至于和古代印度相接的中国边远地区，婆罗门教医药典籍会更多些，虽然它们不一定会被中土的正史所记载。如据陈明考证，在新疆各地出土的《鲍威尔写本》《医理精华》《耆婆书》《杂病医疗百方》等用梵文、于阗文、龟兹文、回鹘文、粟特文所书写的医药书都来自或受影响于婆罗门教所崇奉的“生命吠陀（Āyurveda）”，而“正是印度婆罗门教及其某些派别的哲学理论，才造就了生命吠陀的发展”。③在“《鲍威尔写本》的第一部分有较长的篇幅论及大蒜”，它“列举了大蒜的八个主要药方”，“大蒜所能治疗的病症在 20 种以上”。在《医理精华》里，“指出了大蒜的味、性质、功效及服用的禁忌，它所能治的病症在 10 种以上”。④鉴于佛家将大蒜列入“五辛（五荤）”之一，《梵网经》云：“若佛子，不得食五辛”。华土还专门翻译了《制断食蒜等五辛记》，⑤即使是为了治病，也一定要在“余药所不治，唯须服蒜”的情况下，⑥而《鲍威尔写本》和《医理精华》里所开的众多药方显然不是如此。又“《医理精华》第三章列举了米酒、沙糖酒、蔗糖酒、蜜酒、酸果子酒等五种酒”⑦，而佛家以不饮酒为五戒之一，“比丘饮酒者波逸提”。这酒中就包括米酒、甘蔗酒、果子酒和一切甜味酒。如用于医，也只能在“余药治不差”的情况下“以酒涂疮，一切无犯”。⑧因此这些新疆出土的印度医书之传播者和受用者应该都不是佛教徒，而是婆罗门教徒或一般民众。

二

属于婆罗门教的养生术在中国的影响甚至比医药方面更大。着眼追求健身长生之目的虽然与医疗疾病无直接关系，但其追求之过程则必须讲究医药和养生之道。作为以追

---

① 佛陀耶舍译《长阿含经》卷十三《阿摩昼经第一》。

② 严耀中：《“隋书·经籍志”中婆罗门典籍与隋以前中国的婆罗门教》，《世界宗教研究》2009 年第 4 期。

③ 陈明：《生命吠陀：西域出土胡语医学文献的知识来源》，《欧亚学刊》第四辑。

④ 陈明：《印度梵文医典“医理精华”研究》中华书局 2002 年版，第 49—54 页。

⑤ 僧祐：《法苑杂录原始集目录序》，《出三藏记集》卷十二。

⑥ 《四分律藏》卷二十五“食蒜戒”，福建莆田广化寺印本 2003 年版，第 310—311 页。

⑦ 陈明：《印度梵文医典“医理精华”研究》第一章，第 91 页。

⑧ 《四分律藏》卷十八“饮酒戒”，第 195—196 页。

求涅槃为归宿的佛教之对照，婆罗门教的医生和医术，都在“尽最大的努力，帮助‘人’把这个自然的过程延长到可能最晚的限度。印度人称医学为‘寿命吠陀’，其意义就在于此”①。虽然“印度佛教末流，袭取婆罗门长生养性之术，托之龙树菩萨”，②但也由此佐证，凡从印度来的讲长生延寿之类医道药方的，不管是否打着佛家的旗号，都是直接或间接地来自以婆罗门教为主的外道。在婆罗门教的传说里，“湿婆因服毒才具有青颈，此毒正是在为产生长生不老药（甘露）而搅海时出现的”③。由于药方和配好的成药还不是一回事，因此到印度去求长命之药，或有自天竺之西来者在华土炫耀有所谓长生不死之药及合成之法的，都在史籍里屡有记载。如东吴时孙权“遣将军卫温、诸葛直将甲士万人浮海求夷州及亶州”④之主要目的，“是为了求不死药”⑤。还如，“唐太宗和唐高宗都曾经邀请过著名的天竺医师（胡僧）为他们合制延年药”⑥。并且在唐高宗乾封元年（公元666年），奉敕在宫内“合长年药，成”⑦。关于唐太宗的那一次，《酉阳杂俎》的记载是：“王玄策俘中天竺阿罗那顺以诣阙，兼得术士那罗迩婆，言寿二百岁。太宗奇之，馆于金飙门内，造延年药，令兵部尚书崔敦礼监主之。”⑧这里，一是该术士明显与佛教无关⑨；二是太宗对其如此重视，正是说明长命术和延年药，当时印度有而华土无。这些长生药又往往是通过海上丝绸之路去求得的，若开元四年有胡人向玄宗上言：“往师子国（锡兰）求灵药及善药之妪，置之宫掖。”⑩这和道教常用的“外丹黄白，常用由西域输入之药物”⑪的情况是相一致的。由此可以推论出，自汉到隋唐有一个由海路向印度等地求长生药或合成医药方的传统，而且凡是与这类长生药相关的活动其实都有着婆罗门教之渊源。

佛经中有名为“耆域”的名医，耆域或作耆婆。《隋书·经籍志》所载《耆婆所述仙人命论方》一书，说明其医术药方已应用于中土。《翻译名义集》卷二云：“耆婆天，长水云：耆婆此云‘命’。西国风俗，皆事长命天神。此说未知所出。准法华疏云：耆域，此翻故活，生忉利天。

---

① 巫白慧：《印度哲学——吠陀经探义和奥义书解析》，东方出版社2000年版，第110页。文中所谓“自然的过程”即指人的生命过程。

② 陈寅恪：《南岳大师立誓愿文跋》，《金明馆丛稿二编》，上海古籍出版社1980年版，第215页。陈先生这里所说：“托之龙树菩萨”，就是指《隋书·经籍志》里所列《龙树菩萨药方》等佛教名下之医书。

③ 石泰安：《观音，从男神变女神一例》，《法国汉学》第2辑，清华大学出版社1997年版，第97页。湿婆（Śiva）是婆罗门教是三大主神之一。

④ 《三国志》卷四十七《吴主孙权传》。

⑤ 严耀中：《江南佛教史》，上海人民出版社2000年版，第27页。

⑥ 谢弗：《唐代的外来文明》，中国社会科学出版社1995年版，第397页。

⑦ 《大唐故中散大夫行内常侍冯府君墓志铭并序》，载周绍良、赵超《唐代墓志汇编续集》，上海古籍出版社2001年版，第271页。

⑧ 段成式：《酉阳杂俎》前集卷之七。

⑨ 《旧唐书》卷三《太宗本纪下》，载贞观二十二年“使方士那罗迩娑婆于金飙门造延年之药”。既称“方士”当然不会是沙门。

⑩ 《资治通鉴》卷二一一“唐玄宗开元四年五月”条。

⑪ 陈国符：《道藏源流考》，中华书局1963年版，第397页。

目连弟子病，乘通往问，值诸天出园游戏。耆域乘车不下，但合掌而已。目连驻之，域云：诸天受乐，忽遽不暇相看，尊者欲何所求。具说来意。答云：断食为要。目连放之，车乃得去。据此，耆婆天，即是医师耆域也"。耆域既为诸天之一，原系"长命天神"，则本是婆罗门教中诸神无疑，其医术之奇亦为婆罗门教神话之一。且因为"昔晋武之世，有天竺耆域"[①]，作为神医来华。陈寅恪认为其来华之时要远早于此，后为华佗之原型，"斯盖直取外国神话之人物，不经比附事实或变易名字之程序，竟以为本国之历史人物"。[②]这里不管陈寅恪的解析是否正确，耆域作为一个出自婆罗门教神话中之神医，通过多种经文传入中国，后来竟也有名为耆域之天竺神医而来华治病救人，被载于史册，这至少能证明婆罗门教医药之术和中国医学之间有一线之牵。

英国梵学家布腊夫和中国学者林梅村等都认为，"中国在纪元前使用的草药麻黄就是古代印度苏摩酒祭的'苏摩'"，而"印度古诗《吠陀》记录了许多用苏摩酒祭祀的颂歌"。[③]这些应用苏摩酒的祭祀仪式无疑是属于印度教的，"苏摩祭在《梨俱吠陀》时代就已经发展得很复杂"，供物中的"苏摩酒为因陀罗、风神筀尤诸神及祖先所嗜好"。[④]"奉献苏摩的礼仪非常隆重，要供奉各种各样生活和从事职业所需之物品"[⑤]，其中"苏摩这样醉人的饮料是在复杂仪式的过程中最好的祭品"[⑥]，或其本身也被尊以爲神。此酒所以有着这样高的地位，就是根据《梨俱吠陀》的说法，"苏摩能激发思想，恢复战士的勇气，增强性能力，治愈疾病"[⑦]。实际上苏摩是一种药酒，孙思邈《千金翼方》所载出自乌场国的"浸酒法"，而佛教是不会去讲究酿酒的，则或许与苏摩酒等制造相关。陈明通过对流传在敦煌吐鲁番等地的一些眼药方考证后，认为"西域的胡语眼方的源头之一应该是印度生命吠陀"，"晋唐传世的中医典籍中，均有不少的'胡医'、'胡方'成分，其中吸收了以《天竺经眼论》为代表的印度眼科知识"。[⑧]任何来自婆罗门教的有效医术和药方，都会有利于人的健康长寿。

认识到滋补身体作为养生手段之一，于是发展出一系列药补和食补的概念。在《奥义书》中还进一步探讨了精神、躯体和食物之间的关系，"灵魂依靠聚焦在心中的血液滋养，所以(心)比其他身体部位更需要纯净(pravivikta)的食品"[⑨]，而"在所有的印度学说里，都明显

① 《法苑珠林》卷三十一，周叔迦、苏晋仁校注本，中华书局 2003 年版，第 945 页。

② 陈寅恪：《三国志曹冲华佗传与佛教故事》，《寒柳堂集》，上海古籍出版社 1980 年版，第 160 页。

③ 林梅村：《寻找楼兰王国》第十九章，北京大学出版社 2009 年版，第 136、137 页。

④ 高楠顺次郎、木村泰贤：《印度哲学宗教史》，明治书院昭和廿三年版，第 141 页。

⑤ Sri C. G. Kashikar: *The Social Aspect of the Vedic Religion*, *Indian Philosophy & Culture*, Vrindaban, July, 1960, pp.147—148.

⑥ Krishna Sivaraman: *Hindu Spirituality*, Crossroad, N.Y., 1989, p.41.

⑦ 米尔恰·伊利亚德：《宗教思想史》，上海社会科学院出版社 2004 年版，第 181 页。

⑧ 陈明：《隋唐五代时期西域外来的眼科知识及其应用》，《敦煌吐鲁番研究》第八卷，中华书局 2005 年版。

⑨ A.B.Keith: *The Religion and Philosophy of the Veda and Upanishads*, Harvard Univ. Press, Cambridge, Massachusetts, 1925, p.566.

地把心神和体质联系起来，食品不仅仅有着提升体质的效果，还包含对心神状态的滋养”[①]。在这个问题上至少在中国与印度之间有着异曲同工之妙，在中医药里不乏见到养身安神的滋补方子。

值得注意的是，在《宋史·艺文志》里，又出现《婆罗门僧服仙茅方》一卷。此书所谓“服仙茅方”中的主干药材仙茅，即是天竺传来的“婆罗门参”。这至少说明婆罗门教所讲究的养生之道，在中国久久地被人所推重。

三

对于维护健康长寿来说，养生侧重于身体未得毛病前的防，医药则主要在于既得病之后的治疗，医药针对病理，养生兼顾心理，所以两者必需相得，功效才会显著。在婆罗门文化中发展起来的瑜伽，于身心俱利，对中国也颇有影响。

“瑜伽，这里指的是由深入的冥想禅定而产生的神秘能力。”[②]瑜伽的特殊之处，是通过把调身、调息、调心三者，将身体锻炼与心性修养合一起来。“瑜伽的原则，是将我们人类生存的某种能力或一切能力，化为达到神圣‘存在’的一种手段。”[③]具体地做，即是“瑜伽把个人的思维活动完全引向自身内部，用于控制意念和身体器官”[④]，是其一方面。另一方面则是通过对一些对身体姿态的严格规范来影响思维，即以为“正确的体姿不仅能有利于身体本身的协调，而且有助于神志的清新、思维的敏捷和观想的正确”[⑤]。由此，“瑜伽是对感觉的坚决限制，当五种感官的功能让位于知识，当意念和思维被置于一边，就达到了它的最高阶段”[⑥]。其“目标是要摆脱现象生命的运动而进入一种绝对安静的状态”，“达到这种宁静的方法是深刻的冥想(yoga)，这种瑜伽技巧是在非常早期的印度传统中发展起来的”。[⑦]即通过“这种取消了间接性的抽象凭借的直接性里，内与外得到真实的同一”[⑧]。因此假如采用正确的锻炼瑜伽的方法，达到精神与肉体、人体与自然之“真实的同一”，无疑能促进人的身心健康。如孙思邈《千金要方·养性》载：“天竺国按摩法，此是婆罗门法。”按摩当然能使人身心俱爽，因此也可以把瑜伽视作发扬生命力的努力，其中也包括延长寿命的追求，如“雪山之中有一婆

---

① Betty Heimann: *Facets of Indian Thought*, *Schocken Books*, N.Y., 1964, p.44.

② 舍尔巴茨基:《大乘佛学》，中国社会科学出版社 1994 年版，第 150 页。作者又说:“对神秘的瑜伽之力的依赖，是印度哲学所有派别的共同特点。”(第 153 页)而婆罗门教哲学则是其中的主流。

③ 室利·阿罗频多:《瑜伽论》，商务印书馆 1987 年版，第 1 页。

④ 尚会鹏:《比较文化传统研究》，北京大学出版社 2004 年版，第 120 页。

⑤ 严耀中:《身与心的关系——中印文化对禅的不同理解》，《觉群》2012 年第 3 期。

⑥ A.B.Keith: *The Religion and Philosophy of the Veda and Upanishads*, Harvard Univ. Press, Cambridge, Massachusetts, 1925, p.590.

⑦ 舍尔巴茨基:《大乘佛学》，中国社会科学出版社 1994 年版，第 6 页。

⑧ 黑格尔:《小逻辑》第一部，三联书店 1954 年版，第 302 页。

罗门，聪明多智，寿命半劫”①之类，故有的善瑜伽者有“长命婆罗门”②之称。和作为养生术的瑜伽一样，顾及身心两方面关系的还有印度医学。“在印度的医药制度中，人类生存的美好合成于体质健康和精神幸福，有别于将精神和物质处于彼此对立的两端之一般认识。”③汉魏以降的有些医案开始考虑精神因素，应该有着传入的印度医方之影响。

如此好的养生之道，当然会传入中国。婆罗门教的瑜伽之传来途径，既有直接的，也有间接通过佛教的。黄心川指出，“南北朝时传入的《易筋经》，唐时传入的天竺按摩法和宋代传入的婆罗门引导法”等，都能和“印度保存的诃陀瑜伽术总汇的《诃陀瑜伽灯明》”联系起来。虽然后者出现得晚了一些，但其渊源甚早，为婆罗门教的梵我一致理论，“提供了一套更完备的实践的手段和方法”。④再如“瑜伽与佛教都是在修行的基础之上认识心的作用”，从而“通过修行可以使散乱的心收摄回来，让心止息波动，进入三昧等等”，⑤如此作用不限于修行，亦是治疗精神病之良方。由此也可见中土流行的很多禅法不仅与瑜伽有共通之处，其实还有着婆罗门文化的渊源。

作为一种有益的养生方法，受瑜伽影响较大的是气功，于此已有很多专家讨论过，自不待言。在婆罗门教的观念中“气”也具有生命的特征，《奥义书》认为“灵魂带有呼吸或生命之气”⑥。所以，“使用深呼吸和观想修持的办法”，是“既可以在印度的瑜伽，也可以在汉人的道教中发现这种作用”。⑦如“在一些与中国长时间闭气平行的功法中，可以发生呼吸完全停止（viccheda）的现象，有意思的是公元 2 世纪的《瑜伽真性奥义书》（Yogatattva Upanishad）就已经提到了这些功法的一种计量单位——节拍（mātrā）”。而《湿婆本集》中叙说的“左脉（ịḍā）和右脉（piṅgalā），明显地使人联想起中国奇经八脉的任脉和督脉”⑧。如果不是有过交流的话就无法解释它们之间的相似性，而瑜伽的要比道教气功的形成早得多。

还有一种借助于密教传入的“无上瑜伽”，在婆罗门教内也是属于瑜伽的范围。而在将房中术当作强身养生之道，是把婆罗门教与道教连结起来的纽带之一。如《奥义书》云：“人中此始为胎藏。为其精液者，是集自诸体之真元力。在其自身，彼固承载一自我矣。当其注

---

① 《法苑珠林》卷 8，中华书局 2003 年版，第 279 页。

② 《大唐西域求法高僧传》卷上，王邦维校注本，中华书局 1988 年版，第 10—11 页。

③ Krishna Sivaraman: *Hindu Spirituality*, Crossroad, N.Y., 1989, p.338.

④ 黄心川：《印度瑜伽与中国佛教、道教、民间气功等关系》，《东方佛教论》，中国社会科学出版社 2002 年版，第 94—96 页。

⑤ 王慕林：《印度瑜伽经与佛教》，宗教文化出版社 2012 年版，第 117 页。

⑥ A.B.Keith: *The Religion and Philosophy of the Veda and Upanishads*, Harvard Univ. Press, Cambridge, Massachusetts, 1925, p.564.

⑦ 石泰安：《西藏的文明》，中国藏学出版社 2012 年版，第 251 页。

⑧ 李约瑟：《中国科学技术史》第五卷第五分册，科学出版社、上海古籍出版社 2011 年版，第 238、239 页。

之于女子也，则使之生出，是彼之第一生也。”[①]道教则认为“凡服药千种，三牲之养，而不知房中之术，亦无所益也”，以致道教“房中之术，近有百余事焉”，“口诀亦有数千言耳”。[②]以上这些概念和实践，说明两家都对性和性交技术于生命活动之作用的重视。所以高罗佩认为婆罗门教的性瑜伽先后两次传入中国，第一次，“由印度密教的传教者于唐代到达中国时传入”；第二次“在蒙古统治时期（1280—1367 年）”。[③]有证据表明这些无上瑜伽法在唐至元之间流行过。如宋代“徐之南山崇胜院，……熙宁中修殿大像腹中得画像，男女相向，衣冠皆唐人也”。[④]此“男女相向”之画当是男女双修隐雅表述。此外，房中术在中国社会里实际上的广泛存在，还有一个重要借口，即此术也有利于繁衍子嗣。这点上婆罗门教的原则和中国传统观念一致，如据“婆罗门法，不生男女，不得生天”[⑤]，为达到该目的而求索养气固精之术理所当然。由此和中国社会里多子多福，不孝有三无后为大等观念指导下而“必须努力生育后代，给本族增添更多的生命”[⑥]，有着共同之努力方向，也为婆罗门教的性术提供了在华土的用武之地。可见这些受到婆罗门教性理论影响的房中术，虽然被正统儒家指责为淫秽邪道，但其在社会中经久不息的流传本身说明，它不仅仅是能刺激男女床第之欢，还确实提供了必要的生殖卫生和性生理健康的知识。

四

宗教文化的传播途径有直接的，也有间接的。由于佛教是在婆罗门教流行很久之后才作为前者的对立面创新出来，也由于佛教发展到密教阶段时和婆罗门教及其附带文化有着越来越多的融合，一些医药养生领域里的婆罗门教因子会在佛教的包装下带进中国，也会是可想而知的事，尤其自唐、五代之后，因为从此佛教的正统合法地位被牢牢地确立，成为庇护一切外来文化的一棵大树。尤其是药师信仰在中国发展起来后，“药王佛”成了印度医药与信仰结合的典型形象，也融合了所有来自婆罗门教的医术药方。如“中国佛教有它自己强大的身体操练传统是很自然的，因为它继承了许多印度瑜伽术的内容”[⑦]。不过在药师信仰的旗帜下仍有婆罗门文化痕迹可寻，如在敦煌莫高窟盛唐开凿的第 31 窟窟顶东坡有一幅《如病得医》图，绘着一位婆罗门医生在给婴儿看病。[⑧]在佛教的故事画中医生的身份也给定为婆罗

① 《平安祷诵》（Śantikaro Mantra）第四章，《五十奥义书》，中国社会科学出版社 1995 年版，第 27 页。

② 葛洪：《抱朴子》卷 6、卷 8，中华书局 1985 年版，第 129、149 页。

③ 高罗佩：《中国古代房内考》，上海人民出版社 1990 年版，第 479 页。

④ 陈师道：《后山谈丛》卷 6，《全宋笔记》第二编第六册，大象出版社 2006 年版。

⑤ 《莲华夫人缘》，吉迦夜共昙曜译《杂宝藏经》卷一。

⑥ 严耀中：《中国宗教与生存哲学》，学林出版社 1991 年版，第 25 页。

⑦ 李约瑟：《中国科学技术史》第五卷第五分册，第 151 页。

⑧ 图见贺世哲：《敦煌石窟全集 · 法华经画卷》，上海人民出版社 2000 年版，第 83 页。

门，可见在印度东传的医药文化中，来自婆罗门教成分的重要性。

由于传入中国的印度医术混杂着婆罗门教和佛教的成分，也由于婆罗门种姓出身的佛教僧人和婆罗门教徒往往被混称为“婆罗门僧”“梵僧”或“胡僧”，[①]史籍上一些身份或教义不清的事与人，其实多与婆罗门教相关，尤其是涉及医药、占卜、杂技之类的，因为这些皆本于婆罗门文化，即使一些西来佛僧在中国传道时使用之，也被视作一种方便，更不用说那些实际由来华婆罗门教徒之所为。如唐代刘禹锡曾作诗赠“师有金蓖术”的“眼医婆罗门僧”，[②]说明“金蓖术”是一种特殊的眼科医术，而专长于此之“眼医”也是来华婆罗门的一个很显著的身份。即使是那些自称为佛僧的修行士，即那些所谓“寄迹桑门，别有药术”[③]者。这个“寄”字大可玩味，表明说此话的“梵僧”很可能仅仅是顶了个“沙门”的名。

又如唐永贞年间有大富商王布之女“鼻两孔各垂息肉如皂荚子”，“其父破钱数百万治之，不瘥。忽一日，有梵僧乞食”，声称该女之病可医，其父大喜，“即见其女，僧乃取药，色正白，吹其鼻中，少顷，摘去之。出少黄水，都无所苦。布赏之金百两”。但梵僧不受，仅要走了被割下的息肉。不一会，有骑白马之美少年来见商，问息肉已被梵僧拿走，叹息道：“上帝失乐神二人，近知藏于君女鼻中。我天人也，奉帝命来取，不意此僧先取之，当获谴矣”，语毕不见踪影。[④]在这个故事里，第一，该梵僧宗教属性不明，但肯定是从印度来的；第二，少年自称“天人”，又奉上帝之命，又说梵僧行医目的也是为了取乐神。据僧祐《经呗导师集》列“帝释乐人般遮瑟歌呗第一”，帝释即天帝释（Sakradevendra），是吠陀书中提到的神祇之一，当是上述故事中的“天帝”，乐人即为乐神；第三，因此这是一个在华施用印度医药的故事，而与婆罗门教的神话有所渊源。

再如所谓“返魂香”或“却死香”，孙英刚认为它们既是“防治瘟疫的良方”，也是“招返亡魂的道具”，而且“实际上大概是出自西域”。[⑤]由于返魂香等多载于和佛教相关的典籍，因此也会带有婆罗门文化的因子。另外，由于印度的“最高种姓婆罗门”喜欢在“额头上抹檀香。印度食物更是以香为贵”，[⑥]因此不仅传来了黄姜（turmaric）、香菜（coriander）等有利于调胃和增进食欲的辅助食品和质汗（citragandha）等香药，还通过佛教在中国普及了烧香文化，至少在很多情况下能使环境气味清洁。

上述说明，“唐朝人大量需要外来的药物，当然同时也需要有外来的药剂师。所以唐朝的贵族阶层，狂热地崇拜来自天竺的奇人异士，法术精深的瑜伽师以及善能密咒总持的僧人。这样一来，通过一种混合了许多宗教因素的，与时代风气臭味相投的，想入非非的炼丹术，那些携带仙丹妙药的佛教徒和湿婆教徒，就都被看成了与唐朝本土的炼丹术士、服食药

---

① 关于在华婆罗门僧身份的辨析，参见严耀中《唐代的婆罗门僧和婆罗门教》，《史林》2009 年第 3 期。

② 刘禹锡：《刘禹锡集》卷 29《赠眼医婆罗门僧》，上海人民出版社 1975 年版，第 273—274 页。

③ 段成式：《酉阳杂俎》前集卷 5《怪术》。

④ 段成式：《酉阳杂俎》前集卷一。

⑤ 孙英刚：《幽明之间：“见鬼人”与中古社会》，《中华文史论丛》，2012 年第 2 期。

⑥ 谭中、耿引曾：《印度与中国》，商务印书馆 2006 年版，第 464—465 页。

饵者相类的外来的奇人异士”①。

不过在“混合了许多宗教因素的”来华印度医术药方中，佛教不是实质上的主体。正如马伯英所指出：“所谓佛教医学的主干是婆罗门式的，并以对症为主。公元5世纪后，印度教兴起，佛教在印度趋于衰落，印度本土的医学更非佛教医学可知。但是，印度医学文化是随佛教文化传入中国的，一般便认为印度传入中国的医学即佛教医学。其实印度医学最有光辉的时期是婆罗门教时期。”②鉴于《隋书·经籍志》所载诸佛教医书亦多是公元4世纪—6世纪时汉译的，所以其中的医学理论和各种药方，最多也是对婆罗门教的医术药方“沿袭、补充而已，并注入佛教教义”③而已，更不用说那些标明“婆罗门”的医书了。

（严耀中，复旦大学文史研究院教授）

① 谢弗：《唐代的外来文明》，第395页。湿婆教即婆罗门教中的湿婆派。

② 马伯英：《中国医学文化史》，上海人民出版社1994年版，第353页。

③ 马伯英：《中国医学文化史》，第353页。

“古代江南落后”的知识考古与文化阐释*

□刘 士 林

［摘　要］ 在以中古时代“江南的开发”为主题的知识景观中，古代江南地区被描述为一片“蛮荒未化之地”，这不仅不符合这一地区越来越多的考古学发现，同时也过分夸大了中原文化对江南地区的影响。从旧石器时代晚期至春秋时代，长江以南地区在文明和文化创造上有很大的独特性，在某些方面甚至影响了同期中原文明的发展与演进。中华民族在人类轴心期发生的“周秦之变”，是导致江南与中原在文明上出现巨大差别的根源。由于在轴心期面临的挑战与压力不同，中原文化与江南在回应挑战时也有重要的差异。如果说，中原地区由于艰苦的生活环境而创造出儒家的仁学和墨家的兼爱，强化了社会的组织功能和群体原则的重要性，那么在生活条件优越的江南地区，像这样的文明创造不仅不会受到赞同，相反还会受到质疑、批判和抵制。对“古代江南落后”进行知识考古与文化阐释，不仅有助于还原江南文化的历史真实面目，同时也有助于深入认识和阐释江南文化的精神价值。

［关键词］ 江南；中原；轴心期

一、作为普遍知识景观的“古代江南落后”问题

由于一般的中国历史教科书的灌输与传播，“古代江南落后于中原”已成为一种普遍的知识景观。在其中，古代江南地区一直被看作是一块“蛮荒未化之地”，②或者是以古代中华文明的荣光尽归黄河流域，③而只是到了魏晋六朝时期，由于中原人口的大规模南迁，特别是在借助了移民带来的先进的生产技术和文化之后，江南地区才启动了自身“从野蛮向文明”的升级程序，这就是教科书上经常提到的“江南的开发”。同时，这也被解释为江南地区在唐宋以降“后来居上”，并在明清时代成为中华帝国核心区的根源。区域性文明与文化小传统的相互交流与融合，对不同地区的发展可以起到重要的刺激与推动作用，这是自不待言的。但问题的关键在于，在以中古时代“江南的开发”为主题的知识景观中，古代江南地区被描述为一片“蛮荒未化之地”，这不仅不符合这一地区越来越多的考古学发现，同时也过分夸大了中原文化对江南地区的影响。在这个意义上，古代江南地区经济社会与文化的真实状况与

---

* 本文为2013年国家社科基金项目“江南文化资源研究”（批准号：13B2W024）的阶段性成果。

② 柳诒徵：《中国文化史》，东方出版中心1988年版，第367页。

③ 梁启超：《饮冰室文集》之十《中国地理大势论》：“自周以前，以黄河流域为全国之代表。”

存在，是一个十分重要同时又特别需要小心求证的大问题。由于上古江南地区的真实存在究竟如何，不仅直接影响到我们对古代江南文明与文化的性质与来源的认识，也涉及对整个中华古代文化形态与精神的认识和阐释，因而已成为一个必须认真研究与严肃对待的主干性问题。

从学术史的角度考量，关于古代江南的研究已然不少，但由于多受"古代江南落后"语境的影响，所以其相互之间的矛盾与差异主要是在细节与微观处。而只有很少的一些研究，开始尝试着突破"中古以前江南处于蛮荒未化状态"这一既定的知识景观。以此为基本标准与前提，可以将目前关于江南的研究划分为两大谱系。其一可以称之为"中原文化传播论"。即认为在秦朝统一之前，包括江南在内的南方尚是一片"未开化之地"，直到汉魏六朝之后，南北之间才出现了"学问文章，礼尚风俗"等方面的差异。[①]其潜台词可以理解为，江南地区在上古时代根本谈不上有任何文明创造，因而"中原文化传播"对其具有"开辟鸿蒙"的创世纪意义。在文化上也是如此。如梁启超《清代学术概论》说："（南地）发达较迟，中原之人，常鄙夷之，谓为蛮野。"[②]如刘师培先生在《南北学派不同论》所说："三代之时，学术兴于北方，而大江以南无学。魏晋以后，南方之地学术日昌，致北方学者反瞠乎其后。其故何哉？盖并青雍豫古称中原，文物声名洋溢蛮貊，而江淮以南则为苗蛮之窟宅。及五胡构乱，元魏凭陵，虏马南来，胡氛暗天，河北关中沦为左衽，积时既久，民习于夷，而中原甲姓避乱南迁，冠带之民萃居江表，流风所被，文化日滋。"[③]其二是近年来逐渐形成的"二水分流"说。这一解释框架的形成有两个基本的知识前提：一是新史料的发现。20世纪以来江南地区丰富的考古与历史研究成果，证明了早在新石器时代就存在着独立于黄河文明的长江文明，这同时也为江南上古文化找到了属于自己的根；二是学术语境的反思，这主要表现在对"中华文明起源一元论"——亦即作为"古代江南落后"知识景观形成基础与根源的"中原中心论"——的怀疑和突破上。"在中国文明的起源中，已经常识化了的一个说法即'黄河中心论'，它的基本内容是，'中华文明的起源是一元的，其中心在黄河中下游，由之向外传播，以至各地'。但正如李学勤在《长江文化史·序言》中所指出的，这种一元论最根本的问题是'忽视了中国最大的河流——长江'。……尽管不能说这两种大河文化完全是泾渭分明的，但至少可以用'二水分流'来描述它们的关系。在它们的所经之地，所哺育出来的人民与文化的差别也是显而易见的。而只有首先弄清了这个原则性的问题之后，才可以为所有关于江南文化乃至南北关系的讨论提供一种坚实的文化背景。"[④]在某种意义上，这是迈出重新认识与阐释江南、特别是把江南从"中原传播"语境中解放出来的最重要的一步。因而，尽管它声音弱小，从者零丁，但同样构成了另一种真正

---

① 柳诒徵：《中国文化史》，东方出版中心1988年版，第367—372页。

② 梁启超：《清代学术概论》，中国人民大学出版社2004年版，第23页。

③ 刘师培：《南北学派不同论》，刘梦溪主编：《中国现代学术经典　黄侃、刘师培卷》，河北教育出版社1996年版，第732页。

④ 刘士林：《西洲在何处——江南文化的诗性叙事》，东方出版社2005年版，第22—23页。

独立的江南知识谱系与学术景观。

当然，除了这两种针锋相对的知识谱系与态度之外，还有一些处于两者之间的摇摆不定的研究。这是因为，借助于20世纪以来大量的考古发现，人们会直觉地感到上古江南文化已相当成熟，而不可能如“中原传播论”那样把它看作一块“白板”。但由于受“上古江南落后”这一权威语境的影响和制约，或者说对中原中心论“不敢越出雷池一步”，因而在具体的研究中，人们仍程度不同地强调中原文化的决定性影响。如同样出现在李学勤等人主编的《长江文化史》中的这段论述：“北方人口的大量南迁，加快了中原文化与长江文化的交流，使长江流域的经济文化提高到一个新的水平。”①尽管类似的研究已不再视古代江南为“蛮荒未化之地”，但由于仍从属于“中原文化传播”这一深层语法结构，所以实际上仍在继续维护着“上古江南落后”——这一与当代江南考古史实和江南文化研究有着严重冲突的知识图景与价值观念。退一步说，我们并不否认，在汉魏六朝时代，的确有不少的材料可以证明江南在生产力、经济社会与文化上“落后”于中原，但其中仍有微观层面的重要问题需要讨论。因为即使江南在中古前后一段时期的“落后”是事实，但这并不能证明它在此前漫长的历史进程中就一直是“蛮荒未化”的。因而可以这样评价，“中原文化传播”的根本问题在于这是一个宏大叙事，将在有限的经验基础上归纳出的判断无限地扩大，必然要对江南古代文化的正确认识产生严重的影响。

此外，从后现代学术的角度看，一般所谓的“历史”“铁的事实”“盖棺论定”等，在本质上不过是某种叙事的产物，是一种学术话语战胜其他话语的结果。这一点在史学界已被注意到，如在民族起源叙事与研究中，“一切出现在历史视野里的所谓民族，都是政治体(polity)，都是以政治关系和政治权力为纽带构建起来的社会团体。进入历史学研究范畴的北方民族，都是一个又一个的政治集团，而不是通常理解的一个又一个在‘种族’意义上彼此区别的‘族群’。只有把所谓民族理解为政治体，我们才不至于深陷在古代史料所布下的有关起源和迁徙的迷魂阵里难以自拔，才有可能填平民族史与一般史之间的鸿沟。”②对在江南研究中形成的“古代落后说”，在很大程度上同样是在中国长期占主导地位的中原文化霸权的话语产物。“中原人自古便把四方外部世界看作物质文明与精神文明都极端低下的‘荒蛮之域’，作为农耕民族的中原人虽然多次在军事上被‘茹毛饮血’的‘夷狄’所征服，但由于中原人拥有高度发达的农耕经济和典章制度，因而在文化上一次次演出‘征服者被征服’的戏剧，这无疑强化了文化的优越感，他们即或在武功上暂处劣势，也仍然有通过自己的声名文物‘光被四表’的信心。”③明乎此，就可以重新讨论古代江南的客观存在和真实状况了。④而对“古代江南落后”进行知识考古与文化阐释，不仅有助于还原江南文化的历史真实面目，同时也有助于深入认识和阐释江南文化的精神价值，可以为江南社会、历史、文学、城市等提供一个重

① 李学勤等主编：《长江文化史》，江西教育出版社1995年版，第364页。

② 罗新：《中古北族名号研究》，北京大学出版社2009年版，前言第1—2页。

③ 傅崇兰等：《中国城市发展史》，社会科学文献出版社2009年版，第8页。

④ 刘士林：《文化江南的当代传承与开发》，《南通大学学报》2012年第1期。

要的理论基础与解释框架。

二、上古江南的文明状况与文化生产

在某种意义上，任何宏大叙事无不带有浓郁的独断论色彩，在本质上属于以偏概全、非此即彼的产物。但同时也要知道，解决宏大叙事最有效的方法与工具，并不是对宏大叙事本身的全盘否定，而是通过逻辑的限定和经验的梳理确定其真正合法的有效范围。对于"古代江南落后"也是如此，因为不仅这个命题在某种范围内完全可以成立，同时在某个历史区间内也毫无疑问地可以找出丰富的证明材料。这正是"古代江南落后"作为一种知识景观被人们广泛接受的经验基础。之所以要对这个观念提出质疑并重新审视，是因为它越出了自身有效的范围，并借助于中原文明中心论这一权力逻辑遮蔽了古代江南的真实存在状况。在这个意义上，还原或重建"古代江南"的知识景观，就成为对"中原传播论"的一种叙事分层以及对"中原影响江南"的具体研究。如古代江南在哪个阶段、哪些层面落后于中原，以及造成"江南落后"的具体原因，还有江南又因何原因"后来居上"等，这些微观和细部的研究对重建和还原古代江南显然是更重要的，它可以有效地减少"江南落后"与 20 世纪以来考古学的矛盾，同时，也只有这样一种更复杂的阐释框架，才能更好地阐释中华文化的丰富关系与内涵。

关于古代江南是否"落后"，首先可以从历史的角度加以检讨。20 世纪的考古学在这方面已经为我们深入研究这个问题提供了足够的材料，只要对上古江南地区的文明状态与文化生产进行必要的回顾，就足以拒绝那种笼统的"古代江南落后"的知识谱系。

从历史的角度看，有越来越多的考古证据，可以用来证明上古江南文明和文化的发展程度。这其中具有支撑意义的是长江文明的发现。研究表明，在中国早期文明的起源和发展中，始终存在着独立于黄河文明的长江文明。

> 第一，证明了早自史前时代，长江地区已有相当高度的文化。例如浙江的河姆渡文化，年代不晚于仰韶文化，而有着很多自身的特点，其发达程度已使许多人深感惊奇。
>
> 第二，显示出夏商周三代的中原文化，不少因素实源于长江流域的文化。比如说三代最流行的器物纹饰饕餮纹，便很可能系自江浙一带良渚文化玉器上的花纹蜕变而成。
>
> 第三，从上古到三代，南北之间的文化交往实未间断。以前人们总是过分低估古人的活动能力，以致长江流域一系列考古发现都出于人们意外。最近四川广汉三星堆商代器物坑和江西新干大洋洲商代大墓的发现，轰动海内外，是最典型的事例。
>
> 第四，中原王朝在很多方面，其实是依赖于南方地区。一个例子是，商周时期十分繁荣的青铜器工艺，其原料已证实多来自南方。在江西、湖北、安徽等地发现了当时的铜矿。还有线索表示，有的原料或许出于云南(有待进一步证实)。
>
> 第五，南方还存在通向异国的通道。已有一些科学证据告诉我们，早在商代便有物

品从东南亚来到殷墟，同时商文化的影响也伸展至遥远的南方。[1]

就作为古代江南核心区的环太湖流域，以及作为古代江南文化小传统的吴、越文化而言，考古发现同样显示出在此地曾存在过高度发达的史前文明和文化，其中有些因素不仅具有独特性且明显早于中原地区。

目前，对江南地区重要的考古发现可梳理如下。关于史前的江南文明，浙江河姆渡文化具有里程碑的意义，特别是其出土的距今7 000年前栽培的水稻、迄今为止最早的木结构水井，以及最早的漆器制品等，使之享有“七千年前的文化宝库”的美誉。但实际上，河姆渡文化并不是江南地区最早的文明。就在河姆渡文化遗址开始发掘时，专家推测在它周围可能存在着更早的新石器时代遗址。而近年来的考古发掘很快证明了这一点。如萧山跨湖桥发现的8 000多年前的稻作文明遗存，就比河姆渡还早1 000多年。特别是金华的上山，发现了长江下游及东南沿海地区迄今发现年代最早的新石器时代遗址，揭示了1万年以前长江下游的原始人的生活，比河姆渡文化早了3 000年。上山遗址的文化内涵具有鲜明的地域特色，是长江下游地区新石器时代文化的源头。它的发现不仅表明上山遗址所在的长江下游地区是世界稻作农业的最早起源地之一，也揭示了当时的上山人已将稻米作为重要的食物资源，并从一个侧面反映出1万年前长江下游的文化就已确立了优势地位。[2]在江苏境内，史前文明最早可上溯到1985年在吴县三山岛发现的“三山文化”遗址，它属于旧石器时代晚期，距今同样已有1万年的历史。还有学者认为，“三山文化”就是江南文化的源头。此外，在锡山市鸿声镇彭祖墩遗址——长江三角洲最早的新石器时代文化遗址，则出土了一大批距今6 000—7 000年的新石器时代文物，其中包括石刀、石斧、石纺轮、陶盆、陶豆、陶釜、陶鼎及玉器等。彭祖墩是长江三角洲文化层次堆积最厚、包含物最多、保存最好的历史文化遗址，其中的一个收获被专家称为“荆蛮须新解”。因为从发掘出来的6 000年前的精美石纺轮看，当时人们已会捻植物纤维线、缝衣捆物，其出土的玉耳坠无论圆度、光洁度和缺口的平直度，均可同今天的玉耳坠媲美。这表明当时的文明程度已很高，因而那种以蛮夷称之的传统称谓明显已不再合适。[3]还有一点需要指出的，由于锡山市是吴文化发源地，因而这个发现对于了解上古时代江南的文明与文化状况，可以说具有十分重要的意义。

除了作为江南核心区的吴、越两地，在安徽、江西和福建的一些考古发现，也能证明“大江以南”在史前时代已相当发达。2008年，安徽芜湖发现距今约6 000年的月堰遗址。这是皖江下游地区目前正式发掘且揭露面积最大、文化遗存延续时间最长的一处新石器时代晚期遗址，其中共发现新石器时代和宋至明清时期墓葬38座，房屋建筑基址9处，与房屋建筑相关的红烧土遗迹26处，还有窖穴、灰坑、沟等各类遗迹200余处；出土陶器、石器、玉器等各

---

① 李学勤主编：《长江文化史》，江西教育出版社1995年版，“序言”第3页。

② 严红枫、盛锋：《“上山文化”改写长江下游史前文明史》，2006年11月13日《光明日报》。

③ 《七千年历史从这里打开》，2005年5月22日新华网江苏频道。

类珍贵文物700余件，各类陶器、石器标本近千件。[①]2007年，江西省靖安县发现了罕见的春秋中晚期的东周古墓，出土了大量的丝织品、人骨架、竹木漆器、玉石器、瓷器和青铜器等。其中纺织品文物的出土和清理是重大收获，已得到的纺织品品种有方孔纱、丝绢和真丝朱砂印花织物及纂组织物(经编织物组带)等。丝绢密度多为每厘米经线60—80根不等，织造平、整、匀、密，颜色多为黑色或深褐色，其中的经编织物组带和印花织物填补了这一时期此类织物的空白，还有棺木中随葬的细密精巧的纺织工具，证明这些高精丝织物产于本地，这些发现更新了人们对中国纺织织造史的认识。此外，墓葬中还出土有青铜器和青瓷器。青铜器造型简单，没有装饰纹样，属越系青铜器的制作风格。青瓷器制作较精美，烧成火候高，釉色灰绿，是不可多得的珍贵文物。专家初步判定，靖安东周墓葬代表的是一支受越文化影响较为深厚又具有某些楚文化风格的新型青铜文化，其文物具有很高的考古价值和历史价值，填补了国内同期诸多领域的空白。[②]此外，2006年对福建浦城县管九村的土墩墓葬群的发掘，出土一大批相对完整的青铜器、原始瓷器和印纹陶器组合，其中有40多件铜器，器类丰富，年代约在西周至春秋阶段，填补了福建地区此阶段考古学研究的许多缺环。[③]以上可以说明，从旧石器时代晚期至春秋时代，长江以南地区在文明和文化创造上有很大的独特性，在某些方面甚至影响了同期中原文明的发展与演进。

从史前文化生产上看，江南地区同样不是一片空白。这可以从农业生活方式和礼乐文化创造两方面加以了解。朱逸宁在其博士论文《江南都市文化源流及先秦至六朝发展阶段研究》中曾就此进行过较为深入和全面的研究，其相关的论点可归纳为如下三方面：

一是长江以南的农业生产实际上早于黄河流域。在相当长的时期内，一直说原始农业以黄河流域最早，原因是甘肃秦安大地湾新石器时代遗址(距今8 000多年)发现了炭化粟种籽。[④]但近年湖南澧县彭头山新石器时代遗址(距今9 000年左右)出土炭化稻谷颗粒后(盘古氏裔族与土著蛮人所创造)，将我国的原始农业又向前提早了1 000余年。而湖南道县稻谷的发现(距今约1万年)，则又将我国农业的起源提前了2 000年。浙江萧山市跨湖桥遗址发现了距今8 000年左右的炭化稻谷，同样应看作是古越人的发明创造，最重要的是，其影响不

① 熊润频：《安徽芜湖发现6 000年前聚落遗址》，2008年3月1日新华网。

② 丰帆、聂贝妮、胡晓军：《靖安东周墓葬发掘取得突破性进展》，《光明日报》，2007年7月29日。

③ 《东南地区青铜文化的新探索——福建浦城县管九村周代土墩墓群》，2007年2月2日《光明日报》。

④ 关于这个问题，更完整的论证是："中国文明一般认为是上下五千年，这是指农业文明史。但中国原始农业的出现，距今约1.8万年之久。到7 000年前的新石器时代，中国农业已经较为发展，即农业已成为人类生活的主要来源。农业与定居生活紧密联系，仰韶文化时期的房屋建筑遗址已经发展，主要分布在黄河中上游。证明在原始垦耕条件下，当时黄河中上游适宜农业生产的条件相对优越。在西安半坡村遗址发现部分密集的房屋基址，在河南淇水沿岸发现村落遗址，在甘肃渭河台地发现村落遗址，目前发现这一时期村落遗址的地理范围大约有70万平方千米。黄河中下游形成了史前时代的文化绿洲，产生了大汶口文化、龙山文化、二里头文化。"(傅崇兰等：《中国城市发展史》，社会科学文献出版社2009年版，第34页。)

是来自中原而是直接来自彭头山。①在人类发展的历史上，距今 1 万年前的“农业革命”是人类迈向文明的最初也是最重要的一步，其所形成的农业生活方式与文化传统影响深远。这在上古江南地区已有相当成熟的表现。在定居方面，在新石器阶段太湖流域就已展露出丰富的内涵：“马家浜文化的人们已过着定居生活，其房屋遗存在马家浜、邱城、草鞋山、梅堰等遗址都有发现。房子多为长方形，个别为圆形。墙用芦苇秆和泥做成，屋顶盖芦苇、竹席和草束。其经济生活以农业为主，水稻是当时的主要农作物，在许多遗址都发现水稻遗存。渔猎在生产中仍占相当比重，如马家浜遗址在 50 平方米的范围内出土兽骨达 1 000 千克。圩墩遗址发现堆积成层的敲去尾部的螺蛳壳，说明在河湖捕捞鱼、蚌、螺蛳之类作为食物。家畜饲养业也比较发达，有猪、狗、牛等牲畜。”②

二是古人判断文明与野蛮的标志，主要是是否进于礼乐或时间上的先后。从这个角度看，古代江南在礼乐文明上也达到了很高的发展水平。这一时期从江淮到钱塘江流域主要有徐、群舒、邗、吴、越等多个诸侯国。而且，其中的徐、吴、越三国还曾经称雄一时，在青铜器上发展的水平相对比较高。如宁镇和皖南地区出土的青铜时代土墩墓中的随葬品可以说明这个问题：“有些青铜器是直接由中原传入的，如烟墩山墓出土的宜侯夨簋，丹徒大港母子墩出土的伯簋，安徽屯溪 1 号墓出土的父乙尊等，仅寥寥数件。较多的是融中原、土著两种文化因素于一体的青铜器，许多器物虽有刻意模仿中原同类器的倾向，但在形制、纹饰上表现出许多地方特色。如大港母子墩出土的尊，其形制非常接近中原西周中期的同类器，但尊腹上的环带纹饰却是土著风格的动物变形带状纹，而为其他地区所未见。”③此外，还有一个重要的证据是《左传·襄公二十九年》记载的“季札观乐”。公元前 544 年，吴公子季札出访鲁国并听到鲁国乐工演唱的周代乐舞，其中记载的季札对周代宫廷音乐的评价，可以说代表了那个时代最高的水准。而这一年孔子只有 7 岁。由此可知，当时江南地区对周代文化的继承，并不亚于北方与中原地区。

三是良渚文化中的器物在实用功能之外已发展出审美艺术功能，“良渚陶器普遍采用轮制，器形浑圆、规整，胎壁薄。器表多经打磨光亮，入窑在还原焰气氛中烧成。各类器物以素面为主，纹饰有弦纹、竹节纹和镂孔，镂孔包括圆形、长方形和曲尺形。一些制作精致的陶器施有彩绘或细刻纹饰，常见曲折纹、编织纹、云雷纹以及鱼、鸟、蚕等动物图像，刻画精致，具有较高的艺术性。器物造型习见圈足、三足、翘流、阔把、小鼻、贯耳等做法，形制丰富多样。器类主要有鼎、豆、壶、罐、杯、簋、盘、盆、鬶、盂等。典型代表器物是鱼鳍足、扁方足和丁字足的鼎，袋足瓮，柱足盉，宽流、阔把、圈足的壶和杯，竹节状高柄豆、镂孔粗矮圈足豆，圈足盘、带盖、贯耳壶、罐和三鼻层，以及大口圆底饰兰纹的大缸、短颈弧肩深腹的大瓮等，组成良渚

① 杨东晨、杨建国：《江南太湖和杭州湾地区的氏族部落探寻——简论新石器时代黄河与长江流域氏族的迁徙与融合》，《广西右江民族师专学报》2004 年第 2 期。

② 王友三：《吴文化史丛》，江苏人民出版社 1993 年版，第 55 页。

③ 李学勤、徐吉军主编：《长江文化史》，江西教育出版社 1995 年版，第 153 页。

文化特点的典型器物群。"①不仅陶器如此,更为可观的是玉器:"良渚文化盛行玉器,制作精美品类丰富,有斧、钺、琮、璧和锥形器、半圆形器、冠形器、角尺形器以及璜、环、镯、坠珠、管、龟、鸟、鱼、鷈、琀等多种。在玉琮和其他一些玉饰件上常饰有兽面纹、云雷纹、鸟纹等图案,特别是被认为良渚人崇拜的神人兽面复合像'神徽',那纤细如发的雕刻,鬼斧神工,令人叹为观止。这些精工产品,在中国考古学文化中,唯此独具,有着很高的艺术研究价值。"②由此可见,对于江南文化而言,这一时期在精神生活方面已有了长足的发展。③

如果这些都应算作是上古江南地区的文化创造和思想智慧,那么刘师培所谓江南"三代以上无学"明显是有问题的。在上古时代,江南地区无论是农业的发展、城市的建设,还是在宗教、艺术等文化创造上,与中原地区实际上是难分伯仲的。而江南地区的这些早期的文明与文化创造,在相当长的时期内之所以被忽视,除了文献与考古学不足征的原因,更关键的还是语境问题。"关于江南文化的发生学研究,尽管表面上属于考古学要解决的科学问题,但由于江南文化的发生从属于整个中国文明的起源,因而考古学家首先面临的问题却是他如何看待中国文明的起源。又特别地由于'黄河文明是中华民族的摇篮'在中国历史学中的主导地位,所以这个问题也可以表述为中国文明的起源的'一元'与'多元'之辨,或者说两种观点哪一种更符合中国的实际。"进一步说,"在中国文明的起源中,如果一开始就有一个独立的长江文明,如果它与黄河文明在结构与功能上有明显差别,那么就可以说,江南文化不仅在这里可以找到自己真正的根,以往许多常识化的东西,也都面临着重新评估的现实审判。这是一个原则性的问题,有了它,既可以清理北方人对江南文化的误读与曲解,同时也可以为重新理解江南文化提供一个全新的解释框架。"④由此可知,在建构上古江南知识景观的过程中,最重要的不是已有的或以后还会发现的"地下证据",而在于人们究竟采取什么样的语境来解释它们。也可以说,只有建立一个新的语境,从"中原文明中心论"超越出来,才有可能发现古代江南的真实面目。

三、轴心期文化生产的基本原理与阐释语境

关于"古代江南落后"当然不全是空穴来风,历史学家也会给出这样那样的证据。关键在于这个问题本身是一个宏大叙事,由于它横跨的历史区间过于漫长以及涵盖的现实经验过于复杂,因而无论要从中找一些正面的证据,还是要从中找出另外一些反面的证据,都是相当容易和不足为奇的。而处理宏大叙事有效的手段之一则在于叙事分层,把那些在时间上跨度过大、内容上涵盖过多的概念"一分为多",以尽可能地减少自身内在的逻辑矛盾以及

---

①② 王友三:《吴文化史丛》,第59页。

③ 朱逸宁:《江南都市文化源流及先秦至六朝发展阶段研究》,上海师范大学博士学位论文,2009年。

④ 刘士林:《西洲在何处——江南文化的诗性叙事》,东方出版社2005年版,第20—21页。

逻辑本身与它实际上不能涵盖的经验的冲突。

根据考古学的发现，我们已知道上古时代江南与中原相差不大；从后来的实际情况看，在唐宋时期就发生了中国经济与文化中心的南移，而明清时代的江南则成为整个中华帝国的核心区，因而，如果说历史上一定存在着一个“江南落后”的时期，那么它在时间上主要应限定在周秦之后与唐宋以前。在初步完成了对历史叙事的时间限定之后，对“古代江南落后”的阐释就具体化这样一个问题：在周秦之际的中国文明，一定发生了具有划时代意义的重大历史转折，并使原本文明和文化水平相当的江南和中原，在生产生活方式、社会典章制度、文化教育学术等方面出现了很大的差异，以至于在数百年之后才真正弥补了过来。从人类文明发展的角度看，在周秦之际具有全球性质的重大事件无疑是德国哲学家雅斯贝尔斯提出的“轴心期”。雅斯贝尔斯把公元前8世纪至前2世纪这段时期称为轴心期。在他看来，在轴心期之前，尽管人类已存在了很长时间并有了很多的发明创造，但由于他们作为人最根本标志的“自我意识”尚未真正觉醒，所以在此前还不能说已经有了人类的历史。正是在轴心期，以古希腊哲学、古印度佛教和中国先秦诸子为代表，一种完全不同于自然历史进程的有意识、有目的的精神生命及其实践方式开始出现在宇宙中。同时，诞生于公元前8世纪至前2世纪的人类精神觉醒及其文化遗产，对此后两千余年的文明历史一直产生着决定性的影响。也正是由于这个原因，轴心期成为人类文明历史的真正开端。①与中国历史对接，雅斯贝尔斯的轴心期在时间上大约相当于古代学者经常讲到的“周秦之变”。由此可知，中华民族在人类轴心期发生的“周秦之变”，是导致江南与中原在文明上出现巨大差别的根源。从当时的世界大局看，这是很正常的。因为轴心期本身既是一个人类文明饱经考验，同时也是原本差别不大的早期文明开始出现巨大落差的动荡岁月。这其中的根本原因在于，在轴心期巨大的动荡与苦难中，有的文明经受住了环境和心理的考验，并在这一回应过程中创造了更高的生存智慧，如雅斯贝尔斯非常看重的古希腊、古印度和中国先秦，因而迅速成长为文明世界的佼佼者。而有的则相反，尽管它们在上古时代也曾十分辉煌，但却未能经受此次更严峻的洗礼，如同属于上古文明发祥地的古埃及、两河流域文明等，却很快在文明世界的曙光中失踪了。

江南在中古时代的落后，不过是众多的早期文明在轴心期消长更替的一个细节。对其在此后逐渐“落后”的历史进程，也需要回到人类的轴心期去寻找答案。如果说，包括江南在内的长江领域文明，在史前时代一点也不输于中原文化，或者说，两大文明，各有创造，那么接下来的问题是，由于什么样的具体原因，江南开始陷入每况愈下的境地呢？这就需要我们建构或还原出人类在轴心期的文明发生及其文化生产原理。

关于文明的起源，英国历史学家汤因比曾指出：“如果文明的起源不是生物因素或地理环境单独发生作用的结果，那么一定是它们两者之间某种交互作用的结果。”②在这种交互作

---

① ［德］雅斯贝尔斯著，俞新睦等译：《轴心期》，《史学理论》1988年第1期。

② ［英］汤因比著，曹未风等译：《历史研究》上册，上海人民出版社1966年版，第74页。

用中，来自地理环境的刺激与挑战，可以极大地提升人类的素质与创造机能，因而，不是自然环境与资源优越、富饶的地区，相反却是相对贫瘠、压力较大的生存环境才更易于成为文明的摇篮。以古代中国为例，长江水患少于黄河，又有水利与航运的便利，气候更加温暖，“然而古代中国文明却诞生在黄河岸上而不是诞生在长江流域”①，这是因为艰苦的环境有益于培养、凝聚主体的意志、精神与智慧，为文明的发生与发展提供更优越主体条件与基础。以希腊文明为例，“希腊和贫穷是一对孪生子”，自然条件与经济基础的贫瘠与恶劣，从表面上看是希腊文明发生与发展的不利因素，“不仅爱琴海诸岛形成了许许多多孤立的落脚点，就连大陆上以及较大岛屿上那些涧谷也都形如倒置的山峰，其隔绝程度不仅接近甚至还超过了自然岛屿。此地没有什么适宜原始城市发展的条件，连足够的建筑场地也没有。”②但实际情况却正如芒福德所说：自然条件的限制与生存环境的刺激，直接成为古希腊民主、自由的社会氛围与独立、自力更生的个体生命的摇篮，“希腊城邦即使在其最繁荣的时代也没有十分丰富的产品，他们拥有的是充足的时间，也就是：闲暇、自由、无拘无束，不羁身于铺张的物质消费——像当今美国这样的铺张消费——却能从事交流谈话、发展性爱、进行智力思考和追求审美享受。”③由此可以总结出一个人类在轴心期精神觉醒的基本原理，即“生于忧患而死于安乐”(《孟子告子下》)。在明白了这个基本原理之后，去考察江南与中原文明在轴心期的消长，就可以找到此后“江南落后于中原”的真正原因。

在以往关于轴心期的研究中，我们曾总结了它的基本内涵：“人类轴心期的要义有三：一是突如其来的巨大现实变革彻底中断了自然形成的生活方式与精神智慧；二是从自身的生命中创造出一种可以回应现实挑战的全新的精神资源；三是在这种新的主体条件基础上直接开启了一种全新的人类历史活动。一般说来，轴心期的变革都是灾难性的，因为不这样就不足以迫使人们改变他们习惯的生活方式和思考问题的方式。也正是由于这一原因，在这个过程中的精神新产物都是前无古人的原创，它们构成了人类历史的源头或‘原本’，而一切后来者只要通过模仿、借鉴它们就可以解决他们的生存困境。”④一言以蔽之，轴心期的关键在于，外部的灾难和动荡直接导致了内在的精神觉醒和创造。

在轴心期的文明演化中，在现实中遭遇的困难与痛苦越多、越沉重的文明，就越有可能通过自己的奋斗和创造成为未来文明的领跑者。在某种意义上，中原文明即属于此类。从生产与生活环境看，与其他大河文明的发生相似，尽管中原文明在表面上看也是临河而居，但实际上黄河中下游的早期农业灌溉与大河是不相干的。对中国原始聚落形态的考古学研究表明，由于频繁的水患，哪些早期农业聚落多散布在傍邻小河的台地、丘陵上，并不在大河

---

① [英]汤因比著，曹未风等译：《历史研究》上册，第110页。

② [美]刘易斯·芒福德：《城市发展史——起源、演变和前景》，宋俊岭、倪文彦译，中国建筑工业出版社2005年版，第126页。

③ [美]刘易斯·芒福德：《城市发展史——起源、演变和前景》，第134页。

④ 刘士林：《西洲在何处——江南文化的诗性叙事》，东方出版社2005年版，第28页。

的附近。[①]正是由于生存环境的多艰与困难，中原文明在轴心时代直接产生了儒家的“忧患意识”和墨家的“艰苦奋斗”。而在“地广人稀，饭稻羹鱼，或火耕而水耨，果隋蠃蛤，不待贾而足，地势饶食，无饥馑之患”（司马迁《史记·货殖列传》）的江南地区，则正如《庄子·列御寇》讲道：“巧者劳而知者忧，无能者无所求，饱食而敖游，泛若不系之舟，虚而敖游者也！”这两方面的不同反应，恰好揭示了轴心期文化生产的基本原理，文明的发源多以相对贫瘠或恶劣的自然环境为摇篮，要求主体必须具备丰富的文化创造力与更高层次的生存智慧才能回应大自然的挑战，这是刺激与人自身再生产密切相关的文化迅速扩张，并使之与直接的生存目的和需要紧密联系的根源。但在“饭稻羹鱼”的环太湖地区，显然可以看作是“无冻饿之人，亦无千金之家”的江南人的典型反映，[②]人们几乎不需要通过大的变革就可以生存下去。

对此还可再举两个例子。以作为文明集大成的城市论，“此期的江南城市仍带有不少原始城堡的特征，不妨称之为‘城堡式’城市。”[③]而当时代表性的城市，从周代的丰、镐二都到秦代的咸阳和汉代的长安，无不诞生在中原文明圈内。即使以后来江南地区十分发达的商业城市论，如汉代有长安、洛阳、邯郸、临淄、宛、成都六大商业都市，它们也没有一个在江南地区。以区域文化创造论，与中原地区在文化上锐意改革、变法图强——如周代的礼乐制度建设等——不同，江南地区在文化上也倾向于更为保守的母系制度。其渊源可追溯到新石器时代的女性文化模式，这一模式主要有两大特征：一是在生产工具的发明和使用上以“容器”为主，很好地适应了定居方式、驯化动植物、饮食正规化等现实需要。二是由于获取生活资料压力的减弱，使人类的生活方式与精神需要也相应发生了重要的变化。这在江南地区的考古发现中都可找到有力的证据。就“容器”生产、村庄与原始农业出现的方面看，在“上山文化”——中国长江下游及东南沿海地区迄今发现的年代最早的新石器时代遗址中，就出土有大量的陶器和石器。其陶器多为夹炭红衣陶，石器以打制石器为主，还有石磨盘和石球，反映了与原始农业紧密相关的经济生活模式。[④]就新石器时代生活资料丰富、生存压力减少以及审美与娱乐活动开始出现等方面看，在英国《自然》杂志最近发表的《沿海沼泽地的刀耕火种和水涝治理成就中国东部最早的水稻文明》文章中，就揭示出太湖流域的水稻始于7 700年前，而特别值得关注的是，当时人们种植水稻不只是为了实用饮食，还用于酿酒。[⑤]这表明，在此时的江南文明中，生活、劳作不仅为了直接的物质生活资料的满足，同时也开始有了感性享受与心灵愉悦的审美活动性质。

由于在轴心期面临的挑战与压力不同，中原文化与江南在回应挑战时也有重要的差异。如果说，中原地区由于艰苦的生活环境而创造出儒家的仁学和墨家的兼爱，强化了社会的组

---

① 刘岱总编：《永恒的巨流》，三联书店1991年版，第26页。

② 司马迁：《史记·货殖列传》，中华书局1959年版，第3270页。

③ 陈国灿：《中国早期城市化的历史透视——以江南地区为中心的考察》，《湖南文理学院学报》2004年第6期。

④ 严红枫、盛锋：《“上山文化”改写长江下游史前文明史》，2006年11月13日《光明日报》。

⑤ 《太湖流域水稻栽培始于7 700年前》，2007年10月10日《上海科技报》。

织功能和群体原则的重要性，那么在生活条件优越的江南地区，像这样的文明创造不仅不会受到赞同，相反还会受到质疑、批判和抵制，因为它在本质上牺牲了从原始社会遗传下来的那种相对松散的生活方式以及相对安宁的心灵自由。这集中体现在作为江南文化的精神代表的庄子，对作为当时显学的孔、墨两家的批评与思想斗争上。“巧者劳而知者忧”，是庄子对人生的一个基本态度，而孔子和墨家则一个是“巧”，一个是“忧”。其中“巧者”的优点在于有手艺、能提高生产力，但其根本问题则在于“劳形”，即使人的身体过于辛苦或劳累。正如庄子批评墨家：“其生也勤，其死也薄，……使人忧，使人悲，其行难为也。恐其不可以为圣人之道，反天下之心。天下不堪。墨子虽独能任，奈天下何！”（《天下》）而“忧者”的问题在于“苦心”，正如庄子批评儒家：“自三代以下者，匈匈焉终以赏罚为事，彼何暇安其性命之情哉！……尧舜于是乎股无胈、胫无毛、以养天下之形，愁其五藏以为仁义；矜其血气以规法度。然犹有不胜也。”（《在宥》）司马迁对这一点看得十分清楚，他在《史记》说庄子的主旨就在于“剽剥儒墨”。确乎如此，在一般的情况下，庄子总是将孔、墨放在一起进行清算的，其最深刻的说法莫过于《骈拇》中的这个比喻：“伯夷死名于首阳之下，盗跖死利于东陵之上，二人所死不同，其于残生伤性均也。”尽管这是对轴心期江南文化精神的真实写照，但由于它毕竟直接损伤了人们进行创造和竞争的现实动力与心理需要，因而庄子的这些深刻的思想往往被冠以“卮言”而束之高阁。进一步引申，由于批评“巧”的后果是贬低了物质生产的重要性，而批评“忧”则会影响人们从事政治文明建设的积极性，因而，在其中恰好埋藏着轴心期以来江南文化创造力越来越稀少和微弱的根源。一言以蔽之，因为在那个需要创造和奋进的时代，江南地区却选择了“巧者劳而知者忧，无能者无所求，饱食而敖游”的生活理念，由于既瞧不上劳动，也瞧不上管理，而只一味地贪图个人心灵的逍遥和自由，因而，其在生产生活方式、社会典章制度和文化教育学术上每况愈下，也就自在情理之中。

由此可知，相关安逸的自然环境，是江南地区在轴心期发明较少——无论是生产工具、管理制度还是精神文化，以至于越来越落后于文明时代的历史进程的主要原因。与之相比，在中原地区，无论是物质生产还是文化创造都表现出越来越发达的态势，这是形成“古代江南经济落后”以及“中原文明中心论”成为主流意识形态的关键所在。特别是在思想文化战线上，由于在思想上远离水深火热的现实生活，因而在人类普遍发生精神觉醒和催生巨大文明创造的轴心期，江南地区不仅未能创造出古希腊哲学、古印度佛教以及以儒学为核心的中原文化，相反，却由于中原—北方文化圈在轴心期过于辉煌和影响深远的文化创造，使原本差别不大的江南与中原迅速拉开了难以弥合的距离。在其后千百年的历史进程中，江南地区原生的文化传统与文明要素一直成为中原的附庸。而其中最悲哀的莫过于连江南文化的发生都被看作是中原文化传播的结果。从吴文化起源叙事中的“泰伯奔吴”（如《清嘉录·宛山老人序》中所谓“吾吴古称荆蛮，自泰伯、虞仲以来，变其旧俗，为声名文物之邦”。），到现代以来已常识化的“黄河中心论”——即“中华文明的起源是一元的，其中心在黄河中下游，由之向外传播，以至各地”，实际上都可以看作是江南地区在轴心期毫无建树的后遗症。

四、诗性精神：中华民族在轴心期的另一重要觉醒

由于“先进”与“落后”本身带有浓郁的进化论色彩，而文明时代的基本特征则正如恩格斯所指出的“任何进步同时也是相对的退步”①。也可以说，“进步”和“退步”都是相对的。这就带来另一个需要讨论的问题是，在周秦之后、唐宋之前的江南地区经济与文化的“落后”中，是否还存在着另一种意义上的进步或其他层面的积极内容。一言以蔽之，这就是在江南文化中包含的具有极高审美价值、代表着人类发展更高理想的诗性精神。也就是说，在庄子那种稍显颓唐、甚至灰暗的出世哲学中，实际上诠释的正是我们这个实用民族一直十分匮乏的自由理念与梦想。

关于这个问题，可以从世界层面的中西文化、本土层面的南北文化的比较来了解。与西方文化相比，我们把中国文化称为诗性文化。关于这个中西文化的深层差异，实际上也是人类在轴心期的新产物。

> 在最古老的四大文明中，大约产生了四种回应方式，一是全盘否定“对象”，如古埃及的“来世论”，认为这个世界是完全不真实的；二是彻底消解“主体”，如古印度的佛教哲学，认为生命的本质是“空”。……三是希腊类型，我把它的关键词称为“主体化”与“对象化”，这两方面是相反相成的，前者使人自身由原始的情感主体逐渐发展为冷静的理性主体，而主体的日益强大则意味着人与大自然的原始有机联系日益走向解体。对于后者也是这样，大自然与人类的敌对关系的出现与不断升级，也意味着两者之间的斗争必定变得更加酷烈与无法调和。四是中国类型，由于诗性智慧在中国保存得最好，它既限制了外部的人与自然的分裂，同时也限制了生命内部感性与理性的对立。具体说来，它在肯定个体意识与需要的同时，又没有办法彻底割裂原始人群中遗留下的血缘亲情；而在不得不征服自然以换取生活资料的同时，它又希望能够保持与大自然的原始和谐关系……与希腊模式相对，中国模式可称为“非主体化”与“非对象化”。希腊模式的要义有二：一是表现为感性与理性的二元对立，二是宇宙裂变为主体与客体二部分，那种冷酷地压抑感性以及冷酷地征服自然的西方社会生产方式，就是以此为基础发展来的。中国模式不同，它一方面尽力消解生命内部逐渐展开的“感性”与“理性”的对立，另一方面又通过限制主体的欲望以尽可能减少人与自然的矛盾。希腊模式是理性文化的代表，它完全背离了人类最初的诗性智慧。中国模式是诗性文化的典范，最大限度地继承了原始的诗性智慧系统。以后的中国文化，尽管层次繁多、旁逸斜出，但都以诗性智慧为根底，所以说，中国文化是从“诗性智慧”中转换生成的一种文化形态。②

---

① 《马克思恩格斯选集》第4卷，人民出版社1972年版，第61页。

② 刘士林：《“诗化的感性”与“诗化的理性”——中国审美精神的诗性文化阐释》，《上海师范大学学报》2009年第1期。

在本土层面上，由于地域广阔，南北文化的巨大差异也早为诸多先哲所明示。如刘师培《南北学派不同论》说："北方之地土厚水深，民生其间，多尚实际。南方之地水势浩洋，民生其际，多尚虚无。"①如王国维《屈子文章之精神》说："南方之人，以长于思辨，而短于实行，故知实践之不可能，而即于其理想中求其安慰之地，故有遁世无闷，嚣然自得以没齿者矣。若北方之人，则往往以坚忍之志，刚毅之气，持其改作之理想，以与当日之社会争。"②如梁启超《清代学术概论》说："（南地）其气候和，其土地饶，其谋生易，其民族不必惟一身一家之饱暖是忧，故常达观于世界以外。初而轻世，既而玩世，既而厌世。不屑屑于实际，故不重礼法；不拘拘于经验，故不崇先王。……探玄理，出世界；齐物我，平阶级；轻私爱，厌繁文；明自然，顺本性：此南学之精神也。"③这表明，在中国诗性文化这个大框架下，至少存在着两种重要的经验形态："一个是以政治伦理为深层结构的'北国诗性文化'，另一个是以审美自由为基本理念的'江南诗性文化'。至于两者的关系，我的态度是，由于'北国'的审美特征不够清晰，它应该被看作是中国诗性文化的'初级阶段'或'早期状态'。"④这里需要进一步指出的是，这个关于中国文化的基本区分，实际上也是轴心期的产物，其思想源头分别可追寻到重现实的孔、墨和重理想的老、庄。如王国维所说："前者大成于孔子、墨子，而后者大成于老子。"⑤但就后者对后世文化生产的具体影响看，庄子的影响似乎更更大一些，原因在于与"希言自然"的老子相比，"辩雕万物"的庄子不仅所表述的思想内容更加丰富，同时其修辞与艺术表达也要生动绚烂得多。如《文心雕龙·情采》所说："绮丽以艳说，藻饰以辩雕，文辞之变，于斯极矣。"

在轴心时代的人类精神觉醒中，真正代表了文明趋势的实际上只是少数，不仅古埃及、古印度的精神觉醒都带有浓郁的悲观厌世色彩，即使在理性文化代表的古希腊，实际上也经历过厌弃现实的"酒神精神"与肯定现实的"日神精神"的激烈冲突。因而，可以说，像老庄这样相对消极、甚至颓废的精神觉醒与文化创造，在当时却具有主流话语和很大的普遍性。问题的关键不在这里，而在于必须解释清楚，像这样一种并不积极、快乐、光明的精神创造，为什么会成为审美自由的代表并被人类世世代代地追求。其中就蕴藏着江南诗性文化内在的"进步意义和积极内容"。对此主要可从两个方面加以讨论。

首先，我们需要越出简单的"进步还是退步"这种机械的独断论思维模式，通过还原和构建轴心期来临之际产生诗性精神的实际历史图景。在轴心期之前，由于人口的增加、自然环境与资源的紧缺、私有制和战争的出现等，当时的江南和中原文化面临的是同一个具有二律背反性质的问题，一方面，轴心期直接破坏了原始人类"饱食而游"和"无忧无虑"的生活方

① 刘师培：《南北学派不同论》，载于刘梦溪主编：《中国现代学术经典　黄侃、刘师培卷》，河北教育出版社1996年版，第733页。

② 傅杰编校：《王国维论学集》，中国社会科学出版社1997年版，第316页。

③ 梁启超：《清代学术概论》，中国人民大学出版社2004年版，第23页。

④ 刘士林：《中国诗学精神》，海南出版社2006年版，第219页。

⑤ 傅杰编校：《王国维论学集》，中国社会科学出版社1997年版，第315页。

式，使以诗性智慧为主体机能、以诗性文化为实践方式的原始时代迅速解体；另一方面，这种巨大的破坏又有历史的必然性，否则人类就永远不可能脱离母体并走出其童年时代。具体说来，当时的人类主要经历了物质生产方式上公有制向私有制的转换、人类自身生产方式上母系时代向父系时代的让渡，以及精神生产方式上从诗性智慧向理性智慧的转换。这三方面的沧桑巨变有一个核心，就是作为文明时代理性精神基础的“死亡意识”的觉醒。

> 这是因为，死亡意识不仅割断了人类与自然的混沌不分，不仅冲决了原始人群中的自然血缘纽带，由于死亡本身还是人与自身最大的分裂与对立，所以它还在混沌的原始生命内部深深地切割出理性（社会）和本能（自然）的鸿沟。这对于永生信仰的原始思维无疑是毁灭性的打击。它使个体的生命活动在沉重的疑问、焦虑和痛苦的挤压下向内在方面凝结，并最终产生了一个在原始时代中从不曾有的“自我意识”。尽管原始人和今天一样每天都要面对生和死，但由于他们没有“死亡”观念，也就不能与之发生任何有意识的联系。像文明人必须借助高度的道德觉悟，才能做到的“视死如归”，对他们来说不过是“其生也天行，其死也物化”。另一方面，由于个体的思维与情感结构不发达，像后人要凭借高度身心修炼才能企及的“不知悦生，不知恶死”，对他们来说更是“易如反掌”。然而这一切到了作为文明时代起点的轴心时代终于宣告结束。死亡意识的出现是如此沉重和猝不及防，最初它曾一度惊呆、震慑了所有的原始民族，使这些见素抱朴、无知无忧的原始人群，从生命内部撞击出最初的精神火花，这些星星之火也就成为人类最初的自我意识。死亡，只有死亡，才是刚踏入文明门槛，而本身却不知生死的原始居民最强烈的刺激物，也是他们产生思想、情感、痛苦与悲伤等个体性的生命意识的第一推动力。①

在某种意义上，由于生存环境变化导致的原始生活资料的匮乏、私有制出现产生的贫富分化与矛盾、以及个体感性需要与逐渐强化的外部压抑与约束，是刺激以“死亡意识”为核心的个体在轴心时代迅速觉醒并成长的根源。尽管“死亡意识”的觉醒是巨大的现实苦难直接刺激的结果，但这也是轴心期馈赠给刚刚踏上文明时代门槛的人类的一份厚礼。

> 轴心时代降临的“死神”虽然彻底剥夺了人们的快乐，但它也给不同的原始民族都带来了充满诱惑的礼物，这就是可以创造一切人间奇迹的生命本体结构。从逻辑分析上讲，人类在轴心时代的精神创伤主要有三种：一是理性主体由于充分意识到它与自然的分裂而产生的空间恐惧，二是伦理主体由于首先关注到人与自身的分裂而产生的时间焦虑，三是在这两种异化基础上油然而生的对于诗性智慧的回忆，它们在与理性智慧的对立中逐渐积淀为人类生命特有的审美机能。另一方面，这些精神创伤本身就为人

---

① 刘士林：《苦难美学》，湖北人民出版社 2004 年版，第 6 页。

类生命结构提供了三种本体要素，即已经成为最基本的人性尺度的真、善、美。它们都是原始群中所没有的东西，同时也都是人类在文明时代的新产物。正是以这个基本的三元结构为基础，人类才开始以精神生命的方式出现在天荒地老的宇宙之中。……从这个人类发生的逻辑语境看，轴心时代的礼物可以概括为三种不同的“人自身生产方式”。质而言之，在空间意识上借助对象化活动建构出理性主体的再生产方式，在时间意识上借助主体化活动创造了伦理主体的再生产方式，以诗性智慧为精神家园在反抗文明异化的基础上升华出审美主体的再生产方式。需要强调的一点是，这些生命本体结构要素和人自身再生产方式全都是新的，不仅可以认识对象的理性主体与可以把握生命中自然欲望的伦理主体是新的，即使与诗性智慧有着千丝万缕联系的审美主体，作为一种自由自觉活动的超自然的产物，与原始时代的诗性智慧也是截然不同的。因此它们才能最终创造出可以“给世界带来美丽”的生命本体结构。①

具体到先秦时代，如果说关注生活资料的墨子属于在物质生产方式上的回应，关注伦理秩序的孔子属于在人类自身生产方式上的回应，那么，只有超越了“劳形苦心”的初级形态、以精神逍遥和心灵解放为追求的庄子，才真正代表了对原始文化在轴心期走向解体的精神回应。由此可知，在他看似自由、闲适、无所用心的生活理想，以及对“巧者”“仁者”的冷嘲热讽的深处，同样包裹的是人类在轴心期回应挑战与困境时产生的伟大智慧之一。与前两者主要应对的是物质文明和政治文明不同，庄子关注的是丧失了诗性文化的原始先民的精神自由与审美救赎问题。尽管这个问题比前两方面明显具有更高的价值，但由于物质生活资料的第一性以及社会秩序的更重要性，因而它在当时就不可能获得足够的现实空间与土壤，只能表现为一种“独与天地精神往来”的话语游戏。

其次，“失之东隅，收之桑榆”（南朝宋·范晔《后汉书》卷十七《冯异传第七》）。正如个体在成长过程中有早有晚一样，一种早产的天才思想与智慧也是如此。实际上，当江南地区在轴心期产生“巧者劳而知者忧，无能者无所求，饱食而敖游”（《庄子·列御寇》）这样的精神觉醒时，其始作俑者如老子、庄子等都已意识到这些智慧本身的“无用”，但另一方面，由于同时还看到其中最大限度地保留了诗性文化的审美血脉和自由基因，这是他们又反过来不遗余力地强调、阐释“无用之用”这一“相当别扭的逻辑”的根源。只有在文明的主题从物质生存转移到内在的精神生活之时，这一同属于轴心期的精神觉醒才能显示出其存在的意义。在中华民族的历史上，这是在汉魏六朝以后的事情。在解释这个问题时，我们提出了“江南轴心期”的理论，其时段可以“把江南轴心期锁定在从吴越建国到北宋以前这一历史区间之内。不难发现，在这一段仍然不算短的时期内，最符合轴心期三个精神条件的，无疑是人们都会予以特别关注的魏晋南北朝时代”。尽管江南轴心期比人类轴心期来得晚了几个世纪，但其在本质上正是在轴心期未曾获得现实空间的诗性精神觉醒的“落地”。

---

① 刘士林：《苦难美学》，第8页。

在江南轴心期，中华民族在类轴心期觉醒的审美意识和心灵自由开始走向复活。这既与江南大地在中国文化史上地位的不断上升，同时也与中原文化带来的巨大刺激相关。这些刺激包括政治、军事、经济与文化各方面的，也就是史学家用来证明"江南落后"的各种经验材料。但有一点特别需要指出的是，尽管中原文明的刺激很多，也足够强烈，但其刺激的结果并不是使江南成为又一个中原，相反却是真正唤醒了江南文化中固有的诗性精神。这不仅是江南文化在江南轴心期发生精神觉醒的核心，同时也是江南文化以鲜明的形象成为中国文化半壁江山的标志。

> 正是在这样一种内在的精神历程之后，一种不同于北方道德愉悦，一种真正属于江南文化的诗性精神，才开始在血腥的历史风云中露出日后越来越美丽的容颜。由此可以得出一个结论：江南本身是南朝文化的产物，它直接开放出中国文化"草长莺飞"的审美春天。在它的精神结构中充溢的是一种不同于北方政治伦理精神的诗性审美气质。也可以说，尽管和北方与中原一样共同遭受了魏晋南北朝的混乱与蹂躏，但由于它自身天然独特的物质基础与精神条件，因而才从自身创造出一种完全不同于前者的审美精神觉醒。它不仅奠定了南朝文化的精神根基，同时也奠定了整个江南文化的审美基调。从此，中国民族的审美意识才开始获有了一个坚实的主体基础，使过于政治化的中国文明结构中出现了一种来自非功利的审美精神的制约与均衡：一方面有充满现实责任感的齐鲁礼乐来支撑中国民族的现实实践，另一方面由于有了这种可以超越一切现实利害的生命愉快，才使得在前一种生活中必定要异化的生命一次次赎回了它们的自由。所以说正是在有了这"半壁江山"，中国文化的基本构架才真正明确下来。如果说北方文化是中国现实世界最强有力的支柱，那么江南文化则构成了中国民族精神生活的脊梁。①

由此可知，如同一个断乳比较晚的孩子，尽管江南文化的成长过程相对比较缓慢，但由于先天的形态与结构比较完善，因而也为一种更全面发展的中华民族提供了样板。由此亦可知，如何正确认识与评估久已形成的"古代江南落后"，不仅决定了能否在知识层面上重建真实的上古江南文化，同时也因为这直接关涉江南与中原文明的真实关系而影响到如何全面地理解中国古代文化风貌。

最后要申明的一点是，在超越了简单的"先进""落后"二分法之后，还可以发现一个中国文化生产的深层原理。如果说，中原文化属于早熟的儿童，因而其问题往往是理智大于情感，这可以中原文化最核心的齐鲁伦理人文为代表，江南文化是中国文化中的正常儿童，其最突出的特点是"心智发育比较平衡"，其最本质的特征可概括为江南诗性人文，那么也可以说，在两种区域文化之间存在着恰是一种中华民族或中国文化最理想的生产方式。

---

① 刘士林：《西洲在何处——江南文化的诗性叙事》，第38—39页。

> 江南诗性人文与齐鲁伦理人文既相对立又相联系，恰好构成了中国文化的一个深层结构原理。没有后者对前者的伦理提升，江南会因缺乏伦理水准而变得越来越轻浮与肤浅；另一方面，后者如果没有前者的诗性灌注，也一定会因为丧失弹性而成为一种桎梏人性的枷锁。如果对这个原理本身不存在什么疑问，那么在当代实践中最令人担心的是：一方面齐鲁伦理人文那种至阳至刚精神在反传统的全球化背景中逐渐消失，另一方面是江南诗性人文那种优雅品味在反美学的后现代文化中越来越粗鄙化。在我看来，这种现代性危机虽然始于这两大地域人文，但它无疑代表着中国文化在当代所面临的真正的威胁与危机。以这两种精神资源为文化建设的基础，在诗性人文与伦理人文的矛盾冲突中努力彰显中国文化的生机与丰富内涵，开拓中国文明固有伦理价值与审美价值的新境界，这应该成为一个伟大民族的现代性文化理想。既有承担历史、社会与现实道义职责的铁肩与忠心赤胆，又有独与天地精神相往来的宇宙深情与寄托，只有一个这样的现代华夏民族被生产出来，才真正符合中国诗性文化的理念与实践。①

这一相互依存的原理表明，尽管江南人在性格和文化上的一些特点，如做事的细致与耐心，如对生活有审美态度等，可以用来弥补中原文化的不足。但同时也要看到，仅有审美也是不足以应对现实世界中残酷的竞争与淘汰机制的，因而，最理想的中国文化生产不是两者择其一，而是如何通过深入的学术研究与更富有现代性的制度设计，使这两种几乎是最重要的传统文化资源进入良性的共生状态，为中国文化的全面复兴创造条件和氛围。

（刘士林，上海交通大学城市科学研究院教授）

① 刘士林：《齐鲁伦理文化与江南诗性文化》，《江南大学学报》，2009 年第 6 期。

甲骨卜辞所见“寻”与典籍中“释奠”关系试探

□刘 海 琴

［摘　要］ 典籍所载“释奠”本质上是一种依次陈列祭品的活动，该活动与甲骨文“寻”卜辞之“俘虏类”最为契合，他类亦多可据以通读，二者存在对应关系。一定意义上，甲骨文“寻”卜辞反映了甲骨文时代的部分“释奠”内容，记录了战争告捷献俘过程中陈列俘虏的环节、一般祭祀程序及舟船下水仪式中准备并陈设祭品的活动等。一些疑难卜辞亦可据此重新认识。

［关键词］ 寻；释奠；俘虏；舟；屯南

甲骨卜辞所见“寻”（字形：、、）字资料与典籍所载“释奠”之关系的揭示，是与“大学”在卜辞中的最早发现与研究紧密相连的。1980 年 10 月出版的《小屯南地甲骨》（以下简称《屯南》）“上册”之 60 片见有“于大学寻（）”，其整理者第二年以“郜笛”为笔名发表了专释卜辞首见之“大学”的《卜辞考释数则 · 大学》（1981.11）①，由卜辞之“大学”溯及典籍之“大学”，从而推测卜辞所记“于大学寻”与《礼记 · 王制》所记“释奠于学”相似。其后 1983 年《屯南》下册“释文”出版时，则将此观点简要表述为：“本片卜辞中，大学是举行祭之地，《礼记 · 王制》：‘反，释奠于学，以讯馘告’，就是在大学中举行献俘之礼，本辞在大学中举行的祭，可能就是这种祭礼。”（1983）②由此，甲骨卜辞所见之“寻”与典籍所载“释奠”活动有了联系。

当其时，论者对“寻”及相关卜辞的认识并不统一，或释“谢”，认为反映了古“赐席”之礼（罗振玉 1915）；或释“泛”，称“当是浮泛之意”（郭沫若 1933）；或释“寻”，则“寻舟”“寻羌”乃“用舟”“用羌”记录（唐兰 1939）；或释“度”，读为“渡”，“寻舟”为渡水记录（屈万里 1961）；或释“帅”，有读作“以酒沃地”之“酹”，有读作顺流而行之“率”（于省吾1979）。③相较而言，诸说中

---

① 郜笛：《卜辞考释数则 · 大学》，《古文字研究》第 6 辑，中华书局 1981 年版，第 181—183 页。

② 中国社会科学院考古研究所：《小屯南地甲骨 · 下册 · 第一分册 · 释文》，中华书局 1983 年版，第 840 页。

③ 罗振玉：《殷虚书契考释》“文字第五”，第 53—54 页，王国维 1915 年手书永慕园石印本，又见于《增订殷虚书契考释》卷中第 58 页，东方学会 1927 年石印本，诸家引用多录后者，其实前者已详论之，拙作《甲骨文“寻”字形辞例再探讨》以孙诒让 1917 年说为首创，误甚；郭沫若：《卜辞通纂》532，日本东京文求堂书店石印本 1933 年版；唐兰：《天壤阁甲骨文存》42，北京辅仁大学影印本 1939 年版；屈万里：《殷虚文字甲编考释》639，台北：台湾“中研院”历史语言研究所影印本 1961 年版；于省吾：《甲骨文字释林 · 释[illegible]》，中华书局 1979 年版，第 280—283 页。

以唐说释“寻”最为合理，从者最众，《屯南》释文虽直接摹录该字原形“”，然考论中倾向于唐说，称其“于行义较近”，并遵其说将“寻”内涵归为“与杀之以祭的‘用’用法相近”。①此后，论者或另释该字为“迎”（林小安 1984）、为“揖”（严一萍 1985）、为“拜”（刘桓 1989、陈年福 2001），而从迎宾客、迎牺牲等方面来理解相关卜辞；或从唐说释“寻”，称作“祭名”，将该类卜辞归为商代用俘、用牲等记录。②有《屯南》整理者参与并于 2003 年末出版的《殷墟花园庄东地甲骨》（以下简称《花东》），亦直接以“祭名”称“寻”，不涉他语。③就目力所及，训为祭名之“寻”如何与“释奠”内容相统一，未有论者；④以“释奠”观“寻”卜辞之大多数，探求甲骨卜辞如何反映典籍所载之“释奠”，以及传统所论“释奠”是否需要考虑甲骨卜辞之“寻”，亦未有论者。至于《屯南》该段卜辞，所见亦多从教育角度来阐释，而鲜有结合释奠观之者。⑤

此种现象的存在，或因“寻”与“释奠”之关系仅见于《屯南》之“于大学寻”，算是孤例。然而，经过《甲骨文“寻”字形辞例再探讨》一文对字形、辞例两方面的梳理，可知“寻”卜辞记录了一种发生在战争献俘、造船以及求丰收等重要祭祀场合的、由王主持的、处于祭祀较早准备阶段的活动，⑥其中最具代表性之“俘虏类”内容尤见“寻”这一活动由“王”主持，乃战争献俘告捷的整套祭祀程序之一环，与《礼记 · 王制》所载“反，释奠于学，以讯馘告”正相应。如此，“寻”卜辞与“释奠”记载再次发生了联系，不辩不明。今试借由对“释奠”具体内容之辨析，反观“寻”卜辞，再探两者之关系，以期获得对该类卜辞、该项活动之进一步认识。

---

① 紧随其后出版的由姚孝遂、肖丁所作《小屯南地甲骨考释》（中华书局 1985 年版），则从于说释“帅”，不过 1996 年由于省吾主编、姚孝遂作按语的《甲骨文字诂林》中，则改从唐说“字当释寻”。（中华书局，第 974、2146 页）

② 林小安：《武乙文丁卜辞补证》之“附：卜辞‘迎’字考”，《古文字研究》第 13 辑，中华书局 1986 年版，第 51、52 页；严一萍：《释揖》，《中国文字》新十期，台北艺文印书馆，1985 年；刘桓：《卜辞拜礼试析》，见《殷契新释》，河北教育出版社 1989 年版；陈年福：《释拜》，《甲骨文动词词汇研究》，巴蜀书社，2001 年版，第 208—213 页；李学勤：《续释“寻”字》，《故宫博物院院刊》2000 年第 6 期；钟柏生：《释“䮞”——附释“寻”字在卜辞中的一种用法》，《中国文字》新廿六期，台北艺文印书馆 2000 年版；郭旭东：《甲骨卜辞所见的商代献捷献俘礼》，《史学集刊》2009 年第 3 期；郭旭东：《甲骨文中所见的商代朝觐礼仪》，《陕西师范大学学报》（哲学社会科学版）2011 年第 3 期。

③ 中国社会科学院考古研究所编著：《殷墟花园庄东地甲骨》，云南人民出版社 2003 年版。

④ 《屯南》整理者之一曹定云于 1982 年《殷代的“卢方”》一文中论及“寻”，亦用“用”解，不言释奠。见《社会科学战线》1982 年第 2 期。

⑤ 宋镇豪：《从甲骨文考述商代的学校教育》，《2004 年安阳殷商文明国际学术研讨会论文集》，社会科学文献出版社 2004 年版，第 221 页；王进锋：《殷商西周时期的教育状况》，《历史教学问题》2014 年第 2 期。

⑥ 刘海琴：《甲骨文“寻”字形辞例再探讨》，《中国文字研究》第十八辑，60—70 页，2013 年。以下凡涉及该文观点，均直接引用，或称“前文”如何，不再一一注明。又本文所举所有辞例均已见于前文，限于篇幅，在保证类别完整前提下，仅取具代表性者，且各辞之残缺、缀合情况不再重复注明。

一、“释奠”之具体动作及其与甲骨文“寻”之对应

“释奠”一词在后世文献中并不陌生，甚而成为祭孔之专有仪式，具有相当的规模与固定的制度。论者多见从礼仪角度阐释，或追溯其源头，或考其某一特定时代之具体模式，或考其思想内涵，不一而足，①于其词语本义则多未明言，今试论之：

《礼记·文王世子》：“凡学，春官释奠于其先师，秋冬亦如之。凡始立学者，必释奠于先圣先师。”郑玄注：“释奠者，设荐馔酌奠而已。”则“释”乃“设荐馔”，“奠”乃“酌奠”，透露出“释”有“设”义。其又有作“舍奠”者：《周礼·春官·大祝》：“国将有事于四望，及军归，献于社，则前祝。大会同，造于庙，宜于社，过大山川则用事焉，反行舍奠。”《孔丛子·问军礼》：“舍奠于帝学，以讯馘告。”②偶又作“设奠”：《礼记·大传》：“牧之野，武王之大事也。既事而退，柴于上帝，祈于社，设奠于牧室”。各家注释多将“释奠”“舍奠”“设奠”三者互释，如凡经文中之“舍奠”，郑玄注多云“释奠”，③如《周礼·春官·甸祝》“舍奠于祖庙”，郑玄注即谓“舍读为释，释奠者，告将时田，若时征伐”，而孙诒让又证之以上引《礼记·大传》之“设奠”，称“彼即征伐舍奠之事”。无论“释奠”抑“舍奠”“设奠”，其“释”“舍”“设”因音近而通之“义”，只能是“陈置”“设置”。“释”之“陈置”“设置”义隐含于“释奠”中，论者虽常以“陈设酒食”言“释奠”，然并不贸然以“陈设”解“释”，至常用工具书《汉语大词典》虽收录有“释軷”“释奠”“释菜”乃至“释币”等词语，却未将“设置”“陈列”列为“释”之义项，其所列义项中又不见有与此义相等者。而宋元时期学者熊朋来已明言之：“释之为言置也，故《礼记》作‘释’，《周礼》作‘舍’。‘释奠’者，置其所陈设之礼物也；‘释菜’者，置其所挚苹蘩之菜也。”④

至于“奠”，其字像置酒樽于丌上，《说文》即以“置祭也”为解。段注详解之曰：“置酒食而祭也……如置于席则席为奠。引申为凡置之称……置之物多矣，言酒者，举其一端也。”《诗·召南·采蘋》“于以奠之，宗室牖下”，毛传：“奠，置也。”礼书有“奠币”“奠爵”“奠挚”：《仪礼·觐礼》：“中庭西上奠币，再拜稽首。”《仪礼·乡饮酒礼》：“主人坐，奠爵于阶前。”《仪礼·冠仪》：“玄冠玄端奠挚于君”，孙希旦《集解》以“奠置于地”释“奠挚”。可见，“奠”有“置”义，是将“币帛”“酒爵”“挚”等物品放置在某处的意思。

如此，“释”与“奠”均有“置放”义，“释奠”乃由“释”与“奠”二动词所构成，不同于典籍所见“释菜”“释币”之类“动＋名”结构。典籍既可见“释币”与“奠币”，又可见“释菜”

---

① 李纪祥：《前孔子时代的古释奠礼考释》，《文史哲》2012年第2期，第26—45页；陈东：《释奠制度与孔子崇拜》，《国际儒学研究》第十五辑，第261—278页；刘军：《北朝释奠礼考论》，《史学月刊》2012年第1期，第35—41页；朱溢：《唐代孔庙释奠礼仪新探——以其功能和类别归属的讨论为中心》，《史学月刊》2011年第1期，第33—40页；等。

② 傅亚庶：《孔丛子校释》，中华书局2011年版，第421页。该书多见“舍奠”。

③ 此规律参考上引李纪祥文。

④ 熊朋来：《经说》卷四，《景印文渊阁四库全书》第184册，第305—306页。下引熊说均同此。

与“奠菜”，[①]而有“释奠”无“奠释”，且《仪礼·聘礼》言“释币，制玄纁束，奠于几下”，对于同一对象“币”，先“释”后“奠”，“释”“奠”同中又应有异。细察之，“奠”重在于几案上设置，字形已表露无遗；而“释”，不仅“设置”义隐而不显，更有“分别”义蕴于其中，有字形与语源两方面之蛛丝马迹，罕见明言者，唯见《汉语大字典》明确列义项“依次陈列”，对本文思路及论证深有启发，可证之如下：[②]

先看“释”，其本义重在“分而解之”，以“分别”为核心：《说文》“释，解也。从采，采，取其分别物也。从睪声”，以“解”解“释”，义旁“采”。论者多辨其“分别”之义不仅源自“采”，更源自“睪”——如徐锴《说文解字系传》作“从睪，睪声”，苗夔等《校勘记》曰：“‘睪声’当作‘亦声’，幸部：睪，目视也，目视所以分别物也。《说文二徐笺异》曰：“‘从睪声’三字中明有讹脱……恐写者脱去‘亦’字。……睪，目视也，故兼会意。”[③]——故“释”之核心义为“分别”，举凡“消释”“释生取义”“释耒”“释放”“释怨”“释难”“释宥”种种者，自有分别义在其中，乃“分”而得解之、脱之、消之、废之，《段注》有言：“《广韵》曰舍也、解也、散也、消也、废也、服也，按其实一‘解’字足以包之。”[④]至如《诗·大雅·生民》“释之叟叟，烝之浮浮”之“释”，毛传解作“淅米也”，孔颖达疏“淅米，谓洮米也”，淘米，正乃通过甄别精粗将杂质“分开”以去粗取精。而“释文”“释例”“解释”“释读”之属，则如李善注东晋孙绰《游天台山赋》“释二名之同出”所言，乃“解说令散也”，[⑤]“散”即“分别”“分明”。

再看与“释”同样从“睪”得声之字，其多含有“分别”义，且多可互通，尤见与“释”通。如“选择”之“择”，“甄别”义自在其中，《吕氏春秋·察今》“故择先王之成法”之“择”一作“释”，许维遹指出“择、释声同字通”[⑥]。如“怿”，《书·顾命》“惟四月，哉生魄，王不怿”，孔传称马本作“不释”，且云“不释，疾不解也”，以“解”释“怿”。他又如“译”：《礼记·王制》“五方之民，言语不通……东方曰寄，南方曰象，西方曰狄鞮，北方曰译”，孔颖达疏：“译，陈也，谓陈说外内之言。”“外内之言”不同，自需分而别之然后乃能陈说。再如“绎”：《书·君陈》“庶言同则绎”，孔传：“众言同则陈而布之，禁其专。”因“同”，故“陈而布之”，旨在“历历分明”。此外还有如陈述分明称“绎”：《礼记·射义》“射之为言者，绎也。或曰，舍也。绎者，各绎己之志也”孔颖达疏：“绎，陈也，言陈己之志。”山脉分明称“峄”：《尔雅·释山》“属者峄”郭璞注：“言骆

---

① 《礼记·月令》：“[仲春之月]上丁，命乐正习舞，释菜。”《仪礼·聘礼》：“厥明，宾朝服，释币于祢。”《仪礼·聘礼》：“奠币于其前。”《仪礼·士昏礼》：“若舅姑既没，则妇人三月，乃奠菜。”

② 《汉语大字典》该义项下列“释軷”“释奠”“释菜”，然所引未能直接呈现“依次陈列”，而《汉语大词典》更无此义项。

③ 〔南唐〕徐锴：《说文解字系传》，中华书局 1987 年版，第 24、339 页。〔清〕田吴照：《说文二徐笺异》二篇上，《续修四库全书》经部第 228 册，第 164 页。诸论源于“从睪声”不合《说文》惯例。

④ 〔清〕段玉裁：《说文解字注》，上海古籍出版社 1981 年版，第 50 页。

⑤ 〔梁〕萧统编，〔唐〕李善注：《文选》卷十一，上海古籍出版社 1986 年版，第 500 页。下引王延寿文见第 511 页。

⑥ 许维遹：《吕氏春秋集释》卷十五，中华书局 2009 年版，第 391 页。

驿相连属。”阡陌分明称“墿”:宋杨万里《槐阴墿》诗题下自注:“街陌道也。”[①]树木纹理分明称“檡”:《仪礼・士丧礼》“决用正,王棘若檡棘”郑玄注:“王棘与檡棘,善理坚刃者”。酒清亮分明称“醳”:《西京杂记》卷四:“邹阳为《酒赋》,其词曰:‘清者为酒,浊者为醴……流光醳醳,甘滋泥泥。’”[②]火光清楚分明称“燡”:李善注王延寿《鲁灵光殿赋》“汩硙硙以璀璨,赫燡燡而爥坤”:“燡,光明貌。”如此种种,“分别”“分明”义自在“睪”中,不胜赘举。其间又多通用,如“络绎”又作“骆驿”,山名“峄”可作“绎”,“泽芷”又作“睪芷”,“择居”又作“译居”,“驿使”又作“译使”,“醳酒”又作“泽酒”等,其中“醳”、“泽”均可与“释”通。[③]

如此,“释奠”一词中,除“释”与“奠”所共之“设置”义外,“释”另具分别、分明义,所谓“设荐馔”,有将荐馔分门别类、陈列分明的意思,所谓“释菜”“释币”者均应如此,主要反映献捷告俘的《诗经・鲁颂・泮水》,言“薄采其芹”“薄采其藻”“薄采其茆”,抛却诗歌之艺术性不谈,将“芹”“藻”“茆”三种“菜”名分而言之,应有其客观道理在——也许正由于在典礼中要分别摆放,不能混同。而典籍又有“释軷”与“释获”,《仪礼・聘礼》之“出祖释軷”郑玄注:“释酒脯之奠于軷”,《仪礼・乡射礼》描述“释获”情景:“司射遂进,由堂下北面命曰:不贯不释……乃射,若中,则释获者坐而释获,每一个,释一筭,上射于右,下射于左,若有余筭,则反委之。”用于祭祀之酒脯、用于记分之筭筹,正需一一陈列分明,所谓“上射于右,下射于左”,次序井然是也。

前文已知甲骨文“寻”目前可确认之三种字形“”“”“”均表现了张开双臂持物的形象,无论其构形之最终指向为何,均可将该事项之核心内容理解为需张开双臂。而“释奠”中“奠”已见于卜辞,可用于祭祀,则“释奠”与“寻”之关系,重在“释”与“寻”之关系。今既释“释”有依次设置、分别陈列等义,其动作必然是张开双臂的样子,与甲骨文“寻”所示者正相契合,甚至与“寻”字形之从簟席者遥相呼应。如此,则可将“寻”类卜辞与典籍所载之“释奠”活动相对读,以探求“寻”在卜辞中所表现之活动与“释奠”在典籍中所记录之活动是否一致。

二、俘虏、祭祀及地名类“寻”卜辞与“释奠”文献记载之对读

已知“寻”卜辞按照“寻”所接内容之不同大致可分为“俘虏类”“舟船类”“祭祀类”及“地名类”,其中“俘虏类”与“释奠”最具可比性,且其为所有“寻”卜辞中最具特色、辞例亦相对最完整、数量最大宗者,如下例:

---

① 〔宋〕杨万里:《杨万里集笺校》卷三〇《芗林五十咏・槐阴墿》,中华书局2007年版,第1517页。

② 〔晋〕葛洪:《西京杂记》卷四《梁孝王忘忧馆时豪七赋》,中华书局1985年版,第26—27页。

③ 释、醳、泽:《史记・张仪列传》:“共执张仪,掠笞数百,不服,醳之。”裴骃《集解》:“音释。”司马贞《索隐》:“古释字。”《周礼・考工记・序官》:“水有时以凝,有时以泽。”陆德明《释文》:“泽音亦,李音释。”《说文解字段注》:“《考工记》以泽为释,《史记》以醳为释,皆同声假借也。”其他可参看《汉语大词典》相关辞条。

(1) 辛丑卜，贞：禽以羌，王于门寻？（《合》261）

(2) 辛酉贞：王寻禽以羌[于]南门？一（《合补》10646）（寻——某以羌）

(3) 癸卯卜，□贞：翌辛亥王寻禽以执？（《合》803）

(4) ……来执，王其寻……鬲？兹用。（《合》32184）（寻——某来执）

(5) □酉卜：于……王羌？/[于]南户寻王羌？（《屯南》1117＋2043）

(6) 于宗户寻王羌？（《屯南》3185）（寻——王羌）

(7) 壬寅卜，王宾妣壬岁祭？/弜物？/甲辰卜，又来执于庭？/王其寻？/……南门。/丁未卜，父甲杏□牛？兹用。/……癸。（《合》27387正）（寻——来执）

(8) 甲戌卜，翌日乙王其寻卢伯濼，不雨？大吉。（《合》27041）

(9) 壬戌卜，王其寻二方伯？大吉。/王其寻二方伯于阜辟？/于南门寻？/弜寻？（《合》28086）

(10) 贞：王其寻虘方伯督，于之若？（《合》28087）（寻十方伯）

就"俘虏"类型而言，可见者有"羌"((1)、(2)、(5)、(6))，有"方伯"((8)—(10))，有"执"((3)、(4)、(7))；就发生地点而言，或于门((1))、南门((2)、(7)、(9))，或于南户((5))、宗户((6))，或于庭((7))，或于阜辟((9))，为卜辞中常见之祭祀场所；就具体内容而言，记录了"王"在南门、宗户等处主持的一项活动，该活动发生在俘获并致送来俘虏之后、杀牲祭祀之前，大致相当于一般所见"逆"(迎接)、"告"(报告)之间，属于战争告捷之最初阶段。①在典籍中，与此场景相应者，确乎以《礼记·王制》所载为最："天子……出征执有罪，反，释奠于学，以讯馘告。"——天子出征抓获战俘归来，要在"学"这一地点"释奠"，并报告战果——"释奠"活动之发生时段在归来之后、报告之前，主其事者为天子，与"寻"发生在"逆"后"告"前、由"王"主持正相当。

尚可疑者，上引文献记载之"释奠"发生地为"学"，而俘虏类"寻"卜辞却不见"学"，只见有"门""南门""南户""宗户""庭""阜辟"。遍查全部"寻"卜辞，确乎只见有《屯南》60之一例有"学"，却非俘虏类，其全辞曰："弜寻？/入叀癸寻？/于丨寻？/于祖丁旦寻？/于庭旦寻？/于大学寻?"显然，这是围绕"寻"这一活动展开的卜问，包括要不要举行(弜寻)、是否在癸日举行(叀癸寻)以及在哪里举行。举行"寻"这一活动的地点最受重视，有四个选择：丨、祖丁旦、庭旦、"大学"，"丨"不识，暂不论，祖丁之祭坛"祖丁旦"、庭之祭坛"庭旦"均为祭祀场所，则"大学"亦应为可以与这些地点相当的祭祀场所，在该处举行的"寻"应该与在"门""南门"等处所举行者一致。如此，将"于大学寻"看作是卜辞所见在"学"举行之"寻"，并将之与"释奠"之文献记载相对照，是可行的。前述《屯南》整理者即据此将"寻"与"释奠"第一次关联在一起，只是最终归结为与"杀人以祭"的"用"相近，指向了"杀祭"阶段，要晚于卜辞揭示之"准备"时段。

---

① 具体分析见前文。

如此，卜辞记载与文献记载之战争告捷环节实现了相当程度的重合，卜辞之“寻”与典籍之“释奠”应具有大致相同的内容，既然“释奠”意为依次陈列、分别设置，“寻”也应有相近的意思。照此思路推测，“寻”相当于“释奠”，则“寻羌”“寻执”“寻某伯”，就应该反映了献俘过程中分门别类陈列俘虏的情况，陈列的目的是为了报告战功，类似于田猎“献获”仪式“表貉”中之“属禽”：《周礼·春官·甸祝》：“师甸致禽于虞中，乃属禽。”孙诒让《正义》：“《遂大夫》注云：‘属犹聚也，凡禽兽种类同者聚于一处，而后可以别之。故别其种类谓之属禽。’”①《逸周书·世俘解》“武王乃夹于南门用俘，皆施佩衣衣，先馘入”，孔晁注云：“言陈列俘馘于宗庙南门夹道，以示众也。”②正表现了陈列俘虏的情况，并用“夹”描绘了陈列的状态。③西周康王时期的《小盂鼎》铭文所记载的献俘文字称“盂以多旗佩鬼方子□□入南门，告曰……”，其下即详细记载了俘获情况，包括执酋、获馘、俘人、附车马牛羊等的具体数字，则“盂以多旗佩鬼方子□□入南门”亦应有陈列俘虏的意思，且突出“鬼方子”。这些都反映了“西周献俘仪式是按战利品的种类——敌酋、战俘、首级和牲畜器械分批分次入献的，有着固定的程序。”④商代情况亦应与此大致不差。《逸周书》又言“武王在祀，太师负商王纣悬首白旗，妻二首赤旆，乃以先馘入，燎于周庙”，传世文献与金文资料中对敌首的突出与“寻某伯”卜辞正可比拟。更值玩味的是，《逸周书》与《小盂鼎》所载两事其发生地点均在“南门”，而“南门”正是卜辞中“寻”这一活动的主要发生地，“寻羌”“寻执”“寻某伯”均曾在此。

试以“依次陈列”义逐一理解上列“俘虏类”寻卜辞，可知(1)、(2)占卜王是否要到门(南门)陈列禽送来的“羌”，(3)—(4)、(7)占卜要于何时、何地陈列“禽”等送来的俘虏“执”，要不要陈列，(5)—(6)占卜究竟在哪里陈列王捕获的“羌”，(8)—(10)占卜王是否要陈列俘获的方伯，陈列时会否下雨、是否吉祥顺利、是在南门举行还是在阜辟举行。如此解读，无不通。由此扩展至“祭祀类”寻卜辞，即“寻”后接祭祀动词者，见下例：

其一，寻求：(11)其求年……河……/其求年于方，受年？/于方、雩寻求年？/叀大牢，此又雨？/叀小牢？(《合》28244)

(12)乙……/乙巳贞：叀秋先伐？/庚戌贞：求禾于示壬？/癸丑贞：寻求禾于河？/□丑[贞]：寻[求]禾[于][高]祖？(《合》33286)

(13)己巳贞：其寻求羸？/弜寻求？(《合》32439)

(14)己巳卜，其寻求……又大雨？(《合》30047)

其二，寻告：(15)壬□[贞]：其寻告秋？/弜告秋于上甲？(《合》33230)

其三，寻御：(16)戊午卜，㱿贞：勿寻御于妣庚？(《合》2461)

---

① 表貉形式及其在甲骨文中的反映，参见詹鄞鑫：《神灵与祭祀》，江苏古籍出版社1992年版，第434—438页。

② 黄怀信、张懋镕、田旭东：《逸周书汇校集注》，上海古籍出版社1995年版，第466页。

③ 陈逢衡云：“夹，两行排列也。”同上书。

④ 高智群：《献俘礼研究(上)》，《文史》第三十五辑，第12页。

其四,寻有/又:(17)壬寅卜,寻又祖辛伐一,卯一牢?(《合》32221)

其五,寻酒:(18)贞:寻酒河,燎三牛,沉三牛,卯……(《合》12546正)

其六,寻奏:(19)[辛]巳卜,旅贞:赢不既祒,其亦寻奏,叀丁亥酒?十一月。(《合》23694)

其七,寻燎:(20)辛丑贞:寻燎于𡶜,雨?(《合》34200)

(21)壬戌卜,宾贞:寻燎于𡶜?/贞:沉十牛?/贞:使人于吴?(《合》14474正)

(22)其寻燎于河?/□巳贞:……于……其又……卯一牛?(《合补》13407)

其八:寻乇:(23)辛巳卜,寻乇于[illegible]?(《屯南》78)

其九,寻宜:(24)己未卜:子其寻宜,叀往于日?用。往。(《花东》297)

此中"寻"后所接祭祀动词分三类:杀牲方式者"燎""乇""宜",表示进献活动者"有/又""酒""奏",以及表示祭祀目的者"求""告""御"。前文通过考察得知"寻"所记录者早于这三种活动,而这三种活动属于祭祀从具体进献到求告御灾、烧燎杀牲等一系列完整程序,则"寻"大致相当于这一程序之前的准备阶段,而典籍"释奠"所谓依次陈列祭品的活动,正为此阶段。如此,卜辞(11)—(14)占卜在求丰收的祭祀中,将于何处、向谁摆放祭品,会否遭遇雨天,是否需要摆放祭品等;(15)占卜是否要为"告秋"仪式陈列祭品;(16)占卜是否要为御灾仪式而陈列祭品;(17)—(19)占卜是否要为献牲活动铺设祭品;(20)—(24)占卜是否要为杀牲作祭品的铺设准备。再试读相关卜辞,如《屯南》2385:"于乙亥酒,王受又?/王叀翌日[戊]寻?于丁卯寻?/乙丑,不雨?/乙亥,不雨?""寻"与"酒"同版相对出现,通读之,则为:"王要在乙亥日献酒祭祀,王是否会因之受到保佑呢?(为了乙亥日的献酒,)王是在丁卯日陈设祭品还是在第二天戊辰日陈设祭品呢?乙丑日不会下雨吧?乙亥日不会下雨吧?"——显然,"寻"与"酒"还会有一定的时间差,本辞甚至几乎相差一旬。较之俘虏类"寻"卜辞,"祭祀类"解释似稍逊于前,然鉴于各祭祀动词含义至今并未完全明晰,各类辞例看似繁多而完整性、系统性乃至数量尚嫌不足,此番通读能无龃龉,已属不易。如此看来,"寻"相当于"陈牲"之类,《仪礼·士虞礼》所谓"陈牲于庙门外,北首,西上,寝右",《春秋谷梁传》记载"葵丘之盟,陈牲而不杀",《礼记·檀弓》"有司以几筵舍奠于墓左",均为此义。浙江省平湖市原有一条陈牲弄,即"系古时祭祀杀猪牛羊三牲之地"。①也许正因为"寻"处于最早的准备阶段,尚未进入主要祭祀程序,其关注之焦点在处所而非对象,所以此类占卜中涉及者均为其处所,而不见对象。

出现在"寻"卜辞中之"地名"多集中于俘虏类卜辞中,已见前述。尚需考察者数例,即直接与"寻"结合之"方""牢㑊""盂"——"弜寻方,又雨?/其寻方,又雨?/……寻……"(《合》27804)"丁卯,王其寻牢㑊,其宿?/弜宿,其每?吉。/大吉。"(《合》27805)"……其寻牢㑊……"(《合》30275)"翌日乙……/翌日乙王其寻盂?/……盂[illegible]?"(《合》27807)——"寻"既有"陈设""铺设"义,则"寻方""寻牢㑊""寻盂"最直接的理解应该是在这些地方陈设祭品,具体之祭品内

---

① 汤海鑫:《回望:老城区那些已消失了的街巷里弄》,2006年10月27日《嘉兴日报》。

容、祭祀目的、对象被省略，各地名与“南门”“宗户”应属同类，只是其前省略了介词“于”而已，于整体辞义并无大碍。可对照者有卜辞之“刚”：“弜刚，又雨？/其刚祖辛[圭阜]，又雨？/弜刚？/其刚祖辛[圭阜]，叀豚，又雨？/叀羊？/其刚父甲[圭阜]，又雨？/弜刚？”(《合》27254)同样是在某“[圭阜]”举行活动，担心是否会有雨，这版卜辞提供了相关的祭牲内容“豚”与“羊”，使得其他各辞可作“刚某物于某[圭阜]”的解释。依此反观地名类“寻”卜辞，笼统地用“释奠”来理解，则关心王是否要到盂地释奠，在某方释奠时是否会有雨，王在牢[圭阜]释奠时，是否会宿于该地，等等，意思上并无不通，至所“释”之内容，因或辞残或省略，未得呈现。

三、以“释奠”反观“寻舟”卜辞

“寻舟”类卜辞乃“寻”卜辞除俘虏类之外最为诸家所重者，有如下数例：

(25) ……用。/(一)。/(一)。/兹用。(一)。/已未卜，中己岁罘兄己岁酒……/庚申卜，王其寻舟，……[二]牢？兹用。/庚申卜，舟燎二牢？(《屯南》2296)

(26) [乙]丑卜，行贞：王其寻舟于滴，亡灾？在八月。/……王其田……亡[灾]？(《合》24608)

(27) 乙丑卜，行贞：王其寻舟于河，亡灾？(《合》24609)

其所载“王”在河、滴等水边所进行之“寻舟”活动，论者或认为用绳索引舟，或以为舟在水中顺流而行，①或认为“用舟”，归之为在水边沉舟禳灾之祭，②或以为“王往就舟”，或以为乃跪拜于船前向河神祷告，希望渡河时平顺无灾。③而前文研究表明，“寻舟”乃卜辞所见制舟之选材阶段“析舟”、制作阶段“作舟”、视察阶段“省舟”、来源供给阶段“得舟”/“来舟”/“畀舟”、使用阶段“出舟”这一舟船从制作到使用的整体过程之一环，且处于由“王”出席的省视到使用环节，关心其是否顺利无灾。今既辨“寻”与“释奠”相关，比之典籍中“释奠”有关内容，“寻舟”这一动名组合相当于典籍之“释菜”“释币”，或“释軷”“释获”。前者即“设菜”“设币”，“菜”与“币”乃“释”之直接作用对象，后者乃“为軷而设某某”“为计算所获而设某某”，“軷”与

---

① 此二说宗于省吾先生前后二文，前者见《殷代的交通工具和驲传制度》，《东北人民大学人文科学学报》1955年第2期；后者见《甲骨文字释林·释[㝷]》，中华书局1979年版，第280—283页。从时间看，于先生修正了“牵引”说，但论者各有所从，如温少峰、袁庭栋、王宇信、杨升南等从前说(《殷虚卜辞研究——科学技术篇》，四川省社科院出版社1983年版，第272页；《甲骨学一百年》，社会科学文献出版社1999年版，第529页)，宋镇豪、吴浩坤等从后说(《夏商社会生活史》，中国社会科学出版社1994年版，第222页；《甲骨文所见商代的水上交通工具》，《陕西师大学报》(哲学社会科学版)1995年第4期，第111页)。

② 罗琨：《卜辞滴水探析》，《江苏纪念甲骨文发现100周年甲骨文与商代文明国际学术研讨会论文选集》，1999年版，第105页。

③ 李学勤：《续释“寻”字》、陈年福《释拜》，同上书。

“获”乃“释”之目的。相较而言，为舟而陈设某某，比“陈设舟船”更符合他类“寻”卜辞所揭示之陈设祭品义，则“寻舟”与“释軙”更相接近。而在舟船制作好到正式使用过程中发生的为舟船而陈设祭品的活动，最接近者，即舟船造好之后的下水仪式。此仪式之进程及对主事者之重视，古今中外一理：浙江东南沿海的温岭，当新船下水、首航或首次远航，都要“在船头上设供桌，摆上猪头、羊等祭品，点燃香烛。按船主、大副、二副、水手等职位顺序跪拜，祈求神灵保佑”。上海、苏南地区沿海“渔船下水时，船头上须放盐、茶、米、面四样供品，须烧香叩头放鞭炮，船主同时还要拿出铜板、铜钿、银圆，让木工师傅‘抛舱’”。[①]福州“龙舟下水开船前要举行隆重的祭祀仪式。先将龙头彩装一新，供在桌上，披红挂彩，上香敬酒，叩拜鸣炮。龙船下水时，装上龙头，在锣鼓声中开船航行”[②]。现代西方世界的一个普遍做法是掷香槟酒和为新船命名，类似于新生婴儿的“洗礼”，且多邀请有一定社会地位的妇女担任教母一职来主持典礼。如美国尼米兹级的第10艘航母即以“乔治·布什”命名，其下水典礼由老布什的女儿作为教母向舰首敲开香槟酒瓶。[③]

如此，上述三版卜辞均占卜王为舟船之下水仪式陈设祭品事，或卜问是否要烧燎两头牢牲(25)，或卜问王在滴水边或河水边主持仪式时会否有灾祸(26)、(27)。其中对牺牲的关注与上文所示浙江、福州等沿海地区在新船下水典礼中设供桌、摆猪头、羊等供品，正相契合。无独有偶，古巴比伦泥版故事《埃努玛·埃立什》中，亦曾描述过他们的船舶下水祭礼：“*Openings to the water I stopped/I searched for cracks and the wanting parts I fixed/Three sari of bitumen I poured over the outside/To the gods I caused oxen to be sacrificed.*”——“在下水以前，我停下来/我仔细检查裂痕，修理缺少的部件/将三张沾满沥青的卷布，我倾注在船舶的外侧/面对天上的诸神，我宰杀一只阉牛作为祭品。”[④]此明确提出了宰杀一头阉牛来作为祭品，与(25)之“二牢”相映成趣。而且，至今对牛马类家畜一般均先行阉割，汉代画像石中亦有鲜活的表现阉牛场景的内容[⑤]，秦俑坑出土的秦代马俑，全都经过了阉割，甲骨文中又有阉割过的猪与未阉割过的猪之分，所以，(25)辞中所提到的经过圈养的牛，也不排除已经被阉割过的可能。

甲骨文又有“”字，见于《合》33691，一般隶定为“淁”，认为乃像舟在水中之字“洀”之繁体，训“泛”。《甲骨学一百年》认为：“甲骨文还有一字作双手在河水中推舟之形……水浅而

---

① 朱惠勇编著：《中国船文化》，杭州出版社2003年版，第12—13页。

② 齐上志：《福州龙舟文化初探》，《闽都文化研究——“闽都文化研究”学术会议论文集(下)》，2003年版，第764页。

③ 严宝兴：《谁来为新舰祝福?》，《现代舰船》，2011年第3期，第44—45页。

④ 颜闾明：《船舶下水、命名及交船典礼仪式的传统》，“天主教辅仁大学神学院礼仪研究中心”网站，2006年7月5日。该文参考J. John C. Reilly Jr. 1975. “Ships of the United States Navy: Christening, Launching and Commissioning.” Second Edition. Washington, D.C., Naval History Division of the Department of the Navy.

⑤ 河南地区文物工作队、方城县文化馆：《河南方城县城关镇汉墓画像石》，《文物》1984年第3期。

舟逆行者，则需下到水中推舟而进。”①但是，且不论泛舟于水的形象已经由“洀”来表示，“水中推舟”未必一定是逆流而行的形象，就一般的行舟习惯看，逆流而行多拉纤而非人推。统观整版卜辞——“丙午卜，禘杏□牢。兹用/丙午……兹用。/弜物牛/弜浸舟。/二[牢]。”——其主要与祭祀有关，涉及到的牺牲只有一种——牛，颜色上考虑杂色——物，属性上考虑圈养者，此与“寻舟”时使用牛牲的情况相合。结合本文对“寻舟”的理解，此增加双手所表示的“水中推舟”形象正应为船只下水时推舟入水的真实写照：具体至新船下水时，则先行祭奠，然后推舟入水，先“寻舟”，再“浸”。“浸”为何字，正应从这一角度推求。这种推舟入水的情况在后世新船下水礼中亦有反映：“浙江沿海渔民的新船下水礼仪很隆重，未下水时，必办‘下海酒’。因在沙滩上造船，须靠众人出力推船下水。办酒地点在宗族厅堂或沙滩上，凡推船入海者都上酒席。”台湾高山族雅美人造船时，“新船下水有‘抛舟’的仪式，新船主杀猪宰羊款待众人，一群青年将新船高高托起，一边抛接一边直奔海边，最后将船抛入海中”。②甲骨文“”字形构造或许正乃这一活动最形象生动的描画。

这样的认识正与对“寻舟”相关卜辞的综合考察结果相符：在“析舟”—“省舟”—“乍舟”—“来舟”—“用舟”这一程序中，“寻舟”“浸”正处于“乍舟”“来舟”与“用舟”之间，反映的是在水边举行下水仪式之后使舟下水，如此则完成了选材、省视、制作、供给、祭祀、试水、使用的完整过程。

四、由“释奠”再读几组疑难卜辞

前述已为“寻”类卜辞之大概，所余者多为辞例过简、省略严重乃至残辞，可不论，此外尚有几例或文辞不通、或义有未明，以致争议反复，试以“陈列”“依次设置”义再读之，冀有所得：

第一，寻占：丙申王寻占光卜曰不吉有祟兹乎来。(《合》94 反)

因行文与他辞迥异，各家释读不尽相同：《甲骨文合集释文》断为：“丙申，王寻占。光卜曰：不吉，有祟，兹乎来。”《甲骨文校释总集》断为：“丙申，王寻占光。卜曰：不吉，有祟，兹乎来。”③可见区别在于“光”属前还是属后。李学勤先生断为：“王寻占光卜曰：‘不吉，有祟，兹……乎来。’”称“在此次占卜中，王有两次占辞，内容不同。刻在反面的是第二次占，故称‘王寻占光卜’，即重占关于光的卜事。《合集》32484：‘寻卜在大甲’，与此相似。”按此数种读法，辞义仍不够畅通，卜辞中不见甚为契合之句例，《合》32484 亦不够完美。今试再读之，其正面刻辞占卜妇好是否有子，天是否会下雨，是否要让妇好祭祀先妣癸，且又有如下语：“甲辰卜，亘贞：今三月光乎来？王

① 陈年福：《甲骨学一百年》，第 588 页。

② 朱惠勇编著：《中国船文化》，杭州出版社 2003 年版，第 12—14 页。

③ 胡厚宣主编，王宇信、杨升南总审校：《甲骨文合集释文》，中国社会科学院出版社 1999 年版。曹锦炎、沈建华编著：《甲骨文校释总集》，上海辞书出版社 2006 年版。

占曰：其乎来，乞至隹乙。旬有二日乙卯允有来自光，以羌刍五十。小告。”这是“光”来贡献俘虏的记载——贡献了五十个羌刍（“以羌刍五十”）。如此，正反刻辞相对看，不能不使人联系到“寻”类卜辞之“寻羌”——“禽以羌，王于门寻”（禽贡献来了羌，王在门“寻”）——模拟之，“光”贡献来了羌，王要“寻”之，则此“寻占”卜辞很可能乃“错简”现象，正常语序或为：“丙申卜，王占曰：寻光，不吉，有祟，兹乎来。”“寻光”概为“寻光以羌”之省略。①

第二：王马寻駁：甲午卜，王马寻駁，其御于父甲亚？吉。（《合》30297）

该辞中“寻”前出现了“王马”，迥异于之前所见人名，“寻”后出现了“駁”，论者或言马悍烈，②或言马发生的不好的事情，乃至死亡，③总之均为马的某一种状态，而非之前所见之俘虏、地点、舟船等名称。全辞占卜之重点比较明了，即是否要在“父甲亚”举行攘除灾害的祭祀活动，而“王马寻駁”与这项活动关系如何，则尚待研究。直接用“设置”“陈列”解释“寻”，显然不通，“王马”不具有主持的能力，“駁”也不具有被设置陈列的特征。此辞或可与上引辞例(16)“寻御”——“勿寻御于妣庚”——对比，亦可与“贞：我马有虎，隹祸”（《合》11018 正）对比，前者为“寻”与“御”同见，表示在攘灾祭祀之先陈列祭品，后者有与“王马”相近之“我马”，表示我马遭遇了虎患。而“駁”，除表示马的一种状态外，亦可为具有某一特征的马的名称。如此，试言之，“王马寻駁”是指在王马中选择了“駁”这一种，目的是用来参加在“父甲亚”举行的攘灾活动。这样一来，马就是该祭祀活动之用牲，而非祭祀活动之原因。卜辞中作为祭牲出现的马，虽不如牛、羊、猪等普遍，但亦有一定数量，可以毋论。钟柏生先生则取训“寻”为“重”说，解释为：“‘殷王驾车之马原本驯良，后马性变为悍烈，反复发作’殷王疼惜此马，故‘御于父甲亚’欲去其病。”两相比较，后者似乎更为文从字顺，然前文已论“寻”非副词，此处不能不疑。由于“王马”及“駁”卜辞均仅此一见，且该版甲骨亦仅见此一条卜辞，暂只能据理作一些猜测，无法两全，姑存疑。

第三：往寻：辛未卜，宾贞：王往寻，不……亡灾？（《合》339）

“往”在卜辞中多用如今之“往”，其多与动词前后相连，且多见主语“王”，如“王往省”——“丙辰卜，争贞：王往省从西，若？”（《合》7440 正）“王往田”——“贞：王往于田？”（《合》635 正）“王往伐”——“贞：叀王往伐𢀛方”（《合》614）“王往陷”——“贞：叀王往陷？”（《合》7075 正）、“王往狩”（《合》905 正）、“王往逐”（《合》957）、“王往酒”（《合》5088）、“王往见”（《合》5805）、“王往福”（《合》15839）等，如此，“往寻”之“寻”亦可为动词。考虑到整版内容均在占卜祭祀祖先“丁”以及“祖乙”，这应该是王前往某地“寻”的意思，而非王前往“寻”地。

第四，寻丁（花东卜辞）

(28)己卜：叀丁乍，子兴寻丁？（《花东》53.18）

(29)己卜：叀[丁]乍，子兴寻丁？二（《花东》409.20）

---

① “光”身份与“禽”相近，与某伯相反，与商关系友好，卜辞屡占其是否获羌事，故不能模拟于“寻＋方伯”卜辞。

② 钟柏生：《释“駋”——附释“寻”字在卜辞中的一种用法》，《中国文字》新廿六期，艺文印书馆 2000 年版。另见《钟柏生古文字论文自选集》，艺文印书馆 2008 年版，第 167—174 页。

③ 周忠兵：《甲骨文中几个从“丄(牡)”字的考辨》，《中国文字研究》第七辑，第 142 页注释 4。

此乃《花东》卜辞中新出现的情况，凡两见，由于仅此二例，且又同文，而《花东》卜辞辞句简省又十分普遍，在没有其他更丰富的辞例作对比情况下，各家所见迥乎不同，导致对“丁”的看法亦各执一词：曹定云先生释“寻”为祭祀动词，认为“子兴寻丁”乃《花东》卜辞中存在生者“丁”与死者“丁”之重要例证：“‘叀丁、子兴’是并列的两个主祭者[生者]，‘寻’是祭祀动词。‘寻丁’之‘丁’是被祭者[死者]。这又是生者‘丁’和死者‘丁’见于同版同辞，是同时并存的又一例证。”①韩江苏支持释“寻”为“揖”，训“迎接”义：“寻即为迎接之义，《花东》53 辞义为武丁已经动身前来‘子’所在处所，要子兴这一人物迎接武丁的到来？”②此外，另有视之为日名者，如魏慈德先生利用“寻”训“继续”认为“似乎可解释成‘子兴也在丁这一天乍(某事)’”。③阎志先生认为“即子于丁日行事为宜”④。

可见，无论全辞作何解释，均以“丁”为名词，而卜辞中与“寻”结合之名词不外乎俘虏名(羌、执、某伯)、事物名(舟)、地名(盂、方、牢凷)数类，上述无论生者抑或死者“丁”，乃至日名“丁”，于以往卜辞中均未曾见。如此，存在两种可能：一是“寻”出现了一种新的组合方式，迥异于以往；一是对“丁”的判断尚有疏漏，“丁”仍然不出俘虏名、事物名、地名中的某一类。就结构分析，“叀丁乍，子兴寻丁”中“子兴寻丁”应是在“叀丁乍”基础上进行的活动，“子兴”为主体，其“寻丁”之前提条件乃“丁乍”，两个“丁”所指应该相同。如此，重点就在于“丁乍”的含义，《花东》卜辞中有关“乍”的辞例乃最佳切入点。

《花东》中“乍”可见有三种主要的组合方式，即表示某人引起了“子”的齿疾的“某某乍子齿”⑤、表示某人带来了不好的事情的“乍虞/艰”⑥、以及表示建造宫殿或制作玉器的“乍+宫殿类/玉器”⑦，而前两种“齿”疾与“虞”“艰”实同为灾害，则“乍”实有“为害”“建造制作”两种意义。如此，“丁乍”之“乍”，亦应不出以上为害与建造制作两类。

先以“为害”论，则“丁”为人物“丁”，他为子带来了某种麻烦，“子兴”要去“寻”这个“丁”，“乍”之后应该是省略了宾语成分“虞”、“艰”或“齿”等。卜辞屡见“丁不虞”“丁不延虞”“丁延虞”(《花东》3)、“丁虞”(《花东》181)等，动作的发出者均为“丁”，姚萱先生论“虞”时所举之子

---

① 曹定云：《殷墟花东 H3 卜辞中的“王”是小乙——从卜辞中的人名“丁”谈起》，《殷都学刊》2007 年第 1 期。

② 韩江苏：《殷墟 H3 卜辞主人“子”为太子再论证》，《古代文明》2008 年第 2 卷第 1 期。

③ 魏慈德：《论同见于花东卜辞与王卜辞中的人物》，《故宫博物院院刊》2005 年第 6 期。

④ 阎志：《殷墟花园庄东地甲骨卜用丁日的卜辞》，《故宫博物院院刊》2005 年第 1 期。

⑤ “丙卜：隹亚奠乍子齿？/丙卜：隹小臣乍子齿？/丙卜：隹妇好乍子齿？”(《花东》28)“戊卜：侯奠其乍子齿？一二/戊卜：侯奠不乍子齿？一二”(《花东》284)

⑥ “壬卜：丁闻，子乎[见]戎，弗作虞？/肖弗死？/死？”(《花东》38)“戊卜：子乍丁臣旃，其乍子艰？”(《花东》75)“虞”的解释从姚萱先生说，见《殷墟花园庄东地甲骨卜辞的初步研究》，线装书局 2006 年版，第 213—224 页。

⑦ “壬子卜：子其告妣既匿丁？子曾告曰：丁族盗䖵宅，子其乍丁雝于妣。/壬子卜：子戠弜告妣既匿于□，若？/壬子卜：子寝于妣，弜告于丁？/壬子卜：子丙其乍丁雝于妣？”(《花东》294)“其乍雝东？”(《花东》419.3)“甲午卜：子乍玉分卯，其告丁，若？”(《花东》391.10)他如《花东》85.1、113.28、292.1、276.1、372.8 等。

组卜辞《合》21740作："丙子，子卜：隹丁乍兹口？"——是否是"丁"导致了口疾——其主语也是"丁"。《花东》75有"子乍丁臣旓，弗乍子艰"，虽然"臣"后之字含义不明，但"乍子艰"之主语亦应为"丁"。《花东》28除占卜是否是亚奠、小臣、妇好、侯奠"乍"子齿外，同版更见有"丁虞于子"——"丙卜：丁虞于子，隹亲齿？一/丙卜：丁虞于子，由从中？一"——可见，是否是"丁"在"乍虞"，是"子"非常关心的事情。据此反观二"寻丁"卜辞之整版记录，则可见《花东》53中记载的一件大事是对妣庚的祭祀，屡言用牛、豕、彘、白彘、牝、宰等祭牲，使用的方法有"酉""岁""뗯"等，派谁去主持此项祭祀，曾在"子兴"与"多臣"之间进行选择，至于事由，则是因为"子"患了耳疾——"耳鸣"，还做了梦。在这一过程中，"己"这一天占问"叀丁乍子兴寻丁"，应该是说："是丁要为难我吧？子兴要不要去'寻'丁？"《花东》409记载了相同的事情，只是生病的是"子而"，具体病情未言及，但很紧张他，为了攘除他的疾病，在妣庚、妣丁以及子癸之间进行了多次占卜，并涉及用哪些祭品，由子兴承担前往祭祀的任务，用到了牛、羊、豕等牺牲，对它们使用"岁""뗯"等处理方法，还对妣庚贡献了鬯。在此过程中，同样卜问"叀丁乍子兴寻丁"，亦应是在揣测究竟是否乃"丁"作怪，问是否要子兴去"寻"丁。而参看王卜辞之"乍祸"，[①]与活着的"王"连用者一般都作"王有乍祸"与"王亡乍祸"，[②]不见"王乍祸"；而《合》7859正有"其乍兹邑祸？四月。/洹弗乍兹邑祸？"《合》14182有"……帝其乍王祸？"——"乍祸"者乃河、帝等神灵，且有具体的"祸害"对象。如此，似可得到这样一个认识：能够"乍祸"者一般都是神灵，若其为人物"丁"，则其应该是过世的人。甲骨卜辞时代，人们往往将做梦或生病归结为过世的祖先作祟，从而祭祀之，以祈求攘除灾难，[③]在此背景下，可将"叀丁乍，子兴寻丁"看作是因为祖先"丁"作祟而对之进行一定的祭祀活动，如此则出现了前所未见之"寻＋祖先名称"结构，而之前该位置仅见有俘虏名称（省略除外），是"寻"这一动作的作用对象，而非"寻"这一活动的目的对象。

若以"建造""制作"讲，考虑到《花东》所见建造宫殿或攻玉活动一般都由"子"主持，没有"丁"亲自参加的迹象，且"丁"即使有此活动亦无需"子"来占卜吉凶，则"叀丁乍"之"丁"必不可能是建造制作动作的发出者。鉴于此处用到语气副词"叀"，而卜辞中时间名词、施事、受事前均可加"叀"以表强调，则"丁"或为建造活动之对象，或为时间名词"丁"日。分论之：若"丁"乃"乍"的对象，则可比之于"乍宫殿"类卜辞，如《花东》294言"子其乍丁雝于㚤"，又曰："子寝于㚤，弜告于丁？"——子要在㚤地为"丁"建造某种宫殿类建筑，并且考虑是否向"丁"汇报，这种宫殿叫做"丁雝"——"叀丁乍"之"丁"作为"乍"的对象，应该是"丁雝"之类的省略，"叀丁乍，子兴寻丁"一辞可以理解成："丁的宫殿做好了，要子兴去'寻'这个丁宫吗？"如此，"寻丁"就属于常见的"寻"与地名的结合，类似于"寻方""寻盂"特别是"寻宰隹"："宰隹"为建在"宰"地的行宫，"丁雝"乃为"丁"建造的行宫，它们都是建筑的一种，作为"寻"这项活

---

① 此对比基于魏慈德先生认为《花东》之"虞"相当于王卜辞之"𡆥"，读为"祸"，其辞例格式可以对应，见《殷墟花园庄东地甲骨卜辞的地名及词语研究》，《中国历史文物》2005年第6期。

② 见《合》536、《合》738、《合》3458正、《合》6086等。

③ 刘源：《商周祭祖礼研究》，商务印书馆2004年版。

动发生的场所而存在。①

若“丁”乃日名“丁”，则“叀丁乍”表示在“丁”这一天作某事，“子兴寻丁”难以解释，日名说者或曰“子兴也在丁这一天乍（某事）”，或曰“即子于丁日行事为宜”，均建立在训“寻”为“重”“继续”说基础上，与本文所论“寻”义有异。

比较而言，虽各有不足，建造宫殿说似更胜一筹，其延续了“寻”之一般含义，未另出新义：“叀丁乍，子兴寻丁”是说“丁”的宫殿做好了，子兴是否要在那里陈列祭品。所不足者在于其不仅省略，而且乃“孤例”，更与整版他辞关联性不够。然而，《花东》卜辞本就存在省简严重问题，“寻丁”本身又在《花东》中即仅此一种，实难左右逢源。不过，无论何种解释，该辞对有关“丁”之争论的价值，都需要重新判断了。

五、余　　论

综上，“释奠”是一种依次陈列祭品的活动，甲骨文“寻”字资料与“释奠”记载具有相当程度之可比性，一定意义上，甲骨文“寻”字资料反映了“释奠”在甲骨文时代的部分内容。或曰：甲骨文“寻”字资料涉及祭祀多个方面，而后世“释奠”多见于祭祀先圣先师，似不相合。答曰：有熊朋来说为证：“古人于山川庙社五祀皆曰释奠，妇见舅姑之庙、君临大夫之丧皆曰释菜，近代儒者专以学校祭先圣先师为释奠释菜，盖自汉儒始也。”囿于客观条件及受笔力所限，尚不能在甲骨文“寻”字与典籍“释奠”一词乃至“释”一字之间画等号，它们之间尚有相当的距离，甚至不排除这样的可能：具有、、三种写法之字所对应者本不为“寻”，亦非“释”，而为另外的字，然其字义内涵及相关卜辞内容与“释奠”记载之关系，大致仍应如前文及上文所论。本文的一系列考察旨在说明“寻”卜辞与典籍“释奠”有关，“寻”这一活动相当于“释奠”这一活动，对卜辞“寻”字资料的研究不妨借助于典籍之“释奠”记载，对“释奠”的考察亦可参考卜辞所记“寻”有关内容。至于更为深入的考察，尚有待方家。

（刘海琴，上海社会科学院图书馆文献部副研究馆员）

① 魏慈德亦提及“丁”乃“丁宫”之省略，然其同时将“叀丁乍”之“丁”看作“丁”日。见前引文。

春秋晚期的“夷夏之辨”与吴国的“华夏化”*

□黄 爱 梅

［摘　要］ 学者皆发现春秋晚期吴国的“华夏化”现象，然而其效果如何，是否得到中原诸夏的接纳？却未及深入分辨。本文通过梳理文献记载中春秋各国对吴国的评论，发现吴国的确援引太伯故事以说明和拉近与中原诸夏的关系，诸夏对吴国所宣称的与周王室关系也并未提出疑议。但是这些都不意味着中原诸夏对吴国的接纳，反之诸夏始终斥吴国为夷，批判其背礼、失礼的行为。细究中原诸夏行动和话语间的矛盾，可以看到春秋晚期“夷夏之辨”观念发生变化，夷夏之别不但无法言说新的邦国关系格局，也失去了作为中原争霸合法性理论依据的作用。吴国“华夏化”所遭遇的尴尬，包含了时代和观念的双重变迁。

［关键词］ 春秋晚期；夷夏之辨；华夏化；邦国格局

吴国是春秋晚期崛起最快的诸侯国之一，也常常作为中原周边人群“华夏化”的例子。传世文献如《史记·吴太伯世家》认为吴国王室起源于周太伯，因而吴亲周，来自天然血缘的联系；有现代学者怀疑此为传说，认为：“吴与北方周王室之间的这种世系联系如果不是春秋晚期的吴国贵族虚构的话，十有八九也是后世史家伪造的。”②王明珂更提出：“春秋时期，苏南吴国的王室曾假借华夏祖先而成为华夏，这便是苏南地区人群华夏化的重要关键。”③

这里至少存在两个问题：一是吴国王室是否的确起源于周太伯，还是一种假托的虚构关系？二是吴国王室是否借此真正达到了“成为华夏”的结果？前者涉及历史的事实：是即是，非则非，只是我们现在所掌握的资料还不足以完全证明这个问题，所以还有很多分歧的意见。④后者则

---

* 本论文为国家社会科学基金项目“吴越地区早期政治形态演进研究”（批准号：15BZS120）的阶段性成果。初稿曾于2014年12月6日在上海社会科学院历史研究所举办的“传承与创新：江南史学术研讨会”上进行宣读，之后又蒙教研室同仁牟发松、章义和、李磊等先生的批评指正，特此致谢。初稿多经修改，定稿于2015年8月。

② 李峰：《西周的灭亡——中国早期国家的地理和政治危机》，上海古籍出版社2007年版，第366页。对“吴为周后”有怀疑的学者还有陈桥驿（《“越为禹后说”溯源》，《浙江学刊》1985年第3期）、崔凡芝、张莉（《〈史记〉“太伯奔吴”说质疑》，《山西大学学报》（哲学社会科学版）2002年第5期）等。

③ 王明珂：《华夏边缘——历史记忆与族群认同》（增订本），浙江人民出版社2013年版，第171页。

④ 主张“太伯奔吴”不宜否定的观点有：徐中舒：《殷周之际史迹之检讨》，《国立中央研究院历史语言研究所集刊》第7本第2分，1936年12月；卫聚贤：《太伯之封在西吴》，《吴越文化论丛》，江苏研究社，1937年；顾颉刚：《太伯至荆蛮为周人经营南土之始》、吴浩坤：《“太伯奔吴说”不宜轻易否定》，《历史教学问题》，1991年第4期；杨宽：《西周史》，上海人民出版社2003年版；王冰：《试论宜侯夨非吴君世系——兼及太伯奔吴为信史》，《东南文化》2008年第3期。

与彼此的接纳与认同有关:吴国是否成为华夏,既需要"自我宣称华夏",也要得到其他诸夏之国的认可。①——这种认可,即来自春秋时期中原各国重要的"夷夏之辨"观念。因此我们可以通过梳理文献记载中春秋各国对吴国的评论,来了解当时诸夏对吴国的接纳程度。

前人虽然对春秋时期的"夷夏"关系有过很多论述,但对于春秋晚期这一场针对吴国的"夷夏之辨",却措意不多。②本文通过考察发现,各国对于吴国的态度,实际上并不直接跟如何看待吴国王室与周太伯关系相关,也并不完全基于传统的夷夏分野。在吴国身上,之前的"夷夏之辨"观似乎发生了某种程度的解释"失灵",这应该是春秋晚期邦国间关系准则发生变化背景下的特殊反映,包含了时代与观念的双重变迁。

一

从《左传》记载来看,针对吴国族群归属的讨论,发生在中原及楚国两大阵营与吴国进行战争、交往、盟会的过程中。

吴国与中原交往,见诸文献已是春秋中后期:鲁宣公八年(公元前 601 年),楚国"及滑汭,盟吴、越而还",这是吴国第一次在《左传》中出现;鲁成公七年(公元前 584 年),吴伐郯、州来,这是吴国第一次在《春秋经》中出现。正是在这一年,"楚之亡大夫申公巫臣怨楚将子反而奔晋,自晋使吴","吴于是始通于中国"。(《史记·吴太伯世家》)成公十五年(公元前 576 年)冬,十一月,晋士燮、鲁叔孙侨如、齐高无咎、宋华元、卫孙林父、郑公子鳅等,"会吴于钟离",(《春秋·成公十五年》)这是中原各国第一次与吴国盟会。

此后,在晋国的扶持下,吴国渐强,成为楚国最强大的敌人:"巫臣使于吴,吴子寿梦悦之,乃通吴于晋,教吴乘车,教之战阵,教之叛楚,置其子狐庸焉,使为行人。吴始伐楚,伐巢,伐徐。马陵之会,吴入州来,子重、子反于是乎一岁七奔命。"(《左传·成公七年》)

通过对文献的梳理,吴国与楚国历年战争的基本情况如下:

公元前 538 年,楚灵王攻吴,破吴邑朱方(今丹徒),灭赖国、迁许国;冬,吴攻楚国的棘(今河南永城南)、栎(今河南新蔡北)、麻(今安徽砀山东北);

公元前 537 年,楚灵王联合蔡、许、陈、顿、沈、徐等攻吴,未果;

公元前 536 年,吴救徐,在房钟(今安徽蒙县西南)败楚军,俘楚将弃疾;

公元前 529 年,吴败楚军,俘楚将;灭楚的与国州来;

公元前 525 年,吴攻楚,战于长岸(今安徽当涂、和县隔江相对的天门山);

公元前 519 年,吴攻州来,大败楚联军,公子光入郹,"取楚夫人与其宝器以归"(《左传·

---

① 王明珂:《华夏边缘——历史记忆与族群认同》(增订本),第 186 页。

② 《公羊传》对《春秋》几处与吴有关的叙事表述,提出了"内诸夏而外夷狄"的解释;后来的学者多数将这些表述和解释作为春秋时期或是《春秋》经解"夷夏之辨"的内容,并未特别留意其对于吴国的意义,以及与春秋晚期邦国间秩序发生变化之间的关系。

昭公二十三年》)；

公元前518年，楚平王侵袭吴国，越军与会；吴反而攻破巢及钟离二地而回；

公元前516年，吴王僚派公子掩余、烛庸围潜(今安徽霍山)；

公元前512年，吴王光擒钟吾国君，灭徐；

公元前511年，吴军袭楚，攻夷邑，进袭潜、六邑(今安徽六安北)，围弦(今今河南省潢川县西南)，到达豫章(今安徽霍邱一带)；

公元前508年，吴败楚于豫章，破巢，俘公子繁；

公元前506年，吴、蔡、唐联合攻楚。“冬十有一月庚午，蔡侯以吴子及楚人战于柏举，楚师败绩。楚囊瓦出奔郑。庚辰，吴入郢”。(《春秋·定公四年》)《史记·吴太伯世家》：阖闾九年，“于是吴王遂纵兵追之。比至郢，五战，楚五败。楚昭王亡出郢……而吴兵遂入郢。”

公元前504年，吴又攻楚，楚迁都都(今湖北宜城东南)。

攻入郢都、逼跑楚王的吴国，俨然成为这一时期的“超级强国”，不仅频频与中原各国会盟，并积极参与中原各国关系事务。在此过程中，吴国是这样表述自己的族群归属的：

《左传》记鲁定公四年(公元前506年)，吴王阖闾攻打楚国，入郢，楚昭王出奔随。吴人谓随人曰：“周之子孙在汉川者，楚实尽之。天诱其衷，致罚于楚，而君又窜之，周室何罪？君若顾报周室，施及寡人，以奖天衷，君之惠也。汉阳之田，君实有之。”(《左传·定公四年》)其言语的口气，俨然周王室代言人自居。

哀公元年(公元前494年)，吴王夫差败越于夫椒，入越。越王勾践欲行成，伍子胥说夫差，有言曰：“姬之衰也，日可俟也。介在蛮夷，而长寇雠，以是求伯，必不行矣。”(《左传·哀公元年》)其中提到“姬之衰”，当就吴国国姓与周王室言之；“介在蛮夷”，说的是吴国处于蛮夷之间，其意为越为蛮夷(可能也包括楚)。

《国语·吴语》记黄池之会上吴王夫差与晋争先盟时说：“天子有命，周室卑约，贡献莫入，上帝鬼神而不可以告。无姬姓之振也，徒遽来告。孤日夜相继，匍匐就君，君今非王室不平安是忧，亿负晋众庶，不式诸戎狄楚秦；将不长弟，以力征一二兄弟之国。孤欲守吾先君之班爵，进则不敢，退则不可。今会日薄矣，恐事之不集，以为诸侯笑。孤之事君在今日，不得事君亦在今日。为使者之无远也，孤用亲听命于藩篱之外。”这番话不但转达“天子之命”，而且指斥晋作为“姬姓之伯”，未能负起相关的责任；很显然，夫差自认为周王室的代言人自任。

黄池之会结束，吴王夫差使王孙苟告劳于周，其言曰：“昔者楚人为不道，不承共王事。以远我一二兄弟之国。吾先君阖庐不贳不忍，被甲带剑，挺铍搢铎，以与楚昭王毒逐于中原柏举。天舍其衷，楚师败绩，王去其国，遂至于郢。王总其百执事，以奉其社稷之祭。其父子、昆弟不相能，夫概王作乱，是以复归于吴。今齐侯壬不鉴于楚，又不承共王命，以远我一二兄弟之国。夫差不贳不忍，被甲带剑，挺铍搢铎，遵汶伐博，簦笠相望于艾陵。天舍其衷，齐师还。夫差岂敢自多，文武实舍其衷。归不稔于岁，余沿江泝淮，阙沟深水，出于商、鲁之间，以彻于兄弟之国。夫差克有成事，敢使苟告于下执事。”(《国语·吴语》)——在这段话里，夫差指责齐、楚“为不道”“不承共王室”“远我一二兄弟之国”，因此其父阖闾伐楚、自己伐齐，皆为尊周王之举。

等到吴国兵败，夫差向越王求和，有言曰：“寡人礼先壹饭矣，君若不忘周室，而为敝邑宸宇，亦寡人之愿也。”(《国语·越语上》)兵临城下仍不忘言“周室”，希望越国顾念周王室的分上，能够放吴国一马。

二

吴国之所以这样毫无愧色地为周王室代言，跟“吴为周太伯之后”的故事有关。黄池之会上宣称“于周室，我为长”，说的就是这个意思。

太伯的故事，春秋时人很熟悉。《左传·闵公元年》记晋国为太子城曲沃，士𫇭谈论“太子不得立”的时候，就提起这个故事：“不如逃之，无使罪至。为吴大伯，不亦可乎？”另一个例子是僖公五年，晋侯假虞国之道伐虢，宫之奇劝谏，也说道：“大伯、虞仲，大王之昭也；大伯不从，是以不嗣。”(《左传·僖公五年》)但太伯是否的确是吴国王室的祖先？正如前文所述，由于资料的不足，当代学者对此是否为历史事实，还有许多分歧的意见。不过在对于吴国族群认同的问题上，比事实更重要的，是春秋各国对这一关系的看法。

一方面，从现在所能看到的文献记载来看，当时的夷夏双方都没有否认吴国与周王室存在历史渊源。

鲁襄公十二年(公元前647年)秋，吴国君主寿梦卒，鲁“临于周庙”。《左传》作者认为“礼也”。因为根据周礼，“凡诸侯之丧，异姓临于外，同姓于宗庙，同宗于祖庙，同族于祢庙。是故鲁为诸姬，临于周庙。”(《左传·襄公十二年》)是鲁国认同吴与己同姓。

哀公十三年(公元前482年)，黄池之会，晋吴争先。《左传》记吴人曰：“于周室，我为长。”晋人曰：“于姬姓，我为伯。”晋人作为之前的中原霸主，并没有反驳或是指斥吴人“攀附”，表明晋人对其说法并不否认。

黄池之会后，夫差使王孙苟告劳于周，周王回应曰：“伯父令汝来，明绍享余一人，若余嘉之。昔周室奉天之降祸，遭民之不祥，余心岂忘忧恤，不唯下土之不康靖。今伯父曰：戮力同德。伯父若能然，余一人兼受而介福。伯父多历年以没元身，伯父秉德已侈大哉！”(《国语·吴语》)——周王称吴为“伯父”，是视吴为同姓，与称晋文公“叔父”义同。

而鲁昭公三十年(公元前512年)，楚国子西说：“吴，周之胄裔也，而弃在海滨，不与姬通，今而始大，比于诸华。光又甚文，将自同于先王。”(《左传·昭公三十年》)这表明吴国与周王室之间的关系，连楚国也是了解的。吴王光“将自同于先王”，此先王有可能指的是周之先王。因为“文”是周的特色，孔子言“郁郁乎文哉”，说的就是周。

《史记·吴太伯世家》记吴国建国史从周太伯开始：“太伯之奔荆蛮，自号句吴。荆蛮义之，从而归之千余家，立为吴太伯。”[①]之后周武王克商，对“已君吴”的太伯弟仲雍之曾孙周章[②]进行分封，承认了周章作为吴国君长的权威。在文末的“太史公曰”中，司马迁又自述道：“余读春秋古文，乃知中国之虞与荆蛮句吴兄弟也。”可知这一记载，司马迁应该受之有绪。今《春秋》经文不见有直接记述虞、吴兄弟关系的文字，史迁所见，当另有别本，可能是时人的共识。

三

另一方面，不否认吴与周的历史渊源，却也没有顺理成章地认同吴即为“诸夏”之一。

中原各国对吴国立场的看法，以《左传》《国语》为基本材料，有如下记载：

鲁成公七年、吴王寿梦二年（公元前584年）春，吴伐郯。郯虽也是夷，[③]却曾接受鲁国、齐国的调停，[④]现在吴国插手，鲁国大夫季文子发出了“中国”势力被蛮夷所欺的感叹：“中国不振旅，蛮夷入伐，而莫之或恤。”（《左传·成公七年》）句中的所谓“蛮夷入伐”，对应的就是吴国伐郯之事。第二年（鲁成公八年，公元前583年），晋国卿大夫士燮到鲁国聘问，“言伐郯也，以其事吴故。”也是把吴国当作敌人。郯国依附吴国，所以为晋国所不容。

如果上述记述还是在吴国与中原各国盟会之前，鲁、晋对吴存有“夷”的偏见，那么在晋国派遣申公巫臣联络吴国、吴国抗楚取得成功之后，文献记载中各国的评价也没有改变：

鲁哀公元年（公元前494年），陈（逢）滑当公指责吴国较之楚国更加“无德”：“楚虽无德，亦不艾杀其民。吴日敝于兵，暴骨如莽，而未见德焉。天其或者正训楚也，祸之适吴，其何日之有？”（《左传·哀公元年》）

鲁哀公七年（公元前488年），《左传》记载鲁国大夫也给了吴国一个“差评”。当时鲁侯在鄫地与吴盟会，吴向鲁国征百牢。鲁大夫子服景伯回答说：“君若以礼命于诸侯，则有数矣。……周之王也，制礼，上物不过十二，以为天之大数也。”吴不听。吴又召季康子，子贡回复说：“大伯端委以治周礼，仲雍嗣之，断发文身，裸以为饰，岂礼也哉？”（《左传·哀公七年》）这番回复可谓“话中有话”：一方面认可吴所自出，另一方面也在肯定周太伯的同时，讽刺仲雍之后“断发文身，裸以为饰”，都是抛弃周礼的行为。

这一时期，中原各国仍然认为吴是蛮夷——鲁哀公十二年（公元前483年）秋，卫侯与吴盟会，吴人以为来迟，“藩卫侯之舍”。后卫侯放归，“效夷言”。其子评论说：“君必不免，其死于夷乎！执焉而又说其言……”（《左传·哀公十二年》）从“执焉而又说其言”来看，执卫侯的

---

① 《史记》，中华书局1959年版，第1445页。

② 《史记·吴太伯世家》载：“太伯卒，无子，弟仲雍立，是为吴仲雍。仲雍卒，子季简立。季简卒，子叔达立。叔达卒，子周章立。”周章为太伯弟仲雍的曾孙。太伯、仲雍是周文王父亲季历的兄弟，武王是季历的孙子，而君吴的周章较之，为武王的子侄辈。

③ 孔子曾向郯子学习，之后向人说：“吾闻之，‘天子失官，官学在四夷’，犹信。”事在《左传·昭公十七年》。

④ 《春秋经·宣公四年》：“春，王正月，公及齊侯平莒及郯。”

是吴人,那么卫侯之子所指之“夷”指的就是吴。

哀公十三年(公元前482年),黄池之会,晋吴争先。司马寅言“夷德轻,不忍久”云云(《左传·哀公十三年》),仍是以吴为夷。

《国语·吴语》对黄池之会上吴与晋争盟次序的情况也有所记录。当听到吴国对晋国的指责,晋国让董褐复命说:“曩君之言,周室既卑,诸侯失礼于天子,请贞于阳卜,收文、武之诸侯。孤以下密迩于天子,无所逃罪,讯让日至,曰:昔吴伯父不失,春秋必率诸侯以顾在余一人。今伯父有蛮荆之虞,礼世不续,用命孤礼佐周公。以见我一二兄弟之国,以休君忧。今君掩王东海,以淫名闻于天子,君有短垣,而自踰,况蛮荆何有于周室?夫命圭有命,固曰吴伯,不曰吴王。诸侯是以敢辞。夫诸侯无二君,而周无二王,君若无卑天子,以干其不祥,而曰吴公,孤敢不顺从君命长弟!”——这一大段言语,一是不否认吴的先祖与周王室关系(“昔吴伯父不失”),二是指责吴早已背弃周礼(“僭称吴王”“礼世不续”等),不把周王放在眼里(“卑天子”),现在反倒以周王的代言人身份教训起诸侯来了?

甚至长期被周人视作“夷”方盟主的楚国,同样也指吴为“夷”——鲁定公四年(公元前506年),吴国几乎把楚国灭了,楚向秦国求救,理由之一就是:“夷德无厌,若邻于君,疆埸之患也。逮吴之未定,君其取分焉。”(《左传·定公四年》)很明显,这里的“夷”就是吴国。

综上所引史料,我们能够看到,不论是与中原盟会之前还是之后、胜楚之前还是之后,无论是楚国还是包括晋、鲁、卫、陈在内的中原各国,始终没有认为或接纳吴国为诸夏的一员。[①]清顾栋高在《春秋四裔表》中说,“今考《春秋左传》杜氏所称东夷国绝少,如莱、介诸国,以其僻小不通于中夏,故远外之。若吴、楚、越俨然与中国会盟,且吞并诸夏,不复列于蛮夷之数矣。”[②]今人王明珂认为:“这些华夏的文献记载,一再肯定吴国王室的华夏身份。”[③]而我们的重新解读,结论显然与之相左。

四

从吴国方面来说,接受周(中原)文化,是比较自觉和主动的。例如吴国频频北上与中原各国会盟,派季札周聘列国,向周王告劳,灭徐不绝祀(《左传·昭公三十年》:“吴子唁而送之,使其迩臣从之,遂奔楚。”),攻越而与越行成(哀公元年),为齐悼公哭于军门外(哀公七年)……这些举动都表明吴国在一定程度上不仅行周礼,还已然接受中原“存亡续绝”的争霸

---

① 又有一例:鲁哀公二十年(前475),越围吴。晋卿赵孟降于丧食。《左传》记楚隆为将赵孟的心意面达吴王,向越国请求过路,说:“吴犯间上国多矣,闻君亲讨焉,诸夏之人莫不欣喜……”云云,其言下之意,说是越国为中原除害,吴非为“诸夏之人”行列。不过楚隆之言有权宜之嫌,因为不如此,越人恐怕不会让晋国使者进入对吴王的包围圈、面见夫差。

② 顾栋高:《春秋四裔表》,《春秋大事表》,中华书局1993年版,第2190页。

③ 王明珂:《华夏边缘——历史记忆与族群认同》(增订本),第186页。

原则。但从上文所列举诸夏各国的态度来看，吴国的“华夏化”虽然也得到了一定的赞许（例如对季札），总体上仍然没有被接纳。

原因何在？

应该看到，原有的以周王为中心的华夷天下观，仍在春秋晚期邦国体系的秩序中起到一定的作用。春秋的“夷夏之辨”观念是与“尊王攘夷”行动联系在一起的。西周幽王被申、缯、“西夷犬戎”所灭，周王室被迫东迁；而之后原西周分封体系下重要的诸侯国如邢、卫、晋等，也都遭受到来自山戎等周边人群的不断侵扰，面临“南夷与北夷交侵，中国不绝如线”的危险局面。在如此背景下，齐桓公听用管仲“诸夏亲昵，不可弃也”的建议，伐山戎、存邢救卫，率中原地区各诸侯邦国南下威楚，首张“尊王攘夷”旗号。春秋时期的夷夏之别因此有了“团结诸夏、共同抵御蛮夷侵扰”的华夏认同意义，成为中原诸国处理与周边人群关系的重要议题。[①]因此，春秋晚期当楚、晋之外的“第三方力量”崛起的时候，中原诸夏仍惯性地沿用原有的“夷夏两分法”去予以归类。这就是这一时期各国邦交语言中继续使用“夷”“夏”分野话语的原因。

对于吴国，是积极主动地援引这个话语体系，用来说明、以及拉近自己与中原诸夏邦国之间的关系的。历史上，吴国所在的宁镇地区与西周很可能确实存在某种渊源关系（在今江苏镇江大港镇烟墩山、溧水乌山、荞麦山等大型土墩墓中曾发现大量西周时期的中原式器物和青铜礼器，虽然对这些大型土墩墓的时代和归属还存在争论，[②]一定程度上仍然可以印证这一地区与周王朝存在关系），但吴国标举与周王室关系、自诩诸夏一员，这些辞令和举动的频繁出现，更多发生在吴国开始北上与中原诸夏争霸之后。

吴国作为春秋晚期崛起的“新”邦国，其实力成长有目共睹。可怎样在邦国体系中赢得更高的位置，获得更多的利益？吴国还需要向其他“老”邦国学习。在当时，成功扮演大国角色的，有两个现成的榜样：一个是楚国，一个是晋国。它们各自领导部分中小诸侯，以自己为中心，保卫和争夺势力范围。但楚国，是作为中原各国的敌人而存在的。之前的齐桓、晋文，都以率领中原各国对抗楚国，而获得“霸”的声望和地位。吴国的崛起，也正是从对楚国用兵开始。很明显，仿效齐桓晋文先例，走“尊王攘夷”的争霸路线，对吴国来说更加顺理成章：吴国对楚国持续用兵，正好对应了中原诸夏霸主“攘夷”的政治传统；吴太伯的传说和先王世系，是最方便与周王室拉上关系的捷径；至于说到熟悉中原礼乐文化，季札就是吴国最好的

---

① 顾颉刚、王树民：《“夏”和“中国”——祖国古代的称号》，《中国历史地理论丛》，1981年第1辑。陈连开：《中华文化的起源于中华民族的形成》，阴法鲁主编《中国古代文化史》第一章，北京大学出版社1989年版。

② 如有学者认为这是南来周人的墓葬，包括认为这是迁封于此的宜侯墓，有学者即以此宜为吴国，参见唐兰：《宜侯夨簋考释》，《考古学报》1956年第4期；李学勤：《宜侯夨簋与吴国》，《文物》1985年第7期。也有认为这是典型吴国早期贵族墓葬，反映了江南上层社会对西周文化的吸收，参见刘建国：《宜侯夨簋与吴国关系初探》，《东南文化》，1988年第2期；谷建祥、林留根：《江南大型土墩墓形制之研究》，《东南文化》1998年第1期。

“名片”。由此可以看出，吴国的“华夏化”、对“诸夏”的认同，不论是否存在真实的历史渊源，在当时都有作为争霸策略的实用目的在。这样我们就能够理解，为什么吴国会在北上与中原列国交往过程中，不断强调自己的“诸夏”身份，甚至以周王代言人自居。

不过，我们也不难发现，之前从齐桓晋文时候形成发展起来的这套“夷夏”话语，对照吴国的情况，出现了解释上的“失灵”：正如前文所引，中原诸夏并不怀疑吴国与周王室存在真实的历史渊源；季札周聘列国所体现出来的中原礼乐文化修养，并不输任何诸夏邦国的卿大夫；制衡、抗击楚国，既是当初晋国扶助吴国希望达到的效果，也符合夷夏对立的邦国关系格局下，诸夏邦国应有的反应。可以说，从血缘关系、文化内容和行为模式上，吴国都大体符合“诸夏”的标准，甚至符合作为诸夏盟主（“霸”）的标准。——然而，中原诸夏仍然视吴为夷。

这种解释上的“失灵”，一方面，反映出之前简单的“夷”与“夏”两分天下格局正在发生变化。经过与中原长期的对峙、交往，一直被视为“夷”国盟主的楚国，也越来越讲究礼乐、动辄引述先哲之言，以“德”“礼”为价值判断。双方文化上不断接近，夷、夏的界限越发模糊，夷夏之别难以操作。更重要的是，吴国崛起之后，东部各国甚至服从于吴国的霸权：《左传》记鲁哀公七年，鲁入邾，“邾茅夷鸿以束帛乘韦自请救于吴”；哀公八年，齐侯派使者“如吴请师伐鲁”；十年、十一年，鲁国皆“会吴伐齐”……鲁国、齐国这些诸夏的传统成员国，发生争执，首先向他们口中的“夷”人吴国求助——诸夏分裂，使得传统的“夷夏之别”失去了说服力和凝聚力。

另一方面，也体现出处于这一时期邦国关系格局变化之下、中原传统诸夏邦国的矛盾心态。春秋晚期，周王礼仪上的地位都越来越受轻视，诸夏各国自己都“礼乐征伐自大夫出”，乃至于“陪臣执国政”，传统的周礼还有什么约束性呢？指斥吴国背礼、失礼，不过是在维护自身利益时候援引的说辞罢了，同时也是在勉强维护旧有的属于“诸夏”的优越感。所以鲁国一边倒向吴国，依靠吴国；一边也要指斥吴国“背礼”“失礼”（如哀公七年子服景伯和子贡语）。而对晋国而言，更在意的还有现实的威胁：自从晋文公以后，晋国长期领导团结中原各国，靠的一直是“尊王攘夷”的老路——以中原礼乐文化为共同的黏合剂，同时把楚国作为威胁的敌方。现如今吴国也这样做，其剑指中原霸主的意图是非常明显的。黄池之会上晋与吴的争执，就是“老霸主”与“挑战者”之间直接交锋的一次较量。在这种情势之下，晋国怎么肯认同吴国诸夏的身份？这岂不是要将自己作为霸主的地位拱手相让？

在前文所引有关吴国“夷夏之辨”的记载中，黄池之会具有特别的意义。如前所述，为了争取盟会上行歃血礼的优先权，吴国与作为中原各国代表的晋国，各自发表了针锋相对的讲话，其中都对吴国“夷”/“夏”身份提出了自己看法。那么，最终到底谁获得了行礼的优先权？

《史记》《左传》和《国语》对此的记载截然不同。《左传》和《史记》记载的结果一致，晋国取得了斗争的最后胜利；而《国语》的结果却完全相反，吴国君主夫差在晋定公之前首先行了歃血礼。虽然对结果的记载存在差异，原因分析上，《史记》和《国语》却相近：《左传》记晋赵鞅怒，司马寅劝他冷静，认为“夷德轻，不忍久”，后来果然“乃先晋人”。其理由似乎是认为此时发生了越侵吴的突发事件，吴国没有办法像晋人那样打“持久战”，为了尽快结束盟会脱身回国，只好接受晋人先盟的结果。《史记》没有司马寅的分析，直记晋“赵鞅怒，将伐吴”，结果“乃长晋定公”；《国语》则叙述吴军秣马食士，准备攻击，晋人大骇，于是“吴公先歃，晋侯亚之”。

《史记》和《国语》的两种记载，无论哪一种结果，都视之前晋国与吴国的争论为外交辞令，强力（或曰蛮力）才真正最终决定了盟会的次序。强力，正成为这个时代处理邦国关系的新准则。黄池之会上终以强力定次序，某种意义上也宣告：之前的“夷夏”话语，彻底失去了作为中原霸主合法性理论依据的作用，已经不适应“新形势下的新情况”了。因此吴国援引这套传统话语，反倒遭遇了许多尴尬：不但没有为自己北上争霸获得道义上的合法性支持，反而招致“背礼”“失礼”的许多指责。

吴国的劲敌越国，则没有这方面的顾虑。越国在行动中完全弃置周礼，直接拥抱邦国关系的新准则——实力为王。《国语・越语下》记载吴王使者王孙雒引用“先人有言曰：‘无助天为虐，助天为虐者为不祥。’”以游说越王不要灭吴，范蠡反驳说：“昔吾先君固周室之不成子也，故滨于东海之陂，鼋鼍鱼鳖之与处，而蛙黾之与同渚。余虽靦然而人面哉，吾犹禽兽也，又安知是諓諓乎？”虽然也要拉拉与周王的关系（“昔吾先君固周室之不成子”），然自诩“禽兽”，近乎无耻，反正越国横竖就是要灭掉吴国，你引先人之训也好、拉上与周王室的关系也好，能奈我何？

综上所述，春秋时期的“夷夏之辨”，本是西周分封体制下的各邦国，在面临戎夷交侵的危险局面之时，用周文化为标准，以团结和凝聚诸夏力量为目的，对人群（邦国）进行分辨的一种观念。春秋晚期，新兴的吴国援引这一话语体系，强调自己与周王室关系、主动“华夏化”，既是一种文化认同，出于其自认为“诸夏”“周之子孙”的自觉；在当时争霸背景下，更是为了争取中原霸主地位所采取的争霸策略。然而其效果并不佳。事实上，由于吴、越的崛起，中原诸夏中的东部诸侯离心，原来“夷夏两分”的邦国格局已经发生很大改变。“夷夏之辨”转而变为晋、吴两大国之间争夺霸权的外交策略；在实际的邦国关系中，“夷夏”话语不再具有作为争霸合法性理论依据的作用，体现出时代与观念的双重变迁。

（黄爱梅，华东师范大学历史系副教授）

“风吹草低见牛羊”

——宋燕鹏著《籍贯与流动:北朝文士的历史地理学研究》书后

□王 瑞 来

[摘 要] 魏晋南北朝,这一貌似完整的时代,北朝史料匮乏,又往往被排斥在主流之外,因此,这一时代的各个领域,无论历史还是文学,研究积淀都显得相当薄弱。《籍贯与流动:北朝文士的历史地理学研究》一书,跳出文学史叙述以现存作品为依据的怪圈,从北朝后期已经成为相对固定的个人身份的文士切入,上起五胡十六国,下至隋初,时代跨度将近三百年,运用历史地理学方法进行了归纳梳理,静动结合,开辟草莱,描绘了公元4—6世纪中国北部全方位的文学景观,填补了这一研究领域的空白。并且,本书运用的方法与切入的角度,对于研究其他时段的文化史与文学史均具有启示意义。

[关键词] 北朝;文士;文学;籍贯;流动;历史地理

“敕勒川,阴山下,天似穹庐,笼盖四野。天苍苍,野茫茫,风吹草低见牛羊。”说到南北朝时期北朝的文学,首先是这首《敕勒歌》,伴随着苍凉辽远的画面,浮现于脑海。接着,耳际会响起“唧唧复唧唧,木兰当户织”的《木兰辞》。大概就是这些仅存下来为数不多的民歌。至于文人的作品,讲述公元4—6世纪的文学时,草长莺飞的南国绚烂,似乎让大漠孤烟的北地显得黯然。数来数去,就是所谓的“北地三才”温子升、魏收和邢子才,顶多再加上南方的流寓作家庾信、王褒和颜之推几个人,显得薄弱而苍白。

作家、作品,是叙述文学史的主要材料。巧妇难为无米之炊。缺少作家、作品,一个时代几百年的文学史如何叙述?历来,这是治北朝文学史的难点。

诚然,自西晋永嘉南渡之后,中国的文化格局发生了重大变化。加上三国孙吴的开发,六朝,让中国的经济重心根植江南,直至今日,确固不移,文化之花也在那片温润的土地上,绽放得瑰丽斑斓。

那么,同一时期的北朝呢?文化也像是荒凉的大漠一样吗?

回答这个问题之前,我想把话题从后往前说。

我先要发问,是谁统一了南北朝时期的中国?答案现成:隋。

那么,我接着再问,隋是南朝,还是北朝?答案也不言而喻:北朝。

魏、齐、周、隋,作为北朝的最后一个政权,是隋统一了汉末以来分裂了将近400年的中国。

统一中国的为什么是隋?而不是经济和文化先进的南朝?不仅是隋,接续短暂的隋,是强盛而长久的大唐。人们往往将隋唐并提，实在是有其道理的。不仅唐承隋制，就连两个王朝的皇室都出生在一个北方乡镇——武川镇，还带着亲戚关系，后来都成了名列北周八柱国十二大将军的军事贵族。正像现在人们发现楚文化弥漫着汉朝一样，6 世纪末叶的中国，是由北朝统一的。

统一，军事实力并非唯一要因。《资治通鉴》卷一五三记载了这样一段轶事。

南朝梁武帝的使者陈庆之到北魏都城洛阳出访归来后，“特重北人”。有人感到奇怪，就问他原因。陈庆之感慨地说：“吾始以为大江以北皆戎狄之乡，比至洛阳，乃知衣冠人物，尽在中原，非江东所及也，奈何轻之?”（“衣冠人物，尽在中原”，东魏杨衒之《洛阳伽蓝记》卷二记作“衣冠士族，并在中原”。）

“衣冠人物，尽在中原，非江东所及”，指的不是军事力量。衣冠和士族，几乎是同义语，都指那个时代的贵族，是有文化的贵族，是“王与马共天下”的王们，是那个时代曾经的主宰者。或许感受强烈的陈庆之有些夸张，但至少表明，伴随孝文帝的汉化运动，北朝的文化水准与南朝的开始接近。这才是统一的根本原因之一。此外，还有南北朝共同信仰的佛教纽带，还有汉族皇室的异族联姻所带来的南北民族对立的解消等等。

南北文化的接近，“衣冠士族，并在中原”，都表明北朝也理应具有繁荣的文学。不过，正像绿洲被沙漠所吞噬一样，史料的缺失，让文学史家望北兴叹。

北朝的文学史如何叙述？一个年轻学者找到了一条新路。

其实，我以上所述，正是为了讲述刚刚读到的宋燕鹏著《籍贯与流动：北朝文士的历史地理学研究》（河北大学出版社 2011 年版），所进行的铺垫。

满天星斗，抬眼望去，映入眼帘的只是一些最亮的一等星、二等星。其实隐约闪烁的，还有肉眼看不见的更多。作家、作品何尝不是如此。文学史只瞩目于名家名作，自然会感到为炊乏米。

名家名作，出类拔萃，那是露出海面的岛屿，他们由浩瀚的大海托起。浩瀚的大海便是常年累世积淀的文化。在大海中，未露出海面的岛屿更多。这就是燕鹏君所关注的文士。从文士入手，揭示一个时代的文化地层，展现一个时代的文学风貌，可谓独具匠心。如此操作，化解了北朝文学史叙述中乏家少作的难题。

燕鹏君首先界定了他这部论著中的关键词——“文士”的概念内涵。他说文士与魏晋南北朝时期的“士庶”之别无关，不具有阶级属性，强调的是士人的文学才能，亦即能文之士。据他的观察，涵盖范围宽泛的“文士”一词，在北朝后期已经成为相对固定的个人身份的称呼。

在概念界定之后，燕鹏君对史传等文献中“善属文”“有文才”“涉猎经史”之类的评价，对史书行文中有诗歌、文赋等记载，或是有文集的记录，给予了广角关注，由此跳出了文学史叙述以现存作品为依据的怪圈。

产生新想法，找到新角度，固属不易。更不易的是把新想法新角度加以落实，贯彻在实际研究，化作研究成果。

那么，燕鹏君是如何操作的呢？

跳出三界外，还在五行中。从这样的视角出发，治史出身的燕鹏君，对北朝文士运用历史地理学史方法进行了梳理。说是北朝，实际在时代上下均有延伸，上起五胡十六国，下至隋初，时代跨度将近300年。

做学问，既需要有巧思，走捷径，还需要下苦功，甘坐冷板凳。这两点，燕鹏君都做到了。选题在北朝，固然是出于这是一个薄弱的领域，其实也极具可操作性。明清时期自不必言，甚至比唐宋在史料上都易于驱使，对这300年间，凭借一人之力，只要肯下功夫，足可竭泽而渔。我这样说，并没有说燕鹏君做得很轻松的意思。其实，即便易于操作，他做的也很苦。我们光看他制作的下述这些表格，就可以体味到其中的艰辛。

这些表格是，《十六国文士籍贯考表》《北魏文士籍贯一览表》《东魏文士籍贯分布一览表》《北齐“待诏文林馆”文士一览表》《西魏北周文士籍贯》《隋初文士籍贯一览表》《北魏洛阳文士转移目的地一览表》《东魏主要文士地理转移表》《西魏文士入关时间及任职地点一览表》《北周“麟趾学士”一览表》《隋初文士地理转移一览表》等。

这些表格，不仅涵盖了全书上下编九章的全部内容，并且具体体现了燕鹏君的考察方式、操作范围。籍贯考察是“静”，转移考察是“动”，静态与动态相结合，为我们描绘了公元4世纪—6世纪中国北部全方位的文学景观。风吹草低，我们看到了掩蔽于草丛中的牛羊。

归纳与演绎，是研究的两种方法。以往的文学史叙述，多取演绎法，列举代表性的作家作品。然而，采用什么方法进行研究，是由研究对象的生态条件所决定的。北朝文学史乏家少作的状态，无法使用通常的演绎法。因此，燕鹏君的考察是归纳式的。考察实现了对其研究对象北朝文士信息的全覆盖。如此操作虽然辛苦，但得出的结论无疑颇具说服力，并且不易撼动。

历史在时空中运行。历来的研究多注重于“时”，而对“空”缺乏关注。而此书则对两者作了最大的兼顾。书中指出：“文学作为意识形态的产物，和时代有紧密的结合。不同籍贯的文士在成长过程中都被烙上了地域的印记，从而形成了内在的风格。”这样的明确强调，我觉得并不多见。的确，一方水土养一方人，文学作品风格的形成，无疑也出于一方水土的滋育。

我们来看一下此书的最后一句话：“文士的籍贯分布和地理流动是文学演变发展的一条内在线索，唯有把握于此，方能洞察文学发展演变的方向。”研究的最大贡献，在于道人所未道。此之谓也。此书的这一“道人所未道”，极具启发意义，不仅适用于史料匮乏的北朝文学史，也适用于文学史的其他时段。治文学史，此一视角，实不可忽之。

研究的路径有两种。一种在既有研究的基础上，加入自己的新见，这可谓是“听唱新翻杨柳枝”，这是以“史识”见长的研究；还有一种，是开辟草莱，构筑基础，这可谓是“万丈高楼平地起”，这是以“史学”见长的研究。两种路径并无轩轾高下，并且均需要通过“史才”来实现。但无疑，后一种路径会走得比较艰辛。燕鹏君此书，走的就是后一种路径。

燕鹏君此书，落脚在文学史上，窃以为透过文士的考察，更可以阐发出广域的文化史意义。我在我的通史著作《中国史略》①中，将魏晋南北朝时期称作中国历史上第二个百家争鸣时期。几百年春秋战国的动荡酝酿催生了秦汉文化，几百年魏晋南北朝时期的动荡酝酿则催生了隋唐文化。后者更为博大、外向、包容，更富有生命力，让中华文化之花绽放至今。战乱、分裂、动荡虽属不幸，但客观上让大一统时期的政治钳制变得松弛，往往为思想文化带来繁荣的春天。翻翻《隋书·经籍志》，就可以触摸到，那个时代的思想文化是何等的活跃兴旺。南北朝，不仅仅是研究的聚光灯常常打在的南朝，还有北朝。没有多民族的融合，文化也是单一的。北朝，有它的历史意义。对这一意义的阐发，燕鹏君此书有贡献，然如果从中华文化发展的大视野着眼予以提升，则会更具深度。

燕鹏，这位我在网上认识的年轻学者，有一年听说我去河北大学演讲，专门回到这所他博士毕业的母校去看我。谦逊质朴的形象，至今仍在眼前晃动。书的后记云及，读了宋史博士的他，今后将要关注的是南宋士人。魏晋南北朝的坚实根基，会使他游刃有余，坚持下去，成就将不可限量。

“鲤鱼跳龙门”，由雏燕到鲲鹏，是我的期待。

（王瑞来，四川大学讲座教授、日本学习院大学研究员）

---

① 王瑞来：《中国史略》第五章，《再生への陣痛》，东京：DTP出版社2006年版。

东晋[①]译经群体考略

□姚潇鸫

[摘　要]　在东晋的译经活动中，来自中亚和西域的僧侣才是真正的主力，大量的佛经由他们翻译为汉文。那些由异域来华的传译者，或由海上或由陆路来到中土，由海上者多在广州上岸，由陆路者则又有3条不同的路线。这一时期，一些中土僧人除了修习佛法外，也开始注重语言的学习，或通过来华的胡僧，或亲身西行，更好地掌握了梵文或其他胡语，并借此或独立或合作进行佛经的翻译，在译经事业中发挥越来越重要的作用。在译经活动中，除了传译者外，诵胡文者、笔受、檀越是另外三类重要的人群。

[关键词]　传译者　籍贯　路线　参与者

汉魏南北朝时期，佛教在中土的传播与译经活动紧密结合在一起。“江南译经，虽远溯至吴之支谦、康僧会，但其出经昌盛则在(东)晋之末叶。”[②]僧祐编撰《出三藏记集》时，将译经分为“新旧众经”，新经指的就是从东晋末年至其生活的梁代新译的佛经。[③]可见，东晋是中国佛经翻译史上一个承上启下的重要时期。但目前学者对东晋译经的研究仍集中在材料的搜集以及对历代经录记载的考辨，[④]对译经群体以及译出的经文都缺少必要的探讨。笔者拟就自己读书所得，就东晋译经群体试作论说，请方家指正。

一、传译者的来源

一部佛经被翻译为汉语——尤其是有组织的译经——往往要经过多个步骤，因而参与

---

① 东晋一词在本文中既是时间概念，亦是地域概念。

② 汤用彤：《汉魏两晋南北朝佛教史》，北京大学出版社1997年版，第280页。

③ 〔梁〕僧祐：《胡汉译经文字音义同异记》，僧祐著，苏晋仁、萧炼子点校：《出三藏记集》卷一，中华书局1995年版，第12—15页。

④ 如日本学者小夜玄妙在20世纪30年代编写的《佛教经典总论》中，整理了东晋译经僧的资料，汇总了当时翻译的佛经，并对后世经录的一些记载进行考辨。详见小夜玄妙著，杨白衣译：《佛教经典总论》，(台北)新文丰出版社1983年版，第59—98页。任继愈先生主编的《中国佛教史》第2卷中附录了《西晋、东晋十六国译经目录》，详见《中国佛教史》第2卷，中国社会科学出版社1985年版，第702—753页。类似的梳理还有王铁钧先生著的《中国佛典翻译史稿》第二章《两晋、南北朝时期》中《晋室南渡与东晋译经》一节，中央编译出版社2006年版，第75—92页。

的人数众多，从广义上来说，这些人都可算作译经者。首先关注整个译经活动中最核心的人物，即直接转胡①为汉的传译者。②

先结合僧传与经录的记载，将与传译者有关的情况列表如下：③

表 7-1　传译者情况表

<table>
<tr><th>人　名</th><th>原籍</th><th>译经时间</th><th>译经地点</th></tr>
<tr><td>帛尸梨蜜④</td><td>西域</td><td>元帝时(317—322)</td><td>建康建初寺</td></tr>
<tr><td>康法邃⑤</td><td>康国</td><td>成帝时(326—342)</td><td></td></tr>
<tr><td>支道根⑥</td><td>月氏</td><td>成帝咸康年间(335—342)</td><td></td></tr>
<tr><td>竺昙无兰⑦</td><td>天竺</td><td>孝武帝太元年间(376—396)</td><td>建康谢镇西寺</td></tr>
<tr><td rowspan="2">僧伽提婆⑧</td><td rowspan="2">罽宾</td><td rowspan="2">孝武帝太元至安帝隆安年间(376—401)</td><td>庐　山</td></tr>
<tr><td>建康东亭寺</td></tr>
<tr><td>迦留陀伽⑨</td><td>西域</td><td>孝武帝太元十七年(392)</td><td></td></tr>
<tr><td>康道和⑩</td><td>康国</td><td>孝武帝太元二十一年(396)</td><td></td></tr>
<tr><td>昙摩耶舍⑪</td><td>罽宾</td><td>安帝隆安年间(397—401)</td><td>广　州</td></tr>
<tr><td>昙摩⑫</td><td>西域</td><td>安帝隆安四年(400)</td><td>建康王法度精舍</td></tr>
<tr><td rowspan="2">卑摩罗叉⑬</td><td rowspan="2">罽宾</td><td rowspan="2">安帝义熙年间(405—418)</td><td>寿春石涧寺</td></tr>
<tr><td>江陵辛寺</td></tr>
<tr><td rowspan="2">佛驮跋陀罗⑭</td><td rowspan="2">天竺</td><td rowspan="2">安帝义熙至恭帝元熙年间(405—420)</td><td>庐　山</td></tr>
<tr><td>建康道场寺</td></tr>
</table>

① 被译的佛经可能是由梵文写成，也可能是由中亚、西域文字写成，为论述方便，文中统称为胡文、胡本。

② 据《高僧传》《出三藏记集》等记载，当时多将译胡为汉的工作称为“传译”，如支楼迦谶……汉灵帝时游于洛阳，以光和、中平之间，传译梵文。又如竺法护……自敦煌至长安，沿路传译，写为晋文。再如方等大般泥洹经》……禅师佛大跋陀手执胡本，宝云传译。因此本文将直接承担翻译任务者称为传译者。

③ 《高僧传》将罽宾沙门僧伽罗叉列入译经僧，但从记载来看，他仅是“执梵本，(僧伽)提婆翻为晋言”，因而未列入该表。详见〔梁〕慧皎著，汤用彤校注：《高僧传》卷一，中华书局 1992 年版，第 38 页。

④ 慧皎：《高僧传》卷一，第 29—32 页。僧祐：《出三藏记集》卷二，第 45 页。

⑤ 僧祐：《出三藏记集》卷二，第 46 页。

⑥ 〔唐〕智昇：《开元释教录》卷三，《大正新修大藏经》(以下简称《大正藏》)第 55 册，第 503 页中。

⑦ 僧祐：《出三藏记集》卷二，第 47 页。

⑧ 慧皎：《高僧传》卷一，第 37—38 页。僧祐：《出三藏记集》卷二，第 48—49 页。

⑨ 智昇：《开元释教录》卷三，第 503 页中。

⑩ 智昇：《开元释教录》卷三，第 505 页中。

⑪ 慧皎：《高僧传》卷一，第 41—42 页。

⑫ 智昇：《开元释教录》卷三，第 506 页下。

⑬ 慧皎：《高僧传》卷二，第 63—64 页。

⑭ 慧皎：《高僧传》卷二，第 72—73 页。僧祐：《出三藏记集》卷二，第 53—54 页。

续表

人　　名	原籍	译经时间	译经地点
释宝云①	中国	安帝义熙至恭帝元熙年间(405—420)	建康道场寺
释法显②	中国	安帝义熙八年至恭帝元熙年间(412—420)	建康道场寺,建康长干寺
竺法力③	西域	恭帝元熙元年(419)	
竺难提④	天竺	恭帝元熙年间(419—420)	广州
竺法度⑤	天竺	晋末	
释退公⑥	中国	晋末	
释嵩公⑦(高公)	中国	晋末	
释法勇⑧	中国	晋末	
祇多蜜⑨	西域	东晋	

从传译者的原籍看,来自印度的有4人,只占总人数的20%。而且4人中的佛驮跋陀罗“最为专长且(对中土佛教)贡献最大的方面在于禅法。他是具有系统传承的禅师,其师佛大先是罽宾的大禅师”⑩。据僧传,佛驮跋陀罗出生在北印度,传说还是“甘露饭王之苗裔”,但其年少时就到罽宾随佛大先学习说一切有部的禅法,并长期在罽宾游学,并未回归印度,最后也是在罽宾受到“秦沙门智严”的邀请,启程前往中土的。⑪因此,佛驮跋陀罗虽然出生于印度,但无论从他的经历,亦或是佛学的传承来说,把他视作一位罽宾国的沙门更合适。又竺法度,“本竺婆勒子。勒久停广州,往来求利,中途于南康生男,仍名南康。长名金迦,入道名法度”⑫。可见,竺法度完全是在中土出生并成长起来的,其师昙摩耶舍亦是一位罽宾沙门,因而竺法度所继承的也应是罽宾说一起有部的佛学。⑬

又竺昙无兰,据《开元释教录》记载,他总共翻译了61部63卷佛经,⑭《历代三宝纪》的记载更多达110部112卷。⑮但现存最早的萧梁时僧祐编的《出三藏记集》只记载了3部3卷,进一步考虑到僧祐在编撰时广泛引用了各家佛经目录,如东晋道安的《综理众经目录》、萧齐

① 慧皎:《高僧传》卷三,第102—103页。僧祐:《出三藏记集》卷十五,第578页。
② 慧皎:《高僧传》卷三,第90页。僧祐:《出三藏记集》卷二,第54—55页。
③⑦⑧ 智昇:《开元释教录》卷三,第509页上。
④ 〔隋〕法经:《众经目录》卷一,《大正藏》第55册,第117页中。智昇:《开元释教录》卷三,第509页上。
⑤ 慧皎:《高僧传》卷一,第42页。
⑥ 智昇:《开元释教录》卷三,第509页中。
⑨ 僧祐:《出三藏记集》卷二,第74页。智昇:《开元释教录》卷三,第508页中—下。
⑩ 徐文明:《中土前期禅学思想史》,北京师范大学出版社2004年版,第32页。
⑪ 慧皎:《高僧传》卷二,第69—70页。
⑫ 慧皎:《高僧传》卷一,第42页。
⑬ 慧皎:《高僧传》卷一,第41—42页。
⑭ 智昇:《开元释教录》卷三,第504页中。
⑮ 〔隋〕费长房:《历代三宝纪》卷七,《大正藏》第49册,第70页中。

时沙门王宗所撰的《众经别录》等，可见竺昙无兰有如此大宗的译经并不为当时所认可。同时萧梁时沙门慧皎撰写的《高僧传》，共收录了65位译经僧人或居士，其中也无竺昙无兰，如其确有61甚至是110部的译经量，是不可能不有所反映的。此外，《大正藏》收录了28部署名为东晋竺昙无兰翻译的佛经，但“观其译经手笔，亦非出自一人之手”①。因此，笔者还是采信僧祐的记载，竺昙无兰只翻译了3部3卷佛经。且其中的《贤劫千佛名经》一卷，仅是从《贤愚经》中抄录千佛名号。②另有《三十七品经》与《大比丘二百六十戒三部合异》各一卷，都是抄录佛经或戒律中的相关内容撰集而成的。③“由此可知，昙无兰乃利用闲暇编作小撰集，而非从事翻译之译经家。”④

还有就是竺难提，与前述3位不同，他并不是沙门，而是一位商人，经常在狮子国与中土之间往来贸易，从他与刘宋时来华的译经高僧求那跋摩密切的关系，以及狮子国僧尼经常搭乘他的商船前往中土可知，竺难提应是一位佛教的居士，于佛学应有一定的造诣。⑤同时因为长期在华经商贸易，又使得他较熟练的掌握了汉语。如此，他就具备了从事佛经翻译最重要的两个条件——语言和对佛经的理解，因而开始了译经活动。但译经传法毕竟不是他主要的工作，因而据经录记载，其翻译的佛经一共只有3部5卷，且他主要活动于刘宋时期，东晋时译出的只有1部3卷。⑥

综上可见，东晋的传译者中，直接来自印度的极少，甚至没有中土人士多，而且在佛经翻译方面的贡献也十分有限。与此形成鲜明对比的是，来自中亚与西域者人数众多，占55%，如果算上佛驮跋陀罗和竺法度，更接近总数的2/3。对东晋南朝佛教发展影响较大的禅法及戒律的翻译，也都是由他们完成的。因此，在东晋的译经活动中，来自中亚和西域的僧侣才是真正的主力，大量的佛经由他们翻译为汉文，这也从一个侧面论证了在早期佛教东传中土的过程中，中亚与西域诸国发挥了更为重要的作用。⑦

二、异域来华传译者进入东晋的途径

东晋译经，仍以异域来华的胡僧和居士为主，那他们又是如何进入东晋的？途径主要有

---

① 小夜玄妙：《佛教经典总论》，第66页。

② 〔东晋〕竺昙无兰：《〈千佛名号〉序》，收入僧祐：《出三藏记集》卷十一，第420页。

③ 竺昙无兰：《〈三十七品经〉序》、《〈大比丘二百六十戒三部合异〉序》，收入僧祐：《出三藏记集》卷十、卷十一，第370—371、414—416页。

④ 小夜玄妙：《佛教经典总论》，第66页。

⑤ 慧皎：《高僧传》卷三，第107页。〔梁〕宝唱著，王孺童校注：《比丘尼传校注》卷二，中华书局2006年版，第88页。

⑥ 智昇：《开元释教录》卷三，第509页上。

⑦ 季羡林：《再谈“浮屠”与“佛”》，原载《中华佛学学报》第5期，1992年；后收入《季羡林文集》第7卷，江西教育出版社1998年版，第349—350页。

4 条。一是泛海而来。海上丝绸之路是佛教东传中土的重要通道，东晋时，异域来华的译经僧或居士就有泛海而来的，且多选择在广州登岸。如前述经常在狮子国和中土之间往来贸易的译经居士竺难提，他的商船就是停靠在广州的。[①]又罽宾国译经沙门昙摩耶舍“以（东）晋隆安中，初达广州，住白沙寺”[②]。可见，广州是他们在中土最初的活动区域，这两人也都曾在广州翻译过佛经（见前表）。

二是洛阳到庐山。东晋十六国时期，大量的译经胡僧由陆上丝绸之路来到北方，他们中的一些人由于各种原因进一步向南，通过不同的路线进入东晋境内。由洛阳到庐山就是其中之一。僧伽提婆，“本姓瞿昙氏，罽宾人。……苻氏建元中，来入长安，宣流法化。……后山东清平，提婆乃与冀州沙门法和俱适洛阳。……顷之，姚兴王秦，法事甚盛，于是法和入关，提婆渡江。先是庐山慧远法师翘勤妙典，广集经藏，虚心侧席，延望远宾，闻其至止，即请入庐岳”[③]。僧伽提婆将南下的目的地选在庐山，应与慧远法师密切相关。“在东晋后期，南方佛教界最有影响的人物是庐山东林寺的慧远。他的庐山僧团与北方长安鸠摩罗什的僧团遥相呼应。”[④]“庐山在东晋初叶即为栖逸之地。……其后远公（慧远）莅止，北方佛法因之流布江左，释迦教赖其维系。”可见，慧远法师所在的庐山实是东晋最重要的佛教中心，且这点是“天下靡然从同”[⑤]的。选择在庐山住锡，既可以方便地找到一个落脚点，而且一旦获得庐山僧团的认可，对日后的传法译经事业也有很大的帮助。因而庐山对这些由北方南下的，人地两疏的异域胡僧来说，吸引力是很明显的。而且从地理位置上说，庐山正好位于洛阳和建康之间，由庐山出发，顺长江而下就能到达建康，僧伽提婆其后也到了建康继续其译经的活动。洛阳与庐山之间的交通还是比较便利的，东汉时的安世高也是由洛阳出发途经庐山前往广州的。[⑥]具体来说：当时从洛阳出发，经南阳到襄阳，之后既可以走沔水——长江水道直达庐山，也可以走随、江夏、武昌、浔阳的陆路。还有就是从洛阳出发，走南阳、义阳、江夏、武昌、浔阳的旱路都可到达庐山。

三是由关中到襄阳。朱雷先生曾根据《出三藏记集》所收《〈渐备经〉十住胡名并书序》，为我们钩稽出一段不曾为人所注意的历史细节：东晋孝武帝宁康元年（373），沙门慧常在前凉都城姑臧将《一切渐备智德经》和《光赞般若经》交给“互市人康儿”，由其辗转送至长安。东晋孝武帝太元元年（376），经书到达前秦都城长安。长安僧人安法华将经书送至长安的互市，交由另一位“互市人”送往襄阳，到达襄阳的时间是太元二年（377）。朱先生在复原诸政权间往来贸易状况的同时，还对长安与襄阳间的交通路线有所论述，其指出：“长安经上洛或丰阳，沿丹水东南入汉水（当时称沔水），可直抵襄阳；或者从长安南下，走旱路，逾子午谷至

---

① 慧皎：《高僧传》卷三，第 107 页。

② 慧皎：《高僧传》卷一，第 42 页。

③ 慧皎：《高僧传》卷一，第 37 页。

④ 任继愈主编：《中国佛教史》第 2 卷，第 600 页。

⑤ 汤用彤：《汉魏两晋南北朝佛教史》，第 262、239 页。

⑥ 慧皎：《高僧传》卷一，第 5 页。

汉中，再东南行至襄阳的道路。”①“自晋氏南迁之后，南郡、襄阳，皆为重镇，四方凑会”②，从襄阳出发往南，可以直达江陵。如前述东晋隆安中从海上来华的昙摩耶舍，先是在广州译经传法，“至(东晋)义熙(405—418)中，来入长安”，与昙摩掘多合译了《舍利弗阿毗昙》，“耶舍后南游江陵，止于辛寺”。③

前文述及，由襄阳出发，水旱两路都可以到达庐山。如佛驮跋陀罗曾在长安“大弘禅业”，门徒众多。名僧智严、宝云、慧睿、慧观都从之受业，智严和宝云亦从事佛经翻译。但其弟子中颇有“浇伪之徒，因而诡滑”，“遂致流言，大被谤读”。当时前秦旧僧道恒等谓其违律，将其排挤出长安僧团，“于是与弟子慧观等四十余人俱发”，“南指庐岳”。④“觉贤(即佛驮跋陀罗)与关中众僧之冲突，慧远谓其‘过由门人’。实则其原因在于与罗什宗派上之不相合”。前文述及佛驮跋陀罗所学所传的应是罽宾说一切有部的禅学，而鸠摩罗什居沙勒以后就弃小就大了，所以他所传的应是大乘禅法。“其学不同，其党徒间意见自宜发生。”⑤而佛驮跋陀罗南下，之所以选择前往庐山依止慧远，应出于和僧伽提婆相同的考虑，而且他的弟子慧观原属于庐山僧团。在庐山停留一年多时间，应慧远的要求翻译了“禅数诸经”，其后又溯江而上前往江陵，最终再次沿江而下来到建康，译事甚盛。⑥

四是关中到寿春。“卑摩罗叉，罽宾人……先在龟兹，弘阐律藏……及龟兹陷没，乃避地焉。……以伪秦弘始八年(406)达自关中，(鸠摩罗)什以师礼敬待，(卑摩罗)叉亦以远遇欣然。及罗什弃世，叉乃出游关左，逗于寿春，止石涧寺，律众云聚，盛阐毗尼。……顷之，南适江陵，于辛寺夏坐，开讲《十诵》。”⑦寿春，故址在今安徽省六安市的寿县，其地北滨长淮，东依淝水，南有巨泽芍陂。晋废帝太和六年(371)，桓温攻陷寿春，平定袁真之叛，从军的伏滔，“至寿阳，以淮南屡叛，著论二篇，名曰《正淮》。其上篇曰：……彼寿阳者，南引荆汝之利，东连三吴之富；北接梁、宋，平涂不过七日；西援陈、许，水陆不出千里；外有江湖之阻，内保淮肥之固”⑧。可见，东晋时期的寿春水旱道路交汇，始终是南北交争之地，交通位置十分枢要。宋杰先生曾根据傅仲侠等先生执笔的《中国军事史·历代战争年表(上)》所记录的战事进行统计后指出：东晋南朝时北方政权大规模的南征行动有19次，主要进攻方向即行军路线有四，其中之一即“浚仪—陈、项—寿春—合肥—濡须口。由蒗荡渠入颍水入淮，再自肥口沿淝水入巢湖，顺濡须水入长江”。且4条路线中，寿春方向次数最多，共12次。⑨

---

① 朱雷：《东晋十六国时期姑臧、长安、襄阳的“互市”》，原载《古代长江中游的经济开发》，武汉出版社1988年版；后收入《武汉大学历史学集刊》第1辑，湖北人民出版社2005年版，第146页。

② 《隋书》卷三一《地理志下》，中华书局1973年版，第897页。

③ 慧皎：《高僧传》卷一，第42页。

④ 慧皎：《高僧传》卷二，第71—72页。

⑤ 汤用彤：《汉魏两晋南北朝佛教史》，第216、217页。

⑥ 慧皎：《高僧传》卷二，第72—73页。

⑦ 慧皎：《高僧传》卷二，第63—64页。

⑧ 《晋书》卷九十二《伏滔传》，中华书局1974年版，第2399—2400页。

⑨ 宋杰：《寿春在东晋南朝的战略地位》，《史学集刊》2014年第5期。

蒗荡渠——颍水水道是两汉以来沟通黄、淮的重要运道。[①]魏晋南北朝时的流向，按《水经注》记载："出荥阳北河，东南过中牟县之北，又东至浚仪县，又屈南至扶沟县北"。[②]即"蒗荡渠以荥阳石门为与黄河贯通的渠口，东南至浚仪县(今河南开封)东北，折而南流，经陈县(今河南淮阳县)东，又东南流至项县(今河南沈丘县)北入于颍(水)，由颍而达于淮(河)"，[③]即可直抵寿春城下。此外，前述僧传记载中的"出游关左"，关左应指潼关以东。[④]综上，卑摩罗叉南下的路线大致复原出来：鸠摩罗什去世后，卑摩罗叉出潼关来到河洛地区，然后经蒗荡渠——颍水——淮河水道直达寿春。在石涧寺完成对《十诵律》的整理后进一步南下，由淝水入巢湖，顺濡须水入长江，溯江而上抵达江陵。

综上可见，异域来华的传译者或由海上或由陆路来到东晋，由海上者多在广州上岸，由陆路者则又有3条不同的路线。通过对这些路径的复原，东晋最重要的一些译经地点也就串联了起来。

三、传译者中的中土僧人

东晋传译者中，中土僧人亦占总人数的1/4，并发挥了比此前更为重要的作用。据《高僧传》，汉魏两晋时期，在中土出生并被列入正传的译经者总共只有3人，分别是西晋的竺法护、东晋至刘宋的释法显与释宝云。竺法护是月氏人，出生在敦煌，[⑤]情况特殊，因此原籍为中土者只有法显和宝云两人。两人虽都于刘宋时才去世，但他们主要的译经活动都在东晋时期。两人有一共同的特点，即都曾西行求法，并在外长期访学。法显10余年的求法经历学者多有论述，此处不赘。宝云"弱年出家，精勤有学行。……求法恳恻，忘身徇道，誓欲躬睹灵迹，广寻群经。遂以晋隆安之初，远适西域。与法显、智严先后相随，涉履流沙，登踰雪岭，勤苦艰危，不以为难。遂历于阗、天竺诸国，备睹灵异。乃经罗刹之野，闻天鼓之音，释迦影迹，多所瞻礼。……后还长安，随禅师佛驮跋陀受业，修道禅讽，孜孜不怠"[⑥]。宝云西行的时间为东晋安帝隆安元年(397)，[⑦]佛驮跋陀罗到长安的时间大约是前秦弘始十二年(410)，不久就发生了前述的被"摈除"事件，宝云亦同佛驮跋陀罗一起南下。如此可见，宝云的求法活动也经历了10余年。

---

① 王育民：《中国历史地理概论》，人民教育出版社1987年版，第265页。

② 〔北魏〕郦道元注，〔清〕杨守敬、熊会贞疏，段熙仲点校，陈桥驿复校：《水经注疏》卷二十二，江苏古籍出版社1989年版，第1870—1901页。

③ 王鑫义：《东晋南北朝时期的淮河流域漕运》，《安徽史学》，1999年第1期，第14页。

④ 如北魏时，张彝上表提及：及惠帝失御，中夏崩离，刘苻专据秦西，燕赵独制关左。《魏书》卷六四《张彝传》，中华书局1974年版，第1430页。

⑤ 慧皎：《高僧传》卷一，第23页。

⑥ 僧祐：《出三藏记集》卷十五，第578页。

⑦ 〔梁〕宝唱著，[日]宗性抄：《名僧传抄》，《卍续藏经》第134册，第26页上。

法显与宝云在各自的求法活动中,都很注意梵文的学习。法显"后至中天竺……显留三年,学梵书梵语,恭自书写"①。"云在外域,遍学梵书,天竺诸国音字诂训,悉皆备解。"②这为他们回国后从事佛经翻译工作,打下了坚实的基础。但两者的梵文水平还是有很大差别的。法显归国后,"就外国禅师佛驮跋陀罗,于道场寺译出六卷《泥洹》《摩诃僧祇律》《方等泥洹经》",③可见,法显的翻译活动都是与佛驮跋陀罗合作的,从未独立开展译经。不止如此,据《〈泥洹经〉后记》:摩羯提国优婆塞伽罗先,"见晋土道人释法显远游此土,为求法故,深感其人,即为写此《大般泥洹经》如来秘藏,愿令此经流布晋土。……义熙十三年十月一日,于谢司空石所立道场寺出此《方等大般泥洹经》,至十四年正月一日校定尽讫。禅师佛大跋陀手执胡本,宝云传译,于时坐有二百五十人"④。因此,署名为法显所译的一共6部佛经,都是由他带回国的,但具体到翻译,有些他可能仅是参与而已,核心的翻译工作由佛驮跋陀罗、宝云等完成。这也从一个侧面反映出宝云的梵文水平很高。"云译出《新无量寿》,晚出诸经,多云所译。常手执胡本,口宣晋语,华戎兼通,音训允正。云之所定,众咸信服。初,关中沙门竺佛念善于宣译,于苻、姚二世,显出众经。江左译梵,莫踰于云。故于晋、宋之际,弘通法藏。"⑤宝云梵文的能力及对东晋译经的贡献可见一斑。

能力的差别当然与他们开始学习梵文时的年纪有关,法显西行时已年过花甲,宝云则20刚出头。⑥但更重要的应与两人西行求法的目的不同有关。"西行求法者,或意在搜寻经典,或旨在从天竺高僧亲炙受学,或欲睹圣迹,作亡身之誓,或远诣异国,寻求名师来华。"⑦法显在长安时,常常感慨律藏的残缺,矢志寻求,启程西行。因而在游历的过程中,法显最重视的是佛经特别是戒律的收集,归国时一共带回了11部梵文本的佛经。如此,用于学习梵文的时间相对就很少,较集中的也就只有在中天竺的3年。反观前述宝云的记载,他的西行主要就是到处参访求学,虽然出发时,"广寻群经"是他的目的之一,但从其最终并未携经归国可知,取经已不为其所重视。因而他有更多的时间"遍学梵书"以及"天竺诸国音字诂训",最终才获得"江左译梵,莫踰于云"的超高评价。

还有3位中土译经僧,其中的释法勇,应该就是昙无竭。"释昙无竭,此云法勇,姓李,幽州黄龙人也。幼为沙弥,便修苦行,持戒诵经,为师所重。"⑧按当时僧人取法名的习惯,法勇的师傅应该是一位来自西域的胡僧,因而法勇除了学习佛学外,也有学习语言的可能,且他所翻译的《佛开解梵志阿颰经》篇幅也短,应该有完成的可能。法勇在刘宋永初元年(420)也

① 僧祐:《出三藏记集》卷十五,第575页。
② 慧皎:《高僧传》卷三,第103页。
③ 僧祐:《出三藏记集》卷十五,第576页。
④ 僧祐:《出三藏记集》卷八,第316页。
⑤ 僧祐:《出三藏记集》卷十五,第578页。
⑥ 据《高僧传》卷三,宝云卒于东晋孝武帝元嘉二十六年,公元449年,终年74岁。见该书第103页。
⑦ 汤用彤:《汉魏两晋南北朝佛教史》,266页。
⑧ 慧皎:《高僧传》卷三,第93页。

启程西行，归国后继续从事佛经的翻译工作，只是他主要的活动都在刘宋时期，超出了本文的时间限定，就不深入展开了。另一位释嵩公（高公），小野玄妙认为可能是参与昙无谶译场的，翻译《涅槃经》时担任笔受的慧嵩。[①]但据僧传，此慧嵩是凉州人，他的活动区域也限于河西地区，因而不确。仍以"嵩"字考索，刘宋建康中兴寺有僧嵩，[②]与晋末译经这个时间点倒能吻合，只是记载过于简单，是否有过译经无从考究。还有一位释退公则记载太少，实在无从讨论。

综上可见，东晋时期，一些中土僧人除了修习佛法外，也开始注重语言的学习，或通过来华的胡僧，或亲身西行，更好地掌握了梵文或其他胡语，并借此或独立或合作进行佛经的翻译，在译经事业中发挥越来越重要的作用。

四、其他参与者

前文述及，佛经翻译，特别是有组织的译经活动，往往需要经过多个步骤，参与人数众多，上文我们重点讨论了译经中的核心人物，即传译者，这部分将关注其他参与者的情况。

为论述方便，先摘引数部东晋时译出佛经的题记、序或后记。

《〈华严经〉记》："以晋义熙十四年，岁次鹑火，三月十日，于扬州司空谢石所立道场寺，请天竺禅师佛度跋陀罗手执梵文，译胡为晋，沙门释法业亲从笔受。时吴郡内史孟颢、右卫将军褚叔度为檀越。至元熙二年六月十日出讫。"[③]

《〈中阿含经〉序》："然后乃以晋隆安元年丁酉之岁，十一月十日，于扬州丹阳郡建康县界，在其精舍更出此《中阿含》。请罽宾沙门僧伽罗叉令讲胡本，请僧伽提和转胡为晋，豫州沙门道慈笔受，吴国李宝、唐化共书。至来二年戊戌之岁，六月二十五日草本始讫。"[④]

《〈阿毘昙心〉序》："以晋泰元十六年，岁在单阏，贞于重光。其年冬，于浔阳南山精舍，（僧伽）提婆自执胡经，先诵本文，然后乃译为晋语，比丘道慈笔受。至来年秋，复重与提婆校正，以为定本。时众僧上座竺僧根、支僧纯等八十人，地主江州刺史王凝之，优婆塞西阳太守任固之为檀越，并共劝佐而兴立焉。"[⑤]

"盖古人之译经也，译出其文，即随讲其义"，汉末魏初安世高译经时已采用这种方式。[⑥]"翻译时，译讲同施，中土道俗得聆此方未闻之妙谛，故参与译场者恒数百人至数千人。"[⑦]故

① 小野玄妙：《佛教经典总论》，第77页。

② 慧皎：《高僧传》卷七，第289页。

③ 僧祐：《出三藏记集》卷九，第326页。

④ 僧祐：《出三藏记集》卷九，第337—338页。

⑤ 僧祐：《出三藏记集》卷十，第377—378页。

⑥ 汤用彤：《汉魏两晋南北朝佛教史》，第208、43—44页。

⑦ 曹仕邦：《论中国佛教译场之译经方式与程序》，收入张曼涛主编：《现代佛教学术丛刊》第38册《佛典翻译史论》，（台北）大乘文化出版社1978年版，第195页。

佛驮跋陀罗译《华严经》时,“共沙门慧严、慧义等百余人”①;与法显共译《泥洹经》时,有 250 余人参与;僧伽提婆译《阿毗昙心》时,在场的也有 80 人。在众多译经活动的参与者中,除了直接进行翻译的传译者外,还有三类人发挥着重要的作用。

其一是诵胡文者。译经的第一步是由一人执胡本佛经,口诵原文(如无胡本,则由此人直接背诵)。东晋时,这一工作多由来自异域的胡僧担任,如僧伽提婆、佛驮跋陀罗、僧伽罗叉等,这自然与他们的语言优势有关。此外,前文述及,东晋时佛经的翻译与宣讲是同时进行的,宣讲的任务有时也是由他们完成的,如上引《中阿含经》的翻译,就请了罽宾沙门僧伽罗叉“讲胡本”。这些诵胡文者如果还通汉语,那就由他直接将佛经口译出来,如上引僧伽提婆译《阿毗昙心》时,就“自执胡经,先诵本文,然后乃译为晋语”。又如佛驮跋陀罗译《华严经》时,“手执梵文,译胡为晋”。如不通汉语,则另外安排传译者,如上引《中阿含经》的翻译,就先由僧伽提婆讲胡本,另由佛驮跋陀罗“转胡为晋”。当然也有例外情况,前引《泥洹经》的翻译,就是由佛驮跋陀罗手执胡本,宝云传译。佛驮跋陀罗应有翻译的能力,但另请宝云传译,这大概与“江左练梵莫踰于(宝)云”有关。

其二是笔受。顾名思义就是将别人口头讲说的内容用文字记录下来,在译经中分为胡文笔受和汉文笔受。佛经翻译时,并不是一定有胡文原本可据,有时仅是由僧人背诵出胡文佛经,此时就需要胡文笔受,将其背诵内容写成胡文文本。虽没有东晋的例子,可举同时期前秦译经的例子。《〈大比丘戒〉序》:“外国道人昙摩侍讽《阿毘昙》,于律特善。遂令凉州沙门竺佛念写其梵文,道贤为译,慧常笔受。”②汉文笔受,则是记录传译者口译经文内容的。东晋译经时,多由中土僧人——如法业、道慈等——担任,这当然与汉语的熟练程度有关。法业与道慈都被收入《高僧传》,③皆以义解(即通过对经、律、论的注疏来解释佛教精深的义理)而闻名当世,都有相当的佛学造诣。可见,当时笔受者的选择也应有较高的标准。

其三是檀越。檀越就是施主,东晋译经时多由在家的信众,尤其是在职官员担任。前文述及,佛经“翻译时,译讲同施,……故参与译场者恒数百人乃至数千人”。如此大规模的活动,肯定少不了各方面的支持,即有政治上的也有经济上的,因而由在职官员出任檀越,是较为合适的人选。如上引《华严经》的翻译情况,担任檀越的是吴郡内史孟颢和右卫将军褚叔度。又如前述《阿毗昙心论》的翻译,参加者有 80 余人,担任檀越的有江州刺史王凝之,当时江州的治所在浔阳郡,该论就是在浔阳南山精舍中翻译出来的,可见这次译经活动得到地方最高长官王凝之的支持。另一位檀越,居士任固之也是西阳郡的太守,他们的支持当然是译经活动顺利开展的重要条件。檀越不仅支持译经,有时还出面组织译经活动。如前述《阿毗昙心论》的翻译就是由檀越江州刺史王凝之,优婆塞西阳太守任固之“并共劝佐而兴立”的;

---

① 僧祐:《出三藏记集》卷十四,第 543 页。
② 僧祐:《出三藏记集》卷十一,第 412 页。
③ 慧皎:《高僧传》卷七,第 265、300 页。

《华严经》的翻译，也是由担任檀越的吴郡内史孟颉和右卫将军褚叔度组织的。[1]又如“集京都义学沙门释慧持等四十余人，更请(僧伽)提婆重译《中阿含》等”的就是“卫军(将军)、东亭侯琅琊王珣”[2]。

综上可见，由于东晋译经，仍主要采用“译出其文，即随讲其义”的方式，因而参与译经活动的人数众多。其中诵胡文者口诵出胡文佛经，传译者口译为汉语，汉文笔受则将其记录为文字，通力合作，共同完成佛经的翻译。此外，多由在职官员担任的檀越，除了为译经活动提供多种支持外，还出面组织佛经的翻译。

(姚潇鸫，上海师范大学人文与传播学院副教授)

① 慧皎:《高僧传》卷二，第73页。
② 慧皎:《高僧传》卷一，第38页。

歌声舞节，桃花绿水之间

——六朝唐五代江南城市的歌舞活动

□张 剑 光

［摘 要］ 六朝各王朝宫廷音乐歌舞活动内容丰富，演出乐曲种类繁多；士大夫对歌舞比较爱好，很多人都会弹奏乐器；民众对音乐歌舞呈现出一定的狂热。唐代宫中的音乐通过一些艺人传播到江南，并且受到西域外国音乐的影响，流行柘枝舞、参军戏等表演；城市中活跃着众多擅长歌舞演唱的妓女。五代江南诸国乐伎制度全面建立，歌舞音乐以教坊伶工和士大夫贵族的家伎表演为主，士大夫家里有很多歌舞乐人。江南歌舞活动的盛行，最主要的是城市里居住有大量欣赏音乐歌舞的人员，他们追逐并且享受着歌舞活动带来的快乐。同时，江南城市中居住着大量从事音乐歌舞活动的娼伎，以表演作为谋生的手段。

［关键词］ 六朝；唐五代；江南城市；歌舞活动；娼伎

六朝至唐五代，江南城市歌舞活动盛行，与城市社会生活密切相关。歌舞音乐提供的是一种雅致的有修养的娱乐形式，充盈着文化气息，通过愉悦松弛的审美享受来积蓄精神的素养和活力。江南城市在其发展过程中，城市文化生活渐趋丰富。随着人口的增多，城市人口结构的复杂多样，城市居民对精神文化提出了较高的需求，各类歌舞和娱乐活动成为城市文化活动和消费的一部分，与城市的蓬勃发展密切相关。城市文化的丰富，是城市功能齐全的标志。本文拟对江南城市中的歌舞活动进行分析，并且探讨歌舞活动盛行的原因。

本文中的江南范围，主要指唐中期的浙西、浙东和宣歙三道，相当于今浙江全省和江苏、安徽的江南部分。

一、六朝江南城市的歌舞活动

六朝城市歌舞的发展，首先和建立在江南的几个王朝的宫廷音乐的发展和影响有关。也就是说，六朝帝王的喜爱推动了歌舞的发展，从而使宫廷音乐向民间传播。

历代帝王立国，都要制礼作乐。《宋书》卷十四《礼志四》云："夫有国有家者，礼仪之用尚矣。然而历代损益，每有不同。非务相改，随时之宜故也。"在继承传统的基础上，与社会政治环境相结合，六朝祭祀音乐的发展可以说是与时俱进。其时各个王朝都重视宫廷祭祀和仪典朝会之乐，如吴主孙休薨，葬明陵，其子孙皓拜庙荐祭，以《神弦乐》施于宗庙，"比七日三祭，倡伎昼夜娱乐"①。

① 陈寿：《三国志》卷五九《吴书・孙休传》，中华书局1962年版，第1371页。

而接连七日，每日三祭的乐舞活动，除了表演百戏及南方民间祭祀乐舞《神弦乐》之外，可能还有郊庙雅乐。

宫廷宴飨要奏乐。《乐府诗集》云："凡正飨，食则在庙，燕则在寝，所以仁宾客也。"①六朝宴飨活动中所用音乐既包括雅颂乐、鼓吹乐，还包括以相和歌、清商乐为代表的俗乐百戏等内容。礼仪教化类的宴飨活动主要是通过饮食之礼、宾射之礼、飨燕之礼的用乐仪式制度起到礼仪性或教化性作用。娱乐类宴飨乐舞，诸如皇室庆典、皇室内宴、宴飨臣僚等仪典中的音乐活动，虽有仪式性，但主要是满足帝王的声色之娱。由于六朝皇宫享乐成风，奢华成性，清商女乐成为皇室宴飨娱乐活动的主要对象②。

六朝帝王无论是碰到正式的国家大事，还是个人的小事，只要心里高兴，就会奏乐，大肆排张歌舞活动。如孙登"每升堂宴饮，酒酣乐作，登辄降意与同欢乐"③。皇帝与群臣宴饮娱乐要奏乐，范晔"善弹琵琶，能为新声。上欲闻之，屡讽以微旨，晔伪若不晓，终不肯为上弹。上尝宴饮欢适，谓晔曰：'我欲歌，卿可弹。'晔乃奉旨。上歌既毕，晔亦止弦"④。帝王的热衷，使大臣都以习乐弹奏为时尚，几乎每个朝廷臣子都会乐器。《南齐书》卷二三《王俭传》载："上(宋高帝)曲宴群臣数人，各使效伎艺。褚渊弹琵琶，王僧虔弹琴，沈文季歌《子夜》，张敬儿舞。王敬则拍张，俭曰：'臣无所解，唯知诵书。'"六朝末期，陈叔宝继位，与妃子们常在后宫游宴、赋诗，有的还能配曲，并选宫伎数百人歌唱。《陈书》卷七《张贵妃传》后史臣云："后主每引宾客对贵妃等游宴，则使诸贵人及女学士与狎客共赋新诗，互相赠答，采其尤艳丽者以为曲词，被以新声，选宫女有容色者以千百数，令习而歌之，分部迭进，持以相乐。其曲有《玉树后庭花》《临春乐》等，大指所归，皆美张贵妃、孔贵嫔之容色也。"随着朝廷音乐演出的增多，在宴飨娱乐风气的影响下，丝竹女乐大盛，蔚然成风。《梁书》卷三《武帝纪下》载："(中大通)二年秋八月庚戌，舆驾幸德阳堂，设丝竹会，祖送魏主元悦。"又云："(太清元年)五月丁酉，舆驾幸德阳堂，宴群臣，设丝竹乐。"宫廷宴享已变成了丝竹音乐会。《南史》卷五《齐本纪下》谈到东昏侯永元三年(501)，"合夕，便击金鼓吹角，令左右数百人叫，杂以羌胡横吹诸伎"。音乐内容在发生变化，引进了很多外来音乐的元素。

乐舞看得兴起，皇帝还通过文字把观赏的感受写下来。如简文帝《舞赋》对一位跳舞者的身材和动作、表情描写得十分细致："信身轻而钗重，亦腰羸而带急。响玉砌而迟前，度金扉而斜入。似断霞之照彩，若飞燕之相及。……于是徐鸣娇节，薄动轻金。奏巴渝之丽曲，唱碣石之清音。扇才移而动步，鞞轻宣而遂吟。尔乃优游容与，顾眄徘徊，强纡颜而未笑，乍杂怨而成猜。"他另有《咏舞诗》说："戚里多妖丽，重娉蔑燕余。逐节工新舞，娇态似凌虚。扇开衫影乱，巾度履行疏。徒劳交甫忆，自愧专城居。"⑤乐舞要求轻松愉悦，要展现出女子轻曼

① 郭茂倩：《乐府诗集》卷十三《燕谢歌辞》，上海古籍出版社1998年版，第163页。

② 韩启超：《六朝宫廷音乐活动类型考》，《艺术百家》2006年第5期。

③ 《三国志》卷五二裴松之注引《吴书》，第1225页。

④ 沈约：《宋书》卷六九《范晔传》，中华书局1962年版，第1820页。

⑤ 徐坚：《初学记》卷十五《乐部上·舞第五》，京华出版社2000年版，第592—593页。

柔软而又灵活多变的身姿。

六朝帝王音乐种类繁多，涉及宫廷生活的方方面面，形成各种固定的仪制。宫廷音乐活动内容丰富，演出乐曲种类庞杂。各朝宫廷音乐活动，有庞大的规模和繁复的仪式，在多样的音乐活动上演出的音乐种类，十分丰富。①据《南齐书》卷二八《崔祖思传》记载，刘宋后废帝时，“户口不过百万，而太乐雅郑，元徽时校试，千有余人。后堂杂伎，不在其数”。当宫廷音乐机构中招收音乐人才时，竟有上千人前来参加“校试”，可见宫廷音乐教育规模之巨大。

其次，六朝歌舞的盛行，与士大夫阶层对音乐普遍喜爱有关。六朝时期的士大夫对歌舞都十分爱好，很多人都会弹奏乐器。②

六朝江南城市中，士大夫阶层居住的高门深院之中，到处都有笙歌燕舞，随时可以听到丝竹婉转。对士大夫来说，音乐是身份的象征，是有较高文化素质的标志。如羊侃原为北魏的将领，后率领部众南归梁朝，来到建康。史云：“侃性豪侈，善音律，自造《采莲》《棹歌》两曲，甚有新致。姬妾侍列，穷极奢靡。有弹筝人陆太喜，著鹿角爪长七寸。舞人张净琬，腰围一尺六寸，时人咸推能掌中舞。又有孙荆玉，能反腰贴地，衔得席上玉簪。敕赉歌人王娥儿，东宫亦赉歌者屈偶之，并妙尽奇曲，一时无对。”他不但自己能作曲，而且家里养了许多音乐人，有的演奏器乐，有的是舞蹈高手，有的是歌唱名家。蓄养这些艺人在家里，既是为了音乐上的探讨，也是为了自己对音乐的享受。羊侃在家中摆宴，有三组女乐为其整夜演奏，“奏三部女乐，至夕，侍婢百余人，俱执金花烛”③。当然，像羊侃这样家里有很多音乐人，可能并不是每个士大夫都能做得到，但对一般官员而言，家里有一批音乐人还是可以办到的。不少官员由于喜爱音乐，家里会养些歌伎。如刘宋杜幼文官为散骑常侍，但“所莅贪横，家累千金，女伎数十人，丝竹昼夜不绝”④。仆射颜师伯“家产丰积，伎妾声乐，尽天下之选，园池第宅，冠绝当时”⑤。南齐太子洗马到㧑“资籍豪富，厚自奉养，宅宇山池，京师第一，妓妾姿艺，皆穷上品”⑥。陈朝高官孙玚“其自居处，颇失于奢豪，庭院穿筑，极林泉之致，歌钟舞女，当世罕俦，宾客填门，轩盖不绝”⑦。陈大将章昭达，“每饮会，必盛设女伎杂乐，备尽羌胡之声，音律姿容，并一时之妙，虽临对寇敌，旗鼓相望，弗之废也”⑧。即使像夏侯亶是以“性俭率”和“不事华侈”著称的，却也喜好音乐，晚年“有妓妾十数人，并无被服姿容。每有客，常隔帘奏之，时谓帘为夏侯妓衣”⑨。可以这样说，六朝世家大族、官僚豪富的竞相蓄妓，是六朝音乐繁荣的一个重要条件。而当时一般女妓大都以音乐歌舞为专业特长，终日奏乐歌舞以满足主人娱

---

① 韩启超：《六朝宫廷音乐活动类型考》，《艺术百家》2006年第5期。

② 可参考韩启超：《六朝世家大族乐舞生活考》，《交响—西安音乐学院学报》2008年第4期。

③ 姚思廉：《梁书》卷三九《羊侃传》，中华书局1973年版，第561—562页。

④ 沈约：《宋书》卷六五《杜骥传》，第1722页。

⑤ 沈约：《宋书》卷七七《颜师伯传》，第1995页。

⑥ 萧子显：《南齐书》卷三七《到㧑传》，中华书局1972年版，第647页。

⑦ 姚思廉：《陈书》卷二五《孙玚传》，中华书局1973年版，第321页。

⑧ 姚思廉：《陈书》卷十一《章昭达传》，第184页。

⑨ 李延寿：《南史》卷五五《夏侯亶传》，中华书局1973年版，第1361页。

乐及享受的需要。在崇尚奢侈的六朝，士大夫阶层陷入了无节制的追求声色享乐之中。

六朝皇帝经常赐乐给官员，而对官员来说这是十分荣耀的事情。所以不少官员出行时，常常高调奏乐，来显示自己和家族的社会地位，如吴国士燮兄弟成为一州之长后，“威尊无上。出入鸣钟磬，备具威仪，笳萧鼓吹”①。再如吕蒙得到孙权赐给的部骑鼓吹后，遂“兵马导从，前后鼓吹，光耀于路”②。官员游览山泉和园林时，常常喜欢弹琴唱歌，显出自己的优雅。如南齐武将张欣泰效仿士人游园，“下直辄游园池，著鹿皮冠，纳衣锡杖，挟素琴”③，典型的附庸风雅。文人、官僚喜欢选择优美之地聚众宴客，以诗、乐、酒相互交流。晋人谢尚擅长音乐舞蹈，在一次宴会上，司徒王导对他说：“闻君能作鸲鹆舞，一坐倾想，宁有此理不?”谢尚便穿着衣帻而舞，王导令观看者“抚掌击节，尚俯仰在中，旁若无人”，十分投入。④宋衡阳王刘义季镇守京口时，长史张邵与戴颙“姻通，迎来止黄鹄山。山北有竹林精舍，林涧甚美。颙憩于此涧，义季亟从之游……为义季鼓琴，并新声变曲，其三调《游弦》《广陵》《止息》之流，皆与世异”。戴颙是音乐世家，其父亲就“善琴书，颙并传之，凡诸音律，皆能挥手”。他与兄戴勃，“并受琴于父。父没，所传之声，不忍复奏，各造新弄，勃五部，颙十五部。颙又制长弄一部，并传于世”。⑤至于官员的公务宴乐，更是大量使用音乐歌舞，不过用乐比私人更为规范，演出比较有系统，更显精彩。如萧齐豫章王萧嶷北宅后堂集会，“文季与渊并善琵琶，酒阑，渊取乐器，为《明君曲》。文季便下席大唱曰：‘沈文季不能作伎儿。’……渊颜色无异，曲终而止”⑥。从上面这些例子中可以看出，六朝的士大夫和官员们在游玩宴享中，常有音乐舞蹈相伴，这种风尚流行于上层社会，即使被人耻笑为乐伎也无所谓。

六朝总体而言是家伎比较盛行的时代，不仅王侯、贵族会操演乐曲，一般官员和士大夫家里大多有伎乐活动，说明相对通俗的音乐歌舞在豪门世族以及达官贵人的私宅园林中十分盛行。其时士大夫蓄伎的主要目的，一般是为了自娱、娱人以及夸耀，广畜伎乐是他们权势财富的重要象征。不仅仅社会上层蓄妓，只要稍微有一点钱的官员，家里都想养几个歌舞妓女。梁朝贺琛说：“又歌姬舞女，本有品制，二八之锡，良待和戎。今畜妓之夫，无有等秩，虽复庶贱微人，皆盛姬妾，务在贪污，争饰罗绮。故为吏牧民者，竞为剥削，虽致赀巨亿，罢归之日，不支数年，便已消散。盖由宴醑所费，既破数家之产；歌谣之具，必俟千金之资。所费事等丘山，为欢止在俄顷。”⑦不管自己是什么级别，也不管自己有没有实力，很多官员就是想追求一时的享受，家里蓄养歌姬舞女。这就不难看出，私家伎乐盛行，是整个社会女乐歌舞风行的体现，是俗乐繁荣的明证。

---

① 陈寿：《三国志》卷四九《吴书四 · 士燮传》，第1192页。

② 陈寿：《三国志》卷五四《吴书九 · 吕蒙传》，第1280页。

③ 萧子显：《南齐书》卷五一《张欣泰传》，第881页。

④ 房玄龄：《晋书》卷七九《谢尚传》，中华书局1962年版，第2069页。

⑤ 沈约：《宋书》卷九三《戴颙传》，第2276页。

⑥ 萧子显：《南齐书》卷四四《沈文季传》，第776页。

⑦ 姚思廉：《梁书》卷三八《贺琛传》，第544页。

帝王和士大夫阶层对音乐歌舞的热衷，必然会对整个社会产生比较重大的影响。在六朝江南城市中，音乐和人们平日的生活紧密相连在一起，民众对音乐歌舞呈现出一种狂热。沈约描述刘宋元嘉年间的情况时说："凡百户之乡，有市之邑，歌谣舞蹈，触处成群。"[①]南齐武帝时"都邑之盛，士女富逸，歌声舞节，袪服华妆，桃花绿水之间，秋月春风之下，盖以百数"[②]。城市中的人们业余生活相对空闲，他们对歌谣舞蹈由衷的喜爱，他们对音乐歌舞的好尚成为一种普遍现象。当时不但士大夫家里有歌伎，民间也有不少擅长歌舞的倡伎。如《乐府广题》说："苏小小，钱塘名倡也，盖南齐时人。西陵在钱塘江之西，歌云'西陵松柏下'是也。"城市中这些歌舞演出人员来自哪里？史云："湖州德清县南前溪村，前朝教乐舞之地。今尚有数百家，尽习乐，江南声妓多自此出，所谓'舞出前溪'者也。"[③]相信湖州德清培养出的这些声妓有的会唱，有的会跳，这种情况一直到唐代仍是如此。

二、隋唐江南城市的歌舞活动

隋唐北方宫廷音乐部乐中有一种清商，据史书称是来自江南。《旧唐书》云："清乐者，南朝旧乐也。永嘉之乱，五都沦覆，遗声旧制，散落江左。宋、梁之间，南朝文物，号为最盛。人谣国俗，亦世有新声。后魏孝文、宣武，用师淮、汉，收其所获南音，谓之清商乐。隋平陈，因置清商署，总谓之清乐。遭梁、陈亡乱，所存盖鲜。隋室已来，日益沦缺。武太后之时，犹有六十三曲。今其辞存者，惟有《白雪》……《白苎》《子夜》《吴声四时歌》《前溪》《阿子》……《乌夜啼》《石城》《莫愁》……等三十二曲。"[④]前列这些曲名，大多来自江南，如《白苎》"本吴地所出，疑是吴舞也"；《前溪》源于浙江德清县南前溪村，南朝乐舞艺人多出于此。既然唐代清商乐的形成和发展与江南音乐密切相关，是吸收了江南音乐才得以形成的，那么我们更可以看到，唐代的江南地区，六朝音乐曲舞的流传是有着良好的社会文化环境，这些歌曲肯定仍在被弹奏演唱。

隋唐的江南城市，虽然远离北方的中央政治中心，受朝廷音乐的影响较小，不过宫中的音乐通过一些艺人或官员仍会传播开来，并在江南城市扎下根。比如李謩，"开元中吹笛为第一部，近代无比"。有一次，他"自教坊请假至越州"，因为是宫中的音乐高手，于是"公私更宴，以观其妙"。越州的文人举子对音乐十分热情，所以纷纷邀他一起吃饭，实是想听他的笛声："时州客举进士者十人，皆有资业，乃醵二千文，同会镜湖，欲邀李生湖上吹之，想其风韵，尤敬人神。以费多人少，遂相约各召一客。会中有一人，以日晚方记得，不遑他请。其邻居有独孤生者，年老，久处田野，人事不知，茅屋数间，举呼为独孤丈。至是遂以应命。到会所，

① 沈约：《宋书》卷九二《良吏序》，第 2261 页。

② 萧子显：《南齐书》卷五三《良政传》序，第 913 页。

③ 佚名：《大唐传载》，《唐五代笔记小说大观》，上海古籍出版社 2000 年版，第 893 页。

④ 刘昫：《旧唐书》卷二九《音乐志二》，中华书局 1975 年版，第 1062—1063 页。

澄波万顷，景物皆奇。李生拂笛，渐移舟于湖心。时轻云蒙笼，微风拂浪，波澜陡起。李生捧笛，其声始发之后，昏曀齐开，水木森然，仿佛如有鬼神之来。坐客皆更赞咏之，以为钧天之乐不如也。……良久，又静思作一曲，更加妙绝，无不赏骇。”①李謩的笛子是在宫廷演奏的，技巧之高，不是一般民间音乐人所能比拟的，而越州的文人也有机会聆听，相信江南的音乐人听后会大受启发，吸收进南方音乐之中。《唐国史补》卷下谈到有一位“吹笛天下第一”的李牟，估计就是李謩。这位李牟，“月夜泛江，维舟吹之，寥亮逸发，上彻云表”。某次他来到南方，“秋夜吹笛于瓜洲，舟楫甚隘。初发调，群动皆息。及数奏，微风飒然而至。又俄顷，舟人贾客，皆怨叹悲泣之声”。白居易在杭州时曾作《与微之唱和，来去常以竹筒贮诗，陈协律美而成篇，因以此答》，题中“协律”是校正乐律的官员，白居易与他的关系十分密切，有多首诗提到他。白有《醉戏诸妓》诗：“席上争飞使君酒，歌中多唱舍人诗。不知明日休官后，逐我东山去是谁?”②白居易肯定会大受这位协律的影响。这些足够说明北方音乐高手常会到南方活动，增加了江南城市见识同时代音乐最高演奏水平的机会。

唐代江南城市中的音乐，与中原地区一样，会受到西域外国音乐的影响。韦应物为苏州刺史时，“有属官因建中乱，得国工康昆仑琵琶，至是送官，表奏入内”③。这位康昆仑是在宫中演奏，但从其名字来看，必是一位胡人无异，战乱后他流落到苏州，可能以弹琵琶为生。吹笛“近代无比”的李暮在越州表演时，听众中有一位当地的音乐高手独孤生。独孤生对他说：“公试吹《凉州》。”演奏至曲终，独孤生又说：“公亦甚能妙，然声调杂夷乐，得无有龟兹之侣乎?”李暮大骇，起拜曰：“丈人神绝！某亦不自知，本师实龟兹人也。”独孤生又曰：“第十三叠误入《水调》，足下知之乎?”李暮曰：“某顽蒙，实不觉。”于是“独孤生乃取吹之”。从这段两人的音乐交流中可以看出，越州的独孤生对西域音乐有深刻的研究，哪段乐曲是来自西域的，他一听就能知道。这就说明江南城市中的歌舞一方面继承了六朝的曲调，同时也吸收了当时流传的西域元素，城市生活与歌唱舞蹈紧密相连，音乐艺术不断发展，使乐曲更加通俗化。

比如江南城市流行柘枝舞，这是一种西域传进的少数民族舞蹈，舞女表演时流波送盼，含情脉脉。舞至曲终，“例须半袒其衣”，唐人所谓的“罗衫半脱肩”，实际上是一种半脱衣舞。④跳这种舞蹈的舞女，在江南城市中有很多。如白居易诗中谈到常州柘枝妓云：“莫惜新衣舞柘枝，也从尘污汗沾垂。”又云：“平铺一合锦筵开，连击三声画鼓催。红蜡烛移桃叶起，紫罗衫动柘枝来。带垂钿胯花腰重，帽转金铃雪面回。看即曲终留不住，云飘雨送向阳台。”⑤张祜看到了杭州的柘枝，有《观杭州柘枝》云：“舞停歌罢鼓连催，软骨仙蛾暂起来。红罨画衫缠腕出，碧排方胯背腰来。旁收拍拍金铃摆，却踏声声锦袎摧。看著遍头香袖褶，粉屏香帕又重隈。”张祜谈到柘枝的诗有多首，如《周员外席上观柘枝》云：“画鼓拖环锦臂攘，小

① 李昉：《太平广记》卷二〇四，中华书局1982年版，第1552—1553页。

② 两诗见《白居易集》卷二三，中华书局1979年版，第510页。

③ 李肇：《唐国史补》卷中，《唐五代笔记小说大观》，第177页。

④ 向达：《唐代长安与西域文明》，三联书店1987年版，第65—67页。

⑤ 白居易：《白居易集》卷二三《看常州柘枝赠贾使君》《柘枝妓》，第515页、第512页。

娥双换舞衣裳。金丝蹙雾红衫薄，银蔓垂花紫带长。鸾影乍回头并举，凤声初歇翅齐张。一时欻腕招残拍，斜敛轻身拜玉郎。”《观杨瑗柘枝》云：“促叠蛮鼍引柘枝，卷帘虚帽带交垂。紫罗衫宛蹲身处，红锦靴柔踏节时。微动翠蛾抛旧态，缓遮檀口唱新词。看看舞罢轻云起，却赴襄王梦里期。”①说明江南的大城市中可能这种舞女是比较多见的。从上述描写来看，柘枝舞女的姿态十分优美，矫健有力，节奏多变，大多以鼓伴奏，边舞边唱。舞女的服装很有特色，身穿紫罗衫，上镶有金丝，帽上有金铃，旋转时发出声音，脚穿红锦靴。一般这种舞是单人跳的，但有时也会出现双人共舞的现象，张祜的“小娥双换舞衣裳”，大概是指双人舞。这种从西域传进的舞蹈，不仅仅西域舞女在江南城市中演出，一些汉族舞女学习后也在跳。《云溪友议》卷上《舞娥异》条说：“李八座翱，潭州席上有舞柘枝者，匪疾而颜色忧悴。殷尧藩侍御当筵而赠诗曰：‘姑苏太守青蛾女，流落长沙舞柘枝。满座绣衣皆不识，可怜红脸泪双垂。’明府诘其事，乃故苏台韦中丞爱姬所生之女也。曰：‘妾以昆弟夭丧，无以从人，委身于乐部，耻辱先人。’言讫涕咽，情不能堪。亚相为之吁叹，且曰：‘吾与韦族，其姻旧矣。’速命更其舞服，饰以袿襦，延与韩夫人相见。顾其言语清楚，宛有冠盖风仪，抚念如其所媵，遂于宾榻中选士而嫁之也。”这位苏州韦刺史爱姬所生的女儿，“委身于乐部”，在长沙跳柘枝，估计舞有可能是在江南学习的。

参军戏其实是百戏中的一种，是由问答方式组成的戏剧，演出者要配合表情动作，有时也会杂入歌舞，有乐器在配乐。宋人认为这种戏始自于汉代，不过在唐代出现是开元间的事情：“俳优弄参军，段安节云：始自后汉馆陶令石耽，有赃犯，孝和帝惜其才，免罪，每宴乐，即令白衣夹衫，命优伶戏弄辱之，经年乃放，后为参军掾。唐开元中有李仙鹤善此戏，明年特授韶州同正参军。”②参军戏大都是俳优演的，主要是一方对另一方的取乐，其中一方要穿白衣夹衫，相当于今天的滑稽表演。薛能《吴姬》云：“楼台重叠满天云，殷殷鸣鼍世上闻。此日杨花初似雪，女儿弦管弄参军。”③诗题“吴姬”，意谓江南女性是特别能演参军戏的。《云溪友议》卷下谈到元稹“廉问浙东，……乃有俳优周季南、季崇及妻刘采春，自淮甸而来。善弄《陆参军》，歌声彻云，篇韵虽不及（薛）涛，容华莫之比也。元公似忘薛涛，而赠采春诗曰：‘新妆巧样画双蛾，幔裹恒州透额罗。正面偷轮光滑笏，缓行轻踏皱文靴。言词雅措风流足，举止低回秀媚多。更有恼人肠断处，选词能唱《望夫歌》。’《望夫歌》者，即《罗唝》之曲也。金陵有罗唝楼，即陈后主所建。采春所唱一百二十首，皆当代才子所作。其词五、六、七言，皆可和矣。”周季南等人演参军戏，是从北方来到江南的，演出的剧目很多，有一百多首。演员演出时，人要化妆，服装有讲究，能唱能演。

江南城市中，活跃着众多擅长歌舞演唱的妓女，在各种公私场合都能看到她们的身影。比如各道、州的衙门中，有不少能歌善舞的妓女。《本事诗》谈到韩滉为浙西观察使时，

① 彭定求编：《全唐诗》卷五一一，中华书局1960年版，第5827页。此外还有《感王将军柘枝妓殁》等诗。

② 杨彦龄：《杨公笔录》，《全宋笔记》第一编第十册，大象出版社2003年版，第140页。

③ 彭定求编：《全唐诗》卷五六一，第6520页。

戎昱是浙西的一位刺史，“郡有酒妓，善歌，色亦媚妙，昱情属甚厚。浙西乐将闻其能，白晋公，召置籍中。昱不敢留，饯于湖上，为歌词以赠之”①。显然道和州都有专门的乐籍，可以配备多少不等的歌妓，专为地方长官服务。再如李讷夜登越州城楼，听到有人在唱“雁门山上雁初飞”，歌唱人“其声激切”，使李讷听了很有感触，于是把人召来。来的女子说：“去籍之妓盛小丛也。”李讷说：“汝歌何善乎？”对方回答说：“小丛是梨园供奉南不嫌女甥也。所唱之音，乃不嫌之授也。今色将衰，歌当废矣。”李讷正好要设宴招待远道来的崔元范，于是在镜湖光候亭摆了个酒桌，“屡命小丛歌饯，在座各为一绝句赠之”②。白居易任杭州刺史时，有《醉歌示妓人商玲珑》诗：“罢胡琴，掩秦瑟，玲珑再拜歌初毕。谁道使君不解歌，听唱黄鸡与白日。黄鸡催晓丑时鸣，白日催年酉时没。腰间红绶系未稳，镜里朱颜看已失。玲珑玲珑奈老何？使君歌了汝更歌。”③妓人专为刺史个人唱歌弹琴。杜牧《池州李使君殁后十一日，处州新命始到，后见归妓感而成诗》云：“缙云新命诏初行，才是孤魂寿器成。黄壤不知新雨露，粉书空换旧铭旌。巨卿哭处云空断，阿鹜归来月正明。多少四年遗爱事，乡闾生子李为名。”④杜牧感叹的是旧官去，新官到，原来感情很好的妓女却要和新官去周旋了。

官员调动，还会带了歌伎一起上任，前提是要办好手续。杜牧《张好好诗》序曰：“牧大和三年，佐故吏部沈公江西幕，好好年十三，始以善歌来乐籍中。后一岁，公移镇宣城，复置好好于宣城籍中。”⑤因为歌唱得好听，所以就带了一起到宣城上任。

官员的宴会聚集中，常有妓女相陪。白居易在杭州时，有《闻歌妓唱严郎中诗，因以绝句寄之》诗云：“已留旧政布中和，又付新词与艳歌。但是人家有遗爱，就中苏小感恩多。”⑥《闲夜咏怀，因招周协律，刘、薛二秀才》云：“若厌雅吟须俗饮，妓筵勉力为君铺。”⑦又《饮散夜归赠诸客》云：“回鞭招饮妓，分火送归人。”⑧当他为苏州刺史时，有《代诸妓赠送周判官》：“妓筵今夜别姑苏，客棹明朝向镜湖。莫泛扁舟寻范蠡，且随五马觅罗敷。兰亭月破能回否，娃馆秋凉却到无？好与使君为老伴，归来休染白髭须。”⑨政事之余，官员常携妓与诗友出游饮酒赋诗，在他们的众多诗歌中，常有以“歌妓”“舞妓”“饮妓”为题的诗，如白居易《清明日观妓舞听客诗》《代卖薪女赠诸妓》《湖上醉中代诸妓寄严郎中》等。城市商业的繁荣和发展，刺激了城市娱乐、服务业的发展。在江南地区的各个州级城市中，酒楼、妓馆大量存在，官僚士人、富商大贾出游聚会，往往观赏歌舞以资助兴，因而江南城市中的歌舞活动十分盛行。如杭

---

① 孟棨：《本事诗·情感第一》，《唐五代笔记小说大观》，第1240页。

② 范摅：《云溪友议》卷上，《唐五代笔记小说大观》，第1272页。

③ 白居易：《白居易集》卷十二，第244页。

④ 杜牧：《樊川文集》卷三，上海古籍出版社2007年版，第48页。

⑤ 杜牧：《樊川文集》卷一，第8页。

⑥ 白居易：《白居易集》卷二三，第511页。

⑦ 白居易：《白居易集》卷二〇，第435页。

⑧ 白居易：《白居易集》卷二〇，第443页。

⑨ 白居易：《白居易集》卷二四，第533页。

州，“境牵吟咏真诗国，兴人笙歌好醉乡”①，到处都是音乐歌舞之声，一到节日，更是“灯火家家市，笙歌处处楼”②。

三、五代江南城市的歌舞活动

唐末五代，历经短暂混乱之后，江南城市经济重又兴旺起来，城市里的歌声再次响起。

吴末及南唐初年，在都城金陵，政府的乐伎制度全面建立。如南唐于开国之初即设置教坊，以专掌乐事。马令《南唐书》卷二五《申渐高传》称：“昇元初，案籍编括，渐高以善音律为部长。”大概乐部建于这个时候。陆游《南唐书》卷十八《高丽传》载，昇元二年(938)六月，高丽遣广评侍郎柳勋律贡方物于南唐，“烈祖御武功殿，设仪仗见其使。自言代主朝觐，拜舞甚恭。宴于崇英殿，出龟兹乐，作番戏，召学士承旨孙晟侍宴”。为宴请外国使节而用乐，想必肯定是用乐部来主持演出的。《江南余载》卷上云：“元宗宴于别殿，宋齐邱已下皆会。酒酣，出内宫声乐以佐欢。齐邱醉狂，手抚内人于上前，众为之悚栗，而上殊不介意，尽兴而罢。”这里的“内宫声乐”，估计就是宫内的乐伎。又《江表志》卷上云：“种氏者，乐部中之官伎也，有宠于永陵。”李后主娶了周后，“颇留心于声乐”，时为监察御史的张宪上疏言：“闻有诏以户部侍郎孟拱辰宅与教坊使袁承进居止。昔高祖欲以舞人为散骑常侍，举朝非笑。今承进教坊使耳，以侍郎宅居之，亦近之矣。”③此后，南唐宫中乐舞妓人的增加与声色时尚的形成，在嗣主李璟即位以后达到顶峰。如南唐乐部头是李家明：“李家明，世为庐州西昌人。嗣主时为乐部头，有学。”平建州后，“俘延政及百官入建康，寻封王，遂命王公宰僚之属燕其第，时遣家明率乐部往，延政啬于贿赂，家明怒其寡而讥之，曰：‘贱工无伎，大王优赐，不敢奉命。然告大王，乞取一物。’延政曰：‘吾家所有，唯汝之命。’家明曰：‘大王平天冠今且无用，家明敢请之。’延政默然，惭恨而罢。”④李璟宠幸的乐伎不少，“常乘醉命乐工杨花飞奏《水调词》进酒”⑤。南唐画家周文矩曾作《合乐图》，主题是皇家庭院里欣赏女乐演奏的情况。画卷左半部是欣赏音乐的男女皇室人员和侍从。乐队分左右两侧，对称排列。左侧女乐所奏乐器为琵琶、竖箜篌、筝、方响、笙、细腰鼓、横笛、筚篥、拍板。周文矩另有《宫中图卷》和《吕乐图》，都是反映南唐宫中乐伎演奏的画面。

建都在杭州的吴越国，皇室中也有不少人喜欢乐舞。文穆王钱元瓘的恭懿夫人吴氏“幼以婉淑”，后来“善鼓琴”⑥，说明这种技能是在宫里教授的。吴越国的宫中是有妓乐制度的。

① 白居易：《白居易集》卷二六《见殷尧藩侍御忆江南诗三十首》，第586页。

② 白居易：《白居易集》卷二〇《正月十五日夜月》，第450页。

③ 佚名：《江南余载》卷上，《全宋笔记》第一编第二册，第239页。

④ 龙衮：《江南野史》卷七《李家明》，《全宋笔记》第一编第三册，第202—204页。

⑤ 郑文宝：《南唐近事》卷二，《全宋笔记》第一编第二册，第220页。

⑥ 吴任臣：《十国春秋》卷八三《恭懿夫人吴氏传》，中华书局1983年版，第1189页。

钱元瓘仁惠夫人许氏,“雅善音律,文穆王后庭乐部悉命夫人掌焉”①。钱元瓘第十一子钱弘仪,“晓音律,能造新声,尤工琵琶,妙绝当世。忠懿王常宴集兄弟,欲使仪弹,而难于面命,乃别设一榻,置七宝琵琶于上,覆以黄锦,酒酣,仪果白王曰:‘此非忽雷乎?愿奏一曲为王寿。’时王叔元璘亦知音,王命之拍,曲终,王大悦,赐仪北绫五千段”②。不但建起了宫廷乐部,而且常常与大臣一起欣赏乐曲。

政府中能歌善舞的称乐工,或教坊伶人,女乐工其实就是官妓。《江南余载》卷上云:“徐知询在宣州,聚敛苛暴,百姓苦之。人觐侍宴,伶人戏作绿衣大面,若鬼神者。傍一人问谁何,对曰:‘我宣州土地神也,吾主入觑,和地皮掘来,故得至此。’”这里所谓“伶人’者,应该是吴国的官妓,以演戏讽刺徐知询的残暴。再如王感化,“善讴歌,声韵悠扬,清振林木”。初隶光山乐籍,后入金陵,“系乐部为歌板色”③。南唐杨名高,也是一位乐工。李冠,“散乐也,善吹洞箫,悲壮入云。元宗将召隶教坊”④。宋齐邱《陪华林园试小妓羯鼓》诗云:“因逢淑景开佳宴,为出花妓奏雅音。掌底轻璁孤鹊噪,枝头乾快乱蝉吟。”⑤原注:“时李琢璟为诸衙将军。”诗中小妓当为官妓,以善操羯鼓而见宠。

随着社会的稳定,贵族家里的歌舞,开始大量出现。保存至今的顾闳中《韩熙载夜宴图》,真实地描绘政治上不得志的韩熙载纵情声色的夜生活,刻画出韩熙载当时复杂的心境,同时使我们看到了南唐高官家里的乐舞表演。图分五段,每一段画面以屏风相隔。其中第一段右侧床上长须戴高冠者是韩熙载,他和宾客正聚精会神地倾听教坊使李家明的妹妹的琵琶独奏。第三段击鼓歌舞《六幺》。六幺属于软舞系列,多由女子独舞,舞姿优美,轻盈飘逸。画中,韩熙载手里拿着鼓槌在击鼓,为家妓王屋山表演六幺舞伴奏。画中的王屋山小巧玲珑,着蓝色长袍、窄袖,双手背后成半圆形。她的右侧有一人击拍板,左右两侧有两人拍掌击节。另一段是五名女伎的合奏,两人吹横笛,三人吹筚篥,另有一人击拍板。此画是贵族人家夜宴和乐舞表演的真实画面。

南唐士大夫家里往往有很多歌舞乐人演奏音乐。如宰相游简言与徐锴喝酒时,“徐出妓佐酒,叠唱歌辞,皆锴所制,锴乃大喜起谢”⑥。这位佐酒的妓女,能够一首连一首地唱歌。柴再用“按家乐于后园,有左右人窃于其门隙观之。柴知,乃召至后园,使观按习”⑦。南唐偏安江左,士大夫生活比较奢靡,家妓数量很多。《南唐近事》卷一载:“严续相公歌姬,唐镐给事通犀带,皆一代之尤物也。唐有慕姬之色,严有欲带之心,因雨夜相第有呼卢之会,唐适预焉。严命出姬解带,较胜于一掷,举座屏气观其得失。六骰数巡,唐彩大胜。唐乃酌酒,命美

---

① 吴任臣:《十国春秋》卷八三《仁惠夫人许氏传》,第1190页。

② 吴任臣:《十国春秋》卷八三《钱弘仪传》,第1206页。

③ 吴任臣:《十国春秋》卷三二《王感化传》,第461页。

④ 吴任臣:《十国春秋》卷三二《杨飞花传》《李冠传》,第459页、461页。

⑤ 彭定求编:《全唐诗》卷七三八,第8415页。

⑥ 佚名:《江南余载》卷上,第243页。

⑦ 郑文宝:《江表志》卷上,《全宋笔记》第一编第二册,第262页。

人歌一曲，以别相君。宴罢，拉而偕去，相君怅然遣之。”《旧五代史》卷一三一《孙晟传》亦云：“晟以家妓甚众，每食不设食几，令众妓各执一食器，周侍于其侧，谓之‘肉台盘’。”严续与孙晨皆元宗时名相，他们家里有歌妓，作为一种风尚，必然会引得其他士大夫争相仿效。如马令《南唐书》卷二二《刘承勋传》，谈到刘承勋“家畜妓乐，迨百数人，每置一妓，费数百缗，而珠金服饰，亦各称此”。陶谷奉使到南唐，韩熙载命妓秦弱兰“诈为驿卒女，每日弊衣持帚扫地，陶悦之与狎，因赠一词名《风光好》云：‘好因缘，恶因缘，只得邮亭一夜眠。别神仙，琵琶拨尽相思调，知音少。待得鸾胶续断弦，是何年？’”①从词中可以看到，秦弱兰是会弹琵琶的，陶谷喜欢她可能就是因为能弹能唱的缘故。说明短暂的社会安定中，士大夫们对音乐歌舞热情地追求。

有学者指出南唐“以教坊伶工和豪门家妓为主体的乐舞艺人，不仅在追忆旧谱中演绎出许多变调词曲，也将不少新创曲调奉献于歌宴舞席之上，为士大夫倚声填词提供了更加丰富的选择余地”，因此“以宫廷和宅第为主要场所的创作环境，在很大程度上也制约着文人词的艺术品位，君臣欢会、朋僚宴集，词涉倡风，总非所宜”②。南唐的歌舞音乐的确是以教坊伶工和士大夫贵族家里的家伎表演为主，他们的表演主要是在宫廷和贵族的家里，为他们喝酒助兴，这种表演形式对五代词的发展产生了十分重要的影响。

当然，其时市井中也有乐妓。吴顺义六年(926)史虚白自后唐奔吴，宋齐邱欲试其技能，“乃命僚属宴之以倡乐，试之以笺翰，使女奴索讽弄，多方扰之”③。这里的“倡乐”，应该就是市井倡优之乐也，是宋齐邱故意派人带了史虚白去的，目的是为了干扰他，从语义看“倡乐”是带有贬义的，是不登大雅之堂的。陶谷《清异录》卷上云：“李煜在国，微行娼家，遇一僧张席，煜遂为不速之客。僧酒令、讴吟、吹弹莫不高了，见煜明俊酝藉，契合爱重。煜乘醉大书右壁，曰：‘浅斟低唱，偎红倚翠，大师鸳鸯寺主，传持风流教法。’久之，僧拥妓入屏帷，煜徐步而出，僧人、妓竟不知煜为谁也。”④这位妓女既卖身，又能唱歌。总体上观察，其时江南市井中的乐妓已经出现，数量大概不少，但就吴越和南唐而言，歌伎乐工可能主要是存在于宫廷和贵族的家里。

四、江南城市歌舞活动盛行的原因

六朝至唐五代，江南城市中歌舞活动如此盛行，其原因是什么？我们认为这应该是综合因素造成的，如与江南城市特殊的政治地位、城市规模的扩大、城市经济的发展和南方的民风习俗等，都有一定的关系。但最主要的原因，恐怕是与江南城市人口的结构有着直接的关

① 郑文宝：《南唐近事》卷二，《全宋笔记》第一编第二册，第225页。

② 张兴武：《乱世江南著雅音—南唐妓乐与南唐词》，《西北师大学报》，2001年第1期。

③ 龙衮：《江南野史》卷八《史虚白》，《全宋笔记》第一编第三册，第208页。

④ 陶谷：《清异录》卷上，《全宋笔记》第一编第二册，第31页。

联。六朝至唐五代，江南城市居民社会地位并不完全一致，各城市政治等级不同，城市居民的实际文化素质和经济富裕程度有很大差别，他们对文化的追求度是不同的。六朝以后，江南城市中文化层次较高的人口越来越多，直接决定了这些人对歌舞音乐的追求比较狂热。

江南六朝时的建业与建康、唐末五代时的杭州、南唐的金陵，曾经作为都城，成为南方几个中央政府的所在地，因而在这些城市中居住着皇帝、宗室和外戚等政治和经济上的特权阶层。从孙权开始，到六朝结束，先后有40多个皇帝在建康即位，过着君临天下的奢侈生活。这些皇帝、宗室和外戚是城市里地位最高者，他们是江南最高层的统治阶级。如五代时的吴越国钱镠，是吴越地区最高统治者。《通鉴》卷二七二后唐同光元年二月条称："镠始建国，仪卫名称多如天子之制，谓所居曰宫殿，府署曰朝廷，教令下统内曰制敕，将吏皆称臣，惟不改元，表疏称吴越国而不言军。以清海节度使兼侍中传瓘为镇海、镇江留后，总军府事。置百官，有丞相、侍郎、郎中、员外郎、客省等使。"①一副正宗皇帝的架势，中央政府的规模全都具备。南唐是禅吴而来的一个王朝，有自己的国号、年号，三代帝王建立了完整的中央政权体制，设立了三省六部和御史台、翰林院等政府职能部门。庞大的皇室人员盘踞在江南的大城市中，他们追求着歌舞音乐，使宫廷音乐代代相继。

其次，江南城市中居住着大量的贵族，他们掌握着社会的文化导向。六朝时期，江南各城市贵族豪门都是以城市作为发展的政治和经济基地，他们居住在城市中，控制着城市的发展。东吴周、陆、顾氏家族居所在苏州，葑门外曹巷村有吴丞相顾雍宅，周瑜宅在"今郡庙址，故井犹存，内有古柏，瑜手所植"②。顾雍为孙吴政权中举足轻重的人物，为吴相十九年，孙权曾亲自拜访顾雍的母亲，以期望能得到顾雍这一世族大家的支持。梁武康人沈瑀任余姚县令，发现"县大姓虞氏千余家，请谒如市，前后令长莫能绝。……县南又有豪族数百家，子弟纵横，递相庇荫，厚自封植，百姓甚患之"③。北方南迁的士族，更是有很多人留在了大城市之中。如祖冲之是南朝最著名的天文学家和数学家，祖姓为名门著姓，居范阳一带，西晋末永嘉南迁时，祖冲之先祖居丹徒之京口。门阀大族都是文化士族，礼法伦理是维系大族世代相传的纽带。士族中的很多人往往"有词采"，善音乐。他们南迁的过程中，将北方的音乐带到了江南。

江南城市的上流阶层中，官员是人数较多的一个群体。虽然从高官到底层官员，社会地位差距很大，但他们在城市内有统治权，是城市真正的掌控者。京城有中央政府的各级衙门机构，估计一个政府的全部官员数量不会少于数千人。而各地的州郡和县都是政府的统治据点，也有很多官员。唐朝州长官有刺史，此外还有一套庞大的官员队伍，别驾、长史、司马称为上佐，司功等为判司，此外还有录事参军事、参军等官。唐代中期以后，在润州、越州、宣州设观察使，观察使的幕职有副使、支使、判官、掌书记、推官、巡官等。吴越和南唐的道、州、

① 欧阳修：《新五代史》卷六七《吴越世家》，中华书局1974年版，第841页。

② 顾震涛：《吴门表隐》卷三，江苏古籍出版社1999年版，第31页；卷四，第44页。

③ 姚思廉：《梁书》卷五三《沈瑀传》，第768—769页。

县制度大体是从唐朝演变而来，名称虽有所不同，但统治的实质大体一致。城市级别越高，城市官员的数量越多，官员队伍就更庞大。官员在城里往往过着优裕的生活，有着较好的经济条件，衣食住行引领着城市的风尚。如陈朝余姚人虞荔为大著作，“母随荔入台，卒于台内，寻而城陷，情理不申，由是终身蔬食布衣，不听音乐，虽任遇隆重，而居止俭素，淡然无营”①。也就是说，一般的官员都是喜欢音乐的。吴越高官孙承祐“恣为奢侈，每一宴会，杀物命千数，家食亦数十器方下箸，设十银镬，构火以次荐之。……又用龙脑煎酥制小样骊山，复千金市石绿一枚，治为博山香炉峰……其豪贵如此”②。有的官员在城市中大兴土木建造园林别业和住宅。大部分的官员都是具有较高文化素质的，琴棋书画样样在行，对音乐歌舞的追求热情高于常人。

官员子弟及家眷也常会随着官员的上任生活在江南城市中。陈朝陆琼是陆云公的儿子，“幼聪惠有思理，六岁为五言诗，颇有词采。大同末，云公受梁武帝诏校定《棋品》……琼时年八岁，于客前覆局，由是京师号曰神童”③。到了唐代，官员带了家眷上任更是普遍。杨发为润州从事，把家安在金陵，其弟杨收等都到南方来了。④唐中期豆卢荣为温州别驾，他的妻子就是金河公主的女儿，所以“公主随在州数年”。后来袁晁乱起，“江东米贵，唯温州米贱，公主令人置吴绫数千匹，故恋而不去”⑤。南唐昭武军节度使刁彦能对润州比较有好感，“乐其风土”，遂定居在京口。⑥外地官员在江南任期结束后，有很多人留在江南，而他们的家属子弟也跟着一块儿定居下来，金陵、苏州、常州、杭州是他们居住的几个重要城市。乐安刘夫人“先世因官江南，遂徙家于金陵，乃为县人矣”⑦。官员子弟及家眷往往也是有文化的一批人，对音乐歌舞也有着一定的嗜好。

江南城市中聚集了很多文人学士。安史之乱发生后，北方居民多避乱南奔，李白说：“三川北虏乱如麻，四海南奔似永嘉。”⑧又云：“天下衣冠士庶，避地东吴，永嘉南迁，未盛于此。”⑨北方有大量的文人寓居到了江南各城市。刘邺父刘三复尝为李德裕浙西从事，后“以文章客游江浙”⑩。泉州人儒学康仁杰“易儒服至金陵”。南唐开科举，举子云集金陵，宣城士人舒雅“保大时随计金陵，怀所业献于吏部侍郎韩熙载”。邱旭“随计金陵，凡九举而曳白者六七”。文士大量集中在江南，对江南城市文化带来了较大的影响。皎然《诗式》卷四指出：

① 姚思廉：《陈书》卷十九《虞荔传》，第257页。

② 吴任臣：《十国春秋》卷八七《孙承祐传》，第1263页。

③ 姚思廉：《陈书》卷三〇《陆琼传》，第396页。

④ 王钦若等编：《册府元龟》卷七二九《幕府部・辟置四》，中华书局1960年版，第2557页。

⑤ 李昉等：《太平广记》卷二八〇引《广异记》，第2229—2230页。

⑥ 佚名：《京口耆旧传》卷一，文渊阁《四库全书》第451册，第121页。

⑦ 周绍良：《唐代墓志汇编》咸通〇八一《唐故乐安戎处士故夫人墓志铭并序》，第2442页。

⑧ 李白著，瞿蜕园校注：《李白集校注》卷八《永王东巡歌十一首（其二）》，上海古籍出版社1980年版，第547页。

⑨ 李白著，瞿蜕园校注：《李白集校注》卷二六《为宋中丞请都金陵表》，第1514页。

⑩ 王钦若等编：《册府元龟》卷七二九《幕府部・辟置四》，第8676页。

“大历中，词人多在江外。皇甫冉、严维、张继、刘长卿、李嘉祐、朱放，窃占青山白云、春风芳草以为已有。……迄今余波尚寝，后生相效，没溺者多。”从东晋兰亭文人集会开创了江南文人诗酒文会的滥觞，江南文人从南朝齐武帝时的竟陵王萧子良招接文士，到唐代的一些诗会，如永泰间的宣州诗会，大历间的会稽诗会、湖州诗会、常州诗会等，贞元间的浙西诗会、苏杭诗会，长庆至大中间的杭州、越州与苏州诗会。[①]虽然其中很多人既是文人又是地方官，但也纠集了不少普通的文人、诗僧。这些文人举子，对音乐歌辞都有着特殊的喜爱。

歌舞活动的盛行，和江南城市中居住着大量的乐人、娼妓有关。娼妓有官、私之分。官妓中为皇宫服务的叫宫妓，为一般官府服务的官妓，也称营妓。官妓主要为各级官僚陪酒侍宴，唱歌跳舞，身属乐籍，衣粮官给，实际上受皇室和各级地方官的支配，官员可以据为己有，也可以转赠他人。东吴孙皓即位后，追谥父亲孙休为文皇帝，“比七日三祭，倡技昼夜娱乐”[②]。这些宫廷内的“倡技”，属皇宫所有。东晋孝武帝的安德陈太后出身于倡家，其“父广，以倡进……后以美色能歌弹，入宫为淑媛，生安、恭二帝”[③]。由于倡是以色美和善歌能弹见长，所以与乐人有很多相近的地方，有时乐人和倡会很难区分。南朝官伎仍很普遍，刘宋元嘉十三年(436)，“司徒彭城王义康于东府正会，依旧给伎。总章工冯大列：‘相承给诸王伎十四种，其舞伎三十六人。’”太常傅隆以为应该减少诸王使用倡伎的人数，而宋文帝并未采纳。[④]郁林王萧昭业，“大敛始毕，乃悉呼武帝诸伎，备奏众乐，诸伎虽畏威从事，莫不哽咽流涕”[⑤]。他即位后，还为阉人徐龙驹“置嫔御妓乐”[⑥]。梁朝宫中仍大量使用娼妓。如昭明太子萧统，“出宫二十余年，不畜声乐。少时，敕赐太乐女妓一部”[⑦]。普通末，梁武帝“自算择后宫《吴声》《西曲》女妓各一部，并华少，赉(徐)勉”[⑧]。皇帝为了表示对大臣的优渥，将宫中女妓转赠大臣。唐代，江南城市中仍活跃着很多官伎，有的供文官娱乐，有的供军士娱乐。根据服务于镇、州、县的不同，有“府娼”“郡娼”“官使妇人”“官使女子”“乐营妓人”“乐营子女”等不同称法。白居易在杭州刺史任上有《湖上招客送春泛舟》云：“欲送残春招酒伴，客中谁最有风情？两瓶箬下新求得，一曲霓裳初教成。排比管弦行翠袖，指麾船舫点红旌。慢牵好向湖心去，恰似菱花镜上行。”自注说：“时崔湖州寄新箬下酒来，乐妓教《霓裳羽衣曲》初毕。”[⑨]这儿的乐妓就是官妓。韩滉镇浙西，“郡有酒妓，善歌，色亦媚妙，……召置籍中”[⑩]，这位酒妓应是隶属州政府的。地方官调动工作时，有的官伎是不能带走的。唐末镇海节度使

---

① 景遐东：《江南文化与唐代文学研究》，人民文学出版社2005年版，第190—201页。

② 陈寿：《三国志》卷五九《吴书·孙和传》，第1371页。

③ 房玄龄：《晋书》卷三二《陈太后传》，第983页。

④ 沈约：《宋书》卷十九《乐志一》，第547页。

⑤ 李延寿：《南史》卷五《废帝郁林王纪》，第136页。

⑥ 李延寿：《南史》卷七七《杜文谦传》，第1931页。

⑦ 姚思廉：《梁书》卷八《昭明太子传》，第168页。

⑧ 李延寿：《南史》卷六〇《徐勉传》，第1485页。

⑨ 白居易：《白居易集》卷二〇，第452页。

⑩ 孟棨：《本事诗·情感第一》，《唐五代笔记小说大观》，第1240页。

周宝年“八十三，筋力尤壮，女妓百数，盖得(般)七七之术”[①]。是否真是如此，尚不得而知，但周宝的“女妓百数”，当是属于官妓。

江南城市中居住着大量有音乐天赋的私伎。六朝至唐五代时期，私伎实际上分为两大类，一类是专属于富人的家伎，另一类是服务对象为城市大众的市伎。家伎在六朝最为多见，唐五代略少，而市伎六朝较少，到了唐朝以后就比较多见。市伎是城市商品经济发展到一定程度的产物，是城市内出现的一种特殊的消费关系。

六朝时期，高官大族家里都有家伎。家伎长相比较漂亮，能歌善舞，擅长演奏乐器。史书虽常“伎妾”连用，但妾主要是为主人提供衣食和发泄性欲的，而伎需具有长相和艺术上的素养。东晋明帝崩，“时国丧未期，而尚书梅陶私奏女妓”，御史中丞钟雅劾奏曰：“陶无大臣忠慕之节，家庭侈靡，声妓纷葩，丝竹之音，流闻衢路，宜加放黜，以整王宪。”[②]东晋末年，桓玄篡位，后刘裕举义旗起兵，“扫定京都。诛之。玄之宫女及逆党之家子女妓妾悉为军赏”[③]。将桓玄逆党家里的女伎全部赏给自己的部队，成了将士们的家妓。至南朝，王公贵族争相聚妾蓄妓，“妓乐之妙，冠绝一时”[④]。刘宋大将沈庆之家有“妓妾数十人，并美容工艺”[⑤]，长相漂亮，能歌能舞[⑥]。范晔家里“乐器服玩，并皆珍丽，妓妾亦盛饰”[⑦]。梁吴郡张率，“其父侍妓数十人，善讴者有色貌”[⑧]。有一定经济实力的官员，往往家有伎人数十人，甚至有的有数百人，可以组成一支庞大的乐队。唐五代以后，家伎仍然存在，不过数量较少，也不像六朝的贵族官僚那样张扬。如白居易有“姬人樊素，善歌，妓人小蛮，善舞，尝为诗曰：‘樱桃樊素口，杨柳小蛮腰。’年既高迈，而小蛮方丰艳，因为杨柳之词以托意。”[⑨]

城市中开始出现市伎。南朝后期，随着城市商品经济的发展，为满足居民奢侈消费的需要，城市中出现了以才艺声色谋生的私妓，南齐名妓苏小小就是其中的一个典型。《苏小小歌》云：“妾乘油壁车，郎骑青骢马。何处结同心，西陵松柏下。”[⑩]《乐府广题》曰：“苏小小，钱塘名倡也。盖南齐时人。”梁简文帝的《乌栖曲》也是反映了这种情况：“青牛丹毂七香车，可怜今夜宿娼家。娼家高树乌欲栖，罗帷翠帐向君低。”[⑪]唐朝以后，市妓日益多见，如时人吟诵：“娼楼两岸悬水栅，夜唱《竹枝》留北客。”[⑫]南唐金陵城内，道士章齐一因为“滑稽无度，善

---

① 沈汾：《续仙传》卷下，影文渊阁《四库全书》第1059册，上海古籍出版社1987年版，第614页。

② 房玄龄：《晋书》卷七〇《钟雅传》，第1877页。

③ 房玄龄：《晋书》卷二八《五行中》，第848页。

④ 沈约：《宋书》卷七一《徐湛之传》，第1844页。

⑤ 沈约：《宋书》卷七七《宋庆之传》，第2003页。

⑥ 李延寿：《南史》卷三七《沈庆之附攸之传》，第966页。

⑦ 沈约：《宋书》卷六九《范晔传》，第1829页。

⑧ 姚思廉：《梁书》卷三三《张率传》，第478页。

⑨ 孟棨：《本事诗·事感第二》，《唐五代小说大观》，第1245页。

⑩ 逯钦立辑校：《先秦汉魏晋南北朝诗·齐诗》卷六，中华书局1983年版，第1480页。

⑪ 欧阳询：《艺文类聚》卷四二《乐部二·乐府》，上海古籍出版社1982年版，第763页。

⑫ 彭定求编：《全唐诗》卷三八二张籍《江南曲》，第4288—4289页。

于嘲毁，娼里乐籍多称其词”①。所谓娼里，大概是指城市中娼妓集中居住和营业的地方。市妓的出现与城市社会的发展息息相关，是商品经济繁荣而发生的社会新变化。

不难发现，江南城市中歌舞活动的盛行，除了音乐歌舞自身内涵的发展和演奏技巧的变化外，最主要的是城市里居住有大量欣赏音乐歌舞的人员，他们追逐并且享受着歌舞活动带来的快乐，以了解和掌握音乐演奏而自诩，显示出自己文化素养上的高雅。同时，江南城市中居住着大量从事音乐歌舞活动的人员，他们以演出作为谋生的手段，他们丰富和发展了音乐歌舞的表演技术。

总体上说，江南城市的歌舞音乐以官方的活动为主，主要在上层社会中流行和传承，但同时，我们也可以看到这种歌舞活动在不断地向社会中下层转移。社会上对歌舞音乐的需要，使得这种活动更多地从官方走向了民间，歌舞音乐有着更为广阔的发展空间。

（张剑光，上海师范大学人文与传播学院教授）

① 郑文宝：《南唐近事》卷二，第221页。

上海藏敦煌文献所见唐五代宋初敦煌佛寺资料辑考*

□陈 大 为

［摘 要］ 上海藏敦煌文献中不乏有中国古代佛教寺院的记载，其中也包含了一些唐五代宋初敦煌地区佛寺的资料，这些资料对研究敦煌佛教学尤其是敦煌佛寺史具有重要价值。有鉴于此，本文对上海图书馆和上海博物馆藏敦煌文献中所见唐五代宋初敦煌佛寺资料进行辑考，并对所涉龙兴寺、大云寺、永安寺、金光明寺、三界寺、报恩寺、显德寺、龙光寺等敦煌佛寺加以考证。

［关键词］ 上海图书馆；上海博物馆；敦煌佛寺

唐五代宋初，敦煌佛教极为兴盛，鼎盛时期有佛寺 40 余所。据李正宇考证，这一时期敦煌境内敕建寺院 17 所，其中僧寺 12 所，包括龙兴寺、开元寺、三界寺、大云寺、金光明寺、永安寺、灵图寺、报恩寺、莲台寺、净土寺、乾元寺、显德寺；尼寺五所，即灵修寺、大乘寺、普光寺、安国寺、圣光寺。①这些佛教寺院的资料分布于世界各地所藏敦煌文献当中，其中一些就收藏在上海。上海藏敦煌文献主要分布于上海图书馆和上海博物馆，上海图书馆藏敦煌吐鲁番文献共 187 号，②上海博物馆藏敦煌吐鲁番文献共 80 号。③这些文献中不乏有中国古代佛教寺院的记载，其中也包含了一些唐五代宋初时期敦煌地区佛寺的资料，这些资料对研究敦煌佛教学尤其是敦煌佛寺史具有重要价值。鉴于此，本文拟对上海图书馆和上海博物馆藏敦煌文献中所见唐五代宋初敦煌佛寺资料进行辑考，并对所涉寺院情况作一番研究。

以下文书编号将上海图书馆简称“上图”，上海博物馆简称“上博”，按馆藏序号顺序依次对唐五代宋初敦煌佛寺文献进行考证和研究。

1. 上图 036(812443)《维摩疏卷第四》尾题后有题记一行：“证圣元年(695)闰二月十八日**大云寺**僧录澄。”

---

* 本文系国家社科基金重大项目（批准号：10&ZD080）、2015 年上海市教育科研创新项目（批准号 15ZS040）、上海师范大学文科科研项目“敦煌的佛教与社会研究”阶段性成果。

① 李正宇：《敦煌地区古代祠庙寺观简志》，《敦煌学辑刊》1988 年版第 1、2 期，第 70—85 页；又同氏《敦煌史地新论》，新文丰出版公司 1996 年版，第 71—98 页。

② 上海图书馆、上海古籍出版社编：《上海图书馆藏敦煌吐鲁番文献》卷 1—4，上海古籍出版社 1999 年版。

③ 上海古籍出版社、上海博物馆编：《上海博物馆藏敦煌吐鲁番文献》卷 1—2。

上博40(39341)《造莫高窟记》:“每日每月造尊像而弥穷,或印或模,计俱胝而不极,**龙兴、大云之寺**,斋堂梵宇之中,布于佛而咸周,礼六时而莫怠。”

【按】龙兴寺:唐宋时代敦煌僧寺。敦煌遗书中简称“龙”。关于龙兴寺的由来,史籍中有两种不同的记载。一种说法是由神龙元年(705)唐中宗复位时所敕建之中兴寺改名而来。《旧唐书》卷七《中宗本纪》:“〔神龙三年(707)二月〕庚寅,改中兴寺、观为龙兴,内外不得言‘中兴’。”①另一种说法是开元二十六年(738)由唐王朝敕建。据《佛祖统纪》卷四〇“唐玄宗开元二十六年”条:“二十六年,敕天下诸郡立龙兴、开元二寺。”②一是将中兴改龙兴,属于旧寺改额;一是各郡立龙兴,属于建立新寺。至于敦煌龙兴寺的由来属于以上哪种尚不得而知。BD01106(宿006)《四分律比丘戒本》卷末题记云:“乾元二年(759)四月廿日,龙兴寺僧静深写了。”③这是目前已知敦煌龙兴寺的最早记载。北宋天禧三年(1019)犹存,《陇右金石录补》卷一《天禧三年(1019)□月二十七日社邑造塔记》有“……社老龙兴寺法律定慧……团颐(头)龙兴寺法律戒荣……龙兴寺法律福惠……”④。S.381(3)《龙兴寺毗沙门天王灵验记》:“大蕃岁次辛巳润(闰)二月十五日,因寒食,在城官寮(僚)百姓,就龙兴寺设乐。”⑤据此可知龙兴寺位于沙州城内。

S.2729《辰年三月沙州僧尼部落米净辩牒》的内容是上报敦煌僧尼部落所辖13所寺院人员的情况。经陈国灿考证此辰年系788年。⑥龙兴寺28人,居僧寺之首。S.5676《沙州诸寺僧尼数》也是吐蕃时期的僧尼籍。关于此件文书的年代藤枝晃判定在公元800年前后,⑦此件中龙兴寺人数略有下降,共23人,屈居僧寺的第4位。S.2614背《沙州诸寺僧尼名簿》是归义军时期的僧尼籍,此件的年代在乾宁二年(895)三月以后数年的公元10世纪初。⑧龙兴寺的人数遽然增多,达到50人,又跃居僧寺之首。写于937年前不久的P.2250背《傔状》记录龙兴寺合得傔僧及沙弥60人,当然,这并非龙兴寺全部僧人。姜伯勤利用S.542背(4)《戌年(818)沙州诸寺丁壮车牛役部(簿)》和S.542背(3)《沙州诸寺寺户妻女名簿》对敦煌诸寺寺户丁口并妻女人数作过统计,⑨吐蕃戌年龙兴寺寺户丁口43人、妻女34人,寺户总人数77人,居沙州诸寺之首。龙兴寺收入来源广泛,包括布施、高利贷、厨田、畜牧业等多种项目。著名僧人有都僧统翟法荣、都判官索龙藏、上座马德胜、大德索日进以及比丘张明照等。

龙兴寺在敦煌地区政治、经济、佛教、文化教育以及社会生活中发挥着重要作用,为沙州

---

① 刘昫:《旧唐书》卷七《中宗本纪》,中华书局1975年版,第143—144页。

② 《大正藏》卷四九,第375页上。

③ 《国家图书馆藏敦煌遗书》卷十六,北京图书馆出版社2006年版,“条记目录”第12页。

④ 宁可、郝春文:《敦煌社邑文书辑校》,江苏古籍出版社1997年版,第863页。

⑤ 郝春文编:《英藏敦煌社会历史文献释录》卷二,社会科学文献出版社2003年版,第214页。

⑥ 陈国灿:《唐朝吐蕃陷落沙州城的时间问题》,《敦煌学辑刊》1985年第1期,第6页。

⑦ 藤枝晃:《敦煌の僧尼籍》,《东方学报》(京都)第29册,1959年版,第314页。

⑧ 郝春文:《唐后期五代宋初敦煌僧尼的社会生活》,中国社会科学出版社1998年版,第31页。

⑨ 姜伯勤:《唐五代敦煌寺户制度》,中华书局1987年版,第41—44页。

首寺。吐蕃和归义军时期敦煌地区佛教僧团的最高管理机构都僧统司的驻所就设在龙兴寺，由于敦煌诸寺是在都僧统司统一领导下的一个整体，而龙兴寺又是都司的直属寺院，成为都司的象征，所以从某种意义上来说，敦煌龙兴寺与其他寺院之间存在着统属关系。龙兴寺也是都司下属机构经司的所在地，掌管着敦煌的官经，提供给诸寺共同使用，成为敦煌地区佛典贮存与流通的中心，影响着其他寺院的经藏管理制度和转经、抄经等重要的佛事活动。龙兴寺还是沙州第一大寺，规模很大，史称"龙兴大寺"。①通过对龙兴寺与沙州诸寺寺户妻女车牛及僧人数量的比较，发现无论是寺户还是僧人数量都是相对较多的。所有这些都说明龙兴寺是沙州首寺，在沙州诸寺中占据着主导地位。

大云寺：唐宋时期敦煌僧寺。敦煌遗书中简称"云"。在沙州城中 P.2856 背(2)《景福二年(893)草院纳粗草录》。《旧唐书》卷六，载初元年(689)七月条下曰："有沙门十人伪撰《大云经》，表上之，盛言神皇受命之事。制颁于天下，令诸州各置大云寺。"②《资治通鉴》卷二〇四载："(天授元年，690)十月，……壬申，敕两京、诸州各置大云寺一区，藏《大云经》，使僧升高座讲解。"③《佛祖历代通载》卷一二云："明年七月，沙门十辈诣阙上《大云经》，盛称则天当即宸极。则天大悦，赐十沙门紫方袍、银龟袋，颁经于天下郡国，各建大云寺。"④P.3717《历代法宝记一卷》亦称："后时，大周立，则天即位，敬重佛法，至长寿元年(692)，敕天下诸州，各置大云寺。"⑤以上史料对大云寺建造年代的记载略有出入，当以《旧唐书》为准，武则天为了上膺天命造舆论而颁布《大云经》，并修建大云寺收藏之。另据 S.5176《妙法莲华经卷第三》题记："大周长寿三年(694)四月七日天云寺僧怀真为亡母敬写法华经一部。"⑥天云寺还出现在莫高窟第 220 窟北壁下部发愿文："贞观十六年(642)岁次壬寅奉为天云寺律师道弘法师[造]奉[者]。"⑦同窟西壁龛下初唐供养人像列南向第一身题名："大云寺僧道□一心供养，俗姓翟氏。"⑧故此推测此天云寺可能就是大云寺。即便敦煌大云寺在贞观年间就已出现，但在武则天统治时期及其以后作为官寺的事实是可以确定的。北宋端拱元年(988)犹存，BD14927(新1127)《道行般若经卷四》题记："雍熙五年岁次戊子三月廿日大云寺僧法盈书写道行经一卷。"雍熙五年就是北宋太宗端拱元年。⑨

吐蕃辰年(788)大云寺有僧 16 人(S.2729《辰年三月沙州僧尼部落米净辩牒》)，公元 800

---

① S.6161、S.3329、S.6973、P.2762 缀合之《张淮深碑》。
② 刘昫：《旧唐书》，中华书局 1975 年版，第 121 页。
③ 司马光：《资治通鉴》，中华书局 1956 年版，第 6469 页。
④ 《大正藏》卷四九，第 583 页下。
⑤ 《法藏敦煌西域文献》卷二七，上海古籍出版社 2002 年版，第 83 页。
⑥ 黄永武主编：《敦煌宝藏》卷四〇，新文丰出版公司 1982 年版，第 486 页。
⑦ 敦煌研究院编：《敦煌莫高窟供养人题记》，文物出版社 1986 年版，第 102 页。
⑧ 敦煌研究院编：《敦煌莫高窟供养人题记》，第 103 页。
⑨ 方广锠教授认为此卷题记字迹与正文不同，疑伪，待考。参见《国家图书馆藏敦煌遗书》卷一三五，北京图书馆出版社 2010 年版，"条记目录"第 16 页。

年前后 15 人(S.5676《沙州诸寺僧尼数》),10 世纪初僧及沙弥共计 31 人(S.2614 背《沙州诸寺僧尼名簿》)。据 S.542 背(3)《沙州诸寺寺户妻女名簿》和 S.542 背+BD09606 背(4)《戌年沙州诸寺丁壮车牛役部(簿)》记载,戌年(818)有寺户丁口并妻女共 54 人。收入来源有田园、羊群、碾硙、酒坊、放贷等。寺内有藏经(BD08638[位 038]《思益梵天所问经卷一》、S.8885《[丁]酉年五月廿二日大云寺截得经名目》)和寺学(S.778 背《王梵志诗集卷背题记》、S.5463《开蒙要训一卷》、P.3886《书仪》等)。吐蕃时期大云寺的康智诠曾担任过都僧统(上引 S.2729)。据 Дx.02881+Дx.02882《开元廿九年二月九日授得菩萨戒牒》可知,开元二十九年二月九日,唐朝都城长安大安国寺的授戒师道建来到沙州,作为传授菩萨戒和尚,主持了一场僧俗两界都参加的大型受戒仪式,地点就在敦煌大云寺。P.4622《雍熙三年十月曹延瑞设大供会请释门四部大众疏》记载了雍熙三年(986)瓜州团练使曹延瑞邀请四部大众于大云寺举行斋会活动,足见该寺颇得敦煌当地上层人士垂青。莫高窟第 196 窟和 220 窟有该寺僧人供养人像及题名,说明该寺僧人曾参与莫高窟开窟造像活动。

2. 上图 088(812535)背(1)《太平兴国三年僧守秀等 14 人写大宝积经一部施永安寺题记》云:"太平兴国三年戊寅岁三月十五日,下手发心写《大宝积经》,至六月十五日毕供断手。当寺僧守秀、上伴一人、智忍新戒、释门法律法寿、法律戒慈、法律戒昌、法律庆因、法律义勋、法律戒忍、法律戒轮、法师戒护、律师保戒、贴手弥道行、造食女人阿阴氏,计一十四人等,同发信心,敬舍写《大宝积经》一部,施**永安寺**藏,永充供养。"

上图 088(812535)背(3)《清信弟子某乙施写佛经发愿文》云:"清信弟子某乙发无上胜心敬写《大宝积经》一部,施入**永安寺**。"

【按】永安寺:唐宋时期敦煌僧寺。敦煌遗书中简称"永"。寺址位于沙州城西〔P.2856 背(2)《景福二年草院纳粗草录》〕。吐蕃辰年(788)初见其名(S.2729《辰年三月沙州僧尼部落米净辩牒》),北宋天禧三年(1019)犹存(《陇右金石录补》卷一《天禧三年(1019)□月二十七日社邑造塔记》)。吐蕃辰年(788)该寺有僧 11 人(上引 S.2729),800 年前后增至 17 人(S.5676《沙州诸寺僧尼数》)。戌年(818)前后有寺户丁口并妻女共 27 人〔S.542 背(3)《沙州诸寺寺户妻女名簿》、S.542 背+BD09606 背(4)《戌年沙州诸寺丁壮车牛役部(簿)》〕。10 世纪初僧及沙弥共计 35 人(S.2614 背《沙州诸寺僧尼名簿》)。写于 937 年前不久的 P.2250 背《�状》又记录永安寺合得傔僧及沙弥共 38 人。寺内布局有东院和西院(S.9227《永安寺僧绍进上表》),据 P.3161《10 世纪前半叶永安寺交割常住什物点检历》记载永安寺内还有设院,即寺院中举行宴会的场所。此外,据 S.6276 背《永安圣寿招提司都师某乙应入施诸色斛斗抄》可知寺内设有招提司,由都师负责寺院的厨田、硙课、梁课及诸家散施等项收入的保管和支出。吐蕃及归义军时期该寺设有寺学〔S.214、S.214 背(4)、S.1163、S.1386、P.2483 背(1)、中国书店 ZSD060 号背 1《社司转帖稿》〕,并藏有佛经〔S.476(1)《沙州僧团勘经部帙数目》、S.476 背(2)《沙州僧团勘经部帙数目》、S.5240《大般若波罗蜜多经卷第四百二》、P.3240《壬寅年

(1002)报恩寺配经、付纸历》、上图 088(812535)背(1)《太平兴国三年[978]僧守秀等一十四人写大宝积经一部施永安寺题记》等〕。P.3161《10 世纪前半叶永安寺交割常住什物点检历》,从中可见其常住财产状况。P.3100(4)《乙巳年(885)寺主道行辞职状并判》和 P.3223《勘寻永安寺法律愿庆与老宿绍建相诤根由状》,对了解寺僧宗教和社会生活情况很有帮助。BD00234 背(宇 034 背)《开宝三年十一月七日为母做七启请永安寺翟僧正等疏》体现了永安寺与敦煌地区在家信众的关系。莫高窟第 10 窟、第 108 窟、第 390 窟有永安寺寺主庆安等人的供养像及题名。

3. 上图 118(812568)《礼忏文一本》卷末题记:"开宝四年(971)四月廿一日,**金光明寺**比丘圆□记。"

【按】金光明寺:唐宋时代敦煌僧寺。敦煌遗书中简称"金"。其寺名来自于佛经《金光明经》。寺址在莫高窟的中寺。[①]据 S.2729《辰年三月沙州僧尼部落米净辩牒》可知吐蕃辰年(788)初见其名。北宋天禧三年(1019)犹存,《陇右金石录补》卷一《天禧三年□月二十七日社邑造塔记》有"录事金光明寺法律福荣……团头金光明寺法律福祥……金光明寺法律福兴……"。吐蕃辰年(788)该寺有僧 16 人(上引 S.2729),800 年前后增至 26 人(S.5676《沙州诸寺僧尼数》)。戌年(818)前后有寺户丁口并妻女共 20 人〔S.542 背(3)《沙州诸寺寺户妻女名簿》、S.542 背+BD09606 背(4)《戌年沙州诸寺丁壮车牛役部[簿]》〕。据《沙州文录补》本《丑年五月金光明寺直岁僧明哲请便麦粟牒》记载,吐蕃丑年寺院纲管因"当寺虚无,家客贫弊,寺舍破坏、粮食罄尽"而向教授都头仓借贷麦粟。唐昭宗光化年间,该寺在莫高窟所建寺窟毁于回鹘军。后于唐天复元年(901)重建。S.3905《唐天复元年辛酉岁(901)十二月十八日金光明寺造窟上梁文》云:"猃狁狼心犯塞,焚烧香阁摧残。合寺同心再造,来生共结良缘。"[②]写于 937 年前不久的 P.2250 背《儭状》记录金光明寺僧 39 人,沙弥 23 人,共 62 人,这只是该寺合得儭的僧人名单,实际人数应多于 62 人。

金光明寺在敦煌地区的政治、经济、佛教以及传统文化教育上发挥了重要作用。该寺与统治者上层关系密切,据 P.3388《开运四年三月九日曹元忠请金光明寺马僧政等为故兄太傅大祥追念供疏》记载,后晋开运四年三月九日(即天福十二年),节度使曹元忠为故兄、前节度使元深三周年忌日,延请该寺僧人赴衙追念设供。金光明寺收入来源广泛,有羊群、田园、仓贷、硙课及布施等多种名目。因此 S.6417(18)《同光四年金光明寺徒众庆寂神威等请僧法真充寺主状并都僧统海晏判》称:"金光明大寺,洪基不少。"寺有藏经并设有寺学,据 P.3692《李陵苏武往还书》记载,索勋之孙即张淮深外孙索富通即为该寺学郎。河西高僧都法律索义辩

① 郑炳林:《晚唐五代敦煌三界寺藏经研究》,《敦煌归义军史专题研究三编》,甘肃文化出版社 2005 年版,第 27 页。

② 《英藏敦煌文献》卷五,四川人民出版社 1992 年版,第 198 页。

(S.530《沙州释门索法律窟铭稿》)及上座神威〔S.6417(19)《清泰二年金光明寺上座神威请善力为上座状并龙辩判》〕等皆是该寺僧人。这些僧人有的亦参与莫高窟开窟造像,如莫高窟第12、44、469等窟有该寺僧人义辩、庆达、福海等供养像及题名。

4. 上图119(812569)《佛说父母恩重经》卷末题记云:“显德六年(959)正月十九日**三界寺**沙弥戒轮书记。”

上博47(40796)《大般若波罗蜜多经卷第三百廿六》卷尾有“**报恩寺**藏经印”朱文方印、“**三界寺**藏经”阳文长方墨印。

【按】三界寺:唐宋时代敦煌僧寺。敦煌遗书中简称“界”。三界寺之得名,来源于佛教经义,即佛教中所谓欲界、色界和无色界。三界寺与藏经洞关系密切,藏经洞的主体文献佛典和供养具原是三界寺的藏经和资产,其寺址位于莫高窟下寺,即今藏经洞第17窟和16窟的前面。①李正宇根据敦煌文书Дx.02630《妙法莲华经观世音菩萨普门品第二十五》题记中有“西沙州三界寺僧”的记载并联系西沙州的设置存废时间,认为三界寺早在武德五年(622)至贞观七年(633)已经存在。②但吐蕃时期的僧尼籍S.2729《辰年三月沙州僧尼部落米净辩牒》和S.5676《沙州诸寺僧尼数》中并未有三界寺的记载。归义军时期的僧尼籍S.2614背《沙州诸寺僧尼名簿》开列三界寺僧及沙弥21人。据《陇右金石录补》卷一《天禧三年□月二十七日社邑造塔记》可知该寺在北宋天禧三年(1019)犹存。三界寺建有观音堂(P.2641《丁未年六月都头知宴设使宋国清等诸色破用历状并判凭四件》之第三件)和观音院〔P.2641背(1)《重修南大像北古窟题壁并序》、S.2567《佛顶尊胜加句灵验陀罗尼启请》、P.3919B5《佛说加句灵验佛顶尊胜陀罗尼神妙章句》〕,三界寺观音院,又称观音内院,张道真曾为院主,院内僧人有惠銮、戒轮等。此外,还有禅院之设,据S.4711背《为于阗云游僧法因求住三界寺禅院状》记载三界寺“禅院极宽”。寺内还设有招提司,掌管僧人共有资产〔P.3352背(1)《三界寺招提司法松状》〕。三界寺财产收入有梁课、硙课及诸家散施等,如归义军节度使曹元忠曾向三界寺施舍大量生绢和经帙〔S.3565(1)《归义军节度使曹元忠设斋功德疏》〕。

三界寺在归义军时代的敦煌社会中显得十分活跃,广泛参与到社会生活的各个领域,包括授戒活动、寺学教育、佛经搜集等。根据保存至今的37件三界寺授戒牒可知,三界寺设有戒坛,主要对在家弟子施予五戒、八戒和菩萨戒等戒品。三界寺内设有寺学,S.707《孝经一卷》题记记载同光年间曹氏归义军第三任节度使曹元深就曾在三界寺上过寺学。莫高窟出土的许多经卷上钤有三界寺的印章,属于三界寺藏经。张道真曾为收集和保存该寺的藏经

---

① 荣新江:《敦煌藏经洞的性质及其封闭原因》,季羡林等编:《敦煌吐鲁番研究》卷二,北京大学出版社1996年版,第23—48页;《再论敦煌藏经洞的宝藏——三界寺与藏经洞》,《敦煌学新论》,甘肃教育出版社2002年版,第8—28页。

② 李正宇:《唐宋敦煌世俗佛教研究》,1994年版国家社科基金成果报告,第79页。

作出过巨大贡献。莫高窟第148窟、443窟以及榆林窟第35窟有该寺僧人左兴儿、戒昌等供养人像及题名。

报恩寺:唐宋时期敦煌僧寺。敦煌遗书中简称“恩”。寺址在沙州城中〔P.2856背(2)《景福二年草院纳粗草录》、P.2856背《乾宁二年三月十一日僧统和尚营葬牓》〕。盛唐时期初见其名(P.3265《报恩寺开温室浴僧记》),北宋天禧三年(1019)犹存(《陇右金石录补》卷一《天禧三年□月二十七日社邑造塔记》)。吐蕃辰年(788)该寺有僧9人(S.2729《辰年三月沙州僧尼部落米净辩牒》),800年前后增至31人(S.5676《沙州诸寺僧尼数》)。戌年(818)前后有寺户丁口并妻女共17人〔S.542背(3)《沙州诸寺寺户妻女名簿》、S.542背+BD09606背(4)《戌年沙州诸寺丁壮车牛役部[簿]》〕。10世纪初,僧及沙弥共计47人(S.2614背《沙州诸寺僧尼名簿》)。寺院布局设有南院、北院和西院(S.520+S.8583《报恩寺方等道场司请诸司勾当牓》、甘博102《大方便佛报恩经卷一至卷三》)。院内有众堂和暖堂〔S.542背(1)《丑年十二月沙州诸寺羊籍五通》〕,系报恩寺算会的地点。寺内还设有钟楼(P.2049背《同光三年正月沙州净土寺直岁保护手下诸色入破历算会牒》)。敦煌僧团主管法事活动收入与支出的机构“大众功廨司”就设在报恩寺〔P.4649P《丙申年报恩寺算会牒》〕。寺有藏经〔P.3240《壬寅年报恩寺配经、付纸历》等〕,其藏经是按般若藏、华严藏、杂藏、经藏上、下藏等分别存放的(P.4004+S.4706+P.3067+P.4908《庚子年后报恩寺交割常住什物点检历》、S.4215《庚子年后报恩寺交割常住什物点检历》)。

由S.520+S.8583《天福八年二月十九日河西都僧统龙辩牓》可知归义军时期曾在报恩寺设置方等道场,组织僧尼受戒活动。寺内还时常组织讲经活动(台北“中央图书馆”藏敦煌文献004737《净名经关中疏》、P.3490背《辛巳年某寺诸色斛斗破历》、S.6604《四分戒本疏卷第一》)。寺院收入来源包括厨田、园囿、放贷、养群、碨课及布施等项。S.6034《报恩寺状》系报恩寺呈给傺司的状稿,是研究寺院与都司关系的重要史料。报恩寺与敦煌上层社会关系密切,归义军节度使曹宗寿(Φ.032两件《宋咸平五年归义军节度使曹宗寿与夫人氾氏捐经题记》)、节度孔目官氾祐禛〔P.3878背(2)《孔目官氾祐禛施入报恩寺撰集百缘经一袟记事》〕、敦煌世族索淇(S.3873《[咸]通某年索淇请施入水碨园田家客重建报恩寺状》)都曾向该寺布施。P.3265《报恩寺开温室浴僧记》记载了信士令狐义忠在报恩寺开温室浴僧,以此功德为亡父荐福的事情,体现了信众与寺院的往来关系。敦煌著名僧人都教授李惠因、禅和尚金霞都出自报恩寺。莫高窟第148窟和第346窟有该寺释门法律盐捐以及首座尊宿沙门慈惠的供养人像及题名,说明该寺僧人亦曾参与莫高窟的修造活动。

5. 上图183(827457)B背《瑜伽师地论卷第八十六》标题一行:“瑜伽师地论卷第八十六显□九。”

【按】显德寺:五代宋时期敦煌僧寺。敦煌遗书中简称“显”。土肥义和认为显德寺是后周显德年间由法门寺改名而来。①北宋真宗咸平五年(1002)犹存(P.3240《壬寅年报恩寺配经、付纸历》)。S.5941《淳化四年五月都头曹长千设供请僧疏》记载了淳化四年(993)五月都头曹长千为故后槽大祥追荐设供，请显德寺翟僧正等12位僧人前往空宅举行法事活动，体现了该寺与敦煌在家信众的关系。从S.5945《丁亥年长史米定兴于显德寺仓借回造麦凭》可知该寺亦从事放贷业。P.3935背(2)《洪池乡百姓高黑头状》中的显德寺王僧正等也经营着利贷事业，生活富足。寺有藏经，上引P.3240记录了显德寺的配经情况，显德寺的孔法律第一至第六卷及《大云请雨经》一卷，《解深密经》第一卷、第四卷，《大云请雨经》第二卷、上卷，《瑜伽论》一卷；刘僧政第一至第十卷及《瑜伽论》一卷。北宋乾德四年(966)归义军节度监军使、检校尚书左仆射兼御史大夫曹延晟还施入该寺《大般若经》并锦帙。关于显德寺的佛经收藏情况由于敦煌文献记载不足，还有待进一步研究。太平兴国二年(977)前后设有寺学，BD00876(盈076)《大目犍连冥间救母变文》、P.3170《千字文一卷》有显德寺学郎杨愿受和张成子的题名。莫高窟第148窟、第443窟有显德住窟禅师法律兴遂、沙门惠□题名。

6. 上博48(41379)28.《十二时普劝四众依教修行》文末题记云："时当同光二载(924)三月廿三日，东方汉国鄜州观音院僧智严，俗姓张氏，往西天求法，行至沙州，依**龙光寺**憩歇一雨月说法，将此十二时来留教众，后归西天去，展转写取流传者也。"

【按】龙光寺：五代时期敦煌寺院。该寺还见于Дx.01443《龙光寺僧智惠弁常秘等状》：

1. 龙光寺僧智惠弁常秘等状
2. 右龙光寺常住更无产业，□
3. 水碾一轮，先奉　　　尚书文帖□
4. 六人酒食柴薪等龙光、开元各祝十日□
   经今五十日右□
5. 现行碾两扇并总破烈(裂)，二年骈并□
6. 人麦价直破除罄尽，昨来就碾□
7. 今现碾住目下课(颗)粒□□求无□
8. 尚书慈悲照察郭外寺舍□
9. 神笔裁下处分。②

此件虽破损严重，但仍可看出是龙光寺僧智惠弁、常秘因碾轮损坏而向尚书呈报寺院苦难处境的报告草稿，从中可见该寺经济状况不佳。S.2614背《10世纪初沙州诸寺僧尼名簿》开元

① 土肥义和：《莫高窟千佛洞と大寺と兰若と》，池田温主编：《讲座敦煌・3・敦煌の社会》，大东出版社1980年版，第347—370页。

② 《俄藏敦煌文献》卷八，上海古籍出版社1997年版，第175页。

寺名下有智惠、常秘，智惠或即智惠弁，二人当是后来移居龙光寺。公元900年以后归义军政权任尚书的有张承奉（901—903）和曹议金（914—920），[①]文书中的尚书为后者的可能性更大，故推测Дx.01443的年代大约在10世纪初曹氏归义军统治时期。由此可知龙光寺是五代梁唐时期的沙州佛寺。

此外，上海图书馆和上海博物馆藏敦煌文献中还记载西明寺、修多寺、禅林寺、太原寺、慈门寺、高山寺、建文寺、法海寺、法隆寺、梵释寺等其他佛教寺院，但他们均不是唐五代宋初敦煌佛寺，故不在本文讨论之列。对此，我们将另文研究。

（陈大为，上海师范大学历史系副教授）

① 荣新江：《归义军史研究——唐宋时代敦煌历史考索》，上海古籍出版社1996年版，第131页。

唐代江淮正赋和土贡中的食物和纺织品

——以唐代志书为中心

□陈　磊

［摘　要］ 本文对《唐六典》《通典·食货典》和《元和郡县图志》等唐代志书中涉及食物药物和纺织品的内容进行梳理，详细比对了记载中唐前后期的差异，讨论其间反映出来的江淮物产的变化。

［关键词］ 江淮正赋；土贡；食物；纺织品

隋统一以后到安史乱前，对于江淮地区物产的记载，最集中的是官修史书中地理志和有关食货的内容，尤其是玄宗时期的物产有比较详细的记录，集中在《唐六典》《通典·食货典》和《元和郡县图志》中。时间上，《唐六典》所记为开元二十五年(737)，《图志》所记录为开元末，《通典》则应当是天宝中的土贡。①而《新唐书·地理志》的内容则反映出唐后期的贡赋情况。对于这些材料的研究非常多，本文仅将关注重点放在其中的食物(包括药物)以及纺织品方面，地域范围则以《隋书·地理志》的淮南八郡和吴中七郡为限。②

同样是一地的出产，作为正赋的相对来说大多是较为普通的物品，而上贡给朝廷的则多数属于奢侈品。先来看正式的赋。淮南道"厥赋：絁、绢、绵、布"，③庸调杂有纻赀火麻等布。其中有记载的有寿州为絁布绵麻，光州为絁绢(麻赀絁绢)。大致上淮南道的正赋中有绢和布两种，绢是絁布或絁绢，都是粗质的丝绸。寿州和光州所产的在唐八等绢中名列五等，这也是整个江淮地区丝织业最好的成绩。其余的州县以布为主，有纻麻和火麻。火麻即大麻，唐时分为四等，淮南道的舒、蕲二州列二等，楚、庐、寿三州列三等，可见淮南的大麻织品在唐时已经相当重要。

江南道"厥赋麻纻"，其中润州的调以火麻交纳，余州则以纻布。江南道的正赋中没有丝绸织品，而润州和宣州的火麻在唐时位列一等。到唐后期《新唐书》卷四一《地理志五》中记

---

① 这样的时间沿用李锦绣《唐代财政史稿》中所分析的各书土贡所系的时间。她还提到《六典》中，以州列贡赋，而唐贡赋以县为最基层单位征收，州贡赋是县贡赋的总括，《六典》的内容是编者综合而成的。李锦绣：《唐代财政史稿》上卷第二分册，北京大学出版社1995年版，第627页。

② 隋唐时期，包括安史乱后，史书上有关的记载也始终是江淮并提的。成书于唐初的《隋书·地理志》，就当时南方的发展而作分别讨论十，就提出了淮南八郡和太湖流域的吴中七郡，这也是当时南方经济最为发达的地区。这一地域范围，在唐前期虽然有所变动，但大致轮廓和范围不变。安史乱后成为中央财赋来源的"东南八道"，主要范围也在太湖周围和淮南的扬州一带。因此在本文讨论中，就以《隋书·地理志》的淮南八郡和吴中七郡为限。

③ 欧阳修：《新唐书》卷四一《地理志五》，中华书局1975年版，第1051页。

载的淮南道和江南道的正赋的内容，仍是绝绢绵布和麻纻。不过《元和郡县图志》中记载的开元赋微有不同，其中有记载的如下：

润州，开元赋：丝、纻布。
常州，开元赋：纻布。
苏州，开元赋：纻布。
杭州，开元赋：纻布。
湖州，开元赋：糙杭米、纻布。①
婺州，开元赋：纻布。
衢州，开元赋：纻布。②

在上述记载中，除了润州另有丝，湖州另有糙杭米之外，大多都以纻布为主要内容。

除了正赋以外，每年上贡朝廷的物品，基本上包括农产品、食品、矿产、药物和手工制品。比起正式的租调，这些物品较有地方特色，也相对精美。开天贡赋自然不能说明当地全部的真实物产情况，但是至少可以表现出江淮地区在奢侈品生产方面的一些具体情况，其中涉及的纺织品下文单独讨论，先看一下药物和其他手工制品。

首先来看药物，天宝年间作为土贡的有：

扬州贡蛇床子七斗，蛇床仁一斗，铁精一斤，菟丝子一斤，白芒十五斤，空青三两。
光州贡生石斛六十斤。
庐州贡石斛六十斤。
蕲州贡乌蛇脯。
舒州贡石斛六十斤。
寿州贡石斛五十斤。③
润州贡杂药。④
苏州贡白石脂三十斤，蛇床子仁三升。⑤
杭州贡黄连。⑥
宣州贡黄连。⑦

---

① 李吉甫：《元和郡县图志》卷二五，中华书局 1983 年版，第 590、599、601、603、605 页。
② 李吉甫：《元和郡县图志》卷二六，第 621、622 页。
③ 杜佑：《通典》卷六《食货六》，中华书局 1985 年版，第 120 页。
④ 李吉甫：《元和郡县图志》卷二五，第 590 页。
⑤ 杜佑：《通典》卷六《食货六》，第 123 页。《图志》相同。
⑥ 李吉甫：《元和郡县图志》卷二五，第 604 页。
⑦ 《唐六典》卷三，中华书局 1992 年版，第 70 页。

越州贡朱砂十两。葛根。①

明州贡附子百枚。

婺州贡葛粉二十石。②

而在手工制品中，除去占了相当比例的纺织品，其余的手工制品见于记载的还有如扬州贡青铜镜、莞席、水牛皮甲，舒州贡蜡，常州贡纸，杭州贡黄藤纸，婺州贡藤纸，衢州贡纸等等。扬州的青铜镜自不必说，而江南道的杭州、婺州出产藤纸，衢州出产绵纸，看起来已经生产稳定，唐后期这三个州的土贡也一直包括了纸张。

从上文来看，江淮地区的物产确实种类很多，在具体研究这一地区纺织品之前，我们先来总结一下它的物产情况，首先是开天时期的农产品和食物药物。

表 10-1　开天时期农产品和食品药物

行政区域	农产品	食　　品	药　　物
扬州广陵郡		海味	蛇床子、蛇床仁、铁精、菟丝子、白芒、空青
楚州淮阴郡			
滁州永阳郡			
濠州钟离郡			
寿州寿春郡			石斛
光州弋阳郡			生石斛
蕲州蕲春郡			乌蛇脯
庐州庐江郡			石斛
舒州同安郡			石斛
和州历阳郡			
润州丹阳郡			杂药
常州晋陵郡			
苏州吴郡	三破糯米	鲻鱼皮、鱼及鱼鱼昔、压胞（一作鸭胞）、肚鱼、春子（鱼子）、嫩藕	蛇床子仁
湖州吴兴郡			
杭州余杭郡	桔子	蜜姜	黄连
越州会稽郡	甘橘、甘蔗	石蜜	葛根
明州余姚郡			附子
婺州东阳郡			葛粉
衢州信安郡			
宣州宣城郡			黄连

① 葛根出自李吉甫：《元和郡县图志》卷二六，第 618 页。朱砂出自《通典》卷六《食货六》，第 123 页。

② 杜佑：《通典》卷六《食货六》，第 123 页。

而《新唐书·地理志》和《元和郡县图志》则记载了唐后期的土贡，可以用来比较一下，安史乱后的当地物产列表如下：

表 10-2 唐后期农产品和食品药物

行政区域	农产品	食　　品	药　　物
扬州广陵郡	黄秔米、乌节米、藕	鱼脐、鱼鱼夸、糖蟹、蜜姜、	铁精、空青、白芒、兔丝、蛇粟、括蒌粉
楚州淮阴郡			
滁州永阳郡			
濠州钟离郡			
寿州寿春郡	茶		生石斛
光州弋阳郡			石斛
蕲州蕲春郡	茶		白花蛇、乌蛇脯
庐州庐江郡	茶	酥、鹿脯	生石斛
舒州同安郡			石斛
和州历阳郡			
润州丹阳郡	黄粟、甘棠。	鲟、鲊	
常州晋陵郡	大小香秔、紫笋茶		署预
苏州吴郡	大小香秔、柑、橘、藕、菱	鲻皮、魬、鱼昔(或作鲏腊)、鸭胞、肚鱼、鱼子	白石脂、蛇粟
湖州吴兴郡	糯米、黄米岂、紫笋茶、木瓜、杭子、乳柑	蜜	
杭州余杭郡	木瓜、桔、干姜	蜜姜	芑、牛膝
越州会稽郡	橘	石蜜	丹沙、葛粉
明州余姚郡	橘子	海味(海肘子、红虾米、鱼责子、红虾鲊、乌虫则骨)	署预、附子
婺州东阳郡	赤松涧米、香秔		葛粉、黄连
衢州信安郡			黄连、葛粉
宣州宣城郡			署预、黄连、碌青

* 上表综合了《新唐书·地理志》和《元和郡县图志》二书所成，其时在州县建制上已有一些变化，如分润州设江宁郡，为方便比较，仍以开天时建制为准，其大致范围不变，并无新添入的县。

比较一下这两张表，首先看后期比起前期有些什么变化。其中后期比起前期减少的有：

表 10-3 唐前期及后期土贡对比(1)

行政区域	农产品	食　　品	药　　物
润　州			杂药
常　州			
苏　州			
杭　州			黄连
越　州	甘蔗		
宣　州			

而后期比前期增加的则如下表所列：

表 10-4 唐前期及后期土贡对比(2)

	农产品	食品	药物
扬州	黄杭米、乌节米、藕	糖蟹、蜜姜	括蒌粉
寿州	茶		
蕲州	茶		白花蛇
庐州	茶	酥、鹿脯	
舒州			
润州	黄粟、甘棠	鲟、鲊	
常州	大小香杭、紫笋茶		署预
苏州	大小香杭、柑、橘、藕、菱		
湖州	糯米、黄米岂、紫笋茶、木瓜、杭子、乳柑	蜜	
杭州	木瓜、干姜		芑、牛膝
越州			丹沙
明州	橘子	海味(海肘子、红虾米、鱼责子、红虾鲊、乌虫则骨)	署预
婺州	赤松涧米、香杭		黄连
衢州			黄连、葛粉
宣州			署预

从上面的图表来看，唐后期土贡跟前期相比，其中新增加的主要是农产品和手工业制品。前者基本是地方特产，以农产品为主，后者则大多为市场价格高昂的奢侈品。

农产品中，最明显的是茶和粳米。茶在前期的土贡中基本没有，后期土贡中有茶的有5州：寿州、蕲州、庐州(以上淮南)，常州、湖州。

前期土贡中有稻米的也很少，仅天宝中韦坚主持的上贡仪式中有苏州的三破糯米，其余未见记载，后期土贡中出现了大量的稻米，有5州：扬州(以上淮南)，常州、苏州、湖州、婺州，湖州甚至出现了糯米。

另外，后期的手工制品出现了很多的草、竹的编制品，如各种席子和鞋，以及竹根；而纸笔的入贡也要比前期多的多。还有药物的入贡，后期最明显的是有入贡的署预、黄连和括蒌粉。

再具体看一下纺织品的情况，首先是淮南道的情形。

表 10-5　唐前期淮南道纺织品

	布		丝　　绸		混纺织物
	麻　布	葛布	丝织品	丝制成衣	混纺织物
扬州广陵郡	细纻		半臂锦(百段)、独窠细绫子(十匹)	蕃客锦袍(五十领)、锦被(五十张)、新加锦袍(二百领)	
楚州淮阴郡	孔雀布、赀布(十匹)				
滁州永阳郡	赀布、纻练布(十五匹)				
濠州钟离郡					丝布(十匹)
寿州寿春郡		葛布			丝布(十匹)
光州弋阳郡	纻	絺、葛(十匹)			
蕲州蕲春郡	白纻布、白纻布(十五端)				
庐州庐江郡					熟丝布、(交梭)丝布(十匹)
舒州同安郡	白纻布				
和州历阳郡	纻练、麻布(十匹)				

材料来源于《唐六典》卷三户部尚书下、《元和郡县图志》卷二五、《旧唐书·韦坚传》《通典·食货典六》。

江南道纺织品列表如下：

表 10-6　唐前期江南道纺织品

	布		丝　　绸			混纺织物
	麻　布	葛布	绵	丝织品	丝制成衣	混纺织物
润州丹阳郡				方棊水波绫,纹绫,京口绫衫段,方文绫七匹,水文绫八匹		
常州晋陵郡	白纻布、细纻、红紫二色棉布。细青纻布十匹			折造官端绫绣	紫纶巾	兔褐
苏州吴郡				方文绫	红纶巾	丝葛十匹
湖州吴兴郡	白纻布(纻布三十端)					丝布
杭州余杭郡				白编(白编绫十匹)绯绫、纹纱。		

续表

	布		丝　　绸			混纺织物
	麻　布	葛布	绵	丝织品	丝制成衣	混纺织物
越州会稽郡	交梭			白编、吴绫，交梭白绫，罗、绛纱，白编绫十匹，交梭十匹，轻调十匹		
明州余姚郡						
婺州东阳郡			绵（绵六百两）			
衢州信安郡			绵（绵百屯）			
宣州宣城郡	白纻布（白纻布十匹）			绮		

材料来源于《唐六典》《元和郡县图志》卷二五、《旧唐书・韦坚传》《通典・食货典六》天宝贡。

总的来说，淮南和吴中的纺织品，最重要的是纻麻布。有10州的土贡都有纻麻制品，以较细的白色纻布为主，也有青（黑）色和红色、紫色的麻布。也有类似于纻布的较为稀疏的练布，以及简称为麻布的大麻织物，这些都属于较粗疏的织物。布类织品中还有葛布以及布和丝交织成的丝布和丝葛，大致在布和丝之间，是一种较为精致的布。①

在南朝时，淮南和吴中的普通的服装，应当都是用麻及葛制成的。当时的俗谚称：

吴人之鬼，住居建康；小作冠帽，短制衣裳……布袍芒履，倒骑水牛……白苎起舞，扬波发讴；急急速去，还尔扬州。②

则当时北人眼中的吴人往往是穿着短小合身的麻布或葛布衣服的。甚至还有名为“白苎”的舞蹈。可见当时的纻麻制品在南方的普及程度。③陈朝末期，陈后主“好令宫人以白越布折额，状如髽帼”④。可见当时浙江一带生产的白色的麻布在陈朝境内的使用。到唐天宝年间，韦坚主持的入贡仪式中，广陵、丹阳、晋陵、会稽、宣城、吴郡“凡数十郡驾船人，皆大笠、宽袖

① 如李白在诗中提到宣城“鱼盐满市井，布帛如云烟。”典型的对江淮地区的描述，见《全唐诗》卷一七一《赠宣城宇文太守兼呈崔侍御》。

② 杨勇：《洛阳伽蓝记校笺》卷二，中华书局2006年版，第113页。

③ 李剑农的《魏晋南北朝隋唐经济史稿》中，提到南北朝时北人习于丝织服物，“桑蚕业亦必以次南移，较东汉后期有进。……惟江左本为麻布产区，桑蚕业虽渐兴起，仍不能与麻相抗。就政府官库收入之实际情形察之，绢之收入，亦远不如布之多。”并引《陈书》中赐布者三，赐绢者二。“丝织物之产量，尚远不如麻织物。惟官府及士大夫之上流阶级，对于丝织物之要求，则甚急切，故丝绵之价格增涨特甚。”

④ 魏征：《隋书》卷二二《五行志上》，中华书局1973年版，第630页。

衫、芒屦，如吴楚之制”①。则淮南和吴中一带这种麻布或葛布制成的宽袖短衫和草鞋仍然是最为常见的衣着。《太平广记》中提到扬州普通人的衣着时也是“草　布衫”。麻葛制品在南方民间广为流行，而细致的白色纻布也是当地重要的纺织品。唐人诗中吟咏布，“瀑飞临碧海，火浣擅炎方”②，“细葛含风软”③。

众所周知，唐代尤其是前期，南方的丝织品无法与北方相比，上文提及，唐开元中绢分八等，仅淮南的光州列名五等。丝织品并非江南所长。但是在土贡中，仍有不少精致的丝织品，主要集中在淮南的扬州和吴中的润州、杭州和越州，而且各有特色。扬州主要生产各种不同的锦。用来制作袍、半臂和被子，另外还有细绫。锦在唐代以蜀地生产的最好，它的最大特点是有精美的彩色花纹，被赞为“文采焕发”④，“霞满蜀江春”⑤，可见锦的光芒耀眼。

润州则主要有各种不同花样的绫，并且直到唐后期仍是如此。当时主要的是水纹和方纹绫。杭州有白编绫、绯绫和纹纱。越州的丝织品最为精致，主要是绫、罗和纱。绫主要有白编、交梭和吴绫。可见，除了扬州的锦以外，绫是淮南和吴中最重要的丝织品。这种细薄有冰纹，一面光的织物，在唐时，或以编织方式分类，如白编、交梭；或以花纹分，如水纹和方纹绫；或以颜色分，如绯绫。《唐语林·补遗》中说，“凡造物由水，水由土。故江东宜绫纱……镜水之故也。”虽是唐后期的作品，但也可以看出时人对于江南绫纱的称许。罗和纱都是指细薄轻软的丝绸织物。在唐人诗中常常可以看到，“云薄衣初卷，蝉飞翼转轻”⑥“香罗叠雪轻”⑦不约而同都以罗的轻软入诗，这无疑是它最惹人注目的特点。

这里有一点值得注意，即韦坚主持的入贡仪式中，所出现的那些丝织品，如广陵郡的锦和丹阳郡的京口绫衫段、会稽郡的罗、吴绫、绛纱自然是著名的土产，但是像晋陵郡的折造官端绫绣和吴郡的方文绫，从未列入土贡之中，唐后期的土贡也一样没有出现这些织物，就像吴郡的三破糯米，昙花一现，可能的解释是那是一种非常精美的丝织品，但是和上文提到的纻布和锦、绫等织物不同，它从未在淮南和吴中进入正式的生产，在当时主要是以比较奢侈和新奇列如广陵潭下的贡船中。

如果对照《新唐书·地理志》和《元和郡县图志》中对唐后期元和、贞元时期的土贡，看一下淮南道和江南道新增加的纺织品。淮南道增加如下表所示：

---

① 刘昫：《旧唐书》卷一〇五《韦坚传》，中华书局1975年版，第3223页。
② 李峤：《布》，《全唐诗》卷六〇，中华书局1960年版，第713页。
③ 杜甫：《端午日赐衣》，《全唐诗》卷二二五，第2412—2413页。
④ 王谠著，周勋初校证：《唐语林校证》卷八，中华书局1987年版，第725页。
⑤ 李峤：《锦》，《全唐诗》卷六〇，第712页。
⑥ 李峤：《罗》，《全唐诗》卷六〇，第712页。
⑦ 杜甫：《端午日赐衣》，《全唐诗》卷二二五，第2412—2413页。

表 10-7　唐后期淮南道新增加纺织品

行政区域	布		丝绸			混纺织物
	麻布	葛布	绵	丝织品	丝制成衣	混纺织物
扬州广陵郡			绵			
楚州淮阴郡						
滁州永阳郡	麻					丝布
濠州钟离郡						* 丝布(十匹)
寿州寿春郡		(葛布)		绝		
光州弋阳郡	(绨、纻)					
蕲州蕲春郡						
庐州庐江郡				花纱		
舒州同安郡						
和州历阳郡						

江南道增加：

表 10-8　唐后期江南道新增加纺织品

行政区域	布		丝绸			混纺织物
	麻　布	葛布	绵	丝织品	丝制成衣	混纺织物
润州丹阳郡	火麻布			衫罗、鱼口、绣叶、花纹等绫		
常州晋陵郡	皂布(红紫二色棉布)			䌷、绢、紧纱(折造官端绫绣)	红紫绵巾	
苏州吴郡	纻布、折皂布		丝绵、八蚕丝	绯绫，丝绢、绫绢、段罗(方文绫)	乌眼绫衫(红纶巾)	丝葛十匹
湖州吴兴郡	折皂布、布三十三端			乌眼绫、绵䌷	御服	(丝布)
杭州余杭郡				(纹纱)		
越州会稽郡				宝花、花纹等罗，十样花纹等绫，轻容，生縠，花纱，吴绢，异文吴绫、花皷歇单丝吴绫、吴朱纱等数十品(轻调十匹)		
明州余姚郡				吴绫、交梭绫		
婺州东阳郡	纻布	葛	纤纩			
衢州信安郡			绵(绵百屯)			
宣州宣城郡				丝头红毯 五色线毯及绫绮		兔褐

从表上看，淮南道新增加的比较少，较值得注意的是出现了寿州的绳和庐州的花纱，但同时寿州的葛布和光州的麻布在土贡中消失。淮南的土贡是以麻布制品为主的，这一点在前后期并没有什么显著的变化。

江南道前期同样以纻麻布为主，但润州、杭州和越州的丝织品也比较重要，到后期，麻布制品更加丰富，出现了火麻（大麻）布和折皂布。至于丝织品，润州和越州的织物在花色品种和精美程度上有更好的发展，常州、苏州、湖州、明州和宣州都出现了具有自身特色的精美丝织品，杭州的织物基本和前期持平，没有太大的变化。

（陈磊，上海社会科学院历史研究所副研究员）

略论唐宋元时期的上海地区与海上丝绸之路交流活动

□张 晓 东

［摘　要］ 古代上海地区的发展与海上丝绸之路贸易交流存在相当密切的关系，上海港口也是海上丝绸之路的众多的丝绸贸易起点港之一。上海地区发展与海上丝绸之路兴衰的关系曾经历了不同阶段。唐宋元时期上海地区参与海上丝绸之路交流活动恰好包括了前两个历史阶段，是上海地区参与海上丝绸之路活动的重要历史阶段。第一个阶段是从隋唐五代到宋中期，是以华亭县青龙镇港口市舶贸易为中心的阶段，青龙镇港逐步兴起，宋代在上海地区开始设立有市舶务和两浙路市舶司。第二阶段是从宋朝晚期到元代，在宋朝晚期青龙镇衰落后，港口开始在青龙镇周边转移，特别是江湾镇和上海镇等港口兴起，元代上海港成为官方设立市舶司的八大港口之一，昭示古代上海港市舶贸易地位的极盛。但在元朝后期上海港地位衰落。待至明清时期，上海港参与海外活动仍然很积极，但面临明清禁海政策的反复限制与海上丝绸之路活动的整体衰落。

［关键词］ 上海地区；海上丝绸之路；唐宋元

上海地区在历史上积极参与丝绸之路交流所动的历史相对较晚，在一般人的心目中似也远不及敦煌、泉州、广州显赫。目前学界主流观点认为，古代海陆丝绸之路都是在汉武帝时期开通的，但是在汉魏六朝时期上海地区一直缺乏参与丝路活动的记载，可以算是默默无闻。由于今天上海地区的东部沿海很大一部分地区成陆较晚，迟至隋唐五代上海地区的港口与外贸才开始兴起，宋代上海地区各港口经历了重要的新的发展，在元代上海港终于跻身于官方设定的八大对外开放港口之列，而在明清伴随着海禁政策的发展，上海地区的港口经历了新的发展，其对丝绸之路活动的参与经历了曲折的兴衰历程。本文试对今天上海地区范围内地域与古代海上丝绸之路交流活动的关系以及上海地区在丝路历史上的地位作一研究。

需要特别指出的是，第一，上海地区虽然是东南沿海，但和陆上丝绸之路也并非没有联系，但并非本文重点；第二，丝绸之路起源于各人类文明的相互吸引，海上丝绸之路交流活动不仅是经济的，也包括文化交流，上海地区也不例外，当然文化交流这方面资料较少较难整理，目前笔者尚很难综合归纳，可留待以后的专门研究，因此本文重点将集中于经贸方面；第三，海上丝绸之路有不同的路线分支，中国和东北亚地区之间的航道一般可称为“东方海上丝绸之路”，而中国出发穿过南海，通往东南亚和印度洋地区的一般可称为“南方海上丝绸之路”，历史上的上海和两条路线都发生了联系；第四，中国通过海上丝绸之路的对外贸易活动主要可以分为官方的朝贡贸易和采购贸易、民间合法贸易为主的市舶贸易、民间的非法的走私贸易三种，当然官方也会借民间渠道采购，但是从规模和持续阶段看并非是主流贸易，也可以归入官方贸易，而海盗从事的交易往往是归入第三种即走私贸易，在上海的历史上这三种贸易都发生了，需要将来更多的深入研究，本文将尽量在论述中兼顾。

一、隋唐五代时期的上海地区与海上丝绸之路

海上丝绸之路国际交流活动，无论是贸易和文化交流，都必须通过海洋，也就必须有航线和依靠港口，交流活动的盛衰也必然和港口的兴衰相联系。一个港口如果不参与国际贸易交流活动，很难成为海上丝绸之路的重要港口，而一个地区成为丝路港口，除了港口水文条件良好，临近丝路航线之外，还要与丝路商品产地发生联系，或者当地就是瓷器、丝绸等丝绸之路商品的重要产地。古代上海地区大致符合以上各种条件，地处长江入海口，在历史上虽然较晚出现良港，但也是丝绸等优质纺织品的重要产地，位于南北洋航线和中国到日本、朝鲜甚至南洋的重要航线附近，其参与海上丝绸之路交流活动的时间段，从文献记载看，应当始于隋唐五代时期。历史上的海上丝绸之路有不同路线，中国和东北亚之间的是东方海上丝绸之路，而自中国沿海前往南海和印度洋的是南方海上丝绸之路，上海地区早在隋唐五代时期首先和东方海上丝绸之路交流活动逐渐发生关系。

江南丝绸纺织源远流长，早在河姆渡文化时期就已经出现纺织工具。到了六朝，三吴地区丝绸生产已经比较普遍。经过自六朝以来的经济开发，经济重心南移的趋势不断进行，隋唐江南地区已经逐步成为全国的财赋重心和手工业中心，也是发达的丝织业中心。“唐代后期江南丝织业发展最重要的一个特点是出现了分布地域越来越广的倾向，已经达到了每州都有丝织业的程度，但总体布局上并不平衡。江南北部几州依然最为发达。”①唐代江南当地产纺织品除民间贸易外，还不少上缴国库，参与过唐朝和北方游牧民族之间的陆上丝绸之路贸易，如用江南丝织品交换回纥的马。白居易在诗中讲元和二年下诏要江淮所产马价绢保证质量：

> ……五十匹缣易一匹，缣去马来无了日。养无所用土非宜，每岁死伤十六七。缣丝不足女工苦，疏织短截充匹数。藕丝蛛网三丈余，回鹘诉称无用处。咸安公主号可敦，远为可汗频奏论。元和二年下新敕，内出金帛酬马直。仍诏江淮马价缣，从此不令疏短织。……②

---

① 张剑光:《唐五代江南工商业布局研究》，江苏古籍出版社 2003 年版，第 55 页。

② 彭定求编:《全唐诗》卷四二七，中华书局 1960 年版，第 4785 页。

白居易曾任苏州地方官，则诗中所云也包括了苏州的情况。上海地区在隋唐五代时期主要属于华亭县管辖。今天上海地区的西境和北境，在南朝萧梁时期曾属新设信义县，属信义郡。到隋朝上海地区约在当时昆山县和吴县境内。①唐朝建立华亭县，从昆山、嘉兴、海盐分割出来，属苏州(一度称吴郡)。苏州的丝织生产表现也很突出，出产红纶巾和绫。②《正德松江府志》卷五云："线绫，一名苎丝绫，自唐有之。天宝中吴郡贡方纹绫。"③明人认为松江府的线绫就是唐代的方纹绫。

有港口史研究者指出："上海港的历史，究其源头，当始于隋唐。"④作为华亭县前身的上海地区第一个市镇华亭镇是隋代初年出现的，滨吴淞江的支流顾会浦，北通青龙江，南通杭州湾。华亭县建县于天宝十年(751)，而天宝五年(746)设立的青龙镇已经是江南地区重要的江海港口之一，史称其"控江而浙淮辐辏，连海而闽广交通"。康熙《松江府志》卷三称青龙江"在宋以前，浩瀚无比"，集中了一些贡使商船。青龙镇港紧邻吴淞江，溯江可达苏州，是苏州通海的门户。

唐代中国和日本、新罗之间的航线虽以北方沿海岸线的"循海岸水行"最重，但也都有跨海抵达长江口的路线。苏州和扬州是重要的对外海上贸易口岸，上海地区港口发展态势和贸易地位虽然要低得多，但实际也是"东方海上丝绸之路"航线的直发港。当时江南地区有很多外商甚至新罗移民，松江口也是一处东方海上丝绸之路的出发港。根据来华日本僧人的记录，曾有唐人和新罗人自此乘船东渡日本，大中元年(847)六月"九日，得苏州船上唐人江长、新罗人金子白、钦良晖、金珍等书云：'五月十一日从苏州松江口发往日本国。过廿一日，到莱州界牢山……'"⑤这是笔者查到的有关船只自上海地区港口出发去外洋的最早的确切文献记录，不妨称上海地区历史所记"丝路首航"。此事直接相关史料较少，但有两个问题值得注意，一是航行路线问题，二是航行活动的历史背景问题，尚可加以考证。

先看航线问题。古代东亚国际往来多从海上进行，沿循海岸水行和直接跨海的航线，穿越黄海东海进行。前者风浪风险小，路线易辨识，后者则风浪大，难辨识。有学者指出早在春秋战国时期，山东半岛航海业发达，齐国开辟了"东方海上丝绸之路"⑥，但这主要是沿山东半岛、长山列岛和朝鲜半岛海岸线进行的航行。到了魏晋南北朝时期，中国和朝鲜半岛都陷入分裂状态，不同政权的亲仇状态不同，航线不总那么畅通。"汉代至魏晋南北朝时期，山东半岛至朝鲜半岛和日本的海上航线，是历史上著名的'循海岸水行'的黄金通道"；"北魏使者出使东夷诸国'从东莱浮海'"，走的便是这条路线。⑦当时百济、日本向南也开辟有到长江流

① 熊月之主编：《上海通史》卷2，上海人民出版社1999年版，第64页。

② 张剑光：《唐五代江南工商业布局研究》，第77页。

③ 张剑光：《唐五代江南工商业布局研究》，第79页。

④ 茅伯科：《上海港史(古、近代部分)》，人民交通出版社1990年版，第1页。

⑤ [日]圆仁：《入唐求法巡礼行记》卷四，上海古籍出版社1986年版，第200页。

⑥ 刘凤鸣：《山东半岛与古代中韩关系》，中华书局2010年版，第56页。

⑦ 刘凤鸣：《山东半岛与东方海上丝绸之路》，第1—2页。

域的直达航线。日本还好另向南跨东海去中国。南路直通中国南方的扬州，受技术水平限制，“可以缩短时日和距离……是一条最危险，遇难率极高的航路”①。到唐代，特别是唐新战争后，朝鲜半岛和中国都解决了统一问题，循海岸水行没有了政治障碍，就特别畅通和重要，其由山东半岛出发到新罗王城的路线也被详细记录下来。②

圆仁记录中的松江是吴淞江的古称，古太湖地区的“三江”之一，随上海地区逐渐成陆而不断向东绵延。东晋时期的松江口，即吴淞江入海口，位于今上海青浦区白鹤镇西北的沪渎村，当地在南朝曾有石佛浮江而来的灵异，其事件绘于敦煌壁画中。唐代中期，松江入海口移至今上海虹口区最北端的江湾镇以东，而到北宋时期又移至今浦东高桥镇附近的南跄浦口，后最终由大跄浦口，即今天的吴淞口。吴淞江早期是作为太湖的下泄水道而存在，河流宽阔。在唐代松江口宽达 20 里，到明朝永乐初疏浚河道前，吴淞江仅宽 150 丈。圆仁来华是在中唐的会昌和大中时期，因此史料中的松江口应当还是在今天上海的浦西地区。

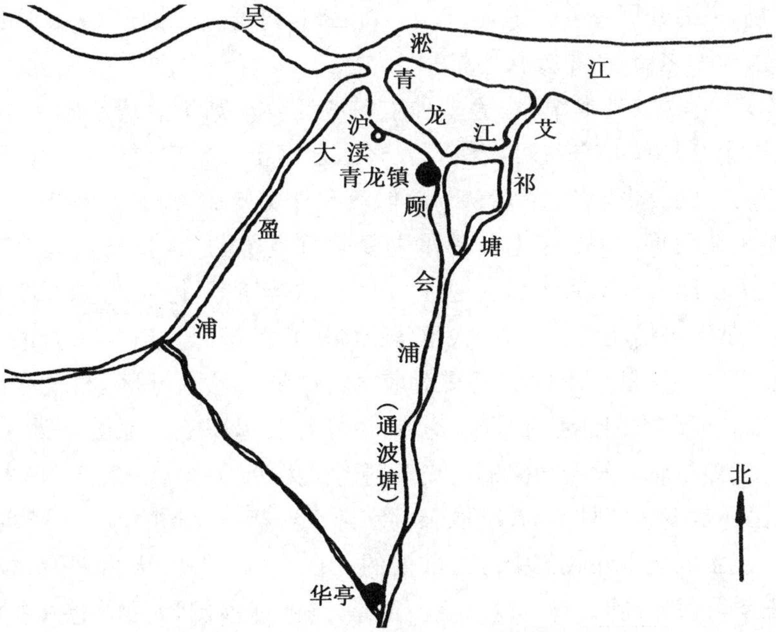

图 11-1　唐代青龙镇与松江口图

唐人江长、新罗人金子白、钦良晖、金珍等应该就是从青龙镇港出发的，然而其具体目的未知，其一行人花了 21 天的时间到了可能是今天青岛的崂山，而非直接穿越东海去日本，说明他们准备通过“循海岸水行”北上沿朝鲜半岛海岸线到对马海峡东渡，在途中和圆仁有通信联系。日本历史学家木宫泰彦曾用《唐大和上东征传》与《续日本纪》考证遣唐使航路和出

① ［日］藤家礼之助：《日中交流二千年》，北京大学出版社 1982 年版，第 99、103 页。

② 欧阳修：《新唐书》卷三〇，中华书局 1975 年版，第 751 页。

发港，指出圣武朝和孝谦朝的遣唐使是自苏州出发的，时间都在公元8世纪，但是史料中都没有出发港的详细地点。①从圆仁的记录看说明当时从上海地区出发到山东半岛的海上航线已经和东方海上丝绸之路航线相衔接。

再来看航行活动的历史背景。航行有至少三名新罗人参与，很值得一提。当时正值新罗将领“海上王”张保皋执政期间，此人发展海权，资助东方海上丝绸之路贸易活动，新罗人是公元9世纪东北亚地区航海主力，②当时江淮地区有大量新罗移民，故此唐人与新罗人结伴出海并不稀奇。有趣的地方在于中国人带领韩国人乘船去日本，而由日本僧人见证，参与者及见证者，以及航线始终与所经包括了东北亚三个主要国家。

到五代时期，华亭县先属吴越国开元府，后属吴越国秀州。后晋天福五年(940)吴越国奏准朝廷以嘉兴、海盐、华亭、崇德四县置秀州。当时江南很大部分地区，包括苏、杭、湖、秀诸州的丝绸生产和对外贸易在吴越国政权的庇护和鼓励下得到持续的进步，少受战乱的摧残。钱氏向朝廷奉献的贡品，也有不少文绫、绛纱。唐振常认为：“华亭县丝纺织手工业也很发达，能织出精美的丝织品，行销国内外。”③吴越国当局很重视发展商业，在沿海广设博易务，开辟贸易市场，大力开展海外贸易，与日本、高丽、契丹通商。因此，吴越国因此成为东亚地区的“东方海上丝绸之路”的重要接力推手。

日本学者木宫泰彦据《日本纪略》等多种史料考证蒋承勋于后唐清泰末年(935)九月到日本“献羊数头”，十二月日方交易唐物使藏人藤原亲盛至大宰府，或为验收货物，次年七月日方大宰府报告蒋承勋复来，木宫泰彦认为蒋似负有外交使命，而八月日本国左大臣藤原忠平也有书赠吴越王钱元瓘。938年七月蒋承勋复来日献羊两头，且日方大宰府赐布给蒋承勋。到940年左大臣藤原仲平有书致吴越王，但未知搭何船只行人。④到953年蒋承勋明确以使臣身份前来，献上书信和锦绮等，右大臣藤原师辅托其带回复信。⑤五代时期的华亭县一度属于吴越国嘉兴府。但是蒋承勋的籍贯对应今天的浙江嘉兴地区，与上海地区缺乏直接联系，航路也难以考证。秀州华亭县的青龙港，也算是吴越海上交通的一处重要港口，但是当时上海地区直接参与海上丝绸之路的历史资料还是太少。

此外，吴越国还数度遣使日本，并求取天台宗佛教典籍。《佛祖统纪·义寂传》讲天台名僧义寂求吴越王钱弘俶往海外收集中国已散佚的天台经典。“初，天台教卷，经五代之乱，残毁不全。吴越王俶遣使之高丽、日本以求之。至是，高丽遣沙门谛观持论疏诸文至螺溪谒寂法师，一宗教文，复还中国。”⑥吴越王还曾遣使取经日本。木宫泰彦考证引《杨文公谈苑》称：“吴越钱氏多因海舶通信，天台智者教五百余卷，有录而多阙，贾人言日本有之，钱(弘)俶买

① [日]木宫泰彦：《日中文化交流史》，商务印书馆1980年版，第80页。

② 参见拙作：《唐代后期的海上力量和东亚地缘博弈》，《史林》2013年第2期。

③ 唐振常主编：《上海史》，上海人民出版社1989年版，第18页。

④ [日]木宫泰彦：《日中文化交流史》，第223页。

⑤ [日]木宫泰彦：《日中文化交流史》，第224页。

⑥ 《佛祖统纪校注》卷四四，上海古籍出版社2012年版，第1018页。

书于其国主，奉黄金五百两，求写其本，尽得之讫，今天台教大布江左。”①上海地区的超果寺或正因此成为天台宗重地，直到宋代又吸引日本僧人来求法。

二、宋代的上海地区港口兴衰与海上丝绸之路贸易活动

到了宋代，经济重心南移的趋势逐步完成，江南地区的发展更上一层楼。北宋中期西夏国在西北地区崛起，改变了陆上丝绸之路的地缘秩序。航运技术不断进步，相对于海上贸易，陆上丝绸之路的贸易地位急剧下降，海上贸易的各种优势更加凸显。美国历史学家斯塔夫里阿诺思指出：“海港而不是古老陆地的陆路，首次成为中国同外界联系的主要媒介。”②北宋到元初海船来到上海地区尚不能如今天进入黄浦江，青龙港经历了极盛后的衰落，但上海地区港口经历了从青龙港为中心到向周边镇港分散的过程。

北宋时期华亭县商业繁荣，商税收入可观，税务租额曾高达 61 713 贯有奇。③按照《文献通考》《征榷考》记载，熙宁十年以前，天下诸州商税岁额 40 万贯以上者 3 处，20 万贯以上者 5 处，5 万贯以上者 30 处。苏州为五万贯以上州之一。④华亭一县商税额竟达 6 万多贯，足见其商业发展程度。华亭县青龙镇迎来了其对外港口发展史上的盛期。《隆平寺宝塔铭》记载当时前来青龙镇贸易的商船以浙闽诸州为多，越南日本朝鲜次之：

> 自福、建、漳、泉、明、越、温、台等州，岁两至；广南、日本、新罗(朝鲜)岁或一至。⑤

故《云间志》所收陈林《隆平寺经藏记》及《福善寺新铸钟记》两篇文章都认为青龙镇为“岛夷、闽、粤、交、广之途所自出”⑥。宋代迪功郎应熙的《青龙赋》则称青龙镇市场上“市廛杂夷夏之人，宝货当东南之物”。这明确说明外国商船的到来，且说明上海地区和南方海上丝绸之路、东方海上丝绸之路都在发生贸易联系。

宋代华亭县属两浙路，两浙路港口不少。北宋政和三年(1113)在秀州华亭县设立市舶务，派来专任监官，实际负责管理青龙镇贸易，这是在上海地区设立的第一个海外贸易管理机构，是青龙镇海上贸易发展的新标志。⑦宋代市舶管理机构分市舶司、市舶务(分司)、市舶

---

① [日]木宫泰彦：《中日交通史》，商务印书馆 1935 年版(民国二十四年九月)，第 264 页。

② [美]斯塔夫里阿诺思：《全球通史：1500 年以前的世界》，上海社会科学院出版社 1999 年版，第 438 页。

③ 《云间志》卷上，见上海市地方志办公室，上海市松江区地方志办公室编：《上海府县旧志丛书》，《松江县卷》册上，上海古籍出版社 2011 年版，第 16 页。

④ 马端临：《文献通考》卷 14，中华书局 1986 年版，册上，考一四六。

⑤ 柴志光，潘明权：《上海佛教碑刻文献集》，上海古籍出版社 2004 年版，第 18 页。

⑥ 《云间志》卷下，见上海市地方志办公室，上海市松江区地方志办公室编：《上海府县旧志丛书》，《松江县卷》册上，第 63 页。

⑦ 徐松辑：《宋会要辑稿》，中华书局 1957 年版，第 3369 页。

场三级，中小港口一般只设有市舶务和市舶场，因此可以理解青龙港跻身于二等对外港口之列。是年，朝廷将青龙镇改名为通惠镇，以示通商互惠之意，到宋高宗时复改为青龙。北宋时期，无法抵达华亭的大船往往在青龙港停靠，进行卸载或转运。但是吴淞江下游日益阻塞，同时明州港日益兴旺。到徽宗重和年间青龙江和顾会浦逐渐淤塞，“番舶鲜至”①，朝廷一度下旨罢免市舶监官，由华亭县令兼任市舶监官。为了挽救局面，宣和元年(1119)官府开修青龙江浦，经过疏浚，海舶再次接踵而来，恢复了市舶务和贸易繁荣。提举两浙路市舶张苑在上奏中提道：“今因青龙江浦快通，蕃商船舶，辐辏住泊”，要求依旧设立监官一员。②有人指出“仅从北宋宝元元年(1038)至宣和元年(1119)近 80 年的时间里，对吴淞江及其支流青龙江、顾会浦、安亭江、白鹤江等即进行过 11 次较大的整治与疏浚、较小的治理更是年年不断，时有裁弯取直及改凿新河道之举。”③说明青龙港的水文地理并不理想，预示着潜在的消极因素。

但到南宋时期上海地区的海上贸易形势发生了新的变化。当时华亭人称“富室大家，蛮商舶贾，交错水陆之道，为东南一大县”④，继续着对外贸易的繁荣，但是港口分布和兴衰却发生新的变化。

建炎四年(1130)南下至浙江流域的金兵北还。明州、杭州都曾遭到杀掠，而华亭免遭战祸。青龙镇对外贸易因此再度上升，绍兴二年(1132)南宋朝廷将两浙市舶司从杭州迁往华亭，从此长达 30 年，并设立分司于青龙镇。⑤当时秀州华亭县市舶司统辖临安、庆元、温州、秀州、江阴军五个市舶务。⑥秀州市舶务一直存留到南宋末年。

南宋朝廷将秀州华亭市舶务移就通惠镇，而把两浙市舶司移往华亭，这当然说明华亭的经济交通地位在两浙路地区是相当高的。可由于南宋初前来两浙路贸易的番舶主要集中于明州，以致本来应该驻扎在华亭的两浙路市舶司官员常年在明州办公，华亭的治所地位形同虚设，这说明华亭当时的港口地位与明州相比已经出现了很大的实际差距，造成差距的原因主要是港口地理条件的衰落。

南宋中期青龙镇贸易继续下滑，宋孝宗乾道二年(1166)，华亭的两浙市舶司被撤废，伴随着青龙镇衰落，上海镇、黄姚镇、江湾镇兴起，承担了很多过去青龙镇的功能。随着陆地的延展变迁，上海港的位置比青龙镇更加接近吴淞江入海口，位置更加有利。在青龙镇繁盛时已有不少商人往江湾贸易，宋政府在当地置场收税。⑦庆元元年(1195)之后两浙路各港口市舶司撤销，仅保留明州一处。

---

① 脱脱：《宋史》卷一八六，中华书局 1977 年版，第 4562 页。

② 徐松辑：《宋会要辑稿》，第 3369 页。

③ 茅伯科：《上海港史(古、近代部分)》，人民交通出版社 1990 年版，第 19 页。

④ 孙觌：《鸿庆居士文集》卷三四《朱公墓志铭》，文渊阁《四库全书》，台湾商务印书馆 1983 年影印本。

⑤ 徐松辑：《宋会要辑稿》，第 3370 页。

⑥ 木宫泰彦：《日中文化交流史》，第 297 页。

⑦ 徐松辑：《宋会要辑稿》，第 5101 页。

南宋时期禁止粮食出口，但仍有不少海上走私活动发生，包括上海地区："'沿海州县如华亭、海盐、青龙、顾泾与江阴、镇江、通(州)、泰(州)等处，奸民豪户，广收米斛，贩入诸蕃，每一海舟所容不下一二千斛。或南或北，利获数倍。"①

上海港真正兴起成为丝路外贸港市在南宋晚期。南宋晚期国势衰弱，光宗(1147—1200)即位后禁止商船到澉浦，宁宗曾禁止商船停泊江阴、温州、秀州，②此后只剩明州一处市舶务。开禧二年(1206)位于长江口南岸的黄姚镇(今天上海宝山县月浦附近)成了商船云集之地，臣僚上书称"黄姚税场，系二广、福建、温、台、明、越等郡大商海船辐辏之地，……每月南货关税动以万计。"③后当地江岸坍塌，也无榷货务，即无直接参与外洋贸易权，因此没得到很好发展，而位于吴淞江南岸的上海镇地理位置相对优越，至南宋晚期反倒"海船辐辏"④。弘治《上海志》讲"宋时蕃商辐辏，乃以镇名，市舶提举司及榷货场在焉。"卷七记载："咸淳中提举松江府市舶，分司上海镇。"不知何时青龙市舶务恢复，转移到上海。据宋人常棠《澉水志》载澉浦市舶务于淳祐六年(1246)恢复，说明当地外贸得以复苏。

北宋熙宁年间设立了上海务，经过两百多年的发展，到南宋末期形成华亭县东北的大型市镇和对外港口，但是与青龙镇不同，上海港口没有正式设镇，镇务由市舶分司提举官兼领，说明其贸易地位高于行政地位。

三、宋代上海地区与丝绸之路文化交流活动

此外，海上丝绸之路航运与贸易的发达早已引起文化的交流。南宋中期，在庆元五年(1199)日本高僧不可弃俊芿(大兴正法国师)率安秀、长贺等僧随日本商船到此，在华亭县超果教寺从名僧北峰宗印学天台宗教义八年之久。公元1211年俊芿回国，带回不少佛教和儒学典籍，包括舍利与佛教题材的画作，⑤在日本京都创建泉涌寺，传播佛法。他带回的经典包括《普门院经论章疏、语录、儒书目录》中所载《台宗十类因革论》四册、《四明十义书科》一册、《四明十义书》二册、《山家义苑》一册、《圆悟录》二册、《佛祖宗派总图》一帖等六种书籍，其中多有天台宗典籍，今仍藏在东福寺，曾在1918年11月的第四次大藏会上展出。⑥俊芿来沪堪称丝路文化交流盛事。天台宗流传到日本是在隋末唐初，《宋史·日本传》记载圣德太子开皇中派遣隋试求《法华经》，天台宗经典和教义先从中国传入日本，又曾在五代时复往日本搬取，到此时又从中国传入日本，显示出中日宗教文化交流的"反哺"。

---

① 徐松辑：《宋会要辑稿》，第5488页。

② 《宝庆四明志》卷六，见《宋元四明六志》第2册，宁波出版社2011年版，第264页。

③ 徐松辑：《宋会要辑稿》，第5122页。

④ 《崇祯松江府志》卷二，书目文献出版社1990年版，第48页。

⑤ 木宫泰彦：《日中文化交流史》，第359页。

⑥ 木宫泰彦：《日中文化交流史》，第353页。

早在隋唐时期佛教已在江南广为流传，佛寺普遍兴建。当时青龙镇的佛寺很有名气，镇内建有3亭、7塔、13寺院。陈林在《隆平寺经藏记》中说其镇上之人“事佛尤谨。方其行者蹈风涛万里之虞，怵生死一时之命，居者岁时祈禳吉凶荐卫，非佛无以自恃”，“浙右喜奉佛，而华亭为甚，一邑之间，为佛祠凡四十六，缁徒又能张大其事，亦可谓盛矣。”①

俊芿来华访问的上海地区超果讲寺，是历史悠久的天台宗名刹。寺“在（华亭）县西三里”②，“在西门外，大门临瑁湖桥，详载府、县志”③。超果寺本名长寿寺，④系“唐咸通十五年，心镜禅师造”。⑤方志记载：“按《唐会要》《洛阳伽蓝记》：武后以齿发既老，造长寿寺于东京，改元长寿。又《高僧传》载：心镜禅师藏奂，苏州华亭人，会昌废寺，大中复修洛下长寿寺，敕奂居焉。奂后尝归乡造寺，岂此复名长寿寺乎？……（宋）治平元年，改今额。”⑥即始创者心镜禅师就是上海地区本地人，是来自京城的名僧主持，归乡造寺。该寺有深刻的天台宗渊源：“寺东为天台教院，后并为一。”⑦陈舜俞著《超果天台教院记》云：“秀州华亭县天台教院者，乃鹤唳之奥园，实龙象之精舍。先是界相东南，地隙草茂，时和年丰，民有余施。师徒日演，广厦斯作。讲诵未闻，人莫知向。法师惟湛，台岭之宗，实为苗裔。”⑧

早在五代时期，超果寺就有灵异事件，流传良久，而吴越国王自日本购得天台经籍，或有藏于此地，因得南宋皇帝赐额：

> 吴越钱王时，尝送观音像至寺，现佛光之异，因名寺井曰“瑞光井”。宋治平元年，改今额。寺东为天台教院，后并为一。⑨

元杨维祯《重兴寺记》略曰：“云间超果寺，有大士像。《郡志》以为钱王时，宫中所奉也。梦感于王，欲适云间。王命庆依尊者奉像往。主寺者释聪，于像未至前，曰：‘三日内，当有主公至。’至期，果然。像初至，礼塔汇，去寺十里，近瞽上有光，贯于寺西井，井有金鳗放光，相接若虹霓然。今名瑞光井者是也。宋理宗书赐额曰‘超果灵感观音教寺’。”⑩

则当时超果寺在南宋全国的地位也是不低的，以天台宗名寺地位，居中日文化交流之一

---

① 《云间志》卷中，见上海市地方志办公室，上海市松江区地方志办公室编：《上海府县旧志丛书》，《松江县卷》册上，第25页。

②④⑤⑥ 《云间志》卷中，见上海市地方志办公室，上海市松江区地方志办公室编：《上海府县旧志丛书》，《松江县卷》册上，第26页。

③ 《娄县续志》卷九，见上海市地方志办公室，上海市松江区地方志办公室编：《上海府县旧志丛书》，《松江县卷》册下，第1327页。

⑦⑨ 《娄县志》，卷十，见上海市地方志办公室，上海市松江区地方志办公室编：《上海府县旧志丛书》，《松江县卷》册上，第349页。

⑧ 《云间志》，卷下，见上海市地方志办公室，上海市松江区地方志办公室编：《上海府县旧志丛书》，《松江县卷》册上，第61页。

⑩ 《娄县志》，卷十，见上海市地方志办公室，上海市松江区地方志办公室编：《上海府县旧志丛书》，《松江县卷》册上，第350页。

大功。然超果寺之台宗地位恐与上述五代吴越国王求经海外不无关系。

四、元代的上海地区与海上丝绸之路

元初的上海港一度成为全国性一流外贸大港，这是上海地区港口作为丝路贸易重地的极盛。元代朝廷持相对开放的政策，重视海外贸易和商税收入，在东南沿海的泉州、庆元（宁波）、上海、澉浦、杭州、温州、广州七个主要港口设立市舶司，①后来又在广东雷州半岛设立海南海北市舶司，且实施统一税率。由此可见上海港成为元代全国八大海上对外贸易口岸之一，而且在这些口岸当中上海港竟然是地理位置最北的一个，理所当然成为东北亚国际往来的必经要港，自然而然成为东方海上丝绸之路的枢纽和起点港，同时和南方海上丝绸之路保持着相当的联系。显然当时中国南方的港口地位远胜北方，北方甚至不开放可以直接贸易的港口。

元朝的贸易政策比较开放。上海市舶司是在元世祖时期设立的，即于至元十四年在上海、澉浦、庆元三处海港同时设立市舶司，②次年朝廷下诏书招徕番舶。当时自上海港出发的贸易范围远至日本和印度尼西亚群岛。虽然元朝和日本发生过战争，元朝也有禁止金银和铜钱的"越海互市"③，但是朝廷仍然破例允许日本商人以黄金兑换日本急需的铜钱。④日本和高丽（朝鲜）来华的商船主要停泊在庆元和上海，这和开放港口分布有关。

元代至正十七年（1280），上海市舶官员招船提控王楠为保护本国土货经营者，提出了"双抽蕃货，单抽土货"⑤的税收政策。这一政策相当于现代"重课进口货，轻课出口货"的保护关税原则。在此鼓励下，东南沿海居民纷纷出海与外国互市交易，市舶官依例抽解，然后便听其自由买卖，于是出海贸易之风活跃异常。在此历史背景下，上海对外交流发生了新的高潮。清嘉庆《松江府志》说元代江南顽民皆"私造大船出海"，交通日本、琉球、满剌、交趾各地，"外来贸易悉由上海出入，地方赖以富饶"。⑥又如元代初年长江口地域的大海商崇明人朱清和嘉定人张瑄奉命为官家筹办南北间海上漕运，且同时组织私人的海外贸易活动，其私家的"巨艘大舶，帆交番夷中"⑦，还曾营建长江口北岸的太仓港市："舟师货殖通诸蛮，遂成万家之邑。"在嘉定地方，下海致巨富的大海商还有管氏，沈氏等。文献记载："嘉定州大场沈氏，

---

① 脱脱：《元史》卷十七，第 372 页。
② 脱脱：《元史》卷九四，第 2401 页。
③ 脱脱：《元史》卷十四，第 285 页。
④ 脱脱：《元史》卷二〇八，第 4628 页。
⑤ 柯劭忞：《新元史》卷七二《食货志》，上海古籍出版社 2012 年版，第 350 页。
⑥ 《崇祯松江府志》卷一，书目文献出版社 1990 年版。
⑦ 陶宗仪：《辍耕录》卷五，上海古籍出版社 2012 年版，第 59 页。

因下蕃买卖致巨富。”①据明代何良俊《四友斋丛说》所载，仅松江一地，“在青龙则有任水监家，小贞有曹云西家，下沙有瞿霆发家，张堰有杨竹西家，陶宅有陶与权家，吕港有吕璜溪家，祥泽有张家，干港又有一侯家。”

元代上海港出口的商品包括有周边苏杭产的五色缎、绸、布(包括花布和青布)和丝等纺织品，以及文化用品和生活日用品。此外还有从闽浙地区转运往日本、高丽贸易的陶瓷和金银。进口商品则有珠宝、犀象、香料、药材等蕃货。②

元朝大德二年(1299)，上海市舶司被撤并入庆元市舶司。至正二年(1342)朝廷又在太仓武陵桥北设立了市舶提举司，由脱脱担任提举。此事的意义重大，说明太仓港口正在兴起，接近和超越上海港的地位，标志着元朝中后期长江口对外贸易口岸已经由上海港移至刘家港。元朝来刘家港贸易的商船以高丽、日本等国居多，其次是东南亚海船，这同样也是由市舶港口分布决定，甚至号称“万艘如云，毕集于刘家港”，刘家港遂号称“天下第一都会”“六国码头”。但是上海港也并不是完全衰落，元人许尚在《华亭百咏·苏州洋》中云：“已出天池外，狂澜尚尔高，蛮商认吴路，岁入几千艘。”③苏州洋是华亭以东海面的称呼，应当还有不少船只经过海关后转到上海。上海港的相对衰落，一个重要原因是地理条件变迁，因为到元末明初吴淞江下游一度淤塞，“下流壅塞，难即浚治”④。同治《上海县志》卷十九则称当时“潮汐淤塞，已成平陆”。

显然，上海港的地位在元朝后期再次下降为二等港口。刘家港地位上升，这为明代郑和出海活动选择港口打下了基础。

五、结　　语

上海地区参与海上丝绸之路交流活动历时千年之久，自公元847年唐朝中国人江长率朝鲜人金子白、钦良晖、金珍等自松江口去日本至1757年乾隆皇帝下令广州一口通商也有910年的历史，可以说仅从文献看就已经有近千年跨度，其间既有经济的也有文化的交流。

在漫长的历史长河中，上海地区发展与海上丝绸之路兴衰的关系经历了三个阶段。⑤唐宋元时期包括了前两个历史阶段，在这一时期上海地区丝绸之路起点港经历了从参与到极盛，从个别港口出现到港口群体兴起的历史。

第一个阶段，隋唐五代到宋中期，正是上海地区港口兴起的重要阶段，也是海上丝绸之

① 陶宗仪：《南村辍耕录》卷二七，中华书局1959年版，第342页。

② 《上海港史(古、近代部分)》，人民交通出版社1990年版，第26页。

③ 〔元〕单庆修，徐硕纂：《至元嘉禾志》卷二八，上海古籍出版社2010年版，第305页。

④ 《读史方舆纪要》卷十九，中华书局2005年版，第908页。

⑤ 关于上海海上丝绸之路活动史的分期问题观点见黄仁伟、张晓东：《历史时期的上海地区与海上丝绸之路》，2015年4月8日《文汇报》。

路史发展的重要阶段，上海地区参与海上丝绸之路交流的市舶贸易和文化交流，并获得发展，以秀州华亭县青龙镇为中心的阶段，隋唐五代的秀州华亭县和江南地区一样是纺织业的中心和国家财赋重心，青龙镇港逐步兴起，盛于北宋，衰于南宋。宋代在上海地区设立有市舶务和两浙路市舶司，使当地成为对外贸易管理部门高级别的驻地治所。五代时期十国之一的吴越国和日本不仅存在朝贡贸易形式的商业往来，也有文化典籍的交流，直到宋代上海地区的天台宗寺庙在文化交流方面对日本僧人有着强大吸引力。

第二个阶段，从宋朝晚期到元代，是上海地区港口从最初的个别良港向全地区纵深发展成群，也恰逢海上丝绸之路盛期的开始，由于港口条件变化，在本地港口中上海港异军突起，先盛后衰，宋朝晚期青龙镇衰落后，港口开始在青龙镇周边转移，特别是江湾镇和上海镇港口兴起，前者设场收税，后者设立市舶务，元代上海成为官方设立市舶司的八大港口之一，而且是最北边的一个，这昭示古代上海港地位在市舶贸易中的新的高峰，甚至是极盛。但在经历了发达之后，元朝后期由于港口条件的变化，上海港地位衰落，以致和明初郑和下西洋出发港这一历史荣誉失之交臂。

等到了第三个阶段，明清时期，上海港作为国内大港的地位已经日益稳定发展，其参与海外活动仍然很积极，但面临明清禁海政策的反复限制与海上丝绸之路活动的整体衰落，还有待于今后的深入研究。

从历史经验来看，在整个唐宋元时期古代上海地区的发展与海上丝绸之路贸易和文化交流存在相当密切的关系，无论东南亚还是东北亚都是上海地区的贸易对象，而文化交流局限于东北亚地区，因其文化在东亚地区相对先进，而与中国之文化联系也更密切。毕竟上海地区占据着长江入海口的有利位置，交通线腹地广大，所以可以在海上丝绸之路史上占据一席之地。上海地区是海上丝绸之路交流活动的重要参与者，上海港也是海上丝绸之路的众多的丝绸贸易起点港之一。国家政策扶持或限制，即开放与封闭，贸易自由与交流限制，是上海地区海外贸易兴衰的重要原因之一，然而港口水文地理条件的不稳定性既是地方港口衰落的不利条件，也是不断催生新港的有利条件。

（张晓东，上海社会科学院历史研究所助理研究员、上海社会科学院海洋战略中心副秘书长）

《景定建康志》在宋代方志编纂学上的地位

——以编修体例为核心的探讨

□杨　杨

[摘　要] 《景定建康志》仿正史纪传体裁，结合地方志编纂，制定录、图、表、志、传等五体。录体备载行宫建置、收录诏令和御书、御制，志体记载地理、政治、军事、经济、文化各类专题，传体载列人物，图、表直观呈现、化繁为简。相比较同时代的方志，该书在体例上有不少创新，如首次提出修志凡例，丰富方志理论；首创《留都录》，彰显建康重要地位；地方志中首次应用大事记表；首次将古今人物表与人物传相结合。该书不仅开创了史志体编修地方志的先河，成为宋代方志编修体例走向成熟的标志，而且直接影响了元《至正金陵新志》的编纂，并对明清方志的纂修，都产生了深远影响。

[关键词] 《景定建康志》；周应合；体例；创新

宋代是方志体例定型和发展的重要时期，尤其是周应合编纂的《景定建康志》，是南京现存完整的第一部方志，为方志学上的重要代表作。

该书共五十卷，由马光祖修，周应合纂，始撰于南宋理宗景定二年(1261)。全书仿效正史纪传体体裁，拟定录、图、表、志、传五个部分，是一部区别于当时其他志书的地方专志。该书包含《留都录》4 卷、《建康图》1 卷、《建康表》10 卷、《十志》32 卷、《古今人表》和《古今人物传》3 卷、《拾遗》1 卷。清代学者孙星衍称赞："《建康志》体例最佳。"①在继承传统史书体例的同时，周应合等人没有拘泥成法，结合地域特点，进行了发展和创新，形成了别具一格的志书体例。那么，该书在编修体例上到底有哪些突破？对后代方志的编纂产生了哪些影响？

一、书前总序和类前小序的结合

方志有序，始于晋常璩《华阳国志》。②到南宋时，这种做法已很普遍，有的方志请名人作序，如《嘉泰会稽志》序为陆游所作，还有修志者和编纂者各书一篇的，如《新安志》等。《景定建康志》卷首有马光祖和周应合的两篇序言，周应合所作的序称为《景定修志本末》。除书前

① 孙星衍：《重刊〈景定建康志〉后序》，《景定建康志》，《南京稀见文献丛刊》，南京出版社 2009 年版，第 6 页。

② 黄苇等：《方志学》，复旦大学出版社 1993 年版，第 330 页。

两篇总序外，录、图、表、志、传五部分各冠以一篇，其中《十志》又有10篇小序，全书共有序文17篇。马光祖纂写的《留都录》序文，其余都为周应合撰写。这种总序与小序的结合，在同时期的地方志中是很少见的。虽然卢宪《嘉定镇江志》每门前均有一篇“叙”，但遗憾的是一篇也没有流传下来。《淳祐临安志》也仅是在城府、山川两门之前各有一篇总论。17篇序文虽然简明扼要，但是内容丰富，编修者不仅阐述了修志理论，指明了编纂《景定建康志》的意图，还在小序中探讨了人地关系等问题。

（一）书前总序阐述方志理论

周应合在《修志本末》中首次明确提出修志要“定凡例”①，虽然《淳祐玉峰志》有凡例五条，但很简单，而周应合则是第一次修志前先“定凡例”，确定全书的体例。“凡例”对方志理论的丰富和发展起着重要作用，也成为后世修志必不可少的一部分。其次，周应合提出修志要制定程序。他认为修志要分四个步骤，即定凡例、分事任、广搜访、详参订，每一项都有详细阐述。修志程序的确定，是方志编纂走向规范化的标志。其三，周应合认为修志“非只手之可办”②，于是开书局、分事任，如“局吏两名分管书局事物，书吏十名誊类草稿、书写板样，客司虞候四名以备关借文籍、传呈书稿等用”。清章学诚在周应合“分事任”的方志理论基础上，提出了“事有专责”的理论，③要求修志人员有具体分工和专责。

（二）书前总序指出了《景定建康志》的编纂意图

周应合强调该志的编纂主要是为了突出建康的重要地位。如总序中云：“昔忠定李公尝言：‘天下形胜，关中为上，建康次之。’自楚秦以来，皆言王气所在。南渡中兴，此为根本。”④又如《修志本末》中云：“若我朝建隆、开宝之平江南，天禧之为潜邸，建炎、绍兴之建行宫，显谟承烈，着在留都，凤阙龙章，固宜备录。”⑤其次是为了补正旧志之不足。如马光祖指出：“章往考来，国志宜详于它郡，而乾道有旧志，庆元有续志，皆略而未备，观者病之”。⑥周应合在《修志本末》中也说：“乾道、庆元二志互有详略，而《六朝事迹》《建康实录》参之，二志又多有不合，今当会而一之，前志之阙者补之，舛者正之，庆元以后未书者续之，方为全书。”⑦该志的编纂也是为了发挥地方志的鉴戒教化作用。如马光祖在总序中认为：“忠孝节义，表人材也；版籍登耗，考民力也；甲兵坚瑕，讨军实也；政教修废，察吏治也；古今是非得失之迹，垂劝诫也。夫如是，然后有补于世。”周应合进一步指出志书要做到“崇厚风俗，表彰人才”，“兴感慨而寓劝诫”。⑧总序所确定的编纂意图，就是全书编修的纲领和主题，而全书建构都是围绕着这个主题进行的。

（三）类前小序论述了人地关系

方志的史料性较强，一般多是述而不论。而该书编修者没有如一般方志一样，简单的数

---

① 周应合：《景定建康志》卷首《景定修志本末》，《南京稀见文献丛刊》，南京出版社2009年版，第2页。

②⑤⑦ 周应合：《景定建康志》卷首《景定修志本末》，第2页。

③ 章学诚著，罗炳良译注：《文史通义》卷八，中华书局2012年版，第1325页。

④⑥ 周应合：《景定建康志》卷首《景定建康志序》，第3页。

⑧ 周应合：《景定建康志》卷首《景定修志本末》，第4页。

据汇编，而是利用小序主要探讨地理环境与人们生产劳动和社会活动的关系。比如在《地理图》序中指出："襟江带湖，形胜之区。"①在《武卫志》序中云："内屏畿甸，外控淮堧"，"上接荆、鄂，下连海道，守卫至重，安危所关"，"自吴以来，立国江南者，莫不恃江以为固，江又恃人以为固。人谋善而武事修，则江为我之江，否则与敌共尔。"②在《山川志》序中云："形势若此，帝王之宅宜哉！然自越以来千七百年，山川不改，城郭屡更，人因地乎？地因人乎？昔周公定都洛邑，曰有德者易以兴，岂专恃乎山川哉？"③《田赋志》序中探讨了土地与田赋的关系，其言："田九而赋六七，岂非以山泽之利，足以助田之所不足欤？后世笼山泽之利，悉归于上，而田赋又加于古，毋怪民力之困也。"由上可见，周应合在强调建康优越的地理环境的同时，又着重指出人事的重要性。

二、"录"体的创设

《景定建康志》将《留都录》置于全书之首，并且用了4卷的篇幅。具体是行宫为卷一，分设宫城图、行宫记载、行宫规制、行宫留守、行宫钥匙司；诏令（建隆以来）为卷二；诏令（建炎以来）为卷三；御书、御制为卷之四。又有"诏札不独系于建康而守臣立石于此者，则录于第四卷末"④。而此前"录"一般是志书的别称，如程大昌的《雍录》和高似孙的《剡录》等。⑤在现存宋代方志中，将"录"作为志书的一部分，《景定建康志》是第一次。该书《留都录》具有以下两个特色：

（一）从记载内容上说，《留都录》与正史本纪不同，主要有记录、收录之意

"录"记载的内容，如作者所说，主要是"宫城建置之详，隆炎创兴之盛"⑥，"若我朝建隆、开宝之平江南，天禧之为潜邸，建炎、绍兴之建行宫，显谟承烈，着在留都，凤阙龙章，固宜备录"⑦。具体来说，首卷编年记录建康行宫的建置沿革，从开宝七年，宋太祖平江南，诏置升州，建炎元年建都之争，一直到宋高宗最后一次驻跸建康为止。后三卷收录诏令、御书、御制等。编者通过命宰相出镇建康等诏令，以表明朝廷对建康的重视，彰显建康作为留都的重要地位，如其明确标明"所录惟大诏令及命宰相出镇"⑧。此外，收录的御制有《训廉铭》《戒贪官手诏》《御笔戒贪吏》等等。马光祖为官清廉，他曾说："臣尝闻先师臣德秀之言曰：'万分廉洁

---

① 周应合：《景定建康志》卷五《地理图序》，第66页。

② 周应合：《景定建康志》卷三八《武卫志一》，第959页。

③ 周应合：《景定建康志》卷十七《山川志序》，第396页。

④⑥ 周应合：《景定建康志》卷首《修志本末》，第1页。

⑤ 黄苇等：《方志学》，第344页。

⑦ 周应合：《景定建康志》卷首《修志本末》，第2页。

⑧ 周应合：《景定建康志》卷二《留都录二》，第22页。

止是小善，一点贪污便是大恶。'拳拳服膺久矣！"[①]。清廉是他一直所秉承的为官理念。

(二) 从编次上看，《留都录》与正史本纪相同，都位于全书首位

这是因为建康作为留都，为帝王驻跸之所，置于首卷，并在"未成府志之先"[②]提前修成，以示尊崇，即所谓"揭琅根而首录，昭弁冕之长尊"[③]。正如马光祖所言："旧志所载不过数行，顾以凤阙龙章，杂书于六朝之编，混列于庶司之目，甚非臣子尊君之意"，而《留都录》"揭为一书之冠冕，昭如日星，万目共睹，皆知大分之有常尊，留都之有巨典，凡庶民是彝之训，以近天子之光，则于宣德流化，未必无小补云"。[④]而同时期的地方志书，除高似孙《剡录》卷一列县纪年，按年代顺序载嵊县历史上的大事，其余大多首述沿革，开篇即为州郡"沿革"一门。此后明清方志于卷首多设有圣谕、训典、巡幸等，其实都是受了《景定建康志》的影响。还应注意的是，《留都录》的创设目的，与明清方志演变为单纯的为封建统治者歌功颂德是不同的。

三、重视地图的编绘

方志取代图经的主要地位是在南宋。据黄苇的统计：北宋曾有图经 58 种，南宋降为 21 种；而定型方志，由北宋的 22 种，南宋时增至 206 种。[⑤]图开始只是作为志书的附录，有的方志甚至没有图，如范成大的《吴郡志》等。这种做法虽增添了志书的人文气息，却失去了方志所固有的图文传统。地图在方志中的重要性，周应合在《景定建康志》卷五《图序》中指出："由职方土地之图，以入于建邦土地之图，讵容阙典？"[⑥]因此，周应合在《留都录》后，设图 15 幅，即《龙盘虎踞形势图》《历代城郭互见图》《建康府境方括图》《沿江大阃所部图(上、下)》《府城图》《府廨图》《上元、江宁、句容、溧水、溧阳五县图》《府学图》《明道书院图》《青溪先贤堂图》。[⑦]该书的"图"具有与他书不同的特点：

(一)《建康图》构成一个独立的体系

从图所反映的内容来看，首为建康疆域山川、历史沿革，后为府境、江防，再是官署、所辖五县，最后府学、书院、先贤堂，系统地呈现了南宋建康地理、军事、政治、教育等各个方面。同时，这种系统性也促使《建康图》成为一个独立的单元，进而与该书的录、表、志、传等相并

---

① 周应合：《景定建康志》卷四《留都录四》，第 65 页。

②④ 周应合：《景定建康志》卷首《修志本末》，第 1 页。

③ 周应合：《景定建康志》卷首《进建康表》，第 5 页。

⑤ 黄苇：《论宋元地方志书》，《历史研究》，1983 年第 3 期。

⑥ 周应合：《景定建康志》卷 5《地理图序》，第 66 页。

⑦ 现存《景定建康志》卷五有图 19 幅，其中《制司四模官厅图》《重建贡院之图》和《重建社坛之图》在目录、序录、地理图序中根本没有出现，因此这三幅图不可能是景定二年修纂《建康志》时所绘制，可能为后人所补入。孙星衍在《重刊〈景定建康志〉后序》中谈道："地理图序云为图十有五，而宋印本止存七图，余皆补画，本黄氏影抄本较多，共十九图，今据补入其图。"本文的探讨对象是周应合所作《地理图序》中提到的 15 幅图。

列。不仅如此，作者还通过《建康图》将建康的龙盘虎踞、六朝古都、长江下游的军事重镇、重视教化的特点一一展现，可谓匠心独运。在具体绘制上，更能体现出作者对编绘的重视，如《沿江大阃所部图（上、下）》，分别记载长江上游和下游的布防情况。王应麟在《玉海》中说："（地图）指画江山曲折之状及兵砦戍守之处。"①该图就标示出南宋27处屯泊兵船地，其中长江中上游共12处，下游有15处。根据此图，南宋朝廷偏重下游的设防策略一目了然。此外，还标出了重要战役的发生地和驻防要地，如宣城、池州、太平州以及岳飞大战金兀术的马家渡。《建康府境方括图》采用计里画方的制图方法，在现存明以前地图中是十分罕见的。②

（二）图因志设，图文互著

《建康图》既具有相对独立性，又因志而设、因志而宜，与志书内容相对照。15幅图与该书内容相互配置，图文互著，互为补充，相得益彰。章学诚说："图可得形象，而形象之有沿革，则非图之所得概焉。"③又说："图不详而系之说，说不显而实之以图，互著之义也。"④具体如《龙盘虎踞形势图》《历代城郭互见图》《建康府境方括图》《上元、江宁、句容、溧水、溧阳五县图》与《疆域志》《山川志》《城阙志》互著，《沿江大阃所部（上、下）图》与《武卫志》互著，《府治图》《府城图》与《官守志》互著，还有《府学图》《明道书院图》《青溪先贤堂图》与《儒学志》互著。同时，志书中还明确标出与哪幅图互见，如《官守志》首述府治沿革，后用文字表述具体方位，并且指明"详见《府廨图》"，如"清心堂，在设厅之后。忠实不欺堂，在清心堂之后，堂名乃宸翰所赐"。⑤后附有陆錾所撰忠实不欺堂的堂记。如此，图文相配合，图直观形象，文对图进行解释和补充，深化了图的意义。

同时代地方志中，程大昌的《雍录》所收图内容丰富，数量最多，有32幅，《建康图》种类丰富，不能说没有受其影响。马光祖就曾在《进〈建康表〉》中言："臣未能刊浯溪之碑，且此效雍州之录。"⑥但是，由于北宋覆亡，所以程大昌的《雍录》全部转自吕大防《长安图》和阁本《长安图》，而《建康图》为编者所亲自绘制，真实可靠，反映了当时的地理实际情况。此外，其他志书因为受隋唐以来的图经影响较大，所以多为府境沿革图和所辖州县图，如《淳熙严州图经》也附有图，有子城图、建德府内外城图、府境总图以及所辖各县境等9幅图。而《建康图》较之他书涵盖内容更广泛，涉及军事、教育等方面，而且数量增多，精确度更高，并被后世所沿用。如此后《至正金陵新志》中所保存的21幅地图，其中有6幅来自《景定建康志》。

总之，《建康图》的运用，不仅使该书体例更加完善，还增强了志书可读性以及现实意义，具有极高的史料价值。同时，由《建康图》所反映出来的南宋"图"体内容的丰富，人文气息的加重，成为方志脱离图经走向成熟的标志之一。

---

① 王应麟：《玉海》卷十六，上海书店1987年版，第314页。

② 胡邦波：《景定〈建康志〉、至正〈金陵新志〉中地图的绘制年代与方法》，《自然科学史研究》1988年第3期。

③ 章学诚：《文史通义》卷七，第1161页。

④ 章学诚：《文史通义》卷六，第997页。

⑤ 周应合：《景定建康志》卷二四《官守志一》，第596页。

⑥ 周应合：《景定建康志》卷首《进〈建康表〉》，第5页。

四、方志中首次运用大事记表

该书卷六至卷十四为《建康表》,从结构形式上,分为世表和年表两类。“世表”记载的时间为周元王四年(前472)至东汉献帝建安二十六年(221),其时建康大事年月不详,故以帝王世系为经;“年表”按朝代分为九表,即吴、晋、刘宋、南齐、萧梁、南陈、隋至后周以及北宋和南宋,上接“世表”,下到南宋理宗景定二年为止。[①]因年月可考,故以纪年为经,成为表的主体。两类表均以时、地、人、事四项为纬,以大事记的方式呈现建康1 700多年的历史。这种大事记表的应用,在现存宋代地方志中还是首次。《十表》的特点概括起来主要有:

(一)分工明确,互相检索

表之纬分时、地、人、事四项,每项各有分工,周应合在《建康表总序》中说明:“一曰时,表其世年而记其灾祥;二曰地,表郡县之沿革与疆土之分合;三曰人,表牧伯之更代与官职之因革;四曰事,表其得失之故、成败之由,美恶具书,劝诫寓焉。”[②]比如时一项,在纪年下附载祥异、灾害,所记各种自然灾害不仅有发生的时间、地点,还有为害程度。如“梁武帝天监四年乙酉五月,建康县定阴里生嘉禾,茎十二穗。十二月,天清朗,西南有电光,闻雷声者三。六年丁亥七月甲子,太白昼见。八月戊戌,大风折木,京师大水,涛入御道七尺。”[③]这些连续记录对我们深入了解建康的自然灾害情况,总结规律,具有重要的史料价值。此外,如对秦桧的记载,《人物表》和《人物传》中都没有秦桧,但在宋高宗绍兴二十五年乙亥一栏,“人”项为:“封秦桧建康郡王”;“事”项为:“上久知桧跋扈……余党以次窜逐,天下咸仰英断。”[④]可见,“事”一项做到了美恶具书。

虽然各项分工不同,但是各项又是相互联系的,可以互相检索,进而增强表的功能性。对此,仓修良先生称赞道:“不单是表人物、表年代,还要表疆域分合、官制因革和成败得失之迹,这就真正学到了司马迁在《史记》中作《十表》的精神实质。”[⑤]这个评价并不为过。

(二)十表与十志、十传相互补充

志和传的部分采取以类相聚、横排门类的编纂方法,但若查阅一段时期的历史大事或历史人物,则颇为费力。而十表则是以时系事,将建康大事纵向相连。十表与十志、十传,构成了经纬纵横的整体,有利于了解建康的历史全貌。为了避免交叉重复,书中不少地方采用互见法,起到了拾遗补缺的作用。首先,表为了达到简文明义的目的,用十志与十传来补充。如《建康表十》在记载时人论边防时,仅记:“绍兴二年壬子,江面自建康至姑孰一百八十里,

---

① 《建康表十》记载到咸淳五年为止,而周应合于景定二年编纂《景定建康志》,因此说景定二年以后内容为他人续修。本文断限自周应合所修志书的时间。

② 周应合:《景定建康志》卷六,第93页。

③ 周应合:《景定建康志》卷十,第190页。

④ 周应合:《景定建康志》卷十四,第308页。

⑤ 仓修良:《方志学通论》,方志出版社2003年版,第281页。

其险可守者六：江宁镇、沙夹、采石、大信、芜湖、繁昌。”小字注曰：“详见《武备志》（即《武卫志》）。”①但查考《武卫志》，围绕此条的记载则有700字之多。其次，十表还可补充十志、十传的记载。如作者在《官守志》中的“诸司寓治”条中言：“古今牧守更代，已具《年表》。”②又如《古今人表》下注曰：“已入表志题名者，不复录。”③

表体应用于志书始于南宋，现存宋代志书中，梁克家的《淳熙三山志》最早使用表体，④称为《郡守表》，经为纪年，纬为封君、郡守、诸使三项，该表比较简单，比重较小。此后卢宪《嘉定镇江志》列有郡县表，以年代为经，以州郡县、封爵食邑、官名为纬。还有《宝庆四明志》于叙郡、叙赋、叙兵等门类下，分立“沿革表”。此外陈耆卿在《嘉定赤城志》中广泛地运用表体，表的种类增多，不仅有职官表，还有田表和户表。可见，宋代表体形式虽多，但是大事记表的应用，《景定建康志》还是第一个。元张铉《至正金陵新志》不仅仿照该书，设“金陵世表”“金陵年表”，还称赞道：“修《景定志》者，用《春秋》《史记》法，述世、年二表，经以帝代，纬以时地人事，开卷了然，与《建康实录》相为表里，可谓良史。”⑤

总之，作者首次用大事记表将时、地、人、事四项联系起来，重新编排建康1 700年历史，既避免了数据堆积之嫌，又形式新颖、简明扼要、条理贯明，将建康之郡县沿革、牧守更代、历史脉络清晰呈现，因果彰明，是非得失自见，不仅反映了南宋时方志表体逐渐规范成熟，还为后世表体的多样化提供了新的范例。

五、“志”下分细目，编排精详

该书“志”体源自以往的正史和郡县地志，正如周应合在《志总序》中云：“倚相读九《丘》，史迁作八《书》……班固《志》而十之”，“后皆因之”，“元和有《郡县志》，元丰有《九域志》，天下郡县各有志，此建康志所由作也。”⑥“志”的部分占全书比重最大，共32卷，专门记载建康各类事物。在具体编排上该书与他书有所不同，主要表现在：

（一）以纲统目，细分类目

该书“志”体部分，分门立目，依次为疆域、山川、城阙、官守、儒学、文籍、武卫、田赋、风土和祠祀等十目，于目下又分若干细目，共有110目之多，眉目清晰，分类细致合理。而同时代范成大的《吴郡志》则是并列门类、不分子目，直接分列沿革、分野、户口租税、土贡、风俗等39门。清方志学家章学诚指出了该书分类存在的问题，如“沿革有郡无县，则眉目不分”；“坊市

---

① 周应合：《景定建康志》卷十四，第298页。
② 周应合：《景定建康志》卷二四，第596页。
③ 周应合：《景定建康志》卷四七，第1131页。
④ 阚红柳：《论宋元明三代志书中表体的应用》，《辽宁大学学报》1998年第1期。
⑤ 张铉：《至正金陵新志》卷首，《宋元方志丛刊》，中华书局1990年版，第5284页。
⑥ 周应合：《景定建康志》卷十五，第343页。

不附城郭而附见官宇之后，亦非法度”；“古迹与祠庙、官宇、园亭、冢墓、宫观、寺、山川等颇相混乱”。[①]又如罗愿《新安志》，州郡门下直接分沿革、分野、风俗、封建、境土、治所、城社、道路、户口、姓氏、坊市等21目，其下不分细目，物产、贡赋类下分有细目，该书也历来受到好评，但就其类目来说，章学诚认为“芜而不精”[②]。当然，诸目并列是受到了所载地域的限制，有些门类内容过少，不宜再分细目。然而建康由于历史悠久，地区范围大，涉及内容较多，所以周应合没有采用同时期志书的做法，而是采取这种层级式的处理方法，使得全书清晰可观，便于查阅。

关于各门细目分类，虽然有些门类为同时期志书所共有，但该书较他书分类更细致，记载更集中。其时各志书都有关于艺文的内容，高似孙在《剡录》中第一次有“书”一门，《嘉泰会稽志》也有翰墨、碑刻、求遗书和藏书等目。《景定建康志》将艺文的内容冠名为《文籍志》，并且分为书籍、书版、石刻、序论、奏议、露布、表状、诗赋、乐府等9个子目，不仅记载详细，保存了大量的史料，所收录书版对于研究宋代雕版印刷价值极大，这在宋代方志中是很少见的，使《文籍志》成为后世方志记录地方文献的模板。再如军事内容的记载，《景定建康志》卷三八、卷三九两卷有《武卫志》，其下分形势、攻守、江防、尺籍和战舰等五个细目，同时代方志中大多有军事内容，如《吴郡志》和《新安志》的“营寨”门，临安三志、《严州图经》以及《嘉泰会稽志》的“军营条”，《宝庆四明志》的“叙兵门”，《嘉定赤城志》的“军防”门等，但各志记载较分散，并不方便对一地军事体系作全面的观察。总体而言，一般方志中虽多有军事类内容，但大多以记载兵种为侧重，而《景定建康志》还涉及攻守形势等内容，记载更为细致全面。

(二) 该书在篇名设置和排列顺序上，别具匠心

首先，篇名全部用两字标题，简洁凝练，并且篇名的选取颇有渊源。如《文籍志》的篇名，来自正史的《经籍志》和《艺文志》。《儒学志》则是仿《剡录》而作，周应合也指明：“诸郡学校无特志，唯《剡录》有《学志》。今仿之，以儒学自为一志，表所重也。”[③]《祠祀志》的篇名与《汉书·郊祀志》相似，而此名称也被元《至正金陵新志》以及明清时陕西、河南、广东以及福建等地的《通志》所沿用。还有《武卫志》的篇名也为该书所独创。

其次，从门类的编次上说，十志的编排与作者的“史识”相吻合。比如首为疆域、山川，体现了周应合的尊君思想，如其言：“疆域，帝王之所定也；山川，天地之所作也。”儒学和文籍位于武卫之前，则是作者想要顺应宋开国以来的重文传统，如其言：“文籍，盖观国之所重欤。……武帅读书，固艺祖皇帝之所深勉，况文人乎！”[④]而祠祀是十志最后一位，这也是周应合有意而为。他曾说：“十志后祠祀，何也？先成民而后致力于神也。”因此，他将田赋、风土位于祠祀之前，体现了周应合所秉承的儒家人本思想。

---

① 章学诚：《文史通义》卷八，第1464页。

② 章学诚：《文史通义》卷八，第1408页。

③ 周应合：《景定建康志》卷二八，第740页。

④ 周应合：《景定建康志》卷三三，第851页。

再次，细目的编次有一定的逻辑关系。周应合在《武卫志》序中说："审形势而后知攻守之宜，审攻守而后知江防之要，严江防而后知兵籍之不可单，兵政之不可怠，兵船之不可不备，兵器之不可不利，兵寨之不可不整，烽燧之不可不谨，而浚筑之不可不勤也。"①可见，五个细目按因果关系联系在一起。在南宋的时代背景下，《武卫志》的设立，与其他地方志相比，明显地突出了建康作为南宋边防战略要地的区域性特点。此外，对于有内容交叉的部分，作者采用互见法，如《官守志》中载："前代东府西州、行台列省，既附于《城阙志》。"②总之，十志以纲统目，类目细分，各类、各目均按次序编排，相互配合、互为补充，虽包罗广泛，却无重复冗长之嫌。

六、《古今人表》与《人物传》相结合，增加人物记载比重

周应合在《古今人表传序》中说："因思《汉史》有《古今人表》，《润志》有耆旧、寓公传，乃仿斯例，表其人于《志》之后，复传其事于《表》之后。"③该书人物传的部分仿效《汉书》，由"表"和"传"两部分构成。其中，《古今人表》以朝代为经，分生于此、居于此、职于此、墓于此、祠于此、封于此等六项，所载人物仅记姓名要略。表后有《人物传》，数人之传，合为一卷，按类列载，分正学、孝悌、节义、忠勋、直臣、治行、耆旧、隐德、儒雅和贞女等10类，同十志相平衡，同为两字标目。每类入传人物按时代顺序排列，详记生平事迹。同一人物，同属几类，如在一类目中已有详细介绍，则采用互见法，只列姓名。例《儒雅传》中，"纪少谕、许叔牙、朱存、朱舜庸，并互见《耆旧传》"④。表、传相结合记载人物，这与同时代的其他方志不同，而且这种在地方志的《人物传》前设《人表》的做法，为周应合首创。钱大昕说："古今人表传，意在扶正学，奖忠勋，不专为一郡而作，故与它志之例略殊。"⑤具体而言，该书《古今人表传》具有以下特点：

（一）《古今人表》与《古今人物传》《拾遗》记载人物事迹相互补充

对于"人表"与"人物传"的区别，如周应合所言："表以迹而传以品。"⑥也就是说，"人表"是历代建康人物的活动行迹，以备查考之用，而"人物传"是表中典型人物的事迹介绍。如《古今人表》虽收录了283人，但《人物传》中只记载了48人事迹，《拾遗》载有48条建康人物的传闻轶事。又如其言："有表而不必传者，有传而不必表者，有表传所不及者，见之拾遗，皆以寓崇厚表章之意云。"可见，三者相互补充，都起到了表彰人才的作用。仅以王安石为例，周应合虽没有为王安石立传，但在《古今人表》中载其居于半山寺，后墓于半山寺后，又在《拾

① 周应合：《景定建康志》卷三八，第959页。

② 周应合：《景定建康志》卷二四，第596页。

③⑥ 周应合：《景定建康志》卷四七，第1132页。

④ 周应合：《景定建康志》卷四九，第1235页。

⑤ 钱大昕：《潜研堂文集》卷二九，商务印书馆1935年版。

遗》中载其三条轶事，其内容是与苏东坡的交游、王安石的书法以及晚年删定《字说》的成就，并在此卷中尊称为“王荆公”。但在人物传的《郑侠传》中，用大量篇幅叙述王安石与郑侠关于新法的争执，并且直呼其名“安石”，称郑侠为“公”。通过《古今人表》《古今人物传》和《拾遗》三者对王安石的记载，表现出作者虽欣赏王安石的学识，但对其新法是不认同的。如此，作者的历史观以及对人物的品评，便在对人物事迹的编排中，巧妙地呈现出来。

(二) 增加人物记载的比重，具体且详细

相比较同时代的方志而言，该书十传分类更为细致。有些方志直接命名为“人物”，占全书的比重不大，其下没有分细目。如章学诚就曾评范成大《吴郡志》关于人物记载：“人物不自撰著，裁节史传”，“依次编为八卷，不用标目分类。”①罗愿《新安志》只分先达、进士题名、义民、仙释、牧守等5类，高似孙《剡录》也是在《先贤传》下分人士、烈女、仙道和高僧等4类，《宝庆四明志》分先贤事迹、烈女、孝行、仙释等4类。而《景定建康志》记载人物，不仅分为十传，与十表、十志地位同等，而且分类更加细致整齐，这与周应合一直倡导的十传要记载“忠臣义士之遗烈，洪儒骚客之流风”，达到“表彰人才”的目的相符。②该书类传不仅比重增加，而且记载详细，具有存史作用。周应合反对为桑梓增色而“借人才于异地”的做法，他在《正学传》末尾注中云：“建康郡志之有传，盖书其有迹于建康者耳”，“郡无其迹，而郡志有传，则泛。”③因此，该书入传人物或籍贯在建康，或长期客居于建康，与建康联系紧密，事迹也就往往详于史传。如《直臣传》中的《郑侠传》，《宋史》卷三二一有《郑侠传》，但该书所记内容远较《宋史》详细，完整地收录郑侠上《流民图》时的奏书，还详细记载与王安石关于新法的矛盾，而《宋史》只是奏书的节录。

(三) 编次人物融进了编者的思想观点

马光祖是宋代著名理学家真德秀的学生，周应合为马光祖幕客，同样深受理学思想的影响。如该书《正学传》，《宋史》称为《道学传》，庆元党禁时理学称为“伪学”，“正学”则是为其正名而来。而且周应合还将其置于十传之首，并指明：“十传，首《正学》，何也？程子尝谓：能传尧舜禹汤文武周公孔孟之心者，为正道。能明尧舜禹汤文武周公孔孟之道者，为正学。周子所谓为天地立心，为生民立命，为往圣继绝学，为万世开太平者，此也。其所关系，不亦大乎？传首《正学》，不亦宜乎？”④《孝悌传》列于十传第二位，这也是理学家崇尚义理，强调纲常伦理的体现。这种思想在《贞女传》中有反应，不仅将其列于最后，而且命名为“贞女”。此后元《至正金陵新志》改为《烈女传》，并增添了人数。《孝悌传》后即为《节义传》和《忠勋传》，北宋亡国后，南宋偏安一隅，激发了人们对历史的反思，对忠义气节大力倡导，如十传中不仅有《节义传》中载有抗金名将杨邦乂，而且《忠勋传》中《吕颐浩传》是十传中篇幅最长的。《忠勋传》后为《直臣传》，直臣也是马光祖和周应合所看重的，正如孙星衍所言：“马光祖、周应合具

---

① 章学诚：《文史通义》卷八，第1464页。

② 周应合：《景定建康志》卷首《修志本末》，第2页。

③④ 周应合：《景定建康志》卷四七，第1145页。

与权贵不合，气节迈流俗者。”①

此外，《建康志》将《人物传》置于全书最后一部分，与同时期方志中人物传的排列位置不同，如《淳熙三山志》，将“人物”列于“寺观”“土俗”类之前。《嘉定赤城志》将“人物”门设于“风土”“冢墓”门之前。此后，明清时地方志载列人物也多是居于全志末尾。同时，《景定建康志》所首创的人物表与人物传相结合的方式综合记载人物，也被明清方志所沿用，如被梁启超称为清代佳志的河北《兴义府志》，即是将职官表、选举表、恩荫表等人物表与政绩、名宦、武功、忠义、孝行等人物传结合记载。

七、结　　语

《景定建康志》根据建康 1 700 年的悠久历史以及控扼天堑的地理位置，充分吸取前人撰史的成功经验，继承和沿袭了纪传体史籍体裁和历代地方志书传统，以完整的编修结构，缜密的内在联系，适应了该地所述内容繁杂的需要，反映了南宋建康社会的历史面貌，突出了建康在南宋军事地理上的重要地位。虽然由于作者历史观和价值观而导致的取材偏颇等缺陷，但瑕不掩瑜，该书开创了以史志体编修地方志的先河，并对后世志书影响深远。如元张铉编纂《至正金陵新志》时，就仿《景定建康志》采用图、记、表、志、谱、传诸体，并指出：“惟《景定志》五十卷，用史例编纂，事类粲然。今志用为准式。”②明清时期，很多志书也采用了史志体，如明代雷礼《嘉靖真定府志》，分为图、表、纪、志、传五类。特别是清代章学诚提出的“方志史体”，主张的三书四体，以及后来由“纪、谱、考、传”四体发展而来的“纪、表、图、考、传、政略”六体，都是对《景定建康志》体例的发展。此后，由于章学诚的大力提倡，史志体盛行于清代。综上，无论从框架结构、编排次序、篇名标目都可说明，《景定建康志》全面系统、具体详赡、条理清晰，体例完备，堪称为宋代方志的定型之作，对后世地方志的编纂有着深远影响，值得深入研究。

（杨杨，上海师范大学人文与传播学院古籍所博士研究生）

① 孙星衍：《重刊〈景定建康志〉后序》，《景定建康志》，第 6 页。

② 《至正金陵新志》卷首《修志本末》，第 5284 页。

南宋东南沿海地区水利修筑的经费筹措*

——以温州地区为例

□康武刚

［摘　要］ 南宋时期温州沿海平原水利开发的需要，带来了经费筹措的需要。南宋时期温州沿海平原水利开发活动频繁，其经费来源及筹措方式具有多样性，主要为中央和地方政府各级政府出资、民间各种形式的水利集资。经费是温州沿海平原水利工程修筑顺利进行的前提和保证。经费筹措主体力量的多样性也可以看出温州沿海平原历史时期社会经济的变迁。

［关键词］ 宋代；温州沿海平原；经费

长期以来，江南地区是区域水利史研究的热点，研究成果较多，但这些地区并不足以反映整个中国历史时期的复杂情况。以温州为代表的浙南地区在地貌上的一个重要特点是山区的比重很高，平原面积较少，素有“七山一水两分地”的说法，考虑到海涂围垦的因素，宋时平原面积还要少得多。因此，水利开发对于温州沿海平原的土地利用效率的提升非常重要。学界关于温州地区水利开发的研究成果主要有：日本学者斯波义信所著的《宋代江南经济史研究》一书，曾涉及宋代温州水利方面的考察；陈丽霞《温州人地关系960—1840》在一些资料的援引上重新予以审正，并补充了相关内容；吴松弟教授的《1166年的温州大海啸与沿海平原的再开发》《温州沿海平原的成陆过程和主要海塘、塘河的形成》等文章，对温州沿海地区成陆、水利设施的形成、历史时期海啸对平原开发的影响，作了深入细致的研究，梳理了这一时期温州地区重要水利工程的概貌。本文在上述学者研究的基础上，试图以浙南温州沿海平原水利开发的经费来源与筹措方式为个案，揭示南宋时期该区域在水利开发过程中呈现的一些特点。

一、南宋时期温州地区水利工程修筑的地理条件

温州东部分布着许多从山麓流人海洋的大大小小的河流水系。山麓和平原交接点的扇形地的扇头部分，是定居和生产的最理想之所在。又由于温州的平原比较小块，山麓的

* 本文系2015年国家社科基金青年项目“10—19世纪浙南滨海平原的水利建设与环境变迁研究”（项目编号：15CZS012）资助成果。

小水源和小型的水利设施就可以灌溉平原较大比例的面积。这也是尽管温州比宁波更远离中原地区但其平原开发的完成却比宁波平原开发要早的原因。水利建设热潮的涌现要到宋,特别是南宋以后。[①]温州特殊的地理条件,为人地矛盾的缓减提供了另一条途径——向海涂发展,表现为围海造田和利用滩涂地。因为地形、潮流、风浪等各种因素的影响,长江以南的海水不断带沙南下。在平潮时,潮水携带的悬浮浪沙纷纷落淤于瓯江、飞云江、鳌江。温州沿海地区的海滨因此不断淤涨升高,江口逐步外移,并形成广阔的浅海淤泥滩。这些海边滩涂的利用,首先需要有海塘的修筑,使滩涂干结,然后修筑相关的水利工程,并且逐渐去碱性,达到可以耕种的程度。海塘工程的修筑,使得温州沿海平原形成了一定的涂田。由细泥沙淤积而成的这些涂田,虽土质贫瘠,只能种一些柑橘、豆麦、大麻、木棉等作物。北宋熙宁七年(1074),著名学者沈括提出,"温、台、明州以东海滩涂地,可以兴筑堤堰,围裹耕种,顷亩浩瀚,可以尽行根究修筑,收纳地利";他还建议朝廷以"遗利钱"资助温州等地围垦滩涂地。[②]

围海造地的土地要达到可以耕作的程度,海边的涂田还需要有相关的水利设施配套,才能使新的围海造地变成可以精耕细作的田地。史料记载,"东瓯之俗,率趋渔盐,少事农作,今则海滨广斥,其耕泽泽,无不耕之田矣。向也涂泥之地,宜植粳稻,罕种瓣麦,今则弥川布垄,其苗幪幪,无不种之麦矣。"[③]南宋时期温州民众和官府在围垦出的土地上筑堤围垦,整治河网,修筑水利设施。伴随着水利设施的兴建,温州地区的农业开发自山区和平原的结合部向东部海滨推进。"温地环山而平衍,骤雨而虞溢,滨海而易泄,稍旱而虞涸。故有陡门水湫而疏之,又有塘埭而蓄之,旱涝亦云有备矣。"[④]温州临山多海,夏秋间台风暴雨频繁,海潮山洪泛滥成灾,而江河流短水急,上中游少有蓄水之所,雨后小晴,而农田干旱,因此,水利建设为历代当政者所重视。有文献记载的最早的水利设施建设为晋时所建,经唐、北宋,到南宋先后修筑了大量的海塘、陡门、埭、河堤等水利设施,在境内逐渐形成纵横交错的、相当系统的水利网。在温州沿海平原的开发过程中,水利设施的修筑,一方面阻挡海水回流倒灌,以免侵入已开发的耕地;另一方面内蓄涧水流泉,又使靠近海岸线的盐碱化平原开发成耕地。因此,相关水利开发的经费需求就显得尤为迫切。

二、南宋政府对温州水利工程的财政支出

南宋政府对陡门的经费支出分为两个部分:一是地方各级政府出公帑修筑,二是中央直接拨款。

---

① 李世众:《宋代东南山区的农业开发——以温州为例》,《浙江社会科学》2006 年第 1 期。

② 徐松辑:《宋会要辑稿》,中华书局 1957 年版,第 5924 页。

③ 吴泳:《鹤林集》卷三九《温州劝农文》,文渊阁《四库全书》本。

④ 万历《温州府志》卷二,两淮盐政采进本。

(一) 地方各级政府出公帑修筑

南宋时期温州沿海平原新建、重建的水利工程规模、修筑数量均远超前朝,经费支出之巨,前所未有。众多较大规模水利工程大多由地方政府主持,其水利经费也多由地方官府拨款。可见,由地方官府出资修建水利工程在温州地区也是一种比较重要的方式。

主要由州郡出官帑修筑。如山前陡门,宋绍兴年间,郡守赵不群修筑。石墩陡门,淳熙丁未,郡守楼钥、嘉泰二年郡守奚士逊先后修筑。瞿屿陡门,乾道七年,曾守、嘉定间郡守杨简先后修筑。月井陡门,绍兴年间瑞安县吕令修筑。周田陡门,宋绍熙年间乡官陈主簿建。江口陡门,宋端平年间,令林宜孙创。[①]瑞安县程头埭,乾道二年(1166),水灾、埭毁、河决,地方官府役三都民夫重修始固,官费数十万。[②]

海塘的经费也多由地方政府出公帑修建。如赵公塘,在乐清县治东西两溪上。自北宋熙宁三年(1070),县令管滂筑东塘,元祐丁卯(1087),县令汤乂修复,岁久圮。绍兴十五年(1145),赵侯敦临始合东西筑之,"四明赵侯敦临来令乐清,当政事委靡之,后仓库窘匮之余,悉以严治,民始惮之。于是躬晓夕之勤,而狱讼无滞,革奸蠹之弊,而财赋有羡,未几,民翕然称焉,侯实志于民,而喜勤事者也。兹邑素陋,市井萧条,官寺颓圮,左顾右盼,戚戚不自安,乃尽心其间:一举而狱讼新;再而学校新;三而馆舍新;以至水利桥梁道路无不缮治,意其事说,民劳尝以言抵之。且询诸来者,则曰:一钱不以取民,而皆出于公帑,材市于山泽,售佣于游惰,不日而成,民无谤绾。县界两溪,群山环绕,雨暴至,则水无所泄,溢流于市里,公私患之……侯来之,明年六月,乃修筑之,凡长一百五十丈,广一丈五尺,高称之,为工五千,费财百万,益壮于旧。[③]又如南塘,古为泥塘。宋改筑为'百里石塘'。岁久倾坏。南宋初,历年更太守数人,皆畏其役而不敢议。议辄不就,虽仅就亦苟简。淳熙十四年(1187),知州沈枢与通判率两邑(永嘉、瑞安)大夫,大举此役。自冬十月,至明年三月而塘成。"自中兴,永嘉为次辅郡,其选守盖多名卿大夫矣。然境内有宜治者三……吴兴沈公治郡之明年,谓宾左曰:上方朝德寿宫为寿,加惠宇内,诏减算钱之半,吾属备数奉诏,何以仰称,而适无一事,可以宣劳,效能广上意者,唯是郡之百废,终将累民,吾幸逢年,帑有币余,而啬其藏,失今不图,以烦后来,将安取此也,于是作贡院,于是作五营,盖晚而有以塘事告者,公判、率两邑大夫,即里居谋曰:役复有大于此者乎?奈何使吾民锱聚铢敛,支补,甲前而乙却也。苟无衍时,工勿问庸几何,苟无乏事,石勿问价几,匠肯来,市无强贾。自冬十月,至今三月而塘成。凡是役邦人亟请于州使者前太守李公,以钱三百万,提举勾公、岳公,继以米四百斛,倡民兴役,亦输钱,累至四百三十二万,起淳熙十有一年,而事不集。今靡钱一千一,而弛民钱六百五十余万,不取邦人,以是役为宜……"[④]万全塘河,"堤亘县南北,因古制也。其水源鸣山桥,过蛟川,直抵瑞安县界,至飞云渡头底河头。史称三十五里也。河道贯通万全乡内河。其地平

---

① 弘治《温州府志》卷五,上海社科文献出版社 2006 年版,第 72 页。

② 弘治《温州府志》卷五,第 76 页。

③ 王宾:《筑赵公塘记》,弘治《温州府志》卷十九,上海社科文献出版社 2006 年版,第 517—518 页。

④ 陈傅良:《温州重修南塘记》,弘治《温州府志》卷十九,第 505 页。

衍,河流广深,民田引溉,力少功倍。为土塘,因古制也。岁久圮,宋绍兴中,里人徐几倡筑,铺功未就。淳熙间,左司议蔡必胜,以石更造,费二十余万贯。”①

温州州城河流的修筑经费也由地方政府出资兴筑。如唐五代后梁开平初年(907),吴越钱氏增筑子城……南宋淳熙四年(1177)户部尚书韩彦直来守温州知州事,其九月即用州之钱米,有籍无名者合计四十余万,益以私钱五十万。命幕僚与州之里社长,募闲民为工,计一万三千有奇。举环城之河以丈率者,二万三百丈有奇。取泥出甓,两岸成丘,村农闻之,事喜负去,一日几尽。②

(二)内藏库出资

除了州郡出资以外,也有由皇帝直管内藏库拨付修筑的,南宋时期的内藏库是由皇帝直接控制的国家财政的重要机构。南宋乾道二年(1166),温州沿海地区遭受了大规模的海溢的侵袭。《宋史·五行志》记载:“乾道二年八月丁亥,温州大风雨驾海潮,杀人覆舟,坏庐舍。浮尸蔽川,存者十一。”南宋乾道二年(1166)农历八月十七傍晚,大风雨、海溢、大潮水倒灌浙南沿海,拔木、漂屋,溺死数万人,为瑞安历史上最大的水灾之一。乾隆《瑞安县志》卷十《杂志·灾变》记载:“乾道元年饥,二年秋八月海大溢,人溺死殆尽。先是温州海门有蛟出,既而塔头陡门吼三日,海上浮钱。有一父老识之曰:‘海将鬻人,风潮必作矣。’已而果然。”从史籍的记载来看,沿海平原地区的水利设施损失巨大。其中沿海地区陡门也受到损害,据弘治《温州府志》卷五《水利》记载有石墩陡门、蛎踦陡门、屿头陡门、唐枋陡门、沙塘陡门等五座陡门。南宋政府对于此次风暴潮灾的救助非常重视,专门下拨了内藏库所藏钱赋,修筑相关陡门设施。据《宋会要辑稿》记载:“温州近被大风驾潮,溺死户口,推倒屋舍,失坏官物,其灾异常,合行宽恤。可令度支郎中唐瑑同提举常平宋藻,知州刘孝韪共议,酌举措置,条具闻奏。仍令内藏库支降钱二万贯付温州,专充修筑塘埭陡门使用,疾速如法修置,不得灭裂。”③又据《国子司业王公行状》记载:……(乾道丙戌之后)水利多废,得内帑钱二千万,尽心力而为之,择县官之能者总其事,召乡之士有才干者董其役,如朱浃埭、瑞安塘路、石岗陡门,功役浩繁,皆不日而成,民蒙其利。灾伤流移之余,岁事屡丰,士民怡愉,遂为乐土。郡人画像于州之普觉寺,祀之至今。④

三、民间诸种形式的水利集资

南宋时期,温州地区的商品经济已经比较发达,民间资本也十分活跃。温州地区水利经费的筹措,民间集资成为最广泛的方式。以乡绅、家族与官员捐资助修为主。

---

① 弘治《温州府志》卷十九,第590页。

② 弘治《温州府志》卷十九,第536页。

③ 徐松辑:《宋会要辑稿》,第5860页。

④ 陈傅良:《重修石岗陡门记》,弘治《温州府志》卷十九,第519页。

(一) 乡绅的捐资

南宋时期温州沿海平原水利开发的经费来源多样。有民间自筹经费修筑，乡里富户的捐助修筑等。下仅举几例：岑岐埭在县东北帆游乡，宋淳熙间(1174—1189)双穗场盐亭户筑埭。丁湾埭，在涨西乡，旧名周田埭，宋崇宁三年，本里陈提举之祖重修。其载石刻：此埭水流绵亘三百余丈，东距大江，南至平阳，西抵三港，北接二十都，河旁连诸都，溉田三万亩。然埭滨江，河道湫隘易涸，淳熙以来，屡筑屡坏。嘉泰初里人王仲章、陈烈倡率，于故址立石为之，始有蓄泄之利。①周田陡门，嘉泰初年，(民)陈烈、王仲章重筑。新曹陡门，淳熙年间里人王奕倡修。唐枋陡门，乾道年间，唐氏作之。塘东陡门，宋嘉定年间，里人张金部建。姜家陡门，宋淳熙间乡民置。石竞陡门，嘉定之前土人陈骥筑。②黄塘八埭在瑞安县东十三都瑞应乡。埭长七十二丈。宋时里人叶慰达建。黄公埭在归仁乡三十二都扈山。宋朝里人高黎黄姓，筑埭于山东。

这几例捐资修筑的行为多为自愿的捐赠，捐助者为里人叶慰达、高黎黄姓、王仲京、陈烈。双穗场盐亭户亦是活跃于南宋时期乡村社会中的富民阶层。也有乡居仕宦的捐助。如陈昉，字叔方，号节斋，以父任入官。……尝治园，得窖藏白金，捐修南塘，亘七十里，乡人德之。③

还有一些捐助行为是被动的，是在南宋地方官员的劝导下进行的募捐，劝募的对象多为乡村社会中的精英。如据《宋会要辑稿》记载："绍兴六年九月二十三日，温州进士张颀言：今岁旱凶，逮此穷冬，民食已艰，惟水利一事可行于此时。今已孟春，农隙乘民乏食，仍兴是役，用以振之，一举而两得。本州委瑞安县主簿同张颀前去集善乡陶山河，劝率豪户，情愿出备榖米给散贫乏人，同共修筑陂塘，蓄水溉灌，因便赈济，小民千余家各免饥乏，功效尤着。缘此以近及远，互相依效之人颇众，贫民赖以兼济，望朝廷特行推赏，颀召赴行在都堂审察。④早在熙宁时期宋政府就曾颁降的《农田利害条约》就明确规定允许诸州县劝诱民户出资修筑水利："如是系官钱斛支借不足，亦许州县劝谕物力人出钱借贷，依例出息，官为置簿及催理。诸色人能出财力、纠众户、创修兴复农田水利，经久便民，当议随功利多少酬奖。其出财颇多、兴利至大者，即量才录用。"⑤温州当地的民户积极响应，如平阳县阴均大埭，南宋嘉定元年(1208)县令汪季良，命里民林居雅于潭头海口筑土埭于阴均山麓，邻近慕贤东、慕贤西、亲仁、金舟四乡农田俱赖蓄水灌溉。又如魏岙埭，绍兴十六年(1146)被冲坏，宋乾道二年(1166)有司令上户筑之复。⑥

也有的富户是因为担任里正，在州县长官的干预下，一旦水利工程出现问题，因而不得

---

① 弘治《温州府志》卷五，第74页。

② 弘治《温州府志》卷五，第77页。

③ 弘治《温州府志》卷十一，第279页。

④ 徐松辑：《宋会要辑稿》，第4927页。

⑤ 漆侠：《王安石变法》，河北人民出版社2001年版，第264页。

⑥ 弘治《温州府志》卷五，第71页。

不担负相关的修葺之费。如瞿屿陡门，在九都瞿屿村。左负岩，右邻浦，陡门因山脚岩石为之，右臂又有埭以扦浦。乾道辛卯，曾守逮筑右臂为石塘八十余丈。嘉定四年，村农窃斸之以纾田，初若兔穴；乡豪诸葛珍为里正，有告之曰："埭决，君当任其咎，及早窒之，费谷二石尔！"不听。已而决咫尺，又告；已而决寻丈，又告；俱不听。及大决，运河频涸。州委官修埭。前岁，邻都埭决，官命上户共修之；珍不肯，曰："我都自有瞿屿埭，邻都奚预焉。"至是，乡人讼其事。郡守杨慈湖先生简，大恶之，下令："必此户视成，不他及。"珍承令，先为子埭，以捍内水，次就右臂之外筑横埭，以捍浦潮。然势与潮斗，□薄难久。□□旧塘石皆陷浦中。议者谓：合循旧臂补筑石塘，更存新埭以为外护。①

这段文字，原是南宋《永宁编》志文，记载了宋代温州瞿屿陡门的修葺问题。宋代里正的职能主要是催督课赋，多由当地富户担任。此次瞿屿陡门的毁坏，是由当地一个农民在河堤上偷偷挖开一个小洞引起的，没想到蝼蚁之穴可毁大埭，几个月下来，水冲堤溃，把整个塘河里的水都放得剩不多了。到了大旱，灌溉缺水，其他乡都的人就把瞿屿告上衙门。杨简没有惩处那个肇事农民，最终判决里正诸葛珍独家承担修葺瞿屿陡门。

（二）家族与水利工程的修筑

温州瑞安、平阳一带东海岸线长，沿海平均潮差约有 5 米，最大达 7 米多，是全国高潮差区之一。潮汐涨时，海水倒灌入河淡水变咸，影响农田灌溉，将导致农业减产、绝收。潮汐退去时，农田成了"烂田"。因此，在飞云江江口一带，修建水闸陡门用于挡潮尤为必要。

宋之才在《沙塘陡门记》中写道："万全，平阳之近乡；北枕瑞安，村落连亘，水之源于山者八十有四，支分派散，溉民田四千顷。先是，走潦惟沙塘一埭，决于既溢，塞于将涸，雨旸微愆，农不获者居半，其患非一日也。"②宋之才提到的"陡门"指堤、堰上所设的放水闸门，这是古时横截河渠，用以壅高水位的闸门。从平阳万全至瑞安飞云江一带的乡村河流，仅仅只有沙塘一个"埭"。潮水、雨水大的时候就"溢"，天气干旱的时候就"涸"。其收成仅是正常耕种者的一半。所谓的"埭"，是堵水的土坝，在近海的农业社会中，是投资最少的一种水利设施。

吴蕴古，平阳县万全乡吴桥人，南宋绍兴间进士，官至太常博士。他为故乡捐材首创沙塘陡门。嗣后其子孙遵循祖训，继承遗志，几度重修陡门，为民福利。平阳万全、瑞安东乡、南社，其三乡西南负山，东北濒海，凡农田 20 万亩，临海有沙塘为之城围，有陡门为之襟喉，上蓄流泉，下捍咸潮，潴其不足，泄其有余，为民利溥矣。吴公蕴古首创沙塘陡门，控制内河蓄泄，从此平息了一场持续不休的民众水利纠纷。先前，各个村落，各条内河筑埭潴水。潦时至，莫肯先决埭，祸害既成，互相袭夺殴斗，民苦于水害。宋绍兴三年(1133)，吴公蕴古念此危害之大，而不畏其难，敢为改埭筑陡门。自己捐材，费累数十余万置闸。《沙塘陡门记》记载，"吴君蕴古，绍兴乙丑捐材为陡门，以便蓄泄"。沙塘陡门的规模是"为屋七间，用巨木交错，坚若重屋，虚其中三间之上层置闸焉，密置厚板柜土，连络塘岸。又多沉石攒楗以拱敌水

---

① 《永乐大典方志辑佚》第 2 册，中华书局 2004 年版，第 662 页。

② 宋之才：《沙塘陡门记》，《温州历代碑刻二集》，上海社科文献出版社 2006 年版，第 895—896 页。

势。”1145 年，沙塘陡门建成，据史料记载：“既以敌水势，又便以蓄泄。可排泄平瑞三乡八十四支山流之水，灌溉农田四千顷。”沙塘陡门集平阳万全、瑞安东乡、南社三乡 84 条溪水在此蓄泄，灌溉面积达“四千顷”。它的建成，自后永无水患，为利甚大。沙塘陡门建成后受益的面积很大，约 200 多平方千米的瑞安、平阳一带都受到了这座陡门的“恩惠”。①

吴蕴古子吴道直接着重修。建设一座水闸，不仅在技术上是一项重大创新工程，在财力上也是一笔不菲的支出。据明《万历温州府志》卷十八《灾变》记载：宋元间，温州发生过几次大海溢。“民居漂尽，死者万数”。当时一定发生了大的风暴潮灾害或者海溢，前人才在堰坝的基础上修建了较高标准的水闸，来抵挡潮水。新修建的沙塘陡门好景不长。“明年秋，大水迅流，怒涛交攻而圮。”1146 年秋季，沙塘陡门就被大水冲坏了。这一年，吴蕴古和他的儿子吴道直一起，再次研究陡门的建造。南宋绍兴十七年(1147)，范寅孙(苏州人，范仲淹曾孙)来平阳担任县丞。民以病告，丞曰：“水利不修，咎将在我。”于是，范寅孙携吴蕴古、吴道直一起，前往实地查勘，并将旧址稍加北移。这次重建耗时约四个月。1147 年的仲春时节，即农历二月十七日，吴道直主持开工施工，直到农历六月二十日陡门竣工。《沙塘陡门记》中记载：“役工四千，縻钱百余万，皆二邑民辅之。”其中，有“蓝田范氏”一家人，将他们家的财产全部资助出来，投入该工程的建设。这个投入 4 000 多役工、耗钱达 100 余万的工程，在平阳、瑞安两县民众协力鼎建下告竣。②

儿孙都加入修建“陡门大军”。事实上，第二次修建的沙塘陡门经过近 20 年后，又出现了一次“致命”的打击。南宋乾道二年(1166)农历八月十七傍晚，大风雨、海溢、大潮水倒灌浙南沿海，拔木、飘屋，溺死数万人，为瑞安历史上最大的水灾之一。这场大水，将沙塘陡门及其附近的堤塘、河埭一扫俱空。到了淳熙二年(1175)，瑞安令刘龟从、平阳令杨梦龄率吴蕴古的孙子吴国学一起，与三乡民众共筑。10 年后的 1185 年，平阳县令赵伯桧委托吴国学再次主持重修陡门。吴国学沿袭旧规，将河道深广疏浚逾 1/3，凿石为条为版，为扞为块，牙错施之，锢以蜃灰，侍郎徐谊、知阁蔡必胜又在陡门上建了一座“召杜亭”。③这三次沙塘陡门的修筑活动，其经费的来源主要是乡居仕宦吴蕴古家族的捐助，由此可见，南宋时期温州沿海平原家族势力的发展对于水利开发有着重要的推动作用。

(三) 南宋地方官员的捐俸助修

如杨梦龄，字子寿，晋江人。登绍兴二十七年进士，调瑞安丞，摄县事……宰平阳，属河患，捐俸钱五十万，首其事，修陡门壅之。役成，民为生祠。④

通过上面的分析，可以看出在南宋时期温州沿海平原水利设施的修筑中，民间势力的介入较多，这与当时的高度集权的财政体制有关。在南宋高度集权的财政体制下，天下赋税并无中央税种与地方税种之别，“一切财赋的所有权与支配权均属于中央政府”。但为了确保

---

①② 宋之才：《沙塘陡门记》，《温州历代碑刻二集》，第 895—896 页。

③ 徐谊：《重修沙塘陡门记》，《温州历代碑刻二集》，第 897—898 页。

④ 弘治《温州府志》卷八，第 222 页。

地方机构的正常运转，中央政府又必须把财政收入在中央与地方之间进行分配。所以地方财政在中央的分配下有着一定的财政支配权。因水利治理兴修是地方管辖职责之一，自然在其经费支出中亦包括水利。北宋中期，王安石“免役法”出台，募役夫兴修农业水利费钱这包袱则落到地方政府的肩上，换而言之，即为政府出钱兴修农业水利。到了南宋时期，由于财政开支巨大，中央政府无力投资修筑地方水利工程。虽然，毕竟地方财政主要运用于机构的操作运转，用于地方建设只是其中的一部分，而用之水利的部分少之又少是理所当然的。南宋时期的中央财政分配至地方用于公共事业的已经很少，水利事业很多情况下靠民间筹集资金维系。因此，民间筹集资金成为南宋时期水利修筑活动筹资的重要手段之一。①

四、其他筹资方式

(一) 地方官府与民间势力合资修筑

官、民合力修筑。如南宋时期瑞安的石岗陡门修筑工程，由于所需经费动辄数十万钱，且需民夫数万人，因此该陡门的修筑以地方官府出资为主，如“国子司业王公元为守，尝用钱五十万，民夫二万四千，通其故浦”，“后知州事李公与通判谢公，慨然念之。谓主簿石宜翁，能以钱七十万，俾治其役”。②当地方官府筹措不足时，就向民间募集，甚而自己出私财筑修，如“知县事刘黾从，又劝得民钱六十万，而县自助致五万”。如瑞安浦西埭，“江上游至来暮乡四十都，受浦西水，其水盘纡百折。南宋乾道九年(1172)里人衡山、主簿曹汝闻，倡众浚浦，自为之计。”③苍南阴均陡门，虽然主持者为县令汪季良，但是所需经费都是乡士林居雅倾资。总体而言，南宋时期的生产技术远没有后世发达，修建阴均陡门这样规模较大的水利工程时，往往所需资金巨大，且后来需不时修筑，这样的资金需求，多是有地方官府鼎力支持，才可以完成，地方士人的介入相对而言，只有兴修小规模陡门，或者参与政府主导的修筑活动时，才可以实现。

(二) 涂田收租

除了以上几种筹款方式之外，还有一些不甚常用的筹款方式。主要有涂田收租。现简述如下。关于涂田收租，是指由海边淤涨出的田地，雇人耕种，收取租息作为固定维修水利设施的经费。为了保障以后不时维修沙塘陡门的开支经费，民众提议：“沿江有涂，尚得募人耕之，庶可以仰给，而保无极。乃列请于安固宰，刘侯从之，岁收涂税，以资葺理。”沿江的涂田募人耕种所收的钱租就可以提供给沙塘陡门进行修筑、加固。原有的涨涂田地，官募民耕，岁入租谷三百石，以备修筑沙塘陡门。④林居雅，“合平阳东、西、金舟、亲仁四乡父老而下，

---

① 包伟民：《宋代地方财政史研究》，上海古籍出版社 2001 年版，第 76 页。

② 陈傅良：《重修石岗陡门记》，弘治《温州府志》卷十九，第 519 页。

③ 弘治《温州府志》卷五，第 71 页。

④ 徐谊：《重修沙塘陡门记》，《温州历代碑刻二集》，第 897—898 页。

衔哀兴敬，以请于州守杨某曰：四乡农田，北距大海，西枕长江，几四十万余亩被咸潮巨害，自有江以来至于今，由水利不治，岁告饥。南宋嘉定元年，汪令君惠抚吾邑，深虑熟计，建埭八十丈于阴均，障海潮，潴清流；又造石门于山之麓以时启闭，以防涨溢。给资粮，佐工费，又经理其旁之涂地以为社仓，仿晦待制，奏请赈贷，平阳十乡细民不计息，遇饥岁并蠲其本。”①

五、结　语

自南宋以后，温州沿海平原的水利有了很大的发展。增筑海塘阻挡海潮的侵袭，修建陡门、埭拦蓄河水，疏浚河流，整治平原上的河网是水利事业的重点，温州沿海平原水利网络的格局大致成型。这一水利网络支撑着当地的农耕经济，同时为居民扩大定居点创造了条件。这一时期，在水利设施建造技术上，海塘、陡门、埭等小型水利项目的开发是温州滨海水利工程中的一大特色，这些水利设施费工小，收益快，既有利于加快地方开发的进程，又为中央政府在资金上逐渐淡出创造了条件。南宋时期温州沿海平原水利修筑经费的多渠道来源，说明社会各方面力量——国家、地方、民间都被调动起来，共同参与到这一关乎国计民生的水利事业中。当然，就一些重要的水利工程而言，地方政府所代表的国家力量，自始至终都发挥了比较重要的作用。这里需要指出的是，南宋时期地方政府在水利经费方面的投入并不多。这是由宋代财政体系所决定的。南宋时期财政实行高度集中的中央管理机制，地方税收大部上缴中央，地方上存留款项极少。南宋时期的地方官员、乡绅、家族作为温州水利开发经费的筹措者与承担者，在水利建设活动中发挥了重要的作用。

（康武刚，复旦大学历史地理中心博士后、安徽省社会科学院历史研究所副研究员）

① 杨简：《永嘉平阳阴均堤记》，《温州历代碑刻二集》，第 902 页。

横看成岭侧成峰*

——明清地域商帮的共性

□范 金 民

［摘　要］ 明清时期的各地商帮，长袖善舞，各擅其长，富有特色，但他们大多从中国传统文化特别是儒家伦理中汲取营养，立足中国本土和传统，崇奉中国的经商鼻祖和历代著名商人，重视商业经营，经商意识浓厚，商人伦理突出，高度肯定自我价值观。在经商实践中，普遍采用家族宗族组合的经营活动方式，通过血缘、地缘甚至业缘有机结合的形式，构筑起庞大复杂的商业网络，诞生了一批批商业家族。在经营地或客居地普遍以地域性会馆为联络计议场所，展开商业竞争。长期的经营活动，各地商帮形成了共同信奉的为商准则和经营理念，大多注重职业教育，强调积累从业经验，传授专业知识，无论行商还是坐贾、培养学徒，均总结出一系列经验结晶，代代传承。诸如此类，处处体现出各支商帮所具有的共性的一面，其各呈特色的一面，也是含寓于共性的。

［关键词］ 明清；地域商帮；共性

明中期起，全国各地兴起徽商、晋商、洞庭商、龙游商等地域商帮。近年来，随着研究的不断深入，各地商帮的特点逐渐成为研究的重要内容。唯既有研究多就单个地域商帮探讨其特性，各说各话，自说自话，虽对于认识某地商帮有推进之功，但如果综合衡量各地商帮，则已经总结的所谓特性，或千篇一律，或大同小异，很多方面实是各地商帮的共性，而算不上某地商帮所独有的特性，这就无益于真正认识各地商帮的基本面目。

各支地域商帮来自不同的地域，体现或代表了不同的地域文化，因而在行为方式特别是商业经营活动方面，表现出程度不同甚或截然相反的特点，自无异议，但既为地域商帮，长期浸染的都是中国文化，同在商业领域经营，自当遵循基本的或共同的活动规则，必有其相同或相似的共性。

本文拟在综合各地商帮的基础上，探讨各地商帮的共性，尤其着重阐明前人尚未探讨或论述较少的内容，以揭示各地商帮所具有的共性，为进一步探讨各地商帮的特性做铺垫，期能深化和推进明清地域商帮的研究。

一、重视商业经营，经商意识浓厚，商人伦理突出

各地之兴起商帮，与当地人对待商业和从商的观念、态度等大有关系。同样的自然地理

* 本文为国家社科基金重大招标项目“江南地域文化的历史演进”（批准号：10&ZD069）的阶段性成果。

条件，同样的人多田少矛盾，并没有在同样的地区都产生商帮。这就取决于各地不同的风土人情等因素。与人们想当然的想法不同，其时的不少地域商帮，均是将最优秀聪明的人才投身于商业经营。检阅地方文献和相关记载可以发现，大凡兴起商帮之地，对于从商大多持肯定或赞扬等积极态度，自有一套商人伦理和价值取向。

整个江南，嘉靖时昆山人归有光说："吴为人材渊薮，文字之盛，甲于天下。其人耻为他业，自髫龄以上皆能诵习，举子应主司之试，居庠校中，有白首不自已者。江以南其俗皆然。"①功名最盛的苏州府，"家家礼乐，人人诗书"②。如太仓，"街坊子弟习举子业者彬彬郁郁"③。如昆山，明代"家知读书，人知尚礼"；在清代，更是"邑人最重读书，十室之聚，必有乡塾以教童蒙。为士者必兼习五经及四子书，有废学者，乡党弗齿，士弗与友也"④。如常熟，"士之习诗书者，诵读之声比户相闻"，"子弟皆幼而读书，每有司较童子试，转辄及先人"。⑤另一科举大府松江，其地"田野小民，生理裁足，皆知教子孙读书为事"。⑥科举名郡常州，"士子多以读书世其家"，士人崇师喜读书，弦诵之声比屋而闻。⑦科考重地浙江杭州府，"里巷诗书，户不绝声"；"家诗书而户礼乐也"。⑧嘉兴府，崇祯时嘉善县令李陈玉感慨道："嘉善分县，不过百年，人文实倍他邑，家弦户诵，阛阓夜闻伊唔之声，日省月程，纸墨皆腾，扶摇之气，遇考则冠军数定"；区区平湖一县，考试生童"几千有余，较之他邑独多，人才济济"。⑨15世纪末年，途经江南的朝鲜人崔溥也大为感慨道："江南人以读书为业，虽里闬童稚及津夫、水夫皆识文字。"⑩所有这些描述，其义皆一，江南人好读喜学，蔚然成风，习俗使然，全社会重学重教，重视科考。

反观各地商帮产生之地，情形迥异。先看徽州人。嘉靖、万历时，歙县人汪道昆在其《太函集》中曾不厌其烦地表达其家乡人的贾儒观，说"休歙右贾而左儒，直以九章当六籍"，"古者右儒而左贾，吾郡或右贾而左儒"，歙县"居民左农而右儒""里俗左儒而右贾"，"吾乡左儒右贾，喜厚利而薄名高"，新安"其俗不儒则贾，相代若践更，要之良贾何负闳儒"；或者以商人之口气充分肯定经商的作用等于业儒，说"养者非贾不饶，学者非饶不给"，"且耕者什一，贾之廉者亦什一，贾何负于耕"，"夫儒为名高，贾为厚利"。⑪徽商自我标榜："士商异术而同志，

---

① 归有光：《震川先生集》卷九，周本淳点校，上海古籍出版社2007年版，第191页。

② 莫旦：《苏州赋》，弘治《吴江志》附录。

③ 弘治《太仓州志》卷三。

④ 嘉靖《昆山县志》卷一；民国《昆新两县续补合志》卷一。

⑤ 崇祯《常熟县志》卷三；康熙《常熟县志》卷一。

⑥ 正德《松江府志》卷四；崇祯《松江府志》卷七。

⑦ 康熙《常州府志》卷九；康熙《武进县志》卷十三。

⑧ 万历《杭州府志》卷十九；万历《钱塘县志·纪事》。

⑨ 李陈玉：《退思堂集》卷五，第44页，崇祯刻本。

⑩ 崔溥：《漂海录》卷二，社会科学文献出版社1992年版，第194页。

⑪ 汪道昆：《太函集》卷五四、五五、四一、五二、五四，《四库全书存目丛书》集部第117册，齐鲁书社2001年版，第650—651、652、520、627页。

以雍行之艺，而崇士君子之行，又奚必缝章而后为士也？”[①]万历时徽州人吴时行在论到其兄长的经商行为时说：“丈夫苟得行其志，即什一自可，何必儒冠？”[②]又认为，儒者骄语仁义，而轻视商人，如果藉先世余荫，乘坚策肥，曳丝履高，以明得意，甚至干没钱财，谊亏庭闱，玷污乡曲，终其身疲不知休息，而被儒人讪笑，则不足怪，然而发愤而努力，能够光大前业，社会上有贤声，乡闾间以义诵，不以锥刀而废懿亲，使父长能够杖履优游于佳山水间，能够善息，兼此三者，则“即邹鲁诸儒何必多让”。[③]结合徽商自己对经商的认识，汪、吴等人所言当是现实的反映。明中期在南京一带经营的歙县黄大志说：“四民之业虽殊，可通济，商之逐末，能损利以济人，固义之所在也，孳孳奚为哉！”[④]嘉靖时徽州休宁商许文篆之兄慰藉道：“得丧命也，显晦时也。干蛩老蠹中，活埋无限英雄，岂必腰青纡紫，乃称丈夫乎！”[⑤]万历时，在苏州、江淮间经商的徽商程绣与其妻子商量是否应该休学经商时，其妻说：“世安有丈夫七尺而墨守蠹鱼，又安有骏马千里而恋恋栈豆为者？且父命也，子决矣。”[⑥]婺源商人李大圻弃儒从贾时说：“丈夫志四方，何者非吾所当为，即不能拾朱紫以显父母，创业立家亦足以垂裕后昆。”[⑦]嘉、万时江南太仓人王世贞说，天下之人多讳贾，“独徽之人不讳贾，以故豪长者多游其间”，因为“徽俗多狥贾，务以赀相高”，“徽俗之月旦人，往往用赀甲乙”，[⑧]徽人并不讳言经商，反而特别看重资财，以资财多少论高下。明末学者休宁人金声甚至说，“故俗大都以其黠无赖者出贾，而其钝无能者乃坐而读书”[⑨]。世家大族应该与经营活动保持距离，可徽州歙县、休宁两县，“以俗业贾，日筹子母……其大家亦习于筹子母”，甚至士大夫家因“皆筹子计母，不脱商贾气习”，[⑩]士夫不脱商贾习气，引致外地人的讥笑。明末小说更形容“徽州风俗，以商贾为第一等生业，科第反在次着”[⑪]。说明代徽州人“薄名高”则未必，说他们“喜厚利”却如实。说他们“左儒右贾”，“以商贾为第一等生业”，不免夸张，但在徽州人看来，商业等同于农业，为谋生为致富为了子孙能够读书发达，业商甚至可以等同于业儒，业商并不下贱可耻，业儒业商，可以并举，可以相代若践更，迭相为用，可以互利互益，可以互相转换，只是视需要而已。这与江浙那些书香门第世代诗礼传家、科举世家唯以括帖为务的情形，有着明显不同的价值取

---

① 《汪氏统宗谱》卷一一六，张海鹏、王廷元主编《明清徽商资料选编》，黄山书社1985年版，第440页。
② 吴时行：《两洲集》卷六，《故宫珍本丛刊》第538册，海南出版社2000年版，第385页。
③ 吴时行：《两洲集》卷三，《故宫珍本丛刊》第538册，第310页。
④ 嘉靖《新安左田黄氏宗谱》卷三，转引自陈学文：《徽商与徽学》，方志出版社2003年版，第145页。
⑤ 陈继儒：《陈眉公先生集》卷三，第40页，内阁文库藏范景文序刻本。
⑥ 陈继儒：《陈眉公先生集》卷三五，第46页。
⑦ 婺源《三田李氏统宗谱·环田明处士松峰李公行状》，张海鹏、王廷元主编《明清徽商资料选编》，第471页。
⑧ 王世贞：《弇州四部稿》卷八二、八四、九五，景印文渊阁《四库全书》第1280册，第362、389、539页。
⑨ 金声：《金忠节公文集》卷七，光绪十七年刻本。
⑩ 金声：《金忠节公文集》卷四。
⑪ 凌蒙初：《二刻拍案惊奇》卷三七，孙逊、李时人校点，浙江古籍出版社1997年版，第406页。

向。清初小说描写,“徽州俗例,人到十六岁,就要出门学做生意”[①],一到年纪,出门学做生意是正当的、应该的,已经成为习以为常的俗例,而且出门经商者乃机灵者,而在家读书攻举业者乃钝拙无能者。在这样的氛围或环境熏陶下,出门经商而且相习成风商而成帮也就极为自然。

再看洞庭山人。明天启时苏州人文震孟说,苏州西南郊太湖中的洞庭东西山是“计然之策行而诗书之道绌”,“右程卓而轻邹鲁”。[②]清初当地人吴一蜚说明代洞庭人“以商贾为本计,而以读书为末务”。[③]明中期后洞庭商人声名大震,但凭借资财因而科举登第者罕闻,多少与他们不重视科考有关。嘉靖时“名满天下”的东山商人翁参据说读书了大义,但不乐训诂,曾自叹:“与而曹一握操作数,能纵横哉!夫子贡去我何几?”[④]其弟翁赞也说:“男儿志在四方,区区匏系何为乎?”[⑤]其孙翁启明更说:“男子举事,须当世用,宁苦吟学圃,课虚则有乎?”[⑥]他们似乎意识到读书未必有大出息,而经商更能成就大事业。如果他们坚持走科考之路,兴许也能探杏折桂,走上仕途。而直到清中期,苏州府附郭三县,“读书之家稍自给者,更不以封殖为学殖累”,“市民室鲜盖藏,日逐蝇头为朝夕计,乡民则力田捕鱼佣作操舟而外,罕有携数百金贸迁于外者”。[⑦]除了太湖中的洞庭东西山,当地所谓从商者只是那些牙人经纪和开店设铺的坐贾,而少有从事大规模长途贩运的行商。只要有可能,绝“不以封殖为学殖累”,这与洞庭商人的观念是截然相反的。

再看山西人。张佳胤年少时即闻听河中人重贾,万历时任蒲州地方官,当地人自称“吾乡人诚重贾”。[⑧]正德、嘉靖时蒲州人席铭,幼时习举业不成,又不喜农耕,说:“丈夫苟不能立功名于世,抑岂为汗粒之偶,不能树家业于家哉?”遂经营吴越楚魏,居积起家巨万金,从此蒲州“称大家必曰南席云”。[⑨]清雍正二年(1724),山西学政刘於义奏称:“山右积习,重利之念甚于重名。子弟俊秀者多入贸易一途,其次宁为胥吏,至中材以下方使之读书应试,以故士风卑靡。”雍正帝批道:“山右大约商贾居首,其次者犹肯力农,再次者谋入营伍,最下者方令读书。朕所悉知,习俗殊属可笑。”[⑩]既称积习,当由来已久,明代晋商与徽商齐名,其重商习气更甚于徽商。延及光绪,山西太谷人刘大鹏说:“近来吾乡风气大坏,视读书甚轻,视为商甚重,才华秀美之子弟,率皆出门为商,而读书者寥寥无几,甚且有既游庠序竟弃儒而贾者。亦

---

① 艾衲居士:《豆棚闲话》,上海古籍出版社 1983 年版,第 25 页。

② 文震孟:《郑氏重修谱序》,乾隆《重修东山郑氏世谱》。

③ 吴一蜚:《南村公墓志铭》,乾隆《洞庭吴氏家谱》。

④ 王世贞:《弇州山人续稿》卷九二,景印文渊阁《四库全书》第 1283 册,第 322 页。

⑤ 王谷祥:《默林公墓志铭》,乾隆《翁氏宗谱》卷十一。

⑥ 董其昌:《见源公暨配石孺人墓志铭》,乾隆《翁氏宗谱》卷十一。

⑦ 乾隆《长洲县志》卷十。

⑧ 张佳胤:《居来先生集》卷四七,《四库全书存目丛书补编》第 51 册,第 523 页。

⑨ 韩邦奇:《苑洛集》卷六,第 34 页,道光八年刻本。

⑩ 山西学政刘於义奏,雍正二年五月初九日,《雍正硃批谕旨》第 47 册,光绪十三年上海点石斋影印本,第 54 页。

谓读书之士，多受饥寒，曷若为商之多得银钱，俾家道之丰裕也。当此之时，为商者十八九，读书者十一二。”又说：“凡有子弟者，不令读书，往往俾学商贾，谓读书而多困穷，不若商贾之能致富也。是以应考之童不敷额数之县，晋省居多。”①这种情形，在江南苏州、安徽桐城等地，简直是不可想象的。

陕西商帮的诞生地也是如此。嘉靖后期，陕西朝邑人韩邦奇为其经商的学生赵㒰作墓志时说：“生民之业无持崇卑，无必清浊，介在义利之间耳！……市廛之上，货殖之际，宁无义利之分耶？……非其义也，非其道也，一介不以与人，一介不以取人，是货殖之际，义在其中矣。利义之别，亦心而已矣。”②隆庆、万历时的郭正域说：“秦俗以商贩为业，即士类不讳持筹。”③万历时人杭州人张瀚说其地“自昔多贾”。陕商经营，是有其商业伦理支撑的。对照司马迁《史记·货殖列传》，秦地多富商大贾，流风遗韵，看来陕西出商帮，是有其风俗传统根基的。

江西商人也是如此。成化、弘治时的著名学者罗玘曾提及，江西建昌府南丰、新城、广昌三县之民，“不出封疆，向食其土之人，以傲乎南城之逐逐于外者”，而“南城之商亦傲之曰：‘吾廛数镪，倾困到廪无后已。’”④在产生商帮的建昌府，家有藏镪的商人，因有市廛和积谷，底气十足，面对业农食土之民，丝毫无自卑之感。

福建泉州府安平人，以经商著称。明后期泉州人李光缙说：“吾温陵里中家弦户诵，人喜儒不矜贾，安平市独矜贾，逐什一趋利。然亦不倚市门，丈夫子生及已弁，往往庆著鬻财，贾行遍郡国……近者岁一归，远者数岁始归，过邑不入门，以异域为家。壶以内之政，妇人秉之。此其俗之大都也。”⑤李光缙又说，“安平之俗好行贾，自吕宋交易之路通，浮大海趋利，十家而九”，“安平人喜贾，贾吴越以锦归，贾大洋以金归”。⑥“庆著鬻财”“安平不讳贾”，显然以营商为正当光大之生业。

浙江绍兴人也以外出谋生为尚。万历时王士性说：“其儇巧敏捷者入都为胥办……次者兴贩为商贾，故都门西南一隅，三邑人盖栉而比矣。”⑦雍正初年，浙江巡抚李卫上奏说，绍兴人“凡有黠才能事之辈，多不肯安居本籍，俱远出在外，其在本地土著，大抵无他技能”⑧。虽说的是清初情形，然由明人所言观之，其出外风习自明已然，而且细究语意，当地人实以外出为能，其来有自。

---

① 刘大鹏：《退想斋日记》，乔志强标注，陕西人民出版社 1990 年版，第 17、78 页。

② 韩邦奇：《苑洛集》卷七，第 6 页，道光八年刻本。

③ 郭正域：《大司马总督陕西三边魏确庵学曾墓志铭》，焦竑编《国朝献征录》卷五七，第 76 页，上海书店影印明万历刻本，1987 年，第 2404 页。

④ 正德《建昌府志》卷三。

⑤ 李光缙：《景璧集》卷四，景照内阁文库藏本。

⑥ 李光缙：《景璧集》卷十四、三。

⑦ 王士性：《广志绎》卷四，中华书局 1981 年版，第 71 页。

⑧ 浙江巡抚李卫奏，雍正四年十二月初二日，《雍正朱批谕旨》第 40 册，光绪十三年上海点石斋影印本，第 48 页。

二、以家族宗族组合为经营活动方式

传统中国商界具有浓厚的家族意识和地缘意识,通常以血缘以及姻亲关系,甚而地缘关系建立商业网络,各地商帮形成后,其经营活动通常表现为家族宗族组合形式。地域商人在各地开设的店铺,甚至那些分店,都是以家族姓氏命名的,姓后面连缀两个吉利字,组成商号名称,一定程度上说明了这一点。

明清时期崛起商帮的地方,特别是安徽徽州、宁国,山西平阳、汾阳,江苏洞庭东西山,浙江宁波、绍兴,广东潮州、广州,福建泉州、漳州等地,都是家族观念和宗族势力较为强大的地区,建立在地缘范围内的商帮,实际上是由一个个大大小小的家族宗族组成的。各地商帮在经营活动中,或者在客居地,最突出的,就是以家族宗族为外在形式,以利扩大实力,增加竞争力,家族经营成为各地域商帮的一个共同特点。

徽商利用宗族势力开展商业经营,表现得最为突出。徽州自唐宋以来即是宗族制度最为严格的地区。清初休宁人赵吉士说:“父老尝谓新安有数种风俗,胜于他邑,千年之冢,不动一抔,千丁之族,未尝散处,千载之谱系,丝毫不紊。”①康熙末年的歙县人程庭感慨地说:“徽俗士夫巨室多处于乡,每一村落聚族而居,不杂他姓。其间社则有屋,宗则有祠,支派有谱,源流难以混淆,主仆攸分,冠裳不容倒置。此则徽俗之迥异于别郡者也。”②宗族势力从而体现在徽商成帮、发展以及经营的各个方面。汪道昆称:“新都业贾者什七八,族为贾而隽为儒。”③直接称徽人以族为贾。金声称:“歙、休两邑,民皆无田,而业贾遍于天下。……夫两邑人以业贾故,挈其亲戚知交而与共事,以故一家得业,不独一家得食焉而已,其大者能活千家百家,下亦至数十家数家。”④所以日本学者藤井宏认为:“新安商人的经营,归结一句话,即立足于血族乡党的结合关系上面。这是旧中国社会各种事业中共通的现象,毫无足异。这在新安商人的场合,也表现得最为浓厚,而且典型。”⑤

徽商家族经营的具体体现之一,是以家人、宗人、亲戚甚至僮仆从事经营活动。世仆制,是徽州的一大特色,⑥而如前所述,从事商业经营,利用宗人、僮仆经营,成为歙县、休宁两县商人乃至徽州全府商人的一大特色。弘治年间,徽商许孟洁在“淮泗通津”的重镇正阳经营20余年,其族人纷纷前往投靠,孟洁对之尽量提携,族人因之起家者甚多,逐渐形成了徽商垄

① 赵吉士:《寄园寄所寄》卷十一,黄山书社2008年版,第872页。

② 程庭:《春帆纪程》,《小方壶斋舆地丛钞》第五帙,第36页。

③ 汪道昆:《太函集》卷十七,《四库全书存目丛书》集部第117册,第249页。

④ 金声:《金忠节公文集》卷四。

⑤ 藤井宏:《新安商人的研究》,载《江淮论坛》编辑部编《徽商研究论文集》,安徽人民出版社1985年版,第200页。

⑥ 嘉庆《休宁县志》卷一谓:“主仆之严数十世不改,而宵小不敢肆焉。”

断正阳镇商业的局面,“故正阳之市,因公而益盛”①。休宁吴氏自明代中期以降,许多族人在江南等地展开商业活动,自该族二十六世吴睿起,常州成为吴氏在外地的商业活动中心。②汪道昆的《太函集》记录了诸多事例。正、嘉时休宁人程锁,“结宗贤豪者得十人,俱人持三百缗为合,从贾吴兴新市”,10人都发了大财,后在溧水经营,又“部署门下客,分地而居息吴越间”,③仍然发挥宗族的力量。嘉靖时,徽商黄季公兄弟,在淮海、姑孰、南京等地“善心计,操利权如持衡,居数十年累巨万”④,由其宗人国宾、鲍秋等任掌计,都是由族人主管业务的。万历时,扬州的歙县大盐商汪一渭,“属一宗人经纪其事”⑤。万历三十六年(1608)刻印的歙县瀹潭人方承训的《复初集》,记录了大量其族人经商各地的情形。方氏族人从明中期起,自方承训之从伯祖廷珂在开封经商发家后,“凡族中子姓稍习贾者,悉携汴上偕贾,携济几百家,悉起家千金”⑥。方承训之父太乙也随廷珂在同地经营,“起家数千金,阖门诸昆弟子姓竞偕受贾,贾子钱间加公数十倍。公愈益愉快”⑦。方氏族人代代提携,不断发展壮大,无论单个商人的资本还是族人的资本总量均迅速增大。后来方氏更在江苏北部、安徽芜湖和江南广大地区经营盐、布、棉等多种行业,成为明后期极为突出的商人家族。⑧万历时,湖广京山县,当地民无积聚,“率仰给外贾,贾人什九新安,新安什九海阳,海阳则余氏强半”,⑨商人实际上主要是休宁余氏一族。万历时,聚族于南京郊区江宁县江宁镇的徽商王氏等家族,成立了彰社,以联络乡党,不忘本俗。⑩歙县南乡岑山渡的程氏,族人经营,广泛分布于江苏苏州、扬州、淮安、海州,安徽庐州府城、无为州,浙江杭州等地。徽商程姓,在无锡开典铺,有汪氏者,自其祖父以来,“世为之主会计”。⑪当铺中财务大权,世代由汪姓掌管,此汪姓,与典主程姓,恐即主仆关系。即使歙县、休宁二县以经营收藏书画闻名的商人,如歙县溪南吴氏、丛睦坊汪氏、商山吴氏,休宁榆村程氏、居安黄氏,以及后来的程氏铜鼓斋、鲍氏安素轩、汪氏涵星研斋、程氏寻乐草堂等,也都是以家族为形式活动的。⑫

与家族经营相应,徽州各县商人的经营行业也有侧重,某个家族长期或世代经营某个行业,血缘与地缘相一致,某地商人也就以经营某一两种行业为特色。民国时歙县人许承尧总

---

① 参见周晓光、李琳琦:《徽商与经营文化》,上海世界图书出版公司1998年版,第79页。

② 参见中岛乐章:《明代徽州一宗族的の纷争与同族统合》,《社会经济史学》62卷4号,1996年。

③ 汪道昆:《太函集》卷六一,《四库全书存目丛书》集部第118册,第22页。

④ 汪道昆:《太函集》卷五六,《四库全书存目丛书》集部第118册,第117册,第670页。

⑤ 钟惺:《隐秀轩集》,《四库禁毁书丛刊》集部第48册,第475页。

⑥ 方承训:《复初集》三一,《四库全书存目丛书》集部第188册,第179页。

⑦ 方承训:《复初集》卷二八,《四库全书存目丛书》集部第188册,第143页。

⑧ 参见王振忠《〈复初集〉所见明代徽商与徽州社会》,氏著《徽州社会文化史探微:新发现的16—20世纪民间档案文书研究》,上海社会科学院出版社2002年版。以笔者所见,《复初集》系王振忠教授首次引用。

⑨ 李维桢:《大泌山房集》卷四八,《四库全书存目丛书》集151册,第520页。

⑩ 李鼎:《李长卿集》卷六,明刻本。

⑪ 俞樾:《右台仙馆笔记》卷十四,《续修四库全书》第1270册,第615页。

⑫ 参见拙文《斌斌风雅——明后期徽州商人书画收藏》,《中国社会经济史研究》2013年第1期。

结说:“典商大多休宁人,歙则杂商五,鹾商三,典仅二焉。治典者亦惟休称能。凡典肆无不有休人者,以业专易精也。”[①]两淮盐业是徽商经营的最大行业,也是徽商经营最为突出、获利最为丰厚的行业,而主要是由歙县商人垄断的,该县商人业盐又是由各个家族展开的。明后期,歙县商人“以盐筴祭酒而甲于天下者,初则有黄氏,后则汪氏、吴氏,相递而起,皆由数十万以汰百万者”[②]。清乾隆时如大盐商歙县江村人江春,“以布衣交天子”。江春为两淮总商40年,“每发一言,画一策,群商拱手称诺而已”,因而“身系两淮盛衰垂五十年”。清中期诗文大家常州人赵翼有挽诗云:“须髯皓白地行仙,领袖淮纲数十年。身列卿班荣组绂,家邀帝辇憩林泉。郑庄好客常盈座,卜式输材为佐边。今日康山亭馆冷,忍来重听琵琶弦。”[③]嘉庆时,扬州地方文献称:“歙之程、汪、方、吴诸大姓,累世居扬而终贯本籍者尤不可胜数。”[④]民国《歙县志》更总结谓:“邑中商业以盐典茶木为最著。在昔盐业尤兴盛焉,两淮八总商,邑人恒占其四。各姓代兴,如江村之江,丰溪澄塘之吴,潭塘之黄,岭山之程,稠墅潜口之汪,傅溪之徐,郑村之郑,唐模之许,雄村之曹,上丰之宋,棠樾之鲍,蓝田之叶皆是也。”[⑤]张海鹏对徽商垄断两淮盐业的原因有过至为深入的分析。他认为,徽州盐商之所以能称雄两淮,并在经济实力上很快超过其他商帮,在于这个商帮利用了宗族优势。[⑥]

徽商的另一大行业典业,以休宁县商人经营最为出名,而由少数家族世代经营的特色非常浓厚。如商山吴氏一族,多素封之家,都以开张典当铺权子母为业,吴子云者自其远祖起家后到明末,“源远流长,几几乎殆十世不失”[⑦],是非常突出的开典世家。同县榆村程氏,嘉、万时有梅轩公者,三吴两浙之间的典当铺,据说一半是他家的。[⑧]这么多典铺,在当时情形下,必定通过宗族族人来经营管理。歙县唐模许氏,“家故巨富,启质物之肆四十余所,江浙间多有之”[⑨],而且传至数代。

徽商的其他行业,如“木商、布商,汪姓最多”[⑩],也是说的这种情形。木业是徽商从事的四大行业之一,大多由婺源商人经营。早在成化年间,徽州府商人汪玺运木至河南隆兴寺河口,当地军校“用强抽分”,汪玺等上告官府;到弘治初年,汪玺之弟汪拳又运木其地,军校出于报复,拷打汪拳。[⑪]前后几年间,兄弟俩在同一地方贩运木材,可见是家族经营。徽州郑氏

---

① 许承尧:《歙事闲谭》卷十八,黄山书社2001年版,第604页。

② 万历《歙志·货殖》,第5页。

③ 赵翼:《瓯北集》卷三三,李学颖、曹光甫校点,上海古籍出版社1997年版,第759页。

④ 嘉庆《江都县续志》卷十二。

⑤ 民国《歙县志》卷一。

⑥ 张海鹏等主编:《徽商研究》,安徽人民出版社1995年版,第167—184页。

⑦ 金声:《金忠节公文集》卷七。

⑧ 吴时行:《两洲集》卷五,《故宫珍本丛刊》第538册,第366页。

⑨ 许承尧:《歙事闲谭》卷十七,第569页。

⑩ 钱泳:《登楼杂记》,转引自谢国桢:《明代社会经济史料选编》中册,福建人民出版社1980年版,第100页。

⑪ 徐恪:《少司空主一徐公奏议·劾徽王违法抽分疏》,《天津图书馆孤本秘籍丛书》第2册,中华全国图书馆文献缩微复制中心,1999年,第165页。

家族，参与万历二十七年和三十年木材生意的多达十六七人，他们“合伙拼买杉木，至饶造捆，往瓜发卖”①。万历二十四年，明廷兴建乾清、坤宁两宫，徽州木商王天俊、吴云卿等人，“广挟金钱，依托势要，钻求札付，买木十六万根……逃税三万二千余根，亏国课五六万两”②。王天俊等利用家族的力量，获得采运皇木的“札付”，并在运输过程中夹带私木，偷漏税款。万历三十五年，朝廷差官前往浙江收买木材，其法是由商人将木材运至张家湾。到万历四十五年，整整十年间，各地商人实际运木 117 000 根，应给木价及水脚银 141 391 两，而拖欠未运的木植价银达 13 万余两。承担运木的商人 55 人，其中 51 人来自徽州等地，这些商人，据浙江巡抚奏报，“非族属则姻党也”③，是以家族集团的组织形式从事木材贩运的。

现有研究表明，清代江南棉布加工字号，几乎全部是由徽商特别是休宁商人经营的，清前期苏州的棉布字号有 2/3 集中在程、吴、金、汪、朱、张、吕七姓商人手中，特别是程、吴、金三姓，就占了全部字号的将近一半。④如明末休宁人有号仰山公者，其家在苏州开设棉布字号，“自阊门以外列肆者，皆榜公名于户以召致诸商，虽不尽公家，公家大端居半”⑤。集中在苏州城的徽商棉布加工字号，其中的“益美”字号，先姓汪，一度改姓程，后来复归汪，前后“二百年间，滇南漠北，无地不以‘益美’为美也”⑥，打造出一个驰名全国的棉布品牌，产品销路覆盖全国，每年获利 20 万两白银。

建立在宗族基础上的地缘性，徽商表现得也极为突出，一个典型的现象就是将新安这一名字带到经商的每一个地方。在邻府浙江衢州府的常山县，万历时人郑鹤旸，出身新安名族，因业盐携家侨居大东门，在县城东“环数十家皆其产”，而且只要是新安人，流寓该地者，郑氏一概聚而居之，“既洽比其邻，又念里族丘陇皆在新安，因于其地创辟一里，颜曰‘新安’”⑦。其他地方，也都“新安里”其名。

宁国商人也以宗族经营为特色。明后期，宁国府泾县商人在湖州丝市活动，以朱、胡、洪、郑和汪五姓合伙经营，并且开展公益事业，直到清中期，仍是“五姓聚族而谋”⑧，以宗族力量经营。

山西陕西商人家族经营也很突出。嘉靖时的蒲州张氏家族，以经营盐业出名。嘉、万时的蒲州盐商王从诂，“诸昆季俱从仲父服贾沧冀，率数岁一视家，一切家政，君皆独力任之。

---

① 中国社会科学院历史研究所藏徽州文书，编号 3687，转引自张雪慧：《徽州历史上的林木经营初探》，《中国史研究》，1987 年第 1 期。

② 项梦原：《冬官纪事》，《丛书集成初编》第 1500 册，中华书局，1985 年第 4 页。

③ 刘一焜：《抚浙疏草》卷六，明刻本。

④ 参见拙文《清代江南棉布字号探析》，《历史研究》，2002 年第 1 期。

⑤ 金声：《金忠节公文集》卷八。

⑥ 许仲元：《三异笔谈》卷三，范义臣标点，重庆出版社 1996 年版，第 80 页。

⑦ 叶向高：《新安里记》，康熙《衢州府志》卷二九，《中国地方志集成·浙江府县志辑》第 55 册，上海书店出版社 2000 年版，第 474—475 页。

⑧ 朱珔：《小万卷斋文稿》卷十八，光绪十一年刻本，第 17 页。

蒲俗姻党礼问往来颇繁”①。万历时，蒲州王姓盐商，在山东青沧新开辟经营场所，“沿海之滨待而举灶者若干户，其间里子弟受钱本持缗券以化居于郡国者，肩相摩，趾相接也。计岁月之入以粗率不啻当封君之万户者，其出入必连驷拥橐，虽千里不馆宿焉”②。嘉、道时山西太平县商人刘体正，“晋、豫、齐、楚间市贾不下数十家，伙友无虑数百人，皆能因材器使，各尽其长，以故虑无失计，家道蒸蒸日上”③。清初从事粮食业和洋铜采办的范氏，皇商亢氏，后来的票号创始人雷履泰，以及票号巨擘乔氏、常氏等，类皆如此。扬州是山陕盐商经营重地，而经营集中在几个家族之间，所谓“三原之梁，山西之阎、李，科第历二百余年。至于河津兰州之刘，襄陵之乔、高，泾阳之张、郭，西安之申，临潼之张，兼籍故土，实皆居扬。往往父子兄弟分属两地。若莱阳之戴，科名仕宦已阅四世，族尽在扬”④。这实际上说明，在两淮角逐的各地域商帮，无论徽商，还是山陕商人，都是以家族形式出现的。

自明末起，在张家口活动的商人，就是山西的“八家商人”。其中著名的皇商山西介休范氏家族，以经营随军粮食起家，后来长期在张家口经营皮毛，到第三代毓字辈和第四代清字辈时，“族戚藉其衣食者，数十百辈”，范毓馪“悉知其人之敏钝，程才而授之事，事无不举”⑤，是个任用戚族的经营高手，从而成为声势赫赫的皇家粮商、盐商和办铜商。

山西票号产生后，票号的经营和股份都是控制在一个个家族手中的，而且基本上都是实行无限责任制，票号倒闭，所有债权资本家负有清偿责任。创立票号的平遥李家，其开设票号前的西裕成颜料庄，在平遥和在北京者都是规模最大的。票号之外，还开有绸缎杂货店、成衣、干果店等，其老家达蒲村人说这些店铺是“领的李家本，吃的李家饭，赚的李家钱”。咸丰初年，清廷为镇压太平军令绅商捐款，李氏家族的“箴”“兰”字辈和其子“五”字辈近 20 人捐了银，获得职衔。光绪初年山西大灾，李氏家族共捐银 55 200 两、制钱 4 300 千文。道光六年(1826)起，创立票号蔚氏五联号的介休侯家，兄弟六人子姓众多，在票号中各有股份，光绪五年(1879)，在蔚泰厚的股份中，侯家占有整整 2/3 的股份。榆次常氏，“北常”商业以张家口为大本营，多伦诺尔、奉天、营口、归化、北京、天津、苏州、松江、汉口等地都有其字号。太谷曹氏兴盛的道光至光绪时期，在国内外设立各种字号不计分庄多达 39 个。这众多的字号，都通过大号砺金德来统辖，统一结算企业收支，结算盈亏，曹氏的决策，都通过砺金德来实施。家族经营的色彩特别浓厚。介休冀氏，道光初年在湖北樊城、襄阳及平遥等地设有字号 70 多个，以当铺为主，兼营布匹、杂货、油坊等生意。由走西口发展起来的祁县乔氏家族，前后辉煌了 200 年，清末在各地开设大量钱庄和票号，仅票号就有大德通、大德恒两家，各设总分号 20 多个，遍布各大都。据说由肩挑土特产品贩卖起家的祁县渠氏，同治以来，开设有长盛川、

---

① 张四维：《条麓堂集》卷二八，《续修四库全书》第 1351 册，上海古籍出版社 2002 年版，第 741 页。

② 张四维：《条麓堂集》卷二一，《续修四库全书》第 1351 册，第 600 页。

③ 孙成居：《刘体正墓志铭》，见张正明等主编《明清山西碑刻资料选(续二)》，山西经济出版社 2009 年版，第 151 页。

④ 嘉庆《江都县续志》卷十二；李澄编：《淮鹾备要》卷九，道光三年刻本。

⑤ 徐珂：《清稗类钞》，中华书局 1984 年版，第 2303 页。

汇通源、三晋源、百川通、存义公等票号，还有茶庄、盐店、钱铺、典当、绸缎、药材等字号。在光绪三年的山西大灾捐款中出了大力。①这些家族，按光绪时的资产统计，介休侯氏、冀氏，祁县乔氏、渠氏，榆次常氏、侯氏、王氏、何氏、郝氏，太谷曹氏、刘氏、武氏、孟氏、杨氏等，都是资产在 30 万两以上至七八百万两的大家族。②如常氏家族，从乾隆年间常万达从事恰克图边境贸易开始，子孙相承，沿袭 150 余年，晚清时在恰克图的十数个较大商号中，常氏一门独占其四，是颇负时誉的对外贸易世家。③有人认为，到清末，"当时山西商业的绝大部分被控制在晋商家族手中"。④以致今人研究山西票号，常以家族为范围。

福建家族势力强大，商帮经营也以家族、宗族或乡族组合出现。明代正德、嘉靖之际，福建海商违禁出海贸易渐成风气，豪右之家"往往藏匿无赖，私造巨舟，接济器食，相倚为利"⑤。所谓"豪右之家"，显然这些海商是由家族力量支撑着的。至其经营，"或得褒子弃儿，抚之如己出，长使通番"，"又如他人子为子，不以窜宗为嫌，其在商贾之家，则使之挟战歌赀四方"。⑥嘉靖年间著名的福建海商尤其是漳泉海商集团，如李光头、许栋、洪迪珍、张琏，正是其家族海商代表。据今人调查，地跨长汀、连城、清流和宁化四县的闽西四堡，从明中叶起便以造纸刻书并负贩于全国而闻名于长江以南各地，其中的邹氏和马氏家族已初步形成族商的特色，其商业活动"自始至终都是整个家族乃至宗族的共同事业"，商业成为这些家族经济结构中的有机组成部分，族人之间建立起了普遍的商业联系。邹氏和马氏宗族内部的商业联系，首先表现为同族商人之间的相互帮助和提携，互相通报商业信息，是二族内部最有效的互相方式；其次，由于合本经营及领本制、托本制的盛行，在宗族内部形成了某些初级的商业信用关系；再次，二族商人利用宗族组织，建立各种商业设施，实现对市场的垄断和控制。这些书商的运销路线主要有北线、西线和南线三条路线。北线是北下闽江，入江西，进入南昌、九江，由长江向上游进发至武汉、重庆、成都等地，沿江而下抵达安庆、芜湖、南京、无锡、苏州和杭州等地。西线是到达长汀后，分水陆两路，一路沿汀江乘舟南下，入上杭、潮州、汕头，经海运入珠江、进广州，散入粤西各地，或沿珠江上溯至广西梧州、南宁等地，直抵云南各地，或于潮州陆路转入粤东北各地；另一路由长汀向西入赣南和湘南诸县市。南线至连城后分东、南两路，东路入永安经沙溪发行至南平、建瓯、崇安、浦城各地，或沿闽江东下至福州，转海运入温州、浙东各地，进而入杭州，散于全浙；南路经朋口溪入韩江至广东，或陆路至龙岩、漳州、厦门、泉州等地。在上述运销路线所经的主要城镇，邹氏和马氏商人大多设有书肆，向当地推

---

① 参见黄鉴晖：《明清山西商人研究》，山西经济出版社 2002 年版，第 450—453、416、419、429—432、433、445、456—457 页。

② 徐珂：《清稗类钞》，第 2307 页。

③ 参见常士晔：《山西榆次常家：一个外贸世家》，《谱牒学研究》第 4 辑，书目文献出版社 1995 年版，第 166 页。

④ 刘建生等：《明清晋商制度变迁研究》，山西人民出版社 2004 年版，第 240 页。

⑤ 《明世宗实录》卷一八九，台北"中研院"历史语言研究所校印本，1962 年，第 3997 页。

⑥ 何乔远：《闽书》卷三八，《四库全书存目丛书》史部第 204 册，第 721 页。

销书籍，接受订货，形成相对独立的销售网。①陈支平利用新发现的族谱资料，精心研究了清代泉州铺锦黄氏郊商的经营活动及其乡族特征。从清代前期黄精敏开始经商，到清末黄钢斗止，前后五代人共经历了约200年的时间，黄氏家族郊商的传继，基本上还是以近亲的血缘关系为主要纽带。郊商们在从事商业活动的过程中，往往通过家族的关系而进行，商业活动的长期延续，也往往通过家族内部的血缘关系而得以传承。②在经营过程中，同一家族或不同家族人员之间常通商业信息，展开活动。光绪年间黄姓商人致信蔡信商人道："兄台所托云杉料俟招客在船……台地所出糖油米诸货色，自古以来均配回内地销售，全望求利为是。谁想内地春间以来南北糖油米盛到，价数随而下，压倒台之郊号无遗。……弟出'源利'台信，欲无嫌弃，依旧相知合作。'源德'生理，笨配重载……皆赖仁兄，如有轻便货或要办重载者，则速回音，自当随办而行。"又如蔡氏甥舅在闽台两岸通信云："咱号若有存布仝烟丝，切切孰紧张进应售千万！今冬台地芒蔗比前年更加丰羡，将来倚年糖价必然大贱。"③来往信件中，家族人员随时交换提供商品信息的做法，极为普遍。

即使在福建与台湾之间，中国沿海前往日本贸易的福建等地商帮，也是如此。朱德兰对在日本长崎的福建商人泰益号的研究、林玉茹对晚清台湾鹿港的泉州商人许志湖家族的研究均表明，福建商人在沿海甚至海外贸易的商业经营和委托代理等活动，都是建立在血缘姻亲或地缘关系基础上的。④

广东商人也重家族经营。乾隆中后期的广州行商，名潘同文、颜泰和、陈广顺、邱义丰、蔡聚丰、陈源泉、蔡逢源、张裕源、陈远来、叶广源，都是以家族命名的。梁嘉彬的研究表明，十三行行商中子沿父名、孙沿祖名、弟沿兄名者颇多。⑤这些都说明行商是以家族为经营单位的。后来崛起的广东买办，家族和地域色彩十分浓厚。19世纪后期的评论者就指出："几乎所有外商雇佣买办都是这个县的人，这些人介绍的雇员自然都是来自他们自己的家乡。"⑥一旦有人做买办，凡洋人轮船公司，"买办以下俱用粤人"⑦。对广东香山商人作过精深研究的黎志刚指出："他们往往在商业活动中借重亲族，特别是兄弟、叔伯、子侄、同宗、同姓和左邻右舍，互相提携，互相扶掖，这种亲族情怀、乡情互助的方式，不单源于个人感情关系，亦建基于减低交易成本(transaction cost)的考虑中亦即同宗同姓的血缘关系是可以信赖的。当他们要创办企业时，首先会安排其兄弟及子侄到主管企业中担任基本干部，亲族也在资本融通上给创办者有力的支持。例如早期在轮船招商局集资过程中，唐景星、徐润及郑观应的很多

---

① 陈支平、郑振满:《清代闽西四堡族商研究》,《中国经济史研究》1988年第2期。

② 陈支平:《清代泉州黄氏郊商与乡族特征》,《中国经济史研究》2004年第2期。

③ 转引自陈支平:《民间文书与东南族商研究》,中华书局2009年版,第58—59页。

④ 朱德兰:《长崎华商贸易の史的研究》,东京芙蓉书房1997年版;林玉茹:《商业网络与委托贸易制度的形成——十九世纪末鹿港泉郊商人与中国内地的帆船贸易》,《新史学》(台湾)第18卷第2期。

⑤ 梁嘉彬:《广东十三行考》,广东人民出版社1999年版,第284页。

⑥ 英特:《中国商埠志》,1903年,第135页。

⑦ 《承论轮船搭客》,光绪八年五月二十五日,《沪报》第46号。

亲友成为招商局的股东和经营者。”[①]后来上海四大百货公司的经营也是如此。所以有人说：“在19世纪60年代—80年代，各通商口岸尤其是在上海，有钱有势的广东买办，几乎都是香山人。整个19世纪，香山唐氏（廷枢）家族、徐氏（徐润）家族、郑氏（郑观应）家族、莫氏（莫士英）家族，容氏（容闳）家族的买办，彼此引荐和相互作保，使族人、亲戚和同乡纷纷进入洋行做事，从而形成了以地域和血缘为纽带的近代香山买办群体。”[②]而且徐润、郑观应和唐廷枢三个近代中国的著名买办，不仅同为香山同乡，互相之间有着姻亲或故交关系，郑是唐的亲戚，也是徐的世交。诚如冯尔康所指出，“广东人到沪，因家庭、宗族、邻里关系，互相牵引，像滚雪球一样，人数越来越多”。[③]

江苏洞庭商人的老家自然环境有类徽州，其生活与行为方式也如徽州，极重宗族戚友。洞庭人“兄弟析烟，亦不远徙，祖宗庐墓，永以相依，故一村之中，同姓者至数十家，或数百家，往往以姓名其村巷焉”[④]。有人形容洞庭东山人聚族而居的特点谓：“翁席金张万陆刘，许严钮石沈王周，顾俞叶葛吴朱蒋，郑孔秦韩巨族俦。同姓须防易乱宗，全凭祖籍辨鱼龙，从来翁席无他姓，礼乐诗书是大翁。”[⑤]自明后期起，洞廷东山先后形成王氏、翁氏、席氏、叶氏、严氏、万氏、郑氏、葛氏等，西山先后形成秦氏、徐氏、马氏、邓氏、蒋氏、沈氏、孙氏、叶氏等世代经商的家族。[⑥]在家如此，出外经商也以家族群体的力量。洞庭人的做法是，如果经商品交换“即付以小本经营，使知物力艰难，迨其谙练习熟，然后付托亲朋，率之商贩”[⑦]，采用的方式就是依赖同宗同亲。在商贩之地，一旦有事，“至乡人之寓如至己家，有危必持，有颠必扶，不待亲族也”，特别看重亲情乡情。[⑧]直到清中期，东山商人主要集中在江南和山东临清从事棉布贸易，清后期集中在上海从事买办业。嘉靖时洞庭东山大棉布商翁参，在山东临清商业大起后，“择人而任时”；其孙翁启明，更以知人善任著称，据说手下“所任百金之士以千数，千金之士以百数”[⑨]。启明弟启阳也能择人任时，而与手下人分甘均苦，结果“泉流毂转，息倍曩时”。[⑩]又如稍后起的东山席氏左源、右源兄弟，“运筹握算，遣宾客北走齐、燕，南贩闽、广，不二十年，资累巨万”[⑪]。右源子席本祯依靠父辈遗资，“身未尝操奇赢，算牛车，逐什一之利。尺蹄数行，抵洛阳街，历青、齐、楚、赵之郊，所至奉行如黄纸。任使用事，童仆节制驵侩，贳贷

---

① 黎志刚：《香山商人的冒险传统》，《中国近代的国家与市场》，香港教育图书公司2003年版，第370—371页。

② 胡波：《香山买办与开埠后的上海社会》，《史林》2004年第4期。

③ 冯尔康：《清人生活漫步》，中国社会出版社1999年版，第209页。

④ 王鏊：《震泽编》卷三，明刻本，第2页。

⑤ 佚名：《洞庭竹枝词》，赵明等编《江苏竹枝词集》，江苏教育出版社2001年版，第700页。

⑥ 参见拙文《明清洞庭商人家族》，《中国社会历史评论》第5辑，商务印书馆2007年版。

⑦ 王维德：《林屋民风》卷七，康熙五十二年刻本，第1页。

⑧ 王维德：《林屋民风》卷七，第9页。

⑨ 董其昌：《见沧公暨配石孺人墓志铭》，乾隆《翁氏宗谱》卷十一。

⑩ 张鼐：《见沧公墓志铭》，乾隆《翁氏宗谱》卷十一。

⑪ 翁澍：《具区志》卷十三，康熙二十八年刻本。

遍郡国"[①]。另有材料说他,"与用事者同苦乐,上下戮力,咸行其任。通都邸阁,远或一二千里,未尝躬自履行。主者奉其赫蹄数字,凛若绳墨。年稽月考,铢发不爽。质库所入,不责倍称之息于人,人争归之,所赢得辄过当。由此其业数蹷又数起云"[②]。正好与这个席本祯同时期的金汝鼐,是席氏的外甥,少壮时即佐助席氏经营,后获得信任,因此席氏"门下诸客行贾者数辈,其舅独知金甥公廉可任,礼之在诸客右,命诸客悉听翁指……凡佐席氏三十年"[③]。这里的席氏应该就是席本祯。而金汝鼐,大概就是上文提到的"主者"一类人物,对资本所有者忠诚不二。从这里可见,不但席氏本身不直接经营,由于经营规模大,范围广,连席氏委托的主要经营人也不一定亲理其事,而只是再委托分派他人,奔走四方具体处理事务。西山商人主要集中在江南和长江沿线从事绸布和粮食贸易。由于经营地域相对集中,又宗族观念极强,因而虽然地域范围最小,但在一定地域显得特别有力量,以致上海有俗谚:"徽帮人最狠,见了山浪帮,还得忍一忍。"[④]某种程度而言,洞庭东山商人是依靠宗族团结的力量,与其他地域商帮竞争获得一席之地的,这在近代上海的洞庭东山商人买办身上,也集中体现出来。

浙江商人尤其是宁波、绍兴商人家族经营表现得也很突出。学界对于宁波商人的研究,已经清晰地揭示出家族经营的特点。如张守广的研究表明,"药业商人主要是慈溪、鄞县籍居多,船商多为鄞县、镇海、慈溪商人,成衣业主要是慈溪人经营。同乡商人利用传统的家族、乡党观念,团结协力,与其他地域商帮展开激烈竞争"[⑤]。民国时期上海通社还描述宁波帮特别看重乡谊道:"宁波人是大家庭制度的拥护者,乡党的观念非常强烈。只要有一个人在一处地方成功,立刻一家、一族、朋友、亲戚,甚至同乡,都闻风猬集了。不数年间,就成为一大群。"[⑥]在近代,慈溪冯姓,各省皆行商,宁波码头大小店户多行其本钱,京城御史奏其家资二千万,咸丰三年朝廷特旨着其输捐数百万。[⑦]以近代上海最有实力的行业商人钱庄商人而言,也以宁波商为领袖,则多是以家族力量出现的,如镇海方家、李家、叶家,慈溪董家,鄞县秦家等,在老家宁波、上海、杭州、汉口、芜湖等地设立的钱庄,都是家族式的。所以郭绪印认为:"以血缘家族扩大至地域乡谊所形成的凝聚力是上海宁波帮崛起的保证。"[⑧]

浙江的金华商帮,光绪年间,义乌人朱一新,说其乡人在邻县兰溪,"货别隧分,各以其族"[⑨],看来也是家族经营。

至于各地商帮采用家族经营的出发点,既有研究述说得已很清晰。陈支平指出:"在中国传统社会里,由于缺乏有效的商业保障措施,人们在从事商业等经济活动时,自然而然地

---

① 康熙《席氏家谱》载记五《太仆寺少卿宁侯席君家传》。

② 吴伟业:《梅查家藏稿》卷四七,宣统三年刻本。

③ 汪琬:《尧峰文钞》卷六,康熙三十年刻本。

④ 席德基:《东山席家与上海金融业》,《吴县文史资料》第9辑。

⑤ 张守广:《宁波帮志·历史卷》,中国社会科学出版社2009年版,第89页。

⑥ 上海通社编:《上海研究资料续集》工商业《上海四明公所研究》,上海书店1984年影印版,第294页。

⑦ 段光清:《镜湖自撰年谱》,中华书局1960年版,第82页。

⑧ 郭绪印:《老上海的同乡团体》,文汇出版社2003年版,第513页。

⑨ 朱一新:《佩弦斋文存》卷下,《续修四库全书》第1565册,第256页。

把商业等经济活动的诚信寄托在血缘关系之上,并且以血缘关系越亲近,这种诚信就可靠。"[①]因而他干脆将福建那些与本土家族、乡族保持比较密切关系的商人,称为"族商"。他甚而认为,从商人群体、资本群体的运作过程与模式考察,"无论是极负盛名的徽州商人、山西商人,或是跋涉奔波于大洋之中的广东商人、浙江商人、福建商人等,其最初始的结构,基本上是以乡族纽带为其组织特征的"[②]。

各地商帮采用家族经营,又具何种作用与意义呢?在这方面,唐力行对徽商利用宗族开展商业经营活动的特色曾作过深入的探讨。他认为,徽州商帮借助于宗族势力而兴起,这主要表现为徽人经商的原始资本大多与宗族有关,徽商所雇用的伙计大多为族人,出于商业缘由而宗族联姻,婚俗的改变成为徽商成帮的前提;徽商在商业竞争中的进一步发展更离不开宗族势力的支持,这主要表现为,借助宗族势力建立商业垄断,借助宗族势力展开商业竞争,借助宗法制度控制从商伙计,借助宗族势力投靠封建政权,联合宗族势力建立徽商会馆。他还认为,徽商不仅注重宗族内部的团结,而且"十分注意各宗族集团之间的联姻,从而用血缘与地缘这两根纽带将徽州商人牢牢地凝合在一起"[③]。叶显恩总结过徽商的宗族经营方式,认为"宗族伦理不仅引发营商的动机,规范徽商的行为模式,而且在商业的经济行为中也发挥作用","徽州宗法制对商业的支持,着意于因商致富而缙绅化,坚守'官本位'的价值观,因而在引发营商致富的动机中,已包含了否定或摧毁商业企业发展的因素,商业经济既作为传统社会经济的附丽,而不是其异化的力量,因而导致徽州商业资本自不能超越传统社会所规范的商业运作的轨迹"。[④]今主要引用他们的观点,对各地商帮采用宗族形式开展经营活动的作用再予强调。

各地商帮之所以现成地利用宗族的力量开展商业活动,其作用和意义在于:可以最大限度最有效率地集聚和扩大商业资本。明清时期,有些行业,特别是盐、茶、木、典、海运、海外贸易、钱庄、票号等行业,需要的资本规模较大,仅凭单个商人的力量可能难以做到,而在地域商帮的纽带下,宗族合力就可收此成效。家族宗族组合还可以最大程度最大效率地节约人力资本。明代嘉靖、万历时期海内有"翁百万"之称的洞庭东山商人翁笾,在世代经商的大本营山东临清开拓业务,更"察子弟童仆有心计强干者,指授规略,使贾荆襄、建业、闽粤、吴会间,各有事任,大都遂时俯仰,权子母为出入,而又时时戒之……人人遵用其教,所至常获倍息云。……诸少年禀受筹筴,数千里如目睹,皆自以为不及也"[⑤]。为这个翁百万效力的人,都是翁笾亲自挑选出来的"子弟童仆有心计强干者",这些人"人人遵

① 陈支平:《清代泉州黄氏郊商与乡族特征》,《中国经济史研究》2004年第2期。

② 陈支平:《民间文书与明清东南族商研究》,中华书局2009年版,第20、22页。

③ 唐力行:《明清以来徽州区域社会经济研究》,安徽大学出版社1999年版,第3—22、165—168、290—291页。

④ 叶显恩:《徽州和珠江三角洲宗法制比较研究》,周绍泉、赵华富主编:《95国际徽学学术讨论会论文集》,安徽大学出版社1997年版,第13、16页。

⑤ 申时行:《少山公墓志铭》,乾隆《翁氏宗谱》卷十一。

用其教”，“禀受筹策”，因而能常获成倍的利息。节约人力资本，家长指使亲属下辈得心应手，子弟禀受家长方略心领神会，家族力量在经营活动中发挥到极致。家族宗族组合还可以最大限度地节约信用成本。利用家族力量经营的东山席氏，明末有金汝鼐者，是席氏的外甥，与席氏门下诸客同为席氏经营，“其舅独知金甥公廉可任，礼之在诸客右，命诸客悉听翁指”。这个金姓外甥，特别擅长经营，所用办法往往与众不同，“他贾好稽市物以俟腾踊，翁辄平价出之，转输废居，务无留货而已，以故他贾每致折阅，而翁恒擅其利；他贾所市物争取贱值，其货多苦窳，翁独求其贵良者，人以是悉趋，翁诸所居物既易售，而其利又数倍”。他采用的是薄利多销，加速资金周转，或追求品值，争取最大的商品附加值，因而获利丰厚。这个金姓，辅佐席氏经营30年，“所遣客岁走四方，往则受指于翁，返则报命，其子本悉集翁所，席氏不复问其出入，然未尝取一无名钱”①。由于席氏任用了公廉的外甥，由于舅甥之间的互相信任，作为东家的席氏可以根本不问经营盈亏，而作为外甥，对资本主其舅父，也绝对忠诚不二，信用成本在这里降到了最低。东山商人能够以一隅之地，经营棉布大获成功，恐怕与其家族经营大有关系。家族宗族组合还可以最大限度最为有效地建立市场网络垄断市场。一个家族或若干个家族的力量长期在固定的地方、固定的行业内经营，有利于掌握专业知识，建立庞大的商业网络，进而控制和垄断某地或某业的商品经营。即如许承尧所说：“凡典肆无不有休人者，以专业易精也。”②明清时期的徽州盐商、徽典，山西商人的票号，山西商人在北方边地的茶业，宁波商人的运输业、民信业，江南商人的沙船运输业，广东商人宁波商人及洞庭东山商人的买办业，享有盛名的徽州朝奉，实际上均是家族经营、擅长专业而构筑了庞大市场网络的结果。自然，家族宗族组合还可以最大限度地发挥家族的各种力量和社会优势。

综上所述，明清时期的各地域商人，均以家族姻亲为组织形式，“把旧的宗族关系转化为新的商业组合”③，活动地域相对集中，经营商品较为固定，以血缘和地缘为优势，卓有成效地与其他地域商人展开竞争。一家一姓或若干个家族长期麇集一地经营某种或若干种商品，有利于精通某项商务，积累经营经验，从而能够及时掌握商品信息，熟悉市场行情，有利于迅速高效地组织货源，利用产地或销场优势，利用产品的质量和价格优势；利用家族商业网络的力量，也可以减少中间环节，降低经营成本，获取到单个商人所难以获得的较高额利润。以家族为商业组合，集中某地某业经营，也有利于商业资本的集中、积累和扩大，有利于经营规模的不断扩大。如洞庭东山商人翁氏家族那样世代经营，又与周围其他经商家族世为婚姻，家族资本就更易集中，甚至聚而不散，因为即使资本发生转移，从广义上说，仍在家族内部。各地商人任用亲属为掌计或经理，再由其委托家族或亲族内忠心可靠之人四出经营，也有利于增加主雇双方或合作双方的信任感和可靠度，从而确保商务有效稳定地展开。余英

---

① 汪琬：《尧峰文钞》卷十六。

② 许承尧：《歙事闲谭》卷十八，第604页。

③ 余英时：《中国近世宗教伦理与商人精神》，安徽教育出版社2002年版，第252页。

时称“把旧的宗族关系转化为新的商业组合”看作为“中国从传统到现代的一种过渡方式”。[①]这是一种有着高度效率的商业经营方式。据说，家族经营商业活动在同时期的地中海地区也曾普遍采用。[②]有人对西方特别是德国中世纪社会经济的研究表明，西方同样是以家族为形式展开商业经营的。马克思·韦伯研究佛罗伦萨等地的合伙商业时发现，“每一类合伙全都带有某种家族形态的特征”，其根源在于“基于诚信的合伙人之间的亲密的私人关系，而这种关系又被与它一直连在一起的家户共同体所强化”。[③]美国学者格拉斯比认为，家族企业并没有扼杀单个人的主动性和创新精神，相反，家族为个人作用的充分发挥创造了条件，如提供资金、技术和信息等。作为私人企业的一种形态，家族企业比其他的商业组织形式更具优势。与大公司相比，它更灵活、更有弹性，能对突发事件迅速作出反应，经营成本也比大公司低，而且还可以节省一些交际费用。在小生产经营方式占优势的前工业化时期，家族企业与这种经济形态相适应。[④]可见，在前近代，在现代商业组织建立起来之前，家族经营甚至也是世界范围的有效经营方式。中国各地域商人正是以其突出的家族组合形式活跃在明清时期的商业舞台上的。

三、以地域性会馆为联络计议场所

中国历史上的会馆有三种：科举会馆、移民会馆和商人会馆。所谓商人会馆，清中期人纳兰常安称：“其各省大贾，自为居停，亦曰‘会馆’，极壮丽之观。”[⑤]道光中期两江总督陶澍说：“会馆设在市廛，为众商公所。”[⑥]道光二十六年（1846）潞河人杨静亭说，商人所建会馆，“为酬神议事公所”[⑦]。道光二十七年海宁人杨文荪说，苏州“百货萃聚，四方懋迁有无者辏凑，莫不有会馆”[⑧]。后来还有人说，“凡商务繁盛之区，商旅辐辏之地，会馆、公所莫不林立”[⑨]。可见商人会馆是指商人在商业都会之地设立的崇祀地方神祇和开展商务活动的场所。

---

① 余英时：《中国近世宗教伦理与商人精神》，第252页。

② 参见费尔南·布罗代尔《菲利普二世时代的地中海和地中海世界》，唐家龙、曾培根等译，商务印书馆1998年版，第636页。

③ 马克思·韦伯：《中世纪商业合伙史》，陶永新译，东方出版中心2010年版，第154页。

④ 转引自刘景华主编《走向重商时代——社会转折中的西欧商人和城市》，人民出版社2007年版，第147、149页。

⑤ 纳兰常安：《宦游笔记》卷十八，台北广文书局1971年影印版，第950页。

⑥ 陶澍：《陶文毅公全集》卷十八，道光二十年刻本。

⑦ 杨静亭：《都门纪略·都门会馆》原序，同治三年刻本，第1页。

⑧ 《七襄公所碑记》，苏州历史博物馆等编：《明清苏州工商业碑刻集》，江苏人民出版社1981年版，第28页。

⑨ 《旅常洪都木商创建公所碑记》，《常州市木材志（1800—1985）》，1986年油印本，第35页。

对于会馆的研究，学界自19世纪末年以来，100多年来成果丰硕，不断推进。1988年，商帮研究的学者经讨论，拟定了商帮的定义："商帮，是以地域为中心，以血缘、乡谊为纽带，以'相亲相助'为宗旨，以会馆、公所为其在异乡的联络、计议之所的一种既'亲密'而又松散的自发形成的商人群体。"①这一定义全面概括了商帮的内涵和共同特征。一个家族或若干个家族的力量毕竟有限，在经营活动地域，在商业行业中，活跃着来自各地的商人，同一地域的商人为了协调内部，展开与其他地域商人的竞争，为了在异乡站稳脚跟，有效地开展商业活动，就有必要在家族的基础上，而超越家族的形式，以地域为范围，形成更有实力的商人群体，商人会馆因而崛起于商业兴盛之地。

商人会馆，并无一定的地域范围，往往随人数多少、地域远近、实力大小，甚至风土人情而转移，在近地，同籍人数较多，力量较大，或以县，或以府，或以同府同县的同业之人组成，在远乡，人数可能较少，则大多以省为范围，在边远之地乃至国外，往往需联合数省组成（如在日本长崎、神户等地有三江公所），会馆成为地域商人开展商业活动的普遍的外在组织形式。

学界有关会馆的研究，成果也多，但以前主要是讨论其性质，各抒己见，后来的重要成果如王日根《乡土之链：明清会馆与社会变迁》（天津人民出版社1996年版）和《中国会馆史》（东方出版中心2007年版），似乎又偏重在其社会功能。这些讨论或研究都是必要的，也是富有学术价值的。然而会馆既然是以地域商帮为主体的客籍人士的社会组织，经商要务当不能不讲，其经济功能自不能轻描淡写。现仅着重从经济尤其是商业角度探讨其功能，或能稍补既有研究之不够周全处。

关于会馆的功能，会馆的创建者和撰文纪事者为我们留下了大量有关内容。

蔡世远说，苏州的漳州会馆之建立，"以事神而洽人，联情笃谊，所系綦重"②。上海的绍兴商帮将浙绍公所的功能解释为"一则以敦乡谊，一则以辑同帮"③。"敦乡谊"即是讲求乡谊，联络同乡感情，可谓社会功能；"辑同帮"即是团结辑睦来自同一地域的商人，协调内部，共御外侮，共谋发展，既有社会功能，兼有促进经营事业的商业经济功能。余正健说，苏州的三山会馆的建立，"不特为答神贶而资游览，且以敦乡谊，讲礼让"④。乾隆三十一年（1766），行日昌在聊城《山陕会馆重修戏台建立看楼碑记》中称："通都大邑、商贾云集之处，莫不各建会馆，以时宴会，聚集于其中。盖客旅见乡人，联桑梓，通款洽，情倍亲也"⑤。兰溪人戴曦则这样表述在苏州创立金华会馆的目的："虽苏之与婺，同处大江以南，而地分吴越，未免异乡风土之思，故久羁者，每喜乡人戾止，聿来者，惟望同里为归，亦情所不能已也"；"为想春风秋月，同乡偕来于斯馆也，联乡语，叙旧情，畅然蔼然，不独逆旅之况赖以消释，抑且相任相恤，

① 张海鹏、张海瀛主编：《中国十大商帮》前言，黄山书社1993年版，第3页。

② 蔡世远：《漳州天后宫记》，乾隆《吴县志》卷一〇六，第16页。

③ 《浙绍公所肇兴中秋会碑》，上海博物馆编《上海碑刻资料选辑》，上海人民出版社1980年版，第210页。

④ 余正健：《三山会馆天后宫记》，乾隆《吴县志》卷一〇六，第17页。

⑤ 碑文承聊城大学王云教授提供，并见张竞放主编《山陕会馆》，金陵书社出版公司1997年版，第57页。

脱近市之习，敦本里之淳，本来面目，他乡无间，何乐如之。”[①]史茂在苏州《新修陕西会馆记》中表达了完全同样的意思：“余惟会馆之设，所以联乡情，敦信义也。吾乡幅员之广，几半天下，微论秦陇以西，判若两省，即河渭之间，村墟鳞栉，平时有不相浃洽者。一旦相遇于旅邸，乡音方语，一时蔼然而入于耳，嗜好性情，不约而同于心。加以岁时伏腊，临之以神明，重之以香火，樽酒簋哺，欢呼把臂，异乡骨肉，所极不忘耳。”[②]上海的豫章会馆碑载，设立会馆，“凡事遇公私，集议其中，藉可时常亲近，未始非联属乡情之善举”，“俾春秋佳日，宴集谈心，不时聚首，虽处异乡，情同故里，一举之善，其快何如”。[③]其他如苏州的兴安会馆、汀州会馆、潮州会馆、江西会馆、浙宁会馆，上海的泉漳会馆，乍浦的咸宁公所（俗称炭会馆）等碑文，都表述了同样的内容。

可以说各地会馆的创建者和修葺者都反复强调会馆的建立，旨在联乡谊，祀神祇。这可以说是地域会馆最为常见的活动内容，最易理解的创设动机，最为基本的社会功能。客籍人士要在异乡托足，建立在地域基础上的扩大了的宗族姻亲势力是最可凭借和依赖的力量。而集结、联合、扩大这种力量，唯有通过叙乡谊、祀神祇的形式，以同宗同亲，同乡同风，共同的神灵崇拜和宗教信仰来维系和感召。会馆这一建筑物本身就是乡情亲情的表征。岁时节令，同乡之人，无论关系亲疏，熟识与否，营业异同，语同音，食同风，拜乡土神，演地方戏，亲不亲，故乡情，雍雍熙熙乐陶陶的融洽气氛是会感染每一个人的，思亲之情，乡愁之苦，于是也可以得到慰藉。平时的互通信息，互相照应，互相周恤，互相支持，更会使异乡孤客随时随地感受到乡党的可亲可爱。会馆成为联络广大客籍人士强有力的纽带，同籍人士在客居地组成了一个个小社会，内则联络辑睦同乡亲友，外则共同抵御侵侮骚扰。

联乡谊是与祀神祇联系在一起的，各地商帮都崇奉固定的神祇。福建、广东这些以航海为主的商帮以及其他沿海商帮都崇奉蹈海救难、屡著灵验、保佑航海的化身天妃。如果不是在当地，天妃宫往往就是这些商帮的会馆所在地，留存至今的材料不少就是天妃宫或天后宫记。徽商、宁国商人、山陕商人、江浙商人、山东东齐商人等，崇奉忠义侠胆、正义伟力的象征关羽关老爷。徽商又往往崇奉南宋理学大师朱熹，因而不少地方的紫阳书院、朱文正祠，实际上就是徽州会馆。山东济宁商、江淮商崇奉宋末殉节、庇佑河运的诸生谢绪为金龙四大王，各地的大王庙往往为这些商帮所建。江西商帮崇奉旌阳令主许逊为许真君，有的会馆直接称为旌阳会馆。这些神化了的忠义、力量的化身，经历代渲染，都成了护佑一定地域或某些行业的功德神，已经超出了乡土神的范围。奉祀这些神祇，既祈求保佑平安吉利，又借以树立各地域商帮特有的形象。在崇奉这些神祇时，正像各地民间普遍供奉诸多神祇一样，“许多会馆也并非以仅供一神为满足”。[④]祀奉主神的同时，也配祀、配享一个或数个乡土神或

---

① 《金华会馆记》，江苏省博物馆编《江苏省明清以来碑刻资料选集》，生活·读书·新知三联书店 1959 年版，第 366、367 页。

② 《苏州新修陕西会馆记》，《江苏省明清以来碑刻资料选集》，第 375—376 页。

③ 《新建豫章会馆始末碑》，《上海碑刻资料选辑》，第 336 页。

④ 王日根：《乡土之链：明清会馆与社会变迁》，第 282 页。

乡先贤。徽州、宁国商人在吴江盛泽镇的徽宁会馆，正殿中供关羽，东供忠烈王，西供东平王，殿东行宫供奉朱文公朱熹。苏州的潮州会馆，始建仅有天后阁，后增建观音阁，观音阁中还建有昌黎祠（崇祀曾任过潮州刺史的韩愈）。四川绥定大竹县城内江西商帮的万寿宫，中塑晋真君许逊像，左萧公伯轩，右晏公。萧公为新淦县神祇，晏公为清江县神祇。奉此二神，恐与该地江西商人多临江商人有关。光绪八年（1882）落成的苏州两广会馆，很有特点，中间三间堂屋，"祀乡先生之官斯土者"，明代为应天巡抚广东琼州人海瑞，清代为江苏巡抚广西人陈宏谋。苏州的钱江会馆，外供关帝，内奉文昌。苏州的嘉应会馆供奉关帝以外，旁祀四尊，内楼供奉南华六祖。苏州的江西会馆主奉许真君外，后殿供奉天后。上海的建汀会馆，中奉天妃，"旁有数楹，或祀土神，或奉先董"，①最为特别。上海祝其公所，既奉关帝，又奉天后。上海的潮惠会馆，前堂祀天妃，后堂祀关帝，左右祀财神、双忠。上海的商船会馆创设时仅奉天后，后增祀福山太尉褚大神于北厅，祀成山骠骑将军滕大神于南厅。徽商在浙江乌程县眺谷铺还有祀朱熹的朱文正祠，又称新安乡祠。宁绍商人在浙江归安县济川铺则有宁绍三贤祠，又称宁绍乡祠。由此可见，明清会馆神灵崇拜经历了由单一神到众神兼祀的发展演变，关圣天妃，财神土神，乡贤名宦，释祖先达，都可作为崇祀对象，反映了各地地域商帮的企求是多方面的，相当宽泛和丰富的。

会馆要有持久的感召力，要使异地异业的众多同籍之人对会馆长久保持向心力，光凭联乡谊与祀神祇是远远不够的。大多数会馆公开声明将力行善举也即同乡慈善救济放在重要地位。加入会馆的商人，或按营业额抽厘，或不定期捐资赞助，共同出资为会馆积累资金。雍正年间，在苏州的江西商人扩建万寿宫，"公议白麻每担抽赀肆分"，一年之中即可集资 800 两。②后来会馆于乾隆末年修建时，则接受同乡仕商捐款。乾隆年间，杭州丝绸商人在苏州成立会馆，其积金办法是"以货之轻重，定输赀之多寡"③，按照经营额的多少捐输银两。乾隆中期，苏州的山西会馆，由钱行捐厘而建。乾隆三十五年，苏州的徽州商人创建徽郡会馆，由涝油、蜜枣和皮纸三帮"各输厘头"。杭州的徽商木业公所规定："木帮遇有纷争等事，董事秉公排解，毋得怀私袒护。"木业公所的公共开支，由同业按营业额抽捐。规定，山客沙粮捐，每百元捐 3 钱 7 分 5 厘；用于治安巡逻的木植捐，每百元捐 1 钱，由各木所扣除代缴。④光绪三十四年，由 8 家木行代收沙粮捐和木植捐的山客商号多达 335 家。⑤道光年间，苏州的绍兴商人的烛业东越会馆，"向众行稽察岁销柏油各货多寡，议令每担扣存元银二分，按月向行对簿核收，交存会馆"⑥，即按经营额按比例捐款。同治年间，浙南粗纸箬业商人在苏州成立浙南公

---

① 《重修建汀会馆碑》，《上海碑刻资料选辑》，第 278 页。

② 《江西会馆万寿宫记》，《江苏省明清以来碑刻资料选集》，第 359 页。

③ 《吴阊钱江会馆碑记》，《江苏省明清以来碑刻资料选集》，第 24 页。

④ 《徽商木业公所征信录·凡例》，宣统刻本。

⑤ 《徽商木业公所征信录·戊申木行代收沙粮木捐总目》。

⑥ 《苏州府为烛业东越会馆规定各店捐款碑》，《江苏省明清以来碑刻资料选集》，第 217 页。

所，各商号每号捐钱 7 千文，并逐年抽提到货厘金作为经费。①清代杭州丝线商人在苏州的杭线会馆，不但有月捐，而且按货物抽厘。②同治年间，上海的潮州府的潮惠帮商人重建会馆，按主要经营商品糖、烟、鸦片“按货抽厘”，方才成功。③光绪时，苏州的东越会馆扩建，接受同人捐款，但仍不敷，又将馆屋变价移抵，仍有亏缺，再设法商借息款，复议在柏油、白蜡两项抽资，方才初就。④上海的建汀会馆，道光中初建时议定各就所业抽厘，太平天国后，迁沪之人迅速增多，而经费仅有同乡各业月捐及长生纸、棕等捐，会馆善举相当有限，同人议定，月捐停止，另募龙冈会捐款生息，以扩善举。⑤会馆如有余资，通常购置房屋田产以收取利息。所有这些公积金及公产所得租息，除了用于修建会馆建筑本身外，大多用于救济同一会馆范围内的贫病无依、失业者，对同籍人士的生养死葬予以资助，失业者救济，年老不能经营者资助返乡路费，或者因病延医供应汤药。有的会馆还为同籍或同业者诵经超度，祭祀设忏。在这方面，尤以宁波商人最为突出。上海的四明公所内，木业有长兴会，肉业有诚仁堂，竹业有同新会，内河小轮业有永安会，马车漆业有同议胜会，钢铁机器业有永生会。会馆大多设有殡(丙)舍、义冢，停放棺柩，埋葬棺椁无力返乡者。这方面，徽州商人表现得非常突出，在活跃之地江南，徽商以杭州为集中转运地，建立起庞大完善的盘棺设施系统。在日本的三江公所，因为涵盖地域过于广袤，又因在异国，该公所运送棺柩回国时，则与各地商帮在国内的会馆联络，由后者接纳。光绪九年，神(户)(大)阪三江公所就曾要求上海的徽宁会馆接纳其发送出的客商棺柩。三江公所首事在公启中称：“窃为奉宪谕运回旅梓以安旅魂而正首丘事。窃照本帮同人，或商或工，在神病故，历厝义庄，诚恐年久暴露，兹特醵资，附搭英商轮船运回上海。除禀叩理事府照会租界会审分府，谕令该柩原籍会馆公所转行运归原籍以安旅魂外，合行给发执照，务祈贵会馆公所按照后开各柩籍贯、姓名验收。至执照者。”⑥上海租界会审官在接到清廷驻神户领事移会后，即示谕上海的徽宁会馆予以接纳。⑦各地地域商帮通过大大小小的会馆及其开展的各类善举活动，构织起精细的商业贸易网络。

会馆的慈善设施，不少置于会馆建立之后，但有不少早在会馆创立之前就购置了，甚至未设会馆的不少地方也有这类设施。有的会馆还设有义学，如徽商在盛泽镇上即有新安义学，让本帮的贫寒子弟也能有读书识字的机会。各地域商帮举办这些善举，目的就是为了增加同籍内的向心力和对外的竞争力。各地商帮的实力大体上正与会馆建筑、善后设施相一

---

① 《捐资重建浙南公所碑记》，《江苏省明清以来碑刻资料选集》，第 75 页。

② 《修理武林杭线会馆碑记》，《江苏省明清以来碑刻资料选集》，第 167 页。

③ 《创建潮惠会馆记》，《江苏省明清以来碑刻资料选集》，第 488 页。

④ 《扩建东越会馆碑》，王国平、唐力行主编：《明清以来苏州社会史碑刻集》，苏州大学出版社 1998 年版，第 327—328 页。

⑤ 《建汀会馆肇立龙冈会碑》，《上海碑刻资料选辑》，第 277 页。

⑥ 此公启，收于光绪三十四年第三十刻《徽宁思恭堂征信录》，转引自王振忠《徽州社会文化史探微》，第 569 页。唯原引文有缺漏及印刷错误，经比对该书所附影印原文补正。

⑦ 《徽宁思恭堂征信录·告示》，1920 年刊本。此件承陈联博士提供，深致谢意。关于徽商的慈善设施，请参见拙文《清代徽州商帮的慈善设施——以江南为中心》，《中国史研究》，1999 年第 4 期。

致。因此，就其实施内部救助而言，会馆又是力行善举的社会组织。

联乡谊、祀神祇和办善举表面上看起来构成了地域性会馆的全部活动内容，也是创办者公开宣称反复标榜的。那么会馆有无开展商务的经济功能呢？《支那省别全志》浙江省卷在介绍了杭州的会馆公所后说，会馆是同乡人的亲睦团体，并不举行商会设立后的商业机关活动，也未闻有相应事业的大设施，不外乎祭神、慈善、亲和等目的的活动。一旦在商业上遇到乡土利益的事件发生，其团结颇巩固，屡屡共同协作行动，也可以看作商业团体。特别是公所，具有同业组合的性质，如违反规约，从公所除名，承受一切贸易方面的制裁，亦不失为商业上的重要机关。①今人如王日根等也只强调其社会功能。

实际上，会馆的上述活动既是社会意义的，也是经济意义的，而且客商在异地设立会馆最终恐怕还是为了更加讲究经营之道，维持和发展各支商帮自身的实力，以便在日益激烈的商业竞争中立于不败之地，这一点，越到后来，表现得越为明显。

康熙后期，佥都御史张德桂为北京的仙城会馆作记，解释道："称会馆，何为也？为里人贸迁有事，祃祀燕集之所也。"又称该地辐辏京师的经营者，无论业丝绸、业广货洋货者，还是业果品、业香料者，无不称吾辈"乃寄动息于牙行"，何不如外地设立会馆？如此"凡十数年，是图会馆也"。张又根据李兆图和马时伯两位商人的意思，对义利关系大发议论，谓："惟有斯馆，则先一其利而利同，利同则义洽，义洽然后市人之抑塞吾利者去，牙侩之侵剥吾利者除，是以是为利而利得也，以是为义而义得也。"②按照张德桂和这两位广州人的说法，会馆是为了在客地经营免得将货物寄存牙行利益受损行动受限制而设立的，是为了在义的形式和名义下追求经营的最大利益而设立的。京城的会馆，大多是科举会馆，京城会馆如此，其他地方的会馆，商业氛围更加浓厚。无独有偶，乾隆十三年，在苏州的胶东商人与张德桂的解释如同一辙。胶东商说他们纷投于苏州这一金玉财宝之乡，"然而钱贝喧阗，市廛之经营，不无参差，而奸究侵渔之术，或乘间而抵隙，此非权量物候于广众稠集之候，运转于物我两忘之情，相勖以道，相尚以谊，不可也。会馆之设，义亦大矣哉"。③乾隆三十七年，苏州《吴闾钱江会馆碑记》比较京师和地方都会会馆的不同性质，解释地方会馆成立的原因时称，"他都会则不然，通商易贿，计有无，权损益，征贵征贱，讲求三之五之术，无一区托足，则其群涣矣"而且明确该会馆"为贮货公所"，"为商贾贸易之所"。④几年后，当钱江会馆屡屡被仕宦借居"凡遇经营集议"等事格碍难行，引起该地商帮不满诉之公堂后，吴县县令裁决："查会馆为商贾贸易之所……查商贾捐资建设会馆，所以便往还而通贸易。或货存于斯，或客栖于斯，诚为集商经营交易时不可缺之所。"⑤吴县县令的裁决实际上代表了商人的意愿，也为我们提供了关

---

① 东亚同文会编：《支那省别全志》第13卷"浙江省"，大正八年(1919)，第740页。

② 《创建黄皮胡同仙城会馆记》，李华编《明清以来北京工商会馆碑刻选编》，文物出版社1980年版，第15—16页。

③ 《东齐会馆碑记》，《江苏省明清以来碑刻资料选集》，第369页。

④ 《吴闾钱江会馆碑记》，《江苏省明清以来碑刻资料选集》，第24页。

⑤ 《吴县永禁官吏占用钱江会馆碑》，《江苏省明清以来碑刻资料选集》，第25页。

于会馆经济性质的充分说明。乾隆四十九年，马登云说，苏州的潮州会馆设立后，“凡吾郡士商往来吴下，懋迁交易者，群萃而憩游燕息其中”①。道光十六年，苏州的金华商人重修会馆后声称，“于是吾郡通商之事，咸于会馆中是议”②。道光十八年，北京的《颜料行会馆碑记》称，“诸行之有会馆也，所以为论评市价”③。直接将商业会馆的功能解释为讨论评定价格。前述上海的豫章会馆碑所称“凡事遇公私，集议其中”，自然包含讨论商务成分。同治时，上海的《创建潮惠会馆碑》称，会馆落成后，“春秋报赛，廛市机宜，众商以时会集楼下，雍雍济济，迓神庥而敦梓好者，又在于是矣”④。这就更透露了会馆具有交流商业信息、商讨经营策略的功能。山东商人在上海建有至道堂，其堂规议定：“会馆为礼拜宴会之地，亦为群集议事之所”，“又如众商之贸易遇有意外横暴……始毕集公议之，定当同心协力，顾全大局”，“本堂创建，原备同帮聚会，每逢礼拜日，众商闲暇，与其游张园、愚园等处，不若约同素好，至馆中消遣，或谈本地市面，或论销场货色，相咨相访，裨益无穷。甚至同帮同业有何事故，藉扩见闻，遇有内惑外侮等事，先约互相私议，种种有益无损，直非楮墨所能罄也”。⑤这些当时人的会馆碑文，都对会馆的功能作出了明确的说明：会馆不仅是宴会团拜场所，也是同帮同业互通商务信息讲求经营之道谋求征贵征贱之策的场所。

客籍商人千里跋涉前往经营场所，自然不是为了叙乡情、联乡谊，而是为了牟利致富。会馆这种公共建筑正是利用集体的力量，切磋经营之道，商讨经营方针，互通生意信息，采取联合行动的大好场所。有的会馆特别是称作公所的那些地域性会馆，直接就是贮存商货的场所。如前述一度因仕宦借居房屋的苏州的钱江会馆，杭州商帮抱怨，“商等只得将货物搬出，不但贮货无所”，平时就是用来贮存同帮商人货物的。光绪年间汉口的萍醴公所，“以寓萍醴商客，货船多泊于此”⑥。有的会馆是为同帮商人提供歇宿的。如苏州的无锡猪业毘陵公墅，又名讨账公所，“余房以便各客歇宿自炊索账，如不在行生业，及为别项生理者，虽系同土，概不借歇”⑦。有些会馆甚至为同人提供资金。徽商在汉口的会馆资产丰厚，其用途之一就是支持徽人经商所需要的资金。有的徽商在原来经营的行业折阅后，如要另换招牌转操新业，会馆会在资金方面予以扶助，因而蹶而复振。⑧民国初年日本人调查也发现，会馆的事业主要是会员相互的信用维持、资本的融通、同乡人吉凶祸福的祝吊等。⑨在重庆，各省商帮有会馆，而遇到各省商帮之间的纠纷或事关各省商帮之事时，有“八

---

① 《潮州会馆记后序》，《江苏省明清以来碑刻资料选集》，第344页。
② 《重修金华会馆记》，《江苏省明清以来碑刻资料选集》，第367页。
③ 《颜料行会馆碑记》，《明清以来北京工商会馆碑刻选编》，第7页。
④ 《创建潮惠会馆碑》，《上海碑刻资料选辑》，第326页。
⑤ 《山东至道义堂规条》，光绪三十年星阶草堂稿本。
⑥ 民国《醴陵县志·建置志·公所》，《中国地方志集成·湖南府县志辑》第14册，第167页。
⑦ 《苏州府为猪业设立讨账公所以资栖歇及猪价交易概定为七三折足钱勒石永遵碑》，《江苏省明清以来碑刻资料选集》，第203页。
⑧ 参见张海鹏主编《徽商研究》，安徽人民出版社1995年版，第131页。
⑨ 东亚同文会编：《支那省别全志》第11卷“江西省”，大正七年(1918)，第807页。

省客长”予以调处。巴县档案载:“乾隆年间,各省先后设立会馆。渝城遂为客帮码头,疏通商情,始有八省首士名目。选派各省中老成公正名望素孚之人,公举充当,遇有事出,妥为调停,以安商旅”。①八省客长在乾隆中期产生后,即以处理商业事务为主,而所处理的商业事务大多不直接涉及官府的利益。②《支那省别全志》各卷在介绍各地会馆的宗旨时,常称是同乡人团结起来对抗他乡人的组织,同时为了保护和增进其利益;会馆制订商业上的规约,与商法具有同一的效力,③而公所以增进同业者的利益为目的。④凡此说明,会馆建立者和地方官府,是将会馆视为地域商帮开展商务的同业组织的。会馆的商业经济功能是不言而喻、不应忽略的。

会馆既是地域商人在客籍地联络大小商人自我管理、谋求发展的社会组织,也就成为地方政府加强治安管理,特别是对外来人口管理的重要辅助力量。凡商业发达的都会之地,人口庞杂,外来人口或流动人口充斥,如何有效控制和管理外来人口,始终是地方政府面临的重要问题。道光年间,有人明确提出在苏州利用会馆管理都市人口的设想:“省垣五方杂处,易成朋党,易起衅端。此中查访难周,最难安放。窃意各省有各省会馆,各行有各行会馆,各归各帮,尤易弹压。宜于会馆中,择贤董数人,专司劝导,每逢月朔日,各会馆宣讲馆约……三次不到,即屏斥,或资遣回籍,如此……虽五方杂处,亦不足患也。”⑤这种构想具体实行起来恐有难度,是否实行也不得而知,但会馆是地方政府加强治安的依赖力量和有力工具,则是可以肯定的。乾隆四十九年,苏州潮州会馆的碑记中也有姚姓“客长”的署名,此“客长”当是外地商人的代表,借助其力管束客籍商人。新安典商主张,典铺内部“倘有不肖者出,会馆出场驱逐,俾贤愚勿混,一振规模”⑥。典铺内出了不肖者,居然是由会馆出面驱逐的。会馆通过内部自我管理和约束,为所在地的社会治安发挥了作用。清前期,汉口“商有商总,客有客长,皆能经理各行各省之事”⑦。清中期,巴县衙遇有涉及外地商人和客籍人士之事,总是由“八省客长”出面处理,或先听取“八省客长”的意见,遇有纠纷甚至刑事案件,通常责令“八省客长”为犯罪嫌疑人担保等,八省客长也常常被官府委派各种临时性的工作,尤其是管理重庆外来人口的工作。八省客长产生之时,就禀求地方官府,“设立夫头,管理散夫背运客货,杜绝透逃,并应办客衙差事”⑧。到后来,八省客长甚至由地方官府给予札委,赋予一定程

---

① 巴县档案,案卷“光 17”,转引自周琳《城市商人团体与商业秩序——以清代重庆八省客长调处商业纠纷活动为中心》,《南京大学学报》2011 年第 2 期。

② 此处引用周琳《城市商人团体与商业秩序——以清代重庆八省客长调处商业纠纷活动为中心》一文的看法。

③ 东亚同文会编:《支那省别全志》第 2 卷,广西省,大正六年(1917),第 865、885 页。

④ 东亚同文会编:《支那省别全志》第 3 卷,云南省,大正六年(1917),第 851 页。

⑤ 《宣讲乡约新定规条》,载余治《得一录》卷十四,台北华文书局 1969 年影印版。

⑥ 《典业须知·敦品》,抄本。

⑦ 晏斯盛:《请设商社疏》,《清经世文编》卷四十,中华书局 1992 年影印版,第 991 页。

⑧ 巴县档案“嘉 16”,转引自周琳:《城市商人团体与商业秩序——以清代重庆八省客长调处商业纠纷活动为中心》,《南京大学学报》2011 年第 2 期。

度的官员的职任。[①]在陶瓷业最著名的景德镇，窑户和工匠人数众多，分为都昌帮、徽州帮和杂帮，三帮各“设立首事，借资稽查弹压”[②]，官府依靠各帮首事加强地方治安。

嘉庆年间筹办海运，两江总督铁保奏请：“上海地方设立闽、广、浙江会馆，各有董事多人。凡商船到口，先令董事审辨，果系真商，出具保结，准其进口。迨销变完竣，置货而回，或商民雇募出口，何省之船，即由何省会馆出结，计口酌给米粮，然后放行。傥有假冒进口、私运出口等事，该董事一并治罪。”得旨：“实力办理，期有成效。”[③]上海开埠后，来自广东、福建的游民人数众多，而“无从觅食，遂以护送鸦片为事，自上海以至苏州，动辄聚至盈千累万，向皆责成会馆董事稽查约束，分别遣散”[④]，地方政府仍以老办法，责成会馆遣散同籍游民。太平天国期间，面对小刀会的结党为患，以苏松太道台为首的地方官员在“事先听到了他们的意图”之后，也主要是“召集各地会馆董事，责成他们对不逞之徒严加管束”。[⑤]这种作为，邱国盛认为，“清代前期上海会馆的自我管理、自我服务功能在很大程度上源自国家的权力让渡”[⑥]。显然，这是因为会馆在加强地方治安维护地方稳定方面具有重要的作用，国家赋予了会馆这种权力。

会馆既是社会管理的有效力量，联络了大小商人的乡邦组织，也就成为对付各种社会势力包括官方滋扰势力的组织。各地会馆的碑记反映出，无论商人个体还是群体在客居地遇到地方势力滋扰或其利益遭到侵害时，总是由会馆出面交涉的。同治十年(1871)，广西贺县官员张联桂就指出，土客之间“遇极小之事，两不相下，在客商以为不如此则处处受欺，将来事业难立”，故“动辄聚集会馆，借讼敛钱”，[⑦]地域商人通过建立会馆对付地方势力。

《清国事情》第二辑在论到会馆的性质和其效用时谓：会馆是中国商业界的一大机关，他们利用会馆对抗苞苴中饱的中国官吏的压抑，或者相救相助，以保全共同利益，如有争讼事件，服从会馆的仲裁和解，仰官衙裁定，恰如商事裁判所。而且作为那些地方新来者的高等旅馆，由其会馆进行安全的商业贸易。据有经验的外商说，中国商业上的大贸易一概依照会馆进行。[⑧]民国初年，日本驻华领事说，因为得不到政府官僚的保护，那些商民皆养成各自独

---

① 光绪十一年，川东道下发札委时称：“按八省各给札委以专责成，……所有该省首事承办该省及各局公事，在在均关紧要。自奉札后，勿须查照此次定章，振刷精神，认真办理。”(巴县档案“光11”，转引自周琳：《城市商人团体与商业秩序——以清代重庆八省客长调处商业纠纷活动为中心》，《南京大学学报》2011年第2期)。

② 刘坤一：《刘坤一遗集》公牍卷之二《严禁棍徒聚众滋事示》，中华书局1959年版，第2782页。

③ 《清仁宗实录》卷一六七，中华书局2008年影印版，第31478—31479页。

④ 《向荣奏稿》卷十，中国史学会主编《太平天国(资料丛刊)》第8册，神州国光社1952年版，第546—547页。

⑤ 中国科学院上海历史研究所筹备委员会编：《上海小刀会起义史料汇编》，上海人民出版社1959年版，第53页。

⑥ 邱国盛：《从国家让渡到民间介入——同乡组织与近代上海外来人口管理》，《华东师范大学学报》，2005年第3期。

⑦ 张联桂：《问心斋学治杂录》卷下《劝土客破除陈见彼此和睦示》，光绪重刊本。

⑧ 日本外务省通商局编纂：《清国事情》第2辑，1907年，第479页。

立自治的风气，同乡者或同业者一致团结，到处设置会馆公所，以保全各自的名誉利益，相互扶助救济。①

会馆既是客籍商人的组织，拥有或大或小的资产，也就成为官府举办地方社会事务的经济支柱。前述湖南沅江之滨的靖州会同县洪江市，外地和本省商人在那里建有10个会馆类建筑，号称十馆。光绪十一年，地方官府从操办育婴堂事务的十馆首事内选择公正绅耆19人，优以礼貌，设局查办保甲，妥议章程，稽查人口流动等事，“大略在疏节阔目，实事求实，各清各馆，概不假手吏胥，使内患潜消，外匪无从托足”②。以致知县在公谕中说：“凡地方保甲团练，积谷捐输，及市廛利病有关风化等事，亦每每谕行该首事等办理。”③洪江市大大小小的地方社会事务，直接间接均是由商帮的十馆出资操办的。

可见，会馆的功能是多方面的，不能仅限在某一方面探讨。其实早在清代，当时人就对会馆的多方面功能有过述说。嘉、道时泾县人朱珔提到会馆的功能时说，会馆“所以敦乡谊，齐物价，平息争端，制良善”④。文字虽简单，却全面地表述了会馆具有联络同乡、谋划商务和社会治安等各方面的作用。光绪二十七年，吴大澂在上海《潮惠会馆二次迁建记碑》中对会馆的功能作了全面的表述：“会馆之建，非第春秋伏腊，为旅人联樽酒之欢，叙敬梓恭桑之谊，相与乐其乐也；亦以懋迁货居，受廛列肆，云合星聚，群萃一方，讵免睚眦，致生报复，非赖耆旧，曷由排解？重以时势交迫，津梁多故，横征生敛，吹毛索瘢，隐倚神丛，动成疮疣。虽与全局无预，而偶遭株累，皇皇若有大害。踵乎厥后，既同井邑，宜援陷阱，凡此皆当忧其所忧者也。纵他族好行其德者，亦能代为捍卫，而终不若出于会馆，事从公论，众有同心，临以明神，盟之息壤，俾消衅隙，用济艰难，保全实多，关系殊重。推之拯乏给贫，散财发粟，寻常善举，均可余力极之，无烦类数。此会馆之建，所不容缓也。”⑤说得很清楚，会馆除了联络乡谊，救助同乡同业，还有谋划商务，排解纠纷，在经济形势变迁的清后期，更有维护乡邦同人利益，与有关部门特别是税务部门交涉的功能，而且会馆处理事务出于同心，事从公论，盟誓于神明，因而最为公正有效，很多争衅可以消弭于萌芽状态，是保全同乡极为有用的乡邦组织。会馆谋划商务的这种功能，越到后来越为突出。说到底，会馆是权量物候，商议商务的组织。联谊祀神也好，力行善举也好，对商人来说，多半都是为商业活动打基础，为恢扩经营服务的，而且这些活动本身便可视为商人活动的必要组成部分。因此，从商业发展着眼，会馆又是客籍人士广为连络，加强团结，自我保护，自谋发展，增强实力，开拓商务的乡邦团体。明中期起涌现出来的大大小小商帮，就是在会馆的旗帜下不断发展壮大的。

综上所述，会馆是祀神祇的公共建筑，联乡谊的聚会场所，办善举的社会组织，谋商务的地域团体，甚至还是地方政府加强治安的辅助力量，也是商帮群体用以应付各种滋扰的有力

① 日本外务省通商局编纂：《在天津总领事馆管辖区域内事情》，1924年，第52页。

② 《县正堂汪为谕饬事》，《洪江育婴小识》卷四，光绪十四年刻本，第14页。

③ 《洪江育婴小识》卷四，第6页。

④ 朱珔：《小万卷斋文稿》卷十八，第8页。

⑤ 《潮惠会馆二次迁建记》，《上海碑刻资料选辑》第331页。

外在形式。这种会馆，不是行业的组织，没有东伙之别，而是“人各异乡，居各异地”，包括了特定地域的各行各业全体客籍人士的地域组织，它对内并不互相限制、互相排斥，而是在乡邦精神的号召下，“相勖以道，相尚以谊”，提倡和力行互持互助，互相保护，对同乡的经营活动不加任何限制，以人数众多、实力不断发展为自豪；对外不搞垄断，而是鼓励发展，提倡竞争，讲究经营之道，展开与其他地域商帮的竞争。这样的会馆，是工商业特别是商品经济发展到一定程度的产物，是各地商人展开竞争的产物，在其形成和发展过程中，又不断促进和推动了商品经济的发展。如果考察其分布及其数量，可以发现，凡是商品经济发达的地方，商人会馆就多，商品经济与会馆的发展是同步的。这样的会馆，根本没有同时期西方行会的那些基本功能，诸如在经济上，对成员的生产活动制定严格的规定，并实行检查制度，控制城市内本行业的发展，维护本行会拥有的既定市场；在政治上担当重要角色，如行会对整个城市的政治领导权，市政当局官员均由行会选举或推举，均从行会人员中选出，行会成为城市中的基层政治组织，不但对本行会全体成员负责，也要对市政机构负责，在城市需要组成军队对外作战时，一个行会往往就是一个成编制的战斗单位，行会也成为基层社会组织，承担各种社会责任。[①]很显然，此前不少研究，把这样的会馆公所不加区分，一概说成是对内限制发展、对外排斥竞争的封建行会组织，确实从理论上和史实上都是站不住脚的，也是不符合历史实际的。个别论者所谓商人会馆“举凡行会精神的主要方面，如垄断市场、统一售价、统一度量衡器、统一商品规格，乃至控制和排斥非本行会的商人，色色俱全”[②]的看法，实际上主要是依据个别行业性公所而得出的，无法用来证实所要讨论的商人会馆的性质。

四、遵循共同信奉的为商准则和经营理念

明清时期的各地商帮，形成了为众所接受的为商准则和经营理念，激励各地商人普遍遵循，以为自律和他律。

（一）为商准则

万历二十七年(1599)刊刻的余象斗《新刻天下四民便览三台万用正宗・商旅门》，天启六年(1626)叙刻的徽商程春宇的《士商类要》，明末闽商李晋德的《客商一览醒迷》，乾隆时流行的《江湖必读》，以及乾隆后期江西商人吴中孚的《商贾便览》等日用类书和商业书，都对商人的为商准则作了叙述，很多内容前后沿袭，说明其时商人已经形成了较为明确的为商准则，以俾业内共同遵行。

强调诚信，将“诚”“信”“义”作为从商的基本要求。徽商某人从小经纪发展为绸布富商，

---

① 刘景华主编：《走向重商时代——社会转折中的西欧商人和城市》，中国社会科学出版社 2007 年版，第 174—175 页。

② 汪士信：《明清商人会馆》，《平准学刊》第 3 辑下册，中国商业出版社 1986 年版，第 105 页。

集资巨万，向人传授经验道："求富不难，汝等先治'外贼'，后治其'内贼'。"他所谓'外贼'，指的是喜色的眼，好音乐的耳，喜香的鼻，喜味的舌，喜穿的身。所谓"内贼"，是指"仁、义、礼、智、信"。[①]治好此内外贼，经营定能发财。但这种论调只是个案。明后期开始产生的一批商业书，各地商人反复阐明和强调诚信的重要，诚信经营成为商人共识。《客商一览醒迷》强调，财托亲友，货投牙侩，"不在论其家计，惟是察其诚信"。[②]《士商类要》提醒："货之精粗，实告经纪，使彼裁夺售卖。"[③]要求将货之好坏精粗的实际情形告诉经纪牙人。《江湖必读》改为"好歹莫瞒牙侩，交易要自酌量"，而且进一步解释道："货之精粗美恶，实告经纪，以便售卖。若昧而不言，希图侥幸出脱，恐自误也。"[④]客商与牙人，在经营过程中充满着矛盾，而商人的经验之谈是主张将实情告诉牙人，以免交易过程中出现意外，可见行商将诚信放到了必须遵守的重要地步，而讲求诚信最终得益的是客商自身。前述山西商人经营采用的"伙计制"，王士性解释其宗旨，实际即是强调诚、信二字，其赞赏的所谓"以行止相高"，就是以人品信用为基准。洞庭商人的委托经营"领本制"，其义也同。

强调成为义商、良商、廉商。《客商一览醒迷》说："声名千古，富贵一时。"又说："钱财物业，来之有道，义所当得者，必安享永远。若剥削贫穷，蒙昧良善，智术巧取，贪嗜非义，虽得之，亦守之不坚。非产败儿，必招横祸，人命火盗，概不可测。"更主张"人浊我清"，称"利场人所竞趋，临财当视其所来，若干不义不法，即忖今日侥幸而得，不敷他日事败之用，兢兢于此，近乎廉而害亦鲜矣"。[⑤]《江湖必读》说："厚利非我利，轻财是吾财。"并解释道："经营贸易及放私债，惟以二三分利息，此为平常悠久。若希图七八分利者，偶值则可，难以为恒。倘或以此存心，每每如是，必至倾覆我本，亦为天所夺矣。"[⑥]清前期萧廷祚续《江湖必读》谓："专于刻剥，纵舍无功。"并解释说："与人交际，刻剥取利，锱铢而兢其方寸，已不良也。虽捐万金施舍，造桥砌路，创庙作福，亦无功德矣。"[⑦]其意是说，平时交易，存心要良，切不可刻剥，若锱铢必较，刻剥取利，事后虽做善事，也无补前愆。明清文献记录成功的大商人，大多十分强调他们的义、廉、良的品行，而且现身说法，只有那些具有义廉品行的商人才能获得消费者的信赖，生意越做越大，真正成功。

强调勤俭节约。《客商一览醒迷》劝导，"不俭不怜，徒负披星步峻"。更解释道："为客商，不辞晓夜，登山渡水，所需微利，皆由惊恐辛苦而来，若不俭省爱恤，则动渠劳碌何益哉?"又说，在外经营，"莫若节俭"。[⑧]《士商类要》认为，勤俭是买卖成功的重要条件。称"贸易之

① 沈起凤：《谐铎》卷七，《清代笔记小说大观》第1辑第21册，江苏广陵古籍刻印社1984年影印版，第3—4页。

② 李晋德：《客商一览醒迷》，杨正泰校注，山西人民出版社1992年版，第271页。

③ 《士商类要》卷二，杨正泰《明代驿站考》附，上海古籍出版社1994版，第296页。

④ 吴中孚：《商贾便览》卷一，乾隆五十七年序刊本，第4页。

⑤ 李晋德：《客商一览醒迷》，第306、307页。

⑥ 吴中孚：《商贾便览》卷一，第8页。

⑦ 吴中孚：《商贾便览》卷一，第14页。

⑧ 李晋德：《客商一览醒迷》，第271、282页。

道，勤俭为先”，“勤俭者必自行”，而能“多成买卖”。[1]交代子孙勤俭节约刻苦经营之言，更充斥于各地商帮如徽商、晋商等地商人的家书中。

强调守法纳税。经商需要路引，依法纳税。《三台万用正宗·商旅门》教导：“既为客旅，要知商税来由，身在江湖，岂可抗违王法。”而后紧接着罗列各地征税的类别。[2]《客商一览醒迷》提醒经营者，“榷征莫漏，赋役当供”。并解释：“货至榷场，必须实报，毋为小隐，徼幸欺瞒，查出倍罚，因小失大。间有船户求赂走关，客图便宜胁从，及至追至，本钱倾丧，为商幸毋为此。”又强调，所交税款，“多九边军需，披坚执锐，苦冒星霜，环卫中土之民，藉以奠安，斯民乐享升平。尚吝资甲之需，逃避顽梗，岂得谓良民也耶”？将是否按章纳税上升到公民是否遵守义务的高度。又作《警世歌》，其中称“爱身须守法，保有在安席”。[3]《士商类要》则将告引纳税列为“为商十要”的第一条，强调：“凡出外，先告路引为凭，关津不敢阻滞。投税不可隐瞒，诸人难以胁制。此系守法，一也。”[4]告引纳税，不但是守法的基本要求，而且也是规避风险的重要手段。《商贾便览》还专门列有“各省关税”一目，备列各地税卡名称和地点，又附列“各地土产马头关税”，甚至详细交代各地交税具体地点。

强调礼敬官员。官员不但身份等级高于商人，而且是商业经营能否展开能否成功的重要影响因素，商人形成经验之谈：是官当敬。《客商一览醒迷》和《士商类要》均在强调“是官当敬”后解释：“官无大小，皆受朝廷一命，权可制人，不可因其秩卑，放肆慢侮。苟或触犯，虽不能荣我，亦足以辱我。倘受其叱挞，又将何以洗耻哉！凡见官长，须起立引避，盖尝为卑为降，实吾民之职分也。”[5]言简意赅，将礼敬官员的道理说得相当透彻。很明显，商人在实践中总结出经验教训，敬重官员，可以给经营带来便利，或者可以规避经营风险，或者可以消减各种意想不到的阻力。

强调交易通过牙行，雇船依靠船行。商人经商，离不开牙人的中介，从雇请船只运货，到确定价格，买卖商品，以至货款回收或支付，都须通过牙行，与牙人打交道就大有讲究处。商人在与牙行打交道中，积累了丰富经验。牙行的职能是“权贵贱，别精粗，衡重轻，革伪妄”[6]。《客商一览醒迷》所载有关与牙行牙人打交道的事项极为详细。买卖通过官方许可的牙行，货款和银色方有保障，若“买货无牙，称轻物假。卖货无牙，银伪价盲”。客商有赖牙行，才能正常交易，获取利润。判断是否正规牙行就颇费酌斟。经商指南提供了不少方法。所谓“投牙三相”：“相物、相宅、相人”；进到牙人家，试其虚实：“言直、言公、言诈”。从牙人言谈举止观其人品：“初到牙家，问货价值，随口而答，则相近不差多少。若口慢，应答含糊，必怀欺诈也”；“牙人初会，恭敬出于分外，酒席破格丰盛，仆从欢腾，快意甚炽，则知货有价而锋快也。

---

① 《士商类要》卷二，第 300、292 页。

② 余象斗：《新刻天下四民便览三台万用正宗》卷二一，万历二十七年刻本，第 24 页。

③ 李晋德：《客商一览醒迷》，第 295—296、304 页。

④ 《士商类要》卷二，第 295 页。

⑤ 《上商类要》卷二，第 299 页。

⑥ 李晋德：《客商一览醒迷》，第 289 页。

客到主家,仆不甚紧随,款待疏略,不以为意,非货迟滞,而因本少也"。《客商一览醒迷》还说:"经纪度无客投,必雇人远接,其素行不良可知。若殷厚主家,不务粉饰,直率待人,赀本托之无虞矣。"[①]对牙人,客商虽然应据实相告货物好窳,但买卖交易,还是要自拿主意。同样,雇船运输,也须到在官府备案的船行雇船。《士商类要・船脚总论》称:"雇船一事,必须投牙计处,询彼虚实,切忌贪小私雇,此乃为客之第一要务也。"[②]《客商一览醒迷》也说:"凡写船,必由船行经纪,前途吉凶得以知之。间有歹人窥视,虑有根脚熟识,不敢轻妄。倘慳小希省牙用,自雇船只,人面生疏,歹者得以行事,以谓谋故,无迹可觅,为客者最宜警惕。"[③]《商贾便览》也援引《江湖必读》称,写船"必由舡行立票,前途吉凶得以知之"。[④]《典务必要》也称:"若往水路,当宜在埠头牙行中写船,先看船只富实,篷桨俱全。……若某处买卖,当访明某牙行诚实老练,宜访行市之价,早晚不同,长跌不一……若装往某处发卖,更要访查牙行妥实,恐误投期家,设有扯空真本。"[⑤]所有这些措施或做法,其实也是商人自我保护的手段,正规船行、牙行,都是在官府备案,得到官府保护的,一旦引起纠纷,客商可以凭以追寻根究。

(二)经营理念

从事商业经营,尤其是行商,必须秉持一些基本理念。如预测行情,注重市场信息。《客商规鉴论》传授:"如贩粮食,要察天时。既走江湖,须知丰歉。水田最怕秋干,旱地却嫌秋水。上江地方春布种而夏收成,江北江南夏布种而秋收割。若逢旱涝,荒歉之源。冬月凝寒,暮春风雨,菜子有伤。残夏初秋,狂风苦雨,花麻定损。小满前后风雨,白蜡不收。立夏之后雨多,蚕丝有损。北地麦收三月雨,南方麦熟要天晴。水旱尤可,大旱难当。荒年艺物贱,丰岁米粮迟。黑稻种可备水荒,荞麦种可防夏旱。堆垛粮食,须在收割之后,换买布匹,莫向农忙之际。须识迟中有快,当穷好处,藏低再看紧慢,决断不可狐疑。货贱极者终难转贵,快极者决然有迟。迎头快者可买,迎头贱者可停。价高者只宜赶疾,不宜久守,虽有利而实不多,一跌便重。价轻者方可熬长,却宜本多,行一起而利不少,纵折却轻。堆货处要利于水火,卖货处要论之去头。买要随时,卖毋固执。如逢货贵,买处不可慌张,若遇行迟,脱处暂须宁耐。货有盛衰,价无常例。放账者纵有利而终久耽,虚无力量,一发不可。现做者虽吃亏而许多把,稳有行市,得便又行。得意者志不可骄,骄则必然有失,遭跌者气不可馁,馁则必无主张。买卖莫错时光,得利就当脱手。"[⑥]所述虽然不少是农事物候常识,但不少已升华为经营理念,对于初涉商业经营者极为有用,既对作物生长和商品生产大势有所了解,又掌握商业经营的诀窍,自然容易成功。《客商一览醒迷》说:"涨跌先知,称为惯手。壅通预识,可谓智人。"该书解释道:"作牙作客,能料货之行与不行,逆知价之长跌,而预有定见,是

① 李晋德:《客商一览醒迷》,第 271、273、277 页。

② 《士商类要》卷二,第 294 页。

③ 李晋德:《客商一览醒迷》,第 294 页。

④ 吴中孚:《商贾便览》卷一,第 11 页。

⑤ 《典务必要》,丁红整理,载《近代史资料》总 71 号,第 43 页,中国社会科学出版社 1988 年版,第 43 页。

⑥ 余象斗:《新刻天下四民便览三台万用正宗》卷二一,第 4 页。

为真老成也。”[①]《商贾便览》更特别强调，同行之间要“书信勤通，趋避两得”，并解释道：“商贾生理，买有地头，卖有定处，货载中途，或因水干，或为分手，俱须开剥分运，难免托人代，亦宾主关切，客友情深。必须信息彼此频通，不但各处货物行情时知裁办，即两地兴居可亦藉以慰怀。故勤谋生理者，不惜笔墨吝省小费，每逢紧要，即专雇飞报，或给酒钱，附便快交，则知机风，早晚可得，趋避而有益矣。”[②]以趋利避害阐述掌握商业信息之重要，当会使商人铭记在心。从当时的商业实践看，那些经营成功的大商人，都是预测行情，关注市场信息的行家里手。

如薄利多销，加速资金周转。在贩销活动中，经营者一般都是贱时买进，贵时卖出，通过贱买贵卖赚取商业利润，但如何把握时机，适可而止，既赚钱而又稳妥，却不易掌握。人的心理都要等到价格最高时或最有希望腾贵时才肯出售。《客商一览醒迷》却传授道：“现银强过不知机，守货齐行多自误。”商品出售，加快周转，胜于搁在手上。所以该书又解释道：“货到地头，终须要卖，若见现银，勉强增价，过于坚执，或听旁人撺簇，错过机会，遂至买寝货阁，后悔无及，未免有失渡无船之叹。”[③]出售商品不能过于执拗，而应当机立断，见机就卖。

如坚持本行生意。《客商一览醒迷》总结为：“不识莫买，在行莫丢。”长期经营的商品，有关知识都懂，生意较为稳当。所以该书解释道：“平昔生意，惯熟货物，虽然利微，亦或遇而不遇，切不可轻易丢弃，改换生理。暴入别行，而货物真假未必全识，价值低昂难以逆料，以致倾覆财本，大有不可量也。然作客贩货官，固守本行为是。”[④]

如增强自我保护意识。《三台万用正宗·商旅门》《士商类要》和《客商一览醒迷》等书，都曾总结出不少商人自我保护的经验。《三台万用正宗·商旅门》所载《客商规鉴论》前半部分，即是商人自我保护的经验之谈。如说，“但凡远出，须先告引，搭伴同行，必须合契，若还违拗，定有乖张”；“未出门户，须仆妾不可通言；既出家庭，奔程度贵乎神速”；随身行李，“下跳上鞍，必须自挈”；“早歇迟行，逢市可住，车前桅下，最要关防”；“到彼投主，须当审择，不可听邀接之言”。[⑤]《士商类要》所述大致相同。携带商品或货银时，《客商一览醒迷》提醒：“有物不可离房，无事切宜戒步。”生意途中，“逢人不令露帛”，具体说来，“乘船登岸，宿店野行，所佩财帛，切宜谨密收藏。应用盘缠，少留在外。若不仔细，露帛被人瞧见，致起歹心，丧命倾财，殆由于此。”出门在外，装束也要注意，切忌露富张扬。《客商一览醒迷》主张：“客商慎勿妆束，童稚戒饰金银。”这是因为，“出外为商，务宜素朴。若到口岸肆店，服饰整齐，小人必生窥觊，潜谋劫盗，不可不慎。”途中慎重选择伙伴，“凡出外，必须要择的伴，庶几有铺。若路逢素非熟识之人，同舟同宿，未必他心似我，一切贵细之物，宜谨慎防护，夜恐盗而昼恐拐也”。行李装裹也要注意，“铜铁忌储箱柜，重物莫裹包囊”，“如有此物，宜显露外面，不可收藏，以

① 李晋德：《客商一览醒迷》，第284页。

② 吴中孚：《商贾便览》卷二，第4页。

③ 李晋德：《客商一览醒迷》，第279页。

④ 李晋德：《客商一览醒迷》，第288—289页。

⑤ 余象斗：《新刻天下四民便览三台万用正宗》卷二一，第1页。

远奸人之害”。[1]这样，奸徒就不会以为是银两而下毒手，是远祸之法。

五、注重职业教育，积累从业经验，传授专业知识

(一) 遵循店铺经营的基本信条

江苏句容商人王秉元编集了《世事》一书，后经沙城人汪淏于乾隆五十一年修订成《生意世事初阶》71条。嘉庆十四年(1809)，王秉元又序刊了《贸易须知》一书，增为141条。道光二十四年杭州项名达、光绪五年蠡城言慎金都序刊了《贸易须知》。直到民国十一年(1922)，安徽当涂人施庆庭石印序刊了《贸易指南》(又名《生意经络》)一书。这些各地人士序刊的书，源出《世事》一书，都是专门介绍店铺经营基本知识的专业书。又有炳记《贸易须知》一书，经人研究，是清代后期之作，其中不少内容有许多山西方言俗语，因而被人认定是山西商人之作。[2]《生意世事初阶》或《贸易须知》的一再刊行，内容不断增删调整，补入与时俱进的新内容，乃至文字改为符合当地人的口气，说明书中所述已为各地商人所熟悉，其观念已为各地商人所接受。乾隆时江西商人吴中孚的《商贾便览》，作者声明是坐贾专论，也有不少相关内容。这些坐贾专书，可以视为清代各地商人的基本信条，现一并叙述。概括而言，主要有如下六个方面。

一是礼貌待客。《生意世事初阶》强调，顾客进店时，店员必须“挺身站立”，神态要“礼貌端庄”，问话要和颜悦色，给顾客留下良好的第一印象，心中欢喜。洽谈生意时，“要谦恭逊让，和言悦色，出口要沉重有斤两”，要“如春天气象，惠风和畅，花鸟怡人”，做到“人无笑脸休开店”。做生意时，“须要花苗，言如胶漆，口甜似蜜，还要带三分奉承，彼反觉亲热，买卖相信。如最相熟者，还可说两句趣话”，如此一来，无论“多大生意，无不妥矣”。对那些还价不到本的顾客，也“必须笑容相待，推之以理，详之以情”，切不可“浮草大意，回他去了”了事。可见，为了促成生意，礼貌待客，是各地商人普遍遵循的准则。

二是顾客至上。接待顾客时，“不论贫富奴隶，要一样应酬，不可藐视于人，只要有钱问我买货，就是乞丐花子，都可交接”，不以貌取人，贵贱长幼贫富一律平等对待。交谈生意要恰到好处，“虽要言谈，却不要太多，令人犯厌，须说的得当，你若多言，不在理路上，人反疑你是个骗子”。相反，若是性急，“三言两语，将几句呆话说完，及至结局，没得对答”，人家以为不耐烦，生意肯定做不成。如果顾客嫌货物价贵，店员就要做些必要的解释工作，“必须将货物从地头因何而贵，或是不出，或遭干，或遇水荒，以致缺涨，如此分剖明白，买者自然信服，添价买去”。对那些批评货差的顾客，也不可粗鲁行事，“他善批你，你亦善解”。对那些还价不到本的顾客，也要虚与周旋，切不可“抛去不理他，恐买者动气而去”。说明从顾客进店到

---

① 李晋德:《客商一览醒迷》，第279、281—282、294、295页。

② 张正明:《晋商兴衰史》，山西古籍出版社1995年版，第335页。

离店，经营讲究的店铺都须本着顾客至上，客为衣食父母的原则，耐心应酬，决不使顾客生气不满，务必将生意做成。

三是灵活应变。招揽顾客，必须灵活，注意倾听顾客的答话，善于“听他出口，探其来意”。从顾客的言谈中，“度情察理，鉴貌辨色”。交谈时要掌握好分寸，“如彼公道正直，出言有理，必须公道待他……如那人本来粗躁，话语强硬，亦不可弱与他，要放些威严应付他”。向顾客要价时，总的原则是先出口“瞒天说价”，再让顾客“就地还钱”。这是因为“时下生意，老实不得，要放三分虚头，到后奉让，彼是信服的。你若突然说实在价，买者未必全信，决不肯增，只有减的”。当然还要视是缺货还是冷货而定，“须要水马不离桥，不可过于离经”。总之，在向顾客要价时，必须做到“见景生情，随机应变”才是。做生意时，要根据不同情形作出灵活的变化。对那些只还价而根本无意买货的顾客，照本也要卖，由此可能会经他宣传拉些客人来，这叫作“拉主顾”。对于亏本生意，偶尔也要做，“今日不挣钱，还有下次扳本”。对于大笔生意，应该“慷慨些，洒脱些，比不得做小生意，锱铢必较”。甚至在付货款时，也要有变通的余地，不能过于刻板，一味固执。可见，迎合顾客的消费心理，灵活应变，不拘一格，已是各地商人普遍坚持的经营宗旨。

四是随行就市，涨跌把握时机。《生意世事初阶》称：“门口各货，价钱卖定，倘或些微价高，必听之大市，方可涨价。你若蓦然就长，买者一时未能信服，恐走出往别店买。往常是你主顾，别店见新主顾来买，除不高他的，反更让些。买者信以为然，便说你欺他，下次永不来矣。故曰：‘跌价须跌在人前，涨价须涨在人后。’亦是拉生意之道也。”①这是激烈的商业竞争使然。吴中孚《商贾便览·工商切要》强调，囤积贩贵，是行铺常态，但要“察其贱而又贱，贵而又贵，不贱而可买，不贵而应卖之时也。……要在留心访问，审察机变时宜，合乎情理而已”②。

五是开店择人得当。《江湖必读》称：“合伙开行，择能者是从；分头管事，以直者付托。”并解释道：“一行若有数人合伙经纪，我当择其忠厚者付之以本，能事者托之以鬻，他日分伙相投，亦必如是，斯可矣。”而千万不可轮流管事。盖因“轮年如同打劫，独任尚顾门风”。③吴中孚《商贾便览》指出：“因人授事，量能论俸。”第一是官总，其次是内外店官，更次是杂务粗工，都要“授事论俸，无不各适其宜”。④

六是制定章程。吴中孚《商贾便览》强调：“立规模以壮观，定章程而不易。”并解释：“凡开行铺，无论大小，要有规模章程，人物整齐。”⑤

(二) 明确培养学徒的基本要求

前述流行于清代的《世事》《生意世事初阶》和《贸易须知》等一类书，实际上主要是讲究

---

① 关于《生意世事初阶》的内容，请参见拙文《清抄本〈生意世事初阶〉述略》，《文献》，1990 年第 2 期。

② 吴中孚：《商贾便览》卷一，第 24 页。

③ 吴中孚：《商贾便览》卷一，第 9 页。

④ 吴中孚：《商贾便览》卷一，第 22 页。

⑤ 吴中孚：《商贾便览》卷一，第 23 页。

为师之道和培养学徒的专门书籍。大约咸丰、同治年间，杭州的徽商大本营新安惟善堂有一抄本，名《典业须知》，从处世立身等品行角度，分敦品、保名、勤务、节用、务实、远虑、虚怀、防误、练技、细心、惜福、扼要体仁、防弊、择交、贻福、远观、知足(六字五戒)等方面，对学徒提出要求，又列典规择要23条以便遵守，通篇文字以通俗易懂的道理，循循善诱的口气，正面反面的例子，要学艺之人学习实践。①书中要求学徒“守家教，顺师长，睦同班，遇事勤苦稳重，气量宽大，肯吃亏就是便宜，肯巴结就是本事”；要谨守“勤、谨、廉、俭、谦、和”六字和“性情、嬉游、懒惰、好胜、滥交”五戒和具体典规，都是学徒必须遵守或时时历练体味的。前述《典务必要》一书，一开头便是“幼学须知”，是专门对典铺学徒的告诫。要求学徒“务须勤俭为本，不可懒惰”；“遇事不可自大，不可强知，务须请教长辈”；“五谷最宜珍惜，不宜作贱抛弃”；“凡为人处世，必须立品端方为上，务在诚实待人，不可使用心术”；“学生除查货之外，并无他事，夜间必须习学书字，不可聚众闹谈”等。②对学徒的这些基本要求，大多是从品行德性方面作为出发点的，在《生意世事初阶》等书中也能见到。

(三) 注重职业教育，传授专业知识

家族经营既为各地商帮的基本形式，家族性的职业教育就成为必需。这种职业教育，也将主要通过家族和行业两个途径展开。前者更注重言传身教，在具体的经营活动中不断提高商业技能，不断积累经商经验，锻炼处理商业事务的实际能力；后者主要通过商业书的书本传授，而商业书，也是商人经商的经验教训的结晶。

开创明清行商路程书范例的《天下水陆路程》，就是编者徽商黄汴有感于经商行程中前路渺茫而苦于询问的产物。黄汴说：“汴弱冠随父兄自洪都至长沙，览洞庭之胜，泛大江，溯淮扬，薄戾燕都。是年河冰彻底，乃就陆行，自兖至徐，归心迫切，前路渺茫，苦于询问，乃惕然兴感，恐天下之人如余之厄于歧路者多也。后侨居吴会，与二京十三省暨边方商贾贸易，得程图数家，于是穷其闻见，考其异同，反复校勘，积二十七年始成帙。”为该书作后序的苏州人吴岫描写黄汴成书起因和过程，称其“足迹半天下，见前途问津者，漫皆迷茫，险夷利害，每犯所讳，故就岫假诸志，创设规模。又以其坐廛在我苏金阊阛阓之地，日与四方商贾交易，就而问询，并己所尝历而识者辩证之，以成此书，积苦数十年而后成”③。黄汴意识到行商专业知识传授的重要性，积数十年辛苦，利用自身经商所得知识，征询其他商人，结合地方志书，才成此行商指南。前述乾隆五十一年汪淏抄录王秉元的《世事》，也明确宗旨是为了用以教导在外经商的子侄。④

---

① 《典业须知》，抄本，杨联陞辑，载《食货月刊》复刊第1卷第4期。书前有“浙江新安惟善堂识”字样，此惟善堂正是清代杭州徽商会馆的名称，作者又是徽州人，可知此书是徽州典商的教科书之类书籍。

② 《典务必要》，丁红整理，载《近代史资料》总71号，第42—44页。

③ 黄汴：《天下水陆路程》自序，《北京图书馆古籍珍本丛刊》第82册，书目文献出版社，第821页。吴岫后序见杨正泰《明代驿站考》附《一统路程图记》，上海古籍出版社1994年版，第228页。

④ 汪淏序《生意世事初阶》谓：“余向以舌耕为事，不以猥琐撄心。迨至知非之年，欲效方人之术，始见挟本居奇，无微不入，特以江湖远涉，不克面诲儿曹。因阅王子《世事》一册，重加删润，邮寄子侄，聊节手示之劳。”

经商涉及各个门类各种商品，要求的知识相当专门繁杂，于是相关专业知识书籍编纂较多。

棉布是大宗商品，流通量巨大，商人收购到坯布后，还要按照各地好尚各种消费目的要求进行整染等再加工，亦即现代织染行业中的所谓后整理，因此掌握布匹知识直接关系到生意的成败。各地棉布商人在经营中，积累起相应的知识。至迟形成于乾隆初年的《布经》一书，大约就是由专门为字号看布之人传授的经验总结。全书大体上依照字号自门庄收布到验看光布的自然流程，着重介绍验看各种布匹的诀窍及染布方法、染料来路等，分为配布总论、看白布诀、指明东路铁椗木椗诀、门庄买布要诀、指明布中一切条款、字号看白布总论、看白布总诀、认刷纱病处并木椗分解、指明浆纱水纱二布分解、刷经布路道大略、半东路大略布言、收门庄要诀、看毛头大略总要、青蓝布看法、看翠蓝月白秘言、看法条例、染坊总诀、染各样杂色每百匹该用颜料数目、门布染标扣颜色染价每匹照码六折（字号染价大约依此码五折）、江西出靛道路地名、各样颜色道路地名、各路靛、看光布总论、看光布秘言、各样退法、看光布歌诀（又歌诀曰）、石上踹布法、看手踹手及滚子石头四事总诀，共28则，最后还有一则，为五逆生意，是对收布验布的感慨。全部内容可以归结为看白布法、看色布法、看光布法及染法染料四个部分。书中所载各则，表明字号在收白布、看毛头布、验光布等各个环节均有相应的质量标准。①这些质量标准和基本知识，对于从事其业者当是极为有用的。

明清时期，各地各业银两名目繁多，成色不等，辨认银两，估看成色，大非易事，为此，各地商人积累经验，编写辨别银两的专书，以供从业者使用。康熙五十五年，河北商人冯琢珩积贸易20年之经验，有鉴于银有低高之分，害人不浅，编成《辨银谱》一书，对于如何断银，如何查口，如何辨认各种成色的元宝等，大多以口诀的形式诵读出来，“条分缕析，微显阐幽，凡水性之低昂，火色之轩轾，原原委委，罔不了如掌纹”。到乾隆五十四年，又被在京城贸易可能是山西商人的马心恭订正后刊刻流布。②乾隆六年，又有一本名为《银谱》的抄本，介绍了直隶、山东、山西、陕西、河南、江西、福建、广东、云南、京都、南京、济宁、淮安、镇江、徽州、九江、湖州、温州、合州，以至山东周村、苏州枫桥等铸银地方，及日本、荷兰、吕宋的银圆，描摹了各地各种银两的特征、俗称。③这些有关辨别银两的书籍，着眼点都在识别各种银两，确定各种成色，非常实用。

当铺需要识别各种货物特别是珠宝、金银玉器以至书画古玩等物，对从业人员的专业要求很高。自道光到清末，不断有《当谱》的写本在当铺业内人员中流传，鉴别货物的方法广及各个方面。④清末民初，一个15岁即进入当行的人抄录成《当行杂记》一书以传授经验。作者抄录平时所集体会，旨在“看物之真假，变[辨]物之时古，评物之高低，知物之土产、地造、成全、制造，无有不记”，列举各种物品的质量、规格和价目，所列各种不同规格的物品诸如平民

---

① 参见拙文《清代江南棉布字号探析》，《历史研究》2002年第1期。

② 冯琢珩：《新刊辨银谱》，《四库未收书辑刊》第10辑，第12册，第418页。

③ 宁寿堂：《银谱》，商鸿逵标点，载《清史数据》第3辑，中华书局1982年版。

④ 《当铺鉴别珠宝文玩秘诀》，赵金敏点校整理，北京燕山出版社1991年版。

绸、布、衣服，官员朝衣蟒袍，文武补服，皮毛土产，日用杂货，金银首饰，珠宝玉器等，多达千种以上。有些物品不但标出入价，而且标出卖价，有些物品不但有时价，还有历史上某一时期的价格。绝大多数商品不但注明档次、规格和质量标准，而且注明产地、特征及不同地方出产的同一物品的区别、优劣和具体价目。①这样的介绍，很便于实际操作掌握。

六、结　　语

春秋战国之际葵丘人计然认为，年岁丰歉是循环的，有穰必有歉，六年一穰，六年一旱，十二年必有一大饥；又认为，贵上极则反贱，贱下极则反贵，贵出如粪土，贱取如珠玉。战国时周人白圭主张采用“人弃我取，人取我与”的办法经商，稻谷成熟时收进粮食，出售丝、漆，蚕茧出产时收进帛、絮，出售粮食；认为经商必须掌握时机，运用智谋，犹如孙吴用兵，商鞅行法。计然和白圭等，被认为是中国的商业鼻祖，其经商原则被后世视为圭臬。

上述明清时期的各支地域商帮，虽然长袖善舞，各擅其长，富有特色，但他们大多从中国传统文化特别是儒家伦理中吸取营养，立足中国本土和传统，崇奉中国的经商鼻祖和历代著名商人，重视商业经营，经商意识浓厚，商人伦理突出，高度肯定自我价值观，从而理直气壮，奔走活跃于经营领域；在经商实践中，普遍采用家族宗族组合的经营活动方式，通过血缘、地缘甚至业缘有机结合的形式，构筑起庞大复杂的商业网络，诞生了一批批商业家族。在经营地或客居地普遍以地域性会馆为联络计议场所，展开商业竞争，会馆成为崇祀神祇的公共建筑，联络乡谊的聚会场所，举办善举的社会组织，谋求商务的地域团体，甚至还是地方政府加强治安的辅助力量，也是商帮群体用以应付各种滋扰的有力外在形式。长期的经营活动，各地商帮形成了共同信奉的为商准则和经营理念，强调为商基本准则，如强调诚、信、义，以义商、良商、廉商为圭臬，强调勤俭节约、照章纳税、礼敬官员，交易通过牙行，雇船依靠船行；秉持基本理念，如预测行情，注重信息，薄利多销，加速资金周转，坚持本行生意，增强自我保护意识；又大多注重职业教育，强调积累从业经验，传授专业知识，无论行商还是坐贾、培养学徒，均总结出一系列经验结晶，代代传承。诸如此类，处处体现出各支商帮具有的共性的一面，其各呈特色的一面，也是含寓于共性的。明清时期的各支地域商帮，尊崇历代豪商巨贾，高度评价商业价值和商人行为，形成与时俱进的商人伦理和商人自我意识，商人的社会形象和商人自我价值体现了中国传统文化的时代活力。

（范金民，南京大学历史学院教授）

① 齐思整理：《当行杂记》，载《近代史资料》总71号，中国社会科学出版社1988年版。

试论明代中期江南农村基层组织的调整及其特色*

□夏 维 中

[摘　要] 庞大的官田体系及其重赋，使江南农村基层组织的恢复和整顿早在宣德年间就已展开。江南"平米法"及其后续改革，对该地区里甲正役的改革产生了深远影响。自永乐而至弘治的江南马役，带有明显的上供物料色彩，是明代中前期江南杂役衍变的一个缩影。在实行统一的均徭制之前，江南存在着自己的改革路径及内容，那就是"周公良法"。均徭改革则大致始于景泰年间。

[关键词] 明代；江南；农村；基层组织

目前学界普遍认为，以里甲组织、粮长为核心的农村基层组织，从明中期已经开始崩溃，到清代最终被保甲制度所替代。这种说法，就全国范围内的基层组织变化而言，或许可以成立，但就江南地区而言则未必准确。江南地区的农村基层组织，因面临许多特殊的条件，其演变的轨迹和内涵，具有自身鲜明的特点。具体而言，就是江南的农村基层组织，因官田的赋役压力而率先进行调整，其中的许多举措不仅开了改革的先河，且与以往的学术共识也有较大的出入。

一、宣德年间的整顿和恢复

江南地区的农村基层组织，早在宣德年间就陷入了困境。也就是说，江南农村基层组织危机的出现，要大大早于其他地区。而这种危机的提前到来，又与江南地区自身的社会经济特点，尤其是庞大的官田体系及其重赋分不开的。为此，朝廷被迫采取一系列措施，减轻官田负担，建立农村救济机构。对此，森正夫先生曾利用《实录》《周文襄公年谱》《况太守集》等资料，首次从江南官田系统的角度进行过详细论述。①其实，这些改革，同样也涉及了农村基层组织，并对后世产生了重大影响。

永乐后期，江南地区的农村基层组织就已面临诸多困境，甚至到了难以为继的地步。其中最为严重的是人户的大量流失，里甲严重缺额。宣德年间松江人杜宗桓曾忧心忡忡地

* 本文是国家社科基金项目"明清江南农村基层组织研究"[08BZS013]阶段性成果之一。

① 森正夫：《明代江南土地制度研究》，(日本)同朋舍 1988 年版。本处对此多有参考。

指出：

独苏松二府之民，盖因赋重而流移失所者多矣。今之粮重去处，每里有逃去一半上下者。①

杜氏之言，绝非耸人听闻。时任苏州知府的况钟也公开声称，宣德五年(1430)该府"所管七县户口"原额应是474 263户，但次年三月的统计表明，该府的实在人户仅存369 252户，两者之间的失额竟然高达10万户，已占总户数的1/5以上。②究其原因，除通常的事故、充军、死绝等之外，最主要的就是人户的大量逃亡。周忱曾总结过里甲人户逃亡的七种类型即"七弊"，依次为"大户苞荫""豪匠冒合""船居浮荡""军囚牵引""屯营隐占""邻境蔽匿""僧道招诱"等等。他曾专门以太仓为例，来说明户口失额的严重性：

忱尝以太仓一城之户口考之。洪武年间见丁授田十六亩，二十四年黄册原额六十七里八千九百八十六户。今宣德七年造册，止有一十里，一千五百六十九户。覈实，又止有见户七百三十八户，其余又皆逃绝虚报之数，户虽耗而原授之田俱在。夫以七百三十八户，而当洪武年间八千九百八十六户之税粮，欲望其输纳足备而不逃去，其可得乎？

为了解决日益严重的逃户问题，朝廷曾先后采取了种种优惠政策如蠲免、赈济等，但效果并不明显。对此，周忱又列举了其具体原因：

惟独苏松之民，尚有远年窜匿，未尽复其原额，而田地至今尚有荒芜者，岂忧恤犹未至乎！凡招回复业之民，既蒙蠲其税粮，复其徭役；室庐食用之乏者，官与赈给；牛具种子之缺者，官与借贷。朝廷之恩，至矣尽矣！如此而犹不复业者，亦必有其说焉。盖苏松之逃民，其始也，皆因艰窘，不得已而逋逃。及其后也，见流寓者之胜于土著，故相煽成风，接踵而去，不复再怀乡土。四民之中，农民尤甚。何以言之？天下之农民固劳矣，而苏松之民，比于天下其劳又加倍焉。天下之农民困贫矣，而苏松之农民，比于天下，其贫又加甚焉。天下之民，常怀土而重迁，苏松之民，则尝轻其乡而乐于转徙。天下之民，出其乡则无所容其身，苏松之民，出其乡则足以售其巧。③

江南当时的问题，主要体现在两个方面：一是该地区本已奇重的税粮，由于永乐北迁、运费大增而雪上加霜；二是官民田之间的赋役负担严重不均。因负担较轻的民田多掌握在富

---

① 《上巡抚侍郎周忱书》，正德《松江府志》卷七。

② 两年数字，分见况钟著，吴奈夫等点校：《况太守集》卷七《请添设官员十六缺奏》、卷八《丁少粮多请免远运奏》，江苏人民出版社1983年版。

③ 以上引文见周忱：《与行在户部诸公书》，《明经世文编》卷二二，中华书局1962年版。

裕户之手，而负担较重的官田则多由贫困户佃种，赋役不均因此而成为社会贫富分化的加速器，其结果是富者愈富，贫者愈贫，社会阶层分化、割裂的局面日趋严重。而事实上，江南地区长期被压制的大户阶层，也确实在宣德年间又重新抬头，对江南农村社会造成了一系列危害。

江南地区的严峻局面，引起了朝廷的高度重视。仁宗曾派朝廷大员巡察江南，了解民情。宣宗时，朝廷又派工部右侍郎周忱任应天巡抚，总理苏松等府粮储，并任命况钟出任苏州知府。在朝廷的支持下，他们在江南进行了一系列改革。

周忱、况钟上任后，首先利用宣宗在宣德五年(1430)发布“宽恤诏”①这一契机，积极向中央朝廷争取政策，减轻江南地区大量重额官田的负担。

周忱、况钟等依据此诏，与户部据理力争，最终迫使户部让步，使减科范围扩大到了所有重额官田。宣宗也于宣德七年(1432)三月再次下诏，严令户部依宣德五年之例降减官田税则。②

此次减免，江南受益最大。如苏州府不仅依例减免了税粮72万石，同时还因抛荒田召佃改科而依民田税额起征、崩塌不存田地滩涂等项开除、朝廷免抽粮船506只等政策，获免税粮米豆30万石。总之，宣德七年的各项政策，使苏州府共减免了近100万石的税粮，获益匪浅。③此外，况钟还趁机减少了苏州府远运临清仓的60万石漕米额度，节省了一大笔耗米。朝廷的德政加上况钟等人的努力，使苏州府的“正额米、滥派米并征收运解耗米，每岁减省一百五六十万之数，俱永为定制”④。至正统元年(1436)，周忱、况钟等还利用英宗登基之契机，再次要求削减江南官田税则⑤，但最后收效似乎不大。⑥

正是宣德年间的大规模税粮减免，才使江南各府县尤其是官田负担较重的府县，有可能从永乐以来的困境中恢复过来，周忱等官员也才有可能在此基础上重整基层组织。

招复流民，恢复户额，耕种抛荒田地，是江南地区恢复农村基层组织的第一个步骤。当时的土地抛荒与人户逃逸，已形成恶性循环。大量的人户逃逸，必定会造成土地的抛荒及其税粮的流失。随之而来的亏空，按规定则必须由里甲内的其他人户包赔，而日益加重的税粮

---

① 《明宣宗实录》卷六三，宣德五年二月癸巳：“各处旧额官田，起科不一，租粮既重，农民弗胜，自今年为始，每田一亩，旧额纳粮自一斗至四斗者，各减十分之二，自四斗一升至一石以上者，减十分之三，永为定例。”

② 《明宣宗实录》卷八八，宣德七年三月庚申：“近年百姓税粮，远运艰难，官田粮重，艰难尤甚。自宣德七年为始，但系官田塘地税粮，不分古额、近额，悉依宣德五年二月二十二日敕谕恩例减免，中外该管官司，不许故违。”

③ 税粮等项之减，参见况钟著，吴奈夫等点校：《况太守集》卷七《请减秋粮奏》，卷八《再请减秋粮及抛荒粮抽取船只奏》、《核减浮粮实数覆奏》、《钦减浮粮及抛荒粮并免抽船只谢恩奏》。

④ 况钟著，吴奈夫等点校：《况太守集》卷二《列传中》。

⑤ 况钟著，吴奈夫等点校：《况太守集》卷二《列传中》。另参见《明英宗实录》卷十九，正统元年闰六月丁卯条。

⑥ 如果依正统元年减科标准计算，苏州府减科后仅存税粮130万石左右，但实际上正统时苏州税粮额仍在200万石左右。乾隆《吴江县志》卷十二《田赋》也称“正统之诏，当时亦未尽奉行也”。

负担，又会导致新一轮的人户逃逸。与此同时，有些不法之徒如有力大户、粮长等，却能从中获益：

> 先是苏松等府所属事故人户遗下田地，有抛荒无人耕种纳粮者，有被大户占种不肯纳粮者，有粮长本名并亲属伴当耕种不纳税粮者。此等田粮，递年俱着小户包纳。不才粮长，假此为由倍征掊克于民，奸巧刁民亦得假此为词，因而拖赖粮长，善良小民只得加倍包纳，虽遭横敛，不敢控诉，由是狱讼繁兴，人民逃窜。

为招抚逃亡人户，洪熙元年正月仁宗曾专门发布诏令，推出一系列优惠政策。[①]周忱赴任后，也积极推进此项工作。如况钟曾屡次榜示[②]，要求逃亡户复业，并设专官负责招复，取得了一定成绩。

在此基础上，周忱等清理基层组织，重整里甲。[③]其推行的"综合田粮"改革，就是其主要举措之一：

> 公设法取勘，于每里量田粮多寡，拣选殷实人家，或五名、或十名、或十五名，充当田甲，均匀分管见在并事故人户。但田甲内有事故人户田地抛荒，就于甲内，出力布种，办纳本年税粮。根寻其人，复业给还耕种。其或事故人户田地，被本甲及别甲内大户并督长亲属伴当占种者，亦仰里甲挨究明白，或收回耕种，或着落追纳税粮。如有田甲不行用心提督，致将本甲内事故人户田地仍前荒芜，就着本甲均追粮米入官。本县备写勘合由帖，每甲给与一纸，春夏提督耕布，秋成凭此催征税粮。送纳粮头就于本甲中推选，定拨远运并附近仓分，亦验里甲粮数多寡均派。由是田无抛荒占种之患，粮免包纳横敛之忧。[④]

周忱的这种做法，是对原有体制的一种重大变通。因为里甲组织本来就设有里长、甲首，此类事务本应由其负责，而周忱却另设田甲，专门负责，在某种程度上是改变了里甲的既有原则。不仅如此，周忱还推行"十串法"，以十甲分催税粮，进一步变通里甲轮排功能。其理由是应天府江宁等县的官田，多系贫难人户耕种，佃户逃绝现象严重，税粮缺额较多，加上附加

---

① 《明仁宗实录》卷六下，洪熙元年正月丙戌："各处逃移人户，诏书至日即回复业。其户下递年拖欠税粮，悉与蠲免，仍自复业之后再免税粮差役二年。如乏牛具、种子者，所司劝谕粮长并有力之家给助耕种，不许生事扰害。其有比先私家债负未还者，限三年后一本一利交还，不许逼抑取索。"

② 况钟撰，吴奈夫等点校：《况太守集》卷十二《通禁苏民积弊榜示》《严革诸弊榜示》。

③ 森正夫首次关注这一问题，具体见其《明代江南土地制度研究》第三章第五节，同朋社1988年版。有关评价，参见井上彻：《关于明代的"里"制—基于森正夫著〈明代江南土地制度研究〉》，《名古屋大学东洋史研究报告》第15期，1990年。

④ 周仁俊等辑：《周文襄公年谱》宣德六年"按部至苏州，综核田粮"条，清光绪十五年木活字本。另见万历《常州府志》卷六《钱谷三·征输》。

开支繁重，承役里甲因此负担严重，倾家荡产。其具体的方式如下：

> 公（周忱）议，将各图十年里长，各自分管本名下甲首十名并带管若干名，一应税粮，每年平均作十串，催征送纳。若有本甲人户逃绝、田地荒芜者，就仰率领一甲人户，均力布种，陪纳上仓。及兑运之际，赴催粮官处比较。仍令各县官吏，岁遇收征税粮之时，每里先给由贴十纸，将分管人户税粮数目填写，付与十年里长执照着落，依期催征，完日销缴，由是该催里甲赔纳，得以轻省，十串催征，税粮亦得易完。①

按照现存有关资料，可以确定这一做法在江南的某些地区曾经实施过。这一做法，实际上是改变了里甲的轮役原则，把十年一役改成了一年一役。周忱的“综合田粮”和“十串法”等等，虽为权宜之计，但意义非同小可，因为这些改革对原先那些铁定的里甲原则进行了变通，是敢为天下先的举措。

当然，周忱的这些改革，其本质还是临时之举，目的是为了恢复和维持里甲系统，稳定江南农村社会。宣德七年是里甲大造之年，苏州府的黄册攒造由况钟主持。《况太守集》中保存了不少当时的有关文献。这些文献，虽以禁约的形式发布，但也详细提供了当时苏州等江南府县的农村基层组织的具体信息，诸如里甲系统存在的种种问题，以及行政当局的应对举措等，具有重要的史料价值。仅举数例予以说明：

> 团内十年里长，从公取勘，除丁产相应人户照旧不动外，其余产去税存及有人丁不能服众，并老幼残疾及事故死绝等项名数，务要于团内推选丁产相应人户补充。如团内委无相应人户，许即于本都邻近团内从公推补，通汇造册。官吏粮老里书保结，先行缴报，以革挪移税放之弊。

这条规定，涉及里长户的佥选问题。由此可知，当时的里长户，仍需按丁产进行 10 年一次的重新编佥，缺额部分需里（团）内人户补充，但也可从本土邻近里（团）分补充。里长的补充，须接受粮长、老人、里书与官吏的共同保结。这一规定也同时说明，里长之役在当时已是苦役，百姓普遍不愿充任。

> 都图内造册，将亲生儿男冒作分析出赘等项，隐弊差役，及将乞养异姓人口，朦胧报籍。今次造册，许令首告改正归宗，或另立户籍当差。不许仍将异姓人口相冒。合籍中间，果因年老无子孤寡，招立义男、女婿承继，审无违碍者，听。

此条规定，涉及黄册的人丁登记问题。由此可知，当时有不少人户通过出赘等手段，将家中

① 周仁俊等辑：《周文襄公年谱》宣德六年“分催税粮”条。

人丁转移至其他少丁家庭(合籍)以降低户等,逃避差役。

> 人户原有古额官田,多因家道消乏,朦胧捏作民田典卖,递年不肯推收,虚悬在户,产去税存。今次造册,许令首告,果系典卖年远,不肯收籍,无力取赎者,着令退还耕种,如物主得业便利,即令收籍。

此条规定,涉及盗卖官田不能及时推收过户的问题。古额官田,税则极重,且不许买卖,但佃种户往往会捏作民田盗卖,由此产生推收困难、田粮不清的问题,影响黄册的编攒。

> 人户先年或本有产业,捏作畸零;或本无产业,排当里长,今次造册,务要从实取勘。一百一十户内,果有老幼、孤寡、残疾人所共知者,许作畸零。其原畸零内,有丁产者,即编当里长。如图内有人户消耗,不及数者,许于邻近图内拨补。①

此条规定涉及畸零户等问题。为逃避差役,有产之户通过不法手段变成畸零户,而真正家境困难的畸零户,却反而被佥为里长当差承役,严重不均,也影响到里甲的正常运转,因此必须严格清理。

以上诸条,是明前期江南地区黄册编造的重要史料,从中也可以略窥里甲制度在江南实施50余年后的大致情形,以及里甲编制中存在着诸如挪移脱放、析户、盗卖官田、畸零等弊端。况钟的做法,基本上仍是依照洪武二十四年(1391)的规定。②在此以前,况钟还曾先后发布过《通禁苏民积弊榜示》《榜令抗官强民自首示》《禁粮长各弊榜示》《革除圩长示》等,对里甲、粮长进行整顿,维持其权威性、保证其正常运转。

因此,江南官田体系与江南基层组织之间,一开始就存在着密切关系。宣德年间江南基层组织的危机及其恢复、重视,也正说明了这点。在某种程度上而言,宣德以后江南基层组织的衍变,也深刻地体现了这点。

宣德、正统时期的江南改革,其目的本是为了调整江南官田,减轻广大官田承佃户的负担,维护庞大的官田体系,并在此基础上重点保证江南农村基层组织的正常运转。平心而论,周忱等人的一系列改革,从其效果而言,应该是十分成功的,这也是后世一直予以高度评价的原因所在。不过,周忱的改革,其意义并不仅仅在于稳定了当时江南的社会、经济局面,

---

① 况钟著,吴奈夫等点校:《况太守集》卷十二《严革诸弊榜示(宣德七年四月初十日)》。

② 前引洪武二十四年"攒造黄册格式"规定:"奏准攒造黄册格式。有司先将一户定式,誊刻印板,给与坊长、厢长、里长并各甲首,令人户自将本户人丁事产,依式开写,付该管甲首。其甲首,将本户并十户造到文册,送各该坊、厢、里长。坊、厢、里长,各将甲首所造文册,攒造一处……排年里长,仍照黄册内原定人户应当。设有消乏,许于一百户内,选丁粮近上者补充……若官吏里甲,通同人户,隐瞒作弊,及将原报在官田地,不行明白推收过割,一概影射,减除粮额者,一体处死。隐瞒人户家长处死,人口迁发化外。"(万历《大明会典》卷二〇《户口二·黄册》)

而是更体现在其改革举措的创新上。如果说上述的"综核田粮""十串法"等尚属权宜之计的话，那么其他的一些做法则对后世基层组织的衍变产生了深远的影响。

二、里甲正役与江南"平米法"

其实，有关明初里甲役的材料非常之少。成书于清代前期的《明史》，其实与不少明中期以来的史书一样，已说不清明初的有关情形，而只能就整个明代的役法作一个笼统的说法。该书卷七八《食货二》"赋役"条载：

> 役曰里甲，曰均徭，曰杂泛，凡三等。以户计曰甲役，以丁计曰徭役，上命非时曰杂役，皆有力役，有雇役。府州县验册丁口多寡，事产厚薄，以均适其力。①

这段话，当然是对整个明代里甲役法的高度概括。就有明一代而言，其内容大致也符合实际，但与明代前期的情况确实有较大的出入。梁方仲先生早在数十年前就对这段话作过恰如其分的评价。②因此，如果完全依据此言来理解整个明代的里甲役，那当然就会"令人费解"。③

明初的里甲役，大致可分为里甲正役和杂役。洪武十四年(1381)正月有一项规定，笼统地称"岁役里长一人，甲首十人，管摄一里之事"，④即每年由里长1名、甲首10名就役，管摄一里之事。但"一里之事"到底包含哪些事，其实并不十分清晰。不过，有些旁证材料可作补充，如被山根幸夫等学者多次引用的《大明律·户律》"禁革主保里长"条，就是极其珍贵的一条：

> 凡各处人民，每百户内，议设里长一名，甲首一十名，轮年应役，催办钱粮，勾摄公事。若有妄称主保、小里长、保长、主首等项名色，生事扰民者，杖一百，迁徙。

由此可见，当时规定的里甲正役就是"催办钱粮，勾摄公事"。隆庆年间就任应天巡抚的海瑞，曾在其下发的文书中明确强调"里甲止是催征钱粮，勾摄人犯"。而海瑞之所以要把"勾摄公事"改成"勾摄人犯"，依岩井茂树的理解，是为了防止地方政府有意扩大"公事"的范围，让里甲承担额外的差役。⑤"公事"是否就是专指"人犯"，姑且不论，这里要强调的是，上引

---

① 《明史》卷七八《志》五四《食货二》，中华书局1974年版，第1893页。

② 梁方仲：《论明代里甲法与均徭法的关系》，收入《梁方仲文集》第1册《明代赋役制度》，中华书局2008年版。

③ 李晓路：《明代里甲制研究》，《华东师范大学学报》1983年第1期。

④ 《明太祖实录》卷一三五，洪武十四年正月丙辰。

⑤ 海瑞：《海瑞集》上编《督抚条约》，中华书局1962年版。岩井茂树著，付勇译：《中国近代财政史研究》，社会科学文献出版社2011年版，第250—251页。

的那条户律，虽收于洪武三十年(1397)正式公布的《大明律》中，但其出台的时间却要早得多。按照栾成显的看法，此条户律应是沿用了洪武七年《大明律》中的内容。[①]此外，根据"每百户内，议设里长一名，甲首一十名"这一记载来看，该条规定很有可能与"小黄册图之法"的实施有关，由此可推断其出台的时间应在洪武三年前后。

洪武三年前后的规定，能否全面反映出洪武十四年里甲正役的内容，暂时不论。问题在于，"催办钱粮，勾摄公事"仍没有全面反映里甲正役的准确内容。学术界较早的看法，一般认为里甲正役的里长、甲首之役，其职责除前述的"催办税粮、勾摄公事"外，还要承担赋役黄册的编制。[②]后来山根幸夫对此作了修正，认为里甲正役除税粮征收、黄册攒造、治安维持等外，还应增加上供物料和地方公费，[③]即里甲之役中除了力役外，还存在着实物或经费上的负担。这是一大突破，并逐步成为一大共识。

不过，岩见宏后来对这一共识提出了疑问，认为上供物料与地方公费开始时并非由里长、甲首负担，而是另有正轨的经费来源。此类负担改由里甲承担应是明中期以后的事情，同时还以杂役的形式向民间征收。[④]岩井茂树又在此基础上，对里甲正役的另一重要部分即"勾摄公事"进行了考证，并认为"勾摄公事"的内容非常具体、明确限定，是专指在司法审判中负责逮捕、看押犯人与证人这些行为，而不是原先理解的官府日常公务或里甲内的公共事务，并不包括上供物料与地方公费。[⑤]

在了解学术界有关里甲正役的研究成果后，再来回顾宣德时期江南地区的马草、税粮改

---

① 栾成显:《明代黄册研究》，中国社会科学出版社 1998 年版，第 20—21 页。

② 如和田清主编《中国地方自治发达史》第四章《明代》，汲古书院 1975 年版。该章由松本善海先生执笔，后收入其《中国村落制度史的研究》，岩波书店 1977 年版。韦庆远曾从宏观角度对明初黄册编制的程序、内容、过程及与里甲的关系等等，作过精辟的论述；栾成显则通过现存黄册底籍等文书，对黄册的有关问题进行了详细的实证研究。参见韦庆远《明代黄册制度》(中华书局 1961 年版)及前引栾成显《明代黄册研究》中的有关内容。

③ 山根幸夫:《明代徭役制度的展开》，东京女子大学学会 1966 年版。

④ 岩见宏:《明代徭役制度的研究》，同朋社 1988 年版，第 27—75 页。岩见宏:《明代地方行政之一考察》一文，由栾成显译为中文，收入刘俊文主编《日本学者研究中国史论著选译》，中华书局 1993 年版。

⑤ 岩井茂树:《中国近代财政史研究》第六章。其实，"勾摄公事"一定还涉及清军事务。如明末应天巡抚周孔教曾为救荒提出"停勾摄以苏民困"。具体的内容为"其一为军丁之起解。夫一军之赴伍，其佥妻挂号旅邸长途之费不下二百余两，每一里排约费二三金，而此二三金者里胥，又以分厘而剖敛于佃户，不知其几千百家也，故一军起解而半县骚然，灾民之不堪者一。其一为隔属之关提。夫民间理直气壮之事，未有不归结于本境也。有其冒籍生端者，非以诳批为难结之局，则以关提快拖累之谋，在承提者视为奇货利薮，在被关者见若赴汤蹈火，彼小民宁尽其所有以求解一日之阨也，虽经通行各属禁革，犹隐有司，奉行不谨，灾民之不堪者二。其一为远年之案未完，势不得不拘催，及拘催而人亡世远，徒拘一二里排及亲故回话张本，拘一番多一番之扰，灾民之不堪者三"。(周孔教:《周中丞疏稿》之《西台疏稿》卷二《督抚军门救荒事宜》《续附议》)王世贞:《议处清军事宜以实营伍以苏民困疏》中也有"臣每见清军之牍一下，其在穷边远裔、户弱丁单者，一遇勾摄即就拘挛沿门乞哀、搏颊求助""每军一名，佥里役二名押解文"之类的记载(《弇州四部稿》卷 106)此外，军犯的解送后来也变成里甲的力役之一，参见吴艳红:《明代充军研究》，社会科学文献出版社 2003 年版，第 122—123 页。

折，就会发现这些改革的意义远远超出原先的估计，因为它们开了后来赋役货币化的先河。①

宣德八年(1433)，周忱上书中央，要求北京军职于江南苏州、松江、常州三府就支俸粮。按原先的规定，三府每年要向南京仓运送秋粮100万石，作为北京军职俸粮。为运送这些俸粮，三府必须另加60万石以支付仓耗、船资和脚钱等费用。周忱要求直接来三府就支军俸，省掉远运南京这一环节，并最终获得批准。此举不仅让三府节省了巨额运费，更重要的是还直接推动了“金花银”改革，不久上述的百万税粮就改折为白银。正统六年(1441)，周忱又对马草进行了改革，允许苏松等府直接在南京购买马草缴纳，而不必像以前那样远道运送。不久，马草也最终折价。②这些折色之举措，开创了明代赋税制度史上以货币取代实物的先例，也直接影响到了后来役法中以银代役的施行，意义非常重大。

不过，周忱最有意义而且对后世影响最大的改革，应是“平米法”，或称之为均征加耗法。

周忱实施“平米法”，其首要目的就是希望通过耗粮来调整官民田之间税额的严重不均，避免因小户破产逃亡而影响里甲等基层组织稳定。这一改革之所以称之为“平米法”，就是因为带有平均负担的意思，即所谓：

> 隶赋额者曰正米，正米之外飞挽所必须，官用所难已者曰耗米。正耗并举，而默祛偏累之弊者曰平米。③

具体的办法，万历《嘉定县志》是这样记述的：

> 文襄公精思民事，于是创为平米法，官民田皆画一加耗。初年正米一石，加耗米七斗，计输将远近之费，为支拨；支拨之余者，存积县仓，曰余米。次年余米多，正米一石，减加耗为六斗；又次年余米益多，减加耗为五斗，最后令县各立仓贮余米，曰济农仓。④

正如不少学者所指出的那样，周忱之“平米法”，开了江南官田与民田税粮均平的先河，并对后世产生了巨大的影响。⑤不过，以往的许多论述，往往把这一改革与基层组织的演变割裂开来，忽视了前者对后者的影响。其实，“平米法”改革与该地区基层组织的演变之间，存在着非常密切的内在联系。

---

① 苏州府嘉定县以本地出产之布改折米粮一事，尚属以物折物之例，因众所周知，此处不再赘述。

② 周仁俊等辑《周文襄公年谱》宣德八年《奏请北京军职于苏松常三府就支俸粮》；正统六年《措置南京象马草束》。

③ 万历《武进县志》卷三《钱谷》。

④ 万历《嘉定县志》卷五《田赋考上・田赋・平米所始》。

⑤ 对此论述最为详尽的，是前引森正夫《明代江南土地制度研究》一书。另参见唐文基：《明代赋役制度史》(中国社会科学出版社1991年版)及范金民、夏维中：《苏州地区社会经济史・明清卷》(南京大学出版社1993年版)中的有关章节。

目前学界普遍认为，自正统开始，杂役开始演变为均徭，而民壮、驿递也于杂役中单列出来，至成化、嘉靖之间，均徭更是在大多数地区演变为“十段册法”，且呈力役折银之总趋势，同时里甲正役也发生变化，出现“均平银”或“里甲银”之类的名目。这些改革，最终呈诸役归并之趋势，导致了一条鞭法的实行，实现了部分摊丁入亩。江南地区的情形，也大致如此。

不过，此处需要强调的是，许多被视作明中期役法改革的重要内容，其实早在周忱改革中就已出现过，至少是出现了萌芽。兹举几例。

周忱曾建立过济农仓系统，作为其平米法的补充。宣德七年(1432)，江南地区丰收，周忱命苏、松、常诸府以官钞籴米备荒，并借此机会，结合前述的漕运改革，开始筹备济农仓。[①]当年八月，况钟曾有《备米赈济偏灾傍示》，涉及此事，兹录于此：

> 为预备粮储事。……仰本府差委的当官员，候秋成之后，将商税等项钞贯支给，照依时价收买米粮贮仓，责令殷实大户看守。遇民缺食，量支接济等因，奉此……委官各宜设法盖造仓廒，籴借米石，以备拨补秋粮，赈恤饥民便益。[②]

设仓之初，原是预备灾荒，所以也叫“预备仓”，各县仓廪多属临时盖造。不过，其实际功能很快就远远超出原先的范围。周忱自己曾对此作过这样的描述：

> 遇后青黄不接，车水救苗，人民缺食之际，支给赈济。或有起运远仓，中途遭风失盗，纳欠还回者，亦于此米内，给借赔纳，秋成各令抵斗还官。苦修圩岸，疏浚河道，人夫乏食者，验口支给食用，免致加倍举债，以为兼并之利。如此则农民有所存济，田野可开，税粮易完，深为民便。[③]

这些仓储，由委官、囤户、粮里共同掌管收支。其直接后果，有两点尤应注意：一是突破了僵化的地方财政格局，建立起了一个收支独立的基层财政系统，用于支撑地方基层组织系统；二是对后来的里甲银产生了直接的影响，尽管目前的证据尚不能让两者直接画上等号。

宣德八年(1433)，常熟县知县郭南建言，由周忱奏准户部勘合，准允该县将加耗余剩粮米存留，用于赈济饥民，或者为大小人户交纳夏税马草、农桑丝绢等项费用，由此可见济农仓的用途，实际上要远远超出周忱的冠冕堂皇之说。其他的一些材料，也可旁证此点。如《景泰实录》卷三三就载，济农仓还用于补里甲支费不足，举凡里甲“买办纳官丝绢，修理舍庙学，

---

① 济农仓始建于宣德七年。《明史》卷七五《食货》、卷一五三《周忱传》，《明宣宗实录》宣德七年八月辛亥，以及当时的张洪、王直、胡俨的《济农仓记》等，都记述了这一时间。《况太守集》卷2《列传中》记述了周忱、况钟在宣德八年进一步完善此制。济农仓真正成为制度，是在宣德九年一月，当时周忱上了《设苏松常三府济农仓》一折，获准。《周文襄公年谱》也记为宣德九年正月，但其起步实在宣德八年秋冬。

② 况钟著，吴奈夫等点校：《况太守集》卷十三《备米赈济偏灾榜示》，宣德七年八月十九日。

③ 周仁俊等辑：《周文襄公年谱》宣德九年一月条《奏立苏常三府济农仓》。

攒造文册及水旱祈祷"等,多从济农仓余粮及"所易钱随时支用"。何瑭《均徭私议》也载,周忱在南直隶时,"乃令凡民间户丁之差役,料物之科派,皆取诸余米"①。另外,据顾起元讲,周忱以税粮带征之法实施过里甲银制。《客座赘语》卷二《条鞭始末》条明确指出:

往周文襄公巡抚时,以丁粮不足支用,复倡劝借之说,以粮补丁。于是税粮之外,每石加征若干,以支供办,名里甲银。②

不过,何塘、顾起元的时代太晚,其说法难以证实,但下引的一条宣德时有关常熟义役仓的材料,则可与上述《景泰实录》中的说法部分印证,且是早期上供物料的一条重要材料。宣德年间,常熟里老周伯琦等向知府况钟联名状呈,控告该县里甲每年应办上供军需物料中的种种弊端:

本县近年以来,蒙上司坐办军需颜料等项,均派本县五百三十里应办。每被收解役户、揽头人等,加倍计价。及收料之时,又将时值货物刁难,折半收受,有侵收费用不行解纳者;又有解部止纳一半,回县捏告被盗、遭风、失水,重复科征者;有粮里在县,为因差来官员人等催并紧急,着令借办纳足后,于里甲处取讨以一科十者,及府县该吏倒批指诈财物者,以致军需颜料经年不完,差官坐并,又复行县重派科办。近体得每年甲首一名,有使用米麦二三十石及五十石以上者。有甲首家道殷实,通同粮里作弊,全不办纳者。每里计算使用米麦至四五百石,以此小民日加贫苦。

为此,周伯琦等人要求对此进行改革,设立义役仓:

乞将本县五百三十里于秋成时,每甲出米五十石。如甲内实有事故贫乏者,于各甲首并该管里长均办。布货之类折米五千石……遇有坐派军需颜料等项到县,照依时估,合用价钞,明白将所收米及货物支拨买办合用,解人于各区现役里长内选取,挨次轮流解纳。如有多余,下年支用;不敷另行均办,庶得军需颜料易完,官民两便。③

这段材料表明,常熟县的此类上供军需物料,始于宣德年间或稍早一些,并非洪武旧制。也就是说,苏州府的里甲正役中,至晚在宣德年间就已经出现了由里甲承担的上供物料。这些物料,是由每年的值役各甲通过均摊出米的方式来承担的,而非县级财政支付。周伯琦等人提出的义役仓做法,是让每年的值役各甲平均出米,汇总到县,统一支配。这种做法,实际上已经具备了后来"里甲银"的雏形,只不过其形式仍是实物而非后来的货币而已。从后来的情况看,上

① 《明经世文编》卷一四四。

② 顾起元著,谭棣华、陈稼禾点校:《客座赘语》卷二,中华书局 1987 年版。

③ 况钟著,吴奈夫等点校:《况太守集》卷九《请建立义役仓奏》,宣德九年五月十三日。

述义役仓的做法似乎一直长期存在。如隆庆年间，户部尚书马森在答复应天巡抚林润奏疏时就曾提到，自洪武至今的各省税粮，“俱以夏税、秋粮、马草为正赋，其余各项杂派银两等役，另立款项，或照地科，或计丁派，或编入均徭，或取足里甲，原与夏秋粮草正额无干。唯是苏州等府，不分正赋杂派，皆混入粮内征收，名曰平米”①。其中的“杂派银两”，其前身大概也应包含上供物类。

像这样按照里甲征派物料的，还有宣德七年(1432)七月况钟提及的苏州府杂造局科派弓箭等。依苏州知府况钟的说法，该物料“验里拘派七县办解”的做法，似乎是洪武以来的定制。②当然，也有按税粮科派的例子。如宣德五年(1430)十一月，况钟“奉到工部等部勘合，坐派铜铁、金箔、颜料、油蜡、牲口等项数多，着将本府官田粮照依别省布政司民粮，一体科派”③，但况钟认为，官田本已重额，不能再加负担，因此建议改由民田税粮十五余万石来摊派。

有些里长的个人资料，也可作为旁证。如苏州府长洲人梅士英，生活的时代为洪武十年至宣德七年(1377—1432)，曾三次担任里长。任职期间，就多次遇到官府向基层里甲摊派的问题，而梅士英也曾多次为此垫资。其墓志铭称：

> 士英三为里之长，屡有官坐所需里氓，则屡每出镪以裨益之，故声誉交弛，特无问于一里一乡之人也。④

上述实例说明，江南地区由里甲承担的上供物料，早在洪武年间就已存在，如前述苏州造作官局。也就是说，洪武时期的这类物料，也并不是像岩见宏所说的那样，全是由正当的财政支出。只不过是因为洪武时期政治尚算清明，处罚也很严厉，像这一类的负担尚能得到控制，而至永乐、宣德年间则出现了不断加重的趋势。⑤

这里还想指出的是，在明朝确立之初，里甲正役和杂役其实并不像有些学者所称的那样泾渭分明。在里甲制度实行以前，役法对此的规定也并不像后来那么清晰。最典型的例子就是南京城的营造。南京城建设所需的几亿块城砖中，有相当一部分是由农村基层提供的。

---

① 赵用贤：《议平江南粮役疏》，《明经世文编》卷三九七。

② 况钟著，吴奈夫等点校：《况太守集》卷十三《造作官局禁示》。

③ 况钟著，吴奈夫等点校：《况太守集》卷七《请免借马及派买物料奏》。

④ 《故梅士英墓志铭》，收入王国平、唐力行主编：《明清以来苏州社会史碑刻集》，苏州大学出版社1998年版，第117号碑。

⑤ 其实，农村基层组织承担原先不应承担的差役且自身性质因此而发生变异，是中国传统社会的一种常态，几乎无法避免。宋代保甲(保伍)制、清代保甲制皆经历过这一过程，明代的粮长制、里甲制也同样如此。究其原因，就是制度的设计者即朝廷的各级官员，在赋税重压下，不仅无法保证基层组织独立运行的环境和条件，而且还不断向其施加赋役压力并让其异化，从而成为制度的主要破坏者。下引《宋会要辑稿》第一五八册《食货》六六“免役”条所记的现象，可以部分地说明这一问题：“(绍兴五年)十二月八日知靖江府胡舜陟言，熙宁间……及章惇、蔡京述安石之弊，行于东南，乡之中以二百五十家为保，差五十小保长，十大保长，一保副，一保正，号为一都，凡州县徭役公家科敷县官使令监司迎送，皆责办于都保之中……其后户部言，今臣寮所乞自合遵守，现行条法，并已降旨指挥。缘保五之法，系村疃联为保分，次第选物力高强人户充保正长，只应在法非本耆保事不得差委…”

这些城砖的性质，是否属于后来的上供物料姑且不论，但有一点是明确的，那就是朝廷并没有向农村基层支付过什么费用，而是强制征派的，其依据主要仍是财产。此外，负责城砖烧造、运输的农村基层头目，他们承役的性质，是属于后来的正役还是杂役，恐怕也难以说清。在里甲确立且役目明确以后，这一工作仍持续了好几年，但它到底应归属何类，仍是无法说清。其实，这种情况在后来的江南地区仍然存在。下面这条材料就是明证。

天顺二年(1458)，苏州府长洲县老人因不满当时的均徭编佥之法，曾上书应天巡抚崔恭，要求仿照周忱旧法进行改正。他们提及的所谓“周忱良法”，具体如下：

> 长洲县老人呈称，先蒙巡抚侍郎周公念苏松税粮繁重、百姓艰难，深惟民情，均其徭役，将乡都通县排年里长编成一应差役，每石[里]出银一两，轮当一年，歇息二年，酌量轻重多寡朋合，造册在官，犹如车轮，而胥吏无挪移之弊，民得轻鲜易完，至今民有去思之念……如蒙乞照侍郎周公所立良法及吊本县原造文册详看，仍旧施行……①

天顺二年距周忱按抚江南的时间并不遥远，长洲县老人的上述追叙，应当与事实不会有太大的出入。如果此说属实，那么周忱当时的做法，实际上已经完全具备后来广泛出现的里甲银的性质，在某种程度上而言，就是江南里甲正役改革的开始，其时间要大大早于其他地区。但如果再看这一呈文后半部分的内容，就会惊异地发现，它更多地却是涉及了杂役，详见后面均徭部分的论述。

三、杂役与江南马役

周忱等人在江南的改革，还涉及杂役。其中有关马役的改革，则肯定属于首创，应予以充分的重视。

山根幸夫曾将明代杂役大致分为官府的杂役、地方治安维持、税粮、驿递、土木等几大类。②而小山正明则依科派方式的不同，把杂役分成二类，一类是官厅杂役、地方治安、税粮及土木等，依三等九则户等科派；一类是驿递，依田亩点差。③

江南的情况，也基本如此。现存的材料，虽多为明中期的，且其形式也大都由力差改由均徭点差，但从中仍能窥见明中前期的情形。如正德《松江府志》载：

---

① 《天顺二年巡抚都御史崔恭倣前巡抚侍郎周忱遗法编定均徭》，康熙《苏州府志》卷二七《徭役》。

② 官府的杂役：皂隶(官府杂役)、禁子(狱守)、门子(门卫)、马夫、斋夫、膳夫(府州县学教官的役使)。地方治安维持：弓兵(巡检司)。税粮：斗级(各仓出纳)、库子(守库)、解户(运送税粮、官物)、巡检(税课司局)。驿递：水夫、马驿(水陆驿)、递运夫、递运所水夫、防夫、铺司、铺兵(急递铺)。土木：民夫(洪武时营造国都时的均工夫)、柴夫、闸夫、坝夫、浅(纤)夫(运河)。另有军、民、匠等杂役户所承担的诸役。见山根幸夫：《明代徭役制度的展开》，第65—84页。

③ 小山正明：《赋役制度的变革》，收入氏著《明清社会经济史研究》，东京大学出版会1992年版。

各仓斗级六十五人(华亭四十人,上海二十五人)。

各库库子六十二人(华亭四十人,上海二十二人)。

各学斋夫二十八人(府学十人,两县学及卫学各六人)。

各学膳夫八人(府学四人,两县学各二人)。

门子八十六人(华亭六十人,上海二十五人)。

皂隶一百四十八人(华亭八十一人,上海六十一人)。

禁子四十六人(华亭二十六人,上海二十人)。

递运所馆夫四人(俱华亭人)。

递运所防夫二十四人(华亭、上海各二十人)。

递运所水夫五百四人(旧例造册编定,每岁轮一百六十八人应役,三年而周。至消乏佥替……)。

各巡检司弓兵七百五十人(华亭四百五十人,上海三百人)。

各盐场工脚三十五人(华亭二十人,上海十五人)。

各税务巡拦二百五十四人(华亭一百九十人,上海六十四人)。

各铺司兵二百十一人(华亭一百二十四个,上海八十七人)。

钟夫二人(华亭八人,上海三十六人)。

纤夫三百十二人(华亭一百七十五人,上海一百三十七人)。

民快七十人(华亭四十人,上海二十人)。

应捕七十人(华亭四十人,上海二十人)。

南京刑部皂隶五人(华亭三人,上海三人)。①

明初的杂役,是依户则点差的。前引《诸司职掌》规定:

凡各处有司十年一造黄册。分豁上、中、下三等人户,仍开军、民、灶、匠等籍。除排年里甲依次充当外,其大小杂泛差役,多照所分上、中、下三等人户点差。

当然,这是洪武十八年(1385)赋役册编制以后的做法,而在洪武十年(1377)以前,江南地区采取的是以粮(田)佥役的办法。②兹举两例加以说明:

① 正德《松江府志》卷六《徭役》。伍跃先生曾从地方行政的角度,对各类杂役进行过详细论述,参见氏著《明清时代的徭役制度与地方行政》,大阪经济法科大学出版社2000年版。

② 赖惠敏先生认为,“杂役的起源与均工夫有很大的关系”,“自黄册成立,南直隶的均工夫役被杂役所取代,所以诸杂役中分三项:(1)京役。(2)府役。(3)州县役”。(参见氏著《明代南直隶赋役制度研究》台湾大学出版委员会1983年版,第60页)这一观点值得商榷。严格来讲,均工夫其实是一种夫役,属临时征发性质,与杂役有很大的不同。洪武初的徭役已成系统,均工夫仅是其中之一。前引《永乐大典》卷二二七七所引《吴兴续志》载:“元各都设里正主首,后止设里长,以田及顷者充,催办税粮。又设社长劝课农桑,皆无定额。祗候、禁子、弓手,验苗额点充,站田则籍站田,不当民役。国初,各都仍设里长。洪武三年以来,催办税粮、军需,则为小黄册图之法。夫役则有均工夫之制。总设粮长以领之。祗候、禁子、弓兵、驿夫、铺兵点差皆验苗额之数。立法创制,视昔至为详密。”均工夫后被取消是事实,但它与杂役并无直接的继承关系。

苏州吴江县顾伯成(1342—1417),因家境宽裕而被充驿夫(“邮役”):

顾氏为吴中望族……松陵同川有讳长卿者,读书敏行,至元间应举不第,遂弛其学而以货殖为事,卒致富。长卿生均祥,均祥世其业,而益以清修善行,寿百岁而终。均祥生三子,其仲伯成也。伯成少敏慧而有礼容,外戚张氏悦之,赘以为婿焉。……国朝洪武五年以例为邮役,由是徙居郡城西郭,以便从事胥门也。

苏州吴县人姚克承(1398—1447),因家境富裕而先充粮长,后又赴京服役近二十年:

克承讳继,姓姚氏,世为苏之吴县人。大父子荣,父宗道,母吕氏。子荣有盛名,田庐联络郊市,事货殖发举,岁收其入累巨万。为万石长,输岁租率先一邑,而能好事尚贤,座上之客皆吴中闻人、海内名士……克承少孤……习岐黄之术。未几,由役事行役于京者,将二十年,以不卒业为恨。后蒙例归,而家业以荡然矣。克承剪荒刈稚,累寸积铢,而复成家。人谓子荣之有孙也。

其妻苏州吴县人潘氏(1403—1452)墓志铭,则称姚克承宣德年间自京师回乡后,还在本地服役多年:

克承家故饶裕,资产甲于一乡,后更变故,家用是落,硕人之来也,适丁其时……永乐末,克承行役京师,时有庶母在,硕人事之尽礼,不异克承在家日,内外称之无间言。宣德中,克承自京师还,执役于郡县……由是出入郡县者余二十年,未尝有过举,硕人之助居多。①

上述的两位,大概都是因家庭富裕而充杂役的例子。引文中的“因例”“蒙例”之类的说法,表明当时这些做法的普遍性。

不过,江南在永乐以后一直承担的马役(或称马头、马夫),却与一般的杂役很不相同。当然,就性质而言,马头役应属于驿递,但又与一般里甲杂役中的驿递不一样。这一强加给江南诸府的额外之役,清楚地反映了永乐以来中央朝廷是如何通过种种非常手段,不断向江南地区加派各种徭役的事实。同时,自周忱以来围绕着这一役目的改革,也开启了杂役改折的先河,具有鲜明的江南特色和重要的示范意义。

江南马役,大致始于靖难之役后。当时北方地区因战乱而无法承担当地的驿站之役,户部因此建议先由江浙等府出钱买马并派人代行其役,时限定为三年(一说两年)。但最终朝廷失信,此役并没有如期革除,反而长期成为江南地区的一大重役。正德《姑苏志》、正德《松

① 《顾伯成墓志铭》《故姚克承墓志铭》《故姚克承妻硕人潘氏墓志铭》,收入王国平、唐力行主编:《明清以来苏州社会史碑刻集》,第076、083、028号。

江府志》、康熙《苏州府志》对此均有记载，虽有出入，但大致相同，其中尤以康熙《苏州府志》最为详细。康熙《苏州府志》卷二七《徭役》：

永乐二年编佥马头。奉旨暂借南方百姓买马当差，过二年仍着土民买马，替他每回来。有司钦奉朝命，于额粮及人丁编佥马头，买马解送各驿。粮佥马头共一千二百五十九名，人丁马头共五百四十四名(俱田粮佥充)。①

周忱在《题驿传事》中，不仅比较清楚地交代了这一徭役的来源，而且还对当时徭役的状况进行了详细的描述：

先因洪武二[三]十五年为北方人民被兵，不能买马当站，兵部计议暂于江南苏、松、常、镇四府并浙江等布政司杭州等府人户辏合民粮五百石以上买上马一匹，四百石以上买中马一匹，三百石以上买下马一匹，分拨北京、山东、山西、陕西等处当站走递，候土民复业，佥发替回。奉太宗皇帝圣旨：北方百姓是艰难，买马不得，且先借南方百姓买马，当过三年后都教土民买马替他回来，钦此钦遵。差官编买之时，苏松等府为因民粮不敷，又将大小人户官粮编凑，每马一匹，有编贴四五十家，多至二三百家者，今已三十余年。路远盘费繁难，有因马匹倒死、马头事故移文勾补者，有年久铺陈什物损坏借债置买或回还追赔者，乡村征集马价，追索贴钱，岁无虚日，奸诈之徒，乘机作弊，侵克小民。及有马头消乏告替吏胥，卖富差贫，词讼□□每□□故一夫被勾，贴户数百户各不得安息，虽是连年买补起解，随即乘马在逃。②

为此，周忱曾提出用驿站的孳生马匹，加上附近卫所的军马来替代江南马匹，解除江南的负担，但似乎没有取得成功。③无奈之下，周忱只得另辟蹊径。其具体的做法，大致就是把

① 具体的分布为“北京会同馆二名，南京会同馆一十二名，北京直隶乐城、富庄、瀛海、阜城、东光、归义、汾水、郑城、新中、涿鹿、固城一十一驿凡一百三十五名；南直隶东葛城、云亭、江东、江淮、滁阳、大柳树、红心、濠粱、睢阳、池河、大店、固镇一十二驿凡二百八十名；东铜城、茌山、平原、鱼丘、安德、旧县、太平七驿凡一百六十四名，俱田粮佥充。”正德《姑苏志》卷十五的记载与此相同。正德《松江府志》卷六《徭役》所记时间略早，其马夫人数也稍有出入，是1364名，并称粮佥不足，又以市民益之。马夫又分正、副，正者住坐养马，副者轮年集价供送。《周文襄公年谱》记为洪武二[三]十五年，即建文四年(1402)。

② 周仁俊等辑：《周文襄公年谱》正统二年《题驿传事》。正德《松江府志》记为正统十二年：“因集价买马，重为民患，议于秋粮带征耗米，易银代之。今义役马价米是也。”康熙《苏州府志》记为，正统十年“巡抚侍郎周忱设法马头解户于秋粮义役内取办起解。”

③ 据周仁俊等辑《周文襄公年谱》的记载，周忱的改革似乎取得了成果：“臣看得各处马驿所在，有司俱有孳生马匹可以选补驿马，各驿马附近卫所旗军，可以选拨当站，约计洪武三十五年借编江南驿马，不过二千余匹，若今照数拨替，则占用在官军马不多，可免江南数万家征敛勾扰之苦。铺陈什物损坏者，坐派江南府县置办送驿应用。如此则在官有走递之实，小民无追扰之苦。从之。(谨按：公《本传》：各郡驿马及一切供账，就皆领于马头，有耗损则马头横科补买，公会田亩，出米升九合，与秋粮俱征，验马上中下直给米)。”但实际上，这一建议并没有具体实行。

马价摊入田亩秋粮带征，用义役米的方式来支付相关费用，但解马、养马之役仍然压在江南头上。不过，周忱的改革，毕竟走出了杂役改折的第一步。成化十四年(1478)，吴县耆民陆俊等具呈巡抚都御史刘魁题革马头解户，希望江南向有关州县支付马价等费用，具体的徭役则由当地负责，但朝廷没有同意。康熙《苏州府志》卷二七详细记载了此事：

> 切照洪武年间原是北方士民买马当夫，后太宗文皇帝怜土民买马艰难，故此圣旨暂借南方百姓买马当差，三年仍着土民买马替他每回来，钦此。至今百有余载，因循不曾改正。又南方百姓不习水土，不谙马性，多是雇请土民养马，既费傭值，身又不得归农。况不才驿官，串通南北马头，故将马匹空饿倒死，以规买马之利，以至市鬻子女，破家荡产。莫若照依钦旨事理，仍着土民养马当差，止令南方百姓输办马价铺陈等件，不拘马匹高下，例以三年五年为限，如马过期不死，亦是本驿官吏人等畜马有方，即以其价归之。如不及期，亦是本驿官吏人等不行用心，或捏病死之故，必先期给予，事体既定，则土民自然用心养马，无妄捏倒死之弊，南方百姓亦情愿办值，以免着役当差之苦，南北皆便。又闻前巡抚侍郎周忱设法前项马价铺陈，已于秋粮中科取，谓之义役米，后官府于秋粮中既征义役米，又取办马价，实为重复，亦望查考旧案，仍于义役米中或积出役米内取办，尤为便益。①

不久，巡抚李嗣开始了马役折银改革，具体方法是支米易银，即用银折马，粮佥上马每匹34两5钱，中马递减2两，市民定价14两，每年轮充副马头把马银押解到相关府州交割。后来御史陈金又奏定上马每匹征银45两，中马、下马递减5两。每匹马每年支付工食草料银22两，其余收积在官，用于支付马匹倒死、铺陈弊坏之类的费用。弘治十六年(1503)，江南等府对此进行彻底改革，以陈金奏定事例于秋粮内征收专项银两，雇募当地土著充役。②

江南马役，自永乐至弘治，历经百年，是明代江南杂役的一个缩影。就其性质而言，江南马役也不是以往学术界所称的那种纯粹的杂役，而是带有明显的上供物料色彩。

四、均徭与“周公良法”

均徭法之前的杂役，是在有负担能力的人户之中不定期指派。洪武十八年开始，赋役册编成，杂役按户等点佥。均徭法施行后，杂役改行轮役，由轮年应役的里甲各户承担。均徭

---

① 康熙《苏州府志》卷二七。正德《姑苏志》卷十五所记为“吴县二十八都耆民陆伯良”。

② 正德《松江府志》卷六《徭役》。康熙《苏州府志》卷二七载：“正统十年巡抚侍郎周忱设法马头解户于秋粮义役内取办起解。弘治十七年巡抚都御史魏绅具题，吴民买马解至北驿，尽丧身家，奉旨，以后马价编入秋粮项下征银解府，转解各驿买补马匹应用，着为令。”正德《姑苏志》卷十五对马役银的征收作了详细记载。

法的推行，其目的是完善里甲组织的税、役征收体制。这几乎成为一种共识。

但岩井茂树对此提出了不同的看法。他认为，均徭的佥派依据，已非“赋役黄册”而是另造的“均徭文册”或“龙头鼠尾册”等簿册，其应役形态应是“户役”而不是“甲役”。所谓“甲役”，就是由见年里甲内所有人户共同承担，即以里甲为应役单位。所谓“户役”，就是仍像以前杂役一样，以户为应役单位，但需先根据人户的丁田情况来确定里甲内人户的户等，再根据户等佥派均徭。在这一过程中，官府收回了均徭的佥派权，里长只保留有均徭的编审权。

山根幸夫、小山正明等学者持前说，梁方仲、唐文基等学者均持后说。[①]赵毅和丁亮也认为均徭是“户役”而非“甲役”，并认同岩井茂樹关于“均徭形态”的描述，即“应役各户按照一定标准派定次序，再由地方政府按照役项轻重逐一佥派相应的人户。非但如此，从庞尚鹏的奏疏中可以看出，即便是到了十段法施行之后，所有差役(包括银差)的佥派也是按照户役方式进行的，并非小山正明所说的那样，按照十段丁田通融均派，由里内各户共同承当。”[②]

那么，明初江南的杂役及后来的均徭改革，是否具有自身的特点呢？前引康熙《苏州府志》天顺二年长洲县老人追叙的“周公善法”，与岩井等学者的理解有着极大的出入，“计里不计户”曾是一般的原则。

据长洲县老人称，周忱“均其徭役”的方法，是将全县的排年里长编成一应差役，每里出银一两，轮役一年，歇息二年，犹如车轮，并把徭役按轻重多寡进行朋合，由官府造册并保存在官。[③]那么，周忱向每名里长征收的一两银子，到底是由里长本人还是由其管辖的一甲全体承担？从后引常熟县义役法的情况来看，应该是后者。“将乡都通县排年里长编成一应差役”中的差役，也应包括杂役而不太可能全是正役。此外，县府对各类徭役的轻重、次序进行了编排，并由县府保存册籍。这一做法，在某种程度而言，是颠覆了原先学界对杂役改革的有关论述。

嘉靖《常熟县志》对此也作了记载，可作补充：

> 周文襄公巡抚怜苏民赋重，凡里长差役，每名俾出银一两，轮当人得停役二年。其时县令郭侯南创为义役，令见役里甲每里出米五十石，常熟县五百里计米二万五千石，创仓而收，申之上官，共同支用。郡守况公善其法，俾行之各邑。[④]

---

① 中日学者梁方仲、唐文基、山根幸夫、小山正明、岩见宏等对均徭法的有关论述和评价，参见岩井茂树：《中国近代财政史研究》第五章《均徭法与明代徭役问题》，付勇译，社会科学文献出版社 2011 年版。下引岩井茂树先生的有关观点，亦见此章。

② 赵毅、丁亮：《明初浙江地区均徭法若干问题研究》，《学习与探索》2013 年第 5 期。

③ 正德《姑苏志》卷十五也记载了此事，基本相同。

④ 嘉靖《常熟县志》卷二《徭役志》。此段引文之前对徭役的追述是：“国朝田志，两税之外别无科率。至于徭役，悉准人丁。其后时移事变，弊与奸生，始改法计田，以为徭役之等第。其曰里长、甲首，则黄册之编定。曰皂隶、祗候、弓兵、斋夫、巡栏、门子、库子、斗级、马夫、水夫、铺司、馆夫、粮夫、防夫、钞夫、铺兵、与夫上中下三等之解户，此视田力之多寡高下而佥之，所谓均徭也。”

嘉靖《常熟县志》对周忱之法的记载比较简单，但也提到里长差役、每名出银一两，轮当人得停役二年之类内容，可以旁证前引《苏州府志》中的记载。常熟志还重点提到了该县的义役。前引《况太守集》表明，常熟义役还承担着军需之类的上供物料的开销。由此可见，义役所涉及的范围，既包括上供物料，也包括杂役。而其费用，则是以现役里甲为单位平均摊派的，至于在里甲内部如何征收，则不得而知。后来义役废而差役兴，弊端百出，最终被迫实行均徭改革。①

苏州府的均徭改革，大致始于景泰年间。这一改革，当时面临着一片反对之声，并不像有些文献记载的那样好评如潮。前引康熙《苏州府志》卷二七载：

> 天顺二年，巡抚都御史崔恭仿前巡抚侍郎周忱遗法编定均徭……后蒙本府知府汪浒编作上、中、下九则之法，上户重役，中户中役，下户轻役。然其中有病民者四：九万人户付在吏胥之手，年月无拘，名数不定，难以稽考，易生奸弊，一也；数年之内消长难期，二也；直部隶兵正副出银一十二两，尚有往回使用不计，中等之家卒难收集，三也；今本县以从九则之册点选户役，其丰盈库子并各仓斗级，俱应于九则册内点选。今又着里长保选，非惟重叠错乱，抑则奸弊复生，假如本区人户王韦关里长保殷实人户，纳红花价银二两九钱，则册内点出贴隶兵银四两，上下难以相照，重役多端者，四也。如蒙乞照侍郎周公所立良法及吊本县原造文册详看，仍旧施行。参照所呈有理合行，札付本府转属，从公查勘计议停当，开立前件定夺实行。

汪浒任苏州知府的时间，是在景泰四年(1453)至六年(卒于任上)。其基本做法，就是用"上、中、下九则之法"，按户等编佥相应的徭役，上户重役，中户中役，下户轻役。至天顺二年(1558)，苏州府长洲县老人对实行数年的均徭法提出反对意见，要求恢复周忱之法，并得到了巡抚崔恭的批准。崔恭编定的均徭之法，具体情况已不见记载，但其基本的做法，大致仍是像周忱一样，以里甲为单位，而非像后来那样全县人户通排。不过，随着弘治年间朝廷有关规定的出台，苏州等地"计里不计户"的原则，最终被按户等佥役的做法所代替。王鏊曾对这一做法十分不认同，并希望仍恢复旧法，照里定役：

> 鏊居乡数年，见民间甚苦均徭，富者或至毁家，贫者多至卖田、鬻产、伐树，继以逃

① 嘉靖《常熟县志》卷二《徭役志》："厥后义役废而差役兴，凡十年而轮差，民受差以即役，或有顾募，皆出其资力，而官无所预。迨其弊也，奸细图为幸免，赂之里胥以易册，乡官利于影占，先事收户以营免，小民益以役为困，册籍淆乱，而弊不可胜究矣。而常熟视他邑为甚，往时县令杨侯以为忧，议人民岁田出钱若干文，输之于官，以为役费，不果行。迨嘉靖十六年郡守王[仪]以事白于巡抚都御史欧阳，爰以属之询之舆情，以为计无便于此者，遂申于抚台，报行如所请，人丁派验以黄册，田亩以实征，差中有名重实轻，有名轻而实重，府县酌量而增换之。役既行，王[仪]以台指创为赋役册，以颁布之属邑，其事有三，一曰银差，二曰力差，三曰马差，其差目与差具于册中，而一州六邑之差，其中常熟也有不预者。"

亡,前此未有也。访其故,起于吴县尹郑轼。轼,良吏也,轻变旧法,贻祸至今。盖旧法计里不计户,姑以长、吴二县论之。二县共一千二百五十二里,岁额共一千一百五十五役,里分役数,大略相当。即有参差,自可随宜消息。每里共当一役,虽有重费,十户共之,不为甚苦;人户贫富,里长素谙,略为重轻,人亦能堪。自轼为县,谓里长不能无弊也,悉召人户至县,人人面审,家家着役。役少人多,则储为公用,谓之"余剩""均徭"。轼之为此,亦甚均也。继其职者不能如轼,多因之为利。人人面审,恣意酷派,一户有至百余两者。严刑痛箠,敢有不承?其余细役似不为重,而交纳之际百方艰阻,多至一倍、二倍、三五倍者有之,民吞声而不敢言。所谓"余剩"者,竟不知何在?故民间争言旧法之便。旧法似疏而民悦,均其利于下也;今法似密而民怨,专其利于上也。以愚计之,役之大者,莫如解户、斗库之类,宜别为一项,推上户有名、众所知者当之,而下下户特为优免。其余一甲止当一役,按里可定,不必人人面审,骚动一县。盖面审之际,不免询人。人恐重役,多方行贿。询之粮、塘,则贿粮、塘;询之里老,则贿里老;无所不询,则无所不贿。故有以富为贫,以贫为富,有司又从而高下其手。名曰"均徭",实不均之大者也。曷若旧法,不询而自均乎?或言旧法善矣,官府之用不足,如之何?曰:"此自为役法耳,非为财用设也。"赋之与役不相涉入,如有公用,赃罚之类,尚多有之;必不得已,与其豫储均徭,不若别为科派。科派多及富右,不及贫下也。执事体国爱民之心至矣,近效一得之愚,亦不自知其可用与否?而公以为必可行,复询远谋足利永世者,于此见公之心何如也?民间利害未能悉举,而徭役实其大者,愿公不惑群议,断而行之,符下州县,照里定役,一年足一年之用,更不许佥"余剩"。若有"余剩",即同赃论。如此,数十年之害一旦除去,吴下人人欢呼相庆。不特此也,田无重役,民皆务本,不至轻弃其田而逃亡,是本末均利矣。然须刊定大榜,昭示远近,永为定例。不然,公去吴之后,贪官污吏又将如前之为,吴人之弊,吾未知所税驾也。近考苏州志文襄役法,一里出银一两,其轻如此。其后知府汪虎[浒]变为前例,当时尚以为重,不知今日流弊至于此极也。今役额颇增,若仿文襄之法,虽一里十两,亦甚轻且均也。执事以为何如?①

王鏊批评的陈轼,在弘治元年(1488)至四年任吴县知县。因此,苏州至少在弘治初期就

① 王鏊:《与李司空论均徭赋》。王鏊在《吴中赋税书与巡抚李司空》中对此作了进一步的论述:"田之税既重,又加以重役。今之所谓均徭者,大率以田为定。田多为上户,上户则重,田少则轻,无田又轻,亦不计其资力之如何也。故民惟务逐末,而不务力田,避重役也。所谓重役者,大约有三:曰解户,解军须颜料,纳之内府者也;曰斗库,供应往来使客及有司之营办者也;曰粮长,督一区之税,输之官者也。……三役之重,皆起于田。一家当之则一家破,百家当之则百家破。故贫者皆弃其田以转徙,而富者尽卖其田以避役。近年吴下田贱而无所售,荒而无人耕,职此之故也。夫有田则有租,有身则有庸,有家则有调,今田既出重租,又并庸、调而归之,此民之所以轻弃其田者也。古之为政者驱末作归之田。今之为政,驱农民而归之末作。使民尽归末作,则国之赋税将安出哉?时值年丰,小民犹且不给;一遇水旱,则流离被道,饿殍塞川,甚可悯也。"(王鏊著,吴建华点校:《王鏊集》,上海古籍出版社 2013 年版,第 512—515 页。)

放弃了周忱的旧法，改行按户审差的办法。江南的均徭改革各地进度不一，持续很久。嘉靖元年(1522)，江南开始出现了将里甲、均徭都用三则编审的做法：

> 嘉靖元年，巡抚罗议将里甲、均徭俱行三则，编审以家资富盛，即丁田居上者为上户；丁田数少，家道颇可者为中户；丁田消乏者为下户。某项徭役重大，合派上三则人户；某项徭役轻省，合派中下人户。一户或编一差及数差，或数户朋一差，勿期酌量贫富定撤差役，轻重适均。①

后来出现里甲、均徭合流的做法，如嘉靖十六年(1537)，常州知府应槚进一步推进改革：

> 力并则易疲，事分则易办，里甲、均徭分为二事，凡以便民也。奈何本府田粮每岁推收，奸徒得以计弊。申蒙本县议准通县算编，则其事分，其力愈省矣。但里徭有异而丁粮无二，若仍二次编审，亦不免于烦扰。今将各项合用数目总会而并征之，查旧额以类分，法虽简而实不费也。其见年里甲每里出夫一名，专一投递及不时做工而已，官吏人具不得免。

此项改革使得里甲和均徭二项按相同的时间一同编审，避免在不同年份先后编审里甲正役和均徭带来的不必要麻烦。在编审时，先通算一县所需的里甲和均徭各项总数，然后根据里甲中各户丁粮状况编派到各里各户。另外，见年里甲出夫一名专门投递公文、信件等，不得优免。

均徭的编制，仍是以里甲组织为基础的。尽管均徭册的编制，以及以此为依据而由州县官吏面审的方式，部分剥夺了里甲头目佥役的一些权力，但基层组织仍拥有较大的权力。这主要体现在里书等人在编制户等时拥有的户等审核权。吴江人史鉴就提出"定拨均徭宜以籍为准"的观点，即用黄册作为均徭编佥的依据，以解决严重的不公现象：

> 近日定拨均徭，止凭里书开报田地多少，定立等第，而奸宄之徒，贿嘱里书妄云出卖减损数目，改富为贫，移高就下，往往得其轻役。而守正之人，计不出此，独得其重，故徭役不平，由当时立法不知查考黄册故耳。乞着为令，今后报数一以黄册实在为准，不许动摇，如有卖者，听令卖田之人自行供报，拘收买田之人审实，照数均派，如此则里书无所售其奸矣。②

直到万历时期，嘉定县的粮长仍在均徭册的编审中发挥着重要作用：

---

① 顾炎武：《天下郡国利病书》原编第七册，上海古籍出版社2002年版，第9—10页。

② 史鉴：《西村集》卷五《上中丞侣相公書》，景印文渊阁《四库全书》第1259册，台北商务印书馆1986年版。

于该县流都六百六十八里应审里甲户内人丁并官民田荡为捋尖册，第其上下而编审之，其法颇善。节年编审之弊，本县全凭粮长捋尖，粮长挽串书手作弊。其弊有四：曰受贿、曰畏劳、曰于亲、曰有仇，或以户产大而家道殷实者，捋之于后，或以户产小而家道贫难者，捋之于前，或丁本见在而报为逃亡，或以丁本逃亡而报为见在，或田本见熟而报为坍荒，或田本坍荒而报为见熟，此粮长书手之同弊也。乃若串同人户，改扣籍册，或恣其挪移而捏民为官，或恣其影射而开总为子，或恣其虚装而出此入彼，或恣其偏累而减此增彼，或恣其隐漏而削去其半，或恣其埋没而尽去其籍，此书手之独弊也。至于编坐银力二差，亦有其弊。或眩于耳目，或溺其心志，于原数之外另编无名之银，多则四五百两，少亦不下二三百两，谓之拨剩银，此则官吏之弊也。深惩往迹，良可痛心。严谕粮书查照各应审人户户产家资实将到官，查对黄册以验其户产，询访多役以验其家资，本之捋尖分为九则，以家资为主，户产次之，家资户产俱有者为上上……为九则牌九面，令皂隶……令粮里……令书手……令捋过尖则应审人户照则北向立于个牌之后，从公点审……各粮塘里老……随即登注册内各前件项下，以革粮书之弊。①

有些地方，有称均徭为丁田的，如江阴、宜兴等：

国朝役法有二，曰里甲、丁田。丁田丽于里甲，十年一轮，其事相类……

里甲之役……其出银听用，曰庆贺，曰祭祀，曰乡饮，曰科供，曰恤政，曰公费，曰备用，其出入听调曰听差。（前项银差俱于里甲征取，与均徭年分不同，后知县应槚以不便，建议并入均徭一年征办）

丁田之役，以黄白册籍按丁田多者为上户，编重差；次者为中户，编中差；少者为下户，编下差。或一户编一差，或数差，或数十差，或数户朋一差，是谓均徭。其徭有三。一京徭……二府徭……三县徭……②

其实，对农村基层组织冲击较大的，是十段法。江南某些地区，早在嘉靖初期就开始实行十段法，其时间要比原先的估计早得多。现存江阴《优免徭役碑》③就详细记载了嘉靖十三年(1534)江阴的十段法改革：

照得嘉靖十三年均徭，轮到第十甲丁田佥点，原于嘉靖三年蒙巡按直隶监察御史

---

① 《知县李资坤申议六事》，万历《嘉定县志》卷七《田赋考下·田赋条议》。

② 嘉靖《江阴县志》卷五《贡课(徭役附)》。万历《重修宜兴县志》卷四《食货·徭役》的记载基本相同："国朝役法有二，曰里甲，曰丁田……丁田役法，隆庆以前俱按黄白二册，以丁田之多寡，分为上、中、下三等编差。中户或一差，中上户或数差，最上户或数十差，下户或以数名朋一差，是为均徭。其徭亦有三，曰京徭，曰府徭，曰县役。"

③ 民国《江阴县志》卷二二。

朱。案验前事，依蒙将轮编均程年公令官宦、举人、监生、生员、承差、吏典之家照例优免外，通将概县官民田地、山滩不拘年分，通融牵扯，均齐造成白册，已经编点过九年。今查以上点过均徭册□田地数，比对县总缩欠田地，本职已经拘集算手，躬亲磨对，逐年逐□，仔细查出，人户陆勉等各缩欠田亩多至十顷以上，少至十亩以下，多寡不等，□□□□□。是人户里书通同作弊，每年未编均徭之先，暗将原缩田亩仍复改填旧数，以致弊端无查□□□□□□□□□□以为常。良善之民，陪累重差，深为苦切。又查洗改之由，皆原奸民隐情捏故朦胧告府，吊取白册，以致申路得以作弊洗改。今欲将本□□□□□□□□，每年佥点一段，备造草册，随印信付与掌印官收执。常年封锁牢固，凡一应查对佥点均徭之时，开视查过，即行封锁，庶免前弊。

……缘照概县田有定数、各年徭有定差，应将田分十段，佥点十年徭役，庶力役均平、里书无所容弊。

今集算□邹雨、徐坤等磨算，造成十段，白册印钤，随印收掌，封锁在掌印官衙内。每年佥点徭役之时，当堂开拆，取出一段田数，抄录一本。佥点已毕，仍着落吏书取具结状，磨对无弊，方造鼠尾草册，酌量佥点。其佥点之法，又以权徭册为主顺序亲注。又其间有优免官吏之例，必须查考十年之内本官曾否优免，如照级免过一年，余年不得冒免。又有寄庄人户，或冒官员职名者，俱要查出重治。其官户亦止于该县该年田内优免，其寄庄者不得在优免之列。此皆奉有明例，不得夤缘私情，致使良善受累。今将白册总数逐年开具，刻石县厅，每年点差先于石上抄录田总后，乃取出白册查对细数，每亩应出银几分，大约多不过九分三厘。若不照此编佥，必致里书那移。往年曾有每亩点至一二钱者，深为不便。今将分定丁田数目，刻石于后。

嘉靖十三年闰二月吉旦

此段文字是江南早期实行十段法的重要资料。小山正明先生对此进行过详论。①从碑文来看，江阴在嘉靖三年就编制了10年一次的均徭。10年后的嘉靖十三年，该县又进行了新一轮的编审。在清理田额、重申优免限定外，该县将全县的人丁（折成田亩）、官田、民田②等一体平均编排为“十段”，兹选两段如下：

第一段。人丁一万三千五百四十六丁，凤戈乡十九都三图宗起，土[至]第二甲十八都四百[图]□□止，各则共折民田九百九十二顷六亩五分三毫。官田地一百八十一顷二十六亩七分五厘六毫，青阳乡二十□□□□□□□□[起]，至第二甲东顺乡三十八都二图夏贯止。民田地八百六十九顷八十亩九分六厘一毫，青阳乡二十六都□图冯梗起，至

① 小山正明：《明代的十段法》，收入氏著《明清社会经济史研究》，东京大学出版会1992年版。

② 当时江阴县承役的丁田，具体如下：“人丁一十三万五千四百六十丁，各则其折民田九千九百二十顷六十五亩三厘三毫，官田地九百二十四顷八十八亩七分九厘七毫，民田地九千二百二十四顷八十六亩二分三厘五毫，新堪田二百八十顷七亩八毫，山滩九百三十三顷八亩九分五厘。”

第二甲东顺乡三十八都二图夏贯止。新堪田四十二顷五十五亩一分七厘七毫，白鹿乡四十一都九□□□□□□[起]，[至]第二甲大宁乡二十三都六图蔡明止。山滩一百三顷四十五亩七分五厘，青阳乡二十六都四图谢均恩起，至第二甲西顺乡三十七都七图沈谦止。

第二段。人丁一万三千五百四十六丁，凤戈乡十八都五图王谦起，至第二甲凤戈乡二十都三图徐孝止，各则其折民田九百九十二顷六亩五分三毫。官田地三十一顷九十二亩三分五厘四毫，东顺乡三十八都二图夏贯起，至第三甲良信乡五都九图吴仁止。民田地九百六十一顷六十七亩七分三厘八毫，东顺乡三十八都二图夏贯起，至第三甲良信乡五都十图吴美止。新堪田九顷八十七亩八分六厘六毫，东顺乡三十都二图夏贯起，至第三甲顺□□汤沐止。山滩九十四顷八十六亩五分五厘五毫，东顺乡三十八都二图夏贯起，至第三甲□□坊朱哲止。

从上文不难看出，每段人丁、官田、民田的数量完全相同，且自成系统，独立排序。按丁田编排，意味着不仅放弃了原先的户等，而且也放弃了原先按里甲轮役的方式。[①]而将全县丁田统一编排，则打破了里甲组织一直遵守的都图原则。这对里甲制度的冲击确实是巨大的。十段法后来的进一步改革，[②]直接导致了均田均役之法即以一定的田地标准编制里甲，从而使原来的人户里甲基本解体，其做法是与十段法一脉相承的。

（夏维中，南京大学历史系教授）

---

① 参见唐文基：《明代赋役制度史》。

② 如隆庆二年（1568），巡抚林润对均徭进行了调整："今议应因者因，应革者革，应增减者量行增减，四县具以均徭轮段丁田算派。人每丁折田二亩，山塘以十折田之一，总计一年合用之银，原共银八千四百三十七两二钱零，每年共增银二千八百八十九两三钱，然实减总甲夫役等银共六千二百六十余两矣。编定银数，遇用申支，三年带征，科供等银按季解府侯给，永为遵守。""是年，巡抚林润有札：均徭者，必丁田齐一、轻重得宜，乃均也……取各县十段丁田逐一查理，裒多益寡，务得其平。除应役外，其未轮年分各候该年，即有过割，不得听从规避，一年止编一段；即有别故，不得擅提下甲。应优免者，照旧例填发，不得徇势豪增减。应银力者，不得任里役轻重，寄庄人户，不许市恩旨免。本处官户，不得分门重叠，上户不得讨占银差，下户不得混编重役等，应随该本府知府许岳议得本府所属武、无、江、宜四县丁田旧规，一例十段轮流编审。近该本府知府李幼滋查力差赔费颇重，议从田起银差，纳官颇便；议从丁起其田，不足二十五亩者亦编银差，每年轮审一段，轮段人户关领官银，照役出力。又查得向来优免太滥，小民苦累，宜照近议题奏事例，优免十年止免一年，一年止免本户，不得分外加增及各段各户，混免仍将免过丁田分注轮段之下，以便稽查。（顾炎武：《天下郡国利病书》原编第七册，上海古籍出版社 2002 年版，第 16—17 页。）

重庆中国三峡博物馆藏明“雪声”琴铭刻史证

□严晓星

[摘　要] 本文通过对重庆中国三峡博物馆所藏的明代古琴“雪声”背面两段铭文的研究，考察出赠琴者吴信甫的身份，确定了受琴者吴幼卿为吴宝贤，框定了追回此琴的“虢除”其人的有限范围，又从作铭者居巢的生平入手，推测他的友人张敬修很可能是居巢得以为吴幼卿此琴作铭的桥梁。同时更揭示，“雪声”琴铭文记载了太平天国起事之初攻占永安州城时，永安州知州吴江父子的一段惨史，并通过对第二段铭文的重新释读，再现了吴江后人对这段家族记忆的珍惜以及为此作出的努力。由于太平天国攻陷的第一座城池即为永安，且在此建制，此后才势成燎原，故永安之陷堪称近代史上的重大事件。承载了这一历史重大事件及当事人家族记忆的“雪声”琴，也因此具备了独特的不可替代的历史文化价值。

[关键词] 雪声；古琴；铭文；太平天国；永安；吴江；居巢

一

民国三十四年(1945)孟冬，广东南海人黄任恒倾十年之功，纂成《番禺河南小志》一书①，卷九《杂录》录“琴铭拓本”一条：

> 吴子幼卿，遘永安府君殉城之难，茹痛不已。吴君信甫以琴遗之，思导其和。居巢子曰：劳者呻，悲者号，宣则不郁。痛何能已，以声宣之，宜哉。为之铭曰：“孤城不存，孤臣何存？孤雏仅存，孤桐独生。孤桐兮朱丝，写风木兮我悲。孤生不死，悲无已时。”咸丰丁巳三月，居巢铭，麦钰书，居廉镌。②

字仅一百有奇，却是信息量大，意蕴深沉。据之可知，有一位“永安府君”困守孤城，陷落后卒以身殉。其子吴幼卿成为孤儿，悲痛不已。吴信甫赠他一琴，希望他能通过弹琴抚平创伤。居巢(1811—1865)认为，痛苦若能疏导出来，就不会郁结于内，而用声音疏导，又是相宜之法，并作铭文，由麦钰书写，居廉(1828—1904)镌刻于琴上。铭文八句，以四字句为主，且换

---

① 黄任恒：“自序”，载罗国雄、郭彦汪主编《海上明珠集》，广州市珠海区人民政府 1990 年版，第 11 页。

② 黄任恒：《番禺河南小志》卷九，载罗国雄、郭彦任主编《海上明珠集》，第 257 页。

韵脚,紧扣一个"孤"字展开,读来有激越之气、悲痛之情。"孤城""孤臣""孤雏""孤生",结合上下文都容易理解;"孤桐独生"却是暗用了枚乘《七发》写古琴斫制的名句"龙门之桐,高百尺而无枝,中郁结之轮菌,根扶疏以分离。上有千仞之峰,下临百丈之溪……"①,是旧时读书人娴熟于心的典故,与"孤雏仅存"对举,颇见构思之妙。

不过,最初看到这则材料,却未曾多加措意。一来是过眼古琴文献既多,不乏更有吸引力的题目;二来是仅凭一条过录的拓片文字,看不到拓本实物,兴趣难免折损。然而,不敢期待却又无比意外的是,这节文字的拓本始终未见,拓本所拓的原琴却意外的出现了。

2010年霜降之日在重庆,曾去中国三峡博物馆走马观花地看古琴展,展板说明较为简单,展柜里的琴都正面朝上,那张明琴"雪声"安然横卧,没引起我的注意。我的关注点在另一张明琴"一天秋"。差不多一个月后,在杭州的浙江省博物馆举办的古琴学术会议上,跟与会的三峡博物馆唐冶泽说起"一天秋"。唐先生建议我将观点整理成文,我也遵嘱为之②,由此订下文字之交。一年之后,他又惠赐主持编写的《重庆中国三峡博物馆藏文物选粹·古琴》,书中"一天秋"的说明已经引述我的观点,不再提展板上的最初解释③,由此又可见他的君子风度。也就是在这本古琴图录里,我第一次发现,"雪声"琴就是数年前所见《番禺河南小志》过录"琴铭拓本"的原琴!④ 琴背各部图片俱在,铭刻刀痕宛然在目,对勘文字也是毫厘不爽。

"雪声"琴的重现,让一个半世纪以前的历史陡然有了可触可感的温度,这时候又读到了唐先生关于此琴铭文的考证,兴味更浓。他解读上引铭文的内容,介绍居巢、居廉(堂)兄弟在岭南画派历史上的地位以及麦钰的身份,对吴信甫、吴幼卿及其父"永安府君"则表示"未能考出,有待知者"。他还敏锐地指出,"永安府君"之殉难,"从时间推测,可能与太平天国有关"。⑤居巢作铭的咸丰丁巳(1857),太平天国与清廷兵锋正酣,宜乎如此推测。

本文立足唐先生已取得的成绩,期能略有推进。

二

居巢虽作铭于咸丰丁巳,"永安府君"殉难却非其时。考察琴铭本事,"永安府君"四字,

① 〔梁〕萧统编:《文选》卷三十四,中华书局2005年版,第479页。

② 即拙文《关于"高唐王忠蓭"》,收入拙著《条畅小集》,上海辞书出版社2011年版,第42—48页;又以《重庆中国三峡博物馆藏古琴"一天秋"款识小考》为题,刊于重庆中国三峡博物馆、重庆博物馆编《长江文明》第九辑,光明日报出版社2012年版,第79—81页。

③ 重庆中国三峡博物馆编著:《重庆中国三峡博物馆藏文物选粹·古琴》,文物出版社2011年版,第46页。

④ 重庆中国三峡博物馆编著:《重庆中国三峡博物馆藏文物选粹·古琴》,第63—66页。

⑤ 唐冶泽:《重庆中国三峡博物馆藏古琴初步研究》,载重庆中国三峡博物馆、重庆博物馆编:《长江文明》第八辑,河南人民出版社2011年版,第91—92页。

正是入手门径。

其一,“永安”为永安州(今广西蒙山县),洪秀全、杨秀清辈于广西金田起事之后,攻占的第一个城池即永安,建制、封王皆肇始于兹,此后才势成燎原。因此,永安之于太平天国史,意义可谓重大。其二,既言“殉城”,“永安府君”当为朝廷官员。“府君”作为官员之尊称,通常指一府之长(太守、知府)。永安州时隶平乐府,为散州,地位视县,与地位视府的直隶州不同。但散州、直隶州的最高行政长官都称知州,马虎一点,永安知州亦不妨可称府君。而永安城破后,死难的代理知州恰与吴幼卿同姓,姓吴名江。散州知州,秩位甚低,死于太平天国之乱的同级官员无数,但吴江独独略为人知,大概是因为他被难较早,而永安一州的得失又决定了以后多年的乱局走向之故。

这样一位朝廷的忠烈之士,当时及稍后的记载都不会太少,其中最为完整详备者,当属光绪十年(1884)广西桂林府知府秦焕所撰的《清永安州知州吴江墓志》。秦焕与吴江的子孙两代相交,“曾读公行述”,材料来源较为可靠。他说:

> 公讳江,字云卿,原籍江南无锡。元季,先世祖守荆州,遂家焉。数传后,复迁居汉阳。公显考生三子,公居仲,少有至性,负异才。德配刘淑人,贤淑同心。公初入侍京华,随任章门,奉亲命,援例以州吏目分发广西。两遭大事,回籍守制。服阕,到省即署荔浦典史,补新宁吏目,又署桂平穆乐巡检。官卑而能执法,不避艰危,推诚待人,良莠均感。曾见知于林文忠公,名益重。道[光二]十八年入京,饬赴本任,又值越南使臣北上,公随护送,叙功以应升缺升用。复随劳文毅公赴越宣封,时劳公官廉访也。往返万余里,事皆称职,劳公嘉焉,带至西延办理军务,悉合机宜。因受知于郑梦白中丞,保开缺以府经县丞用,旋因全州土匪剿平功保升知县。三十年,桂平金田寇起,各大帅分道进兵,以平乐之永安州与浔、梧接壤,丞委公防堵。公下车,即清户口,编保甲,获贼目何洪基正法,而贼首洪秀全、杨秀清、罗大旺深衔之,潜师来袭,极力相攻。公与平乐镇阿协戎严守要口,贼不得逞。因念民之倡乱,由失教化,永安旧有眉江书院,会议重修,捐助膏火,方为弭乱计,而乱已至焉。时贼率众由藤县入永安,公与阿公集团设伏,毙贼多名,贼势愈炽,遂退保州城。淑人在署,支应军需,心力俱悴。盖贼之入境也,在咸丰元年八月二十三日,至二十八日,历六昼夜,外间兵饷无一至者。贼已逼城,公犹登陴,亲然大炮,轰毙贼目,而我军伤亡亦多,知势不可为,始将州印付二子,令缒城而出。贼用炮轰塌城垣数丈,城陷,公督兵巷战,与阿协戎同时遇害。淑人闻信,骂贼不去口,亦被害;幕友仆妇同殉者共二十八人,可谓烈矣!二年,大兵收复永安,嗣君彤等奉札随同入城,于眢井土坑中寻获忠骸,滴血立入,殡殓如礼,地方官绅就地立成仁碑记。因道路梗塞,权合葬于州治茹孟邨纱帽山之原。大帅入告,奉谕旨:“吴江临危受命,忠义可嘉。交部从优议恤,准其于殉难地方及本籍建立专祠,其幕友家属人等,一并附祀。钦此。”旋奉部文,寄予葬祭,并为立传,恤赠銮仪卫经历,云骑尉世职,给予恩骑尉世袭罔替。淑人守义不屈,并荷旌表,可谓荣矣。公生于嘉庆癸亥年九月十三日申时,淑人生于嘉

庆辛酉年十月十四日亥时，俱惨于咸丰元年闰八月初一酉时。①

吴江生平，大致如此。文中提及对他的声誉与仕途产生影响的三位重臣，林文忠公为林则徐（1785—1850），劳文毅公为劳崇光（1802—1867），郑梦白为郑祖琛（1784—1851），后两位都曾任广西布政使、广西巡抚，吴江的守城壮举、个人悲剧与死后荣光，都间接来自他们的赏识与任用。

细看此文，所谓"少有至性，负异才"仅是套话，"官卑而能执法，不避艰危，推诚待人"倒颇能体现吴江的特点。以其履历观之，他大概是一个普通而敬业的低级官员，只会兢兢业业地做好分内之事。他的名字，原本最多出现在地方志的"职官"一卷，刊于国史的可能性几乎没有，但历史洪流改变了他的生命轨迹。以他出生的嘉庆癸亥（1803）推算，到咸丰元年闰八月初一（1851年9月25日）城破，时年49岁。同时遇难的夫人刘氏长他两岁，51岁。永安被围，是为孤城；吴江无援，是为孤臣；父母双亡，是为孤雏——也就是这张琴的主人、"茹痛不已"的"吴子幼卿"。居巢所作琴铭的本事，至此昭然。

三

《墓志》按例写到了吴江的三个儿子吴彤（小云）、吴启贤、吴宝贤：

> 生子三，长小云彤，广西候补县丞，荫云骑尉世职，娶张氏；次启贤，花翎盐运使衔、云南尽先补用知府，历任江川县知县，昭通、临安等府同知，普洱府知府，娶王氏；三宝贤，蓝翎六品衔、四川候补县丞，娶任氏。②

吴幼卿究竟是三者中的哪一位，放到后面再考察。但这些有限的信息，已经可以说明一些问题。吴江字云卿，他的长子吴彤字小云，另两个儿子中有一位字幼卿，小云之"云"，幼卿之"卿"，合起来正是吴江的字，这显然不是巧合。在传统习俗中，取父亲的字号中之一字，在前面冠以"小（筱）"或"幼"字，是儿子取字的一种常见方式。兹在吴氏父子上下百余年的范围内，聊举数例，以见其实：书画家黄易字小松，其父黄树谷则字松石，淮军将领吴长庆字小轩（或作"筱轩"），其父吴廷香则字兰轩；名臣沈葆桢字幼丹，其父沈廷枫则号丹林，名臣张佩纶字幼樵，其父张印塘则字雨樵；而音韵学家马裕藻字幼渔，其兄马裕藩号筱珊，"渔珊"二字即其父马海曙之号，与吴氏父子的情形更为接近。因此，仅仅从名字上看，吴幼卿之于吴云卿，

---

① 载蒙山县志编纂委员会编：《蒙山县志》，广西人民出版社1993年版，第654—655页。标点略作调整。"[]"内的字，为原文空缺并据文义所补者。

② 蒙山县志编纂委员会编：《蒙山县志》，第655页。

似乎就不无关联；而在肯定了吴云卿、吴小云的父子关系之后，这一关联无疑就更显著了。

不妨先梳理一下，吴江的三个儿子在这场劫难之中各自的情形。

前文提到，永安陷落前夕，吴江"将州印付二子，令缒城而出"，这可以得到许多史料的证实。城陷的半个月后，时任广西按察使的姚莹（1785—1853）在《至新墟回成算已得事尚可为状》中记云：

> 城破时，众人劝其走出，吴江不肯，但令二子携印，坠城上省。①

其时，科技奇才丁守存（1812—1886）随钦差大臣赛尚阿在广西办理军务。城陷后第五日，他奉命接待了逃出生天的吴江二子，并在日记中留下了惊心动魄的第一手记录：

> 初六日，署永安牧吴江之次子启贤、三子宝贤，宋光烈之妻侄刘守道来省。揆帅不忍见，委询情形。据云，贼初来甚少，业经击退，旋即大夥拥至，攻城三昼夜，城中兵勇仅百余人，力竭气尽。伊三人见事急，怀印跃下城墙，墙下死伤叠积，三人皆无伤损。临行时，吴江之妻誓殉其夫，吴启贤之妻誓殉其姑，仆妇二人誓殉其主，并幕友家属，坚无去志，各怀毒药以待。予闻之凄然泪下，因禀明揆帅，赏三人盘费百金，先予刘守道六品顶戴，吴启贤兄弟俟奏请恩施。②

由此可知，出城的共有三人，吴江二子之外，还有一位刘守道。二子，是次子启贤、三子宝贤。《广西昭忠录》卷一有吴江之传，尝云：

> 江知事不可为，令二子启贤、象贤怀州印缒城出，行未数里而城陷……③

对照《墓志》与丁守存的记录，可知"象贤"为"宝贤"之误记。吴江并无"象贤"一子。

丁守存接待吴江二子半个月后，日记中又一次出现了关于吴宝贤的记载：

> 二十二日，早见飞报，永安州城于二十日辰时攻入，贼奔水宝。姚臬司已定二十二日进城，吴江之子宝贤，已闻信赶去。④

---

① 〔清〕姚莹撰：《中复堂遗稿》卷三，《清代诗文集汇编》第549册，上海古籍出版社2010年版，第725页。

② 〔清〕丁守存：《从军日记》，太平天国历史博物馆编：《太平天国史料丛编简辑》第2册，中华书局1962年版，第290页。

③ 〔清〕苏凤文编：《广西昭忠录》卷一，清光绪十五年（1889）刊本，第十四叶。上海图书馆藏。

④ 〔清〕丁守存：《从军日记》，太平天国历史博物馆编《太平天国史料丛编简辑》第2册，第292页。

然而，次日晚间，丁守存又接姚臬司（姚莹）来信，确认昨日捷报“全属讹传”①。吴宝贤想必白跑了一趟。

差不多半年之后（咸丰二年二月十六日，1852 年 4 月 5 日），清军终于收复永安，《墓志》记前去认尸者为“嗣君彤等”，即吴江长子吴彤（小云）。吴彤应不在吴江身边，得以免遭围城之难。他认尸的当天（二月二十四日，4 月 13 日），姚莹撰有《查复永安殉难文武状》：

> 奉中堂面饬，督同彭牧查找永安殉难文武及官亲幕友尸骸，并奉札饬查明立等具奏等因。奉此，遵即督同彭牧并阿协之亲兵及吴令之子吴彤等寻查，兹于本月二十四日在署侧关帝庙井中取获尸骸十具，皮肉衣服皆已腐烂，惟有战靴之尸二具。一穿战靴，头戴藤壳小帽，据阿协之亲兵指认，系平乐协副将阿尔精阿尸身。其一穿缎靴，据吴令之子认，系永安州知州吴江之尸身。当经用棺盛殓，交各亲属领回。并据吴江之子开出同时被难吴江之妻刘氏及其堂叔吴镇，幕友黄云鹏及嫂苏氏、妻闵氏、妾某氏、女一人、侄小楼、侄女一人、妻弟闵立斋闵法家人二口、使女二人，又幕友胡培德家人男女二人，又吴江家人胡斌、张诚、朱清、朱福、段升、王贵、王庆、余升，仆妇黄氏，使女如意、平安，尸已无存。又永安州学正丁履吉及其幼孙一口，尸亦无存，亦无亲属前来。又永安州吏目宋光烈之子宋仲钰寻其父尸不得，及其官亲邱文雅家人杨春、杨武尸皆无存。②

明知这只是乱世的千万惨史之一例，读之仍不免动容。吴彤等当事人是何感受，真不敢轻易揣想矣！三月十三日（5 月 1 日）成文的《赛尚阿等报查明永安州城殉难文武各员并请赐恤建立专祠片》③当系在此状基础上写成，内容大致相同，当然也有小异：因为上报的对象是最高级别的朝廷中枢，那些更小的人物如妻妾女孙、仆妇家人，也就化作数字，等而了之了。

两个甲子之后，永安州已改称蒙山县，但太平天国仍然留下了它的遗产——这里的太平天国史料、文物的征集与发掘备受重视。1976 年，当地文化部门在关帝庙门前找到了早已“一填再填、夷为平地”的“深二点七米，井口东西宽为二点九米，南北宽为二点八米”的眢井土坑，挖掘出“完好的和残缺的文物三百四十七件”，包括“两个人头骨，近百块人的零星骨节、牙齿”。关于这两个人头骨及零星人骨，有材料详细记述：

> 这次发掘眢井，在井底发现两个人头骨，第一个人头骨后脑有矛枪戳穿直径二公分的洞，头顶左边有刀尖戳的痕迹。第二个人头骨，后脑骨有刀劈开的长九公分的刀痕。在挖出的手骨、腿骨中，还发现铁镣手铐一付、铁锁一把，一把剑套残片。它毫无疑问是

---

① 〔清〕丁守存：《从军日记》，太平天国历史博物馆编《太平天国史料丛编简辑》第 2 册，第 292—293 页。

② 〔清〕姚莹撰：《中复堂遗稿》卷四，《清代诗文集汇编》第 549 册，第 738 页。

③ 载中国第一历史档案馆编：《清政府镇压太平天国档案史料》第 3 册，社会科学文献出版社 1992 年版，第 97 页。

在破城后被太平军处决抛落矨井的反动分子。

差不多同时，吴江墓也被挖掘出来，“墓中只发现四肢骨及肋骨，没有头骨”①。

由此可以推测，矨井中出土的两个人头骨中，必有一个属于吴江。一百二十多年前吴彤来此辨认遗体，大约现场太惨，难以面对，未能仔细清理，以致不知父亲的头颅尚在井底，只得仅以无头遗体下葬。而“近百块人的零星骨节、牙齿”，可能就出自“同时被难”却被认为“尸已无存”的一部分人。朝廷命官，临难不得苟免，可算题中应有之义；仆役、妇孺，已惨为覆巢之卵，奈何还被一概视若“反动分子”？读书至此，夫复何言。

四

铭文的本事及背景既明，再读的感受自然不同。这时再来考察赠琴给吴幼卿的“吴君信甫”其人，并探讨居巢、居廉与“雪声”琴及其主人吴幼卿接触的可能性。

从前读孟森（1869—1937）的名著《心史丛刊》，对压卷之作《闲闲录案》中的一节文字，印象至为深刻：

> 《绪南随笔》另一则云：“吴信甫孝廉持衡父光裕，副贡，以蔡案谴戍，戍时持衡甫在妊未生也，终身未尝见其父。辛酉赴秋试，于关壮缪庙中见一人，手持《亦在车下诗》五言八韵一首沉吟，持衡取而观之，其人忽不见。持其诗归。是年诗题即《亦在车下》，录之中式。后梦神语之曰：‘赠诗者即尔父秋渔先生也。’秋渔，光裕字”云云。此则语近不经，但秋渔之子名持衡，字信甫，为辛酉举人，则可借以考见。辛酉者，嘉庆六年也。②

之所以印象深刻，是孟氏治学，能善用材料，虽“语近不经”也不全盘否定，而从中寻找合理而有用的信息，取舍之际，最见功力，足为后来者法。如今再想起此节，自然是因为文中提到的那位因“《闲闲录》案”谴戍的蔡氏门人吴光裕（秋渔）之子吴持衡（信甫）。

不过，随着历史基础文献的大量整理出版，当年需要绕弯儿考证的问题，现在只需要检阅一下《清代朱卷集成》。其中吴持衡履历写得很清楚：

> 字信甫，号亦平，一字莪溪。行五。乾隆己丑年正月二十五日生。江苏松江府华亭县学附学生。民籍。③

---

① 何秉：《实物说出了真史——永安矨井土坑发掘所见》，广西太平天国史研究会编：《太平天国史研究文选（广西·1951—1980）》，广西人民出版社 1981 年版，第 334—338 页。

② 孟森：《心史丛刊》，辽宁教育出版社 1998 年版，第 220 页。

③ 顾廷龙主编：《清代朱卷集成》，第 131 册，台北成文出版社 1992 年版，第 203 页。

科份页载科份为“嘉庆辛酉科”，中式名次为“第一百二名”。[①]由此可知，吴持衡（信甫）为松江府华亭县人，生于乾隆三十四年己丑（1769），嘉庆六年辛酉（1800）中举，时年32岁。他赠琴给吴幼卿，当在永安城陷之后、居巢作铭之前（1851秋—1857春），已经是83岁至89岁的耄耋老人了。

《重庆中国三峡博物馆藏文物选粹·古琴》又记“雪声”琴腹内的朱砂年款云：

> 龙池内纳音右侧朱书“壬子腊月吴信甫珍藏”，其下一方红色印章，字不清；纳音左侧朱书“雪夜钟声”四字。[②]

唐冶泽据此推测：“此琴应在咸丰壬子年即1852年底剖腹重修过。”[③]以壬子指咸丰壬子，当然是可能的，但不能排除乾隆壬子（1792）。乾隆壬子岁，吴持衡年方二十四，正是学琴抚琴的大好年华，自署“珍藏”，堪堪一副得琴不久、来日方长的口吻。等到咸丰壬子，昔日翩翩少年已成八四老翁，旧调恐怕无力再弹，是否需要重修、有无兴致珍藏这样一张在当时并不名贵的琴，都很耐人琢磨。何况差不多就在这一时段里，他将琴赠给了他人。据此看来，似乎还是乾隆壬子的可能性更大些。

下文即将讲到，“雪声”琴背尚有其他铭文，但其主体无疑仍是居氏昆仲的题刻。这两位岭南名画家何以参与其中，也是能引发鉴赏者兴趣的话题。仅从琴铭的语气看，此时“雪声”琴已归吴幼卿所有。他们撰写并镌刻铭文，当然要得到主人的邀请和许可，因此他们与吴幼卿应当有所接触。考察居氏昆仲的生平，不会不注意到他们与可园主人张敬修（1823—1864）的密切关系。而这位广东文化史上的风流人物，很可能就是他们与吴幼卿往还的桥梁。

洪杨起事之初，辞官归里没多久的张敬修东山再起，奉命在家乡东莞招募兵勇，赴广西作战，略建战功，迭有升迁。罗大纲从陆路进攻永安之时，洪秀全、杨秀清率军自水路向永安进发，张敬修归乌兰泰节制，与吴江在同一片战场上与敌对垒。闰八月初一日永安失陷，初三日（9月27日）张敬修与洪、杨大军在藤县与永安交界的上标村、麻油村交锋，堕马受伤。[④]四天后（10月1日）洪、杨进入永安，清军开始长期围困永安。九月下旬（11月中旬），张敬修、许祥光等率东勇、潮勇共6 000人，驻扎于州南60里的六黎冲口，参与了这次围城战。[⑤]次年

---

① 顾廷龙主编：《清代朱卷集成》第131册，第209页。

② 重庆中国三峡博物馆编著：《重庆中国三峡博物馆藏文物选粹·古琴》，第63页。

③ 唐冶泽：《重庆中国三峡博物馆藏古琴初步研究》，重庆中国三峡博物馆、重庆博物馆编《长江文明》第八辑，第91页。

④ 〔清〕赛尚阿：《赛尚阿奏永安平南藤县水陆进仗获胜折》，中国社会科学院近代史研究所近代史资料编辑室编：《太平天国文献史料集》，中国社会科学出版社1982年版，第291—294页。

⑤ 〔清〕姚莹：《姚莹致乌兰泰函牍》，《中国近代史资料丛刊》编委会编《太平天国》，第八册，上海人民出版社、上海书店出版社2000年版，第695页。

二月中旬，清军收复永安，张敬修率军追剿突围的太平军。[①]到三月上中旬，应广州巡抚邹鸣鹤急调，驰援桂林。[②]可见，张敬修经历了永安从失陷到收复的整个过程，完全有机会详尽了解吴江及其家人的遭遇。在永安被罗大纲围攻之前，他应该与吴江打过交道，甚至可能认识吴江随侍在侧的儿子。

居巢是张敬修的好友，他们的交游至少可以追溯到道光二十七年(1846)春。张敬修此番征战期间，居巢在桂林。咸丰二年三月中旬张敬修驰援桂林，故人或竟因此得以重逢。大约在此后不久(次年六月之前)，居巢为张敬修延聘入幕。[③]差不多同时或稍后，居廉也加入张幕。咸丰六年，张敬修第二次辞职回籍，居巢跟到东莞，成为可园的座上之宾，居廉回到番禺，仍与可园保持着极为密切的往来。[④]四年的密切接触，居巢、居廉从张敬修处，对刚刚发生的永安攻防之战、吴氏一门之烈应该有所了解。

居巢的琴铭作于咸丰丁巳三月，正是他客居可园的第二年。他与吴幼卿接触并为"雪声"琴作铭的详情，如今已不能尽知，与赋闲的可园主人张敬修是否有直接关联，亦难以考实。但在梳理出上述脉络与背景之后，推测张氏为居巢与吴幼卿两者的间的桥梁，确非无的放矢。细读琴铭，可以说，其事虽隐，其情尽显。多年来辗转兵锋，耳闻目睹，居巢胸中沉积了多少块垒。他固然是为吴门一姓的惨烈与不幸一哭，也何尝不是抒发他感受到的无比强烈的乱世悲音！

五

《番禺河南小志》所依据的琴铭拓本，虽不能得而见之，但必定拓于光绪庚子(二十六年，1900)中秋之前。因为现存的"雪声"琴背部凤沼两侧，尚有隶楷四行，为书中所未录：

> 此叔父琴也，殁后为郫筒彭澹鞠携去。丁酉谋之以归。四十余年故物，一旦珠还，快也何如！爰为铭曰：
>
> 九天玉佩，其声锵锵。物归旧主，德音不忘。
>
> 光绪庚子中秋，虓除铭并刊，砚汀书。[⑤]

---

① 〔清〕郑献甫：《江西按察使司按察使、前广西按察使德圃张公行状》，杨宝霖编著：《东莞可园张氏诗文集》，广东人民出版社 2008 年版，第 91 页。

② 〔清〕邹鸣鹤：《邹鸣鹤奏报桂林被围刻望援兵速到并官兵守御情形折》、《邹鸣鹤奏报续到援兵接仗获胜折》，中国第一历史档案馆编：《清政府镇压太平天国档案史料》第 3 册，社会科学文献出版社 1992 年版，第 68、90—92 页。

③ 林京海：《居巢游寓广西事迹》，广西博物馆编：《广西博物馆文集》第 3 辑，广西人民出版社 2006 年版，第 322—323 页。

④ 陈素娥著：《居巢居廉年谱》，广州出版社 2003 年版，第 69 页。

⑤ 重庆中国三峡博物馆编著：《重庆中国三峡博物馆藏文物选粹·古琴》，第 63、66 页。

文中“谋之以归”的归字，唐冶泽先生《重庆中国三峡博物馆藏古琴初步研究》识读为“逨”，他主持编写的《重庆中国三峡博物馆藏文物选粹 · 古琴》则照原样写作“趚”，但两者的标点都一致作“丁酉谋之。以逨(趚)四十余年，故物一旦珠还，快也何如”。按：“归”字有“踈”、“歸”(铭文中“物归旧主”之“归”，即用此体)二异体，“踈”之左半加“𨂂”之右半，即“歸”，为“归”之繁体。“踈”虽未见于字书，但恰为“歸”之左半加“踈”之右半，当系作者或书写者随手造字，合二体为一字，其音义固与“归”字同也。[①]原先“以逨(踈)四十余年，故物一旦珠还”，颇觉文法扞格，“踈”一旦识读为“归”字，即当上读、点断为“丁酉谋之以归”，全句豁然而明。

认字、标点略异，铭文释读也会有一些差异。唐先生解释这段铭文说：

> 吴幼卿死后，此琴落入郫筒(镇名，今四川郫县治)彭澹鞠之手，四十年后的光绪丁酉(1897年)，琴又回到了吴幼卿(也可能是吴信甫)之侄号“媿除”者手中，他于光绪庚子(1900年)再刻铭于琴底记述“物归旧主”的心情。[②]

但“媿除”的叔父只能是吴幼卿，不可能是吴信甫。首先，“雪声”一明琴耳，亦非名家斫制，在当时极为平常，既远不入藏家法眼，也换不到几两银子。“媿除”对之念念不忘多年，谋划追回，只有一个解释，那就是此琴对他家有着极为特殊的意义。其次，这样一张普通的琴，若是正常赠出，后代通常不会起意索回，理直气壮地念叨它数十年，就更出乎常情了。就算想索回，“媿除”若是吴信甫之侄，也当去找吴幼卿的后人；去找彭某人要，显然于理无据，安得有到手之望。

再者，居巢、居廉题刻琴铭的咸丰丁巳，到索回“雪声”琴的光绪丁酉恰为40年，但并不是说，从光绪丁酉前推40年，就是吴幼卿去世、彭澹鞠将琴携去之时。何况原文是“四十余年”，以此推算，岂非居巢、居廉题刻琴铭时吴幼卿已死、琴已为彭澹鞠所得乎？倘若如此，居巢所作铭文中不会不有所反映。细味“媿除”文义，既云“四十余年故物”，则当自此琴归属“叔父”算起。前文曾推断，吴持衡“赠琴给吴幼卿，当在永安城陷之后、居巢作铭之前”，以此时段延至光绪丁酉，正好四十余年，完全相符。

“媿除”新铭解读到位，足以考出吴幼卿是吴江三子的哪一位。首先，“媿除”既呼吴幼卿为叔父，长子吴彤就可以排除——他只可能被两位弟弟的下一代呼为伯父。所以，吴幼卿必然是次子吴启贤、三子吴宝贤中之一人。

前引《墓志》，吴宝贤的履历极其简单，止得“蓝翎六品衔、四川候补县丞”一句，而吴启贤则繁复许多：“花翎盐运使衔、云南尽先补用知府，历任江川县知县，昭通、临安等府同知，普洱府知府。”但吴启贤的宦海起点，和弟弟差不多。中国第一历史档案馆所藏的清代官员履

---

① 此节得赵鹏先生提示。

② 唐冶泽：《重庆中国三峡博物馆藏古琴初步研究》，载重庆中国三峡博物馆、重庆博物馆编：《长江文明》第八辑，第91—92页。

历档案中，咸丰十一年六月就有他的一份：

> 臣吴启贤，湖北汉阳府汉阳县监生，年三十一岁。由六品顶翎候选府经历县丞，安徽剿匪出力保奏。奉旨著免选本班，以知县，不论双单月遇缺即选，钦此。
>
> 今签掣云南澂江府江川县知县缺。敬缮履历，恭呈预览。谨奏。①

是年吴启贤31岁，可知其生于道光十一年（1831），吴宝贤必生于此后。则永安之战仓皇出奔，吴启贤时年21岁，吴宝贤最大不过20岁，而更可能才10余岁。

翻检昭通一府的旧志，就可以发现吴启贤在同治年间的部分任职：四年（1865），已在镇雄知县任上②；五年（1866），署大关厅同知③；九年，署恩安县知县④。又有记其事者：

> 道光年间建于东关外春厂。同治十一年，恩安县令吴启贤、赵鹤立倡议，由各商号及乐善君子捐金修补，工竣，勒石存记。⑤

他至少活到光绪间。光绪元年（1875），署普洱府知府。⑥

“叔父”辞世的年份，“虢除”铭文尽管未记，但从语气上看，颇有些年头了。结合上述任职经历来看，可以发现一个现象，吴启贤、吴宝贤的起点都差不多（虽然吴宝贤年岁略小），但到了光绪十年秦焕为吴江撰墓志时，吴启贤已经担任过不少职务，而吴宝贤值得记下的，仍然还是“四川候补县丞”。既然吴宝贤下世很早，很有可能就卒于四川候补县丞任上，因此再无升迁之可能。

再看吴启贤的任职地点，从澂江府江川县开始，到镇雄县、大关厅、恩安县、普洱府，一直在云南。而吴宝贤唯一的任职地点就是四川，可能也死在那里。去世时他的身边应该没有亲属，料理后事、处理遗物都得仰仗他人，彭澮鞠或许正是这样一个人，也由此得以“携”（此字颇堪玩味）琴而去。能做这些的，通常是吴宝贤的同事，尤其是身边的小吏，而在农业社会，这些县衙小吏，多半是当地或附近州县的人。据“虢除”铭文，彭澮鞠的里籍“郫筒”，正在四川郫县。

因此，“虢除”铭文中所记之“叔父”、居巢铭文中所记之吴幼卿，不可能是吴启贤，只会是那个履历极其简单而早逝的吴宝贤。他卒于咸丰末期、同治前中期（差不多是20世纪60年

① 秦国经主编：《中国第一历史档案馆藏清代官员履历档案全编》第26册，华东师范大学出版社1997年版，第437页。

② 昭通市志办编：《昭通旧志汇编》第4册，云南人民出版社2006年版，第1251页。

③ 昭通市志办编：《昭通旧志汇编》第5册，第1323页。

④ 昭通市志办编：《昭通旧志汇编》第1册，第169页。

⑤ 昭通市志办编：《昭通旧志汇编》第1册，第163页。

⑥ 刘景毛等点校：《新纂云南通志》第3册，云南人民出版社2007年版，第564页。

代)的可能性较大,得年大约在 23 岁至 40 岁。少年失怙恃,壮岁而殂谢,哀哉。

40 年来,对叔父的遗琴念兹在兹、一心珠还的"虓除",也可以划定一个有限的范围了。《墓志》记吴江孙辈云:

孙良浩、良基,彤出;良璧、良瑸、良蘊,启贤出;良铸,宝贤出。①

"虓除"自然不会是吴宝贤之子吴良铸,此外的吴彤二子(吴良浩、吴良基)、吴启贤三子(吴良璧、吴良瑸、吴良蘊)之中,必定有一人是他吧。

六

咸丰元年闰八月十五日,即永安城破后第 14 天,姚莹曾接见逃出来的永安士绅,众人"皆言署知州吴江之贤"②。93 年之后的 1944 年秋,太平天国史家简又文避寇来到蒙山,重九登高,本拟去看吴江之墓,为雨所阻,当晚作诗三首,其二云:

慷慨殉城一烈臣,古今忠义此精神。蒙人尚忆吴州牧,九十年遗爱在民。

注文介绍吴江生平,且云:

蒙山人士念其贤,每岁举行春秋二祭,至今不辍。③

"忠义"之外,以一"贤"字称道吴江,看来是百年之内的共识。简又文作为充分肯定太平天国运动的学者,并没有将吴江这一太平天国的对立面简单丑化,仍然推崇他的任内功绩与忠义精神,这正是史家的职责所系、关怀所在,倒也不必大惊小怪。其时距清社之倾覆也有 30 余年了,地方上仍然如此频繁的纪念这位殉清的先贤,倒可以说,这位只代理了八个月永安州知州的外乡人,真正的融入了这一方水土,成为不可磨灭的乡土记忆。

如今,据说出土的吴江头骨,仍在蒙山的太平天国文物展厅中展出。在 60 多年来的历史叙述中,吴江被重新定格为一位血腥的刽子手、不识时务的顽抗者、怯懦无能的反动分子的形象。沉默的头骨不会说什么,他已经完成了自己。然而,两千里外巴山渝水之侧的"雪声"

① 蒙山县志编纂委员会编:《蒙山县志》,第 655 页。

② 〔清〕姚莹撰:《中复堂遗稿》卷三,载《清代诗文集汇编》第 549 册,第 725 页。

③ 简又文著:《西北从军记》,台北传记文学出版社 1983 年版,第 266 页。1943 年初,简氏曾来蒙山采摭遗闻,撰成《蒙山采访记》,但未提及地方祭吴之举,简又文:《金田之游及其他》,商务印书馆 1946 年版,第 59—67 页。

琴会发出它的声音：用琴面的七弦，也用琴背的字迹。居巢、居廉这两位广东艺术史上的重要人物足为它增添光彩，但这些铭文不仅构成了今日“雪声”琴的视觉形态，更勾连到中国历史上的重大事件，为现存的古琴铭刻所仅见。而最让人深动于衷的，莫过于它所体现出来的吴江对朝廷的忠义，吴幼卿对亲人的深情以及“虢除”对家族记忆的珍惜。人生不满百，这些卑微的小人物，因为这张幸存下来的琴，让我们感受到了他们的喜怒哀乐，让我们知道曾经有人这样存在过。他们的故事与精神内涵，也将因为这张琴而长存。

附记：

在本文即将完稿之际，意外发现早在17年前《中国音乐文物大系·四川卷》（《中国音乐文物大系》总编辑部编，大象出版社1996年版）著录“雪声”琴时，已先我而发之，指出“永安府君”为永安州知州吴江。文曰：“据《永安州志》《广西昭忠录》载，咸丰元年（1851年）辛亥（闰）八月初一日，太平军攻破永安城。咸丰二年二月官军克复该城。铭文中‘永安府君’当指永安知州吴江。吴江在永安城破后投井而死（引者按：今人考证为遇害），时间是咸丰元年。”（第142页）虽然又犯了昧于前人成绩的毛病，但考虑到本文所论尚不止于此，故不作更改，仍以原样刊出。

本文在酝酿之初，就有心借此与唐冶泽再作交流，但上个月获知并证实了他已于一年前突然故去的消息，黯然良久。我与唐先生的接触可谓平淡如水，私心却一直珍重这份君子之交。想想他已遥归于天心月圆处，看着这几页不成样子的文字，当真要“廓而妄言”了。

（严晓星，《江海晚报》编辑）

一代风雅玉泓馆

——明代嘉万间上海玉泓馆顾氏考①

□贾 雪 飞

[摘　要] 玉泓馆是明代嘉靖后期上海县城内与露香园、豫园并肩建成的三大园林之一。修建者顾从义被时人推称为吴越间“风雅之渊薮”，而玉泓馆也被认为是“江南旧迹珍玩，收藏过半”。玉泓馆同时作为顾氏兄弟的宴客之所，来访的吴越等地的著名雅士不绝如缕；顾氏兄弟的交游，下自上海邻人士子，上至当朝宰辅巨宦，更是令人称羡。虽然现今对玉泓馆及顾氏家族的记载颇为零散、研究尚嫌薄弱，但考析这个曾在吴越文化圈举重一时的家族，对研究明代上海的历史和文化，颇有价值。

[关键词] 明代上海；家族；玉泓馆

明嘉靖三十九年，上海顾从义因得宣和紫玉泓砚而在南溪草堂旁建成玉泓馆，以存放其收集的名画法帖、鼎彝奇石等珍品古物。②顾从义在当时被推为吴越间“风雅之渊薮”，时人称玉泓馆“江南旧迹珍玩，收藏过半”③，可见玉泓馆当日之盛。因为文伯仁所画《芳园十五景》《南溪草堂图》，我们今人得以一览玉泓馆当日旧貌，让我们对被称为明代嘉万年间吴越间“风雅之渊薮”的玉泓馆有了感性的认识；同时因为顾从义所摹刻《淳化阁帖》十卷、《玉泓馆兰亭帖》、石鼓文砚台等流传至今，再加上顾从义之兄顾从德所辑印《集古印谱》二十卷在金石界首开印谱先河的重要地位，使我们对“风雅之渊薮”得以窥斑。

上海在明代中后期仅是一个县城，拥有这样一个江南范围内的风雅胜地，当是值得大书一笔的事情。但由于目前对玉泓馆的研究资料较少且相对分散，尚未见有专文探讨玉泓馆及其主人——上海顾定芳家族的文章，故而笔者在此抛砖引玉，奉上自己目前的研究成果，供研究上海古代历史的方家、同仁批评指正。

一、玉泓馆顾氏家族简述

玉泓馆顾氏最早是从顾从义的曾祖父顾英开始发展起来的。

---

① 玉泓馆顾氏，指顾定芳顾从礼整个顾氏家族。因为上海有两个顾氏——顾从礼、顾从义等兄弟和顾名儒、顾名世兄弟，为了把两个顾氏相区别，笔者分别称他们为玉泓馆顾氏和露香园顾氏。

② 嘉靖辛酉(嘉靖四十年)春，文伯仁为玉泓馆作《芳园十五景》，故推断玉泓馆可能在嘉靖三十九年下半年建成。

③ 〔明〕吴履震：《五茸志逸》卷一。

顾英，字孟育，号草堂，天顺三年举人，官广西府同治，改延安，后以广南太守致仕。顾英为人清廉、公正，为民做了很多事实、好事，所以在为官期间享有很好的口碑，致仕后，在上海城南筑南溪草堂，赋诗自娱，又拿出二十多顷田作为义庄，以赡养族人。其人品德行被乡里所推重，去世后被祀为乡贤。①

顾英子顾澄，即顾从义祖父，思维缜密有心计，特长于理财，在他的经营下，顾家成为邑中巨室。其父宦辙所至，皆以清白著称，正是靠他经营有方的经济支撑。顾澄生性仁厚，勤俭克己，在水灾连年的时候，对乡里倾廪以助，救活了很多的乡人，同其父顾英一起，受到乡人的倚重和推崇。②

顾澄子顾定芳，即顾从义的父亲，字世安，号东川。因他自幼多病，故早年就精心研习医学，以求自治，后于医理精微晓畅，自成一家之说，声名远扬。嘉靖十七年，顾定芳被即将出任首辅的夏言延为幕僚。而此时嘉靖帝建圣济殿，供奉医学的先圣先师，顾定芳被举荐入太医院，为内侍医经预校，后进修职郎。顾定芳对当世时务颇为关切，并多敏见达识，时评认为他是“儒之有用者，非徒医家者流也”。后致仕归里，在里中颇有声望。嘉靖二十七年，夏言被严嵩害死，横尸街头，门下之士怕受连累，都不敢出来为其收尸，而顾定芳挺身而出，并令长子顾从礼扶柩南下，被徐阶赞为“真义士也”。严嵩也非常敬重他的气节，并未因此加害于他。③

顾定芳有六子，为顾从礼、顾从德、顾从仁(早卒)、顾从义、顾从孝和顾从敬。

顾从礼，字汝由，嘉靖十八年世宗南巡时，因为善书被夏言举荐，选为给事行在，授中书舍人，参与修玉牒、《永乐大典》及《承天大志》等，历官太仆寺丞、光禄寺少卿，以四品致仕。致仕居家，为防倭乱建议筑城，并出粟四千石作小南门，又置义田助里役。周贫睦族，不减祖父风，在乡里颇有声望。④

顾从德，字汝修，号方壶，与兄顾从礼同是嘉靖十八年被夏言举荐后授官，官至鸿胪。渊博风雅，与朱察卿、沈明臣、冯迁、黄体仁、陈所蕴等人唱和往来颇多，其在“门下国士”王常的协助下，集“三世五君”所收之古印为《集古印谱》二十册，是书于万历间屡次翻刻，并采用王百谷的建议，以《印薮》之名行于世，一时盛行，为印说著作之宗。⑤

顾从仁，字汝元，为邑博弟子员，负超轶之才，声誉歙起，有晋人风骨但日以进取为务，秉志不懈怠。嘉靖二十六年早卒。

顾从义，字汝和，号研山。其读书聪颖绝伦，过目成诵，不喜博士家言，而喜秦汉魏晋唐诸家辞赋及古篆文，日据案而仿摹，遂擅长。嘉靖二十九年，世宗诏选六馆，试善书者，御笔

---

① 〔明〕何三畏：《顾太守草堂公传》，《云间志略》卷八。亦见李绍文：《云间人物志》卷二，《明清稀见文献五种》，人民文学出版社 2006 年，第 154 页。

② 〔明〕陆深：《散官省轩顾公墓志铭》，《俨山集》卷六十三。

③ 〔明〕何三畏：《顾御医东川公传》，《云间志略》卷十一。亦见同治《上海县志》卷十八《人物一》。

④ 同治《上海县志》卷十八《人物一》。

⑤ 〔明〕沈明臣：《祭鸿胪寺序班上海顾公汝修兄文》，《丰对楼文集》。

署名第五，拜中书舍人，直文华殿，转大理评事。好文爱士。吴越间推为风雅薮泽，摹刻各帖俱见金石。①

顾从敬，字汝所，嘉靖二十九年刻印选编《类选笺释草堂诗余》一书，何良俊为序。

从以上简述中可以看到，从顾定芳到顾从义，玉泓馆顾氏一直都活跃在朝廷官员之中，甚至直接受到首辅夏言的器重与推荐。其实，顾定芳父子之所以能接触到最高的执政者，是因为顾定芳的一个表兄身居朝廷重位——他就是夏言的座师陆深。

陆深的姑母是顾定芳的母亲，所以陆深和顾定芳是姑表兄弟。②事实上，陆深与顾定芳确实情同手足。在陆深《俨山集》中收有九十五封致顾定芳书信，书信数量仅次于陆深致独子陆楫之信。从陆深致顾定芳书信的内容可以看出，两人的关系非常密切，不仅谈及为人处世的道理、对遇到逆境的开解等，还涉及照管家务、代管其子学业等。不仅顾定芳对陆楫的生活、学业照顾无微不至，而且顾定芳之子顾从礼等也都有到京师跟随陆深生活的经历。可见陆深与顾定芳一家情同手足的密切关系。陆深是夏言的座师，顾定芳是陆深过往密切的表弟，所以夏言认识并举荐顾定芳及其子，也就是情理之中的事情了。

玉泓馆顾氏家族，不仅自身四世积累，到了顾从义这一代，在上海，甚至说在松江府都是一流的名家望族，有着非常深厚社会基础和良好的声望，再加上其与各姻亲家族形成的网络关系，明代嘉万年间，玉泓馆顾氏可以算是吴越间的名门望族了。

二、一代风雅玉泓馆

顾从义的玉泓馆大约修建完成于嘉靖三十九年下半年，馆前怪石列盎成小山，又于小山之间隙种松柏、橘、柚相映成趣，馆前有舒啸亭，又有昙花庵、来鹤楼前后呼应，湖石奇秀堪与辋川雪堂伯仲间。③玉泓馆落成，顾从义请文伯仁作画以志喜。文氏《芳园十五景》图，画了馆园中的十五处景点，顾从义又请文嘉给各图配以题识，故而形成了“德承绘之，寿承篆之，休承咏之”的“三绝”图。④

玉泓馆是顾从义为宣和紫玉泓砚而建，以存放其收集的名画法帖、鼎彝奇石等珍品古物。值得指出的是，它其实是整个玉泓馆顾氏家族活动的一个主要场所，包括宴集、辑刻书籍及其他公共活动等。

顾氏一家搜藏金石名帖等古物颇有传统。就目前考知，顾定芳即对法书、名画、金石、鼎彝，皆能赏识鉴定，并以多蓄古书名帖著称，人称武库。顾定芳对古物的兴趣，或许来源于母

① 〔明〕何三畏：《顾廷评研山公传》，《云间志略》卷十五。亦见（同治）《上海县志》卷十八《人物一》。

② 〔明〕陆深：《筠松府君碑》，《俨山集》卷八十二。

③ 崇祯《松江府志》卷四十六。

④ 文伯仁的《芳园十五景》分别是：玉泓馆、蔷薇幕、漱玉泉、春雨亭、涤烦矶、续玄阁、静龛、月榭、潜虬、莹心亭、清晖楼、垂云峰、雪舫、石梁、玉涧。图中所记景点与《松江府志》所载部分名称有差别。

亲一族的影响——陆深的祖父即笃爱古物，并以收藏闻名。顾定芳的藏品中，除了书画、名帖等，历代的印章也是藏品的一大特色。顾从德所辑印《集古印谱》二十卷，其中很大部分印即是来自自家"三世五君"①所收藏。

顾从义好收藏，"好购古帖善本"，"所蓄鼎彝尊甑甗敦璧刀剑盘匜，皆三代以上物"，在当时被推为吴越间"风雅之渊薮"，与华亭张双鹤、朱大韶为嘉靖间江南之收藏大家。②从时人"江南旧迹珍玩，收藏过半"的高度评价，和玉泓馆曾收藏《女史箴图》、唐玄宗手书《鹡鸰颂》等故物可见，玉泓馆顾氏中仅顾从义的收藏就颇值称道。

除了收藏，玉泓馆顾氏兄弟还致力于创作、辑刻等，诸如摹刻《淳化阁帖》十卷、《玉泓馆兰亭帖》、石鼓文砚台、辑刻《集古印谱》等，都脍炙人口，间即砚旁小品，好事者亦购之如吉光片羽。

玉泓馆的另外一种风雅体现在它是当时文人雅士的宴集之所。

嘉靖三十八年左右，上海几处园林皆陆续动工建设，有顾名儒在上海城西北隅所建之万竹山庄、顾从义之玉泓馆、潘允端之豫园，以及随后顾名儒之露香园。随着这些园林的陆续动工和建成，上海文人间的社集也逐渐拓展其影响力，吸引了大批近如华亭、青浦，远如四明、山阴、太仓、江阴等地的著名文人前来会友。玉泓馆主人顾从义热情好客，每有客来，则大肆宴饷于玉泓馆中，若"岁入不足则典裘带，称贷子钱家……以佐客欢"，于是"客日益进而先生之闻誉亦日益起"。③

来玉泓馆频率最高的座上客，除了顾氏兄弟外，当数嘉靖年间上海以朱察卿为祭酒的文社——包括潘恩、冯迁、张所敬、顾名儒、顾名世、张之象④等人，还有华亭的莫是龙⑤、四明的沈明臣⑥及江阴的王百谷等，另外如吴中文彭、皇甫汸、袁鲁望⑦等也曾到玉泓馆来访。

玉泓馆的聚会，除了常规雅集之外，还会有各种招待友人的酒会及兴之所至的临时小聚，如朱察卿《的鹦鹉杯记》，就记载了一则隆庆四年二月十二日发生在玉泓馆的酒会轶事：顾从德家藏有宋定鹦鹉杯一只，酒杯注酒后，鹦鹉头色绿莹润如玉。是日，顾从德在玉泓馆宴客，请朱察卿作陪。朱因为牙痛遵医嘱已经好久不再饮酒，但微醉后的顾从德用激将法，

---

① "三世五君"，乃沈明臣与黄姬水在为《集古印谱》所作序中的提法。沈明臣说："上海顾氏称世家，三世以博雅传，自御医公世安搜购始，及光禄君汝由、鸿胪君汝修、大理君汝和、光禄君子天赐，历祖孙、父子、兄弟绵远，而搜购远近不遗余力。"

② 〔明〕吴履震：《五茸志逸》卷一。

③ 〔明〕陈所蕴：《明文林郎大理寺左寺廷评研山顾先生墓志铭》，《竹素堂藏稿》卷八。

④ 上海文人聚集于玉泓馆的诗作颇多，如朱察卿《朱邦宪集》卷二《同姚汝晦张玄超唐世具集顾汝和池上楼》《夏日同冯子乔王寿之黄清甫潘叔兼张长舆酌玉泓馆得乡字》，冯迁《长铗斋稿》卷四《元夕酌汝和玉泓馆》、卷七《过汝和玉泓馆看菊》。

⑤ 〔明〕莫是龙：《莫廷韩遗稿》卷四《顾汝和席上赋马迹送嘉则分得深字》、卷六《玉泓馆联句》。

⑥ 沈明臣《风对楼诗选》保留了不少在玉泓馆宴集的诗作，如卷五《至日同朱邦肃、朱伯传、朱仲敬过顾汝和玉泓馆观唐玄宗手书所作鹡鸰颂》，卷十五《玉泓馆值王延年读其诗有赠》。

⑦ 〔明〕徐中行：《青萝馆诗》卷三《同袁鲁望文寿承饮顾汝和雪舫得凉字》、卷四《咏顾汝和舍人种桃》，皇甫汸《皇甫司勋集》卷八《题昙花庵赠顾汝和中舍》。

说如果朱察卿能满饮鹦鹉杯三，即将鹦鹉杯奉送。朱察卿当即强忍牙痛，连续三次一饮而尽。顾从德见状，当即奉送鹦鹉杯，面无难色。朱察卿觉得自己饮酒博杯属于“无操”，但顾从礼却劝其“怀杯径去”，“各成其放达”，是以朱察卿携其杯大笑而去。

三、玉泓馆顾氏姻亲关系网络

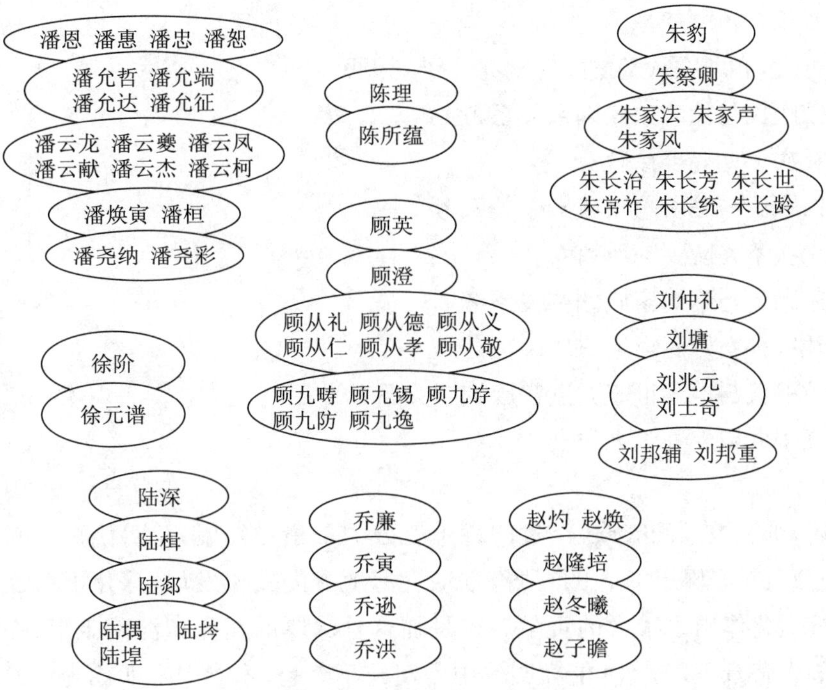

图 16-1 玉泓馆顾氏姻亲关系网络图

玉泓馆顾氏家族在嘉万年间是上海地区的望族，了解顾氏家族与上海其他大族所结成的姻亲关系网，对研究顾氏家族在上海社会中的地位和影响颇为必要，也是研究家族与地方社会关系一个非常重要的环节。

据考证，玉泓馆顾氏家族四世十三公的姻亲家族涉及当时上海社会最重要的陆深家族、豫园潘氏家族、朱察卿家族、赵灼赵焕家族、陈所蕴家族及刘邦重家族。

1. 玉泓馆顾氏与陆深家族姻亲关系考

陆深姑母嫁顾澄。①

顾从礼次孙女受陆埠聘，但夭折。②

① 〔明〕陆深：《筠松府君碑》，《俨山集》卷八十二。

② 〔明〕王世贞：《明故奉政大夫光禄寺少卿直文渊阁制敕兼翰林院典籍事赐四品服色小川顾公墓志铭》。

2. 玉泓馆顾氏与朱察卿家族姻亲关系考

朱察卿之妹嫁顾从义。①

顾从义第三子九逸娶朱氏女。

3. 玉泓馆顾氏与豫园潘氏家族姻亲关系考

顾从礼孙女嫁潘云龙。②

顾从周女嫁潘云柯。③

4. 玉泓馆顾氏与刘兆元家族姻亲关系考

刘兆元长女嫁顾从德。④

顾世芳女，亦即顾从义之妹嫁刘兆元子刘天民。⑤

5. 玉泓馆顾氏与徐阶家族姻亲关系考

顾从礼次子九锡娶徐阶女。⑥

6. 玉泓馆顾氏与陈所蕴家族姻亲关系考

顾从义次子九防娶陈所蕴女。⑦

7. 玉泓馆顾氏与赵灼家族姻亲关系考

顾从礼次孙女嫁赵隆培。⑧

8. 玉泓馆顾氏与医学世家乔洪家族姻亲关系考

顾从义子九叙娶乔洪之长女。⑨

综上所述，玉泓馆顾氏家族，经过四世十三公的积累和发展，在明代嘉万时期成为吴越间“风雅之渊薮”，对开阔上海人的视野，推动上海地方的文化发展，深化上海文化积淀和传承中国的传统文化作出了很大的贡献。正是在这种深厚的文化积淀基础上，在海外文明悄悄流入我国的大背景下，上海才能在明代中后期异军突起，才能产生如徐光启这样第一批接触世界的中国人。

（贾雪飞，中华书局编辑）

---

① 〔明〕朱察卿：《先福州府君行状》。

②⑥⑧ 〔明〕王世贞：《明故奉政大夫光禄寺少卿直文渊阁制敕兼翰林院典籍事赐四品服色小川顾公墓志铭》。

③ 〔明〕潘恩：《敕封太安人顾母周氏墓志铭》。

④⑤ 〔明〕归有光：《怀庆府推官刘君墓表》。

⑦ 〔明〕陈所蕴：《明文林郎大理寺左寺廷评研山顾先生墓志铭》。

⑨ 〔明〕潘恩：《文学伯舒乔君墓志铭》。

“十二年漂泊，三千里往还”

——太平天国战争期间南京士绅家族的生存策略

□罗 晓 翔

[摘 要] 太平天国战争期间，江南社会受到重创，地方士绅家族也经历了严酷考验。在多年逃亡过程中，家族成员采取了怎样的生存策略？流亡经历对其心态有何影响？士绅家族又如何维持其精英地位？本文通过战争期间的手稿、日记、诗文等材料，考察南京士绅家族的逃亡路线与过程、战时谋生手段、心态变化，以及战后重新掌握地方权力的过程。这不仅有助于理解地方权力在战争前后的延续与变革之原因，也是揭示晚清南京城市社会变迁的重要切入点。

[关键词] 南京；士绅阶层；太平天国战争；逃难

太平天国战争期间，江南社会受到重创，地方士绅家族也经历了严酷的考验。关于太平天国与江南士绅的研究成果较为丰富，但研究视角多围绕团练、文化冲突以及战后重建展开，且侧重于整体研究。然而战争对江南各地城乡的影响时间与程度是有所区别的，不同地区、不同阶层的民众对战争的感受也各有不同。近年来，学界开始出现“日常生活史”视野下的太平天国研究，将关注点聚焦于战争中的个人与地方。美国学者梅尔清(Tobie Meyer-Fong)的新著即为代表成果。①该书在研究方法上的创新，即抛开宏大政治史主题，凸显“个人、社区、情感、体验、身体、记忆、意义等一系列与日常生活紧密关联的主题。在这里，太平天国战争不是从政治史角度加以分析，而是作为一个社会事件从社会影响的角度加以探讨”②。本文借鉴这一视角，以南京地方士绅家族为中心，解读战争与个人及地方社会之关系。

作为太平天国的都城，南京比江南其他城市经历了更长的战事，人员与财产损失也更为惨重。然而多数流亡士绅及其家庭成员仍然生存下来，并最终回到故乡。正如陈作霖(1837—1920)在返回故里时所感叹，“十二年漂泊，三千里往还”，这是咸同之际的士绅群体独有的生命体验。然而对比战前与战后的地方精英集团，可以发现基本构成并没有太大改变，主要家族如甘氏、伍氏、陈氏、秦氏，都在战后迅速重建起家族的文化与政治地位。这些士绅家族以怎样的

---

* 本文是国家社科基金重大招标项目“江南地域文化的历史演进”[10&ZD069]阶段性成果之一。

① Tobie Meyer-Fong, *What Remains: Coming to Terms with Civil War in 19th Century China*, Stanford, CA: Stanford University Press, 2013.

② 张笑川：《日常生活史视野下的太平天国战争研究——评梅尔清〈浩劫之后：太平天国战争与19世纪中国〉》，《清史研究》，2014年第1期。

策略度过了这场战争,并维持其精英身份?流亡经历对士人心态有何影响?而太平天国之后的地方精英之构成与战前相比有哪些异同之处?对这些问题的探讨,不仅有助于理解地方权力在战争前后的延续与变革之原因,也是揭示晚清南京城市社会变迁的重要切入点。

一、逃难路线

咸丰二年(1852)末,太平军日渐逼近南京,城中居民面临逃或留的选择。经历过道光二十二年(1842)危机的南京人还记得,当年六月,英国战舰逼近南京,“合城迁徙”;七月,中英议和并签署《南京条约》,“夷船遵约退”;九月,“居民返城者皆病虐,十室而九”。[①]数月间,逃难之人备尝艰辛,尤其是老幼妇孺。1岁多的甘元焕(1841—1897)在避难途中“积感暑暍,气血中伤,以故羸弱多疾,每值伏夏溽交作,辄患痰饮脾泄,必至秋高气肃乃已,气体之亏实缘于此”[②]。相比之下,城中则安然无事。当时南京创立保卫局,曾为顺天府尹,后主讲钟山、尊经两书院的蔡世松“起而肩其事,分段设局,董以神衿,官不与闻。树栅置械,募勇守御,日稽夜巡,以旗灯为号令,相救相助,五城之远,呼吸流通。当是时,坊厢迁徙一空,而无劫掠之患者”[③]。10年前的经历影响了多数人的决定。与家人共留城中的陈作霖(1837—1920)日后写道:“寇警日迫,居民鉴壬寅年之迁避,为乡人所欺凌,乃皆不动,至有从附郭移家入城者。”[④]

咸丰三年正月,出城之人渐多。正月初三日,汪士铎(1802—1889)友人顾子巽来辞行,“言避寇至云台山”。汪又听说富户李作权出避于溧阳,及官员托故出城不归,“诸候补及有风闻之户如朱银号、甘公兴、刘洋之类皆潜移”。[⑤]事实上,此时进城之人亦不少,脚夫“高昂其价,每轿入城,一二里地,非三五千文不可”[⑥]。在南门外开德昌钱铺的王家就在城内租了宅第,“床榻几案,均已搬入”,准备进城避难,而“城外诸亲友,大率以进城为策,因夷乱下乡,并未遭兵,徒膺疾苦,是以同声变计,贻误非浅”。[⑦]很快,“巡抚杨文定复禁人外徙,各城门委员稽查,可入不可出”[⑧]。正月二十八日,太平军前锋至南京城外,城门闭。[⑨]此时,人们仍寄希

---

① 陈作霖:《可园备忘录》,南京图书馆藏稿本,第1页b。

② 甘曾沂:《甘元焕行述》,南京图书馆藏刻本。

③ 陈作霖:《金陵通传》卷三八,《中国方志丛书》华中地方第38号,台北成文出版社有限公司1970年影印版,第1107—1108页。

④ 陈作霖:《金陵通纪》卷三,《中国方志丛书》华中地方第37号,台北成文出版社有限公司1970年影印版,第542页。

⑤ 汪士铎:《汪悔翁(士铎)乙丙日记》,邓之诚辑,沈云龙主编:《近代中国史料丛刊》第十三辑,台北文海出版社1967年版,第13—14页。

⑥ 王杰:《余生偶笔》,南京市通志馆编《南京文献》第21号,1948年版,第2页。

⑦ 王杰:《余生偶笔》,第2页。

⑧ 陈作霖:《金陵通纪》卷三,第542页。

⑨ 陈作霖:《可园备忘录》,第8页b。

望于清军的战斗力与南京城墙的坚固。17岁的陈作霖于此日完婚,迎娶了席氏。[①]

二月初十日,太平军攻陷南京;十三日,杨秀清入城。城中士民或与太平军巷战,或阖家死节,死亡人数或达十万。[②]与此同时,逃亡人数也在与日俱增:陈元恒、陈作霖父子于六月出逃,汪士铎则于十一月出逃。咸丰三年夏,城内总人口约25万,其中南京人约15万;当年冬末,城内总人口约20.5万,其中南京人仅剩11万。[③]这些逃亡难民不会想到,他们将在外漂泊10余年,其中很多人再也无法回到家乡。

城陷之初,难民们多未作长期离乡的打算,只是散居在近郊及句容、溧水等县。咸丰三年七月,太平军焚栖霞寺,其原因是大批难民"旅寄摄山,登高纳凉,贼望之疑为官兵"[④]。正如王杰所说,"欲移避家眷,不知乐土何处,且过远则茫无依倚"[⑤]。以南京甘家为例,甘延年(1777—1857)作为一家之长,携子甘鳌、甘元焕,侄甘炳、甘煦(1792—1863)等避居于江宁县官山冢舍,直至咸丰三年底至四年初。因官山冢舍地处朱门乡,因此又称为"朱门丙舍",咸丰二年刚刚建成。[⑥]作为一个大家族,甘家人离城时间略有先后。咸丰三年正月,甘延年等人借口扫墓避往朱门乡,甘煦的家眷"于闭城时仓皇出走,散处南乡",[⑦]甘煦本人则留守城中。仪凤门陷后,甘煦"屡欲以死殉,卒为友人侦救,一日灌醉,拉出南城,遂避居于朱门丙舍",一个多月后,才与眷属"始获聚居焉"。[⑧]

在朱门乡,甘家曾接济过不少难民。当时"亲知拔自贼中者靡所之",甘延年"为款留共食宿,僦村庙农舍以满,辞他往,必解衣厚赆而去。远迩渐播,来益众,或异乡人不相识,询之佥曰:'吾曹潜出城,行无依,有途人指我,盖向甘家祠且投止。'"甘延年又训其子甘鳌、甘元焕曰:"不幸值大难,吾幸免,而不同其患乎?穷而投我,以我为可依也,忍坐视其无归乎?"于是"日易家人簪珥以市榖,不足又贷益之"。[⑨]

受过甘家恩惠的人中,有陈元恒(1818—1892)、陈作霖父子。由于陈家在闭城前未出逃,因此困于城中数月。二月十四日,"合宅欲自焚","三更时,有旧仆自外来,云贼但掳掠而

---

① 陈作霖:《可园备忘录》,第8页b。战争结束后,他在《悼亡五首》之一中写到"何处昙花一现之,轻尘短梦不胜悲。却思礼结青庐日,正是烽天火地时"。参见陈作霖《可园诗存》卷二,《续修四库全书》第1569册,上海古籍出版社1995年版,第491页下栏。席氏于咸丰三年七月二十八日卒于城中,"归予仅六月,无所出"。参见陈作霖《可园文存》卷十,《续修四库全书》第1569册,第416页上栏。席氏之父为席存忠,弟席元銮。陈作霖:《席锦泉元銮内弟游宦中州奉讳归里久别重晤感旧述怀五十韵》,《可园诗存》卷十八,《续修四库全书》第1569册,第584页下栏—585页上栏。

② 士人死节与阖门殉难者,参见同治《上江两县志》卷十九下,《中国地方志集成》江苏府县志集04,江苏古籍出版社1991年版,第456页上栏—462页上栏。

③ 参见侯竹青:《太平天国奠都前后南京人数剧减原因探析》,《安徽史学》,2010年第3期。

④ 陈作霖:《金陵通纪》卷三,第547页。摄山即栖霞山,在城东北四十里。

⑤ 王杰:《余生偶笔》,第2页。

⑥ 甘煦:《贞冬老人行年自述》,上海图书馆藏抄本,第5页a。

⑦ 甘元焕:《行年自述》,《甘元焕杂稿》不分卷,南京图书馆藏抄本。

⑧ 甘煦:《贞冬老人行年自述》,第4页—5页a。

⑨ 甘曾沂:《甘元焕行述》,南京图书馆藏刻本。

不奸淫，见女馆则不敢入，于是觅死之念遂息”。[1]作为独子，陈作霖是全家人的重点保护对象。某日出门时猝遇太平军，将掠其去，其父“以身翼蔽之，贼协以刃，不屈，遂均被斫，血淋漓头面间”。[2]六月初九日，陈作霖随姑丈周椿年逃出危城，六月十三日到朱门乡。[3]此后，其祖母、父亲、诸妹也陆续逃出，但新婚妻子席氏却病逝于城中。

陈家与甘家原有旧交。陈作霖曾祖陈授与甘福年纪相仿，其祖父陈维垣与甘福之子甘熙(1797—1852)、甘煦亦交好。陈作霖祖母初出围城时已值初秋，甘熙夫人“赠以裘”[4]。陈作霖被甘煦“留诸客舍，时陈子瑨明经玚、[5]翁峻之上舍模墉[6]辈皆假馆于斯，感伤时事，作歌诗以写忧”。陈作霖诗中“关山戎马纵横久，荆棘铜驼感慨深”之句，为甘炳所激赏，言于堂兄甘煦，“自是先生有诗必命和”。[7]当时甘煦已是62岁老者，却与17岁的陈作霖成为忘年交，“每当酒酣茗熟”，则“娓娓谈旧事不倦”。[8]陈作霖在朱门乡待到九月中旬，之后随父赴宁国，[9]而陈作霖祖母或仍留在此。

金陵另一大族伍氏，即伍少西老字号氇铺主人，也是亦商亦儒的背景。嘉道时期，伍光瑜(1757—1830)与甘福、陈授等人皆为士绅领袖。伍光瑜长子伍长华(1779—1842)于嘉庆十八年(1813)中举，翌年会试联捷，殿试一甲第三名，被誉为“教门鼎甲之始”，授翰林院编修。伍长华之子伍承钦举道光十九年(1839)乡试。或许因为要处理生意，伍承钦几乎在最后一刻才逃出危城。其《避贼山居》诗生动地描绘了逃难时的狼狈、恐惧与茫然：

尘氛污人面，羽扇不能挥。茫茫去何所？相携上翠微。
崎岖复逼迫，心急足转违。稍憩半山麓，倚暮愁斜晖。
回首雉堞远，火牛止攻园。连环炮声至，魂魄与俱飞。
乡老多旧识，带月敲柴扉。鸡黍且一饱，莫问归不归。(《避贼山居》)[10]

伍承钦一家八口[11]最初逃到上元县东南三十里的青龙山。其父伍长华曾“买青龙山一垄以供

---

① 陈作霖:《可园备忘录》,第9页b。

② 陈作霖:《可园文存》卷十二,第434页下栏。

③ 陈作霖:《可园诗存》卷二,第490页下栏—491页上栏。

④ 陈作霖:《可园文存》卷十二,第435页下栏。

⑤ “陈玚,字子瑨,江宁诸生,不屑屑于俗学,静思博览历算少广之术,所入尤深……后避乱太湖,又与吴县冯桂芬同著《西算新法》八卷。道光咸丰以来,江宁通天元代数者为玚一人而已”。陈作霖:《金陵通传》第一百八十七,第1244页。

⑥ 瓮模墉,“字峻之,性和易,事母孝,尝昕夕侍侧,情话以博亲欢,主家政数十年,兄弟无间言。及避地江阴,亲戚流离者皆分食济之,时人尤服其高义”。陈作霖:《金陵通传》第一百九十五,第1281页。

⑦⑧ 陈作霖:《可园文存》卷十,第417页下栏。

⑨ 陈作霖:《可园诗存》卷二,第491页下栏。

⑩ 伍承钦:《燹余杂咏》卷上,民国三十六年(1947)铅印本,第3页。

⑪ 《避贼山居》其四中提到“八口栖荒舍,聊为稻粱谋”。伍承钦:《燹余杂咏》卷上,民国三十六年(1947)铅印本,第3页。

族葬”,[①]因此这里是伍氏祖茔所在,也有相识的农家。尽管青龙山在南京近郊,并不安全,但此时的伍承钦不想离开故乡,他在诗中写到,“茫茫安所适,故土且淹留”[②]。

南京城陷之时,“姚门四杰”之一的梅曾亮(1786—1856)仍在城中。对于梅曾亮在咸丰三年之后的经历,历来有不同记载。[③]但他很快便与妻儿逃出危城,前往上元县东南乡方山脚下的王墅村。与其他士绅一样,梅曾亮在逃难初期也投靠了近郊的亲戚,正如其诗中所写:“我家高楼向南起,悬隔方山四十里。去家避地王墅村,村居正著方山趾。茫然四顾将安归,亲戚暂保聊因依。”[④]

咸丰三年至六年间,上元王墅村、淳化镇一带聚集了大批南京难民。南京失守之后,江宁知府赵德辙“寄治淳化镇,团练乡兵,又设立抚恤局,留养城中难民,居文士于虎洞,优给廪饩”[⑤]。抚恤局在很大程度上依赖当地士绅的支持。孙氏为王墅村大族,[⑥]有孙念扬者,“性好侠义,咸丰三年粤贼陷江宁,姻戚多出自围城,念扬舍宅居之,且供其衣食”。同县周肇元“见时事多艰,每慨然曰:此岂啖饭时耶?诸生王大任、王临泰、张东序、张含光、张和甫等居在淳化、鄂村之间,皆有任恤名。念扬邀集共议,各出私财,留养城中逸出者,久之费绌,复按亩捐输,淳化、湖熟、龙都皆设局,又择虎洞精庐以居文士,上元张子云、江宁滕昶等,所活不下万余人”[⑦]。咸丰四年八月,太平军驱妇女出城,方山一带难民愈多。孙念扬等人“乃于牛首、方山增设二十余分局”[⑧]。

出身于机业世家的高德泰,城陷时年仅16岁,高家男丁阖门殉难,“仅留小子泰一线之延”。咸丰三年六月,高德泰逃出南京,在苏州见到祖父,祖父“年已七十有三,见泰至,喜且泣,既而曰:‘幸有故业,仍可为也。’次年即出余资,命归南乡理机业,以钟山向营屏蔽,四乡尚无恙故也”。[⑨]

对于南京难民而言,咸丰三年至咸丰四年是逃亡生活的第一个阶段。此时人们对于清军收复南京尚抱有希望,很多人不愿远离故土,大多聚集在近郊三四十里处的江宁、上元、句容一代,倚亲友、佃户过活。然而咸丰四年之后,随着战事的发展,避居于此的难民非但没有看到归家的希望,反而开始了更为动荡的生活。甘煦在自述中记载了他的逃难足迹:

---

① 陈作霖:《金陵通传》卷十,第283页。

② 伍承钦:《爨余杂咏》卷上,第4页。

③ 参见秦文《梅曾亮是否出仕太平天国考》,《语文知识》,2013年第1期。

④ 梅曾亮:《柏枧山房全集·诗续集》卷一,《续修四库全书》第1514册,第180页上栏。

⑤ 陈作霖:《金陵通纪》卷二,第548页。

⑥ 道光二十四年(1844)卢文弨曾应孙祖瑞、孙祖全之请孙氏族谱作序。“王墅族姓之所自,则以明初富十公为始迁之祖,至其所由迁,则故老皆无能言之者。迨胜国之末年,枝叶蕃衍,春秋祀祖,家庙至不能容,于是旧祠之外又分二祠,一曰西祠,一曰塘沿祠”,至道光年间,王墅孙氏已延续十八世。参见卢文弨:《抱经堂文集》卷四,《续修四库全书》第1432册,第586页下栏。

⑦⑧ 陈作霖:《金陵通传》卷三七,第1090页。

⑨ 高德泰:《金陵机业琐记》,南京图书馆藏刻本,第1页a。

咸丰四年：八月徙居小丹阳祠舍；十一月徙赵村；诸弟眷属徙居溧水朱塘村。

咸丰五年：二月又徙溧水；九月徙历阳（即淮安）。

咸丰六年：三月由历阳徙宜兴；五月至苏州；五月复徙山阳，寓龙窝。

咸丰七年：淮安。

咸丰八年：由淮移宜兴，与五弟鳌同寓。

咸丰九年：四月迁宜兴城内西关桥孙宅；十一月移居苏州齐门外陈宅，垲侄眷属随行，遂同居。①

值得注意的是，尽管甘家在朱门乡时仍聚居一处，但咸丰四年之后，甘氏各房的行程并不完全一致。如咸丰七年，甘煦在淮安，其叔甘延年携子甘鳌、甘元焕寓居于嘉兴北门秋泾桥。甘延年去世后，甘鳌与堂兄甘煦才在宜兴相会。但咸丰九年甘煦前往苏州，又与甘鳌等人分别。

陈元恒、陈作霖父子离开朱门乡之后，有两三年时间寄居在凤阳的姻戚周家。周镕为陈作霖从祖姑丈，“江宁人，寄居凤阳，好文章，喜宾客。家素饶裕，遇戚友以困乏告，施舍不吝。咸丰三年，贼掠临淮，家业荡尽。凡金陵人有避难至者，犹衣食之，偶假贷不责偿。时上元钱寿昌、江宁焦光俊、江浦金步銮、张永清皆旅寄淮南，每值佳辰辄招饮赋诗”②。咸丰七年二月，太平军、捻军合围寿州，“凤阳大震，风声鹤唳，一日数惊，移家者踵相接”。③陈家与周家避至二百余里外的盱眙，“相随而行者，舟车不绝于道”。④咸丰八年五月，凤阳失陷，“盱眙亦颇危迫”，陈元恒“以年年播迁，心颇不愿，以镇静出之，至月杪，忽有邻人来告，曰城外贼队已到，汝犹安居若无事乎？”当时已能隐隐听到枪炮声，“于是星夜买舟渡洪泽湖，直达宝应汜水镇之南赵庄，僦居碾屋三间”。周镕亦来南赵庄避难，陈家与之为邻，“解衣推食”，“贫而不饥”。⑤

伍承钦避居青龙山时，曾是八口同行，很可能仅为伍承钦、伍桐生父子俩及其亲眷。伍承钦之弟伍承吉曾任浙江云和知县，其家眷大约都已前往浙江。堂弟伍承平由海州学政迁徐州教授，承平子伍桂生以荫生官浙江仁和知县，升知府。⑥伍承钦子伍桐生战后“由浙返里”，⑦其在浙江时极可能依堂兄伍桂生过活。然而伍承钦却选择了北上陕西，先后任关中书院、崇化书院主讲。卢前记载，“方金陵之陷也，先生避入秦，为吴仲昀抚军延请主讲关中书院……又移主崇化书院，在陕十年，取裁之士甚众”⑧。“吴仲昀抚军”即吴振棫，浙江钱塘人，

---

① 甘煦：《贞冬老人行年自述》，上海图书馆藏抄本，第5页b—6页a。

②④ 陈作霖：《金陵通传》卷四四，第1272页。

③ 陈作仪：《凤叟八十年经历图记》，南京图书馆藏，咸丰七年丁巳条。

⑤ 陈作仪：《凤叟八十年经历图记》，咸丰八年戊午条。

⑥ 陈作霖：《金陵通传》卷十，第283页。

⑦ 陈作霖：《金陵通纪》，第1365页。

⑧ 卢前：《霙余杂咏序》，伍承钦：《霙余杂咏》，第1页。

咸丰四年调陕西巡抚，五年秋始赴任，因此伍承钦前往陕西亦当在咸丰五年。他在赴陕途中的诗作抒发了孤身在外的苍凉：

举家去越我来秦，皮少五羊仅一身。
感旧兰成犹遇主，伤心王粲只依人。
书生本以文为富，客久方知病是贫。
杨柳满堤愁绪绾，三千里到灞桥滨。（《临潼旅馆和壁间韵》）①

咸丰四年闰七月，梅曾亮也离开了江宁王墅村。他在诗中记载了当时的惊恐、无奈与茫然：

夜骇连村急，仓皇又弃家。
辛勤置囊箧，摆拨等泥沙。
乐土谁能定，征途浪自赊。
儿童亦憔悴，无复索茶瓜。（《闰七月十日王墅有警携家将赴盐城》）②

最终，梅曾亮在淮安清江浦投靠了同年挚友、南河总督杨以增，并度过了生命中最后两年时光。据梅曾亮记载，当时"江南民渡江者数十万人"，而淮扬一带"水不告灾，米不增价"。③咸丰五年十二月十八日，杨以增卒于官舍，年六十九。去世前，他为梅曾亮校勘的《柏枧山房文集》已出版，"续校诗集、骈体文，刊未及半"而薨。当时梅曾亮患鼻炎，住在淮安寓舍。他为杨以增撰写家传后不久，也于咸丰六年正月十二日去世，卒年七十一。④

对于坚守在江宁、句容一带的难民而言，咸丰六年(1856)向荣大军的溃败让他们失去了最后的希望。在南乡重开机业的高德泰与母亲及孀嫂逃至苏州，"而机张不遑收拾矣"⑤。在江宁王墅村一带经营抚恤局的乡绅孙念扬"挈众局徙苏州，资斧罄，尤不忍舍去，因谋于吴中抚恤局，俾各得所焉"⑥。

咸丰十年(1860)，太平军东征苏常，六月占领苏州。此后整个苏南、浙北一带掀起新的难民潮。然而此时内战已经持续了数年，江浙一带官绅阶层对于逃难有了较为充分的心理与物质准备。相比之下，咸丰三年仓皇出逃的南京士绅在情感与经济上受到更为严重的伤害与冲击。正如梅曾亮在诗中描述："出城初避贼，凡百皆蜕委。教妇褫新衣，呼儿纳敝履。

① 伍承钦：《燹余杂咏》卷上，第 6 页。
② 梅曾亮：《柏枧山房全集・诗续集》卷二，第 186 页下栏—187 页上栏。
③ 梅曾亮：《兵部侍郎江南河道总督杨公家传》，《柏枧山房全集・文续集》，第 107 页下栏。
④ 梅曾亮：《兵部侍郎江南河道总督杨公家传》，《柏枧山房全集・文续集》，第 107 页下栏—108 页上栏。
⑤ 高德泰：《金陵机业琐记》，第 1 页 b。
⑥ 陈作霖：《金陵通传》卷三七，第 1090 页。

行路免人狙，后计那深拟。岂知春复夏，薪尽米亦止。”[①]汪士铎逃出危城后也无奈地记到：“室人出时，家内尚存库纹五十七八两、青钱六百文、制钱数千文不能携出也。避城时，家内尚存银约八十余两，大钱五六十千，诸女及弃疾钱十余千，已不用钱约十千，共钱八十余千文，惜未以之作盘川、唱董逃也，悔之晚矣。”[②]这也使得南京士绅在十多年的流亡生活中时时感到生存的压力。

二、难中谋生

逃出危城后，生活环境的变化使很多士绅难以适应。前任户部郎中梅曾亮、亦儒亦商的伍氏、甘氏，原本皆有宽敞富丽的家宅。城陷后，这些宅第多成为太平天国官员的府邸。位于明瓦廊大街的梅曾亮宅为镇国侯卢贤拔、天官又副丞相曾钊扬、夏官正丞相何震川所据。[③]伍家宅院在中正街，道光二十八年(1848)，陈作霖到伍园游玩，称“水木极为明瑟，明顾东桥先生故居也，门左有尚书坊”[④]。太平军入城后，伍家在中正街修建的新宅被北王韦昌辉所据，[⑤]甘家宅院则为殿前丞相督理织营事务钟芳礼所据。[⑥]陈作霖家在南乾道桥，亦为“伪王据为府第，修理完整，彩画一新”[⑦]。而这些宅院原来的主人，只能借住在村舍、旅店、茅屋，甚至碾房中。陈作霖在朱门乡寓所曾题诗一首：“穷乡聊避乱，那有买山资。室小刚容膝，檐低不碍眉。”[⑧]汪士铎逃往绩溪后也抱怨，当地房屋“太晦暗，床太狭，床太不平……房窄狭黑暗，如狱、如地狱，无窗，衣狭小短促，喜暗昧黝黑、狭小，不肯一毫有余，东厕在室内”[⑨]。

除居住条件简陋外，生活上亦处处捉襟见肘。梅曾亮避居方山时，曾有无书、无笔、无砚、无墨、无纸、无衣之“六无叹”。他在诗中怀念：“我有三砚常自奇，蕉叶金星一澄泥。以手运墨如画脂，无复有石相磨治。仓皇万卷尽弃却，此物岂复能提携。”[⑩]蕉叶白端砚、金星砚、澄泥砚均为名砚，代表着此前精致的生活品位，然而“自经丧乱弃家具，苍璧元珪爱全割”。[⑪]笔墨纸砚尚属文玩，可有可无，而衣食的匮乏则带来实实在在的折磨。梅曾亮曾自嘲地写

---

① 梅曾亮：《柏枧山房全集・诗续集》卷一，第181页下栏。
② 汪士铎：《乙丙日记》卷一，第35—36页。
③ 张德坚等辑：《贼情汇纂》卷二，《续修四库全书》第445册，第486页、493页、497页。
④ 陈作霖：《可园备忘录》，第4页a。
⑤ 张德坚等辑：《贼情汇纂》卷六，第628页。
⑥ 张德坚等辑：《贼情汇纂》卷二，第502页。
⑦ 陈作仪：《凤叟八十经历图记》，同治三年甲子条。
⑧ 陈作霖：《可园诗存》卷二，第492页下栏。
⑨ 汪士铎：《乙丙日记》卷一，第39页。
⑩ 梅曾亮：《柏枧山房全集・诗续集》卷一，第180页下栏。
⑪ 梅曾亮：《柏枧山房全集・诗续集》卷一，第180页上栏。

道："南邻借冠子夏小，北邻借带休文宽。西华之帔东郭履，风雪与我为艰难。"[①]又作《借衣叹》："九月欲霜风骤寒，夏葛可借冬裘难。残年射虎叹衣短，长夜饭牛怜布单。"[②]在王墅村，梅曾亮接受过很多朋友、同年的资助，因此有《癸丑春避地居王墅村彭云墀都转许询臣中丞何亦民方伯王容甫大令同年张子畏太守助房价薪米衣物之费感叹有作》《王容甫馈食物致谢》等诗。[③]当时梅曾亮已经68岁，穷愁体弱，诗作中时时流露出无望与心酸。

对于金陵甘氏而言，兵燹后产业荡无一存，"赖祭田十余顷以资口食"。但田地"陷入贼区十有八九，而又值旱蝗之灾，豪强之削，间有收获，不敷粥食。上下合有七八十人，何能为继？惟朝夕祈祷息兵有年而已"。[④]咸丰六年，甘煦寓居淮安时，就因"秋旱蝗，市米价直百千，日惟啖大麦糁子粥数升，不知肉味者三月"。[⑤]

在生存压力下，家族男性迫切寻找着谋生手段。对文人而言，教书、入幕是最为熟悉的途径。在求职过程中，同乡、同年、师生、姻戚等关系显得格外重要。伍承钦在陕西时，除倚靠陕西巡抚吴振棫外，还投靠过姐夫蔡宗茂。宗茂子小石，为蔡世松之子，生长华胄，"道光二年举于乡，十三年成进士，选庶吉士，授编修，迁司业，转侍读，以事降洗马，报捐道员，补陕安道，调潼商道，就升按察使"。[⑥]伍承钦曾在潼商道衙署与蔡宗茂和诗：

于此得佳趣，风尘眼一清。
款留多主谊，漂泊怕商声。
岂谓长安乐，难忘故旧情。
补园今在否，回首泪纵横。（《潼商榷署养园落成和观察蔡小石姊丈》）[⑦]

陈元恒、陈作霖父子逃难初期在上元朱门乡受到甘家的庇护，此后父子二人前往安徽宁国。在他们起程之前，陈作霖伯父陈元颐已先赴宣城。[⑧]在宁国和宣城，陈家可以投靠的故交是伍庆祥。伍庆祥字莘农，金陵大族伍氏后裔，"道光癸卯副贡生，以州同分发安徽，署六安州同，改摄凤阳知县"，咸丰二年冬，宁国知县某以办漕不善罢，大吏檄庆祥往代，后曾兼理宁国、宣城征解事。[⑨]伍庆祥是陈作霖祖父陈维垣的学生，[⑩]靠着这层关系，陈氏父子希望在伍

---

① 梅曾亮：《柏枧山房全集·诗续集》卷一，第180页下栏。
② 梅曾亮：《柏枧山房全集·诗续集》卷一，第181页上栏—下栏。
③ 梅曾亮：《柏枧山房全集·诗续集》卷一，第180页上栏、第182页上栏—下栏。
④ 甘煦：《贞冬老人行年自述》，第6页a。
⑤ 甘煦：《贞冬老人行年自述》，第5页b。
⑥ 陈作霖：《金陵通传》卷三八，第1108页。
⑦ 伍承钦：《燹余杂咏》，第8页。补园为伍家花园，伍承钦祖父伍光瑜有《补园诗集》。
⑧ 陈作霖：《可园诗存》卷二，第491页上栏—下栏。"平生怕惹别离愁，可奈飘萍不自由。四面云山双腊屐，满天风雨一扁舟。杜陵寄跡常为客，谢朓登高旧有楼。何日竹林重结社，酒尊试卷共优游。"
⑨ 陈作霖：《金陵通传》卷十，第284页。
⑩ 陈作霖在《先祖中书公遗札跋》中写到"予家经癸丑之难，前人手泽荡然无存，嗣于宣城伍大令庆祥处得先祖中书公课徒时所录文稿一册"，可见伍庆祥是其祖父陈维垣学生。陈作霖：《可园文存》卷七，第394页下栏。

家谋个教席。到达宁国后，他们发现同乡哈贤招已先到一步，被伍庆祥聘为塾师。哈贤招为陈元恒"最契之友"①，陈氏父子只得返回江宁。

此后陈氏父子前往凤阳投奔姻亲周镕。周家与陈家四世通婚，周镕为陈作霖从祖姑丈，"身形如鹤，须髯疏朗，面瘦削有神，性好谦，虽童子必加以礼"。咸丰五年(1855)，陈元恒馆于周家，周镕又延陈作霖"课其幼孙，薪水馈遗常滥于其数"。咸丰七年淮南告警，周家离开凤阳，迁盱眙、迁汜水，陈氏父子"仍附先生以行"。②从咸丰三年至十一年，父子俩大部分时间是靠"佣书觅食"。③

咸丰九年(1859)恩科，江南借试浙闱，陈元恒已赴江阴录科，忽闻母亲病危，又急返宝应汜水镇，"侍医药十余日，躬亲含敛，哀毁柴立，杖而后起"。④大约就在咸丰十一年前后，陈家一直倚靠的姻亲周镕亦去世。⑤"即遭大故，家益贫，日以豆糜充食"⑥，同治元年(1862)，陈元恒入幕镇江金山烈字营，"每当出队守陴，羽书旁午，磨盾挥毫，辄终夜不寝"⑦。此后，陈作霖及妹夫周国栋(字浦云)，即周镕之孙，亦从军镇江。⑧陈作霖父子与周浦云所在的军营都在镇江金山、北固山一带，因此陈作霖与周浦云入军幕很可能是通过陈元恒的介绍。⑨

与甘、伍、陈家相比，汪士铎(1802—1889)出城时间最晚。直至咸丰三年年底，汪士铎才与夫人分头逃出南京，最后落脚于安徽绩溪。到绩溪后，汪士铎首先馆于章秋渔处。章秋渔为汪士铎同门，《悔翁诗钞》中《章秋渔先生》一诗中即有"秋渔老同门，晚作德兴令"之句。⑩咸丰五年(1855)，汪士铎又前往绩溪八都宅坦村胡实中处设馆授书，直至咸丰八年(1858)冬，署湖北巡抚胡林翼召汪士铎赴鄂。胡林翼为汪士铎座主，汪抵湖北后，胡为其别开儒馆，使辑录《读史兵略》等书。汪士铎曾在魏源处坐馆，助其修撰《海国图志》一书，又曾师从包世臣，因此"通晓世务，而渐渍法家之言，主张虽严刻而终远身于富贵，识力更进一等"⑪。汪士铎对时局颇有见地，又精于舆地之学，通晓军事战略，胡林翼督师皖北时"与先生简牍往来无虚日，于时局裨益为多"⑫。在此期间，汪士铎也得以结识曾国藩、李鸿章等人，⑬之后曾国藩任两江总督时，驻军祁门，"先生尝为画册"⑭。

概言之，由于出逃时间长、搬迁次数多，加之逃难期间又难以管理田产，南京士绅在太平天国期间的生活大都十分窘迫。早期多靠教书、入幕为生，后期则有从军入戎幕的现象。虽然分散各处，但此前建立的朋友、师生、同年、同乡关系网络非但没有解体，反而显得更为重要。笔者认为，这在很大程度上推动了南京精英集团在战后的迅速重建与恢复。

---

① 陈作霖:《可园文存》卷十，第419页下栏。

②⑤ 陈作霖:《可园文存》卷十，第418页上栏。

③④⑥⑦ 陈作霖:《可园文存》卷十二，第434页下栏。

⑧ 陈作霖:《可园诗存》卷七，第519页上栏。

⑨ 陈作霖:《可园诗存》卷八，第520页下栏、522页上栏。

⑩ 汪士铎:《悔翁诗钞》卷一，《续修四库全书》第1532册，第585页上栏。

⑪ 汪士铎:《汪悔翁(士铎)乙丙日记》，第4页。

⑫ 洪汝奎:《汪梅村先生文集序》，汪士铎:《汪梅村先生集》，第581页下栏。

⑬⑭ 赵宗复:《汪梅村年谱稿》，汪士铎:《汪悔翁(士铎)乙丙日记》，第181页。

三、士 人 心 态

太平天国战争时期，江浙一带的士绅积极组织团练，导致了地方军事化以及“精英能动主义(elite activism)”①。然而南京城过早的失陷，使本地士绅失去了“武化”的机会。咸丰二年末至三年初，南京曾设保卫局、筹防局，采取绅董制。作为董事的甘煦“倡捐银六千两，谷五千石，交存府库并丰备仓，以备守城之需”②。这可能是他未随家人先期离城的原因。开张德昌钱铺的王家，自咸丰三年正月望后，“兑买官钱，为筹防局用”，王杰之叔“终日奔驰劳瘁，刻难分身”，也贻误了逃难的最佳时机。③然而保卫、筹防局在面对太平军的攻势时不堪一击。在汪士铎看来，“金陵城中所募则皆市井无聊赖者，贪三百文一日而已，宜闻寇投械而遁也”。④城陷之后，逃至朱门乡的甘延年曾遣长子甘鳌诣向荣大营，“绘省垣图说，陈间道攻城之计，召四十八社民团，联络声势，其后粮不继，贼出扰四郊，人人内顾无固志，约遂解”⑤。咸丰七年甘延年卒，“以全椒办理团练议叙，加二级晋给三品封典”⑥。事实上，甘延年在逃难期间并未到过全椒，其因“全椒办理团练”议叙，很可能是资助了在全椒办理团练的亲家孟某。⑦

南京筹防局的失败，使一些士绅对团练这种军事组织模式有了不同看法。汪士铎在绩溪避难时，又见到类似情况，他在《乙丙日记》中尖锐地指出：

> 若军营大事，安容文人滥竽？……即徽郡召募乡勇防御亦任之，不知此辈楷书、帖式、时文、逢迎、机巧、酬应、仪文、口辩、状貌、声气、交结、趋避十二者，皆极一时之工捷。近因同于闲曹，无所沾润，遂夤缘以领此局，为润身之法。一面勒捐恐吓土人以取钱，托其名为助饷，暗中各受馈献，以高下其身，明则挪移借支，干没入己。一面执途人、市人及恇弱瘦怯之书生，使为乡勇。其初人不愿为，谓其真为乡勇也，继而黠者教之，遂人人乐为，日取青钱三百，既而贼来则皆溃。当其未溃也，此书生与以每人洋银一元以安家，各乡勇佯诺，府尊点明按给，诸人皆貌为武壮，应名排队，领银而出。才出城过桥，遂各走归其家，其家皆近在各乡，半日可到，抛其器械乃为乡民，各执其业而已。而此书生方自以为功，谓召丁壮万余也，不知闻其溃也如之何？⑧

---

① 参见孔飞力：《中华帝国晚期的叛乱及其敌人——1796—1864年的军事化与地方结构》，谢亮生等译，中国社会科学出版社1990年版。

② 甘煦：《贞冬老人行年自述》，第4页b。

③ 王杰：《余生偶笔》，第2页。

④ 汪士铎：《乙丙日记》卷二，第62页。

⑤ 甘鳌、甘元焕：《静斋府君行述》。

⑥ 甘煦：《贞冬老人行年自述》，第5页b。

⑦ 甘延年之子甘元焕为孟某女婿，参见俞樾：《春在堂杂文》续编卷四，第241页下栏。

⑧ 汪士铎：《乙丙日记》，第53—54页。

南京士绅虽然没有深度武化，但他们却亲历了战争的血腥与残酷。咸丰三年南京失陷，很多士绅家族几乎阖门殉难。如上文提到曾在甘家朱门丙舍避难的翁模墉，其兄翁模墫，侄翁大椿、翁大纯皆战死。陈作霖《金陵通传》中载，翁模墉堂兄弟翁鲲，“字竟堂，江宁诸生。粤贼告警，奉上官檄，募勇四百人巡西北城仪凤门，地道发城崩，鲲率众助官兵堵之。悍贼缘梯上，鲲手刃数人，回顾勇尽溃，乃退至鸡鸣山麓，集余众慷慨言曰：‘今日要当共决战，不可走食。’顷贼蜂至，鲲与其从兄模墫、从子大椿、大纯皆受重伤死，从孙长恩，年甫十三，闻之赋绝命词四章，持报其外祖管子书，痛哭不绝，是夜遂自经死”①。这样的事例不胜枚举。又如汪士铎远宗汪松崖，租住汪士铎金沙井的老宅中。咸丰三年二月初三，太平军攻打南门，守城者“日晡不得食”，汪松崖“炊饭并寒菜，自担饷之，众皆感奋”。②城破后，汪松崖举家蹈火殉难，汪士铎的老宅也一并烧毁。

生存下来的人中，也多有“生死一线”的经历。太平军攻陷南京时，陈作霖已经 17 岁，并且刚刚成婚。但此时他身体羸弱，看似未成年，又是唯一男丁，倍受家人呵护。因听闻太平军掳“童子”，陈作霖在密室中躲避了数月，但最终仍被太平军发现，险被掠去。陈作霖之父陈元恒，8 岁丧父，与母亲寄居在伯父家中，艰辛长大。20 岁之后，陈元恒在母亲面前仍“依依如婴儿，事必禀命，不敢专行”。而陈母恐独子远离，“即秋闱亦不甚盼望，每日安居乐业，于愿已足”，因此陈元恒在战争前未尝“作百里游”。③然而这样的文弱书生，为了保护儿子，不惜冒死相抗太平军，以身护翼，最后父子二人皆被砍伤。同光时期，以汪士铎、秦际唐、陈作霖为代表的金陵士人文多感愤之作，诗则主性情，多写实、写时事。作为“石城七子”之一的陈作霖“写时事之诗尤多，遂有诗史之目”④。这当与他们在战争时期的经历有关。

值得注意的是，太平天国之后很多士人对举业的态度已有所变化。从表面上看，士绅家族的后代从未放弃科举的梦想，即使在逃难途中也绝不废学。如甘延年次子甘元焕，生于道光二十一年(1841)，在同辈中排行第九，比堂兄甘煦年少 50 岁。甘元焕“六龄出就外傅，归则王妣截方寸纸，令书故实”，11 岁从王善之先生游，与侄甘垲同笔砚。甘熙读过二人文章后，曾欣然曰：“吾家继起有人！”并奖给甘元焕、甘垲每人一枚金顶铜带扣。⑤咸丰三年甘家逃难时，甘元焕仅 13 岁。“虽道路奔走，无一日废书。每捆载必取《周易》《毛诗》《春秋传》《尔雅》、诗、古文、时艺及笔砚数事，置行幐中以自随，谓他物可复得，光阴不再来也。尝私谓王妣曰：‘某倘不读书以成名，是不孝也。’卜居一定，即下帷诵读，经月足不出户，见者咸识为有志。旅淮之日，与一时知名士结文会，肄业丽正、崇实两书院，见赏于归安钱楞仙先生。”⑥自幼与甘元焕同读的甘垲，辈分上为元焕之侄，年龄相差无几。其父甘炘去世时，甘垲尚年幼，“羸

---

① 陈作霖：《金陵通传》第 183、1226 页。

② 陈作霖：《金陵通传》卷三，第 544 页。

③ 陈作霖：《可园文存》卷十二，第 434 页下栏。

④ 陈鸣钟：《同光两朝南京文化概貌和文化世家》，《东南文化》，1987 年第 2 期。

⑤ 甘曾沂：《剑侯府君行述》，第 1 页 b—2 页 a。

⑥ 甘曾沂：《剑侯府君行述》，第 2 页 a。

弱善病，母许多方调护之，体遂壮实。造粤寇之乱，辟地浙闽间，一岁辄数迁，而未尝废学”。[①]同治三年(1864)金陵克复，甘家尚未全部返乡，甘元焕即与侄甘曾源同应乡试，报罢。次年春，23岁的甘元焕奉母归里，当年应童子试，补博士子弟员。甘垲补县学生，援例为太常寺博士。[②]此后，甘元焕屡困棘闱，直至光绪二年(1876)乡试，甘元焕“扶病入闱，几绝意进取”，却中式第37名举人。当年甘元焕36岁，功名来得并不算晚，但他毫无欣喜之态，只叹道：“此不过了却读书人一层门面，何荣之有？”[③]

对举业的矛盾心态，也反映在陈家。咸丰六年八月，陈元恒次子陈作仪于凤阳出生。陈元恒在周宅授课时，便将幼子带至私塾与周家子弟一同学习。陈作仪5岁时，祖姑丈周镕见其伶俐聪明，曾对陈元恒笑说：“此子文学将来恐不逮乃兄，然功名必超越乃兄上。”陈元恒则叹道：“处兹乱世，托庇宇下，苟全性命足矣，犹妄冀功名耶？”[④]同治六年(1867)，陈作仪刚满12岁，陈元恒“以大难甫平，家境日困”，与妻子商议，拟让作仪改业从商，“以为将来立业之基”。当年乡试首场，陈元恒入闱后做了一梦，梦见父亲“拄杖而来，谓之曰：‘我家祖德方长，食报正未有艾，尔以为儒不及商耶？’”是科陈元恒中式，遂“不复言改业之事”[⑤]。光绪元年(1875)，陈元恒长子陈作霖中举，次子陈作仪最终进士及第，应验了陈元恒的梦境。但对陈元恒而言，业儒显然已不是后代安身立业的唯一选择，功名或许也只是“了却读书人一层门面”而已。

四、余　　论

同治三年，清军收复南京，各处避难的南京人陆续回到家乡。对于士绅阶层而言，战后重建的任务包括家族、社会与文化三个方面。

太平天国期间，很多家族产业尽失，家族复兴成为战后首要之务。以甘家为例，自乱后归里，家业煨烬，甘元焕“自奉俭约，食不兼味，亦敝败则补缀之，一服恒数十年。规复田宅，经营缔构，纤悉必亲。……津逮楼，故先世藏书之所，乱后书既失，楼亦毁矣。府君频年所得图籍近数万卷，乃积年来书院膏奖，小筑五楹，颜曰‘复庐’，分四部以藏弆其间，深以不能复津逮楼旧观为感”，甘家友恭堂毁于战乱，甘元焕“乃节省衣食资，以独立建复”。[⑥]甘元焕之侄甘垲也全力投入家族经营中，“垦田修宅，稍复旧观，自奉极俭，薄衣不趋时，食不兼味，以朴实为子弟先。明而动、晦而休，岁有常规，日无冗费，治家法度秩如也，顾用财虽有节而周贫

①② 陈作霖：《可园文存》卷十一，第427页下栏。

③ 甘曾沂：《剑侯府君行述》。

④ 陈作仪：《凤叟八十年经历图记》，咸丰九年条(实应为咸丰十年)。

⑤ 陈作仪：《凤叟八十年经历图记》，同治六年条。

⑥ 甘曾沂：《剑侯府君行述》。

济困则不惜重赀，亦不举以告人，盖犹有祖风焉”①。

其次是参与社会重建。左宗棠为两江总督时，“访公正绅士于薛桑根山长时雨”，陈元恒、甘元焕、秦际唐等同被征入清丈及水利局。太平天国期间任杭州知府的甘炳，在江宁收复后“乞假回籍，与里人请复救生、恤嫠诸义举，会建府学于冶山，有司延董其役”②。此外，战前由甘福、伍光瑜、陈授等人倡导兴办的救生局、恤嫠会、洒扫会等机构，也由其后人一一恢复。③

最后，是通过文化工程完成地方学术谱系与士绅群体的重建。同治十三年(1874)，江宁府及上元、江宁二县修志，皆由汪士铎主其事，而甘元焕、陈作霖、伍光瑜、秦际唐、朱桂模等人则任分纂或分修。金陵朱绪曾自道光十二年(1832)开始编纂《金陵诗征》，历时三十年完成。光绪初，陈作霖、甘元焕、秦际唐、翁长森等人在地方官员的资助下，校勘《金陵诗征》清代部分，最终刊印了《国朝金陵诗征》。此后，陈作霖、秦际唐又辑刊《续金陵诗征》。陈作霖的又一传世之作为《金陵通传》，该书“以世传为主，辅之以合传，不分门类，合一家族中之可以为传者为一传，合志行相类者为一传。每一世传亦即某一政治、文化世家之传”④。这些文化工程不仅重建了南京政治、文化世家之谱系，而且确立了汪、陈、甘、秦、翁等人的文人领袖地位。

值得注意的是，战后南京地方精英家族的延续或重组，除了家族自身的生存策略、世家网络在战争中得到加强外，也有战争所带来的偶然因素。例如汪士铎成为胡林翼幕僚，实为其人生重要转折点。正如陈作霖在《金陵通传》中所记，汪士铎于咸丰初“避地绩溪北山深谷中，客授自给。适座主胡林翼巡湖北，往依之，为管理记室事。每遇保举则力辞不就，林翼亦不强之，以故曾国藩、阎敬铭辈皆重其为人，谓此老乃严君平、管幼安一流人物，非迂儒也。江宁复后，历任总督如李宗义、沈葆桢等莫不宾礼之”⑤。除修府县志外，“禁止青龙山开矿、颐寿堂养老、甘棠文塾课孤童，皆汪梅村助教士铎主持之”⑥。而甘元焕、陈作霖、秦际唐等人在战后皆追随汪士铎游，因此获得更多机会。甘家与汪士铎的情谊尤深，汪士铎无子嗣，去世后乃甘元焕为其料理一切后事。

战后士绅精英团体中的新成员，也多因其在战争中的经历而上位。如石楷，字东山，“以家贫从事律学，道光二十二年从总督裕谦治军浙东，两渡定海，叙劳保从九品阶。咸丰三年随督师陆建瀛堵九江，败归，谒钦差大臣向荣军，密陈破敌计，书数上，乃檄司粮台总局事。洊擢至同知加知府衔，由是历充江西粮台，提调江北粮台襄办，及江苏巡抚营务处，赏戴花翎，钦差大臣李鸿章委办苏省报销，以克复各城功，保知府。同知六年移局回江苏，兼办金陵

---

① 陈作霖：《可园文存》卷十一，第427页下栏。

② 陈作霖：《金陵通传》卷三五，第1035—1036页。

③ 参见陈作霖：《可园文存》卷十二，第435页上栏。

④ 陈鸣钟：《同光两朝南京文化概貌和文化世家》，《东南文化》1987年第2期。

⑤ 陈作霖：《金陵通传》卷三七，第1083—1086页。

⑥ 陈作霖：《可园文存》卷十二，第435页上栏。

报销。时家乡元气未复，条陈善后数千言，上书于总督曾国藩，俱蒙采纳。接办淮军报销，累保以道员用，加按察使衔，换二品顶戴”①。石楷在南京战后重建中起了重要作用，“如筹公车费、增广学额、请免金快运丁、崇善堂恤嫠、备仓积谷，皆石东山阁学楷经画之”②。

概言之，南京士绅家族在太平天国时期经历了漫长而艰难的逃难过程，家族人员与财产损失严重。然而战中的经历也为家族延续提供了某些有利因素，返乡之后，士绅家族间的联系增强了，并重新掌握地方权力。而士绅阶层在战时的特殊经历，是我们了解太平天国前后南京城市变迁的一个重要切入点。

（罗晓翔，南京大学历史学院副教授）

① 陈作霖：《金陵通传》卷三八，第1133—1134页。

② 陈作霖：《可园文存》卷十二，第435页上栏。

林纾致陈宝琛逸札释证

□宋 一 明

［摘　要］ 福建博物院藏林纾致陈宝琛信札九通，其中三通原不为人所知。札中所述，多关系福建近代教育，及林纾翻译外国小说之经历，援据各书加以释证，可为相关研究重要佐证。

［关键词］ 林纾；陈宝琛；逸札

近人林纾与陈宝琛交往极密，往来书札亦多，其中以林纾居京师、陈宝琛居闽中时所作内容最丰。《畏庐文集·沧趣先生六十寿序》云："纾居京师六年，每得沧趣先生赐书及诗，恒张之壁间，乐其意趣闲旷，游心于山水清淑之区，用以陶写性情，纳灵含粹，契乎道真矣。"①今见林纾致陈宝琛书札，以李家骥等编《林纾诗文选》所辑最富，凡十九通，多录自福建省图书馆藏胡孟玺辑《畏庐尺牍》。福建博物院亦藏有九通书札原件②，曾经陈叔侗先生整理，刊于《福建文史》2011 年第 4 期。《林纾诗文选》曾选入其中六通，早已为人熟知，而余下三通则知者甚少。兹据原札复印件重新过录，加以释证，以为研究近代历史及林纾翻译生涯者提供一重要佐证。原件保存不善，稍有残损，复印之后更加模糊，辨认字迹颇难，残阙之字，均代以"□"。

一

沧趣先生史席：前奉一笺，未蒙示覆，盼甚。闻高等学堂亦归先生调度，此闽士之庆，唯先生又腹得几许愁烦矣。福州闻又设立高等小学堂一区，想此时教习尚在未定，荐者必多。纾有挚友谢秋坡，学问淹雅，人已中年，甚有阅历。在吾乡亦甚知名，或能胜此一席。先生衡鉴在胸，爱□□命，定能物色得之。若可以充选者，幸赐收录。此事权专在

---

① 林纾《畏庐文集》，中国书店 1985 年版，第 23 页。

② 此九通原藏陈氏家中，陈宝琛于 1935 年殁后，所存图书文物多由长子懋复保存（懋复之兄懋颐幼殇，故以之为长子）。懋复字几士，早岁曾留学日本。大陆鼎革之后，于土改中被戕。《邓之诚文史札记》1951 年正月二十八日谓："张东荪来，高名凯来，言陈宝琛之子几士于二月一日在福州以地主恶霸罪名枪毙。初与其子陈絜同被捕，旋皆释出，后乃补几士，并其管事仆一同枪决。"所藏书画等物，后多辗转入藏福建博物院。

公，纾特知公平日善于容人，故敢为作曹邱[①]也。寄上译稿两卷，幸为削政。征宇已归，必能以海外闻见告。公家庭聚首，为乐已极。纾在此亦无日不接仲勉先生也。匆匆，即请讲安。世晚林纾顿首

此札作于光绪三十一年乙巳(1905)春夏间，时林纾任教于京师五城学堂，陈宝琛里居闽中。光绪二十七年(1901)八月，诏命各省改省城书院为大学堂，时任闽浙总督许应骙遵旨筹备，延聘翰林院检讨叶在琦为总教习。次年三月，设立“全闽大学堂”，二十九年(1903)改称“全闽高等学堂”。三十一年(1905)正月，以原总教习叶在琦辞职入都，陈宝琛继任，改称学堂监督。三十二年(1906)七月，陈宝琛以奉派筹建福建铁路，辞监督之职赴厦门。陈宝琛于“高等学堂”甚为尽心，其经费除原定省垣正谊、致用、鳌峰、凤池四大书院膏伙之什三，及藩、盐两署之拨款外，多赖叶陈二氏之私人筹募。且陈氏任内，于学堂学制、组织等多所改革。林琴南了解陈氏之为人及对教育之热心，故有“此闽士之庆”之说。又谓“唯先生又腹得几许愁烦矣”，则因此前陈宝琛曾总理由苍霞精舍分立、专习日文之东文学堂(1903年改为全闽师范学堂)，又代陈璧监督苍霞精舍所改之绅设中西学堂，均维持不易，苦心经营。1901年，林纾致函陈宝琛，云：“属者敝徒孙布韩就学京师，述执事病中语，力欲整顿东西学两塾，此纾千里悬盼之心，五年未竟之业，专望之先生者，幸先生努力支撑此局，感佩实无涯涘。”[②]又一札云：“兹者八股既废，学堂大有生机，东西两塾，尚祈吾丈勉力支持。”[③]

至于札中所称“福州闻又设立高等小学堂一区”，或指全闽师范学堂附属小学。案全闽师范学堂由东文学堂改建而来，其附属小学于光绪三十一年二月成立。陈氏身为师范学堂监督，可荐聘教师自不待言，故林纾代以为谢秋坡介绍。秋坡名颂品，字秋坡，一作秋波，侯官人。光绪十四年(1888)戊子科举人。其弟秋浔，亦与林琴南为友，《畏庐文集》有所作《谢秋浔传》，赞其孤介之高行。

征宇，即陈懋鼎。懋鼎字泽铉，号征宇，为陈宝琛弟宝瑨之长子，生于同治九年庚午(1870)。[④]光绪十六年(1890)，与其父宝瑨、叔父宝璐同榜成进士，授内阁中书。曾以参赞身份随张德彝出使英国，历任外务部参议、弼德院参议、济南道道尹、厦门道道尹等。民国29年(1940)卒。撰有《槐楼诗钞》。陈氏一门中，以陈宝琛与陈懋鼎之诗成就最高，陈衍《石遗室诗话》中屡屡称道。懋鼎诗学陈师道，汪辟疆《光宣诗坛点将录》卷三谓“征宇为弢庵太傅犹子，弢庵尝誉之。诗专力后山，偶作无不从诗榻中苦吟而得。用意造语，最能窥见后山深处。

---

① 曹邱，即曹丘生，此处用《史记》曹丘生为季布扬名之典。《季布栾布列传》：“楚人曹丘生，辩士，数招权顾金钱。……即揖季布曰：‘楚人谚曰，得黄金百，不如季布一诺，足下何以得此声于梁楚闲哉？且仆楚人，足下亦楚人也。仆游扬足下之名于天下，顾不重耶？何足下距仆之深也！’季布乃大说，引入，留数月，为上客，厚送之。季布名所以益闻者，曹丘扬之也。”见司马迁：《史记》，中华书局1962年版，第2731页。

② 李家骧等编：《林纾诗文选》，商务印书馆1993年版，第288页。

③ 李家骧等编：《林纾诗文选》，第279页。

④ 《清代朱卷集成》第68册，台北成文出版社1992年版，第3页。

作虽不多，然篇篇皆可诵也。”王逸塘《今传是楼诗话》云：“闽中多诗人。陈征宇懋鼎为弢庵先生之犹子，与余共事议会，简静持大体，侪辈重之。”[①]除写诗外，亦仿林纾以文言翻译外国小说，如所译《岛雄记》，即大仲马《基督山伯爵》。

因系旅居京师之同乡，且同被保荐癸卯经济特科，林琴南与陈懋鼎来往颇密。民国间曾同游山东，朱羲胄《贞文先生年谱》卷三云：民国三年甲寅(1914)，夏四月，林纾“与陈懋鼎、陈箓、林志钧同游于鲁，遂登泰山。越日，朝谒孔林。至历下亭，访渔洋老人咏《秋柳》处”。后有小注云：“陈懋鼎，字征宇，福建闽侯人。清光绪庚寅进士。斯时官山东济南道尹。”案朱氏小注有误，《畏庐续集·送陈征宇之官济南序》云：“向与陈征宇及任先、宰平游泰山，三君皆官外务部。道中论外交之难……既而任先奉使赴哈克图，宰平以部令赴青岛，今征宇亦以道尹尹济南。……余将更约宰平续泰山之游，则征宇为东道主人，不为客矣。”[②]则知征宇与琴南游鲁之时，尚未任济南道尹。据《光禄大夫建威将军张公年谱》，张德彝光绪二十七年辛丑(1901)十月任出使英意比国大臣，记名副都统。[③]后专任驻英公使至光绪三十一年(1905)。[④]以林纾札言懋鼎甫归观之，当是随张德彝之卸任而归国。《郑孝胥日记》光绪三十一年十一月廿六日亦云：“陈懋鼎贞宇来，陈由伦敦使署参赞回闽，尚未入京。”[⑤]懋鼎居外数年，故林琴南谓“必能以海外闻见告”。

仲勉先生，即懋鼎之父宝璐。宝璐字敬劻，号仲勉，咸丰二年(1852)生。光绪二年(1876)丙子科举人，签分户部，十六年(1890)恩科进士，授郎中。二十四年三月，会典馆奏保补缺，后以知府在任候选，二十七年五月奏补河南司郎中，三十二年补授云南云南府遗缺知府。[⑥]此时以寓居京师故，日与琴南往还也。

二

沧趣先生足下：前寄《吟边燕语》一卷，想已收到。兹《滑铁庐续记》亦由日本寄来，谨以一册奉呈。枚师赙款，续收三十五两，已交翁杏楼□□□闽。杏楼贫甚，恐为先手。纾已移书杏楼，以何日还者，请先生以何日并入前款生息也。啸桐诗扇，纾已读千遍矣。湖上赠豫生五古及“伤时感逝老尚书”一首，传遍都下，二百年来竟无此手，京兆尤佩服到十二分也。匆匆赴书课，不及专书，幸乞示覆为盼。即请吟安。纾顿首

① 王逸塘：《今传是楼诗话》，《民国诗话丛编》第3册，上海书店出版社2002年版，第309页。

② 林纾：《畏庐续集》，第28页。

③ 《光禄大夫建威将军张公年谱》，《北京图书馆藏珍本年谱丛刊》第181册，第238页。

④ 钱实甫：《清代职官年表》第4册，中华书局1980年版，第3044页。

⑤ 郑孝胥：《郑孝胥日记》第2册，中华书局2005年版，第1021页。

⑥ 《中国第一历史档案馆藏清代官员履历档案全编》七，华东师范大学出版社1997年版，第749页。

此札作于光绪三十年甲辰(1904)。是年陈宝琛居福州,林纾任京师金台书院讲席及五城学堂总教习。自上年兼任京师大学堂译书局事,林纾勤于小说翻译,本年出版者四种,札中所述《吟边燕语》《滑铁庐续记》即其二种。其中《滑铁庐续记》即《滑铁庐战血余腥记》,以可续《利俾瑟战血余腥记》,故有此别称中。上海文明书局出版。《吟边燕语》全称《英国诗人吟边燕语》,翻译底本系英国兰姆姊弟(Charles Lamb, 1775—1834; Mary Lamb, 1764—1847)共撰之《莎士比亚故事集》(*Tales from Shakespeare*)。在晚清民国间颇为流行,书名或译作《莎氏乐府本事》,各类学校多以为英文教材。林译本由上海商务印书馆出版。

此札内容可上继李家骥等《林纾诗文选·与陈沧趣(一)》,其札云:"啸桐北来,赍先生诗箑,已读过万遍矣。……寄新译《吟边燕语》一卷,希察收。此外尚有数种,或为东洋印刷延搁,或缮写未便呈政,当少须时日。前寄一函,未蒙示覆,定以学务忙迫所致。"①可知《滑铁庐战血余腥记》之译述、出版虽早于《吟边燕语》,然印成、发售则晚于后者。所称"亦由日本寄来",意谓上海文明书局出版,印制、装订由日本工厂承担,故林氏札中谓"此外尚有数种或为东洋印刷延搁"。20世纪初,新式出版物印装技术方兴,各国工价虽有异,而日本工艺更精,故常有日本代印之书。

校师,指谢章铤(1821—1903)。章铤字枚如,福建长乐人,光绪三年进士,曾官内阁中书。历主福建、陕西、江西等地书院讲席,晚掌致用书院十数年,成就弟子甚多。有《赌棋山庄全集》。林纾曾于光绪十一年从谢章铤游,研习经学,故称校师。而陈、谢之深交更早于此。《闽县陈公宝琛年谱》述光绪九年癸未陈宝琛江西学政任内事云:"并会商抚臣修复白鹿洞书院,厘定章程,筹添膏火。谢章铤先生枚如乃闽中巨儒,公官京师时,谢亦以内阁中书居京供职,与公乡里旧交,时有往还,深知其学识渊醇,因聘为山长。江西士风为之一振。"②陈宝琛与谢氏唱和甚多,见诸《沧趣楼诗集》。谢氏之逝,陈宝琛于《沧趣楼文存》卷下《谢枚如先生哀诔》慨叹"师友之兼,而今安仰"③。而宝琛之弟宝璐,又曾从谢章铤问学。民国《闽侯县志》卷六八《陈宝璐传》:"谢中书章铤,主白鹿洞书院讲席,宝璐方佐学幕,则心折章铤从问学。"谢章铤贫甚,光绪二十九年十月殁后,其弟子友好集赙资若干,其中陈宝璐所赠颇厚。马其昶《抱润轩文集》卷十二《闽县陈君家传》云:"君陈氏,讳宝璐,字叔毅……大府议纂郡志,建存古学堂,最后京师开礼学馆辟召,君皆不应,独时就谢中书商证所学。中书长乐老儒,名章铤,品节高峻。君平生所严事者也。主讲致用书院,殁而贫甚,君嗣其讲席,以束修为刊其遗集,又育养其孤子女而婚嫁之。"④据札中可知,谢氏友朋弟子居北京者,其赙资由林纾总汇,并托人带回闽中,交陈氏兄弟经营,赙款存入银号,所生利息以养谢氏遗族。至于此次带款之翁杏楼,则已无考,当系寓居北京之闽人。

所谓"啸桐诗扇",实啸桐所持陈宝琛自书诗扇,由前引致陈宝琛札"啸桐北来,赍先生诗

① 李家骥等编:《林纾诗文选》,第282页。

② 张允侨:《闽县陈公宝琛年谱》,《沧趣楼诗文集》附录,上海古籍出版社2013年版,第859页。

③ 陈宝琛:《沧趣楼文存》卷下,《沧趣楼诗文集》,上海古籍出版社2013年版,第460页。

④ 马其昶:《抱润轩文集》卷十二,《清代诗文集汇编》第781册,第315页。

箑，已读过万遍矣”可知。啸桐，即高凤岐，啸桐其字，号媿室，福建长乐人。光绪壬午(1882)年乡试中举，与林纾同科。曾入粤督岑春煊幕，官至广西梧州知府。宣统元年己酉(1909)卒于上海，林纾为作墓志铭及祭文，俱载《畏庐文集》。高氏与林纾交谊极深，高氏殁后十数年，林纾仍作诗纪之。如《畏庐诗集》卷上有《八月十三日愧室生辰余以酒脯祀之春觉斋三年矣是日陈弢庵卓毅斋咸集为礼》[①]，卷下有《八月十三日为余友高梧州生日日余合其高足每年祭之春觉斋计今十二度矣壬戌八月病愈招同黄嘿园陈杰士王希农李孟鲁高耕愚及林蔚生鲁生敦民兄弟为礼怆然感赋二诗》等[②]。

陈氏诗扇，所书当即“湖上赠豫生五古及‘伤时感逝老尚书’”二首。二诗俱作于光绪二十九年(1903)，见《沧趣楼诗集》卷三。《留别豫生》为赠侯官许贞干者，云：“平生爱友朋，况子总角契。行止虽殊涂，趋舍要一致。五年沪上语，人事恍隔世。湖山枉嘉招，握手转欲涕。涉旬飡胜足，别绪起酒次。投诗征赠言，吾意子故会。圣湖自明瑟，宁以晴雨异。颇嫌游者众，林墅或为累。南山虚且深，松篁闷静翠。九溪十八涧，佳处岂在寺。意行试龙井，茗淡滋可味。文字外有禅，兹游子幸识。”[③]“伤时感逝老尚书”一首则指《朱二子涵留宿寓斋得诗四首》之三，收入《沧趣楼诗集》卷三时稍有改动。诗系此年赴沪上居藏书家朱学勤次子溍宅时所作，云：“伤时痛逝老尚书，闻说聪强渐不如。别十七年千万绪，怕从公语且归欤。”小注：“孝达新行，闻方游匡山。”[④]张允侨《闽县陈公宝琛年谱》光绪二十九年癸卯释此诗本事云：“张公孝达亦新过沪，时方游匡山，失之交臂。相睽已十有七年，世事沧桑，旧游凋谢，相见真不知当作何语，故公有‘怕从公语’之叹也。”[⑤]张孝达即张之洞。

此二诗为林纾等居京士人所钦赏，“京兆尤佩服到十二分也”。“京兆”即指林、陈共同之友沈瑜庆，其时正任顺天府知府。瑜庆(1858—1919)，字志雨，一字爱苍，号涛园，福建侯官人。沈葆桢第四子。光绪十一年顺天乡试中举，分刑部，寻改江南候补道。曾入张之洞、刘坤一幕。历官淮阳兵备道，顺天府尹，广东按察使，江西布政使、江西巡抚、贵州巡抚等。撰有《涛园集》。林纾作札时，沈瑜庆已任顺天府尹，故称“京兆”。沈成式《沈敬裕公年谱》“光绪二十九年癸卯”(1903)条：“在沪奉旨升授顺天府府尹。”[⑥]沈氏居官京师时，与林纾、高凤岐等同乡来往至密。如《年谱》所记光绪三十年事：“撰《陈子授太守母寿序》。高少农、林畏庐夙与公狎，诋此序非古文体，公晓以《左》《史》义法，二君终不屈。适子授太守又来求寿诗，公成七言一律，末句有‘更有新诗传不朽，时贤切莫诮吾文’。相与大笑。”[⑦]沈瑜庆与陈宝琛来往亦多，观二家集中唱和诗文可知，兹不赘述。

---

① 林纾：《畏庐诗集》卷上，《清代诗文集汇编》第775册，第697页。

② 林纾：《畏庐诗集》卷上，《清代诗文集汇编》第775册，第721页。

③ 陈宝琛：《沧趣楼诗集》卷三，《沧趣楼诗文集》，第60页。

④ 陈宝琛：《沧趣楼诗集》卷三，《沧趣楼诗文集》，第59页。

⑤ 张允侨：《闽县陈公宝琛年谱》，《沧趣楼诗文集》附录，第883页。

⑥ 沈成式：《沈敬裕公年谱》，《涛园集》附录，福建人民出版社2010年版，第166页。

⑦ 沈成式：《沈敬裕公年谱》，《涛园集》附录，第173页。

三

沧趣先生执事：得书，知清恙已愈，喜慰莫状。前有密函，乞录马说，此书用保险寄闽，想已接到。碧栖及纾盼此甚切，务乞拨冗作一详细折略寄京，或寄碧栖亦可。闽中学务，得廷寄后如何。宗伯南归，先生可引以为助。闽人弱极，故子隐肆其无赖，至□□有人欲有所言，此事碧栖知之。纾以为“不去庆父，鲁难未已”。此獠不得浙帅，意是行贿未至。前一年有人贡某邸至四万金，仍不得复原官，是人至气晕而死。子隐能□□金如此人否，乃妄想如是耶。大抵以君子遇小人，□君子无悻；以小人遇贪得无厌之小人，则小人亦无悻。局外观棋，为之叹息久之。郑扆丹先生上疏后，竟于十三日以病身故。临终对其家人言，恨不见畏庐一面。意托孤也，病革，纾□至，已不能言。纾观其三子，长者方七岁，然哭甚哀。纾见之，惨不可耐，解三十金出而付之，当日即令拜纾为师。拟百日后引归，与纾幼子阿御同读。其余恤孀之费，则同令弟仲冕先生。令弟当日亦助五十金。凡十人立一义会，每月应助之款簿之，每人值月收款送其家。至外间朋友佽助，则当署□□。想公念及扆丹先生上疏之为闽人，又重以平日之友谊，□必所助，可勿待言矣。秋坡信来，言闽清之局□先生为之吹嘘，感不可言。唯小樵既不自爱，则必与代者□仇，秋坡雅不欲。纾以为秋坡累重，不可一日无馆，可否烦先生在省中学界上为安置一席。□□与纾同学，读书颇多，必不负公所托。且我公奖进同辈，不遗余力，故纾敢意渎如是，幸公恕之。有无新作，嗜之如脍矣。近体十余首已读万遍。令侄孙想□□欲夺去，纾决不允，已藏之矣。所寄《本纪》四卷，幸乞赐览。此外尚有新译五种，续续呈阅。匆匆奉覆，恭请大安。世晚林纾顿首

此札写于光绪三十一年(1905)九月。年中陈宝琛曾患疟疾，此时已愈。所述“前有密函，乞录马说”云云，未详何事。碧栖，即王允皙(1867—1930)，字又点，号碧栖，福建长乐人。光绪十一年乙酉(1885)举人，曾游奉天将军依克唐阿幕，又入北洋海军幕府。官至安徽婺源县知事。撰有《碧栖诗》《碧栖词》。曾寓居北京、上海等地。

宗伯，指郭曾炘。曾炘字春榆，号匏庵，晚称遁叟、福卢山人。光绪六年庚辰(1880)进士，改庶吉士，散馆授礼部主事。历官军机章京、内阁侍读、太常少卿、光禄卿、通政使兼政务处提调，工部、礼部、户部侍郎等，宣统末任典礼院掌院学士。自光绪二十八年起，由通政使署礼部右侍郎，故称宗伯。曾炘与陈宝琛、林纾交谊极深，其逝后之墓志铭，亦由陈宝琛撰写。光绪三十一年，以父式昌卒，曾炘丁忧南归。林纾考虑闽中学务起见，亟欲请陈宝琛邀郭氏襄助办理。陈遵统《福建编年史》第四编清光绪三十一年乙巳(1905)谓：十一月十日，全闽学会成立。是年十月，闽籍士绅与福建布政使商议，拟于省城设立若干小学，由布政署按月拨给常款。“而且各校成立以前，必须设一常川总汇机关，主持其事。于是集合在省绅士，克期召集成立大会，定名曰全闽学会。……与会者四五十人，公举陈宝琛、

郭曾炘为正副会长。”[①]后郭氏以不日回京辞。营葬事毕，即得农工商部电聘为实业学堂监督。[②]

“子隐”，原为三国西晋间周处之字，此借指福建布政使周莲。莲字子迪，贵州金筑人，附贡生。于光绪二十六年(1900)由福建按察使升布政使，至光绪三十二年(1906)解职。有意得浙江巡抚之职，因行贿不果而未得，遂归田定居江苏如皋。光绪二十七年(1901)，清廷令各省所有书院于省城均改设大学堂。闽浙总督许应骙奉谕后，改福州凤池书院为全闽大学堂，自任总办，命布政司周莲为会办，盐法道鹿学良为帮办，叶在琦为总教习，着手筹备。许、周二人拨发之学务经费不敷使用，闽中士人甚为不满。林纾《与陈沧趣(五)》谓：“廷旨趣开学堂，而浙中人壬、闽中言午，均老悖如病驼，但知饱矢，焉知学堂为何物，变法为何事。吾闽丁此阨运，尤叩阍无门。”[③]周莲筹措学务经费事，更有侵蚀一说，以致遭人纠弹。《恽毓鼎澄斋奏稿》有《纠参闽藩片》，谓“福建藩司周莲，才具平常，闻所创之福建彩票，既未奏明，亦未详报总督，虽称所收之费归入学堂，有无侵蚀，竟不可知”云云。[④]故林纾有“子隐肆其无赖”之叹。全闽高等学堂之经费，经陈宝琛等多方筹措，方能勉力维持，甚至有挪用铁路经费之打算。《郑孝胥日记》光绪三十二年二月廿七日：“过伯潜(陈宝琛字)，谈及铁路。……伯潜又曰：‘吾欲就铁路所筹之款，略拨以办学务。’余曰：‘不可。股东以公私于学务而侵蚀其资本，且公何有擅拨之权乎？’陈、王皆默然而罢。”[⑤]由此可见其经营之惨淡。

某邸，盖指庆亲王奕劻，光绪二十九年三月，授军机大臣，仍总理外务部如故，旋总理财政处、练兵处事务，权极一时。卖官鬻爵，资产甚巨。林纾《与陈沧趣书(四)》谓：“去年南海佛照楼落成，闻靡内帑四百余万犹不止，另以二百余万属计臣筹之，庆邸得一百四十五万，李珰亦八十余万，到工者不及十分之一。”

以上述各事观之，闽中士人尤怨憎周莲等人，视为闽省学务之羁绊。故有在京闽人上奏朝廷，请饬闽省多筹经费之折，如郑叔忱之上疏。叔忱字扆丹，福建长乐人，光绪十六年庚寅(1890)进士。民国《长乐县志》卷二十五谓：“由庶常洊历侍讲。……朝廷以叔忱经术湛深，正音明晰，擢奉天府丞，兼提督学政。……岁试甫竣，丁内艰。服阕入都，寻病卒。”郑氏之上疏，见《清实录·德宗实录》卷五四八光绪三十一年八月丙辰：“前奉天府府丞郑叔忱奏《沥陈闽省学务情形请饬多筹经费扩充学堂添派学生出洋》一折。著崇善按照所陈各节，实力通筹，以广造就。原折著钞给阅看，将此谕令知之。”[⑥]此时闽浙总督已是满人崇善。

林纾与郑叔忱友谊颇深，叔忱殁后，曾作《八归》一阕，以寄哀思。其词有小序谓“丙午清明，过观音院视郑扆丹先生停灵处，荒池乔木，萧瑟不类深春。临奠怆然，归成此解”云云。[⑦]

---

①② 陈遵统：《福建编年史》下册，福建人民出版社2009年版，第1561页。

③ 李家骥等编：《林纾诗文选》，第288页。此句原文两处断句有误，引用时已改正。

④ 《恽毓鼎澄斋奏稿》，浙江古籍出版社2007年版，第66页。

⑤ 郑孝胥：《郑孝胥日记》第2册，第1035页。

⑥ 《清实录》第59册，中华书局2008年版，第280页。

⑦ 李家骥等编：《林纾诗文选》，第244页。

札中称述之郑叔忱长子即郑天挺。天挺于1899年8月9日生于北京,至1905年恰好虚岁七龄。天挺原名庆甡,字毅生。1920年毕业于北京大学国文系,1922年入北大研究所国学门。后任教于北京大学国文系、史学系,期间曾任北大教务长、西南联合大学总务长、北大史学系主任、北大副校长等职。1952年调任南开大学历史系,直至1981年逝世。撰有《清史探微》等。梁漱溟《我对郑天挺教授家世之回忆》谓:"(一)他原名郑庆甡,是我的表弟,因他的外祖母姓梁,是我先父的嫡亲姑母,适桂林陆澹吾先生(仁恺),即他的外祖父,是我先父的姑丈。他母亲陆嘉坤字荇洲,是我先父的表妹,我的表姑妈,所以他便是我的表弟。(二)他的父亲郑公叔忱字扆丹,为清季有名翰林,与我先父既结亲戚关系,又雅相知好。……光绪三十一年(一九〇五)九月郑公在京寓病故,临终时亲友多人毕集,而公独托孤于我先父。"不惟梁氏之文及郑天挺自述文章俱未提及从游林纾事,即朱羲胄《林氏弟子表》所列近四百人,亦无郑氏之名。可知虽"解三十金出而付之,当日即令拜纾为师",然郑氏母子四人以得表亲梁济照料,"拟百日后引归,与纾幼子阿御同读"之意并未实现。

此后郑氏一家移居津门,与林纾来往殊少。梁氏又谓:"(三)次年(一九〇六)九月,郑母陆荇洲夫人竟继郑公之后,病故于天津旅邸。盖夫人原有旧学,又吸收时代知识,既受聘为北洋女子高等学堂总教习,故携子女移家在津。(四)京津相距不远,先父闻荇洲夫人病讯赶往照看,又重受托孤之命。……先父即提挈诸孤来我家中,由我先母负责抚育。"①天挺8岁时(1907)曾入闽学堂就读。此学堂为科举废除后,闽人居官京师者合力创设,光绪三十三年(1907)开办于北京。其开办、经常之费由福建省库拨付,并将宣武门福建会馆扩改以为堂址,宣统二年(1910)春间停办。②设中学、小学部,林纾任中学部总教习兼经学、国文教习,与郑天挺当有师生之谊。然郑天挺1917年入读北京大学国文系时,新文化运动勃兴,林纾尝撰《论古文之不当废》以驳之,钱玄同与刘半农假"王敬轩"笔名上演双簧,与林纾论战。林纾1919年撰小说《荆生》《妖梦》以影射陈独秀、钱玄同、胡适等,又作《答大学堂校长蔡鹤卿太史书》以维护孔孟伦常。郑天挺就读国文系时校长为蔡元培,1922年入北京大学研究所国学门读研究生时,其指导教师即为钱玄同。

林纾幼子阿御,即其三子林璐。字叔遇,生于光绪二十五年己亥(1899),为侧室杨道郁所出。年龄与郑天挺相仿,故有"拟百日后引归,与纾幼子阿御同读"之意愿。

仲冕、秋坡,前文已述。"小樵"则指王元穉(1843—约1926)③。元穉字师徐,一字子孺,号少樵,一作小樵,又号无暇逸斋主人。浙江杭州人,寄籍闽县。早岁任事福州船政局,旋赴台湾,游于台湾兵备道夏献纶幕。光绪十五年(1889)副贡,官候选训导。曾任教于京师大学堂、顺天高等学堂、闽学堂、杭州第一中学、女子师范学校等校。著述十数种,汇为《无暇逸斋丛书》。元穉亦师从谢章铤,与林纾谊属同门;林纾好友沈瑜庆,又为元穉弟子,然札中为林

---

① 梁漱溟:《我对郑天挺教授家世之回忆》,《郑天挺先生学行录》,中华书局2009年版,第176页。

② 吴家琼:《闽学堂沿革》,载《文史资料选编》第一卷《教育编》,福建人民出版社2000年版,第124页。

③ 此处承同事连天雄先生告知,谨此致谢。

纾所斥，不详何故。

《本纪》指林纾所译《拿破仑本纪》四卷，英国洛加德原著。为林纾得意之作，曾致函陈宝琛时道及，严复（字几道）亦以为佳。《与陈沧趣（二）》谓：“刻译局亦已辞差，所翻《拿破仑本纪》尚未卒业。此书为纾生平最惬心之作，顾长沙之意，竟令舍去，纾拟自购洋本足成，自刻问世。此书为欧洲全局翻动之枢轴，关系至大，坊间所译者竟格格如教书，都无善本。日本所译则参以议论。为书不过一小本，纾所译者，可二十万言，其中战略、治术、刑宪，一一都备。几道已见过，至以为然。可惜此局不终，纾万不能听其中辍，故欲足成之也。”[①]光绪三十一年(1905)七月由京师学务处官书局出版。

以上即为此札背景及相关人物、事件之大略，唯“闽清之局”不知所述何事，亟盼高明有以教之。

（宋一明，福建人民出版社编辑）

① 李家骥等《林纾诗文选》，第284页。

蒋光焴与邵懿辰交游考述

□金 晓 东

[摘　要] 清代浙江著名私人藏书家蒋光焴与学者邵懿辰在咸丰年间存在过一段交游历史，对江南藏书史、刻书史、目录版本学史均产生重要影响。本文利用新发现文献，在爬梳分析基础上，结合相关学术研究成果，以考述交游为形式，选取蒋光焴与邵懿辰结识、藏书、刻书、治学、影响等方面进行考述，为清代道咸年间江南藏书史研究提供史料与新学术视角。

[关键词] 蒋光焴；邵懿辰；结交；藏书；刻书；治学；影响

蒋光焴(1825—1892)，字寅昉，号绳武，浙江海宁人，清代中期江南著名藏书家，其藏书楼曰"衍芬草堂"，贮书众多，善本如宋小字本《晋书》、宋本《后汉书》、宋本《通典》、宋本《外台秘要方》、宋本《律文》、蒙古本《重修政和经史证类备用本草》等均为国宝级善本。咸丰十一年(1861)，蒋光焴为躲避太平军战火，携带藏书，辗转五省，水路兼程，万卷珍籍竟得保存，其壮举孤峰特拔，堪称清代私家藏书史一大奇迹。蒋光焴后人又秉承祖训，连续六世，保护藏书不坠，并于建国初期悉数捐献，化归国有，成为江南私人家族藏书典范。

邵懿辰(1810—1861)，字位西，浙江杭州人，道光十一年(1831)举人，授内阁中书，后升刑部员外郎，清代著名学者，撰有《礼经通论》《尚书传授同异考》《杭谚诗》《孝经通论》等著作，目录版本学极为精通，所撰《四库全书简明目录标注》(下简称《标注》)是清代版本目录学名著，在学术界享有盛名。

迄今为止，与蒋光焴、邵懿辰相关学术著作主要有：吴晗《江浙藏书家史略》、王欣夫《藏书纪事诗补正》、金晓东《浙江海宁蒋氏友朋书札及藏书研究》等。学术论文主要有：高洪钧《邵著〈四库简明目录〉新论——从项几山过录本的发现谈起》(《天一阁论丛》1996年)、陈心蓉、金晓东《浙江海宁家族藏书源流考》(《图书馆情报工作》2009年)、金晓东《蒋光焴与衍芬草堂藏书新探》(《图书馆杂志》2012年)、金晓东《浙江海宁蒋氏家族群体藏书研究刍论》(《兰州学刊》2012年)、金晓东《蒋光焴千里护书》(《藏书家》2013年)等，关注点多为蒋光焴藏书及邵懿辰之《标注》，对于蒋、邵二人交游情况涉及极少。

蒋光焴与邵懿辰交往文字记载，最易见者是邵懿辰之孙邵章(1872—1953)整理的《增订四库全书简明目录标注》①(下简称《增订标注》)书后所附《节录致蒋寅昉先生论书各条》，共

① 邵懿辰、邵章：《增订四库简明目录标注》，上海古籍出版社2007年版，第971—976页。

节录信札25通，内容包含探讨学术、借书、还书、刻书、抄书、购书、邀游结友等内容，证明两人交往密切。然美中不足，诸信均是节录，仅邵章自注云是邵懿辰“咸丰庚申（1854年）、辛酉（1860年）闲罢职家居时作”，历史背景及信札时间，则语焉不详，[①]使后世读者难于深入，故迄今为止，罕见学者对蒋与邵这二位清代中期江南藏书史上重要人物作专项研究。[②]

笔者有幸结识蒋光焴后人同济大学蒋通教授，获见《庚实斋读书年月谱》《故交遗翰节存》《邵位西致六世祖寅昉公信》《西涧草堂书目》《亦秀阁藏书目》《衍芬草堂藏书目》《木渐斋遗稿》等未刊珍稀文献。本文拟以《节录致蒋寅昉先生论书各条》为基础，参考邵章《半岩庐遗文》《半岩庐遗诗》及附录[③]，结合新发现文献与近年问世学术成果，以交游考形式，从结交、藏书、刻书、治学、护书、影响等方面进行考述，通过对文献搜集、爬梳、互证，在避免孤证前提下，对清代中期江南藏书史、出版史及蒋、邵等人专项研究提供有益补充。

一、结　　交

（一）结交时间

邵章考证其祖邵懿辰开始与蒋光焴交游，是在被清廷罢职之后：“晚年罢职家居，则与海宁蒋生沐（光煦）、寅昉（光焴）两先生，嘉兴钱警石（泰吉）先生，邮简商榷，月凡数匝。”[④]《清史稿》记载邵懿辰被罢职时间是咸丰四年（1854）：“四年，坐无效镌职，既罢官。”邵氏罢官之后，何时返回浙江？清钱炳森（1816—1854）《郊农偶吟稿》之后有邵氏序云：

> 咸丰甲寅春，谓子密曰：“昔方百川语其弟望溪曰，吾与汝得常家居，俾二大人无离忧，足矣。”我诵而惧然，乃相与还。[⑤]

咸丰四年（1854）春，邵懿辰与钱炳森同返浙江，炳森是浙江著名学者钱泰吉（1791—1863）长子，《钱泰吉府君年谱》记载其五月回海宁，邵氏返杭当在此月。

钱泰吉、钱炳森父子是最有可能介绍蒋、邵结识之人。钱氏为浙江嘉兴望族，清康乾（1662—1795）间，出过名臣钱陈群（1686—1774）、钱载（1708—1793），道咸年间（1821—1861）钱仪吉（1783—1850）、钱泰吉闻名儒林。海宁蒋氏与钱氏为姻亲，钱泰吉是蒋光焴舅祖，与海宁蒋氏联姻（《甘泉乡人稿》）。钱炳森与邵懿辰共同返浙后，于十月遽然去世。邵懿辰受钱泰吉之托为撰《钱子方墓表》，五月至十月间，邵懿辰必然多有与蒋氏接触之机会，正

---

① 目前所有面世的邵懿辰相关书信，几乎都没有标注时间。

② 金晓东：《清代海宁蒋氏友朋书札及藏书研究》，复旦大学2010年博士论文。

③ 邵懿辰：《半岩庐遗文》《半岩庐遗诗》及附录，《清代诗文集汇编》第635册，上海古籍出版社2010年版。

④ 邵章：《增订四库简明目录标注》，第971—976页。

⑤ 钱应溥：《钱泰吉府君年谱》，嘉兴钱氏同治刊本，第51—53页。

于此时结交："甲寅（咸丰四年）。三十岁。始见戴文节公、邵位西部郎，甚相得也。"[①]蒋光焴与邵懿辰能够始见即"甚相得"，有其历史背景。

（二）结交背景

邵懿辰初回杭时，诸事不顺，希望找到经济与精神的倚靠。他在写给瑞安项传霖（1798—1858）书信中透露了其窘况：

> 携回书籍，舟中为水所漫，半皆损坏，近日稍为葺理。杭城嗜书好古者，不足数人，如元末玉山主人顾阿瑛为文士所依，固不可得，即近年来稍为好事者如汪小米诸公，亦不可得矣。

邵懿辰在京城时，与朱学勤（1823—1875）、袁芳瑛（1814—1859）、叶名沣（1807—1859）等文臣交游，互通声气，而藏书、刻书正是他们主要交游活动之一（《增订标注》邵章序）。杭州自古有文人结社之传统，如元代顾阿瑛（1310—1361）之"玉山草堂"，顾氏饶富家资，与杨维桢（1296—1370）、柯九思（1290—1343）等交游，于吴中风气颇有影响。清乾隆至道光年间（1736—1850），钱塘汪氏以其振绮堂为中心，以汪宪（1721—1771）、汪远孙（1789—1835）、汪迈孙（？—1853）为代表，与瓶花斋吴焯（1676—1733）、知不足斋鲍廷博（1729—1814）、寿松堂孙仰曾（1751—？）等藏书家交游。[②]使杭州私家藏书、刻书盛极一时。咸丰四年（1854）时，杭城私家藏书楼多已凋敝。[③]邵懿辰希望在杭州找到由爱书嗜古之财主组织的藏书、刻书组织，却未如愿。

清代开始，海宁州逐渐成为浙江又一文化中心，如查慎行（1650—1727）之得树楼、吴骞（1733—1813）之拜经楼、陈鳣（1753—1817）之向山阁、许梿（1787—1862）之古韵阁等著名私家藏书楼，藏书丰美，热衷出版。道咸年间，因地理位置不同，海宁与杭州、金陵、苏州等地相比，受战火影响相对较小，此间海宁地区逐渐以蒋光煦（1813—1860）别下斋、蒋光焴衍芬草堂为中心，建立起由嘉兴钱氏（钱泰吉、钱应溥）、海宁许氏（许梿、许楣）、俞樾（1821—1907）、金石僧达受（1791—1858）、管庭芬（1797—1880）、沈善登（1830—1902）、张熊（1803—1886）等组成的文化圈，蒋氏兄弟广交友朋，从事藏书、刻书活动。据蒋氏后人台湾故宫博物院长蒋复璁（1898—1992）回忆：

> 除了丰富的收藏外，蒋家与许多文人画家也有交谊。因为我们是当地望族，很多人会到家中"打秋风"，例如翰林等来家中拜一拜或送一幅对子，就得马上送钱。这是一种风尚，

---

① 蒋光焴：《庚实斋读书年月谱》，同治查燕绪刻本。

② 徐雁平：《花萼与芸香：钱塘汪氏振绮堂诗人群》，北京：生活·读书·新知三联书店2012年版，第185页。

③ 汪诒年：《汪穰卿先生传记》卷一，杭州汪氏刻本。汪氏以经营当铺起家，风雅近百年，至汪远孙道光十六年（1826）辞世，振绮堂已呈衰势，咸丰三年（1853）汪氏家族"家用日繁费，且资产以分而见少"，加之社会动荡，"是时家中景况，已非昔比，即大乱不起，亦不能支矣"。

中国许多文人就靠几个大家族来供养。我们有几条船，知道某家留有某著名文人之后，就派一条船，一个当差，再带封信或红片子到那家去请。请来之后按其名望高下给钱。①

如蒋先生所述，邵懿辰作为当时一流的版本目录家，是出版家蒋氏兄弟极愿意结交之人。

值得注意的是，清代乾嘉之后，知识分子热衷搜访《四库》未收之书并策划出版。道咸年间，蒋光煦刊刻《别下斋丛书》《涉闻梓旧》《吴中两布衣集》，蒋光焴汇刻《葬书五种》，均反映出这种倾向，邵懿辰在杭州亦有出版计划：

杭城掌故之书，除厉太鸿《东城杂记》、黄芗泉《北隅掌故录》二种外，近搜得翟晴川《艮山杂记》、倪印元《驻防杂记》、陈景钟《清波类志》数种，皆钞本，合之田氏《游览志》、翟氏《湖山便览》诸书，或仿《日下旧闻》例，为一大书，或杂采城内外为一小书，于祖宗邱墓之乡，不为无补。惜城内上段尚无详纪之底本耳。

蒋、邵出版志趣相似，蒋光焴需要版本目录专家，邵懿辰需要财力与底本支持，故而两人在相见伊始，便一见如故。从中亦可推断，咸丰年间，由于战乱影响，浙江的藏书、出版重心已经由省城杭州转移至相对处于内陆的海宁一带。地方文化兴衰与经济繁荣与否存在直接联系。

二、藏　　书

蒋光焴与邵懿辰围绕藏书的交游，邵懿辰对蒋光焴多有帮助：

（一）提高藏书质量

咸丰五年（1854）十二月十九日（苏东坡诞辰），蒋光焴邀请邵懿辰鉴定衍芬草堂藏书。自古藏书家极少将藏品示人，况此时蒋光焴方 29 岁，尚处于极力收购阶段，其藏书虽多，尚未整理藏书，编写书目。邵氏披沙拣金，认为蒋氏众多藏书中，以宋小字本《晋书》、宋《律》最为珍稀，遂为两书作跋，从而奠定衍芬草堂藏书在中国藏书史之地位。民国间，商务印书馆影印百衲本《二十四史》，张元济专门向衍芬草堂商借宋本《晋书》。②《晋书》《律》作为国宝，现藏国家图书馆。蒋氏多请邵氏帮助鉴定、购买善本。如咸丰十一年（1861）春，邵氏帮助购买明代蔡玉卿手写《孝经》卷子：

蔡夫人所书，弟看是真；若石翁《謇骚》，恐不确耳。《孝经》内多“诗曰我稼既同”，至

---

① 蒋复璁：《蒋复璁口述回忆录》，“中研院”近代史研究所 2000 年版，第 5 页。

② 《百衲本二十四史·晋书》第 24 册张元济跋云：“海昌蒋氏有宋印小字本。因浼友人蒋慰堂商之藻新姻丈，慨焉许诺，且以其书送沪。开缄展读，觉所印极精，心目为爽。”

“其始播百谷”，共二十八字，此不知从何而来，忆毛西河尝言之（其余异同之字，恐皆笔误），或亦石斋所臆增耶。（《故交遗翰节存·邵懿辰札十一》）

除协助购买善本，邵懿辰还赠送善本入藏衍芬草堂。如咸丰七年（1857）秋，邵氏赠送元至正十四年（1354 年）翠岩精舍本《陆宣公奏议注》：“旧藏元刊郎注《宣公奏议》一函，谨归之邺架，鉴入是幸。”（《故交遗翰节存补·邵懿辰札五》）元刊郎晔《陆宣公奏议注》十五卷，《四库全书》未注录，《中国古籍善本书目》仅收录有三部。钱泰吉《曝书杂记》云刘氏翠岩精舍本不易见，其子辈曾借阅过邵氏此书。足见邵氏对蒋氏藏书支持。在邵懿辰指点下，衍芬草堂藏书质量得以提升。

（二）扩大交游圈

蒋光焴通过邵懿辰结识了袁芳瑛、丁丙（1832—1899）、朱琦（1803—1861）、伊乐尧（？—1851）、高均儒（1811—1869）等一批书林雅士，扩大了交游范围。如袁芳瑛藏有南宋建阳本蔡梦弼《杜工部草堂诗笺》残卷①，每半页 11 行，行 19 字，后附鲁訔《年谱》。蒋光焴藏有一部旧抄本《杜工部草堂诗笺》50 卷，每半页 11 行，行 20 字，亦附鲁訔《年谱》②。由于《杜工部草堂诗笺》版本系统复杂，其中 50 卷本系统刻本并无完帙传世，邵懿辰以为两书均极罕见，欲以抄本补全刻本。③咸丰七年（1857）秋，袁芳瑛任松江太守，经邵氏介绍结识蒋光焴，两部《杜工部草堂诗笺》得以对校：

位西兄屡有信到，属弟代校《草堂诗笺》一过，缘尊藏寔系两刻，与弟处所有不甚相合，兹仅将补抄卷及原本暂为奉缴，或俟弟处排纂全书告竣后，再为商办，何如？承赐种种，领谢之余，尚未有报，愧甚。近日又新有所得否，邺架之储，想更见所未见也。（《故交遗翰节存·袁芳瑛札二》）

读信可知袁芳瑛曾将建阳本与清抄本对校，判断 50 卷清抄本之底本与建阳本不是同源。陈尚君、王欣悦《蔡梦弼〈杜工部草堂诗笺〉版本流传考》介绍李盛铎藏宋刻残本时云“行间有朱笔校点痕迹，天头偶有墨笔校语，皆不知其人，傅增湘 1930 年夏曾借校”，或校语乃袁芳瑛对校时所加。两部《杜工部草堂诗笺》传世至今，均被《中国古籍善本书目》收录，而衍芬草堂、卧雪庐两书楼曾由邵懿辰结缘，亦算是一段书林掌故。

咸丰末年，邵懿辰还介绍蒋光焴结识了杭州八千卷楼主人丁丙：

杭城丁松生茂才先至余姚，其人贤而重气谊，现办杭郡殉难官民总祠，兼编刻《事迹

① 莫友芝、傅增湘：《藏园订补郘亭知见传本书目》，中华书局 2009 年版。傅增湘考证袁芳瑛所藏为宋建本，后为李盛铎木樨斋所得，现藏于北京大学图书馆。

② 蒋书现藏于国家图书馆。

③ 陈尚君、王欣悦：《薛梦弼〈杜工部草堂诗笺〉版本流传考》，《古籍整理研究学刊》2011 年第 5 期。

总录》，在管米山上设立祠堂，欲请高伯平乔梓住祠代办。（《邵位西致六世祖寅昉公信·札五十一》）

同治年间，丁丙与蒋光焴在藏书方面多有交流：

伯平丈又须接刻祝桐君所刊伊校《周易传义音训》《尚书音释》二书，年内可成刻，检阅前赐寄尊藏书目内，两经均存邺架，务希寄下，俾先快阅。奉请曼安。晚丁丙顿首。（《故交遗翰节存·丁丙札一》）

衍芬草堂藏书目录从未刊行，丁丙藏有蒋氏书目稿本，知二人相交已不浅。据俞樾为蒋光焴身后所作挽联云"万卷抱丛残，当时三阁求书，曾问劫灰搜坠简"。可知蒋光焴曾参与过杭州丁氏抢救文澜阁《四库全书》活动。通过邵氏，蒋光焴交游范围进一步扩大。

（三）促成书目、保护藏书

咸丰初年，衍芬草堂尚未有藏书目录。咸丰十年（1860），太平军过海宁，蒋氏把藏书转移至西涧草堂。咸丰十一年五月，秀水人朱嘉玉避难澉山中，发现西涧草堂内书籍，欲进行整理。邵懿辰于是建议蒋光焴请朱嘉玉录写书目：

朱子澄在祠理书，应托先写书目，当不有误。地图已由范君画就二纸，原图并朱丝之一纸，当交张祖香带上。（《故交遗翰节存·邵懿辰札十二》）

朱嘉玉编目期间，邵懿辰不间断写信予以指导，并向蒋光焴报告事情进展，最终促成《西涧草堂书目》问世。《西涧草堂书目》记录蒋氏藏书 1 605 部，其中宋刊本 25 部，元刊本 27 部，旧刊本 22 部，明刊本 76 部，书稿及钞本 146 部。除《晋书》《律》外，还记录了《后汉书》《通典》《外台秘要方》等宋刻本及蒙古刻本《重修政和经史证类备用本草》、弘治刻本《盐铁论》等珍藉。咸丰十一年末，太平军再占浙江，蒋光焴赖《西涧草堂书目》检取善本书籍，辗转千里避难，使其免遭劫火，邵懿辰之功不可埋没。

三、刻　　书

蒋光焴、邵懿辰围绕刻书多有交流，蒋光焴对邵懿辰的帮助尤多。

（一）邵懿辰协助蒋光焴刻书

咸丰四年底，蒋光焴《葬书五种》书板刻毕，将初印本送请诸友朋指点，邵懿辰亦在其列。[①]

① 管庭芬：《芷香日谱》，《中华历史人物别传集》第 586 册，线装书局 2003 年版，第 141 页。

邵懿辰建议蒋光焴增刻《葬书》为六种：

《葬书》细看极好。陈乾初地道偏重阴寒之说，太强词夺理，而深葬数丈，亦非南方所宜也。旧藏汪槐塘沆《青囊辨惑》一册，颇少流传，若能附刊为六种，亦佳事也。(《故交遗翰节存补・邵懿辰札四》)

蒋氏刻《葬书五种》八卷，所收清代陈确《葬书》、许楹《罔极录》、范鲲《蜀山葬书》、张朝晋《丧葬杂说》、王载宣《慎终录要》，均系《四库》未收之书，后附蒋光焴所辑，为浙江首部丧葬丛书。邵懿辰亦热衷地方文献，故藏有汪沆《青囊辨惑》。①

咸丰五年(1855)，蒋光焴《诗集传音释》刻毕，请钱泰吉为《诗集传音释》做《校勘札记》，期间邵懿辰亦参与审订：

旬日来手录诗校勘底稿，已到《小雅》之二。濮、唐两兄邀往省中，明晚开船。所写之稿，可带与位西、遇羹商之。……意欲为数百年来《集传》最善之本，不敢不慎也。(《故交遗翰节存・钱泰吉札四》)

邵懿辰审订钱泰吉校勘记书稿尤为认真，指出了其中不少问题，事后钱泰吉还专门为此写信向蒋光焴致歉：

弟未见元刻，亦未见旧钞，但据新刻本与胡本、朱本、正统本校其异同，亦未敢指斥旧钞之谬。位西谓为曲意周旋，殊为抱愧。(《故交遗翰节存・钱泰吉札十一》)

邵懿辰为蒋光焴刻书事业确实花费过不少心血。咸丰四五年间，江南有三处主要刊刻宋儒经学书籍的活动，蒋光焴刻《诗集传音释》、伊乐尧刻《五经补纲》、祝凤喈、高均儒刻《书集传音释》。邵懿辰是晚晴理学复兴主要骨干，曾国藩亦视之为畏友，均主张“守道而救时”②。三处刻书者与邵懿辰都有关系：蒋光焴、高均儒、祝凤喈均为邵懿辰挚友，伊乐尧为邵懿辰亲家③，刻书动向与邵懿辰理学复兴主张有直接关系。刻书是清人提高知名度的主要手段之一，故蒋光焴决定刊刻《诗集传音释》，邵懿辰或有推波助澜的作用。咸丰五年后，邵懿辰转赴杭州盐饷局任职，协助曾国藩实施浙盐营销江西事宜，为湘军筹备军饷，他与蒋光焴合作刻书之事即告一段落。

(二) 刊刻邵懿辰著作

咸丰十一年(1851)，浙江战事危急，邵懿辰学术成果却收获颇多，战乱之际，背井离乡的

---

① 按：《贩书偶记》载汪沆《青囊解惑》四卷，乾隆二十九年刻本。邵言《青囊辨惑》似误。

② 史革新：《晚晴学术文化新论》，北京师范大学出版社 2010 年版，第 8 页。

③ 《清史稿列传》并未记载邵懿辰与伊乐尧之联姻关系，《故交遗翰节存》中有详细记载。

蒋光焴毅然解囊为邵懿辰刊刻著作。邵氏感激万分，向蒋光焴求写序言，冀能共同留名：

接奉环云，并番蚨二数领到，竟可以刻《书经》矣。遇蓑之刻《孝经》，只一文一字，即使稍增，不至太多，计二十五万字，三百千文足矣。不过白皂版，刻手亦未能精选。此书果成，全出兄之厚赐，拜惠真永矢勿谖矣。拙撰《书经》刻成后，可否见赐后序一首，言明任刊刻之事，以不虚雅意。或由弟拟稿，呈览后再行刻入，可乎。（《故交遗翰节存·邵懿辰札二十二》）

此后邵懿辰又写信表示书刻成之后，愿将书板赠送给衍芬草堂收藏：

吾兄后序，现不急急……且刻板将来尊处定居后，可以奉纳也。惟祝风鹤渐平，得以了此心愿，为万幸耳。（《故交遗翰节存·邵懿辰札二十三》）

古代知识分子一生著述，多因匮乏刻资，心血不得传世。蒋光焴在战乱之中慷慨解囊，是对邵懿辰莫大的支持与肯定。惜咸丰十一年底，杭州被太平军攻破，邵懿辰殉职，刻书之事不了了之，而蒋光焴为邵懿辰所作《尚书通义序》，则被收入其《敬斋杂著》保留至今。

四、保存《礼经通论》书稿

蒋、邵交游，邵氏在治学方面获得蒋光焴鼎力支持。其中蒋光焴对于邵懿辰最大的帮助即是保存了《礼经通论》书稿。《礼经通论》一书是清代"疑古"思潮的代表之作，历来学界认为邵懿辰殉职后其著作大部分亡佚，但《礼经通论》书稿是被其友张鼎保存，如孙衣言云："位西既殁贼中，其生平所为文字遗稿皆不得出。乱后其友今相国湘乡曾公、张君鼎、高君均儒，搜索万方，仅得十之一二。"①实际蒋光焴《礼经通论》书稿出力最大。咸丰十一年，邵懿辰死于杭州，其生平著作随城破散佚。去世之前，邵懿辰曾将《礼经通论》书稿交给张鼎校勘，书稿便一直保存于张鼎手中。张鼎咸丰末年隐居于溆山，日常所需均由蒋光焴照顾。同治元年，蒋光焴避居武昌，不断营救张鼎：

顷闻文从卜居汉上，超然高蹈，有遁若飞，曷胜钦仰。鼎伏处山谷，隐忍偷生，无颜再与士君子相接。位西先生未识有音耗否。先生注《礼经通论》，曾命鼎校勘，恐终沦没，特录副奉上。（《故交遗翰节存·张鼎札一》）

---

① 孙衣言：《位西先生遗稿后序》，《丛书集成初编》本，商务印书馆 1937 年版，第 13 页。

张鼎恐不能保全《礼经通论》书稿，欲将书稿录副寄出。不久，蒋光焴成功将张鼎全家护送至上海。张鼎直接将《礼经通论》书稿寄给蒋光焴保管：

> 加承大庇，平顺出险，全家白首黄童具蒙再造之恩，自忖福薄，何以堪此……邵位西先生《礼经通论》稿本是否收到，务望示及为要。（《故交遗翰节存·张鼎札二》）

《礼经通论》此后为吴棠刊刻《邵位西遗稿》收录，若无蒋光焴相救，书稿命运也难以预料，此举无疑是为邵懿辰续命。

五、结　　局

咸丰十年(1860)开始，浙江沦为战场，蒋光焴与邵懿辰在危难之际，曾患难与共、相互扶持。是年四月，浙江告急，蒋光焴与邵懿辰曾各携家人赴绍兴寿胜避居。蒋光焴在绍兴寿胜所租赁房屋，以及避难路线，均得到邵懿辰鼎力相助：

> 同至浅里路毛家弄，看平厅五间之屋，即又峰二次信内所附图式。此屋据弟看来，尚可住得。离绍郡城三十余里，山阴县所管，离三江口五六十里。其实图上三江口，紧对澉浦。闻海昌人亦有由七堡渡至萧山某某步头换船至绍者，亦可不走省城过也。若杭城万不可走，则走此路，否则不如过省城之稳当。（《邵位西致六世祖寅昉公信·札二》）

蒋氏全家渡江，邵懿辰将家眷托付蒋光焴照顾，只身返回杭州任上，几乎每日与蒋光焴通信，告知战事进展。八月，邵懿辰曾赴安庆为杭州讨救兵，期间邵懿辰将衎芬草堂刻书送予曾国藩，并请曾国藩为蒋光焴《澉山检书图》题词：

> 前日谈及《澉山检书图》，大帅亦深契吾兄，满意得□，手挥五大字，当在此间觅纸代求，再寄也。（《故交遗翰节存补·邵懿辰札四》）

邵懿辰通过赠书、求墨宝等事，使曾国藩知蒋光焴其名，并极力褒扬蒋光焴之为人："节相屡见必举足下，谓气味甚佳，固由位西誉扬于前，亦知节相之赏识不苟也。"（《故交遗翰节存·钱泰吉札三十四》）邵懿辰此举为日后蒋光焴千里护书，受到曾国藩帮助埋下了伏笔。

咸丰十一年(1861)底，杭州被太平军攻破，邵懿辰失踪。远在武昌的蒋光焴多方托人探听邵懿辰的下落。同治初年，蒋光焴联络高均儒、丁丙多方寻找邵懿辰遗失的书稿，蒋光焴保护了半部《礼经通论》书稿、丁丙则发现了《忱行录》书稿。除搜访遗稿，蒋光焴还主动照顾起邵懿辰家人，将邵懿辰遗墨悉数交予邵懿辰家人收藏：

其时友朋，以寅昉太世丈为最挚，每日必寄一书，商度诸务，纤细必至。先祖殉节后，太世丈举遗札还吾家，庚辛两年最伙。厥后先严子晋公官宁，太世丈犹主吾家数月。

故邵章《节录致蒋寅昉先生论书各条》所依信札底本即得自此时。蒋光焴对于邵懿辰尽到了朋友间生死不负的道义。两人交往8年，有着共同的爱好与宗尚，患难之际又颇见真情，他们的关系既具有典型性又具有特殊性，值得进一步深入发掘与研究。他们因嗜古爱书而结缘，虽结局迥异，却都为传统文化作出不可磨灭的贡献，在清代藏书史与出版史上都留下了光辉的一笔。

六、影　　响

蒋光焴与邵懿辰之间的交游作为古代藏书家与著名学者之间的交游，具有一般性与特殊性影响。一般来讲，历史上的藏书家与学者之间，总体上体现的是雇佣关系，在藏书史、学术史上，留下的往往是藏书目录、题跋、信札、刊刻书籍等形式的实体交游见证。蒋、邵之间亦不例外，对其交游的地区文化产生一定的影响，这是其一般性意义。

蒋光焴、邵懿辰交游还具有特殊性影响，具体表现为以下几个方面：

一、通过交游，在战火中保存了大量藏书，既有惊世秘籍，又有大量的清代精刻本，为晚清文化恢复作出巨大的贡献。

二、保存了重要的学者著作手稿。没有蒋光焴的鼎力协助，邵懿辰《经学通论》必将毁于战火。邵懿辰的后人亦受蒋氏帮助方在战火年代生存下来，保证了邵懿辰的学术生命。

三、锻造了一种精神。蒋光焴与邵懿辰合作护书，呕心沥血，锻造了一种爱书、护书的精神，对蒋氏、邵氏后人及江南私人藏书乃至都具有重要意义及精神价值。如蒋氏、邵氏后人均能世代保持藏书不散，均受此精神鼓励。

（金晓东，山东省图书馆历史文献部馆员）

松下清斋陆氏事迹考

□李　军

［摘　要］ 松下清斋主人陆恭为乾嘉间江南著名收藏家，尤以所蓄书画、碑帖烜赫一时，兹利用《谨庭老人自订年谱》、墓志及题跋、笔记等资料，稽考其家世、生平，并讨论他与同时学人翁方纲、黄易、王文治、潘奕隽等的交游情况，梳理松下清斋收藏书画、碑帖、古籍的流传与归宿，藉以反映陆氏一生收藏的概貌。

［关键词］ 家世与生平；翁方纲；黄易；书画收藏；金石学与碑帖；临川四宝

有清一代，吴门艺事之盛，烜赫于江南。赏鉴品评之风益振，鉴藏之家蔚起，著名者若朱之赤、陆时化、缪曰藻、毕沅、毕泷等，事迹见于史志、随笔，并有藏目传世，名播于众口。然亦有藏弆与诸家相埒，而名不彰者，池上书堂蒋春皋、松下清斋陆谨庭两家是也。

蒋氏之名，见于钱大昕、黄丕烈、钱泳诸先生日记、题跋中，均称其别号春皋，仅翁方纲致李宗瀚书札谓其名“元城”，陆氏略与之等。嘉道以后邑志，陆氏止列名“选举”一门，余无所见。至民国《吴县志》卷七十五上艺术列传，始引《耕砚田斋笔记》云：“陆恭，字孟庄，号谨庭。吴县人。乾隆庚子孝廉。点染花卉，读书嗜古，精鉴赏，收藏古帖名画。嘉庆年卒，年六十。”凡41字，述其生平殊简略，且记其卒年六十，颇乖事实。潘遵祁《须静斋云烟过眼录序》云“外大父谨庭先生为吴中艺林正法眼藏”，足见昔日声名之盛。而今人沈津《翁方纲题跋书札集录》①、万君超《读碑赏帖札记》②、丁小明《从三松堂到须静斋——清中期苏州贵潘书画鉴藏活动发微》③、仲威《善本碑帖过眼录》④等，咸以陆氏为王文治女婿，以致谬种流传。兹以陆氏《自订年谱》为主，勾稽其生平，考订其收藏事实，以飨同好。

一、陆恭之家世生平

自乾嘉以来，虽然潘奕隽《三松堂集》中收入所撰《例授文林郎庚子科举人拣选知县陆君

① 沈津：《翁方纲题跋手札集录》，广西师范大学出版社2002年版，第561页。

② 万君超：《读碑赏帖札记》，http://blog.sina.com.cn/s/blog_51a5fb550102ejed.html#cmt_2141388。

③ 丁小明：《从三松堂到须静斋——清中期苏州贵潘书画鉴藏活动发微》，《收藏家》，2011年第12期，第39—46页。又见 http://blog.sina.com.cn/s/blog_4fb238340100z6sl.html。

④ 仲威：《善本碑帖过眼录》，文物出版社2013年版，第153页。

墓志铭》，但对陆恭家世、生平之记录，寥寥可数。清代数种《苏州府志》中，陆氏仅列名于《选举志》，直到民国《吴县志》始有小传二行，简略之外，更多讹误，因此顾廷龙在为合众图书馆传抄本《谨庭老人自定年谱》作跋云：

> 清乾隆、嘉庆间，吾吴陆氏松下清斋抚刻碑帖既富且精，驰誉海内，至今为人珍重。主人谨庭先生淹雅多艺，为乡里有数人物，而邑志仅于艺术传载四十一字，不太率略乎！一昨潘季孺内叔祖（睦先）携示先生自订年谱一册，曰：此昔日香雪草堂钞存者，未经刊行，乱后幸存，遂录副置行箧，子可为馆钞一本，以广其传。余受而读之，于先生之孝友诚笃，劬学精鉴，令人肃然起敬。香雪草堂为西圃先生栖隐之所，凡所钞书板格皆有此四字。某年藏书散鬻，自留若干种，此其一也。季孺为西圃幼子，今年亦七十矣。倩杨君秋盦传写毕，粗校一过，率记于尾。①

陆恭《自订年谱》素无刊本，目下所知有抄本三种：其一，藏于上海图书馆，为杨秋庵据潘睦先过录香雪草堂本为私立上海合众图书馆写副，全本用合众图书馆绿格稿纸，每半页13行，行22字，左右双边，白口，双对鱼尾。末有顾廷龙跋。

其次，藏于复旦大学图书馆，为王氏学礼斋抄本，亦据潘睦先藏本传录。全本用无格竹纸写录，每半页8行，行30字。与《钱可庐传》合装一册。末有王欣夫题记。

其三，清光绪十年(1884)潘志万钞本，著录于《适园藏书志》，今藏台湾"中央图书馆"。每半页10行，行21字，四周单边，白口，单黑鱼尾。书衣题"陆谨庭先生年谱。乙未元旦，潘志万谨署"，卷端首行题"年谱"二字，次行题"谨庭老人自订"。书前有翁方纲序，末有光绪十年潘志万跋。钤记除潘志万八印外，尚有"芹圃收藏"朱文长方印，可见此本后为南浔适园主人张钧衡之子张乃熊所有，至抗战中，由文献保存同志会为央图收得之。

关于陆恭先世事迹，《自订年谱》仅记"吾家世居濠南康履桥之雁宕西庐。雍正癸丑岁，曾祖考湖西府君移居高师巷芳溪别筑"。潘奕隽撰《墓志铭》称：

> 先世朱姓，九世祖讳孟，以舅氏姓游庠，因世为陆氏。高祖秉圭考授州同知，曾祖纯锡吴庠岁贡生，候选教谕。祖观潜，长庠岁贡生，候选教谕。父宇丰，乾隆壬申恩科举人，候选知县。②

翁方纲为《自订年谱》作序亦云：

> 陆氏本系朱姓，明旌孝子讳颢，君族祖也。九世祖讳孟，以舅氏姓游庠，始姓陆。高

---

① 陆恭：《谨庭老人自订年谱》，上海图书馆藏抄本。又，跋文收入《顾廷龙文集》。

② 陆恭：《谨庭老人自订年谱》，上海图书馆藏抄本。

祖封奉政讳秉圭，曾祖赠朝议候选教谕讳纯锡，祖赠奉直候选教谕讳观潜，父即用知县孝廉公讳宇丰。①

所记略同，陆恭高祖陆秉圭在其出生前就已去世。曾祖陆纯锡（1674—1760）于雍正十一年（1733）举家移居高师巷，直至为陆恭娶妻后方去世。祖父陆观潜（1694—1771），好藏书，南京图书馆藏明刻本《困学纪闻》经其校跋，并有《陆端门自订年谱》稿本传世。此稿用乌丝栏稿纸，每半页10行。钤有“孝行之门”“臣彭棣高”“荫福堂印”“东山樵”“蘅香草堂”“彭叔华藏”等印。谱后有自叙（即作志铭）、豫嘱（即同遗嘱），自叙云：

潜上世朱姓，世居葑门外，自千四公而下五世，至明成化间旌表孝子坦斋公（灏），九世祖也。野航先生性父公（存理），八世伯祖也。信甫公（存忠），八氏祖也。自正德间七世祖爱竹公（孟），以外祖陆公姓入泮府庠，遂后外租，迁居南濠。南濠陆氏自公始，国子监生凤竹公（九皋），六世祖也。冠带耆儒如竹公（宏），五世祖也。崇祯间，旌表孝子私谥纯孝先生、皇清敕赠儒林郎苍筠公（含章），本生高祖也。长洲文学季美公（天琞），高祖也。例赠儒林郎而久公（文炤），曾祖也。考授州同知、貤赠奉政大夫左陶公（秉圭），吾祖也。府庠岁贡生、候补训导、诰封奉政大夫湖西公，吾父也。②

从《陆端门自订年谱》可知陆氏自明以来之世系，较陆恭《自订年谱》为详，潘、翁等所述，或即取资于此。陆恭之父陆宇丰（1715—1776），字驭平，配徐氏。陆恭生时，年26岁。

陆恭字孟庄，号谨庭（一作堇庭）、绿扶。乾隆六年（1741）正月十二日寅时，生于高师巷芳溪别业。6岁入家塾，受业于沈湘盛。10岁诵诗，识四声。次年，从高宾谷读《易》。14岁，从李庚梅受业，三礼、三传、史汉、八家，依次卒业。次年习帖括。17岁，应县府试。20岁，娶妻顾氏（1743—1795），为昆山顾若霖（字雨时，号懿儒、乐幽居士）女孙、顾自名（字明善，号复庵）次女。成家后，分居鹦鹉里孝友堂，乃张氏旧第，中有古松一株，扶疏畅茂，龙鳞夭矫，涛声时作，与狮子林五松同为百年之物。因名曰松下清斋，盖截取王摩诘《积雨辋川庄作》“山中习静观朝槿，松下清斋折露葵”一联语也。孝友堂、松下清斋两额，为梁同书所书。鹦鹉里新宅，除孝友堂、松下清斋之外，尚建有四梅阁，储宋人杨补之《四梅花卷》，其额为刘墉手题。同时构容巢，自书额，潘奕隽题赠楹联。又有乃吾庐，其额出于翁方纲之手。

他一生科考不利，年四十始中举人，数上春官皆未售。曾祖、祖父、父亲陆续去世后，老母在堂，遂绝意仕进，退居林下30余年，以奉养老亲、抚育子弟为己任。嘉庆二十三年（1818）九月初四日卒，享年七十有八。据潘世璜日记：“九月二日，至孝友。外舅患喘逆颇剧。方饭半盂，遂辍，犹令雅安取岸上黄鹤山樵竹石小幅见示。上题绝句四首，笔墨简淡。又见杨补

① 陆恭：《谨庭老人自订年谱》，上海图书馆藏抄本。
② 陆观潜：《陆端门自订年谱》，南京图书馆藏稿本。承沈燮元丈寄示，附志谢忱。

之《梅花卷》，为范伯端作。一未开、一欲开、一盛开、一将残，凡四幅。各题四词，并书于后。书、词、画可称三绝。后有柯丹丘追和四词，并工绝。系宋商丘故物。外舅云，以二百八十金得之外家顾氏者，盖神品也。”①此为陆恭临终前犹痴迷收藏之真实写照。

关于陆恭的婚娶，据《谨庭老人自订年谱》记载，顾夫人去世后，并无续娶之事。所以讲他说成“王文治女夫”，从陆、王两人墓志及其他资料看，都没有任何证据。有关其外家顾氏最直接的材料，就是陆恭于《越州石氏楷帖》所作题跋：

岁庚辰，余为馆甥于武陵，外舅复庵先生（讳自名，字明善），出示此《黄庭》《乐毅》《像赞》《洛神十三行》《曹娥》五种。余始识石氏原本，询所由来。知外舅尊甫可潜先生（讳霖，字雨时，晚号不缁道人，博学多闻，搜访法书名画、宋刊书籍。复庵公继之。藏古之名，闻于吴郡），与《隋启法寺碑》（丁道护书。结字遒紧，锋颖毕露，六朝书中另是一格。欧、赵二录尚载此碑，以后志金石者阙如。恐古无二本）俱得之何氏后人。《乐毅论》首行下角朱书细字，犹义门先生笔。而签题一十六字，则可潜先生笔也。武陵藏诸三世。岁癸丑，余以厚值归之。②

时在嘉庆四年（1799），顾夫人去世四年之后。按庚辰是乾隆二十五年（1760），同年秋，他与顾夫人成婚。生子一人，即陆濬（1763—1817），贡生，官至布政司理问，先其一年卒。娶妻章氏，章德培之女。孙二人：长仪，布政司理问；次佑，嗣侄陆沅后。孙女二：长适谢传熙；次归潘曾彦。女一人，归好友潘奕隽之子世璜。胞弟陆华之第五子陆沅（1777—1807，字甫元）出生后，其母徐氏即卒，顾夫人抚之如己子，性喜收藏，颇似谨庭，可惜不幸英年早逝。唐寅《黄茅渚小景》引首后，有叔侄二人印记，是其一证。

松下清斋富于收藏，王欣夫曾在《蛾术轩箧存善本书录》中《谨庭老人自订年谱》加以汇总：

间及所藏所见精品书画，如欧阳文忠公书《集古录》，朱文公《论语集注》草稿，鲜于太常书杜诗，赵文敏《千文》、又《李太白庐山观瀑图》、元人写诸葛武侯遗像并赞、文衡山兰竹石卷、郑所南画兰，书籍如吴匏庵手钞米襄阳《砚史》、苏注《道德经》、朱野航手钞《珊瑚诗稿》《野航杂钞》、朱竹垞手校徐炯《五代史补注》、何义门评《文选》《四子书讲义》《前》《后汉书》《水经注》及诗文手稿。而碑帖剧迹尤多，如宋拓《石鼓文》《夏承碑》《隋启法寺碑》、越州石氏《黄庭》《乐毅》《像赞》《曹娥》《十三行》五种、《虞恭公碑》、宋游丞相家藏《兰亭》《九成宫醴泉铭》《化度寺碑》《柳州罗池庙碑》、碧玉版《十三行》、南唐《升元帖》、大字《麻姑仙坛记》《论坐帖》、元拓《唐张司直元静先生碑》、颖上《黄庭》《鲜于府君

① 〔清〕潘世璜撰、彭向阳校点：《须静斋云烟过眼录》，中国美术学院出版社2000年版，第62—63页。

② 《晋唐小楷集十一种（越州石氏本）》，（日本）二玄社1962年版。

志铭》均略附考据源流，然于所藏犹未及什一。毛庆臻《一亭考古杂记》云："郡城陆氏家世书香，簪缨累叶。谨庭表伯秘阁多藏，精鉴冠一时。翰墨古器，皆亲自检点，不厌观赏。然遇俗客，辄挥斥不少贷。自大雅云亡，而星驰雨骤，浸为贸利之场。所藏杨补之画梅卷，仅二尺许，题诗数家而名重，至数百金争购之。又赵子国画兰，亦三尺许，有题诗，而价亦百金，弗敢望也。元杨竹西照，有倪云林补景题诗，此卷由浙入吴，亦百余金，今仍归浙。后乃得云林小照立幅，颇不昂，即师子林景，王绎画，有张伯雨题，极精雅，余珍如拱璧"云。述松下清斋聚散之由，有足感也。①

但因陆氏慎于著述，即其旧藏之物中，多只钤印而已，题记则极少。仅有《谨庭老人自订年谱》一种以抄本传世，故极难得。

陆氏常用印有"陆恭私印"白文方印、"陆氏孟庄"白文方印、"陆恭清赏"白文方印、"平原伯氏"朱文方印、"恭"朱文方印、"谨庭秘玩"朱文长方印、"松下清斋"朱文方印、"松下"朱文圆印、"堇庭"朱文长印、"堇庭"白文长印、"陆堇庭氏审定名迹"朱文长方印、"东吴陆氏鉴藏"朱文长方印、"神""品"二字朱文联珠方印等。

二、陆恭之交游

陆氏科第未显，而以收藏名于世。潘奕隽在《墓志铭》中称其"精于鉴古，法书名画、汉鼎秦碑，过眼辄辨时代，一时名流硕彦，喜翰墨者如覃溪阁学、梦楼太守无不倾倒于君也"。当时交游诸家，除翁方纲、王文治外，尚有黄易、宋葆淳、奚冈等，皆一时名家。兹选取翁、黄、王等数大家略作考察，以窥其一斑。

翁方纲(1733—1818)，字正三，号覃溪。直隶大兴人。乾隆十七年(1752)进士，官至内阁学士。曾任《四库全书》纂修官。著有《复初斋诗集》《文集》《两汉金石记》等。乾嘉间以金石学著名，与黄易并称。据《谨庭老人自订年谱》前嘉庆十年(1805)翁氏序云：

陆君谨庭以乡、会试五至金台，屡过予舍。予性喜金石文字，陆君鉴藏法书名画，考订精确，相见恨晚。每翦烛瀹茗，亹亹忘倦。乃廿年契阔，虽鱼雁时通，憾当时未倾吐生平也。②

在《翁方纲题跋手札集录》中，提及陆氏所藏碑帖有宋拓《夏承碑》《化度寺碑》两种，两者后具归李宗瀚。翁氏跋云：

---

① 王欣夫：《蛾术轩箧存善本书录》，上海古籍出版社2002年版，第1199页。

② 陆恭：《谨庭老人自订年谱》，上海图书馆藏抄本。

右三十字，据虚舟先生双钩本补摹。……吴门陆谨庭兄藏原拓宋本，爰为摹补。①

可知他曾皆陆氏藏本补摹缺字。

翁方纲一生致力于《化度寺碑》的研究，所经眼宋拓二十余本，皆有题跋。沈津《翁方纲年谱》记载，乾隆四十六年(1781)有翁氏有《辛丑二月，吴门陆谨庭说去年冬于其里人吴澂静川斋头见〈化度碑〉，才3页，后有陆深、胡缵宗二跋，即弇州所得徐文裕家藏本也。予既闻是本尚存，再用后村韵记于予藏本尾》一诗。但据陆氏《年谱》，谨庭见此拓本在嘉庆五年(1800)，并称“王梦楼、翁覃溪亦志跋焉”②。翁氏曾函托陆恭将松下清斋双钩一本：

再奉恳者，乞将尊斋所收弇州之《化度》，有陆文裕跋者，奉恳觅匠用油纸双钩一本惠寄，其有泐处，亦悉依之。若得将令友蒋君处所有弇州第二本亦双钩一本，并以惠寄，尤感尤感。弟当有以奉酬耳。弟于此碑思欲穷各本之原委，故敢妄陈奉渎。③

《翁方纲题跋手札集录》收录上海图书馆藏翁方纲致陆恭书札七通、稿本《复初斋文集》内书札三通。上图所藏，其一为借东阳本《兰亭》，另二通为陆氏在京时，翁方纲邀其雅集之便条：

屡谋邀话，至今鹿鹿未遂，诚恐移入内城之期太近也。敢恳先借东阳本一鉴赏。余容晤颂，藉候日祺不备。

其二：

请兄十七日午间见过，看定武《禊帖》，并又有一《化度》宋本也。

其三：

廿四日花下品隶，恳兄午前早候鉴定一切，伏惟教益，恕不速。④

上文翁氏书札所言，陆氏藏宋拓《化度寺碑》，后为李宗瀚“临川十宝”之一，近年现身拍场，今藏香港林氏近墨堂。册内有翁方纲书札一通，为《翁方纲题跋手札集录》所未收，可与前札相

① 沈津:《翁方纲题跋手札集录》，第67页。
② 陆恭:《谨庭老人自订年谱》，上海图书馆藏抄本。
③ 沈津:《翁方纲题跋书札集录》，第560页。
④ 沈津:《翁方纲题跋书札集录》，第559—560页，致陆恭第二、四、七通。

印证：

王元美《弇州山人续稿》一条云：曾得《化度碑》一本，仅二百十九字，徐文裕公所藏，后有陆詹事子渊、胡中丞孝思跋。詹事数行精甚云云。昨闻吾兄说，于贵乡某君斋中所见者，必此本也。乞兄将收藏之家姓氏别号、里居斋名，并其神气视弟本如何之处，详写一纸，弟将录于自藏本内，欲使天下旧本精灵会合耳。①

此又与上海图书馆藏翁氏第八札相连属：

去年令嗣孝廉公事北上，得札通问，此后鸿便无因，渴怀逾甚。蒋君所藏《化度》，去年已托友借至京，略跋其概，寄还之矣。而尊斋所藏《化度》，前承惠为精钩一本，已不啻亲见矣。倘得明春因令嗣君北上之便，得于行箧借此《化度》(陆、胡二跋者)，并尊藏旧拓《皇甫》《虞恭》并越州石氏《晋唐楷刻》一观，千里神交，当更形诸笔记，为松下清斋传此墨缘颊毫神韵耳。②

从拓本中翁氏又跋云："谨庭先生既惠为双钩此本以见寄，今又借赏二旬，印合赞颂，信墨缘也。"③可知，陆恭又将原拓本借予翁氏阅览。而乾隆五十五年(1790)，陆氏曾以何焯钩摹本《化度》寄赠翁方纲，可见交谊之深。

翁氏除向松下清斋借阅藏拓之外，还介绍好友吴荣光(1773—1843)到苏州拜访陆恭，据《谨庭老人自订年谱》，时在嘉庆十四年(1809)：

夏，吴侍御荷屋过苏府，持翁覃溪手札访予，同阅武林外舅所藏《隋启法寺碑》。予馆甥时，常置案头，审其笔淬厉仍归浑朴，洗六朝之余习，开欧、褚之先声，何义门先生旧物也。……至是得一再见，爰双钩两本，以赠翁、吴。④

吴氏所持之札，今存上海图书馆：

敬候谨庭先生尊兄近禧。数年来未敢渎启，伏惟道体保爱精神为祝。兹因吴侍御(名荣光，号荷屋)南游，夙慕雅范，特来候谒。吴荷屋博鉴嗜古，倘得进而奉诲，望为指授一切，或有庋藏妙品可出示者，如令亲处丁道护《启法寺碑》，纵不能购得，或可谋借数日，一双钩否？尊藏越州石氏帖久已他寄，然弟近撰《帖考》，不识《石氏帖》内海字本《乐

① 马成名：《海外所见善本碑帖录》，上海书画出版社2014年版，第45页。
②③ 沈津：《翁方纲题跋手札集录》，第560页。
④ 陆恭：《谨庭老人自订年谱》，上海图书馆藏抄本。

毅论》，可即今所行停云本之不全本所自出否？如尚可追寻一借查，则幸甚。不然，亦欲知其本今在某处，或可觅访否。琐渎，诸祈鉴察不备。弟方纲顿首。五月二日。①

吴荣光本想购买《启法寺碑》，但未能成功，只获得双钩本。翁方纲获悉后，又介绍李宗瀚来购求：

前于吴荷屋侍御南归，道出吴门，曾肃札奉候。闻其已见丁道护《启法寺碑》矣，但未成购耳。今江右李春湖宗丞久闻此碑之名，欲得一见，属弟专札恳商，不知令亲处尚可缓颊代一议条否？如有可商之机，则此物在吴门令亲处，久封箧笥，必思腾光而出也。李宗丞令亲孙君在贵处经理生业，非暂来去之游客可比，务求我兄据谊一为尽力谋之。俾丁道护精神早自发越于苏斋左右，弟亦必有诗篇记之，颂大雅之垂惠，无有既极。②

在《越州石氏楷帖》册内装有翁氏致李宗瀚书：

《方圆庵记》收到，容细看，跋就奉缴。昨所说吴门陆君藏帖，今既趁有令亲之能就近设法购觅，则莫若蒋氏之《定武兰亭》（称陈直斋本），与陆谨亭所当出之《越州石氏帖》（凡十七种）最为精妙，幸遇便致托之。③

可与致陆氏函两相印证。从中可知，当时陆家境况不佳，故以家藏之物押当，以救一时之急。不过，就是在此中情形下，李氏也未能迅速成事。但最终《启法寺碑》《越州石氏楷帖》等还是被李宗瀚购去，此已是后话。

黄易（1744—1802），号小松、秋盦。浙江钱塘人。乾嘉间，治金石学与翁方纲齐名。并精篆刻，为西泠四家之一。陆氏所用“陆恭私印”“陆氏孟庄”两印，即黄氏所刻。④

嘉庆四年（1799），翁方纲曾应陆恭之请，作《松下清斋诗》，并请黄易绘图，而黄氏恰好得到明末画家胡玉昆所作同名之图。翁氏遂有《予昔为谨庭作〈松下清斋诗〉，谨庭以属秋盦图之，秋盦恰得胡元润所画〈松下清斋〉小幅，适与诗合，亦一奇也。今谨庭寄来复求诗》之作。

故宫博物院所藏黄易《访古纪游图》册十二开中，有两开与陆恭相关。第二开记黄氏到苏州，与陆恭、潘亦隽同赏武梁祠汉画像拓本、宋拓《钟鼎款识》，画面中三人据案对坐，展卷赏鉴，颇为写实，图左黄氏题记云：

唐拓武梁祠堂画像、宋拓《钟鼎款识》，朱太史竹垞作缘，皆归于花山马仲安衎斋收

---

① 沈津：《翁方纲题跋手札集录》，致陆恭第六通，第560页。
② 沈津：《翁方纲题跋手札集录》，第561页。
③ 《晋唐小楷册》，东京国立博物馆藏。
④ 《黄小松印存》，人民美术出版社2013年版，第146、149页。

藏。祠像今归余有,《款识》流转吴门蒋春皋家。余携祠像至苏,陆孝廉谨庭为借《款识》,同观于潘刑部榕皋松风萝月山房。祠像是唐襄文公旧藏。《款识》是秦熺物,毕良史、赵文敏题识,康熙年间名人各有跋语二册。虽已百年,忽然并几,金石重盟,诚快事也。余为《款识》题签,钱梅溪与同观诸人题名册后,以纪胜缘。①

《款识》后由汉阳叶氏于道光二十八年(1848)据阮元嘉庆间摹本重摹付梓,前后有题记、观款、钤印数十家,如翁氏题云:"黄秋盦屡为予言此册之妙,今始得观于苏斋之后轩,每晨起展玩数四,与日在吾斋何异? 辛酉春二月廿二日,翁方纲记。"②黄易于嘉庆六年(1801)五月六日重见于济宁河官廨,又加观款,据此可以推定,他绘图所记之事,必在此年以前。而在此前一年"庚申冬十月,张燕昌观于松下清斋",然则《款识》或许是从松下清斋流出耶?

嘉庆十四年(1809)年,陆恭获见宋拓《夏承碑》。黄易《访古纪游图》册第四开,专访陆氏松下清斋,观此拓必在此年之后。图中所绘,一树鹤立,应该就是陆家庭中的古松,小屋之中,两人展卷共赏,面目虽难以辨别,但肯定是陆、黄二氏无疑。据黄易题记云:

过吴门陆谨庭孝廉松下清斋,观所藏《夏承碑》宋拓本、元人写坡公相、《海岳庵图》《七姬志》拓本。③

另外,故宫博物馆所藏宋拓《凉州刺史魏元丕碑》,传世孤本,为"黄氏汉碑五种"之一,有翁方纲、毕沅、郑际唐、张埙、孔继涵、黄易等跋十一段,张晋、阮元、瞿中溶、孙星衍、钱泳、冯敏昌、李鸿裔、杨守敬等观款十一段,钤有"郑盦秘笈""黄小松收藏印""顾崇规印""绶阶""陆恭私印"等藏印 24 方。由此可见,当时黄易曾携此本到吴门,故有陆恭经眼并加钤印记之事。

陆恭收藏书画碑拓极富,但轻不示人。从他与翁方纲的交往,可发现蛛丝马迹,尤其几种宋拓名碑,即使已入松下清斋或其决意自购,均秘而不宣。这一点在王文治(1730—1802)的记载中,表现得较为明显,虽然松下清斋所藏各种珍品,皆有王文治题跋,其数量甚至超过翁方纲。在王文治《快雨堂题跋》中涉及陆氏者有《开皇兰亭》跋:

董文敏所跋《开皇兰亭》,为高鸿胪所收,后归吾润培风阁张氏。余于乾隆丁亥岁,始见于滇中,于乙未岁,再见于临洮。前后皆借置案头,临仿数月,并临董跋藏之。窃喜与此帖有缘,过于文敏也。后闻此帖已归秘笈,自分此生不可再见。……今嘉庆元年丙辰春,薄游吴下,忽于陆氏谨庭处见一本,墨色较张本微淡,然实一石也。④

---

① 《中国古代书画图目》第 23 册,文物出版社 2000 年版,第 233 页。

② 《钟鼎款识》,清道光刻本。

③ 《中国古代书画图目》第 23 册,第 233 页。

④ 王文治著、刘奕整理:《王文治诗文集》,人民文学出版社 2014 年版,第 564 页。

据《自订年谱》嘉庆二年(1797)秋,陆氏"于书箧检得《兰亭》帖四种,王梦楼于庚戌冬过苏,曾赏阅题咏,至是装成一帙",然则王文治在乾隆五十五年(1790)就已在陆氏处借阅《兰亭》。嘉庆元年(1796),王文治到吴,陆恭邀他和尤荫三人,在山塘修禊,各集《兰亭》诗唱和。王氏之见开皇本《兰亭》,恐在此际。同年冬,陆氏获宋拓《九成宫醴泉铭》,"未曾疏裱,字迹俱全。惟下断形处,稍觉模糊,为世罕有。王梦楼书一看款,因跋数语以志之"①。

嘉庆五年(1800)春,陆恭六十初度。王文治、尤荫等以诗章相赠。同年秋,陆氏得宋拓《化度寺碑》,王文治跋之:

> 吴门陆孝廉恭,字谨庭,所藏《化度寺碑》致佳。前明陆子渊詹事跋云:"率更书《化度碑》最精,此帖剥泐残缺之余,故自焕发。今藏徐侍读处。陆深题。"共廿九字,醇古沉厚可喜。……近时善学欧书者,惟何义门先生。然蝇头书至妙,才过径寸,即未免痴冻蝇。②

与之形成对比的是《快雨堂题跋·化度寺碑》云:

> 余于《化度寺》获见三本。缪氏本匆匆借观,见其字数较多,遂以为万卷楼所藏之四百四字本。顷梅塍所得,朝夕谛观,细数之,得七百余字。乃知余向所见者,仅王氏所藏之二百四十二字,及二百十九字本耳。此本当另为一拓,在万卷楼所收之外,非四百字本也。其二百四十二字本,在吾友陆谨庭家,秘不示人,余亟求观,谨庭乃弗能却,因取以同较。见其摹拓甚精,而剥蚀处,彼此互异,似非一刻。盖陆本古茂,此本空灵,各据其胜。③

陆氏藏本,有王氏题签,陆深跋旁有王文治题云:"陆子渊先生书法开董思白之先路,沉厚古雅,即此数行,可见一斑。"另有明人胡缵宗跋:"此欧阳率更得意书也,古人作事不苟,此册亦可征矣。天水胡缵宗识。"就是翁方纲托双钩之原本。

《兰亭》与《化度寺碑》两种,见于《谨庭老人自订年谱》,又有不见于陆氏记载者。如《快雨堂题跋·灵岩寺碑》云:

> 余垂发时,即喜李北海书,然所见者不过《岳麓》《云麾》二碑,及《淳化》中《三数日帖》《星凤楼》中《缙云》三帖而已。余皆重摹本,殊不足观。近年始见《李秀》《云麾》二种,叹为得未曾有。今复于陆谨庭孝廉处,得见此碑。因识李北海每作一书,必变一体,

---

① 陆恭:《谨庭老人自订年谱》,上海图书馆藏抄本。

② 王文治著,刘奕整理:《王文治诗文集》,第582页。

③ 王文治著,刘奕整理:《王文治诗文集》,第581页。

神通变化，与右军正同。香光称右军如龙，北海如象，以今观之，又何象之非龙也欤?①

另外，日本东京国立博物馆藏有元人鲜于枢《林椿帖》，有归安陆心源之子陆树声鉴藏印。后有嘉庆五年(1800)王文治题跋云：

> 鲜于书在元人中最为苍厚，此十诗五札真迹，荟萃一处，剧为难得。其中首二札、末一札尤得晋唐人骨髓。往在陆氏松下清斋见之，兹为渐门居士所收。②

陆恭一生交接人物众多，翁方纲、黄易、王文治三家为当时名最著者，诸家姓名，可于其所藏数本《松下清斋图》略见大概。

除前文所述，黄易以所得明末胡玉昆画《松下清斋图》应陆氏之征开始，先后有王宸(1720—1797)、奚冈(1746—1803)、宋葆淳(1748—1825)、陶云椒等数家为之作图。如果将黄易《访古纪游图》册中的第四开也统计在内，则不少于六幅，可惜大多无存。

钱镜塘旧藏王宸、宋葆淳二图合装本，近年曾现身拍场。两本并非一时所作，王本作于乾隆四十七年(1782)壬寅冬，图后原有翁方纲、张埙、洪亮吉、王文治、黄易、桂馥、吴照诸家题识。嘉庆九年(1804)，尤荫携之游浙，意外失落，仅有吴照题诗因未付装留于陆氏。杭州奚冈闻之，为补作《松下清斋图》立轴，惜不能与家中所存之题跋合装。至嘉庆十六年(1811)，陆恭乃复请宋葆淳重绘一卷，袭用旧名，并函请翁方纲重写28年前所作二诗，与吴锡麒长歌，合装新卷。

咸丰十年(1860)庚申乱起，吴中故家遗物多有散失，孝友堂毁而松下清斋独存，宋葆淳一卷无恙，而古松已萎，谨庭后人陆清彦因补植一松，并请潘遵祁重书斋额。越数年至同治九年(1870)，清彦获王宸一卷于金陵试院前古董铺，卷前翁题引首及卷后翁氏、张埙、蒋知让三家诗尚存，亟购归，与宋卷合二为一，距王卷之失已67年、谨庭之逝逾五十载矣。同光间，卷后又添潘遵祁、俞樾两家题跋。今不知存于何处？而陆氏流风余韵，借此约略可见矣。

三、松下清斋藏品之踪迹

陆氏松下清斋贮藏弘富，法书名画，宋元以下，往往有之。碑帖善本，精罕其比，临川李氏"四宝"之中，《启法寺碑》《孟法师碑》二种出于松下清斋。而谨庭于古物呵护备至，不轻加题记，唯凭印记，可加以踪迹。兹据陆氏《自订年谱》与《须静斋云烟过眼录》《过云楼书画记》等著录，以及历年追查所见，分别加以钩稽。

① 王文治著，刘奕整理：《王文治诗文集》，第589页。

② 《中国美术分类全集·中国法书全集》第十卷，文物出版社2011年版，第237页。

首先是书画作品，宋、元、明、清四朝均有之。《谨庭老人自订年谱》所载，王欣夫《善本书录》提要中已逐一罗列，其婿潘世璜《须静斋云烟过眼录》所记，有溢出者，摘录如下：

(嘉庆十六年)十月十二日，于外舅斋中见宋景濂书《嘉瓜颂》小楷二页。吴匏庵评其书，云清古有法，是也。①

(嘉庆十七年)六月十六八日，过孝友，晤外舅。观董文敏字卷二、立轴二。又观元人手札四：松雪翁、倪云林、张伯雨、顾阿瑛。②

八月二十五日，观董华亭书画册二种，其一本绝佳③。

(嘉庆二十年)二月二十日，外舅以明陈士谦字幅见赠。士谦名谦明，成化间人。书仿松雪翁，竟可乱真。④

八月初五日，晤外舅，见沈石田《送吴惟谦叙州之任图》。……又文衡山书画长卷合帧，书径二寸余，全是山谷笔意。……又恽南田、王石谷合景画册，俱有题。以文卷为最⑤。

十月十四日，于外舅案头见明人手札一册⑥。

十一月十一日，外舅斋中见陈宪章(述)《梅花》横卷。后有聂大年书《梅花赋》。

十一月，于外舅案头见《兰亭》石刻一小册。前有羲之小像，后有杨升庵跋二则。⑦

十二月初十日，于外舅斋中见唐张司直(从申)《茅山元静先生碑》，后有何义门先生跋。……外舅近以三番易得之。⑧

(嘉庆二十二年)四月五日，在外舅斋中见元刻松雪小楷书《黄庭》《大洞》二经。后有唐荆川跋。⑨

四月十五日，至孝友。见赵大年《渊明赏菊图》。后有詹同文、蔡哲、张贤、张羽、苏伯衡诸人题咏。……又无款一诗，书极浑厚，当是宋元人笔。董文敏一跋，在黄绢上不为出色。又见仇实父《东山携妓图》；九龙山人王芾卿山水小幅；赵松雪《鲜于府君墓志》，小楷书，石刻，后有王良常跋。⑩

四月二十七日，至外舅斋中，见邵僧弥画卷。笔意秀洁，前隶书“接玄引奇”四大字，

---

① 潘世璜：《须静斋云烟过眼录》，第10页。
② 潘世璜：《须静斋云烟过眼录》，第14页。
③ 潘世璜：《须静斋云烟过眼录》，第15页。
④ 潘世璜：《须静斋云烟过眼录》，第27页。
⑤ 潘世璜：《须静斋云烟过眼录》，第29页。
⑥ 潘世璜：《须静斋云烟过眼录》，第32页。
⑦ 潘世璜：《须静斋云烟过眼录》，第34页。
⑧ 潘世璜：《须静斋云烟过眼录》，第39页。
⑨ 潘世璜：《须静斋云烟过眼录》，第47页。
⑩ 潘世璜：《须静斋云烟过眼录》，第48—49页。

亦雄秀可喜。[①]

(嘉庆二十三年)六月二十二日,于外舅案头见文衡山书画卷。画为山水短幅,苍秀浑厚,书为径二寸许行楷写数诗,颇长,兼山谷、松雪之胜。又明人书数幅,内董文敏《送瞿稼轩诗》在冷金笺上,甚出色。询知以五金得之。又唐六如长幅小行书,以十余金得之。[②]

其中有可两相印证者,如《自订年谱》嘉庆十九年(1814):

见赵文敏绘《李太白庐山观瀑图》,有元明人题咏,姚公绶楷书长跋。虽尺纸经营,而极悠深玄远之趣,至写太白照,宛如当日风标。后赵子昂一印却真,其子昂二字系双钩廓填,乃蛇足也。

潘世璜于嘉庆十八年(1813)二月六日就已见此图,《须静斋云烟过眼录》称"外舅出示赵文敏画《李太白庐山观瀑图》真迹,纸本,大著色……旧藏吾苏缪氏,后为蒋春皋所得。外舅得之春皋之子霁峰者"[③]。十天之后,即二月二十六日,"外舅出示吴仲圭《墨竹》真迹,横卷一,立轴一,俱有自题句。著墨不多,自然藏秀。……重观赵文敏《观瀑图》"[④]。按:赵孟頫《李太白庐山观瀑图》,不知今归于何处?苏州博物馆藏元人《七君子图》卷,末一帧吴镇墨竹横卷,系过云楼顾氏所补配,有"陆堇庭氏审定名迹"朱文长方印,岂即潘氏当日所见横卷耶?又,嘉庆二十三年(1818)九月二日,潘世璜记:

至孝友。外舅患逆喘,颇剧。方饭半盂,遂辍,犹令雅安取案上黄鹤山樵竹石小幅见示。上题绝句四首,笔墨简淡。又见杨补之《梅花卷》,为范端伯作。一未开,一欲开,一盛开,一将残,凡四幅。各题四词,并书于后。书、词、画可称三绝。后有柯丹邱追和四词,并工绝。系宋商丘故物。外舅云,以二百八十金得之外家顾氏者,盖神品也。[⑤]

按:"黄鹤山樵竹石小幅"即王蒙《竹石图》,后归顾氏过云楼,即《书画记》卷六著录"黄鹤山樵竹石游灵岩诗轴",今藏苏州博物馆,诗塘留白,钤"陆恭私印""谨庭秘玩""神品"三印,为陆氏旧藏无疑。杨补之《梅花卷》自陆氏散出,经程桢义归陆恭外孙潘遵祁,于光福筑四梅阁藏之,后转归顾氏过云楼,今藏北京故宫博物院。

另有宋佚名《水阁山村图》(扇面),今藏上海博物馆;元鲜于枢《老子道德经》,即《须静斋

---

① 潘世璜:《须静斋云烟过眼录》,第 51 页。
② 潘世璜:《须静斋云烟过眼录》,第 52 页。
③ 潘世璜:《须静斋云烟过眼录》,第 15 页。
④ 潘世璜:《须静斋云烟过眼录》,第 16—17 页。
⑤ 潘世璜:《须静斋云烟过眼录》,第 62—63 页。

云烟过眼录》嘉庆十五年(1810)五月二十五日所记"鲜于伯几书《道德经》,洵稀世之珍也",今藏北京故宫博物院;鲜于枢《林椿帖》,有陆树声鉴藏印,今藏日本东京国立博物馆;元王冕《梅花卷》,高野侯旧藏;明沈周《红杏图》,今藏北京故宫博物院;明唐寅《黄茅渚小景》图,《过云楼书画记》著录,今藏上海博物馆;明祝允明小楷《前后出师表》,今藏日本东京国立博物馆;祝允明小楷歌词,有"荆蛮顾霖"印,系陆氏从外家所得者,见于2012年嘉德秋拍;明范珏、顾眉《丛兰图卷》,即《自订年谱》嘉庆四年(1799)所记"见家簪斋侍郎所藏顾眉山、范双玉画兰合璧",今藏无锡博物院;明末王时敏《归杖图》,见《翁同龢日记》光绪二十三年二月廿四日记。

其次是碑帖精品,王欣夫亦曾详列名目。其中,宋拓游丞相《兰亭》为宋葆淳之物,嘉庆六年(1802)宋氏即将北上之际,陆恭为之作跋,详述因缘:

游丞相集《兰亭》百种,予年来得见十余本,大都规模定武。唯锡山孙氏所藏潼川司宪本,是褚摹,系薛绍彭勒石,极为精采。庚申除夕,安邑宋芝山先生自浙至吴,箧中携得此帖。予即日过寓请观,携归剪烛细阅,觉气韵神明又非褚模所及,为所见游氏禊帖之冠无疑也。予与芝山不见十有一矣,今夕何夕,既会故人,又阅宝帖,且芝山得之乙卯除夕,予见之庚申除夕,翰墨因缘,若有前定,并书以志喜云。

此帖今藏北京故宫博物院。同样,可与《须静斋云烟过眼录》相证者,如《谨庭老人自订年谱》嘉庆二年(1797)记:

冬,见宋拓《九成宫醴泉铭》,未曾疏裱,字迹俱全。惟下断形处,稍觉模糊,为世罕有。王梦楼书一看款,因跋数语以志之。①

潘世璜于嘉庆十七年(1812)二月二十七日记:"见宋拓《九成宫醴泉铭》,未疏裱全本,盖世所罕觏也。"②可惜未裁裱本宋拓《醴泉铭》不知今归何处。《自订年谱》嘉庆十一年(1806)又记:

见南唐《升元帖》,当时跋者俱目为阁本,予将宋初拓阁帖参校,则阁本"兼"字误刻其起结,"难"字隹部旁误刻一顿,其余用笔先后,阁本多误,实从此本摹勒失真也。惟此帖波折便转,豪铓毕露,一种古色古香,溢于楮墨,定为南唐原刻祖帖,识者无不以予言为然,因一再跋之。

此帖后有陆氏二跋,殊为罕见,其一云:

---

① 陆恭:《谨庭老人自订年谱》,上海图书馆藏抄本。
② 潘世璜:《须静斋云烟过眼录》,第11页。

余夙嗜古刻，三十年来，如《淳化》《秘阁》《太清》《泉》《绛》等帖，俱幸得见善本，尝溯其源流，审其同异，今见此帖，刻法、搨法之精无论已，其波折使转，毫铓毕露，一种古香古色，溢于楮墨，亦妙莫能名，遂定为南唐升元帖，盖前所见诸帖中，右军书都不及此也。要之，不见《秘阁》《太清》《泉》《绛》等帖，不知《淳化》之尽美，不见《淳化》初本，又岂知《升元》之尽善哉？权然后知轻重，度然后知长短，后之览是帖者，其审之哉。

潘氏于嘉庆十九年(184)三月二日始记："外舅出示宋拓《淳化阁帖》第六卷一册，系家藏。又宋拓右军书一册，系得之赋琴楼蒋氏者，亦缪氏旧物。外舅审为《澄清堂帖》，即《升元帖》，南唐李氏所刻者。细审字画，与《淳化帖》颇有不同。……乞暂携归，不许。他日当再请重观耳。"①按：此帖后归李宗瀚，仍定为《淳化阁帖》残本，经香港利荣森北山堂收藏，捐存香港中文大学文物馆。

另外，《自订年谱》所记《汉淳于长夏承碑》，宋拓孤本。原为华氏真赏斋旧物，有丰道生、杨景西跋。陆氏称"中阙三十字，后有丰道生、杨绳祖跋，体参篆籀，兼开正楷之法"②，亦归李宗瀚，后经利氏北山堂，今捐存香港中文大学文物馆。

隋丁道护《启法寺碑》，宋拓孤本。原题唐拓，钤贾似道"魏国公印"，何焯题签。陆恭题跋，后归李宗瀚，经罗振玉手，归日本香川岐大西氏。嘉庆三年(1798)寒食节，陆氏曾作题记云：

忆昔庚辰，余年二十，为馆甥于武陵。时侍外舅复庵先生侧，先生富藏书，并蓄古金石。一日，于案头展《随启法寺碑》，诏恭曰：此义门太史旧物也。前后有研山堂暨孙承泽印，殆太史官京师得之北平孙氏者。最后有魏国公印，是为宋贾秋壑钤记。此碑之流传有自矣。时余方攻举业，心识其语，于此碑之难得，书法之高古，均未审也。既阅欧、赵《集古》《金石》二录，始知丁道护书传世者绝无，而是碑为世所希有。丁巳冬日，从武陵借归，朝夕谛赏，审其用笔淬厉，仍归浑朴，洗六朝之余习，开欧褚之先声。昔人评书云，丁真永草，洵不虚也。因识数语而还之。时距外舅辞世已十有九年矣。

越州石氏宋拓本《晋唐小楷帖》11种，包含晋人五种：《黄庭(遗字)》《东方朔画像赞》《(海字本)乐毅论》《曹娥碑》《洛神十三行》，唐人六种：《破邪论序》《心经》《小字阴符经》《太上老君道德经》《度人经》《佛说尊胜陀罗尼咒》。陆恭藏晋人五种，故其跋有云：

今虽仅存五种，然羲、献剧迹咸萃其中，又当何如珍重耶！旧帙零落，重为装治，因书缘起，以志当年。庭训且使内家故物不致流传失所云。嘉庆四年九秋，谨庭陆恭重装

① 潘世璜：《须静斋云烟过眼录》，第21—22页。
② 陆恭：《谨庭老人自订年谱》，上海图书馆藏抄本。

于松下清斋并记。

距其乾隆四十七年(1782)初见此本于外家顾氏,已逾17年。此帖转归李宗瀚后,方配合成11种。民国初,曾经常熟邵厚夫收藏,流入日本,归高岛菊次郎,今藏日本东京国立博物馆。

宋拓孤本《孟法师碑》,原题唐拓。有明王世贞、王世懋,清王澍、王文治、陆恭、李宗瀚等题记。陆氏题记云:

> 陶南村《辍耕录》卷七载赵文敏《千文》,公自跋云,此卷数年前所书,当时学褚河南《孟法师碑》,故结字规模八分。观公特表而出之,知是碑在松雪时已不易见。况自元迄今又五百年耶!梅塍先生薄游吴下,得此宝帖,并宋拓欧碑《化度寺》,以归吾,蓬窗展阅,辉映湖山。当年米老檥宝晋斋艎,携《兰亭》帖,对紫金浮玉山,恐不是过也。嘉庆五年庚申小春月,陆恭题于松下清斋。①

后由李秉钺自吴门重金购去,赠侄李宗瀚。民国间,日本三井财团以三万四千元购得,藏于听冰阁,今在三井纪念美术馆。

明拓本《鲜于光祖墓志》,原题元拓。陆氏《自订年谱》记嘉庆十二年(1808)秋"山舟先生重赴鹿鸣,加学士衔。予作札道贺,并将旧藏元拓《鲜于府君志铭》嘱其题签。山舟云,此碑两面俱刻,全者罕觏,见三本,皆仅存半,此本独完善,可宝也。题数字以归予"。今藏上海图书馆,确由梁同书题签,后又有沈树镛题签"吴门陆氏松下清斋旧藏,海内稀有之本"。

南宋拓本《虞恭公碑》,为松下清斋、潘祖荫、吴湖帆递藏本,吴氏"四欧秘笈"之一,有翁方纲、朱昌颐等题款,今藏上海图书馆;宋拓《娄寿碑》,今藏日本东京国立博物馆;南宋拓本《麓山寺碑》,刘世珩、刘之泗父子、沈觐安等递藏,董其昌、王文治等跋,今存上海图书馆;明拓本《常丑奴墓志》,翁方纲、张埙等跋,今存上海图书馆;明末三断本《砖塔铭》,经缪曰芑、陆恭、彭翰孙、吴湖帆、潘博山递藏,翁方纲、吴云等跋,今存上海图书馆。

至于古籍善本,传世甚稀。陆氏《自订年谱》所记,嘉庆十五年(1810)见朱熹《论语集注》手稿,似可归为书法作品。陆恭酷嗜收藏,精善之物,轻不示人,《谨庭老人自订年谱》记载历年所见之物,未明言藏家者,大多为松下清斋自储。《论语集注》手稿,即其一例,陆氏友人钱泳《履园丛话·收藏》一门有云:

> 朱文公注经草稿真迹,余见者有二种。一为嘉善谢若农中翰所藏,《易·系辞》自"无咎者善补过也"起,至"凡三百有六十句"止,计六十一行。一为吴门陆谨庭孝廉所藏,《论语》"颜渊问仁"至"司马牛问仁",计五页。近日又有人刻《集注》稿,行款、尺寸大

① 《褚遂良孟法师碑》,上海书画出版社2013年版,第38—39页。

约相同，当是文公一手书者。[1]

相类似者，有明代吴宽手钞米芾《砚史》《苏注道德经》及徐炯《五代史补注》，后者经朱彝尊校定而未刻。其余刻本，则以何焯批校本居多，如何焯校本《昭明文选》、何焯批本《四子书讲义》、何批《前》《后汉书》、何批《水经注》。潘世璜《须静斋云烟过眼录》记，嘉庆十七年（1812）四月十六日，"至孝友，借何义门手评《杜子美集》半部"[2]，则陆氏尚有何批《杜诗》。可惜反不如书画、碑帖。传世多，仅见明刻《吕氏春秋》残本一种，有"松下清斋"朱文方印，今藏苏州博物馆。

陆氏藏品之搜集，多源于外家昆山顾氏、同里缪氏、蒋氏，荟萃吴地遗珍，以自怡悦。然而不少在其生前便开始流散，书画多归亲家潘氏之三松堂，精品转而入顾氏过云楼；碑帖大抵为临川李宗瀚搜罗而去，成就李氏静娱室碑帖收藏的辉煌，最终不幸先后流落东瀛，少数仍在吴中流转者，经吴湖帆、潘博山等之手，归于公藏。

松下清斋在乾嘉间以碑帖名世，书画、古籍注意者略少。于今观之，书画无论数量、质量，均可与碑帖相颉颃，古籍略逊之。陆恭与同乡晚辈黄丕烈（1763—1825）之偏好典籍，不喜藏书画、碑帖，大异其趣，两者形成鲜明对比，但各有其成就，毋庸置疑。两者家世相似，皆仕途不利，退居吴门，优游林下，以收藏名于乡里。不过，黄丕烈身后声名日盛，黄跋本价值连城，得者珍若拱璧，且竞相辑录黄跋。陆恭所藏碑帖人争宝之，声名却渐晦而不彰，与其爱惜羽毛，不轻加题跋，数十年搜罗藏品，轻不示人，且无目录传世，不无关系。松下清斋尚有若干藏品，至今仍杳无踪迹，实有待于继续追寻。

（李军，苏州博物馆副研究馆员）

---

① 钱泳：《履园丛话》，中华书局 1979 年版，第 273 页。

② 潘世璜：《须静斋云烟过眼录》，第 13—14 页。

清代城市文人群体：以毗陵七子为中心的研究

□叶 舟

［摘 要］ 本文主要讨论清代城市中的知识阶层的活动情况，拟以常州的毗陵七子这一清代文人团体为个案分析，对城市知识阶层的构成和内部分层进行研究，讨论在城市文化精英的形成过程中，城市环境、宗族邻里、文人社团等因素所产生的作用。

［关键词］ 清代；常州；城市文化；毗陵七子

城市汇集了不同的人群，尤其是成了文人的聚集场所，文人在城市中的互相交往和互相促进，使得城市具有文化整合的机制。同时，城市也是维持和传递文化系统和观念的中心。城市的文化发展机制、文化培养机构、文化资助策略使得精英文化通过教育、培养、资助得以保存和延续。但同时，城市不是一个孤立的地理单位。城市置身于一个更宽广地理范围内的一个关联体，它与周边的农村和异地的城市进行交往。城市既影响其关联体，也有其反辐射，这种关系是能动的和反馈的。这种关系也推动着本区域文化通过交流和融合，进入更高的一个层次。清代是常州城市文化最繁荣的时期，袁枚曾有"近世文人，常州为盛"的感叹，龚自珍更有"天下名士有部落，东南无与常匹畴"的赞誉，历史上所有伟大的城市，无一例外地都为同样伟大的创造者提供了源源不断的养分，任他们在其中遨游，孕育出新的文化生命。在常州学术文化鼎盛之时，城市在其中扮演了一个什么样的角色，是需要在此进行探究的。本文仅以著名的学术群体毗陵七子为例，来讨论城市与文化精英之间的互动关系，研究是什么因素推动了文化精英的形成和聚集。

一、毗陵七子之形成概述

毗陵七子是清代常州最著名的学术群体，主要是指互相唱和的黄景仁、洪亮吉、孙星衍、赵怀玉、吕星垣与杨伦七人，他们的成就主要是在文学方面，尤其是在诗歌方面。刘诗南在《清诗流派史》①中所讨论的常州诗派的主要成员便是毗陵七子。关于七子的记载很多，如毕

① 刘诗南：《清诗流派史》，人民文学出版社2004年版，第391—416页。

沅便曾云:“今毗陵钱文敏公以沉宏博丽之才,提倡后学,一时异才辈出,指出胜屈。而七子为最著,惊才绝艳,均齿齐名已二十年,其长者甫逾强仕,或入直承明,出为令长,抑亦盛矣。”①吴育在为赵怀玉文集作序时也称赵氏“年二十余以诗文翰墨布人口,与郡中洪编修亮吉、孙观察星衍诸君有七子之目,一时交游之盛殆偏东南。”②比较详细的关于七子的记载,来自于钱伯埛:

> 闻家乡有七才子之目,为洪稚存、黄仲则、杨西河伦、徐尚之书受、孙渊如、吕星垣,味辛首列焉。洪则蒋心余先生赠诗有云“万口争传洪礼吉”者也。渊如尊人抡元勋为余至契,渊如年十二,杂坐联句,应声云:“吾侪放浪百年后,仍作星斗归青天。”气概大是不凡。仲则善铁笔,或投之石,辄置之,在京师半日为予刻石三方。尚之亦晤于京师,尝持诗册属订,余为直笔,极为投契。余丁酉自京师,偕尚之旋里,获与洪杨诸君畅叙。③

但是毗陵七子的形成是有一个过程的。首先,从外界的评价来看,除了毗陵七子之外,还有其他说法。如早期称洪亮吉与黄景仁为洪黄,洪亮吉与孙星衍为孙洪等④。朱珪也有此说:“予闻常州有四才子之目,曰洪北江亮吉、黄仲则景仁、吕叔讷星垣、孙季仇星衍,其乡人假借以为伯仲叔季云。”⑤袁枚则称:“近日文人常州为盛,赵怀玉字映川,能八家之文,黄景仁则诗近太白,孙星衍字渊如,诗近昌谷,洪君礼吉字稚存,诗学韩杜,俱秀出班行。”⑥与前面的四才子相比,吕星垣换成了赵怀玉。而他在《仿元遗山论诗》中则称:“常州星象聚文昌,洪顾孙杨各擅长。中有黄滔今李白,看潮七古冠钱塘。”其自注云:“稚存、渊如、蓉裳、立芳、仲则。”五人中只有洪亮吉、黄景仁和孙星衍属于七子,杨蓉裳和顾立方则是无锡人。杨蓉裳自己的回忆:“最可忆者,居同白社,巷指青杨。自束发之年,订抚尘之契,交绥艺苑,掉鞅文场。斯时也,稚存负雄骜之姿,仲则挟飞腾之气,渊如擅宏通之誉,叔讷矜广奥之才,莫不鹰扬其体,彪炳其文,逞汰辀之勇,效彻札之能。君乃北拒南连,左萦右拂,当万人之故,车骑雍容;合九国之师,旌旗整暇,伟长在应刘之例,别有风裁;巨源居嵇阮之间,独推识度。每当书古谈洽,灯凉酒温,濡毫而醉默争飞,击节而惊花乱落,豪情激越,逸兴纵横,此一时也。”⑦没有提及徐书受和杨伦。毕沅编《吴会英才集》中只收入了洪亮吉、黄景仁、孙星衍、杨伦和徐书

---

① 〔清〕毕沅:《教经堂诗集序》,徐书受《教经堂诗集》卷首,清嘉庆四年刻本。

② 〔清〕吴育:《亦有生斋集文后序》,赵怀玉《亦有生斋集》卷首,《续修四库全书》第1470册,上海古籍出版社1995年版。

③ 张惟骧:《小双寂庵琐谈》,稿本。

④ 〔清〕钱林、王藻:《文献征存录》卷四,《清代传记丛刊》学林类第八册,台北明文书局1985年版。

⑤ 〔清〕朱珪:《题黄仲则遗稿》,《知足斋集诗集》卷一四,《续修四库全书》第1452册,上海古籍出版社1995年版。

⑥ 〔清〕袁枚:《随园诗话》卷七,人民文学出版社1960年版,第271页。

⑦ 〔清〕杨芳灿:《亦有生斋集总序》,赵怀玉:《亦有生斋集》卷首《续修四库全书》第1470册。

受，没有吕星垣和赵怀玉。[①]以上所有提法中只有三个人维持不变，即洪亮吉、黄景仁与孙星衍，可见这三人应该是毗陵七子的中心人物。

其次，赵怀玉、洪亮吉、吕星垣、徐书受、孙星衍、杨伦六人彼此之间都有或亲或疏的姻亲关系。特别是洪亮吉和赵怀玉是表亲，洪亮吉和杨伦的外家都是蒋氏，杨伦是孙星衍的从姐夫，"从姐夫杨西禾伦负诗名，迭相唱和，呼为畏友"[②]，关系犹为亲密。钱伯垧也曾称："杨系表亲，星垣为余姑子也。"[③]同时，吕家的缓云阁、徐家的云溪草堂和赵家的方玉堂、味辛斋及洪亮吉外家蒋氏的杏花楼都处于在白云溪的南岸，彼此毗邻而居，赵怀玉在吕星垣的墓志铭中，便称"君及余文宴往来，少小相结，称莫逆焉"，因此他们之间很有可能早就认识。

黄景仁住在白云溪北岸的马山埠，他在《题洪稚存机声灯影图》中便提到："君家云溪南，我家云溪北。唤渡时过从，两小便相识。"[④]但他们两个真正订交则在乾隆三十一年(1766)，"岁丙戌，亮吉亦就童子试，至江阴，遇君于逆旅中。亮吉携母孺人所授汉魏乐府锓本，暇辄朱墨其上，间有拟作，君见而嗜之，约共效其体，日数篇，逾月，君所诣出亮吉上，遂订交焉。"[⑤]次年黄景仁与洪亮吉、杨伦同在龙城书院师从邵齐焘。

洪亮吉与孙星衍的认识则有多种说法，根据《洪北江年谱》，他们之间的认识迟至乾隆三十九年(1774)，"十月，始与孙星衍订交。"[⑥]《黄仲则年谱》则称乾隆三十四年(1769)，黄仲则便与杨伦、洪亮吉、孙星衍同游扬州。[⑦]孙星衍《澄清堂稿》卷下有《偕杨三(伦)洪大(礼吉)黄二(景仁)放舟看荷至平山堂》诗，但未有时间记录。《洪北江先生年谱》中没有关于洪亮吉在乾隆三十四年前往扬州的记载，而乾隆三十九年他恰恰在扬州安定书院肄业。

拙见以为，孙星衍与洪亮吉之间的交往，应该在乾隆三十七年(1772)以后。孙星衍家在双桂坊，是七子中唯一不住在白云溪两岸的，而且他早年随父亲宦游句容，和家乡文人关系没有其他人那么亲密，七子中与之相交最早的应该是从姐夫杨伦。不过《孙渊如先生年谱》中曾言，乾隆三十七年时，他为洪亮吉外舅蒋和宁所知，"索诗观之，大加赏异。"[⑧]因此他与洪亮吉相识可能会早于乾隆三十九年。而乾隆三十九年，应该是七子这一称号出现的一年。关于这一点，洪亮吉、黄景仁、孙星衍三人的年谱中都有着类似的记录。

《洪北江先生年谱》："十月，始与孙星衍订交。同里则孙黄赵诸君外，复皆杨君伦、吕君星垣、徐君书受唱酬无间，号七子。"

---

① 参见《吴会英才集》，清嘉庆刻本。

② 〔清〕张绍南：《孙渊如先生年谱》，《北京图书馆藏珍本年谱丛刊》第119册，北京图书馆出版社1997年版。

③ 《钱鲁斯书册跋》，张惟《小双寂庵琐谈》，稿本。

④ 〔清〕黄仲则：《两当轩集》卷一五，上海古籍出版社1983年版，第276页。

⑤ 〔清〕洪亮吉：《卷施阁文甲集》卷十，中华书局2001年版，第212页。

⑥ 〔清〕吕培：《洪北江先生年谱》乾隆三十九年条，《近代史料丛刊》第95辑，台北文海出版有限公司1975年版。

⑦ 黄葆树等编：《黄仲则研究资料》，上海古籍出版社1986年版，第33页。

⑧ 〔清〕张绍南：《孙渊如先生年谱》。

《孙渊如先生年谱》："九月归常州，居王氏宅，与同里洪亮吉、黄景仁、赵怀玉、杨伦、吕星垣文燕无虚日。"①

《黄仲则年谱》："时先生里友孙星衍方自句曲归武进，亮吉馆扬州榷署，以贫故兼肄业安定书院，值秋试旋里，里人诗友称是年为最盛。"②

据钱伯垧回忆，他们对七子这一称号一直保持一种回避的态度，"余丁酉自京师，偕尚之旋里，获与洪杨诸君畅叙，诸君则深避嫌于七子之称也"③。洪亮吉在给徐书受的诗中也有"七子才名虚拟议"④的感叹，但是由于他们才情横逸，议论风发，都具有全国性的影响，因此关于七子的称呼也一直延续了下去。

二、家世与婚姻

七子成员都有家谱，或者传记，得以列出一个清晰的谱系，疏理他们之间的关系，以下便分别予以阐述。

1. 黄景仁⑤

黄景仁系浮桥黄氏，是宋代黄庭坚弟黄叔达的后人。黄叔达子黄柮，由分宁县双井徙清江县荷湖，明初黄遵由荷湖徙常州，是为迁常始祖。根据家谱，黄遵，武进县学教谕，掌常州府印务20余年，因绅士攀辕，遂入籍武进。原配生子三，俱在江西原籍。继配杨氏生子四，舆、肃、时、观，俱随任武进。第三世即二房黄肃之子黄孟瓛，为天顺己卯(1459)举人，授南京太常寺典簿，改湖广安（按）察使司经历。其子第四黄俊，为弘治乙卯(1495)举人，己未(1499)进士，官山东都转运使，这是浮桥黄氏的第一个进士。黄俊孙，第六世黄宪卿，则为嘉靖丁酉(1537)举人，庚戌(1550)进士。官至江西按察使司副使，第十一世黄大乐，高淳县学训导，配吕氏，生子一，即黄景仁父黄之琰。⑥第十二世黄之琰，县学生。原配吴氏，继配屠氏，生子二，庚龄，吴出⑦；黄景仁，屠出。

2. 吕星垣⑧

常州吕氏自称是宋代著名学者吕祖泰的后裔。吕祖泰在南宋迁居宜兴，传七世春鹂公吕成由宜兴徙居毗陵，是为迁常始祖。第五世吕宫为顺治丁亥(1647)状元，从此迁居城内白

---

① 〔清〕吕培：《洪北江先生年谱》。

② 黄葆树等编：《黄仲则研究资料》，第47页。

③ 《钱鲁斯书册跋》。

④ 〔清〕洪亮吉：《卷施阁诗集》卷十五，《洪亮吉集》，第810页。

⑤ 《毗陵浮桥黄氏宗谱》，民国二十二年留余堂木活字本残本。

⑥ 洪亮吉《卷施阁文甲集》卷十《候选县丞附监生黄君行状》及毛庆善、季锡畴《黄仲则先生年谱》皆作"之掞"。据家谱卷一"四房世系图"，其同辈群从兄弟有之琏、之珍、玉玑等，当以"之琰"为是。

⑦ 黄庚龄卒于乾隆二十九年，故洪亮吉等友人有时呼黄景仁为"黄大"，有时呼为"黄二。"

⑧ 《毗陵吕氏族谱》，光绪四年木活字本。

云溪，是为在城分支始迁祖。第六世吕宫第三子吕方嘉，配海宁陈氏文渊阁大学士陈之阁女。第七世吕方嘉次子吕锟，配顺治进士，安阳杨氏杨兆鲁的孙女。第八世吕锟次子吕灏，配新河徐氏，徐永宣之女。第九世吕锟次子吕扬廷，配段庄钱氏钱人麟之女，生第十世吕星垣。值得注意的是杨伦是安阳杨氏杨兆鲁的后人，徐书受则是新河徐氏徐永宣的曾孙，因此杨伦、吕星垣、徐书受之间有姻亲关系，且均属于世代联姻性质。这种世代联姻应该是与杨兆鲁、吕宫、徐元珙几乎同时中进士，在朝为官有关。如吕方嘉之兄吕方洪的女儿嫁给了杨兆鲁的孙子杨文三，吕方洪之子吕廷鹓的女儿则嫁给了杨文三之子杨振飞，吕方嘉的女儿嫁给了徐永宣，吕灏的女儿则嫁给了徐永宣的次子，徐书受的叔祖徐梅。吕扬廷之弟吕重华则娶了徐永宣的侄子徐朝柱。此外，吕氏和孙氏也有联姻关系，吕灏之弟吕仲吕之子吕荣光娶了孙衡的女儿，孙衡是孙星衍五世祖孙觫之孙，吕荣光的女儿则嫁给了孙衡的孙子，孙骏的儿子孙显曾。吕灏另一个弟弟吕汝砺的曾孙吕嗣麟则娶了孙骏的孙女，只不过孙衡一支和孙星衍已经是五世而迁的远房。

3. 徐书受①

新河徐氏原为江阴人，明景泰间徐泰官荆门知州，徐泰子徐元菽官鸿胪寺序班，始徙武进，占籍为武进人。四传，至夔州别驾徐秉忠，徐秉忠子徐旸，徐旸生子徐元珙顺治乙未(1655)进士，官终都察院左都御史，成为新河徐氏迁城支的始迁祖。徐元珙三子徐永宣，号茶坪，康熙三十九年(1700)进士，授户部主事。徐永宣是清初著名的诗人，肆力于诗古文辞，号称与“王士祯、朱彝尊相颉颃”，“东南硕果，领袖骚坛，末学后生，仰若山斗”②。徐永宣娶吕方嘉女，生子二，徐植、徐梅。长子徐梅，娶吕灏女，次子徐植，娶山西布政司无锡陶正中女。徐植次子徐士勋，举人，彭山县知县，妻杨氏，徐士勋子徐书受，庚子(1780)顺天副榜，妻杨氏。徐书受的从兄徐大榕，壬辰(1772)进士，也与毗陵七子交往颇为密切。洪亮吉曾用“二十年前契最学深，鸣珂南巷酒时斟。阿兄作吏能强项，小弟裁诗学呕心”③来记述他与徐氏兄弟之间的交往。徐氏除了与吕氏之间所保持的世代联姻外，值得注意的婚姻还有，徐梅之子徐勋娶了西营汤氏汤大绅之女，徐永宣的侄孙徐辂娶了段庄钱氏，吕星垣的外祖父钱人麟之兄钱人龙之女。

4. 孙星衍④

明初，孙价以贤良征授尚宝司司丞，晋阶奉训大夫，始居常州赐第，为常州始迁祖。价有九子，第五房为孙宁，孙宁后裔，第七世臬为鸿胪寺卿，娶当时江南文坛领袖唐顺之女，生子三，长子孙慎言，次子孙慎思，三子为万历乙未(1595)探花，礼部尚书孙慎行。慎思次子为孙觫，孙觫次子孙自仪，自仪长子孙谋，康熙三十三年(1694)进士，孙谋子枝生，枝生子勋，乾隆二十一年(1756)举人，娶管氏，勋子即为星衍，乾隆五十二年(1787)探花，娶进士王光燮女，

---

① 《新河徐氏宗谱》，咸丰二年存桂堂木活字本。

② 〔清〕汤大绅：《徐永宣传》，《新河徐氏宗谱》卷九。

③ 〔清〕洪亮吉：《卷施阁诗集》卷一五，《洪亮吉集》，第 10 页。

④ 《毗陵孙氏家乘》，道光十三年木活字本残本。

星衍二子，长为廷镳，娶举人刘弼全女，次子廷镛，娶状元，苏州著名文人石韫玉女。孙氏除了与吕氏有世代联姻关系外，值得注意的还有，孙鵌长孙，孙贤娶常州庄氏庄同生女，孙自仪之孙、孙骧娶洪亮吉外舅祖蒋芳洲女，孙星衍从叔孙文起拔娶程景傅女。

5. 杨伦①

元末杨拯始迁无锡安阳，为安阳杨氏始迁祖。第十世杨何，迁居常州城内鸣珂里，遂入籍武进，为迁城分始迁祖。杨何四子第十一世杨应育，娶蒋怀溪女，杨应育次子第十二世杨兆鲁，顺治九年(1652)娶胡氏，第十三世杨兆鲁次子世亦，娶陆仲容女，世亦次子第十四世杨维坤，娶翰林院检讨孙自式女，维坤子第十五世杨颢，娶吕棠溪女，颢子第十六世杨诗南，娶蒋羹树女，诗南子第十七世杨伦，乾隆四十六年(1781)进士，娶孙烈女。其中杨伦的母亲正是来自洪亮吉的外家蒋氏，不过杨伦要小洪亮吉一辈，他称洪亮吉的表弟蒋宝善为舅舅，洪亮吉的舅舅蒋和宁为外从祖舅。

除了杨氏与吕氏之间的世代联姻外，杨氏与孙氏之间的关系最为密切，除了杨维坤娶孙自式女，杨伦娶孙烈女外，杨诗南之女也嫁给了孙烈，孙烈是孙星衍父亲的兄弟。同时杨伦高祖杨世亦之女嫁给了观庄赵氏的赵鲤诏，赵鲤诏是赵怀玉高祖赵熊诏的弟弟。

6. 赵怀玉②

观庄赵氏自称出宋朝王室之后，赵德昭第十世孙赵孟堙自南宋起定居常州，为迁常一世祖，第十六世赵珍于元末明初从武进政成乡迁居栖鸾乡观庄，是为观庄始祖。第二十四世赵继鼎为崇祯庚辰(1640)进士，为赵氏入城六房始迁祖，娶白氏，生子第二十五世赵申乔，为康熙庚戌(1670)进士，官至左都御史、户部尚书，娶龚氏。申乔长子二十六世长子赵熊诏，为康熙己丑(1709)状元，女儿嫁给了洪亮吉祖父洪宷。熊诏长子第二十七世赵侗敩，妻黄氏，侗敩四子赵绳男，妻叶氏。绳男子第二十九世赵怀玉，乾隆四十五年(1780)召试举人。

7. 洪亮吉③

洪亮吉原籍徽州歙县洪源，高祖洪建德，国子监生，娶程氏，长子即曾祖洪璟，康熙戊寅(1698)拔贡生，山西大同知府，娶汪氏，次子洪宷，字封旅，国子监生，娶赵怀玉高祖赵熊诏女儿，开始入赘常州，为洪氏常州支始祖。洪宷子洪翘，娶雍正甲辰(1724)科举人蒋敩淳女，洪翘子洪亮吉，乾隆五十五年(1790)探花。

文学趣味虽然在理论上属于所有人，但实际上却属于支配着社会的少数“权力精英”。文化资源可以作为辨识特定社会阶层的身份标志，而文化精英阶层可以凭借其独特的策略，增加或保存他们的文化资源，来获取和维持他们在文化场域的最大利益。而其中一个重要策略，便是通过家族的传承和婚姻的延展。稳固的家族制度和家族内部对教育的重视可以保证文化资源的代际传递，而可靠的婚姻策略则可以通过建立一个更广阔的社会网络来实

① 《安阳杨氏族谱》，民国三年敦睦堂木活字本。

② 《观庄赵氏支谱》，民国十七年木活字本。

③ 〔清〕吕培：《洪北江先生年谱》。

现文化资源的交换和增值。从上述所列的谱系可以发现，毗陵七子中的五人，都出生在本地有影响的大家族中，他们所在本支的前世都出现过在本地甚至是全国的文化场域有着举足轻重影响的人物。家族良好的文化资本的积累为后人取得成功提供了扎实的基础。同时，这些大家族之间所组建的婚姻网络圈，如吕、杨、徐三家之间，杨氏和孙氏之间的世代联姻，不仅促进了他们之间的文化资本的传承与交换，而且组成了一个看似松散，实则严密的网络，使得他们获得了优越于一般人的学习和交流渠道，正是这一整套机制才保证了他们家族中会不断产生新的文化精英。

但文化资本的获得和积累并非完全被本地的名门望族所垄断，一个稳定社会的文化资本构建机制需要同构型交换与异质性交换机会的平衡。正如林南所指出的，一个不能为异质性交换提供足够机会的系统会减少社会流动机会，从而促进社会内部阶层意识的发展，导致潜在的阶级冲突。①所以一个稳定的文化资源积累机制应该具有一定的开放性和包容性。洪氏的发展就代表了一个外来新兴家族如何融入本地文化精英的良好范例。洪亮吉原出歙县洪源，其曾祖父洪璟为山西大同知府，其祖父洪宷与常州赵氏联姻，入赘常州，娶了赵熊诏的女儿，很可能与赵熊诏之弟赵凤诏时任山西太原知府有关。这是洪氏进入本地文人精英交往圈的第一步。但随着赵凤诏因贪污问罪，赵申乔、赵熊诏父子相继去世，洪氏必然受到了牵累，同时，洪璟自己也亏负"城工核减帑项数十万"，洪亮吉便云："先大父以外氏株累，又为大王父偿大同城工核减帑项，赀产遂罄。"②而《洪母蒋太孺人圹志铭》也称："洪公子公宷偿大同官逋十有余万，不以累弟昆，受托赵氏孤，坐累家声，卒全之。"洪氏的发展便遇到了困境。这时城中望族蒋氏，因为洪宷"藉藉有孝义声"，称其有"隐德"③，遂将女儿嫁给了洪宷之子洪翘。这一方面固然表明了本地家族之间的合作共济关系，但更突出地显示了文化精英家族在决定婚姻策略时更注重于文化资本而非权力资本和经济资本。在邓尔麟对无锡的研究中指出，钱穆的外家蔡氏决定与钱氏联姻时也采取了几乎同样的策略。④正如布尔迪厄所指出的："世家大族的地位从来不完全取决于也从来不完全不取决于它们的经济基础，而且，虽然经济利益从来就是拒绝门户不当婚姻的一个考虑因素，但小户人家可能倾其所有，将自家的一个女儿嫁给一个大族长子，而大户人家的长子也可能拒绝一门经济上更为有利的亲事，而选择一桩门当户对的婚姻。"这种门当户对，往往便是对伦理道德的看重。所以布迪厄认为精英家族的婚姻策略"或许是出于维护伦理习性方面的考虑：家族接纳的女性必须能够体现对于本阶级的尊重，并且能够不断地教育后代尊重本阶级道德。"⑤其实女方在选婿时也

---

① [美]林南：《社会资本：关于社会结构和行动的理论》，张磊译，上海人民出版社2005年版，第180页。

② 〔清〕洪亮吉：《卷施阁文乙集》卷二，《洪亮吉集》，第288页。

③ 〔清〕郑虎文：《吞松阁文集》卷三四，《四库未收书辑刊》第10辑第14册，北京出版社1997年版。

④ 参见Denerline, Jerry: Marriage, Adoption and Charity in the Development of Lineages in Wu-his from Sung to Ch'ing, Ebrey & Watson(eds), Kinship organization in late imperial China, 1000—1940, University of California Press, 1999。

⑤ [法]布尔迪厄：《实践感》，蒋骅桦译，译林出版社2003年版，第236页。

会基于同样的考虑。这种对伦理道德的重视在中国传统社会文化精英的婚姻策略中占据了尤为重要的地位。同时值得注意的是，社会资源较高、资源较丰富的人与社会资源较低，资源贫乏的人之间的不平等的互动与交换并不是那么简单的事。前者可以凭借这种关系获得社会资本，可以拥有好义惜才的名声，提高社会信用，积累象征资本。洪亮吉也正是依靠与外氏蒋家的关系，才能在幼年时获得相对良好的教育，进入本地学术文化圈，实现了自己文化资本的积累。

黄景仁的个案则与其他几人不同。黄景仁出身于一个非常普通的家族中，没有与城市文化精英的核心圈有任何联系，但他仍然可以凭借其无可比拟的天才进入学术文化场域，并被公认为七子中最有才华的一个。“毗陵七子谁第一，睥睨沧溟空结坛。羡煞神仙偶游戏，飘然卖赋入长安。”①布迪厄认为早熟的学生往往来自社会地位和文化资本都相对优越的家庭，因此早熟或者天才其实是文化继承的一种表现。②但是在黄景仁的事例中可以发现，固然会有部分名门望族的子女依靠社会地位和文化资本的积累，可以成为天才，但早熟毕竟是一种不可传承和习得的天赋，外界的因素并不一定能够起到决定性的作用。洪亮吉曾回忆他与黄景仁初次相遇时的情景，“亮吉携母孺人所授汉魏乐府锓本，暇辄朱墨其上，间有拟作，君见而嗜之，约共效其体，日数篇，逾月，君所诣出亮吉上。”③黄景仁在之前不一定看到过汉魏乐府，但是他可以凭借他独到的天才，迅速的领会和学习，甚至超过天赋同样极高，并且已经训练的洪亮吉。由此可见，在决定个人文化影响力的高下方面，自身天赋将起到一个极其重要的作用。正是他自身的天赋，使得他这样没有显赫出身，耀眼功名的人，能在文化场域有着举足轻重的影响力，令无数人为之倾倒，一直延续至今不衰。但同时，也不能把文化场域的开放性和流动性作太高的评价，更不能把特例视为常态。正如林南所同时指出的：“一个积极鼓励异质性交换的系统会产生大量的流动，从而导致结构的不稳定性，因为这样的系统很难维持团结，结果是社会混乱，短暂性的互动与群体团结的缺乏威胁着系统自身的整合。”④仍以黄景仁为例，虽然他出身于一个普通的城市家族，但这个家族仍然是非常典型的文人家族，其祖父是县学训导，父亲是生员，这种出身保证了黄景仁在经济上能够摆脱从事远离学术文化的体力性工作的可能性，在文化上也保证了他从小能够受到正规的教育，这为他的才华奠定了一个坚实的基础。同时任何一个人文化资本的积累都是在一定的环境下进行，黄景仁所处城市优越的文化氛围为他的才华发展提供了一个良好的环境。他所居住的白云溪是文人聚集的场所，这保证了他可以很顺利地凭借自身的才华进入文人学术的交流网络，不仅积累自己的文化资本，还可以构建自己的社会网络，迅速被网络上层核心人物如蒋和宁等人所赏识，和这些上层核心人物建立互利的交换关系，提高自己在社会网络中的层级。此外，城市中如龙城书院良好的教育设施，政府官员潘恂、王祖肃对教育的关心，也为他

① 〔清〕赵希璜：《四百三十二峰草堂诗草》卷二，《续修四库全书》第1471册，上海古籍出版社1995年版。

② ［法］布尔迪厄：《国家精英》，杨亚平译，商务印书馆2004年版，第34页。

③ 〔清〕洪亮吉：《卷施阁文甲集》卷十《候选县丞附监生黄君行状》。

④ ［美］林南：《社会资本：关于社会结构和行动的理论》，第180页。

提供了良好的学习条件，并由此遇到影响他一生的龙城书院山长邵齐焘。然而，另一方面，正是因为他不是出生在传统的世家大族，自幼贫病交加，无法拥有和其他人一样的经济资本和社会资本，所以也就养成他的孤独、敏感，不合群，也使得一些学术界的中坚人物们对他抱着既爱又恨的复杂态度，所以他这样的人只可能是学术史上的特例，而并非常态。同时由于没有强大家族的支撑，保证文化资源的传承和延展，也使得他的出现只是刹那间的光亮，却无法永恒。

三、七子与本地文人交友圈

七子和本地文人之间的联系也非常密切，为了具体化这种交往关系，笔者拟根据七子各自的文集作一个量化的分析。在分析之前，需要指出的是，文集并不是一个最理想的资料依据，文人在整理自己的文集时都会有一些删减，这些删减有的是作者自己进行或者是指定别人进行的，如赵怀玉在《亦有生斋集自叙》中便有记录有人帮助他“编定文而商去取”，有的是别人未经作者同意操作的，如黄景仁的诗集则公认经过了翁方纲等人的删除，所以洪亮吉有“删去花月少精神”的叹息。还有许多文人不自收拾，写完既有散佚的，成书之后也因为各种原因，湮没不彰。吕星垣和徐书受的诗集便相对较为少见。但是除了文集之外，很难再找到更好的定量分析数据。因此，这一研究只能是一个初步和不完全的，仅希望可以提供一个作进一步分析的基本依据。

表 22-1　毗陵七子本地交游网络一览表①

姓名（行）／姓名（列）／次数	洪亮吉	孙星衍	赵怀玉	黄景仁	杨伦	吕星垣	徐书受
洪亮吉	/	19	30	29	9	2	12
孙星衍	75	/	13	5	14	1	9
赵怀玉	28	3	/	6	14	1	7
黄景仁	35	7	6	/	3		8
杨　伦	13	2	8	2	/		15
吕星垣	4	1	2		1	/	5
徐书受	8	4	1	7	1		/
毕　涵	1		1				
程景傅			7		3		

① 本表只收录与毗陵七子中两人及两人以上有交往者。本表除七子之外，其他人均根据姓氏拼音排序。

续表

姓名 次数 姓名	洪亮吉	孙星衍	赵怀玉	黄景仁	杨伦	吕星垣	徐书受
崔龙见	4		5		4		5
崔景仪	8		5		1	1	2
丁履端	3		5			2	1
董达章	2						11
董思驷	2		1		1	1	4
段达和	2		2				
管幹珍	1				1		
管世铭	6					2	3
管学洛	1						
蒋宝善	1				3		
蒋和宁	4	3	3		1		
蒋龙昌	1		2				
蒋熊昌	7		14		4		
蒋青曜	2			5			
蒋齐曜	4						
刘召扬	2		2				
刘种之	4	1	4				
刘跃云			2		1		
陆广霖	1		3				
陆继辂	9		5				
陆耀遹	1		7				
毛颖士			2				3
钱伯埛	4		2		1	2	14
钱维城	2		1				
钱维乔	22		7		2	1	
钱中铣	2		1			1	
钱　璟	1						
汤大奎	5		3				
屠　绅	2		6				6
王育琮	1	1	2				

续表

姓名 \ 次数 \ 姓名	洪亮吉	孙星衍	赵怀玉	黄景仁	杨伦	吕星垣	徐书受
徐大榕	4	2	3		5		7
杨芳灿	5		5	4	1		2
杨　揆	3		2				1
杨　炜	5		2	1	2		2
杨梦符	5		5				5
杨嵎谷	2						
周仪暐	1		1				
赵　翼	19	1	6				1
庄宝书	3		11		4		2
庄关和	1		1				
庄逵吉	1	2					
庄　炘	11	5	15				
庄绳祖	1		4		1		
庄通敏	4		1				
庄选辰	1		4		3		
庄勇成			5		1		
庄宇逵	6		5				
庄曾诒	1		1				
左　辅	6		3	14	1		4

本表资料来源：洪亮吉《洪亮吉集》，孙星衍《孙渊如先生全集》，黄景仁《两当轩集》，赵怀玉《亦有生斋集》，杨伦《九柏山房诗集》，吕星垣《白云草堂诗文集》，徐书受《教经堂诗集》。

首先，从表中可知，七子之间的交往在他们人际交往中占据了最重要的部分。七子中，洪亮吉、孙星衍、赵怀玉、杨伦、徐书受五人与其他六人都有相互唱和的诗篇或者书信来往。吕星垣的诗集中与杨伦、徐书受和黄景仁没有相互之间的酬唱，但这应该是与吕星垣的诗作留存过少有关，从杨伦和徐书受的文集中都有与其交往的记录便可证明。其次，从数量上看，七子之间的交往十分频繁。如洪亮吉的文章中，与孙星衍、赵怀玉、黄景仁的诗文往来是最多的，尤其是与孙星衍的唱和诗文竟占据了他所有相关文章的一半左右。孙星衍的文章中与洪亮吉和黄景仁的交往是最多的。赵怀玉则与洪亮吉往来最多，与孙星衍和黄景仁的唱和也较可观。黄景仁与洪亮吉的关系最为密切。与杨伦交往最多的三个人则是孙星衍、赵怀玉和洪亮吉。和徐书受唱和最多的则是杨伦。吕星垣诗文中唱和诗虽留存较少，但也有数次与洪亮吉的酬唱。再次，虽然本表统计数量不尽可靠，但很明显，七子之间虽看似一体，但仍有亲疏远近，从数量统计可知，洪亮吉、孙星衍、赵怀玉、黄景仁仍是七子中最为核心和最为活跃的成员，这也同前面提及的所谓四才子之说恰好相合。

下面再讨论七子与本地其他文人之间的关系，以及由他们所构建的关系网络。钱伯埛曾有关于与他同时的常州文人的较为详细的记录，这里不厌其长，全文抄录如下，并将上表中人物加粗标明：

> 吾乡卅年前墨卷盛行，鲜究实学，士风大坏。自余姑子**庄虚庵**（引者按，即庄炘，下同）年十五，即以诗文着声，刘文定（纶）尝谓当为吾常首屈一指。**家叔竹**（钱维乔）初继之，予以追附其间。然家叔以十五岁冠军入泮，制艺已造精深，予则未能也。虚庵长予六岁，家叔少予一岁，及后得**管氏竹林（世铭）**、**庄宝书（然一）**、**赵味辛（怀玉）**，互相切磋，不肯随俗。味辛订交时年十四耳。至予羁留都下十数年，闻家乡有七才子之目，为**洪稚存（亮吉）**、**黄仲则**、**杨西河伦**、**徐尚之书受**、**孙渊如**、**吕星垣**，味辛首列焉。洪则蒋心余先生赠诗有云"万口争传洪礼吉"者也。渊如尊人抡元勋为余至契，渊如年十二，杂坐联句，应声云："吾侪放浪百年后，仍作星斗归青天。"气概大是不凡。仲则善铁笔，或投之石，辄置之，在京师半日为予刻石三方。尚之亦晤于京师，尝持诗册属订，余为直笔，极为投契。余丁酉自京师，偕尚之旋里，获与洪杨诸君畅叙，诸君则深避嫌于七子之称也。稚存入都时，请余曰："功名中若有一毫苟且，且即无以对良友，请识之。"杨系表亲，星垣为余姑子也。今七子中赵得中书，杨成进士，洪举人，徐中副车，余三人为秀才，余旋里后又得表弟蒋汉房云一，熟史学，工篆隶，深《易经》。其从弟松如、承曾学亦相似，特工制艺。**庄印山宇逵**诗文成名家，精史学。诸子立行不苟，夜无杂梦，酒兴独豪。庄大久献可昔富于诗，忽弃之，读《周礼》成书，其从祖方耕宗伯亟赏之。洪稚存论其似蔡邕独断后注《春秋》，庚子同赴试金陵，归过黄天荡，狂风陡作，船几覆，同人失色，大久犹手持《春秋》一篇如故也。姑子**董超然达章**少不好文，至二十许，方笔忽奇突，学诗半年，蓦入杜韩之至，今在京师。前得徐尚之书云："董超然学业有成，纪晓岚少司空、程鱼门编修诸先生甚垂之。"**杨君六梦府**早成孝廉，工骈体，翁覃溪学士推为徐庾后身，此数子说吾邑中未易才也。顾余自束发以来，所服膺弗释者，有汤宾鹭修业三丈，孝行克修，熟理学源流，《明史》年月甲子，皆考订无误。制艺直逼罗艾，诗赋余技，亦足睥睨一切，著书甚伙，不肯示人，唯余得览观焉。年五十余犹然。从子**纬堂**（大奎）亦当日墨卷名家，特工诗古文词者也。兰楣同学出此册索书，因见纬堂诗话，旧雨兴怀，为录数则，则又举里中所知缀其后。兰楣少负隽才，他日气类之感，安知其不有合也。时乾隆癸卯正月谷旦，钱伯埛记。①

① 《钱鲁斯书册跋》，张惟骧：《小双寂庵琐谈》，稿本。

从以上的分析和介绍中，可以发现，以毗陵七子为中心的文人交际网络全部是居住在城市中，没有一个住在乡村，其中赵翼和钱维城、钱维乔还是本家族在城分始迁祖。青果巷和白云溪则是文化聚居的中心，青果巷、西瀛里一带包括前街董氏、段庄钱氏、西营刘氏、西营汤氏、庄氏西支、蒋炳家族，白云溪包括安阳杨氏、常州庄氏东支、西盖赵氏、华渡里管氏、陆氏、蒋镐家族。这再次证明，常州的文化精英其实便是城市文化精英，常州的精英文化其实是城市的精英文化。城市的特性便是一个交换的空间，城市与乡村的最大差异便是交换机会的多寡，城居可以拥有高于乡村的交换机会，这种交换包括经济资本、社会资本和文化资本，这也是为什么城市中会聚集如此众多的文化精英的原因所在。但同时，传统社会中的城市文化并非和现代一样，完全是流动和开放的。从上面各个家族的婚姻关系及其聚居情况来看，城市的文化精英之间的交往的基础仍是血缘和地缘的关系。一方面，城市作为一个人群聚散的平台，资源交往的空间，为文化精英提供了一个更加多元的人际关系网络，使他们可以突破乡土文化单一而封闭的限制，但另一方面，这个多元的人际关系网络却依然没有突破血缘和地缘的限制，而是以婚姻和聚居为中心，随之而扩散开的同心圆。正是这种既封闭又开放的关系网络才构建成了传统社会城市文人的交往空间。

婚姻关系只是文人关系网络构建的一个基础，定期或者不定期的文人集会则是文人关系网络扩展的前提。前述已经提及，毗陵七子之称便始于乾隆三十九年无虚日的“文燕往来”。会有聚合、汇合之意，人聚集之地即可称会。《论语·颜渊》有云：“君子以文会友。”所以后人因此称文人相聚谈艺为会文。这种以相聚谈艺为主题的文人集会的历史非常悠久，至唐宋间文人集会的形式开始基本定型，而到明代以后则盛极一时。

文人集会中最典型的形式便是诗社或者文社。清兴以后，鉴于文社的影响力，对文社、诗社等均采取严厉禁止的态度，如《松下杂抄》便录有学宫卧碑，其中第八款：“生员不许纠党多人，立盟结社，把持官府，武断乡曲，所作文字不许妄行刊刻，违者听提调官治罪。”虽然一般文人骚客诗酒流连，并不禁止，但清代的“社”在影响力上远不及明代，其功能也仅限于讨论制艺，切磋诗文上了。而且即使这种纯粹文字性质的集会也受到了各种限制。如金捧阊便记录了他在集社过程中遇到的烦恼：

> 辛亥余受谈湘亭，聘馆陶园，野水红桥，小山绿竹，历历忆之。仿米家之韵事，已易新诗，驻陶氏之名园，如逢旧雨。庄竹所、蒋立庵、赵味辛辈过访，并以新诗见赠。味辛元唱，有芳邻喜结羊求侣，杨随安次韵，有输与羊求频过从之句，谓李鹿仔、唐乐野也。吾乡前辈名家，次韵几及三百首。将以付梓，忽被俗客投笺，遂致中辍，至今怅然。①

可见，这种文人聚会一有风吹草动，便仍然会引起官方的警惕。但是一般而言，诗社、文社仍大都正常举行。由于清代常州诗歌文学极为兴盛，这样的诗社和文社也很多，尤以诗社为

① 〔清〕金捧阊：《客窗偶笔》卷二，同治七年刻本。

最。杨伦先祖杨兆鲁曾在年谱中回忆,“壬子(1672)五十五岁,举诗文社于近园,一月一举,同社毛补庵重倬、黄艾庵永、毛公阮羽宸、董易农文骥、龚琅霞百药、孙风山自式、陈椒峰玉基、董舜民元凯、钱梅仙嘏(虞山人),共十人。”①《毗陵诗录》则对清代常州诗社作了一个详细的回顾:

> 有清武阳夙称诗国。清初六逸,洪北江先生以杨为首,邹吁士、董文友、陈赓明、龚介眉四先生称毗陵四家,其时有谷诒社、浣花社、峨眉社、碧山吟社,互张旗鼓,学子翕然从之。乾隆壬寅癸卯间味辛先生偕蒋莘仲、程命三、庄勉余、蜚英、皋直五先生共举吟社,闻风入社时有增加。数十年大略言之:杨氏腾光馆、赵氏山茶厅、味辛斋、汤氏东坡遗馆、左氏念宛斋、洪氏卷施阁、管氏读雪山房、陆氏崇百药斋、双白燕堂、汪氏采真轩,为诗人觞咏最盛之所。庚申后仅存山茶厅、读雪山房、东坡遗馆、采真轩,赓歌久歇,采真轩今且为握算之所矣。②

文中提及的吟社五位主持人便是表中的赵怀玉、蒋熊昌、程景傅、庄绳祖、庄选辰,此外还包括庄勇成。赵怀玉有较详细的关于吟社活动之记载:

> 乾隆壬寅,癸卯间里中六人共举吟社,太守蒋君辛仲先生其一也。其五人则程学博命三、庄文学勉余、大令蜚英、进士皋直及余而已。自余闻风入社,时有增加。而此六人未尝更易。每浃旬必一举拈题赋诗,征经史,作新令,往往流连达旦。惜乎仅二年而止。③
>
> 岁壬寅,乞假归省,偕君(按,即庄勇成)举吟社,同会者程君景傅、蒋君熊昌及君族子绳祖、选辰,它客或有增减,此六人常在座。每集拈题分体后,各出觞政,务为新奇以取胜,往往达旦不止,乡党友朋之乐是岁为极盛。④

除了以上六人外,经常参与吟社的,还有赵翼、洪亮吉、杨伦等,赵翼诗中便称“好联北郭新吟社(城中程霖岩、蒋立庵辈诗社甚盛),恰近东坡旧寓楼”⑤。杨伦诗中还记录了三次吟社的活动,即“中秋后三日蒋立庵太守息养斋吟社八集,观苏文忠书丰乐醉翁两亭记拓本”,“重九前一日遂初堂吟社九集同赋小兰亭三味柏之甘蔗”,“九日立庵太守息养斋吟社十集,同用

---

① 〔清〕杨兆鲁:《遂初堂文集》卷十,康熙十三年刻本。
② 赵震:《毗陵诗录》卷首《绪言》,民国十一年铅印本。
③ 〔清〕赵怀玉:《亦有生斋集文》卷四。
④ 〔清〕赵怀玉:《亦有生斋集文》卷一八。
⑤ 〔清〕赵翼:《自西盖村移居郡城顾塘桥即事之二》,华夫主编《赵翼编年诗全集》卷二八,天津古籍出版社1996年版,第798页。

工部蓝田崔氏庄韵”[①]，可知从八月十八至九月初九，二十天左右，吟社举行了三次活动，重九前后，更是连续举行了两天。聚会地点则有蒋熊昌的息养庵，杨伦先祖杨兆鲁所建的遂初堂。而据赵怀玉《亦有生斋集》，七集应该是在味辛斋，二集是在苏东坡旧居的藤花旧馆洗砚池。[②]

除了以讨论诗艺和制艺为主题的诗社和文社之外，文人雅集的形式还有很多，基本上都会明确一个主题，然后将声气相投的文人聚集在一起，如怡老会、修禊雅集等。怡老会始于白居易的香山会，主要是由退休官员为怡情适性举行的群体活动，之后文人雅士纷纷效仿，虽冠以九老会、五老会、四老会、真率会等不同名称，但具有相同的怡老性质。宋代常州张守及其兄弟便有四老会的活动。清代常州的怡老会则堪称极盛。如汤大宾，“暇与里中耆宿仿唐宋人故事，举同甲九老会诸会，一时称为人瑞。”[③]蒋和宁婿汪廷栻，“丁酉、戊戌之间集同里庄君燧、汤君大奎、杨君望秦、庄君炘及余为真率之会，号饮中六友。”[④]赵翼记载了四老人会：“程霖岩、汤蓉溪、杨静叔与君同甲午生，皆八旬以外，有四老人会。”[⑤]洪亮吉也曾经主持过怡老会：“稚存招同里中老人孙上舍葆舒年九十、余八十、吴上舍俊臣七十，家味辛司马六十，皆取成数。其余吴封翁屏七十八，杨刺史述庭七十七，吴封翁简斋七十五，刘瀛坡总戎七十三，并以次列坐，主人亦六十一矣。乡邦此会颇称佳话。”[⑥]

相对于文社、诗社的主题限制和怡老会的年龄规定而言，没有太多约束的修禊雅集是文人聚会的另一种主要形式。如金武祥先祖金玠堂与赵怀玉、程景傅、蒋熊昌、管世铭等人参与的陶园修禊便是典型：“金君玠堂馆陈渡桥陶园，前明唐荆川先生读书处也，孙文介公遗墨犹存。近为契友谈氏别业，葺治一园，栏有药，池有莲，庭榭幽闲，水木清华，信小饮之奥区也。谈氏尊师好客，玠堂勤学工诗，诸朋友连袂过之，相与觞咏于清流怪石间。赵君味辛首唱四韵、蒋立庵继之，继而和者甚众，斐然遂成一编。一时文物风流，胜情逸韵，殆略似兰亭、桃李园乎？”[⑦]修禊的形式很多，除了游园、赏花等常见的主题外，比较著名的便是消夏会和消寒会。消寒会的历史非常悠久，《开元天宝遗事》便有所谓暖冬会的记载，当是消寒会的前身，一般是“冬月，士大夫约同人围炉饮酒，迭为宾主，谓之‘消寒’”[⑧]。消夏会则是避暑，形式与消寒会相同。常州当时消寒会、消夏会举行次数非常频繁，黄景仁便有“东城旧有消寒会，几辈依然共往还”[⑨]之句。除了消夏会、消寒会之外，还有其他形式。如蝴蝶会，亦称壶碟会，“则各携酒肴两三具而来，如有两人所携名色复出者则须罚，另设一筵，不徒金谷例也。”[⑩]蝴

① 〔清〕杨伦：《九柏山房诗集》卷七，嘉庆十七年刻本。

② 〔清〕赵怀玉：《亦有生斋集诗》卷八。

③④ 〔清〕赵怀玉：《亦有生斋集文》卷一七。

⑤ 〔清〕赵翼：《挽汪屏周》，《赵翼编年诗全集》卷四二，第1346页。

⑥ 〔清〕赵翼：《赵翼编年诗全集》，第1852页。

⑦ 〔清〕金捧阊：《客窗偶笔》卷3《陶园雅集》。

⑧ 李家瑞编：《北平风俗类征》，上海文艺出版社1985年版，第309页。

⑨ 〔清〕黄仲则：《两当轩集》卷七，第183页。

⑩ 〔清〕金武祥：《陶庐五忆》，光绪粟香室丛书本。

蝶会是清代非常普遍的文人雅集形式，如洪亮吉诗题中便有“清明日招同人各携一壶一碟至舣舟亭小集，酒半崔三景偁以事先去，余十五人并至月午始归，分韵得阙字”[①]“花朝日乍晴邀诸同人各携一壶一碟至舣舟亭小饮，乘月乃归，即席成长句一首。”[②]此外还有一元会，“频年与诸朋旧作消寒雅集，各醵金一元，故又名一元会。”撇兰会，“近年同人小集戏为撇兰之法，先画兰一丛于纸，其叶适符同人之数，书分钱若干于兰根，迭纸不露，各书号于叶，乃出兰根视之，则知应各认分钱若干，多寡不一，其中必有一伴食者，以为笑乐。”[③]

以文会友是每个文人的心愿，文人精英需要获得认同，他们在彼此的互动中寻找身份的认同和感情的交流，这种互动链最终便形成和提供了文化资源，促进了文人群体的形成。正如王鸿泰所言，从文人集会的活动的多样性及频繁性来看，可以发现他们是要通过集会和集社的形式使文人精英之间的交往活动取得一种确定的形式，让他们的来往互动有一个稳定的“制度”作为凭借，以此保证其互动内容的进行，保证彼此之间的关系。这种活动是文人圈形成之后，意图将偶然性、个别性的交往活动，加以固定化的结果，这个发展可以说是一个形式化的过程。[④]赵怀玉分别有《邀同人小吟启》及《同人吟社久不举迭韵促之》诗，由此可以一窥文人对于这种集会形式的重视程度，以及这种形式的“制度化”趋向：

同人吟社久不举迭韵促之[⑤]

未入吟坛旷经暑，羊公之鹤愁难舞。向之散者今渐并，譬治废田重拓圃。
贾余犹可张吾军，岂惜擘笺走旁午。歌成同志况欣赏，画辨藾甘与薏苦。
新凉风月好乘兴，咫尺近园泉石古。如何欲战尚坚壁，连日孤负催诗雨。
长庆松陵莫笑人，顾理壶尊系庭宇。不然芦墅亦佳游，盍往观乎具篙橹。

邀同人小饮启[⑥]

人怜久病，花怅将离。千金在橐，方闻陆生之归（刘卣于新自粤东回）；一行赴官，又见安石之出（庄葆琛将谒选），将迎之际，能无慨乎？顷者瓮余藏醪，园有新笋，爰谋小集，以宣积怀，佛当浴后，敬诹十日为期；仙附饮中，适成八人之数。

这种社交活动的形式化，一方面可以说是社交活动高度发展的结果，另一方面，也使得社交活动进一步发展，成为一种可以帮助成员取得社会资源，又可以将成员规范化的社会制度。一个人要成为文人，必须认同这种社会制度，进入交往圈。一旦进入交往圈，他们就可

① 〔清〕洪亮吉：《更生斋诗集》卷六，《洪亮吉集》，第1360页。
② 〔清〕洪亮吉：《更生斋诗集》卷三，《洪亮吉集》，第1257页。
③ 〔清〕金武祥：《陶庐五忆》。
④ 王鸿泰：《流动与互动：由明清间城市生活的特性探测公众场域的开展》，台湾大学历史系博士学位论文，1999年，第202—203页。
⑤ 〔清〕赵怀玉：《亦有生斋集诗》卷八。
⑥ 〔清〕赵怀玉：《亦有生斋集文》卷十。

以获得更多的社会资源以及提高自己文化资源的机会。这也是这种文人集会存在的原因所在。和上一节所讨论的家族一样，文人圈也可以视为一个由文人组成的社会集体，这个集体同样再生产出属于本集体所有的公共资本，同样有一整套规则（和家族的家规不同，这种规则往往是非正式的）规范其成员之间的互动关系以及行动者对共享资源的获取与使用，正是这些规则为成员确立了义务与报酬。

集体中的领袖成员会通过提拔进入本群体的新成员或者弱势成员来获得名声之类的社会资本，同时也提高群体的声望，促进群体内部的团结和群体公共资本的积累。新成员则依赖这个集体来获取各种资本，以提高其文化资源。以毗陵七子为例，正是他们进入了这一集体之后，才获得了在集体中占据领导地位的文化领袖的赏识，随即开始获得其重要的文化资源。

当时在常州文人圈占据领袖地位的是钱维城和蒋和宁，毗陵七子大多都曾得到此二人的赏识和提拔。以钱维城为例，前述毕沅便认为他是常州诗歌史上的一代宗师，影响毗陵七子至巨："今毗陵钱文敏公以沉宏博丽之才，提倡后学，一时异才辈出，指出胜屈，而七子为最著。"①洪亮吉等人也均以师长视之，洪亮吉便承认"余为文敏门下门生"②，多次提及钱维城对他的提拔："余幼时谒萧山公（即钱人麟），即蒙奖识，及长受尚书之知，又与大令及伯埛兄弟并称莫逆"③，"尚书钱文敏公见予所制乐府百首及游山诗，奇赏之，适以事归，遂徒步访焉"，"文敏公常以识余不早为恨，临没犹为公子中铣、中钰言之，并属订交加礼焉"。④如果说钱维城远在京城，其影响主要还是在精神上和诗艺上的话，那么蒋和宁对毗陵七子的赏识更是实际行动上的不遗余力。蒋和宁是蒋汾功之子，蒋汾功是常州学派开山庄存与的老师⑤，他和杨椿是清前期常州公认的古文大家，赵怀玉便称："吾郡之以古文名者，自唐襄文后如邵子湘、董文友诸君继起不乏，而近时耳熟而心仪，尤在农先（椿）先生与蒋东委（汾功）先生两家之作。"⑥蒋汾功、蒋和宁父子是常州清代文学创作传承谱系中承上启下的重要一环，从毗陵七子到后世阳湖文派无不受其影响，所以蒋和宁对毗陵七子的影响主要是在古文的创作上。蒋和宁是洪亮吉的舅舅，很早便开始对他的创作进行指点："余弱冠时与里中诸同人结会课于杨氏腾光馆，共四十人，诸老宿俱在，而侍御舅氏评其文，以余为第一，因是始至舅氏宅起居。舅氏因渐教余作诗古文之法，并逢人说项焉。"⑦赵怀玉的老师毛今是蒋汾功的学生，"既见蒋先生，学为韩欧阳氏之文"⑧，赵怀玉自己也受到过蒋和宁的指点，"御史君宏奖后

① 〔清〕毕沅：《教经堂诗集序》。
② 〔清〕洪亮吉：《卷施阁诗集》卷八，《洪亮吉集》，第 607 页。
③ 〔清〕洪亮吉：《卷施阁诗集》卷一七，《洪亮吉集》，第 841 页。
④ 〔清〕洪亮吉：《卷施阁文集》卷二，《洪亮吉集》，第 289 页。
⑤ 〔清〕庄存与：《读孟居文集》序。
⑥ 〔清〕赵怀玉：《亦有生斋集文》卷三。
⑦ 〔清〕洪亮吉：《外家纪闻》，《古今说本丛书》影印本第五集，上海文艺出版社 1991 年版。
⑧ 〔清〕赵怀玉：《亦有生斋集文》卷一六。

进，怀玉首以诗文见知，赏奇析疑，言必称家法，以是虽未及从先生游，而绪言余论窃闻久矣”①。蒋和宁对毗陵七子的影响并不仅限于对文学创作方面的具体指点，更重要的他是将毗陵七子以及许多文人带入常州文化精英圈的引路人。孙星衍年谱中便载有“同里蒋侍御和宁知君才，索诗观之，大加赏异”②。洪亮吉对蒋和宁奖励后进的历程作了详细的记述：

> 侍御舅氏生平奖假后进，壬午癸未奉讳里居日，尤留意里中人才，时余甫成童，尚未为先生所知。一日先生谒外王母于南楼，大令、检讨二舅氏并在侧，先生忽语曰：里中今有五隽才，二弟欲知之乎？盖指**管庶常幹珍**、**刘庶常种之**，**钱孝廉维乔**、**庄明经炘**、吕上舍岳自也。五人者惟上舍老而不遇，其四人者则皆科名仕宦有声，余时闻而慕之，后皆及与订交。继先生又拔二人于童子军中，曰史文学次星、**董太守思駉**，才亦可亚五人。后五六年中，先生始极赏**余及黄二尹景仁**、**孙兵备星衍**，云此三人者才复在五人上矣。③

上述蒋和宁所提拔赏识的10人中，进入前表的有8人，其比例之高令人惊叹。而且蒋和宁所提拔者远远不止这些，赵怀玉便曾回忆：“时侍御蒋用安先生和宁罢官里居，好奖人才，余与史右张次星、董蕙畴思駉、洪华峰莲俱有国士之目。”④蒋和宁是杨伦的从外祖，杨伦“九岁能诗文，为祖舅蒋和宁所器”⑤，蒋和宁对杨伦的指点教导在后者《哭蒋定安舅氏》一诗中有具体的描述：“忆昨初见君，文章许阿士。下交折辈行，朋旧少与比。家居颇附近，相隔仅尺咫。踏月时叩门，闻我辄倒屣。新诗互评骘，丹黄杂案几。”⑥即便是小一辈的陆继辂也曾受到蒋和宁的指点，“用安先生尤爱继辂，八九岁时尝命作文，王赞齐桓晋文谲正论，大被赏誉，今日思之，殆如隔世”⑦。

在某一类社会集体中，生存和延续是由于财富的积累，而在另外许多社会集体中，生存和延续则来源于内部的团结和共识的确立。对后来者的赏识与提拔是文人精英这一社会集体保持其活力，获得其延续的重要策略。布迪厄曾称：“被集团公认为贤人或头面人物者，即使没有获得任何正式授权，也被委以一种得到默认的集团权力，他们理应通过自己的示范行为和特有影响，不断提醒集团记住其认同的价值标准。”⑧所以这种对新进者的赏识和提拔是应该代际相传的。

关于文人集会的另一要讨论的便是其封闭性和开放性的问题。一方面，正如王鸿泰所

---

① 〔清〕赵怀玉：《亦有生斋集文》卷三。

② 〔清〕张绍南：《孙渊如先生年谱》。

③ 〔清〕洪亮吉：《外家纪闻》。

④ 〔清〕赵怀玉：《收庵居士自叙年谱略》卷上，《北京图书馆藏珍本年谱丛刊》第117册，北京图书馆出版社1997年版，第？页。

⑤ 〔清〕赵怀玉：《亦有生斋集文》卷一八。

⑥ 〔清〕杨伦：《九柏山房诗集》卷一，嘉庆十二年刻本。

⑦ 〔清〕陆继辂：《合肥学舍札记》卷一。

⑧ ［法］布尔迪厄：《实践感》，第206页。

指出的，社是一种同好性的组织，其组成的基本出发点是结合同好。有些本来就认识的同好为密切交流而集结成社，除了这种封闭性的社之外，更多的社是为了交结同好，所以社主要不是为了建立一个封闭性的人际网，而是要借社以扩张其人际网络。也就是说，社是一种形式化的社交机制，使得社交活动制度化，透过这个制度，不特定性对象的人可以建立确定的人际关系。①因此，社是开放的，也是可以延展的。由于文人精英的活动范围不可能局限于本地，出游是他们的常见的活动方式，因此他们的交往圈可以随着活动范围的扩大而不断扩展。以毗陵七子为例，他们真正获得全国性的影响还是在走出常州之后。洪亮吉、孙星衍日后的考据学转型也是与当时整个江南地区的考据风盛行有关，与他们和更广范围内的文人交往有关。即便在本地，由于城市位于交通要道，商业发达、人口流动性高，其社交场域也将随之增大，城市内的社交圈也不可能只局限于本地人的参与。邵齐焘便对毗陵七子影响深远。

但同时也要指出，文人精英的交往圈仍是以本地为中心，甚至以家族为中心的。以钱维城为中心的"鸣秋合籁"②便是一个典型个案。

> 钱文敏以诗画名，女浣青得其口授，京师休沐之所曰绿云书屋，昔海宁陈文简居此，王横云尚书所署，其东有簃焉曰古青斋，文敏拜御赐之诗而名之也。庄虚庵为文敏甥，管韫山尊人与文敏有连，皆尝馆邸第，文敏弟竹初偕犹子味菽数省视文敏，文敏为浣青相攸得永济崔曼亭，虚庵之姑子也，既就婚，文敏留不遣去，此五人者相得甚欢。或斗险韵，策旧事为笑乐，庭有老桑近百余年物，绿阴蔚一亩，视其景移屋角，则文敏退朝竞就质疑，及举所得请甲乙以为常。曼亭名龙见，侨寓阳湖，浣青名孟钿，唱随风雅，曼亭著述无多，有词一道附附浣青集中。三子幼而能诗，竹初题词有郎种甘棠见视草，修来福命胜梅花之句。复有浣青从母之子杨与岑及曼亭子云客。③

钱维城家族当时居住在北京，但是其集会仍是以本家族为中心，扩展至亲戚朋友的小团体聚会。其中主要成员仍是前表中的钱维城、钱维乔、钱中铣、崔龙见、庄炘、管世铭数人。

四、结　　语

常州本属富饶的江南地区，城市商业发达，经济繁荣，区域内的平均收入水平高于其他地区，清末阳湖知县四川人李超琼便称："江南耕作之徒一人终岁所需，足给蜀农五人之

---

① 王鸿泰：《流动与互动：由明清间城市生活的特性探测公众场域的开展》，第201页。

② 〔清〕参见钱维乔辑《鸣秋合籁》，清乾隆五十年刻本。

③ 〔清〕杨仲羲：《雪桥诗话》续集卷五，北京古籍出版社1991年版，第341—342页。

费。”[①]城市在经济资本聚集方面对乡村的压倒性优势，又使得文人聚集于城市，这便是常州城市文化发展背后的经济因素。从社会资本看，常州不仅家庭中有着重教育，重学习的传统，而且背后有着强大的宗族组织的支撑，以保证本家族在文化资源方面的持续垄断。而且和其他地方，如宁波鄞县作比较，常州科举家族的成功率和持续性方面要明显胜出，这也是清代常州学术文化繁盛的重要原因。同时，城市和乡村不同，城市是一个更为开放的空间，科举家族在城市的聚集，使得他们能够通过婚姻、师生、朋友、邻居等关系更紧密的连接在一起，组成一个较乡村远为人数庞大，且更为紧密的文人团体，这些文人团体以一些兼具学识和地位的文人，如庄存与、钱维城、蒋和宁等为核心，以一些精英分子如毗陵七子、爰日草堂诸子为骨干，以城市为主要活动区域，通过宗族关系、婚姻关系、师生关系、邻居关系，将其影响力逐级扩散，形成了一个貌似松散，实则紧密的学术文化圈，使得常州最终成为“诗国”“名士部落”。这些文化精英通过诗酒文会等类似于制度化的活动形式，强化内部的共识，增强了凝聚力，内部形成了一种强烈的自豪感和认同感，常州文人的文章中经常有“吾乡”“吾常”“吾党”等富于情感色彩的字眼，这种强烈的地域观念和群体意识表现在学术文化上，便促使了常州学术文化有着鲜明的个性色彩，常州清代诸多学术流派的崛起，也正是这种潜在的感情与意志的纽带所起到的作用。同时，文人群体中的精英领袖又不断通过对后来者的赏识和提拔来维持文化精英的代际延续，保证了常州有清一代文脉不断，即使经过太平天国战争的洗礼，到清末民初又迎来了一个新的发展高潮。此外，城市不是一个孤立的个体，城市文化也不是独立、封闭的发展，相反，正是因为城市所具有的开放性的特征，使得城市比乡村更能得风气之先，可以更多地同外来的文化进行交流，一方面城市的文人精英圈也会吸纳来自外地的文化精英，另一方面，城市的文化精英活动范围也会超出本乡本土，没有钱陆灿的推广，常州清代的诗学不会如此兴盛，没有卢文弨、邵齐焘的精心培养，洪亮吉、黄景仁、李兆洛、臧镛等一些文化精英不会涌现，常州的城市学术文化正是不断的交流，不断的引进中取得了自己的长足发展。

（叶舟，上海社会科学院历史研究所助理研究员）

① 〔清〕李超琼：《阳湖留署陈明地方情形》，《石船居公牍剩稿》，光绪二十二年活字本。

王韬佚文辑录

□秦　蓁

［摘　要］ 王韬《弢园文录外编》十二卷，收文一百七十余篇，多次刊行，世人皆能见而读之。沪上藏家具有《弢园文录》写本二册，当是作者将所存之原稿汇订以保留者，为世所仅见之王韬文集稿本残卷，殊足珍视。今先将《弢园文录》稿本中佚文九篇录出，标校刊布。上海图书馆藏《东坡先生仇池笔记》《农事直说、衿阳杂录》《唐丞相曲江张先生文集》《周氏集》四书中有王韬手书题跋，一并录出，以供相关研究者之参考。

［关键词］ 王韬；稿本；佚文；题跋

王韬自撰《弢园著述总目》之《弢园文录外编》条云："余文本分内外两编，《内编》多言性理学术，辛酉（按即咸丰十一年，1861）冬间溺于水中，一字无存。《外编》乃就客粤时所作汇辑成书，中间多论时事。"①今《外编》十二卷，收文一百七十余篇，多次刊行，世人皆能见而读之，取为研究王韬及近代史之重要资料。

近日于沪上王氏双德堂睹其所藏《弢园文录》写本二册，竹纸线装，封面签条题"弢园文录"，下小字"共二册"，以乾、坤为序。乾册卷首题"弢园文录卷二"，坤册卷首夹有浮签书"弢园文录卷八"，均署"长洲王韬仲弢甫"。正文中颇多涂乙增删之处，天头偶有对刊行版式之提示，如《粤逆寇祸崖略》注"文宗皇帝另行起"，《香港略论》注"与前叶相连，勿另叶起，以下仿此"等。经与上海图书馆所藏明刻本《仇池笔记》《周氏集》②等书中王韬手书题跋字迹比对，签条及内文俱为王韬手迹无疑。此二册书，当是作者将所存之原稿汇订以保留者，为世所仅见之王韬文集稿本残卷，殊足珍视。

乾册二十二叶，收文九篇，其中《反用强说（丁巳年作）》《请废时文议论》《贩人出洋辑录跋（代）》三篇为《弢园文录外编》所不载；坤册三十八叶，收文十篇，其中《筹灭闽贼事宜（乙丑）》《潮州郡洋人入城事宜议》《请兴西学议》《解惑论》《客问》《苕上老农问答》六篇为《外编》所不载，此九篇为王韬集外佚文。其余十篇虽载《外编》中，但文字多有异同，亦具文献校勘之价值。

南京图书馆藏有一部王氏天南遁窟钞本《弢园文录》，存卷二之六及卷八，收文58篇，约有6篇溢出《外编》，具体篇目未详，仅知其中亦有《贩人出洋辑录跋》一篇，唯"贩"字误作"贬"。③南

---

① 天南遁叟手校待刊：《弢园著述总目》，光绪十五年铅印本。

② 上海图书馆编：《上海图书馆善本题跋真迹》，上海辞书出版社2013年版。

③ 萧永宏：《〈弢园文录〉史事钩沉——兼说稿本〈弢园文录〉的史料价值及学术意义》，《中华文史论丛》，2006年第3期，第299—310页。

图本实乃抄本，非王氏手稿，其中是否有稿本不载之文，尚待访阅审定。

今先将《弢园文录》稿本中佚文九篇录出，标校刊布。上海图书馆藏《东坡先生仇池笔记》《农事直说、衿阳杂录》《唐丞相曲江张先生文集》《周氏集》四书中有王韬手书题跋，乃一并录出，以供相关研究者之参考。至于据私家藏稿本及南图藏钞本重新校订弢园文集，则俟诸他日，书此以为左券。

反用强说 丁巳年作

云间韩孝廉菉卿作《用强说》一篇，邮筒寄示，意在抑英国之强也。大旨谓：刚必缺，亢必晦，强与弱互相消长，弓用则敝，刀用则钝，不可徒恃强也。

王子读之，曰：韩子思深哉。此今之有心人也。虽然，韩子之意在欲讽其不用，王子之意则正深望乎有能用之者也，二者意正相反。不用在彼，不可必也；用之在我，可自操也。韩子但以用言用，而未尝知用犹不用，有神于用之先者，而用乃无伤矣。庖丁之解牛也，十九年而刃新发于硎；蒲庐之射也，以虚弦惊之而鸟已落。然则强亦观其所用何如耳。当用而用，不得谓之黩武。极言之，即秦始之筑长城，后世犹蒙其利；汉武之通四裔，至今犹震其名。何则？三代而下，不能以仁道治天下，柔天下以弱，不如威天下以强也。苟宽和失中，委靡自域，未有不底于亡者。唐从段文昌消兵之议，而两河不复；宋措兵革而不用，而子孙终受制于金元。强安可一日不用哉。甲胄久藏则朽，戈矛久顿则坏，文治修则武备驰。在朝诸臣粉饰太平，草野士夫厌谈兵事，而祸遂发于不可制矣。所贵乎用强者，不示天下以可犯之机，不与四邻以可乘之衅，静可自守，动可制人。苟如弓与刀之卷而不用，而曰保强之道在是，吾立见其蹶也。长洲王韬撰。

请废时文议

甚矣，时文之足以坏人才也，盖自始基已误之矣。方其肄业之初，父兄以是教，子弟以是学，而师以是相传。其孝友睦姻任恤，不暇问也；志节礼义廉耻，不暇详也。终日孜孜，惟功名是冀。幸而得之，骄亲友，欺乡党，视兄弟为路人，薄父母为昏瞆。於戏，国家取士安用若此之人哉。故论者谓，今之士子，一无实用可裨于世，其弊盖由于时文始。

昔者赭冠之乱，扰攘十有七载，东南数省，蹂躏极矣。室家亡破，骨肉离散，被其祸之烈者亦不少矣。为其裹胁以去，忍耻苟活，而得乘间逸出者，所在多有，而卒未闻一人特然杰起，枕戈尝胆，出一奇计，为国家翦灭妖氛，为己身湔雪仇怨，为数百万生灵拔诸水火，登诸衽席，皆因循委靡，苟偷旦夕之安，止为衣食之计。其稍有赀者，捐纳出仕，不过利民以奉己，瘠国以肥身，要结当道，取媚上司，以求升迁。贼至则远遁矣，贼未至则告病或终养矣，不幸而城不可保，身不可逃，则犹得博殉难之名而入昭忠之祠。所谓未雨绸缪，婴城固守，出奇制胜，挫贼自全者，未之有也，则直以官场为利薮也。其稍有才干者，则夤缘钻刺，求入军营，或掌簿书会计，或供折奏文移，稍得胜仗，亦可附名邀赏，或有舞弊侵吞，赡其私橐，而从未闻上一条陈、献一密计，足以制贼死命，下贼坚城，惟知伴食而已，则直以军营为金窟也。盖其为官从军，志在谋利，立念已差，安得收其效哉？其有僻居闾里者，非不知抵掌时务，叹不可为，而所行每不副所言，小头锐面，尤为可鄙。

呜呼，天下大矣，九州众矣，岂无殊才异能，横出侪类，足以戡乱而定难乎？何以至今勋臣疆吏赫然建殊功者，仅寥寥屈指可数也？汉有王莽之乱，而邓禹、冯异佐光武而中兴，汉灵之时黄巾窃起，而一时草莽群雄并驰角立，遂成三国鼎足之势。六朝以来，代不乏人。隋室分崩，中原瓦裂，而太宗以神武之姿，驭贤良之佐，抚绥四方，削僭伪。安史之乱则有郭子仪、李光弼，使社稷危而复安。有宋南渡，则岳武穆、韩蕲王数人，却强邻，歼悍敌，戮力疆场，以安王室，卒成偏安之局。元室将亡，群思割据，若陈友谅、张士诚，亦未易才也，而明太祖起自微贱，无尺寸之藉，其佐命元勋，即收之同里，竟能混一海宇，奄兹九有。由是观之，人才岂少也哉！乃何以有明末季，流寇李自成、张献忠串扰遍天下，纵横十数年，任其蹂躏奋驰，无人出而制之，必待吴三桂借兵本朝，始平祸难？其后虽有福王据江南，鲁王据闽，桂王据粤，而辅佐无人，旋归覆灭。其守忠全节如史可法、瞿式耜，虽明大义，非将才也。岂非明太祖以时文取士之咎哉？不然，何以人才不古若也？

夫时文仅优孟衣冠耳，其代圣贤立言者，谬也。诂经不能究其精深，言理不能阐其奥妙，自少至壮，精神全注于是，而无暇旁及于用世之学，以为无足重轻，略焉不讲，一旦有事，岂复可用？其侥取科第，出作民上者，刑名钱谷，自有承乏之人，胥吏纵弊，亦瞢然无知，其有留心经济者，则群笑以为迂。且有穷老终身，不邀录用者。古人学而后入官，今则以漫不知政之人，遽令其临事莅民，不亦难乎？古者有乡举里选之法，朝野皆以气节相高，今则入塾读书之时，徒以他日之富贵宠荣歆动其心，其始之立念已迥异矣，无怪乎人才之不相及也。不废时文，而天下之弊岂可骤除哉？

贩人出洋辑录跋　代

呜呼，天下事变之极，未有居人为奇货者也。此风始行于阿非利加洲，而渐及于中国，近且遍设招工之馆，盛收亡命之徒，拐诱贩鬻，其弊百出，明目张胆，无所顾忌。噫，果谁使之然哉？则以有藏奸之薮穴，而指引发纵者之不一其人也。

窃思贩卖为奴一事，久为欧洲诸大国所严禁，深恶痛绝，已不啻申诫再三，有犯之者，船货入官，人则置诸狴犴，其罚之重如此。列邦因是相戒，一旦尽释黑人之为奴者，殆且数百万，其法立而令行又如此。

独至中国濠镜一隅，乃为其东道逆旅，阳托招工，而阴行拐贩，连樯满载而去，莫敢谁何。

欧洲诸大国以为地非所属，势难越俎，于是岁以中国十余万生灵，舍身命于洪涛巨浸之中、瘴雨荒烟之地，永沦异域，莫返故乡，是岂非极人世之至艰，而为生辰之不幸者欤？余目见耳闻，痛心疾首，思欲一朝尽革其弊，则莫如先去其藏身之固。人微言轻，所怀未逮，然此中正不敢一刻或忘也。

间尝论之，我中国幅员之广，人物之众，材用之富，甲于天下，苟有善用之者，何难折冲于万里之外，以宣著我国威，昭明我王度，如班定远、傅介子其人者。即不然，申画郊圻，严修边徼，示之以防范之道，布之以文告之辞，使皆守我所命而勿敢越，亦易易耳。无奈三十余年来，外祸甫宁，内患迭作，发捻回苗，蹂躏几半中原，民庶流离，皆救死而恐不赡。其贫而无赖者，又相率迸走异方以谋食，因而远人之无仁心者，招诱罗致，设百计以为之牢笼，揣量肥瘠，贱逾鹿豕，一入其中，无异登于鬼箓，盖惨酷残忍之事，无有过于斯者也。

今上以冲龄继圣，四方乱逆，渐次诛夷，海外诸小邦，无不慕化向诚，叩关而求互市，梯航毕集，琛赆同来。特简重臣，乘槎远使，遍历泰西，通问讲好，盖自生民以来所未有也。至于岭峤，远隔京师千万里，小民疾痛之隐，或者无由上达。是固谁为江统之著论、郑侠之绘图，以进之九重者？设果有之，余知我皇上痌瘝之念，必惕乎宵旰，一夫失所，皇然若四海之未治。然则居间贩鬻者，其罪不通于天乎？

余久处香海，与濠镜仅隔一水，习见是辈诪张为幻，恻然为之深忧，甚至寝馈俱忘，形神坐废。痛同类之沉渊，能勿急为援手？伤凶人之设阱，不禁黯自椎心。苟有可以为力，虽赴汤蹈火，倒箧倾囊，亦所不辞，务欲其出诸水火，而登诸袵席而后已。近数年间，或延律师以与之辨折，或纠同志捐赀代赎，或反覆呈请丁英官秉公释放，拯一人即所以保全家，活一民即所以张国体，万分之一，虽等诸夸父之逐日、鲁阳之挥戈，其志则愚，其情可谅。自此贩拐之徒，绝迹于港中，并不敢轻言假道。第其藏垢纳污之所，尚未能清其源而绝其根也。虽其间亦有慈和惠爱者，思欲一洗其积习，而卒为登垄射利之人所牵制，以致仁政不行，恶谋愈肆，良可叹也。

窃闻近日英美两国议院尝论及是事，无不慨然振臂以起，欲为数百万民命解倒悬之厄。俄人已谕其航海诸船，毋得载华人佣工者出洋，意至善，法至良也。此真不可失之机也。余故识英国驻港制军麦公，于其言旋也，特以是事请，令与其国议政大臣商，要宜中外协力，同申禁令。又上书爵绅阜剌，乞其请命国家，力除宿弊。夫以欧洲诸国，闻有此风，无不激发仁衷，恢张义愤，思代为之所。况我堂堂中国，忍令漠然置之而不顾哉？天高听叩九阍而告之者，无其人也。

旅居多暇，因得遍搜近时日报，有涉于拐诱鬻卖诸弊者，辑录成书，所编悉据原文，不为删易，惟词色有未雅驯者略加润色，盖欲著其真也。窃谓此议之兴，人皆以为难，而不知无难也。精卫填海，愚公移山，竭我力之所至而已。况乎欧洲各国之人，见余之书者，必且引为警诫，立予禁绝，则上以养天地之和，下以奠群生之命，其关系岂浅鲜哉？不然者，彼且以我中国之民贩之远方，几同货畜，辱国殃民，莫此为甚。凡我同人，阅是书而知其弊，亦岂能默默无一词，任听其然乎？故余谓无难者，固天下人心公是非之所在也。所采日报如《香港中外新报》为英人孖剌所设,《香港近事编录》为西洋人罗郎也所设,《香港华字日报》为陈君蔼廷与英人所设。

筹灭闽贼事宜 乙丑

当今平贼之要,其略有五,曰密侦探以悉其情,广招抚以孤其党,杜接济以失其援,设伏诱敌以挫其锐,迎机用谋以疑其心。此五者不在用力攻剿之中,而亦用兵者所不废也。夫贼至今日已不足平,而睹此流氛尚炽,闽粤恐或被其毒,草野小民不禁抱杞人之深忧,而欲效愚者之一得。如当事者以为可采则采之,不可采则置诸言之无罪之例可也。

何以曰密侦探以悉其情也?古之为将者必明斥堠,斥堠不明则贼猝至而无应敌之具,必至仓皇奔避,而贼反得以乘我,故善行军当常如遇敌,善守城者当常如有寇。今贼旁窜穷奔,其所至岂尽有成见?然亦必舍坚而陷瑕,未至之先,亦必有黠贼为之间谍,奸民为之内应。我苟有确探之人,则其奸谋立泄,奸谋泄则贼知我有备,而其来缓矣。川督骆公之剿翼贼也,幕下健儿干弁蓄发以往来贼中者不下数十百人,贼之喘息皆知,卒至翼酋授首,蜀寇胥平,此已事之验也。侦探得人,然后能就逸待劳,避实击虚,贼势众炽则徐攻以懈之,贼胆虚慑则急剿以速之。即如漳州之贼数号八万,其实真贼不过三万有余,余皆至闽裹胁者。其后分踞七县,在漳浦者为伪凛王刘肇钧,真贼仅二千,储粟虽多,而军用不足。在云霄者为伪烈王朱义德,粤党三千有余,粮不足以支数月,官军攻之急,已有去志。此厦门西人在贼中出者所亲述,谅非虚言。漳州虽为伪侍王李世贤所踞,而其党多非心服,所联属者惟在漳郡之贼耳,此外不由其统制。贼仅能行陆而不能越水,则当备之于陆,而不必备之于水。闽粤之交皆山行而少平地,多设坎阱,则贼骑无所逞,是守之于城不如先守之于野,凡所以能出奇制胜,皆由乎侦伺之明而已。否则贼来我避,贼去我至,即曰搏战,两相轰击,药多炮中者胜。其所谓侦探者,类皆无胆识之下走,酒肉淫博,以了数日,返而以虚词塞责而已,是曰具文,何密之有?

何以曰广招抚以孤其党也?近日闽省之贼,粤东西之人居十之四,江皖浙之人居十之六,所有为伪王者皆粤人也,势涣情蹙之余,岂不思自拔求生?特以作贼尚可缓死,投诚恐无生理,且亦无往说作导者,则彼亦欲降无从耳。前伪忠王李秀成之被擒也,力劝官兵不宜专杀两广之人,恐粤贼愈孤,逆党愈固,军事仍无了日。曾侯颇采其言。况今之伪王日多,较之昔时,不过一著名头目耳,苟能于官军未至之先献城纳款者,即可贷以不死,予以更新,如浙之萧某,其成例也。圣朝宽大之恩,亘古无二,凡贼有自拔来归、杀酋立功者,非惟免诛,并且邀赏,煌煌纶綍,已遍传各直省矣。特恐贼困踞一隅,中外隔绝,无由仰知我朝之恩意,则可于贼所至处遍帖誊黄,广为宣谕。夫解散之法,略有数端。近贼处专设抚局,凡来者或按籍发遣,或留军听用,且有不必薙发,结以恩信,供我驱使者。临阵时则立投诚不杀之旗,安见弃械崩角之无人也。至于招抚劝谕,则有甚难其人者。曩时蜀中白莲教之起,刘清辄亲入贼营谕降,而贼不加害。今贼非可以人理论,惟有密侦探,结内应,广抚纳,用土人以递消息而已。闻伪侍王之党，欲从者半，欲降者亦半，江皖浙之众无不思归诚而脱于贼窟者。前近厦门之地有薙发出者八人，皆为官军执杀。此或贼侦伺，杀之固非误，然不若留其半而纵其半，即令往招其党，谓来者必曲予生全。虽未必果有用也，而贼中已知我之不杀矣。要知贼之始炽，则法在剿贼，之将涣，利在抚，开诚布公，创例于一二贼目，即可收千百之效。当事者何顾虑而不为哉？

何以曰杜接济以失其援也？接济之重者，火器粮米，其粮米食物多售自内地奸民，而火器非内地所有，近自厦门，远自香港，必有冒险以射利者。虽西国大宪设禁甚严，而贪者固愍不畏法矣。然与其望禁之于彼，不如防之自我。防陆当先防海，海中虽汪洋莫测，而附城近贼之地，可以运货登岸者止有数处，苟能扼其要隘，虽有轮船，安能飞越？即诿曰巡舟藐小，不足以慑高巨之舶，则彼舶之来，必先停泊，然后入城告贼，觅艇运货，计需时至速亦当一二日，此已可往商西官，遣员讯讯矣。闻近缉一船，辨无实据，此或货已消售，故狡辨有词。不能防之于方来，而仅缉之于将去，未始非逻察守御者先事之疏也。即如漳浦城外有石陀尾者，距县东三十里许，其地并无守兵，闻有巨舶往泊四五日，城贼率队前往，觅艇不得，因而空返。此卫所居民所亲见者。舟泊何久，贼往何事？谓非接济之显然者哉，此防海之当先者也。至于陆地，虽有官兵堵扼，而亦宜兼用乡团。闽之山路多歧，可以曲绕他道，为奸民者多远由小径，官兵每不胜防。今可谕乡团，随时截获，银则归民，货则入官，而更优以破格之赏。濒海之民，确知有私舶售货，能来告者，赏以不次。如是则水陆之接济可杜矣。

何以曰设伏诱敌以挫其锐也？闽路山冈复沓，林木丛杂，处处可以藏兵设伏，掘坎阱，设机陷，或兜擒，或截剿，前避后攻，出奇横捣。正面轰击，此下著也。盖官军著著是生，惟力与贼战，是其死路。贼人著著是死，惟力拒官军，是其生机。今欲以我之长，击贼之短，惟有出不意、攻不备之一法。贼前队多以劲骑直驱猛扑，今从山间乘高下压，其势更捷，欲御之者惟有密觇贼必由之道，预掘深坑，暗列利刃，令我军噪于贼前，以诱其至，而潜以精锐绕贼之后，待贼前队陷坑，则后队必乱，然后起而击之。此所谓出不意也。贼出队多以五鼓，而结营之后，多往乡焚掠。我攻贼营，当以半夜，日间则伺其散出，猝至乘之。又必分兵为二，其一与贼战酣，即复佯退，待贼撤队将归，则其一出而邀击。前官军在漳州击贼，相持竟时，兵退贼归，而乡团忽出横截之，歼贼甚多，伪侍王已擒而逸。此所谓攻不备也。

何以曰迎机用谋以疑其心也？今之贼党，统摄不专，其心不一，漳、汀、泉三处各有一头目主之，胜负各不相顾。据厦门西人自贼中出者云，刘肇钧以不能力取火器之故而李贼责之，朱义德以虏物私已、拥众乞援之故而李贼疑之，李贼之戚某者以欲薙发纳款之故而李贼逐之。此漳郡之贼自相猜贰也，于是而后可以行我之反间矣。于刘、朱二贼，始则招之，招之不来则设计间之，或扬言其投诚，以惑贼听，或佯若应其潜约，而多投书以误之。贼之印恐俱系木刻，伪文多以黄纸，但得其大小款式，仿造甚易。此虽皆古之成法，行之不密则同儿戏，惟临时应变，诡幻百出，兼以传递得人，则贼未有不堕我术中者。贼之所少者火器，而我之所宜严杜者亦在火器，然而终不可绝也。贼于附城二三十里许已设立伪乡官，售货之奸民所以得出入贼中者，皆此伪乡官为之导也。闻由陆奸民为土团所截获者已非一次，惟由海匪舟无从可缉。然陆所售者不过零星，由海往者实系巨数，此不可不用谋以间之也。用谋之道奈何？曰密遣干役，佯作奸民，姑少以火器售之，投其所好，而藉以取信于贼，然后约以巨舶继往。闽之海旁多系浅滩，巨舶率远泊五六里许，必得以小艇运货。我舶苟至，贼必倾队而来，或诱其贼目登舶，生致之以招其余党，或别遣精锐自间道至城，佯若贼军之取货返者，纳我则因势袭之，不纳则乘虚攻之。或密于半道设伏掘阱，待其散归，击败其众。且也贼无一船，艇由我备，可以密约土团，从中为我羽翼，惩贼之机，正在于是。贼一次受创，则后虽有往者，必疑之且杀之矣。此推贼刃以戮奸民也。近闻获得接济之米利坚人三，官以铁练械其手足，送至米国领事，领事以为莠民，弗受也，闻已镮首。此亦足以惩一警百矣。然杀之自我，不如杀之自贼，后者闻风莫敢继往，此不杜而自绝也。

五者行之合宜，则我操必胜之势，而贼有可灭之机矣。然而《书》有之曰："知之匪艰，行之维艰。"草野空谈，恐无实效。所望于当事者，迅图扫荡，早措乂安，俾未被兵之地不至失所，则闽粤之民所深幸也。

潮郡洋人入城事宜议

中外通商以来，事变多端，智者不及料，明者不及弭。其始皆起于至微，而其后浸成至巨。然揆其龃龉之由，必有所自。当夫庚辛之间，重定和约，各臻妥善，中外各员，周旋晋接，不亢不卑，礼意交孚，情文并洽。各国皆设立驻京公使，有事则与总理衙门酌商，事无阻滞，情少隔阂，似可相安。乃犹有潮州入城一事，互持至三年之久而未决。其故何哉？则以汕头坚领事一人为之发难也。

曩者坚领事因事至潮，潮民之不逞者聚而胁之，虽得出险，几濒于危。坐是以为大辱，而入城之议遂起，屡次函禀其驻京公使卜鲁士，卜屡诣总理衙门以为请，严催力促，至再至三。恭邸曾赐书郭中丞，令善措置，当时虽委屠观察设法劝导，未得端绪而返。闻之西人云，此事本当早为之所，而迟至今日者，以发逆之乱未平耳，兹则断不可缓矣。按照和约章程，西人于中国内地通商传教，各处可行，不独于潮州一城也。若独因潮民之横而遽寝其议，则恐将来他城亦效其尤，而西人足迹所至有所阻矣。况坚领事受潮民之摧折，至今未报，兹概不置究，而惟欲入城，则于潮民亦已厚矣。如再不许，是为梗者不在西人，而在潮民也。衅起于民，咎归于官，西人惟有执和约条例向官是问而已。此西人所议之大略也。

闻坚领事已以入城阻害始末奏闻，其国君主如何办理已有成算，特其事甚秘，外莫能知。且其梗概亦并不载诸日报，未由探悉。以鄙见论之，西人性情大抵多好胜而争利，粤东可入之城甚多，何必舍其易而谋其难，鳃鳃焉惟潮是议，则以潮民阻之之故也。彼以为惟其必阻，则我势在必入，亦可藉泄我忿而振我威。此好胜之心一也。汕头密迩，潮郡贸易日旺，彼以为可运货至潮，租设行屋，则华商之利由我独擅。此争利之念一也。今必先平其好胜之心，而后偿其争利之念，则或始可集事。

夫洋人行商中土，原以冀耦居无猜，与民共适。如常以威力相加，则仅能慑之于一时，而不能安之于日后。彼岂不知之，特其所疑者，以为非民之故，由官怂民为之，托词以挟制我耳。如广州已事可验也。我第责难于官，自能为之调停，故劝之愈力，执之愈坚。今当辞以缓加劝谕，而别进以他说。窃窥洋人垂涎于水东码头者久矣，其地轮船可以直达，界近琼州，货物转输亦便，诚濒海往来之通道也。前香港华商已有为之者，督宪以其私漏洋货，有关税务，照会禁止。今请以水东一区与之，开设埠头，而潮州入城之举徐为处置，议以水东开埠一日，则潮郡缓议一日。然此不过姑备一说，未能料其必从也。诚以洋人必欲入城，潮民必欲中阻，则两不可以言说动矣。故为此委曲斡旋，以庶几有当于万一耳。

特鄙意更有进焉者。洋人之欲入潮郡，当系暂往，而非常住，不过欲聊舒目前梗阻之忿而已。不然者，潮民之悍强成俗，彼岂不知之？夫固有理谕情格而不听刑趋势禁之俱穷者。即使当时兵威所慑，胁服勉从，他日正复可虑。启衅滋事，其咎谁归？是彼固好胜之心盛而争利之念微也，故当先晓潮民之勿过为后日虑，惠威兼施，利害并导，化强而使之柔，化梗而使之顺，则庶乎可已。

今者阁下承天子命，简畀重任，专办是事，宸衷所注，遗大投艰。阁下计虑所及，识宏见远，诚有迥出寻常万万者。潮郡为阁下桑梓之乡，宣布圣意，抚慰舆情，当易为力。草野小民因此默揣朝廷之意，惟欲潮民之曲遵和约，断不欲潮民之无端开衅于邻邦，可知也。昔者司马相如喻蜀父老，宣其使指，令百姓皆知上意，则开诚布公，剀切譬导，亦不可缓也。若徒以不入城与洋人商，是愈坚其念，未见其说之行也。谨议。

请兴西学议

呜呼，当今急务，西学安可不讲哉，而惟时文一道，则可废也。国家以时文取士，号为科举之学，士之负奇抱异者，亦必俯就有司绳尺，非此一途，未由进身。五百年来，人才坐困于此，可为浩叹。夫书足以记名姓而已，敝精耗神于古人史籍，宋儒犹谓之玩物丧志，况此无用之贴括哉。仍其道不变，人才终不能古若。

泰西文士，以能通各国言语文字为学，是或一道也。至其略弃词章，专讲记诵，辞达而已，良为便易。他若天算、舆地、格致、器艺，俱归实用，不至于所任非所学，所事非所习，此国家之所由盛强也。总之，世变愈下，末流靡极，五帝三王之道，至今日势不能行。周秦距文武之时，要不过数百年间耳，而有空假仁义，苟慕儒生，不知用兵以御敌者，终为泓上之伤，池水之禽耳。封建、井田、车战等法，能行于古而必不能行于今，此固不必明者智者知其然也。何则？时为之也。至今日而欲富国强兵，则道在一变而已。诚以风会流转，有不得不变者在也。火轮舟车行之其国，不过数十年而已，而欲侵被于中国已如是之速，则事可知矣。向尝有言曰，今日泰西之所挟以凌薄我中国者，皆后日有圣人起，取以混同万国之法物也。天民大人之事业，必有所属之一人以肩其任。

侧闻当事者欲遣学童二百余人前往欧洲，诵习西国语言文字。此诚千古之创举，不朽之盛业也。自获此耗，辄为喜而不寐。特所习各事，亦宜略为区别，谨拟条陈数则，或可为野人之一得，略掇其要如下。

一、既往英土，所有读书子弟必以十年为期，俾其于西国文字语言、学术器艺尽皆通晓稔谙，否则仅袭皮毛，难试盘错，只为小就，终限大成。

一、西国文字语言习之虽甚易易，而所重者在乎能通天算、舆地、格致、器艺、光学、重学、化学、医学、律学、电气学诸大端。顾是数者，英国文士亦非尽人人能通，惟腊顶、希利尼两种古字则无人不读，每岁各书院考试翻译，以之取士。然此第为彼国所尚，而于我中国实无所用。至塾之时，可嘱其毋庸习此，空费时日，而专以此等学为先，则访择名师，亦为急务。

一、至英习学之童子，稍能读通英文之后，宜择其性之所近，令专习一材一艺，一天文算法，一地理舆图，一火轮机器，一造铸枪炮，一制造火轮舟车，一光学，一重学，一电气学，一化学，一医学，一律法，一察地之学，一草木鸟兽虫鱼之学，一格致杂学，一兵法阵法，一测量远近建造堡障之法，一界画绘图，一讲求水利之学，统凡十有八门。中惟火轮机器之用最广，如织布、印书、煮糖、引水、锯石、冶铁、凿河、掘矿、耕播、开垦之类，无不需之，尤宜细心体究，必也能尽其长，然后可以施之于实用。他如弹琴习舞，无益之事，概无庸学。

一、英文既通，而汉文亦不可不兼习，当于肄业英文之暇，每日以余晷兼习汉文，教以历代史事，增长识见，又必试之以翻译，汉英文法兼通，方不囿于一偏，则中国教导之师亦不可不略遣数人，以为兼程并进之基。

一、所遣二百学童，宜加选择，必聪明俊秀者然后可遣。其数恐一时未能遽集，则亦不必强符此额，由后源源以来，亦无不可。

一、此外更宜遴选巧思工匠数百人至英，学习机轮各器，仿制物件，更令讲求筑造、火轮、铁路、驿递、电线之法，以备他日万一之用。开辟铁路之事，虽已寝搁不行，然我中国固不妨自为之。夫铁路之兴，究非无裨于中国。中国诚能自为，兴利除弊，其效可以立见，不独货物之流通、邮传之迅疾也。欧洲列邦今已各处行之，事捷功倍，蕞尔东瀛尚欲为之恐后，藉以自强，安见我中国之必不可行？其中利害所分，在我自操其权一语耳。

西学既兴，则可以保境息民，裕财足用，练兵讲武，诘盗通商，所以抚中而辑外者，大要不出乎此。特在廷诸臣，以为格于成例，阻之使不行耳。当今之时，处今之势，振衰起敝，非西学不为功。盖天道与时消息，人事与时变通，齐变至鲁，鲁变至道，宣尼尝言之。西学者，治痼之药石也，急则用之耳，至于郅治之隆，自在君子。

解　惑　论

同治九年五月二十三日，天津土民构乱，妄仇法国，戕领事，杀神父，殛童贞，西人堂舍，俱遭一炬。北来邮舶告警于港，港中民咸惶骇，且惧有不测。越四日，北耗继至，知事旋定，众情乃安。于是西人之议论是事者所见纷如也,有曰官懵弗省,民悍而肆;有曰衅发由民,咎归自官;有曰官有所忮而利其成,民有所恃而后敢发。

东莞冯君明珊,今之深识远虑之士也,独曰:此必有故,是殆余匪潜孽媒蘖其间,互相煽动,以冀一旦中外有事,然后起而乘之。曩者英法二国尝助我攻贼矣,江浙逆党方张旋挫,飚驰电扫,悉数歼除,实有资于英法兵力者居多。发贼当时衔之刺骨,其余逆之幸逃法网者,散播各方,未尝不思乘间窃发,以图报复。设使其计得行,而无穷之害自此滋矣。故善为政者不观其变所从生,而先观其祸所由胎;不审其事所以成,而先审其端所自始。祸端之所伏,即逆党之所潜,必速聚而歼旃,毋以殃民,毋以病国。此所谓乱国用重典也。不然者,西人通商传教,足迹半中土,苟不善为杜防,事变之乘,将无已时,不于彼即于此,不于今即于后。此实漆室之殷忧,杞人所大惧也。

时甫里逸民适在坐,作而言曰:思深哉子言也,可谓见微知著者矣。夫天下事未变易治,既变易图。有变之萌,无变之形,是谓将变。将变难治,急以激之则乱成,弛以纵之则事殆。惟天下之大勇者,能不动声色而使暴戾之气潜消于不觉,谤毁之腾默化于无言。鬼神不能测其机,雷霆不能喻其捷。何则?所握者要,而所见者真也。因宗其旨,退为论一篇,冀以袪疑固好,俾中外之嫌,涣然冰释,而并为民之妄听浮词、轻陷大戮者戒。

呜呼,天下事未有无因而至前者,惟明者能察其所自。西人通商中国,原冀与民相安无事,耦居无猜,而往往有猝发不可制者,祸始于至微,而患乘于所忽,岂小人之性,衅于勇而啬于祸欤?非也,盖有激之使然者也。溯自咸丰庚申以来,盖三四见矣。咸丰十年夏间,上海忽有洋泾浜掳人之说,谓将贩至秘鲁海岛掘取雀粪也。其实事无影响,谣诼一兴,转相传说,卒至乡民群哄,驱迫数黑人溺毙于河,肆毁堂屋,几酿巨变。同治七年则有扬州之役。先以诓取病人目睛为词,千百流言,互相煽惑,遂至众心愤激,焚室伤人,致劳英领事统兵舶诣金陵,为之请命。迨后事虽弥缝,而地方官得罪以去。

今者津门又见告矣,骈死并戮者至二十余人。妇孺何辜,惨罹白刃,书塾讲堂十余所,一时悉付灰烬,童子枕藉死于烈焰中者数百人,而俄人之不在其列者亦预斯难。此真非常之变,自来所未有也。幸列国驻京公使一秉至公,议将斯事归中国朝廷办理,否则衅启兵交,势难骤弭。即縻首祸者之身,犹不足以谢天下。呜呼,殆乎悕哉!

然揆其由来,则固阴有以召之者矣。夫木必先腐而后虫生,人必先疑而后谗入。闻西人之始传教于扬州也,有往听其道者,归而告人曰:嘻,是殆扬发逆之余波也。发逆以伪教惑人,流毒几遍天下,吾扬人向受其害,痛缠心髓。今西人乃复来演其不根之说乎?是当急驱之境外勿缓。夫洪杨巨魁所恃以诱众者,特左道耳,非耶稣正教也。不意西士当时竟有喜其同教者,出入其中,为之通问。噫,此其识见卑暗,殊不足责。不知此不足为西士荣,适足为西士玷;不足以助西士劝人,而适足以阻西士传道耳。世乌有犯上作乱之人,而能敬天爱人者耶?为西士者,要当急为表白,俾民了然于邪正之分,乃反引而近之,不惟自污,并以启人之疑,积疑生忿,积忿生衅,而后谗人得以间之。

即如法人传道中土,其为教虽与英美二国有天主、耶稣之不同,而其劝善悔罪,大旨无异。所至之处，设立义塾，招徕子弟，无非欲藉以广行其教。英美二国亦未尝不如是。或谓其所委非人，则恐其中或有以势力相压，非尽由于乐从愿往者。因是旁观者遂疑其设塾招童之非出善意，而一切无稽之言由此以兴。夫掠卖小儿，诳取目睛，乃向来之传说，妄人之谬谈，稍有识者，皆决其必不可信，而一入疑者之心，遂若以为固有。无他，积疑生猜，积猜生怨，而后谗人得以乘之。

呜呼，彼谗人者何自来哉？盖非失业之乱民，即漏网之余逆，特欲构我中外失欢，兵端一开，而冀可以逞。彼各处四出之拐匪，安知非为其羽翼，藉以眩惑我民之耳目，簧鼓我民之心思，务俾我民堕其术中而不悟。夫民者固至愚而不可犯，至刚而甚可矜者也。试思崇朝之间，逞其血气之忿，一夫振臂，万人接踵，为士者以为我为孔孟卫至道，为民者以为我为地方张义愤，拔刃乱斫，束杆争投，几欲灭此朝食，以取快于一时。逮乎日入事定，众散气舒，然后念及父母妻子，计及资财家室。吁，已晚矣，为可悲已。不特此也，大之足贻君国无穷之忧，小之非仅性命身家之累。而彼谗人者飏身远地，袖手闲观，若无预利害于其间。噫，其罪安可胜诛哉？

呜呼，我圣朝宽大之恩，侔于天地，胁从者予以罔治，投诚者贷其一死，原欲宽其既往之诛，开其自新之路，以冀其洗心向化，革面归仁。而豺声蜂目，积久未驯，散处四方，犹思蠢动。如此天道有知，吾恐终难保其首领耳。然则嗣后防之之术奈何，亦惟中外各尽其道而已。为华官者，闾阎务靖谣词，惩一警百，杜患于未萌。为西士者，付托胥期正士，守法奉公，自立于无间，永敦辑睦，共乐升平，岂不懿欤？呜呼，此草野小民所日夕以望之，饭食以祷之者也。想西国明智之君子，识炳于几先，事了于局外，灼然知祸之所由胎，而必不河汉斯言。甫里逸民王韬谨论。

客　问

英法处欧洲西北，两雄国也。同治庚午，普人伐法，卒溃师奔，王擒国蹙，未浃五旬，遂围其都。时俄方虎视上游，移檄告英，将毁黑海之盟，治兵境上。英以为俄之蓄练水师，修治战舰，越黑海而西也，志在吞并土境耳。土灭则扼欧洲诸国往来之门户，英将不堪，必欲败盟，请与从事。欧洲诸国闻英俄将有构兵之举，罔不震骇顾虑，纷然猜度。日报秉笔之士因设为主客问答之词，以畅其说。

有先觉老民问于兰墩主人曰：欧洲时局近将一变，子知之乎？主人曰：然，子盍言其故？

老民曰：法强而普弱，人共知之者也。乃不意今日者，以法国之富强而骤遭挫北，至于斯极。普鲁士者，仅列于次国耳，而勃焉以兴，跻乎莫大之国，武功之耀，兵甲之雄，欧洲中殆罕能与之抗衡者。此真事变之不及料者也。况乎普俄两国，近又辑睦如此。俄王畀重臣以贵爵，恤战士以厚赀，用以交欢于普，此向者之所未有也。俄王志欲取君士但丁拿补一埠，此时正大有可乘，此所谓事机之来，适际其偶，天之所与，不可失也。乃英欲以独力支持于其际，不亦殆哉。夫英之于法，固并驾而称雄者也。缓急相恃，安危相共，征伐相助，患难相援，遏强大，扶弱小，均形势，杜并兼，此英法两国之所优为也。奕奕竞爽，矫矫相攸，同执牛耳，纲纪西欧。法之不振，英之忧也。法弱而英势孤矣。英于此外，岂再有强雄猛鸷之国与之联盟而缔交者哉？亚墨利加之联邦，以同气而变为怨府，背本忘源，崇仇弃好，近屡以阿拉巴买之款来相诘责，谓渝成言将不得免，兼以日耳曼、普鲁士联为一体，志切同仇，而英又以售法军械一事，致普国责言屡至，据公法以相争，俾有词之可藉。相友者其弱如此，相仇者其强如彼，度势揆情，亦大略可知矣，而岂可尚欲与俄为敌也。观夫欧洲诸国，以大利局促一隅，但求自保；墺地里凋伤已甚，未克振兴；颠麦卤莽以立国，不知忧虞之踵其后；瑞典昏昧以为邦，不明祸患之当其前；西、葡、荷、比，蕞尔已甚，等诸自郐，无讥焉尔。特然杰出、惺然独觉者，惟英而已，则英安得而不危也。将此百年之间，敌国外患之来，必无已时，艰危忧惧，必为从来所未有，疆土必且遭蹂躏，边圉必且受攻击，将来厄运之临，大可为英寒心。特此时则犹未也，固尚可无畏也。子其可有良法可以维持此变局而使之不变哉？

主人哑然笑曰：此固众人之长谈，非儒者之远识。我之习闻此言也久矣，薄其浅而不与之辨也。夫英法固与国也，二十余年来，伐俄国，助土邦，有事于东方，固无役之不同，亦无征之不预。彼第见其若是，而深惧夫一旦失此强援，无与合兵，将兴师举众，必至独出而无侣，则东欧之约，岂能强俄以必守？俄之欲毁弃前约者势也不能禁，俄之不可毁不能毁者亦势也，俄平时之志愿至此始可以逞矣。故英京邮报总局亦有言曰：俄国用兵正在斯时，君士但丁拿朴之取隶俄版图，正在今日。不知此仅就目前言之耳，诚未能规时审势者也。英俄兵事之兴，正普法议和之日，法之助英，其力尚裕，即移守法之戍兵，卷甲东征，以为伐俄之劲旅，何不可之有？英不攻俄则和虽成而迟，英既攻俄则师朝出而和夕成矣。其所以速于和者，盖欧洲各国此时皆欲致力于俄，无暇为法解纷排难，法再不和，其必受普之穷需奢索可知，故不如早缔盟好也。东欧之事，与日耳曼、普鲁士固无与耳，其所以袖手作局外观者，盖以全力制法耳。设使英与俄战，法必当与英合兵。今计法戍京之兵不下三十余万，各处云集者不在此数。一旦撤防，则水师仍归于战舰，陆兵仍驻于边圉，战攻守御，其权扔操于己。此外投诚于普者，亦不下三十万，大将数人，协副偏裨数百人，战将不可胜纪，统兵员弁大抵盈万。议和释俘之后，聚此大众，不战将何所用，在国恐其乱作，不如临阵，可以建功，振顿军威，奋扬士气。与英合兵，固法之利也。所虑者饷糈耳。然薪刍糗糒，器械衣装，英固可优为供给，一战而胜，法之国固而威行，重兴之效，必有所观。与其坐拥败卒，徒乱人意，果孰得而孰失。普法既和，则战俄之役，彼当从壁上观，必不轻下一着。盖普虽胜法，而死亡亦众，创残未苏，其民必不乐再当大敌，复履行间，而重结仇于欧洲诸国矣。况以鄙见论之，普俄后日当必因争肇衅，此时之讲好修睦，亦仅暂耳。在普东北隅有三郡焉，普所虎视眈眈、垂涎欲得者也，一曰波兰郡，一曰衣士多那郡，一曰利温那郡。此三郡者，俄之要地也，其民之语言风俗，大略与普同而与俄异，土田肥美，民俗富饶，男勤耕而女勤织。三郡之地，近邻于普，犬牙相错，绮壤相交，普其能忘情于此乎，普相俾摄麦岂其犹未知此乎？画近攻远交之策者，舍此将何所取？普之生艳羡之心，盖非一日矣。法之阿尔西士、鲁灵两郡，已为普据矣。普于异日不取此三郡，将复取之于何国？所以今日普俄之相合，不必深惧也，而英法之从事于东欧，亦毋庸为之长虑而却顾也。墺京《维也纳日报》谓嗣后愿与普相亲，其亲普是也。墺之亲普者，岂在乎同于日之语言，同于日之俗尚哉？其意盖在联普以拒俄也。普墺合，而英、法、比、俄虽强，无能为焉矣，岂能出地中海一步哉？今日英售枪炮于法以备敌，后日法亦必购枪炮于美以攻俄。美国自守之邦耳，无系于欧洲之重轻，可无庸论。

主人申论既竟，老民蹶然兴曰：有是哉。是言也，诚闻所未闻矣。

旁有静观道士，盱衡而言曰：是论允矣，而恐其未尽然也。俄亦欧洲之劲敌也，地跨三洲，势雄六合，提封二万里，户口七十兆，带甲之士不下二百余万，非小弱也。败军之将，不足与言勇；偾国之臣，不足与谋事。法以凋丧之余，其能复与俄争乎？普之议和，志在得其战舶，若割半与之，则不足以资水攻。况英法之攻俄，皆远越数千里而斗，主客劳逸之形，又复不同，其用兵也，在水而不在陆。曩者西巴士多卜鲁之战，亦仅捣其一隅耳，岂遂持其全局哉。况俄今日之兵，非复悉比，铁甲巨舰追风激电，红衣神炮裂石崩雷，一战而捷，谈何容易！设也英法攻俄于海，而俄以奇兵取土于陆，鞭长莫及，亦足虑也。抑强扶弱，名虽正而力绌；制大助小，言虽顺而志乖。法既蹶矣，恐英亦未可遽逞也。呜呼，谋事者人，成事者天。天苟欲欧洲之变也，岂人力所能主哉？夫亦听其然而已。吾愿英之勿亟亟于是役也。

主人与老民皆对曰：敬闻命矣。

苕上老农问答

津门之变，朝廷赫然震怒，贬府县官，遣戍远方，戮始乱者十有五人，发帑金二十有五万恤死难者家。特谕前任通商大臣崇出使法国，论者皆以为崇公奉命航瀛乘槎数万里外，解纷排难，遗大投艰，其任实重，其责匪轻，所谓盘根错节，足以别利器者此也。此行也，融彼此之见，合中外之和，使一切猜嫌涣然冰释，其功业彪炳，岂第足光史册已哉？天下亿兆生灵，咸受其赐。时天南遁叟独为旷然深思，殷然致虑，谓崇公衔至尊之命，临不测之域，当必胸有成见，而后可以外张国体，内建国威，断非漫然轻于一往可知也。

适苕上老农亦在座，谓遁叟曰：吾子既挟曲逆之奇策，怀太傅之隐忧，何不前席借箸，进言于崇公之前，俾其有所采择，见诸施行，归白于朝，亦足少录吾子功，奚没没也？鄙人虽不才，已有说以处此矣。

遁叟叩之曰：所言云何，可得闻乎？老农于是盱衡而言曰：崇公承天子简命，远使西国，宜为持重。计当先取道于英，不当径达于法。何则？普法兵事方张，军书旁午，使车所至，恐或未遑谨为防护，况马塞、里甫闻民乱，里昂将有围兵，即法京巴黎之道路，亦已阻遏不通。即使往诣普营，领给文凭，遄征无碍，而意外之虞，岂能逆料？不如先抵英京，有所论辨，先以电报传递于法，英国廷臣当必为之从中调停，然后渡一海峡以至法京。此为最便，孰若身蹈危地哉？

遁叟曰：不然。任必先其所重而后效易睹，事必为其所难而后功易成。天津大局所关，在法而不在英也。且以今日所至之地，英易而法难。惟崇公不惮险远，身当危疑震撼之交，而直前迳往，一毫不敢有所曲避。于以见我朝德意远孚，怀柔道尽，惟欲邻谊之克敦，不愿衅端之稍启，有可知也，而崇公之心亦于以大白。法国廷臣必且深喜崇公之至，遣使远迎，设法周防，向日之疑，因崇公一至而释然，亦可知也。至英之说，乃由畏生，此为下策，无用三思。

老农曰：天津之变，西国议者皆谓衅由官启，不自民生，盖民所为，由官纵之，而官激之耳。今法公使虽已深明其故，知崇公实无少咎。英法远在海外，或恐未及遍知。必先刊布西国日报，传示国中，以解其惑，则崇公可不辨而自明矣。况崇公麾下骁勇千数百人，事变之来，岂有不能为之弹压，为之保护？如有以此诘崇公者，其将何辞以对？

遁叟曰：日报之刊，事亦可行，一译员优为之矣。但谓崇公必为弹压保护者，则诚未知当日之情形而设身以处地者也。夫崇公职守在通商耳，亦惟摧司税务与西官交际往来而已。至于民情所系，府县所司，非崇公分内事也。且天下事，已往易为智，局外易为言。民之兴谣也虽由渐，而其起变也则甚遽，猝然而来，岂能及料？此未足为崇公病也。今府县已以得罪去，褫职远戍，按律遣罚，亦为已重。夫衅启自民，咎归于官，在府县岂不知之，而势不能禁者，则材不逮而识不足也。此其所以得罪也。崇公此行当必能为府县委曲申明之。使于四方，不辱君命，我为崇公望之矣。

老农曰：崇公至法，法必诘以两端。一曰审办之迟也，一曰备御之密也。审办迟则邻于慢，备御密则疑于战。我意中已有解之之说，不知君将何言？

遁叟曰：此一言可决于答是也。何有？在我朝期于明慎用刑，不及无辜；在法国期于实获真匪，案当罪确。天津防御之兵，一以护西商，一以靖莠民，原以尽待远之道而已，非有他意也。

老农曰：子言甚辨，所见正同，何不即举是论，向崇公告之？

遁叟哑然笑曰：子真怀璞自炫，享帚自珍者也。顷者所论，乌足奇哉？以之献于崇公，直辽东豕耳。予惟以闲废自甘，故以遁名。今子乃欲使予挟策以干王公，其藉遁以求显耶，夫亦乖肥遁之义矣。已矣，吾子毋落我事。

老农双颊赪然，唯唯而退。

明刻本《东坡先生仇池笔记》跋①

光绪壬午秋九月九日，天南遁窟老民读一过。

此书多见于丛书中，单行本甚少。此为明刻，尚可贵也。留置案头，聊一翻阅。光绪丙戌季夏下瀚，天南遁叟识。

---

① 上海图书馆编：《上海图书馆善本题跋真迹》第9册，上海辞书出版社2013年版，第179、180页。

末段讥笑之意在言外，乌台诗祸亦坐此与？丙戌季夏，遁叟阅后识，时年五十有九。

朝鲜刻本《农事直说》《衿阳杂录》跋①

《农事直说》《衿阳杂录》两书，当朝鲜卿大夫之所作，虽贵而留心于稼穑之艰难者。《农事直说》未列姓名，《衿阳杂录》观其前后序跋，乃知为姜景醇撰。景醇有别业于衿阳，数往来其间，树艺种植，靡不亲试，故有是书。景醇自号云松居士，没后得谥文良，官阀亦不小矣。在高位而亲贱事，敦本重农，不诚有古大臣风哉，洵足为世法矣。光绪丙戌季夏下澣，吴郡王韬识于沪北淞隐楼，时年五十有九。

明刻本《唐丞相曲江张先生文集》跋②

此即范氏天一阁藏本，尚属初印，较近今坊刻，奚啻霄壤之殊，后人尚其宝诸。光绪乙酉仲夏小暑后一日，天南遁叟识，时年五十有八。

明刻本《周氏集》跋③

光绪九年岁次癸未春二月上澣，天南遁叟购于穗垣。书贾丁姓自京师捆载旧家书籍至粤求售，亦足见宦海中有书癖者少矣。

（秦蓁，上海社科院历史所助理研究员、复旦大学中文系博士后）

① 《上海图书馆善本题跋真迹》第 8 册，第 221 页。
② 《上海图书馆善本题跋真迹》第 11 册，第 72 页。
③ 《上海图书馆善本题跋真迹》第 13 册，第 267 页。

明清以来皖南地区的聚落形态及其空间差异*

□李　甜

［摘　要］ 学界关于皖南传统社会的研究，大体集中在徽州乡村社会，对皖南其他区域及皖南市镇的研究相对薄弱。本文以宁国府存世文献为中心，分别论述该府乡村聚落及其空间特征，市镇的空间分布及其变迁，并得出以下认识：宁国府的聚落形态具有一定的空间差异，聚族而居主要集中在南部山区，这与当地的经商传统相关；就皖南的整体情形而言，民间财富主要沉淀于聚族而居的乡村，而非城镇，经商世家麕集的丘陵山地较之平原圩区更显殷富；对比皖南与江南的市镇、乡村，可见两者存在明显的结构性差异。

［关键词］ 聚族而居；城乡结构；市镇分布；区域比较；宁国府

在中国古代，“聚落”一词指代村落，最早出现于《汉书》：“或久无害，稍筑室宅，遂成聚落。”①近代以降的“聚落”泛指居民点。根据聚落地理学的定义，聚落是人类生活的场所之总称，聚落环境是人类有意识开发利用和改造自然而创造出来的生存环境；按经济活动可分为农业聚落、林业聚落、牧村、渔村以及具有两种以上经济活动的村落等；按平面形态可分为团聚型（集村），即块状聚落（团村）、条状聚落（路村、街村）、环状聚落（环村）；散漫型，即点状聚落（散村）。②依据法国地理学家德芒戎的观点：“居住方式的某些特点向我们揭示某些社会气质和某些物质文明的特点。”③历史地理学家陈桥驿说得更为直白：“聚落的地域类型，也就反映了生产的地域差异。”④由此可见，研究聚落形态的构造及其差异，有助于捕捉地域社会的部分特质。

众所周知，目前学界对于宋代以降宗族之形成过程及其标志，已有较详尽的探讨。所谓

---

* 本文为国家社科基金青年项目“皖南传统商帮的转型与衰落研究（1912—1956）”（项目号：15CZS053）、国家社科基金重大项目“明清以来徽州会馆文献整理与研究”（项目号：14ZDB034）、2013 年复旦大学新进校青年教师科研启动费（项目号：JJH3548016）的阶段性成果。

① 班固：《汉书》卷二十九，中华书局 1962 年版，第 1692 页。

② 相关研究参见金其铭编著：《中国农村聚落地理》，江苏科学技术出版社 1989 年版；［日］藤井明撰、宁晶译：《聚落探访》，中国建筑工业出版社 2003 年版；李立：《乡村聚落：形态、类型与演变——以江南地区为例》，东南大学出版社 2007 年版；［法］德芒戎：《农村的居住形式》，收入氏著：《人文地理学问题》，葛以德译，商务印书馆 2009 年版，第 136—224 页。

③ ［法］德芒戎：《农村的居住形式》，《人文地理学问题》，第 142 页。关于德芒戎乡村聚落研究的述评，参见［法］梅尼埃：《法国地理学思想史》，蔡宗夏译，商务印书馆 1999 年版，第 79—87 页。

④ 陈桥驿：《历史时期绍兴地区聚落的形成与发展》，《地理学报》1980 年第 1 期。

近世宗族社会，是以个体家庭为基础，血缘关系为纽带，按照一定规范结合的社会组织，其基本特征之一就是聚族而居。人类学家弗里德曼(Maurice Freedman)在名著《中国东南的宗族组织》的开篇，就从民居聚集的角度谈起东南地区的宗族。①但是，对于宗族形成的标志和聚族而居之标准，可谓聚讼纷纭，见解各异，有学者归纳的宗族特征竟多达12条。②管见所及，比较典型的有几种观点：其一，徐扬杰和冯尔康认为界定宗族的标准是祠堂、家谱和族田三要素，冯尔康进一步将聚族而居和建设祠堂视为宗族的两个侧面。③其二，郑振满认为在近世宗族的发展进程中起重要作用是各种形式的祭祖活动和祭祖习俗。④徐斌整合上述针锋相对的观点，尝试以动态之眼光看待宗族的组织化过程，认为宗族三要素是这一过程的里程碑，而非宗族组织发展完全的标志。⑤与此相对应，濑川昌久对弗里德曼的宗族理论之解读中也有类似阐述："只有那些以存在共同祖先名义上的财产、祠堂和坟墓为标志，同时在实际生活中又有围绕共有财产的经济活动和祠内墓前进行的祭祀活动的集团，才被称为'lineage'和'segment'。"⑥此外，陈瑞对徽州乡村社会控制的研究指出，宗族通过软硬兼施的双重途径以实现族内控制。⑦总而言之，宗族是由宗祠、谱牒等"硬件"和祭祖活动等"软件"相结合的产物，聚族而居是其基本的前提。

关涉明清皖南社会的研究，多数学者将目光聚焦于徽州乡村，学界对此已有较为详尽的讨论，兹不赘述。⑧与此相对应的是徽州市镇研究。朴元熇注意到明清时代市镇研究大部分集中于经济先进地带的江南平原地区，而对山地市镇——徽州市镇则较少注意，于是以徽州的代表性市镇岩镇为例，分析明代中期徽州市镇的发展与地方宗族势力的关系。⑨林济认为徽州受自然地理条件的限制，社会经济也一直未能突破以土地为中心的农业经济瓶颈，没有出现以工商业为基础的市镇发展，村落仍然是社会中心。⑩梅立乔对明清徽州城镇的发展、管理和特点等方面加以论述。⑪梁诸英则对皖南山区与平原市镇之差异作了大

---

① Maurice Freedman, *Lineage organization in southeastern China*. London: University of London, Athlone Press, 1958, p.1.

② 兰林友：《庙无寻处：华北满铁调查村落的人类学再研究》，黑龙江人民出版社2007年版，第51—52页。

③ 徐扬杰：《中国家族制度史》，人民出版社1992年版，第320页；冯尔康等著：《中国宗族史》，上海人民出版社2009年版，第219页；冯尔康：《18世纪以来中国家族的现代转向》，上海人民出版社2005年版，第31—32页。

④ 郑振满：《宋以后福建的祭祖习俗与宗族组织》，《厦门大学学报》1987年增刊。

⑤ 徐斌：《明清鄂东宗族与地方社会》，武汉大学出版社2010年版，第36—37页。

⑥ [日]濑川昌久撰，钱杭译：《族谱：华南汉族的宗教·风水·移居》，上海书店出版社1999年版，第92页。

⑦ 陈瑞：《明清徽州宗族与乡村社会控制》，安徽大学出版社2013年版，第117页。

⑧ 相关研究参见熊遠報：《清代徽州地域社会史研究：境界·集団·ネットワークと社会秩序》，東京汲古書院，2003年版；王振忠：《徽学研究入门》，复旦大学出版社2011年版。

⑨ [韩]朴元熇：《明清时代徽州的市镇与宗族——歙县岩镇和柳山方氏环岩派》，《上海师范大学学报》2005年第1期。

⑩ 林济：《长江流域的宗教与宗族生活》，湖北教育出版社2003年版，第507—508页。

⑪ 梅立乔：《明清徽州城镇初探》，安徽大学硕士学位论文，2003年。

致勾勒。①刘翠溶列出太平、宁国、庐州三府的市镇数目,将安徽南部都市化的程度与江南作了比较。②樊树志《明清江南市镇探微》一书,将包括太平、宁国、池州、徽州、金华等5府在内的地区纳入考察范围。③具体到宁国府的市镇社会,相关学术研究并不多见。谢国兴首次利用施坚雅的理论对宁国县市镇加以研究,但缺乏对区域社会实际的把握。④张研、毛立平在谢国兴的基础上,依样分析泾县所辖市镇的分布状况,可惜误将泾县标示为南陵县。⑤耿朔对宣城水东镇的分析超越了上述研究,他将水东视为明清皖南商业性市镇的活标,拓展了皖南市镇研究的视野。⑥本研究将在学界前贤的基础上,以毗邻徽州府的宁国府为中心,进一步论述皖南传统社会之聚落形态,及其市镇空间分布与变迁诸细节。

一、"聚族而居":皖南传统社会的聚落形态

首先以一个鲜活的例子切入对皖南聚落的观察。胡适回忆绩溪上庄胡氏宗族说:"我们的村落(上庄)正与华南其他地区的村落一样,是习于聚族而居的。洪杨起事之前,我们聚居的胡氏一族总人口约在六千上下——当然也包括散居各地经商的族人在内——大半务农为生。"大致介绍了晚清以降上庄胡氏宗族的变迁。不过,负责采访和整理的唐德刚对此颇有疑惑,忍不住加入一条注:

> 胡铁花先生在他的自述里提到洪杨乱前,他们绩溪上庄的胡氏,人口总数有六千之众。这数字可能是笔误——罗尔纲抄写时所发生的笔误,亦未可知。绩溪是皖南山区里的一个小县,人口甚少,有这样六千人聚居的大族,是件不可想象的事。
>
> ……合肥是当时安徽省,甚至是整个大清帝国里人口最多的一县;其时充当淮军骨干的周、刘、唐、张等大族,似乎没有一族的人口是超过六千人的。据此类推,绩溪八都上庄胡氏的丁口似乎不可能有这么大的数目。⑦

基于合肥县的生活经验,唐德刚对上庄胡氏的人口数量颇为怀疑,并将原因归结为罗尔

---

① 梁诸英:《明清时期皖南沿江平原农业生产发展研究》,九州出版社2011年版,第156—158页。

② 刘翠溶:《明清时期长江下游地区都市化之发展与人口特征》,收入梁庚尧、刘淑芬主编:《城市与乡村》,"台湾学者中国史研究论丛",中国大百科全书出版社2005年版,第247—285页。

③ 樊树志:《明清江南市镇探微》,复旦大学出版社1990年版,第478—531页。

④ 谢国兴:《中国现代化的区域研究:安徽省(1860—1937)》,"中研院"近代史研究所1991年版,第511—516页。

⑤ 张研、毛立平:《19世纪中期中国家庭的社会经济透视》,中国人民大学出版社2003年版,第396—404页。

⑥ 耿朔:《安徽宣城水东镇》,《文物》2011年第10期。

⑦ 胡适口述,唐德刚译注:《胡适口述自传》,华东师范大学出版社1993年版,第5页。

纲的记载错误。在后文中，他大胆地推测："洪杨乱前他们胡氏全族人口为'千六'被误为'六千'，倒比较可信。"①那么唐德刚的推测是否合理呢？

实际上，胡适不止一次地在别人面前作相似的表述："在太平天国以前，我的一族两千户，约有六千人，乱后只剩两千人。父辈的堂房叔伯七个人，直到现在的孙辈，还只有七个人，并没有增加多少。"②如此明确一致的记忆，表明胡适没在唐德刚面前虚张声势。结合清末周遭地区的情况而言，上庄胡氏的人口并不算多。譬如胡适夫人江冬秀出身旌德县金鳌江氏，咸丰六年造册时统计该族人口达八万余人，在外做官、经商者尚未计人。③这显然不是个别的特例，清代旌德志书指出："近来生齿愈繁，大族人丁至有万余，其次不下数千，最少亦三二百人。"④泾县宗族村落亦有相似规模，有人说"多者数千户，少者数百家"⑤，也有人说"我乡巨姓多至万人，否亦数千人"⑥。有人甚至夸张地称，"人民聚族而居，村庄络绎，村之人者数万家至数十万家，小者亦必数百家至数千家"⑦。僻处皖南山区深处的太平县亦有强宗大族。甘棠的崔氏宗族，"聚族而居，几及万余家"⑧。东溪项氏在嘉道年间，"齿极蕃盛，男女近万人"⑨。上述记载虽属泛泛，但可想见皖南地区豪族大姓人口数甚至户数逾万的现象并不稀奇。唐德刚的失误在于将江北生活经验简单推及皖南，从而作了误判。

既然大姓人口基数如此之高，那么皖南的聚落形态究竟如何？有必要从时人的视角中加以理解。传统时期的皖南属于宗族社会，虽然清末太平天国战乱给当地社会造成巨大的破坏，但皖南山区的聚落形态大体得以维持。光绪宁国县训导谢庆增称："方今徽宁仍多聚族而居，丁虽无多，亦可由小至大。"⑩民国初年文献依然强调："吾徽宁大家名阀，聚族世居，各有家谱，纪载赅详。"⑪泾县当地流传一句话："小小泾县城，大大茂林村。"⑫旌德也有"小小的旌德县，大大的大礼村"的民谣，亦可遥想部分宗族村落的规模。⑬

---

① 胡适口述，唐德刚译注：《胡适口述自传》，第18页。

② 胡颂平编：《胡适之先生晚年谈话录》，新星出版社2006年版，第166页。

③ 江希曾：《旌川杂志》，民国间抄本。

④ 嘉庆《旌德县志》卷一《疆域・风俗》。

⑤ 〔清〕赵绍祖：《琴士文抄》卷三《唐氏新建义学义仓记》，道光十二年刻本。

⑥ 〔清〕朱珔：《小万卷斋全集・文稿》卷十《同族驯度公支谱序》，光绪十一年刊本。

⑦ 《客民滋事》，《申报》光绪九年六月十六日（1883年7月19日），第3687号第2版。

⑧ 崔森编：《仙源崔敦五堂支谱》卷首《甘棠图基引》，民国十八年木活字本；崔涛编：《仙源崔氏惇叙堂支谱》卷一《甘棠阳基图引》，民国十三年木活字本。

⑨ 项哲人等纂修：《仙源东溪项氏重修族谱》卷二六《世德流芳传》，光绪十一年木活字本。

⑩ 〔清〕梅朝宗等修：《宛陵宦林梅氏宗谱》卷首《文峰梅氏重修宗谱序》，宣统二年木活字本。

⑪ 徽宁旅沪同乡会编：《徽宁旅沪同乡会第一届报告书》，民国十四年刊本。

⑫ 张拓芜撰，汤淑敏选编：《坐对一山愁・茂林修竹牌坊》，北京师范大学出版社1993年版，第117页。还有一种是"大大茂林镇，小小泾县城"之说，参见泾县地名委员会办公室编：《安徽省泾县地名录》，内部资料，1988年，第27页。

⑬ 旌德县地名办公室编：《旌德县地名录》，内部资料，1988年，第72页；赵士模：《旌德川二集・民谣地名》，内部资料，2001年版，第15页。

太平天国战乱期间，避居安庆的南陵人刘镇鐍受到了曾国藩的青睐。[①]同治三年(1864)皖南太平军刚被肃清时，他给曾国藩奉上一份《善后条陈》，列出 12 条善后措施，第一条就指出皖南的特殊性：

> 一扼守隘口。皖南情形与他省迥异，江西、江北多平原旷野，势宜谨守城营，兵法云平地守城是也。城镇而外聚族而居者，类皆茅舍数十间，无大村落，故坚守城营，贼来驻扎，势不能久。皖南则不然，山势罗列如城，堪舆家所谓罗城也……高甍大厦，鳞次栉比，千家万家，群居聚处，村落之盛，势媲郡县。故贼数十万众至，随地安下窝巢，绰有余裕，不必得城池可以久驻。盖我皖南富庶，不在城池，而在乡村。徒守城池，贼来乡村惨遭蹂躏，一城空存。如乔木然，枝叶蕃茂，浓阴蔽覆数十亩，今任樵夫牧竖，日夕荷斧斤横肆剥落，而徒饬其固守一干，欲何为者？为皖南议善后事宜，生以扼守隘口为第一策隘口不守，流民不敢安集，田地不能开垦，恐又适以资贼也。[②]

据他的观察，皖南与江北等地不同，聚族而居者多在乡村，不能简单套用他处的守卫办法。刘镇鐍之个人经历具有局限性，他无法明了聚族而居的村落形态在东南地区之普遍存在，但这一判断至少适用于皖南与江北的比较。与刘镇鐍想法相似的还有徽州人王茂荫，他在咸丰三年奏折中提到："守徽州与他郡不同，他郡务在守城垣，徽州务在守边界。边界守得住，全郡可保。若边界不守，全郡即将糜烂。城垣卑薄，亦断无能保之法。"[③]这表面上出于地势和军事的因素，但其背后应有着相似的考虑。民国调查显示，歙县"城内少富豪，乡下适得其反"[④]，亦可佐证皖南的民间财富沉淀于乡间聚落之中。建国初期对皖南农村的调查表明："山区的地主则多住本乡、本村，他们不但占有多量的土地，且占有很大数量的山产(竹、木等)，山区各种公地亦较平原农村为多，且也大部或全部为地主阶级所掌握。"[⑤]总体而言，传统皖南社会大体具有两个特征，一是民间财富主要沉淀于聚族而居的乡村，二是经商世家的麇集的丘陵山地，较之平原圩区更显殷富。

二、宁国府的乡村聚落及空间差异

本文以宁国府为论述中心，主要基于以下的原因。其一，如前文所述，学界关于徽州乡

---

① 民国《南陵县志》卷三〇《人物志・文苑》。

② 民国《南陵县志》卷四一《艺文志・文(二)・同治三年皖南肃清上曾涤生相国议善后条陈》。

③ 〔清〕王茂荫撰、张新旭等点校：《王侍郎奏议》卷五《寺稿下・请饬徽州知府驰赴婺源防堵片》，黄山书社1991 年版，第 73 页。

④ 陈震异编：《京粤沿线经济志略》，铁道部业务司调查科，民国十八年刊本，第 8 页。

⑤ 《皖南区农村土地情况》，收入华东军政委员会土地改革委员会编：《安徽省农村调查》，"华东农村经济资料"第 4 分册，1952 年版，第 3 页。

村聚落的研究较多，关涉皖南其他区域的研究较少；其二，宁国府境内的南北差异较为明显，聚落空间具有一定对比性。宁国府领有宣城（附郭县）、泾县、南陵、宁国、旌德、太平，与徽州同属“一府六县”的政治格局。其中，北部包括宣城、南陵两县主体部分在内的区域，地势相对低洼，青弋江、句溪蜿蜒屈曲，属较典型的平原地貌，是沿江平原的重要组成部分；南部包括泾县、旌德、太平、宁国在内的区域，地势向南逐渐抬升，由丘陵过渡为山地，是皖南山区的组成部分。

（一）南部丘陵山地

江南名士洪亮吉祖籍徽州，曾在宁国府教书、修志数年，对聚族而居的优点有独到体会，在给旌德吕氏诗集的序中提到：“余尝谓聚族而居有三善焉。祖宗邱陇历世可不迷毁，一也；昭穆之叙数百年秩然不紊，二也；先世留贻之物可以守而弗失，三也。”①指出聚族而居对于维护坟茔、控制宗族和保存祖产的有利性，可能是他对比江南之实际而发的感叹。宁国府文人对聚族而居的理解更为深刻，旌德金鳌士绅江希曾认为：“徽宁多聚族而居，实有数善。安土乐生一也，爱亲敬长二也，昭穆有序三也，外侮不入四也，有无相通五也，奇邪不染六也。”②这可分为两部分，前三点与洪亮吉的观点基本相通，后三点则结合清末当地的社会局势，进一步升华聚族而居的优点。咸同战乱导致旌德土著人口损失惨重，外地移民涌入，对社会秩序重建造成冲击，这是江希曾有感而发的社会背景。

宁国府南部地方文献关于宗族聚居的记载比比皆是。首先来看旌德。当地虽属山邑，但人烟凑集，“城乡皆聚族而居”③，“聚族分都各一乡”④。尤以西乡、南乡为最，“吾旌西乡各村率多聚族居一村，恒无二姓，以汪、吕、江、王、谭数姓为最著世，世联婚姻”。⑤来旌德访友的郑相如，发现下洋至江村一带人烟非常稠密，“前村人烟密，比屋连云树”⑥。该县一都一图的程氏和方氏宗族，“民居各千”⑦，其他都图的大族亦有相似的人口规模。丰溪吕氏宗族，“子姓繁衍，多至数千家”⑧。孙村汪氏，“支属蕃衍，计户盈万”⑨。当地宗族的运作模式非常健全：“族之大者，各有宗祠。其祭祀、文会，董以直[值]年，余事则绅衿主之。”⑩旅居当地的江南名士孙原湘，注意到“邑多聚族，而居族各有塾”的人文胜景。⑪西乡礼村由朱、戴、吕、刘“四

① 〔清〕洪亮吉：《更生斋文续集》卷一《唐丰溪处士吕从庆诗序》，光绪四年授经堂刻本。

②⑩ 江希曾：《旌川杂志》卷上，民国间抄本。

③ 乾隆《旌德县志》卷二《建置志·坊都》；嘉庆《宁国府志》卷九《舆地志·风俗》。

④ 〔清〕窦遴奇：《倚雉堂集》卷十《七言绝·旌德竹枝词》，康熙十一年刻本，《四库全书存目丛书》集部214册，齐鲁书社1997年版。

⑤ 汪时鸿纂修：《旌德板桥汪三晖堂家乘》，《今自皇曾祖推本所生上溯我皇曾祖府君行略》，民国十六年铅印本。

⑥ 〔清〕郑相如：《虹玉堂文集》卷四《秋日从下洋访王魏林江村》，道光十三年刻本。

⑦ 万历《旌德县志》第二《疆域志·坊都》；嘉庆《旌德县志》卷二《建置·坊都》。

⑧ 〔清〕洪亮吉：《更生斋诗》卷四《沪渎消寒集·跋唐丰溪处士吕从庆诗集后》，光绪三年授经堂刻本。

⑨ 〔清〕俞樾：《春在堂杂文》六编卷五《铭》，光绪二十五年《春在堂全书》本。

⑪ 〔清〕孙原湘：《天真阁集》卷四七《文九·吕氏谟觞山馆记》，光绪十七年刻本。

姓聚族以居”[1]，礼村刘氏谱牒称，“旌阳多巨族，宗祠巍焕，甲于宁郡”[2]。张氏聚居地许冲四面环山，“中聚千余家，皆张氏一姓”[3]。孙村汪氏聚族于玉屏山下。[4]附近的洋川村，“谭氏聚族而居，多有恒业，他姓一两家而已，故无婢仆，亦无盗”[5]，风俗可谓淳美。位于绩溪境内的旌德飞地仕川，喻氏宗族“聚族而居者近千家”[6]。经历太平天国战乱后，隐龙方氏村落仍然达到“聚族百数家”的规模。[7]

康熙宁国知府注意到泾县的一个特征：“旧家多聚族，村落贵土著。”[8]本地人的观察亦是如此，赵知希称“山民尚聚族，金张竞门阀”[9]，朱理有“附郭环村，居多聚族”的描述。[10]就具体情形而言，以村名带姓氏称呼的村庄多为大姓聚族而居者，如茂林吴、南容李、铜山徐、老潭舒、水东翟、中村董、小岭曹、云岭陈、后山张、黄田朱、溪头胡、纪村卫、上坊沈等大姓。[11]水东翟氏聚居于桃花潭边，“丁男以万数”[12]。赵绍祖笔下的赵氏宗族“遗种在僻壤，聚族结仁里”，在浴佛节举行隆重的家庙祭祀。[13]胡朴安所属的丹溪胡氏，“聚族而居者千有余家”，该族与黄田朱氏地缘相近，“世为婚姻”。[14]清代黄田朱氏人口一度达数万，仅朱用铿一支就有万余人。[15]王氏宗族聚居后山脚下。[16]大族聚族而居的历史较为久远，茂林吴氏自宋代以降聚族而居[17]，南容李氏聚居的历史可上溯至元代初年[18]。

太平与上述两县别无二致，“民聚族而居，大半亲服，相连比屋”[19]。居民一般选择河谷盆地聚族而居，有不少以姓氏为名的村庄。以今新华乡境内为例，有原古西的杜家、高家畈、谢家村，大保的王家庄、罗家冲，曹村的曹村畈、上、下盛家，赐田的李家庄、胡家、叶家，董家湾的周冲、洪家、杨家冲等。[20]仙源杜氏谱牒中有一则规定：“妇女古无书名之例，因我太邑皆聚

---

① 〔清〕刘显等纂修：《彭城刘氏宛旌礼村世谱》卷二《礼村记》，乾隆二十二年刻本。

② 〔清〕刘鸿儒等纂修：《彭城刘氏宛旌礼村世谱》卷一《重修玉成祠碑记》，光绪三十年木活字本。

③ 〔清〕张日灿等纂修：《旌阳张氏续修宗谱》第一册《自喜公》，康熙五十七年刻本。

④ 〔清〕汪朗山纂修：《义门汪氏校正世谱》卷八《孙村汪氏村图纪略》，乾隆四十八年木活字本。

⑤ 〔清〕孙原湘：《天真阁集》卷二三《洋川竹枝辞》。

⑥ 周蓉纂修、喻少彬整理：《仕川喻氏宗谱》卷一《金竹里重建支祠记》，1998年影印光绪十五年木活字本。

⑦ 方镛总修：《隐龙方氏宗谱》卷一《六等嘉禾章旌德县知事修示》，民国十年木活字本。

⑧ 〔清〕佟赋伟：《二楼纪略》卷二，康熙间刻本。

⑨ 〔清〕赵知希：《环石斋诗集》卷八《王公雨歌》，乾隆十五年刻本。

⑩ 嘉庆《泾县志》卷首《跋》。

⑪ 泾县地方志编纂委员会编：《泾县志》，方志出版社1996年版，第107页。

⑫ 〔清〕朱珪：《知足斋集》卷二《翟瞿园家传》，嘉庆九年阮元刻增修本；(清)赵炳文：《水西咏雪斋诗稿》卷一《呕心集·题翟氏济婴局三十五韵为翟润之孝廉作》，道光二十年小巨万轴书窟刻本。

⑬ 〔清〕赵绍祖纂辑：《赵氏丛书》卷十《浴佛节家庙祭祀四十四韵》，嘉道间古墨斋刻本。

⑭ 胡朴安辑：《朴学斋丛书·丹溪诗钞跋》，民国二十九年安吴胡氏刊本；(清)胡世敦：《五石瓠斋遗稿》卷上《朱立堂公墓志铭》，同治十一年刻本。

⑮ 〔清〕朱珔：《小万卷斋全集·文稿》卷十八《用铿公裔立义仓碑记》。

⑯ 〔清〕王长清等纂修：《东阳王氏三修宗谱》卷首《王氏家范》，嘉庆间刊本。

⑰ 〔清〕吴文炳辑：《茂林吴氏诗存·序》，道光十一年刻本。

⑱ 李世昌等主修：《义门李氏重修宗谱》第23册《南容基址图》，民国五年木活字本。

⑲ 嘉庆《太平县志》卷三《风俗(物产义塚附)》。

⑳ 《新华乡志》编纂委员会编：《新华乡志(—2006)》，“黄山区乡镇志丛书”，内部资料，2007年版，第33—34页。

族而居，娶妇多与姑同姓，若不书名则墓碑无从辨认，故概于姓下注妇名，其已嫁女只书长次，惟未字者注名以识之。”①由此可见，聚族而居增加了同姓通婚的概率，以致需破除陈规，列出女性的姓名。太平僻处皖南山区，受战乱波及较小，光绪太平知县胡肇祺称：“闾阎强半聚族而居，一姓自成村落，丁繁者户无虑千万。燹后，虽亦稍稍少替矣，然以千百计者，现亦所在多有。”②换而言之，咸同战乱并未摧毁当地原有的聚落形态。太平旅外作家苏雪林回忆童年时，对岭下苏姓的祠堂、祭祖活动等记忆犹新。③民国旅行家洪素野访问当地时，向名绅陈少峰询问民情风土之特点，并作了一番演绎：“盖此间人民，率多聚族而居，一村之中，往往均为同姓同族。”④可见，聚族而居应该是当地聚落的常态。

僻处一隅的宁国县，“一都不过数姓，各有祠堂谱牒”⑤，亦存在聚族而居的现象。宁国仙氏宗族自宋代迁居于孔夫关麓，世代繁衍，聚族而居，仙家村由此得名。宁国县算是南部山区的特例，当地未兴起经商风气，亦无世家大族，聚族而居的程度可能不高，但限于资料而无法深入分析。⑥

（二）北部平原圩区

与南部山区不同，宣城、南陵等地势较平地区，传世文献较少，关于乡村聚落的记载明显逊于南部山区。明季遗民吴肃公给宣城黄氏谱牒作序称，该族“聚族居北关者三百有余年”⑦。南陵的平原圩区开发较早，姓氏比较集中，如丫山孙姓、绿岭丁姓、八甲张姓、孔村叶姓、石塘李姓、小岭章姓、八都何姓、强林王姓、孟家庄秦姓、盛村盛姓、涵口陈姓、蒋塘戴姓等，县内其余地方为杂姓村。⑧谢国兴依据民国资料，统计南陵有 385 所宗祠。⑨实际上，在清代中期宗族势力鼎盛时期，该县宗祠数量肯定超过此数，即便如此，南陵并非宁国府宗族势力最强的县域，上文已清楚展示这一点。

宁国府北部圩区缺乏足够的文献，好在周边地理环境相似的地区有一些相关记载。毗邻宁国府圩区的江苏高淳县，受咸同战乱的冲击较小，当地的聚落形态与历史上宣城、南陵圩区的聚落形态应较为接近。金其铭对高淳的村镇布局加以研究，根据该县地貌特征分为两种聚落形态，其一是圩区型：聚落呈条带状，大而稀，大村或较大村庄比重大；其二是岗地型：聚落呈团块状，小而密，中小村庄比重大。⑩高淳永丰圩的开发历程表明，圩区聚落受水

① 〔清〕杜冠英等纂修：《仙源杜氏宗谱》卷首《凡例》，光绪二十一年木活字本。

② 《戴氏谱序》，转引自《龙门乡志》编纂委员会编：《龙门乡志（—2006）》，“黄山区乡镇志丛书”，内部资料 2007 年版，第 242—243 页。

③ 苏雪林：《我幼小时的宗教环境》，收入氏著：《我的生活》，台北文星书店 1967 年版，第 46 页。

④ 洪素野：《殷屯公路巡游记》，《交通杂志》1937 年第 5 卷第 6 期。

⑤ 同治《宁国县通志》第一册《舆地志·风俗》。民国《宁国县志》卷四《政治志下·风俗》沿袭这一表述。

⑥ 宁国县地方志办公室编纂：《宁国县志》，三联书店 1997 年版，第 133 页。

⑦ 〔清〕不著撰人：《宛陵黄氏宗谱》，《序》，光绪十四年刻本。承石巍提供部分照片，特此致谢。

⑧ 南陵县地方志编纂委员会编：《南陵县志》，黄山书社 1994 年版，第 95—97 页。

⑨ 谢国兴：《中国现代化的区域研究：安徽省（1860—1937）》，第 72—73 页。

⑩ 金其铭编著：《中国农村聚落地理》，江苏科学技术出版社 1989 年版，第 392—405 页。

患、区域经济等影响较大。①与此比照而观,民国年间芜湖县青弋江岸某乡的调查显示,“村落散漫,埠塘阻隔,道路迂回”②,因水网密布导致散居的聚落形态,可能也是宣城、南陵圩区的常态。建国初期对当涂县农村的调查称:“农民住于极分散的小庄,每庄三、四户不等,没有几十户的大村。”③当地主要是人口较少的散村。同时期的调查还与皖北平原做了比较:沿江圩区农舍不像皖北平原那样集中,圩区各家远看组成一个村落,近看多互不相连。

总之,村落空间的拓展和宗族发展之历程,固然在宁国府具有一定的普遍性,但呈现南强北弱的局面,由山区向圩区逐渐衰减。就聚族而居的强度而言,南部山区更为突出。葛庆华的研究亦可佐证这一点,他认为太平天国战后泾县、旌德和太平的移民数量较少,原因在于当地聚族而居,外来移民不易插足。④

三、宁国府市镇的空间分布及其变迁

宁国府的社会重心在乡村而非城镇,但市镇作为物资交流和商品中转的地方,仍有不可替代的作用。何为市镇?学界对该词的理解千差万别。施坚雅将设有基层市场的居民点称为“基层集镇”。⑤吴承明与方行的通信中,探讨市镇究竟以商业为准,还是根据人口规模或中心地理论出发。⑥滨岛敦俊研究江南市镇时,借用费孝通家乡吴江县的“乡脚”一词,认为以16世纪中叶以后的江南,以市镇为核心形成了地域社会。⑦在大致梳理宁国府乡村聚落以后,有必要对研究薄弱的宁国府市镇作一简要分析。

(一)宁国府各县市镇的数量变化

由于存世文献记载不全,清代以前宁国府各县的市镇变迁难以复原。泾县、宁国两县市镇的记载始于明代,但其他县份相对较晚,譬如宣城县的市镇情况如下:“市镇一门,乾隆府、县志皆不载,今据宋、明诸书及《大清一统志》《江南通志》备登之,以征古制。其或古有而今

---

① 中国人民政治协商会议南京市高淳区委员会编:《高淳历史文化大成·密集的村聚》,南京出版社2013年版,第470—471页。

② 江国权:《安徽省芜湖县第四区第三乡农村调查》,中国农业经济研究会1944年印行,收入李文海主编:《民国时期社会调查丛编:乡村社会卷》,福建教育出版社2005年版,第590页。

③ 《当涂县连云堡、贵池县杏村保及[鱼贵]口保调查》,华东军政委员会土地改革委员会编:《安徽省农村调查》,“华东农村经济资料”第4分册,1952年版,第110页。

④ 葛庆华:《近代苏浙皖交界地区人口迁移研究》,上海社会科学院出版社2002年版,第137页。

⑤ [美]施坚雅撰、史建云等译:《中国农村的市场和社会结构》,中国社会科学出版社1998年版,第5—6页。

⑥ 吴承明:《关于传统经济的若干论述——与方行先生的通信》,氏撰,刘兰兮整理:《经济史理论与实证:吴承明文集》,浙江大学出版社2012年版,第367—373页。

⑦ [日]滨岛敦俊撰,沈中琦译:《农村社会——研究笔记》,复旦大学历史学系编:《近代中国的乡村社会:近代中国研究集刊》,上海古籍出版社2005年版,第272—273页。

无，或古无而今有者，悉载之用资采访。”①康熙《大清一统志》已对宁国府各县的市镇作了描述，但其记载非常简略。

嘉庆《宁国府志》首次完整收录各县市镇的志书，但掺有“水分”，其中有不少市镇难以证实或已经消失，并非嘉庆时期市镇分布的真实记载。以泾县枚洄镇为例，据嘉庆县志引乾隆县志：“六朝旧镇。唐武德七年，权文诞破辅公祏于猷州，拔枚洄等四镇，今未详何处。”②嘉庆府志略有改动便全文录入，亦未作考证。③枚洄镇是否真实存在于唐代，其功能是否为物资交流的场所，难以知晓。部分市镇早已消亡，安吴市“今为村落”，张家市“今废于水”。④由此可知，嘉庆府志所记载的市镇多于实际数目。民国《南陵县志》列出旧志的12个市镇后，又新增20个市镇，除刘店铺镇外，其余19个皆是首次载入志书，可能表明清末民初南陵市镇标准之宽泛。粉店镇乃是因为咸丰、同治前有油炸粉坊，所制粉丝美于他处，“因以名镇”，但太平天国战后可能已衰落。濒临青弋江畔的西马头镇，向来商业颇盛，“宣统间被洪水冲废，今街道已变为河流”，已不复存在。⑤

有鉴于此，为提升分析的准确度，下面结合嘉庆《宁国府志》、光绪《重修安徽通志》、光绪《安徽舆图表说》和民国《安徽第九区风土志略》等四种资料，梳理清代中期以降宁国府各县市镇的分布，在此基础上比较各县市镇的变迁：

表24-1　宁国府各县市镇数量之变动(1815—1937)

县域 记载年份	宣城	泾县	旌德	宁国	南陵	太平
① 1815年	21	21	15	14	13	7
② 1878年	3	8	4	7	4	2
③ 1896年	12	12	4	11	8	7
④ 1937年	8	3	4	4	缺	缺
按市镇名称合计	26	21	16	15	14	10

资料来源：①嘉庆《宁国府志》卷十二《舆地志·乡都》；②光绪《重修安徽通志》卷四十《关津二·宁国府》；③光绪《安徽舆图表说》卷三《宁国府》；④民国《安徽第九区风土志略》，其中南陵、太平划属其他督察区，统计数据空缺。详细数据见拙文：《丘陵山地与平原圩区：明清宁国府区域格局与社会变迁》，复旦大学博士学位论文，2013年，第358—360页。

需要指出，由于上表的名称合计已经剔除重复出现的市镇，所以历代出现的市镇总数并非①至④的简单相加。各县市镇按照数量差异可分为三个档次：第一档包括宣城和泾县，数量和规模相对较大；第二档包括南陵、宁国和旌德，实力不相上下；第三档是太平，该县僻处一隅，市镇经济不太繁荣。从①至④的更替中，各县市镇数量发生剧烈的变迁，折射各县实力之升降。宣城高居榜首，除了作为附郭县的地缘优势，亦基于该县巨大的人口基数和消费

① 嘉庆《宁国府志》卷十二《舆地志·乡都(街巷市镇附)》。

② 嘉庆《泾县志》，卷二《城池·市镇》。

③④ 嘉庆《宁国府志》卷十二《舆地志·乡都(街巷市镇附)》。

⑤ 民国《南陵县志》卷三《舆地志·疆域(附乡里街巷市镇坊保号自治区域)》。

能力。由于统计口径差异，宣城在③中的数据可能偏低，该县北乡新河庄镇一直被列入市镇，但在③中列入“津梁”而非“关市”，原因在于当地“为芜湖工关分口稽查竹木之所”，实际上仍可视为市镇。①

泾县的市镇仅次于宣城，作为皖南水陆转运的重要中转地，按照方志编纂者的估计，“泾县市镇较他县为多”。官庄市人烟繁盛，商旅阜通，“房廊屋庐相去三四里”，其赶集日期常在子、午、卯、酉之日。元代管进士创造的藤溪市，“七日一会，其会必在甲寅之日，商族辐辏，贸易货财，极为民便”。县尉王鉴创立了麻园市，“初以寅、申、巳、亥日为会，农商贸易者赴焉”。王公市的墟市庐舍，“大抵吕氏居其大半，每日为市，农商贸易者赴焉，而蚕市特盛云”。②各市镇一般都有赶集日期，表明其规模可能不大。

近代交通格局变迁对各县市镇有一定的影响。民国年间，芜湖至屯溪公路修通以后，徽州地区与皖江流域的物资运输路线发生了变化，部分市镇受到冲击。③泾县榔桥河(即藤溪市)“自芜屯路通车后，商旅骤减，稍见衰落”。一些市镇因公路而兴，如旌德东乡在历史上未出现重要市镇，至民国年间以芳川为中心形成商业聚集地，“与宁国县胡乐司成鼎足之势”，其原因在于向东接通芜屯公路，摆脱了传统交通困局。一些远离芜屯公路的市镇受冲击较小，泾县章家渡作为石埭、太平水陆交通的要道，“商务甚盛”；泾县马头镇为宣城、南陵、泾县三邑交界处，“机楫络绎，商品辏辐”；旌德三溪镇“为旌邑商业中心”，庙首镇“商业亦甚繁盛”，未受芜屯公路通车的影响。④

(二) 宁国县市镇的时空变迁

现存市镇资料最为齐全的当属宁国县，当地市镇的变迁脉络较为清晰。谢国兴曾以宁国县市镇为例，分析山区市镇与地形因素的关系。⑤但是，他忽视了咸同战后外地移民的渗透方向，以及芜屯公路对部分市镇的冲击，因此有必要重新予以审视。根据历代方志的记载，宁国县历代市镇的数量变动情况如下：

表 24-2　宁国县市镇之时空变迁(1549—1937)

方位	市镇名称	距城里数	1549	1647	1713	1815	1825	1869	1878	1937
县东	河沥溪镇	5	√	√	√	√	√	√	√	√
	梅林镇	30			√	√		√		
	吴岭镇	50			√	√	√	√		
	岳山镇/石口市	50	√	√		√	√	√	√	
	墩上镇/宁国墩镇	60			√	√	√			√

① 光绪《重修安徽通志》卷四十《关津二·宁国府》。
② 嘉庆《宁国府志》卷十二《舆地志·乡都(街巷市镇附)》。
③ 周昌柏主编：《安徽公路史》第一册，安徽人民出版社 1989 年版，第 99—102 页；徽州地区交通志编纂委员会编：《徽州地区交通志》，黄山书社 1996 年版，第 11 页。
④ 民国《安徽第九区风土志略·宁国县、泾县、旌德县》。
⑤ 谢国兴：《中国现代化的区域研究：安徽省(1860—1937)》，第 511—516 页。

续表

方　位	市镇名称	距城里数	1549	1647	1713	1815	1825	1869	1878	1937
县　东	狮桥镇	80			√	√	√	√		
	朱桥镇/朱家桥	90			√	√				
	云梯镇	120			√	√	√	√		
县　南	中溪塔镇	60					√	√		
县　西	杜迁镇/港口镇	30				√	√	√	√	√
	蟠龙铺镇	40			√	√		√		
	三元塔镇	45					√			
	东岸镇	50	√	√	√	√		√	√	
	湖乐镇/胡乐镇	110	√	√	√	√	√	√	√	√
县　北	五河渡镇	10		√	√	√	√		√	
	港口镇	30	√	√	√	√			√	
数量合计	5	6	12	14	11	11	7	4		

资料来源：表格第一列的八个数据即为方志的出版年份，依序参见嘉靖《宁国县志》、顺治《宁国县志》、康熙《宁国县志》、嘉庆《宁国府志》、道光《宁国县志》、同治《宁国县通志》、光绪《重修安徽通志》、民国《宁国县志》的相关记载。

明代嘉靖年间的五个市镇，主要分布于通往宣城和绩溪的交通线上，只有县东的石口市例外。这种现象一直延续至清初，其时只增加了通往宣城的五河渡镇。康熙年间，宁国县境内的市镇数量猛增一倍，除位于通往绩溪的要道蟠龙铺镇外，其余 5 个新增市镇皆在县东，反映清代以降宁国县东山区的开发。这一局面至嘉庆年间达到顶峰，其时市镇数量已经达到历史最高值。道光年间，宁国县的市镇数量略有减少，其中县东减少 2 个，县北和县西各减少 1 个，县南增加 1 个，表明市场整合力度的加强，使得县内市镇分布更加均衡。一些市镇的消亡，与选址不佳、市场整合相关。如三元塔镇（县西四十五里河口）仅出现在道光年间①，该镇夹在东岸镇（县西五十里）与蟠龙铺镇（县西四十里）之间，似无存在之必要，故而转瞬即逝。

清末太平天国战乱给宁国县的市镇带来巨大冲击，县内市镇数量萎缩至清初的水平，这在光绪《重修安徽通志》中表现得尤为明显。县内各区的市镇分布出现逆转，县东萎缩了 2/3，县西大体维持原样，县北先降后升，表明市镇分布的中心由县东向县西、县北方向转移，这与太平天国战后移民的涌入方向有关。宁国县境内以两湖客民居多，其人口分迁是自西北丘陵向东南山地渐次推进的空间历程，县境西北生产条件较好的市镇得到迅速恢复，而县东、县南的市镇短期内难以恢复。

进入民国年间，县内市镇进一步地萎缩，主要分布于县内几个具有代表性的区域，当时

① 道光《宁国县志》卷一《郡邑 · 乡镇》。

的工商业概况如下："县城湫隘荒凉，店铺极少，而城北之河沥溪镇乃本县商业之中心。"①河沥溪镇位于宁国县内水系聚合之处，在宁国县境内占有的重要商业地位。"昔年商务繁盛，绩溪所需之百货多由此转运"，但芜屯公路通车之后，"该处商务远非昔比"。②可见受公路冲击较大。与此相反，港口镇、胡乐镇受到芜屯公路通车的刺激，在与徽州的贸易中进一步获得发展。此外，作为第三区署所在地的宁国墩镇，是县域东部的区域中心，得到一定程度的开发。1937 年，京赣铁路宁国段短暂通车，是为该县商业发展的极盛时代，然而仅是昙花一现。③谢国兴认为清代中叶至民国年间宁国市镇数目有所减少④，但结合具体情况而言，其变迁过程可谓一波三折。

四、结　　论

在传统社会中，"聚族而居"的聚落形态并非皖南所独有。《清经世文编》中收录了一组文章，包括陈宏谋《选举族正族约檄》、顾炎武《通谱》和张海珊《聚民论》，皆反映聚族而居的普遍性。⑤费孝通认为，传统农业社会倾向于形成聚居村落，原因在于亲属的联系和互相保护的需要。⑥李文治、江太新认为，聚族而居与遗产均分制和小农经济相关。⑦林济认为长江流域的宗族结构可以分为两种类型，一种是以市镇或场镇为中心的宗族结构，一种是以村落为中心的宗族结构，这种差异大体决定于各地的社会经济结构。⑧结合宁国府的聚落形态及其空间差异，可以得出如下认识：

其一，就宁国府的层面而言，聚族而居具有一定普遍性，但就其空间分布而言，靠近徽州的南部山区显然更为突出，这与历史上南部山区的经商传统息息相关，强宗大族的崛起和商业资本之积聚，有利于维护聚族而居的居住形式。⑨

其二，就皖南的整体情形而言，皖南的民间财富主要沉淀于聚族而居的乡村，与此相对应的是，城镇宗族组织、规模要弱于乡村。皖南市镇的宗族实力通常较小，除了朴元熇对岩镇的研究，旌德首镇三溪镇的宗族格局亦可表明这一点，该镇主导权掌握在王氏宗族，但该族在刊印县志的捐输名单中仅列第 22 位，可见在县内无甚话语权。⑩大体而言，城镇乃是五

---

① 《安徽省芜屯公路沿线经济概况》，《安徽政务月刊》1935 年第 6 期。

② 民国《安徽第九区风土志略・宁国县、泾县、旌德县》。

③ 第三战区经济委员会资料室：《安徽省宁国县经济调查报告》，《东南经济》1941 年第 7—8 期。

④ 谢国兴：《中国现代化的区域研究：安徽省(1860—1937)》，第 512 页。

⑤ 〔清〕贺长龄：《清经世文编》卷五八《礼政五・宗法上》，光绪十二年思补楼重校本。

⑥ 费孝通撰、赵旭东等译：《中国士绅：城乡关系论集》，外语教学与研究出版社 2011 年版，第 111 页。

⑦ 李文治、江太新：《中国宗法宗族制和族田义庄》，社会科学文献出版社 2000 年版，第 119—121 页。

⑧ 林济：《长江流域的宗教与宗族生活》，湖北教育出版社 2003 年版，第 507—510 页。

⑨ 详见李甜、陆洋：《宁国商人再探：明清皖南商帮的兴起及其地域分化》，《中国经济史研究》，2013 年第 3 期。

⑩ 〔清・嘉庆〕《旌德县志》卷十《县志局收捐输银数・捐输》。

方杂处之地，并非一两个大姓即可轻易垄断。清末南京人汪士铎的观察也可佐证："大率江宁为省会，客户疣杂，无言宗法者，族人每觌面不相识如涂人。"①可见长江下游城镇的宗族意识相对淡薄。

其三，就皖南与江南的比较而言，两地乡村聚落的差异明显，聚族而居是皖南山区的主流，皖南宗族势力对地方社会的影响力，较之江南宗族要大。并且，皖南市镇与江南市镇存在明显的结构性差异，商贸繁荣的江南市镇之规模可能会超过行政中心，皖南虽不乏规模宏大的宗族村落，却很难发展为大型的商业市镇，现代调查也表明，皖南地区建制镇与江南邻近地区相比，具有中心城镇数量少，点稀的特点②。这是皖南不同于江南的重要特征。并且，江南与皖南的乡村聚落亦存在一定差异，皖南宗族比之江南宗族显得强大。目前学界对于江南社会形态存在较大争议，黄宗智承认"士绅社会"更适合描写长三角，王国斌提出"江南模式"的统治方式。③滨岛敦俊提出华南是宗族性的乡绅社会、江南是非宗族性的乡绅社会、华北是非宗族性的庶民社会的比较性认识，认为宗族、乡绅等指标可以判定不同的社会特质，甚至得出"江南无宗族"的激进观点。④有学者认为滨岛敦俊的提法对研究明代农村具有创新性⑤，也有学者从宗族义庄的角度认为江南宗族不容小觑⑥。不过可以肯定的是，江南作为商品经济发达和人口流动便捷的地区，宗族势力的发展受到限制。现今长三角的宗族势力走向衰微，颜学诚的调查分析展现这一过程，钟翀研究北江盆地时也默认这一推论。⑦

最后需要指出的是，聚族而居的聚落形态对基层政区亦产生一些影响。牧野巽统计分析浙东奉化县《剡源乡志》中有关村落的宗族构成记录，得出"大村"与"大族"伴生共存的结论。⑧钟翀对北

---

① 〔清〕汪士铎：《汪梅村先生集》卷六《宗祀轴记》，光绪七年刻本。也有学者认为江南城镇的家族组织严密，乡村宗族则十分松散，这与皖南情形相反，参见[美]白凯撰，林枫译：《长江下游地区的地租、赋税与农民的反抗斗争》，上海书店出版社 2005 年版，第 27—30 页。

② 张亚群：《皖南地区城镇体系合理调整初探》，载中国科学院南方山区综合科学考察队第三分队编：《安徽省南部丘陵山区国土开发与整治研究》，华东师范大学出版社 1987 年版，第 197 页。

③ [美]黄宗智：《长江三角洲小农家庭与乡村发展》，中华书局 1992 年版，第 330 页；[美]王国斌撰，李伯重等译：《转变的中国：历史变迁与欧洲经验的局限》，江苏人民出版社 2008 年版，第 119—123 页。

④ [日]滨岛敦俊：《明末华北地区族人的存在形态》，《近世中国的社会与文化论文集》，台北明代研究学会 2007 年版，第 29—60 页；[日]滨岛敦俊撰、沈中琦译：《农村社会——研究笔记》，复旦大学历史学系编：《近代中国的乡村社会：近代中国研究集刊》，上海古籍出版社 2005 年版，第 255—279 页。

⑤ 冯贤亮：《近世浙西的环境、水利与社会》，中国社会科学出版社 2010 年版，第 319 页；王家范：《"国家"驾驭"社会"的政治术》，2011 年 4 月 17 日《东方早报》。

⑥ 范金民：《江南社会经济史研究入门》，复旦大学出版社 2012 年版，第 179—180 页。井上彻以江苏洞庭东山为例，研究江南地区宗族的普及，参见[日]井上彻撰，钱杭译：《中国的宗族与国家礼制：从宗法主义角度所作的分析》，上海书店出版社 2008 年版，第 227—264 页。

⑦ 颜学诚：《长江三角洲农村父系亲属关系中的"差序格局"——以二十世纪的水头村为例》，庄英章主编：《华南农村社会文化研究集》，"中研院"民族学研究所 1998 年版，第 89—108 页；钟翀：《北江盆地——宗族、聚落的形态与发生史研究》，商务印书馆 2011 年版，第 193 页。

⑧ [日]牧野巽：《牧野巽著作集》，御茶の水書房 1980 年版，第 171—289 页。

江盆地的研究支持这一论点。[1]皖南也不例外，聚族而居推动基层政权与宗族建设的结合。泾县花林都“聚族以居者，户编六甲，丁盈数千，总皆一体所分也”[2]，以宗族划都编甲，表明基层行政区划与地方宗族存在一定的耦合关系。此外，关于皖南村落的姓氏构成，熊远报认为徽州村落基本处于诸姓氏杂居的状态。[3]笔者并不否认这一判断在宁国府境内的适用性。不过，诸姓杂居的事实与聚族而居的现象并行不悖，共同构筑皖南传统社会的多元特征。

（李甜，复旦大学社会发展与公共政策学院助理研究员）

① 钟翀：《北江盆地——宗族、聚落的形态与发生史研究》，商务印书馆 2011 年版，第 81—90 页。

② 朱润纂修：《泾川朱氏宗谱》卷十五，乾隆三十年刻本。

③ 熊遠報：《清代徽州地域社会史研究：境界・集団・ネットワークと社会秩序》，第 44—52 页。

"官侵"与康雍时期地方财政亏空治理——以江苏省为研究对象

□龚　浩

[摘　要] 清代财政亏空问题伴随了整个清王朝，清代的官员与学者认为"官侵"是造成亏空的重要原因，即官员通过侵蚀与挪移造成了财政亏空，清代的部分官员与学者认为之所以出现"官侵"，其源在于地方存留银不足以及官员操守有问题，所以他们通过整顿吏治以及"养廉银"改革希望弥补地方存留银的不足，解决亏空问题。近代以来，亦有学者继承与发展了这种将亏空归咎于"官侵"的观点。但是"养廉银"改革之后，亏空案依旧层出不穷，通过对雍正清查亏空结果的数据分析，可以知道"官侵"所造成的亏空尚不足亏空比重的一成，所以说"官侵"并不是亏空最主要的原因，清人"养廉银"改革对于解决亏空问题而言，是一次失败的改革，而将亏空归咎于"官侵"的观点也应该重新商榷。

[关键词] 清代；亏空；官侵；养廉银

清代地方财政亏空问题一直是清史研究的一个热点，盖因"有清一代，各级官吏的亏空钱粮，也是财政上始终无法解开的'死结'。"①官侵、吏蚀、民欠一起构成了造成亏空的最主要的原因，其中官侵指的是官员侵蚀挪移钱粮。

那为什么会出现官侵？雍正时期的杨观潮认为造成官侵的原因"或系各上司规例繁冗，或系各衙门打点使费，或由惰征少法因循而欠缺，或系乡亲游客四至而蚕食，至如因公借用尚其可贷者也。"②上述原因可以归结为两点：其一，官员操守有问题，肆意侵蚀钱粮；其二，地方存留银不足，官员不得不挪移正项重而形成亏空。百年后的冯桂芬对杨氏的观点极为赞同，他说："亏欠之故在于亏空，亏空之故在于挪移，挪移之故在于漫无稽考。以一县之主，独操出纳之权，下车之后，公用后而私用先，家室妻子之百需，旧逋新欠之交集，大抵有收管而无开除，为所指挥，莫敢过问，迨上司之至而亏空久也。"③冯桂芬此观点即呼应了杨观潮所论官员操守问题。冯桂芬又提出了"十倍养廉法"则是对杨观潮第二个观点的呼应。后世学者对于亏空的研究中，亦有继承与发展了清人的论述。瞿同祖认为州县的收入不能够满足地方财政支出，对此彭雨新、陈峰、何平也极为赞同，美国学者王业键也认为地方政府的法定支

---

① 何烈：《清咸、同时期的财政》，"国立"编译馆中华丛书编审委员会 1981 年版，第 131 页。

② 〔清〕杨观潮：《治平汇要》卷三，清雍正七年文聚楼刻本。

③ 〔清〕冯桂芬：《校邠庐抗议》，上海书店出版社 2002 年版，第 33 页。

出和实际支出存在巨大差额，而地方经费却不足以支撑其实际支出。[①]张妍、岁有生提出了“二元财政”的主张，他们都认为地方财政存留不足，州县或是假借耗羡，或是挪移正项用以地方公办，在这种情况下亏空的出现就在所难免了。[②]李映发将清代地方出现官侵概括为七条，其中三条为“往来交接活动无处报销、工程赔累、州县官侵盗”[③]。刘凤云认为：“亏空的出现，主要是由于一些自然因素、人为挪用以及地方因私舞弊造成，而是其中因公费用占了很大比重，造成这一原因的是清代地方财政的匮乏。”[④]当然上述学者并非只是将官侵归咎于官员操守有问题或者地方存留银太少的财政体制，一般都认为两者兼而有之。比如贾允河从吏治的角度分析钱粮亏空问题，认为吏治腐败是亏空的重要原因，但是他又认为之所以会出现腐败的吏治，根本原因就在于地方存留太少，因此他提出：“要想解决亏空，必须解决吏治问题，而要解决吏治问题，必须改革制度。制度不善是造成钱粮亏空的根本原因，不合理的制度必然产生腐败，及时地改革不合理的制度才是治本的有效途径。”[⑤]可以说以往对于官侵的研究有两个主要的切入点：财政制度与财政外部约束。基于前者往往得出财政制度缺陷即地方存留银太少造成亏空的结论，基于后者则得出官吏操守有问题造成亏空的结论。

以往的研究较多的是在长时间段内就整个国家的亏空情形进行分析，他们所得出一些诸如地方存留银太少、基层官员腐败的结论为本文提供了很好的参考借鉴。但是相对而言，对于“官侵”个案的研究还有待扩展，且缺少定量的分析。本文拟以康熙、雍正朝的两次官侵案为研究对象，通过对政书、文集、笔记、地方志等文献资料的爬梳，了解清人如何看待官侵案，朝廷如何去解决官侵案，以及解决的效果又是如何。

一、康雍时期江苏地区“官侵”案

康熙时期对于江苏地区“官侵”案的治理主要集中在康熙四十九年与康熙五十年。康熙四十九年正月，江南江西总督噶礼上疏题参前任江苏布政使宜思恭贪腐，指参其在任内亏空钱粮四十六万一千两。康熙下旨，着户部尚书张鹏翮查察。五月，张鹏翮上疏，奏称宜思恭任内亏空钱粮四十六万一千两，这部分钱粮主要用于地方赈济灾民、平粜物价上面，所用钱粮皆是在与巡抚商议之后支给的，所欠亏空钱粮，以江苏各属俸工银偿还，已经补还了二十

---

① Yeh-Chien Wang, *Land Taxation in Imperial China*, *1750—7911*, Harvard University Press, 1973.

② 瞿同祖著，范忠信、何鹏、晏锋译：《清代地方政府》，法律出版社 2011 年版；彭雨新：《清代田赋起运存留制度的演进》，《中国经济史研究》1992 年第 4 期；何平：《清代赋税政策研究 1644—1840》，中国社会科学出版社 1998 年版；张妍：《清代社会经济史研究》，北京师范大学出版社 2010 年版。陈锋：《清代中央财政与地方财政的调整》，《历史研究》1997 年第 5 期；岁有生：《论清代州县的二元财政》，《兰台世界》2011 年 7 期。

③ 李映发：《清代州县财政中的亏空现象》，《清史研究》1996 年第 1 期。

④ 刘凤云：《康熙朝的督抚与地方钱粮亏空》，《清史研究》2009 年第 3 期。

⑤ 贾允河：《嘉庆朝钱粮亏空的原因》，《西北师范大学学报》(社会科学版)1993 年第 5 期。

九万七千余两，张鹏翮提出其余一十六万四千余两在宜思恭名下追补，康熙准许了张鹏翮的奏疏。[1]宜思恭是否补完了亏空？10年后，鄂尔泰重新清理江苏亏空是才发现宜思恭各任内亏空“至今未补”。[2]

六月，总督噶礼又上疏，奏称康熙四十六年，朝廷令江南督抚在苏州、松江、常州、镇江等处修筑河闸，所用的钱粮在苏州府知府陈鹏年于司库支领转发。苏松粮道贾朴等人在修筑期间扣留了三万四千余两，完工报销后称只剩下了二千四百余两。噶礼认为这其中存在着侵蚀亏空之事，于是将承修各官一并题参。康熙命张鹏翮审理，张鹏翮上疏言：粮道贾朴督修河闸，提议扣留钱粮用作河闸保固修理费用，因此捏造印册蒙混报销。张鹏翮提出将负责估价的苏州府同知张廷采革职，贾朴杖流。康熙得到奏疏后，认为苏州知府陈鹏年掌管钱粮出纳，但是任由贾朴等人任意欺瞒，不能免罪应该严处。[3]那陈鹏年的下场又是如何？《陈恪勤公行状》中记载：“（噶礼）以河闸案未遂，至是又借承鞫吴县令某亏空迟延再落公职，是时，公（陈鹏年）方会勘镇江，即严扃公于城隍庙。”[4]也就是说在河闸案之后，陈鹏年还是继续担任着江苏地方职务，直到吴县县令发生亏空案才被拘押，显然陈鹏年并没有受到河闸案的影响，甚至没有被朝廷罢黜。

康熙五十年，江苏巡抚张伯行亦上疏，奏陈江苏等府州县无著亏空十万八千两，康熙认为这项钱粮是地方因公挪用，如果要地方官员赔补，则地方官员肯定收于百姓之手，故而康熙下令给江苏巡抚张伯行：“此项钱粮，朕知之甚悉，系地方因公动用，未敢申明之项，若著落后任官员赔补，比致科派，扰害百姓，朕殊不忍。著将此项钱粮，免其赔补，以示朕轸恤官民至意。”[5]

康熙六十一年十一月，康熙皇帝逝世，当时“天下钱粮，各省皆有亏空”。[6]雍正即位伊始，就派得力大臣鄂尔泰出任江苏布政使，清查亏空。六个月后，鄂尔泰调查清楚了江苏整体的亏空现状，并在给雍正皇帝的上疏中一一奏明了历任藩臣的亏空情形：其一，前任藩臣宜思恭名下，康熙四十八年、四十九年、五十年、五十一年等俸工捐补银 15 000 两，至今未补；其二，前任藩臣李世仁任内，其垫用亏空，并借所属各库借垫亏缺，经过前任督抚赫寿、常鼐咨户部，与前任巡抚吴存礼提议将康熙五十四年等年俸工银捐抵亏缺 16 000 两，至今未补；其三，前任藩臣杨朝麟、李世仁任内垫用亏缺，经过督臣赫寿、常鼐，巡抚吴存礼批准，捐俸工银 20 000 两抵补亏缺，至今未补。[7]

---

① 《康熙实录》卷二四一、二四二，中华书局 1985 年版，第 393、397 页。

② 〔清〕鄂尔泰：《奏陈交盘额外亏缺折》，“国立”故宫博物院编：《宫中档康熙朝奏折》第二辑，台北：“国立”故宫博物院 1997 年版，第 92 页。

③ 《康熙实录》卷二四二，第 418 页。

④ 〔清〕李祖陶：《国朝文录续编》卷二，清同治刻本。

⑤ 《康熙实录》卷二四六，第 443 页。

⑥ 《康熙实录》卷二九九，第 894 页。

⑦ 〔清〕鄂尔泰：《奏陈交盘额外亏缺折》，《宫中档康熙朝奏折》第二辑，第 92 页。

在鄂尔泰审理李世仁的过程中，李世仁状告其长官江南总督赫寿与江苏巡抚常鼐勒索，其中赫寿勒索其六万四千余两。鄂尔泰提问赫寿之子宁保家人王存，常鼐之子承善龄德家人东儿、屈四、萧大等人，审得并非赫寿勒索李世仁六万四千两，实际是李世仁馈送赫寿银两，赫寿向鄂尔泰表示愿意归还此项银两。此案之中，赫寿及其子宁保保证除了归还收受李世仁的六万四千两外，还愿意再出资三十万两弥补亏空。江苏巡抚常鼐接受了李世仁馈送银四万三千余两，金一千两，此项全部入官。常鼐先前已经捐出六十万两赔补亏空，此次又捐出二十七万两，其家人萧大认赔补银三万两，屈四甘认补银一万两，东儿甘认补银五千一百八十两，其主仆共认赔银三十一万五千一百八十两，一并赔补亏空。江苏巡抚吴存礼愿意赔补亏空七万两。

鄂尔泰审理过程中发现有五项公用开支，修理江宁城垣及石城桥梁、开浚秦淮河并、修船工料不敷、闽兵眷口回京，当时整个开支为五万余两，鄂尔泰认为其中存在冒销行为，要求常鼐赔银三万二千六百三十九两，吴存礼赔银三万四千七百六两，署督臣提督高其位赔补银一万三千五百两，前任安徽布政司李馥赔银三万三百十三两六钱。①

二、转变：从康熙到雍正

无论是康熙年间的宜思恭案，还是雍正初期的李世仁案，他们实际上都是由官侵引起的亏空案，两次亏空案中既有相似点，也有不同点，对此需要作一番梳理。

先看朝廷的处理结果：

表 25-1　康雍两朝亏空案处理情况表

<table>
<tr><td rowspan="3">康熙朝亏空</td><td>宜思恭亏空案</td><td>要求追补，未补</td></tr>
<tr><td>陈鹏年亏空案</td><td>陈鹏年未受处分</td></tr>
<tr><td>张伯行奏陈亏空</td><td>全部蠲免</td></tr>
<tr><td rowspan="7">雍正朝亏空</td><td>吴存礼亏空案</td><td>吴存礼：赔补亏空七万两</td></tr>
<tr><td>赫寿亏空案</td><td>赫寿：赔补三十六万四千两</td></tr>
<tr><td>常鼐亏空案</td><td>常鼐：赔补三十一万五千一百八十两</td></tr>
<tr><td rowspan="4">五项公用开支亏空</td><td>常鼐：赔补三万二千六百三十九两</td></tr>
<tr><td>吴存礼：赔补三万四千七百六两</td></tr>
<tr><td>高其位：赔补一万三千五百两</td></tr>
<tr><td>李馥：赔补三万三百十三两</td></tr>
</table>

① 〔清〕鄂尔泰：《奏陈原藩李世仁亏空一案情节折》，中国第一历史档案馆编：《雍正朝汉文朱批奏折汇编》第三册，江苏古籍出版社 1989 年版，第 896 页。

从这个表格中可以看出，康熙朝的官侵亏空案，朝廷虽然派了朝廷重臣户部尚书审查，但是最终结果无一不是“网开一面”。而雍正朝亏空，却在雍正皇帝的严厉处罚下无一不认赔数额。那到底是什么原因造成两朝皇帝对于同时官侵造成的亏空作了不同的处理方式？

且看康熙与张鹏翮的一段对话：

上曰：此项亏空，据称因公那用，系何公事，未经明晰。

张鹏翮奏曰：大概如赈济、平粜、以及修塘等事。

上曰：朕总理几务垂五十年，事无大小，凡臣下情隐，无不灼知洞鉴。朕屡次南巡，地方官预备纤夫、修理桥梁、开浚河道、想皆借用帑银，原冀陆续补足。而三次南巡为期相隔不远，且值蠲免灾荒，所征钱粮为数又少，填补不及，遂致亏空如此之多。尔等皆知之而不敢言也。

张鹏翮奏曰：皇上屡次南巡，必大沛恩膏于百姓。所至之地，小民无不欢欣鼓舞。至于一切供亿悉由内府储备，从无丝毫累及民间。

上曰：即如纤夫一项需用既多，伺候日久，势必给与口粮工价，安得无费。至于修造行宫必然亦借用帑银。前者朕巡视溜淮套工程，至彼处见有舍宇三间，此系取用何项。

张鹏翮奏曰：系俸工银两所造。

……

上曰：朕历年蠲免天下钱粮，至数万万两有余，今此项亏空，若令补垫，亦不为多，然岂忍以此累地方乎？至于查明款项，亦非难事，钱粮册籍，皆有可考。地方官借因公那用之名，盈千累百，馈送于人，若加严讯，隐情无不毕露也。朕意概从宽典，不便深求。今海宇升平国用充足，朕躬行节俭，宫中用度甚为省约，计明朝一日之用，足供朕一月之需，今即因数次巡幸用钱粮四五十万亦不为过。明后年天下钱粮以次尽行蠲免，若留此亏空之项，以为官民之累，甚非朕宽仁爱养，嘉与维新之至意。①

从康熙皇帝与张鹏翮的讨论中，可以看到康熙皇帝将地方亏空的原因归咎在了以下两点：其一，江南此次官侵案，多是用于赈济、平粜，以及修塘等公用事务。地方官员既要赔补以往的亏空，还要负责地方建设，地方存留银太少的财政窘境使得地方官员就不得不挪移正项钱粮。加之在朝廷蠲免政策的作用下，“要是州县钱粮遭水旱灾害停征或缓征，甚至分年带征，那么当年的俸工银就没办法支给，只有等到钱粮征完始得补发”②，赋税的减免使得地方可使用的钱粮越发不足，同样也使得地方官吏没有经济收入，地方官吏只能挪移钱粮用以公务、生活，这样反而造成了地方钱粮的亏空。其二，康熙皇帝自己南巡对地方财政形成了重大的

① 《康熙实录》卷二四四，第421页。

② 周保明：《清代地方吏役制度研究》，华东师范大学博士学位论文，2006年。

负担，“康熙六度南巡，尤其是最末两次，造成了江南的巨大亏空”[①]。此项亏空地方官员难以言明，康熙皇帝却也是心知肚明。由于康熙皇帝这样的认识，所以康熙对造成亏空的官员宽大处置，亦未整顿吏治，他的儿子——雍正皇帝是这样评价他的父亲：“皇考好生知天，不忍即正典刑，故伊等每恃宽容，毫无畏惧，恣意亏空，动辄盈千累万。”[②]台湾学者庄吉发也认为：“清圣祖为政宽大，与民休息，惟流弊所及，不免失之宽持放任，财政上积弊丛生，亏空累累，库帑虚悬。侵挪正项钱粮，是导致亏空的主要原因。”[③]

待至雍正继位，即发布了整理财政的上谕：

而近日道府州县亏空钱粮者，正复不少。揆厥所由，或系上司勒索，或系自己侵渔，岂皆因公那用。……督抚明知其弊，曲相容隐，及至万难掩饰，往往改侵欺为那移，勒限追补，视为故事。而全完者绝少，迁延数载，但存追比虚名，究竟全无着落。新任之人，上司逼受前任交盘，彼既畏大吏之势，虽有亏空，不得不受。又因以启效尤之心，遂借此挟制上司，不得不为之隐讳。任意侵蚀，辗转相因，亏空愈甚。一旦地方或有急需，不能支应，关系匪浅。

朕深悉此弊，本应即行彻底清查，重加惩治，但念已成积习，姑从宽典。除陕西省外。限以三年，各省督抚、将所属钱粮，严行稽查，凡有亏空，无论已经参出，及未经参出者，三年之内，务期如数补足，毋得苛派民间，毋得借端遮饰。[④]

这条上谕首先表明了雍正自己关于亏空的看法，他认为地方钱粮亏空产生的原因有三：上司勒索、自己侵渔、因公那用，这三点都指向了腐败的吏治，雍正显然不认同康熙的“为政宽大”，在他的意识中，造成亏空的主要原因就是官员腐败行为形成的官侵亏空。对于皇帝将地方亏空归咎于官侵的观点，朝野内外得到了一大批官员的支持，这里既有部院重臣，也有翰林文墨，还有封疆大吏，且看以下他们的论述：

都察院左都御史朱轼：

惟是知府不皆贤员，请将州县多之大府令督抚保题，果能正己帅属不致亏空，准其加衔久任，其或才力不胜以及贪污不法，请调革另选贤能补用。又有上司庇护州县，不容知府查揭者，许知府通详部科，徇庇之上司从重治罪。……臣请揭到督抚先审后参，果系亏空有因，请革职留任赔完，若实有侵欺，立即斥革严究，庶奸吏知惩而亏空之弊可息也。[⑤]

---

① 王振忠：《明清徽商与淮扬社会变迁》，三联书店1996年版，第18页。

② 《雍正实录》卷二，中华书局1985年版。

③ 庄吉发：《清世宗与赋役制度的改革》，台湾学生书局1984年版，第234页。

④ 《雍正实录》卷二，第57页。

⑤ 朱轼：《奏陈减革加派清厘亏空积欠等事折》，中国第一历史档案馆编：《雍正朝汉文朱批奏折汇编》第一册，第5页。

翰林院检讨汤倓：

> 天下州县亏空极多……小吏岂不畏法而敢饱私囊乎？皆贪污上司节仪分外尚费，夤缘命盗皆需打点，小吏剜肉医疮，止顾目前，日积月累，亏空动至数万。①

云南布政使李卫：

> 直省亏空之员，其防之于前，绳之以后，亦既详且尽也。……每逢保举题陞，报口调烟瘴调繁简以及拜门生委署印诸属莫不阴取厚实，又有曲全……补苴无术者纵或挪掩一时，而受贿者又不得不为容隐……欲杜亏空之源当自督抚两司始也。②

以上诸人论述中，基本都是将造成亏空的矛头指向了地方官员，地方官员中高级官员向低级官员索取陋规，低级官员用陋规来迎合与挟制上司，上下之间，沆瀣一气，使得亏空丛生，亏空难禁。

朝廷上下既然存在将地方亏空归咎于官侵的呼声，那么整顿官侵问题则成为朝廷解决地方亏空的一个重要手段，为此雍正方登基，就派得力大臣鄂尔泰出任江苏布政使，半年之后，鄂尔泰上疏："窃惟江苏重地，财赋甲天下。从前各项亏空见在民者，或由灾荒；欠在官者，半由贪鄙。深维其故，瞻顾实贪鄙之源，因循乃瞻顾之流，瞻顾因循，未有不入流也。贪鄙者，上官索下属，下属因剥削小民，至剥削之所入犹不足以供所出，则动库帑，看爱惜功名不得，并爱惜廉耻，究之廉耻扫地，功名随之，故亏空之县亦未必尽出无良，实不肖督抚司道有以使之也。"③雍正回复鄂尔泰"见得透"。从这一对君臣之间的对话来看，他们也认为地方出现亏空，源头在于官侵，地方吏治腐败，上行下效，狼狈为奸，治理亏空应该从整顿官侵着手，严治吏治，使得官员不敢贪，不涉贪。

同样是官侵案，但是康熙和雍正两朝皇帝形成了完全不同的看法，康熙较多地注重在地方存留银太少的问题上，认为地方存留银太少是地方财政亏空的关键，而雍正却较多地关注吏治，认为吏治腐败是造成地方亏空的原因。对于两朝皇帝态度的转变，必须放在一个长时段里进行分析。

且以江苏省松江府上海县的财政状况为例，看看康熙元年上海县的财政情况，上海县收入本色米 13 686 石，折色银 212 302.4 两。其中解送中央本色米 133 002 石，折色银 162 962.6 两，存留地方本色米 6 684 石，折色银 49 339.8 两。

---

① 汤倓：《奏请严大吏勒索以绝亏空之源等五事折》，中国第一历史档案馆编：《雍正朝汉文朱批奏折汇编》第一册，第 19 页。

② 李卫：《李卫奏陈清楚亏空弊源管见折》，中国第一历史档案馆编：《雍正朝汉文朱批奏折汇编》第五册，第 121 页。

③ 鄂尔泰：《奏缴朱谕据实回奏折》，《宫中档康熙朝奏折》第二辑，第 225 页。

表 25-2　上海县财政收支表　（单位：两/石）

	总　额	起　运		存　留	
		数　额	比　重	数　额	比　重
银(两)	212 302.4	162 962.6	76.8%	49 339.8	23.2%
米(石)	139 686	133 002	95.2%	6 684	4.8%

资料来源：〔清〕史彩：康熙《上海县志》卷三，清康熙二十二年刻本；〔清〕郭廷弼：康熙《松江府志》卷七，上海古籍出版社 2011 年版。

留在地方的钱粮中全部充作兵粮，用以供养江南省城兵粮、各卫仓以及金山卫、松江所运军。折色银支出项目及其份额如下表：

表 25-3　上海县存留银支出表　（单位：两）

	地方办公				服务中央			合计
	薪俸银	办公银	文教银	工程银	邮驿银	白粮运银	兵饷	
银	3 200.3	3 406.4	532.6	222.1	604.8	3 359.6	38 014	49 339.8
比重	6.5%	6.9%	1.1%	0.5%	1.2%	6.8%	77%	100%

资料来源：〔清〕郭廷弼：康熙《松江府志》卷七，上海古籍出版社 2011 年版。

可以看出，在整个上海财政收支中，存留给地方官员用于地方建设的本来就没有多少，而且所有的这些支出都是固定的指向性支出，即每一项的支出早已经作了安排，州县若多一件其他事务，则要多一项开支，这部分开支很难在户部奏销，朝廷以严苛的考成条例督促州县官征收钱粮，却对于地方建设很少负责支出。

再看松江府的财政收支状况，松江府收入银 646 715.5 两，米 432 165 石。其中起运中央银 502 636.7 两、米 413 293 石，存留地方银 144 078.8 两，米 18 869 石。如下表：

表 25-4　松江府财政收支表　（单位：两/石）

	总　额	起　运		存　留	
		数　额	比　重	数　额	比　重
银(两)	646 715.5	502 636.7	77.7%	144 078.8	22.3%
米(石)	432 165	413 293	95.6	18 869	4.4%

资料来源：〔清〕郭廷弼：康熙《松江府志》卷七，上海古籍出版社 2011 年版。

可以说所有钱粮收入中，其中中央的占了绝大比重，尤其是本色米几乎全部起运中央。再看存留项下，其本色米全部充作兵粮，用以供养江南省城兵粮、各卫仓以及金山卫、松江所运军。存留地方的折色银支出项目及其份额如下表：

表 25-5　松江府存留银支出表　　（单位：两）

	地方办公				服务中央			合计
	办公银	文教银	工程银	薪俸银	邮驿银	白粮运银	兵饷	
丁银	7 173.2	1 842.8	756.7	13 872.9	2 160.8	10 588.4	107 684	144 078.8
比重	5.0%	1.3%	0.5%	9.6%	1.5%	7.4%	74.7%	100%

资料来源：〔清〕郭廷弼：康熙《松江府志》卷七，上海古籍出版社 2011 年版。

从这个表中可以看见，存留项下，占绝对比重的依旧是兵饷，其次为官吏薪俸银与白粮运银，实际上兵饷、邮驿银、白粮运银三项也都是为了服务中央，兵饷满足地方守卫，邮驿主要用于维系地方驿站系统，白粮运银为给中央运输白粮的运费，这些虽存留在地方项下，但实际上服务中央的项目占了所有存留银的 83.6%，合计 120 133.2 两。用于地方的只有 16.4%，在这仅有的 16.4%的地方公务银中，薪俸一项就占了 9.6%，合计 13 872.9，而用于地方办公的银只占了 6.8%，合计 9 772.7 两。

上海县与松江府的财政情况基本一致，而且这一现象普遍出现在整个江苏省境内。可是面对地方这么一丁点可怜的财政时，康熙初年，财政吃紧，①康熙十四年、十五年朝廷对上海县存留项目进行了大规模削减，康熙十四年削减了 51 项 2 582 两余，康熙十五年又削减了 61 项，其中抚院、知府、同知等俸工银 184 两全部捐官，本县儒学考试银 93 两部分裁减，其他尚有 54 项 1 636 两余全部裁减，两次裁减合计 105 项目 4 218 两。存留在地方的银两只有 49 339.8 两，这其中除去白粮用银和兵饷没有被裁，其余都有裁项，兵饷和白粮用银占了 41 373.6 两，其余只有 7 966.2 两，而朝廷两次裁减了 4 218 两，只留给了地方 3 748 两。②这一现象在湖北、广西等地都出现了，相关研究的学者也一致认为由于朝廷大规模的裁减地方存留银导致了地方财政严重不足。③对此康熙皇帝深知其弊："上谕大学士等曰：适科臣郝林条奏名省钱粮亏空，郝林但知州县钱粮有亏空之弊，而所以亏空之根原未之知也。凡言亏空者或谓官吏侵蚀，或谓馈送上官，此固事所时有，然地方有清正之督抚而所属官员亏空更多，则又何说？朕听政日久，历事甚多，于各州县亏空根原知之最悉。从前各省钱粮除地丁正项外，杂项钱粮不解京者尚多。自三逆变乱以后，军需浩繁，遂见一切存留项款尽数解部，其留地方者惟俸工等项，必不可省之经费。又经节次裁减，为数甚少。此外则一丝一粒无不陆续解送京师，虽有尾欠部中亦必令起解。州县有司无纤毫余剩，可以动支，因而有挪移正项之事，此乃亏空之大根原也。"所以康熙说："若因公挪用五百两则处分甚重，今但责令赔偿足额，其罪似乎可宽，不必深究。凡事不可深究者极多，即如州县一分火耗，亦法所不应取，寻常交际一二

① 关于这一点，可以参见杨涛：《清初顺治朝的财政危机与敛赋措施》，《云南师范大学学报》（哲学社会科学版）1990 年第 3 期；袁一堂：《清初财政问题初探》，《中州学刊》1991 年第 2 期等。

② 〔清〕史彩：康熙《上海县志》卷三，清康熙二十二年刻本；

③ 匡小烨：《清代存留制度与地方社会——以湖北为例》，华中师范大学硕士学位论文，2004 年；杨占坡：《清代广西存留制度研究》，广西师范大学硕士学位论文，2009 年。

十金，亦法所不应受。若尽以此法，一概绳人，则人皆获罪，无所措手足矣。"[①]可以看出，正是因为皇帝本身对于因公挪用就是比较理解的，地方之所以出现大规模的亏空，主要在于地方存留银不多，加之自己南巡耗费无算，所以康熙对于亏空案中挪移而造成的亏空没有作严厉的处罚，甚至还将一部分亏空全部蠲免。

难道地方官只有这么一丁点存留银吗？其实不然。在地方政府征收赋税时，他们会加一定的火耗，地方各级官员之间的还存在一定数量的陋规，这部分收入才是地方官的实际收入，对此瞿同祖在《清代地方政府》一书中《州县官的收入与地方财政》一节中论述的极为详彻，[②]也得到了很多学者的支持，几乎已经成为了学界的共识。[③]以江苏来看，巡抚一年除了各衙署的节规意以外，又有司库平规四千两，两淮盐规二万四千两，浙省盐规八千五百两，浒墅关规礼八千八百两，扬州、龙江、上海三关监督系送貂皮人参骡马等，以上只算银就有四万五千二百余两。[④]觉罗石麟担任了一年布政使，他将这一年的开销报告给了雍正，文中提及，州县火耗银 22 846 两，饭食银 8 055，各处赴司挂号监费 3 659 两，去年盈余 3 150 两，以上收入银合计 37 710 两，但是当时一个布政使的俸银不过 155 两。其中起解京饷补平银 14 550 两，给总督的规银 4 000 两，巡抚规银 8 000 两，自己的办事人员 8 人 1 600 两，父母兄弟以及族人开销 1 100 两，自己盘缠以及下人用银 3 260 两，以上合计支出银 32 510 两，其中的陋规项一目了然。这一年石麟除去所有开销，尚剩余 5 200 两。[⑤]

地方存留银虽然不足，但是地方官员陋规收入也不少，雍正皇帝深知其中弊端，所以他执政初始便以整顿吏治入手。同时又下令，各省府州县必须在三年内弥补亏空，对于江苏省则派遣得力大臣鄂尔泰进行整肃。

三、如何解决"官侵"："耗羡归公"与"养廉银"的设置

但是诚如贾允河所言："要想解决亏空，必须解决吏治问题，而要解决吏治问题，必须改革制度。制度不善是造成钱粮亏空的根本原因，不合理的制度必然产生腐败，及时地改革不

① 《康熙实录》卷二四〇，第 57 页。

② 瞿同祖著，范忠信、何鹏、晏锋译：《清代地方政府》，法律出版社 2011 年版，第 37 页。

③ 张妍：《清代社会经济史研究》，北京师范大学出版社 2010 年版，第 62 页。岁有生：《清代州县经费研究》，大象出版社 2013 年版；刘志伟：《略论清初税收管理中央集权体制的形成》，《中山大学史学集刊》第 1 辑，广东人民出版社 1992 版；[美]曾小萍：《州县官的银两——18 世纪中国的合理化财政改革》，董建中译，中国人民大学出版社 2005 年版，第 25 页。陈东林：《试论雍正"提耗羡，设养廉"的财政改革》，《史学集刊》1984 年第 4 期；王旭东：《清代雍乾时期文官养廉银制度初探》，《青海社会科学》1984 年第4 期。

④ 〔清〕张楷：《奏报不受规礼补亏空等事折》，中国第一历史档案馆编：《雍正朝汉文朱批奏折汇编》第五册，第 566 页。

⑤ 〔清〕觉罗石麟：《奏报剩余公用银数折》，中国第一历史档案馆编：《雍正朝汉文朱批奏折汇编》第七册，第 858 页。

合理的制度才是治本的有效途径。”[①]一方面，自康熙以来，地方存留银两大幅度缩减，使得地方存留银显得不足，官吏不得不去挪移地方正项钱粮，从而形成亏空。而另一方面，地方存在的耗羡陋规却使得地方官员虽无存留之银却有收入之实，乃至于腐败滋生，官员沆瀣一气。如何调和这两者的矛盾，成为了雍正新朝廷的重要问题，于是提解耗羡便成为了解决财政亏空问题的主要手段，日本学者安部健夫与台湾学者庄吉发都认为："雍时期的提解耗羡，其直接动机是出自财政上的需要，即弥补亏空。”[②]

雍正二年，山西布政使高成龄上疏，他提出“提解耗羡”的政策，即将地方耗羡银收归国库，他认为上官如果提解耗羡，则地方属官必定以此为陋规节礼，上官收受属官规礼则受制于属官，属官因上官受其挟制而肆行无忌，以至于“损名节，败官常，朘民膏，亏国帑”。而提解耗羡则有三利：其一，免去官员盘剥；其二，杜绝地方科派；其三，弥补地方亏空。他举例子说前任巡抚时，地方亏空要求各级官员赔偿，却不分这些官员有无亏空，而现任巡抚诺岷却将每年耗羡二十万两贮存下来补无着亏空。[③]对此山西的这种观点，河南巡抚石文焯也表示赞同，他先是描述了河南省地方亏空现状，继而也提出以地方耗羡规礼作为弥补的办法。[④]

与此同时，苏州巡抚陈时夏也上疏，他认为各州县亏空甚多，原因有三：其一，地方官吏奢靡浪费，用于宴请亲友、应酬逢迎；其二，江苏地方负担太重，要负责营造战船，经办颜料，但是朝廷定价比市场定价低，导致地方虚垫钱粮；其三，地方钱粮不足，则官员和胥吏狼狈为奸，就会挪移正项，造成亏空。他一方面要求要制定严格的处分条例，而另一面也将目光瞄准在火耗陋规上，他提出将全省钱粮火耗比照河南的例子，统归布政司，以敷用度。[⑤]

雍正皇帝命苏州巡抚陈时夏与苏州布政使正式施行“火耗归公”与“养廉银”的计划，火耗归公即将地方存在的火耗银作为地方公费，养廉银即是从已经归公的火耗银之中取出一部分作为官员的俸银，对于雍正时期“火耗归公”与“养廉银”的研究成果已经很多，美国学者曾小萍也对江苏的“火耗归公”与“养廉银”改革情况作了详尽的研究和论述。

江苏省如何实行“火耗归公”，苏州布政使张坦麟与苏州巡抚陈时夏提出了不同的意见。张坦麟认为江苏耗羡无论民户、宦户输纳正杂钱粮，耗羡一律加一钱，其中二分留作州县养廉银，八分提解省以作地方公费，这样江苏省每年可得耗羡银 301 294 两，其中给予经办朝廷的造船、颜料、锡蜡等物以及省府各官养廉银 193 086 两，其余可以剩余 108 200 两用以弥补江苏 8 810 000 万两的巨额亏空。[⑥]陈时夏反对张坦麟将二分耗羡银存留州县的主张，他也主张将耗羡一律加一钱，江苏省当时额征地丁钱粮 3 561 858 两，此外还要带征康熙五十一年至

---

① 贾允河：《嘉庆朝钱粮亏空的原因》，《西北师范大学学报》(社会科学版)1993 年第 5 期。

② 庄吉发：《清世宗与赋役制度的改革》，台湾学生书局 1984 年版，第 170 页。

③ 〔清〕高成龄：《议覆提解耗羡疏》，〔清〕贺长龄编：《清经世文编》卷二十七，清光绪二年思补楼重校本。

④ 〔清〕石文焯：《河南巡抚石文焯奏陈著落赔补亏空折》《河南巡抚石文焯奏陈详议完补亏空之法折》，中国第一历史档案馆编：《雍正朝汉文朱批奏折汇编》第二册，第 890、892 页。

⑤ 〔清〕陈时夏：《奏报吏治折》，《宫中档康熙朝奏折》第七辑，第 631 页。

⑥ 〔清〕张坦麟：《奏报提解耗羡折》，《宫中档康熙朝奏折》第九辑，第 218 页。

雍正元年亏空银每年 590 648 两，这样江苏省可以获得 415 250 两耗羡银。陈时夏主要不给州县留银，而是全部总归司库，各督抚司道以及府厅州县官员养廉银俱从司库支取，各州县按照大小以及政事繁简给予不同的数额的养廉银，按季发放。至于经办中央政府的造船、颜料、锡铁、蜡烛等公用物品，以及给予胥吏的工食银按需给予，次第料理。凡是动用耗羡，布政司需要逐一请明督抚衙门，照数支用，每个季节各造册存留以待岁末核实。陈时夏计划将每年的剩余耗羡银提解中央，却没有提出将耗羡弥补亏空的打算，对此雍正予以了严厉的批评，雍正认为耗羡银属于地方公费不能算入国家正项开支，同时雍正也反对张坦麟留二分给州县的计划，依照雍正的意思，即耗羡银必须由省里统一管理，但是不能和正项钱粮混作一谈，他也直接要求以耗羡银弥补亏空。①自后新任苏州巡抚王玑终于确定了整个江苏省的养廉银方案，他计算出每年江苏省耗羡银可得到 341 000 两，其中用于各官养廉银的有 184 300 两：

表 25-6　江苏官员养廉银　　（单位：两）

职　官	数额	职　官	数额
总　督	6 000	江宁和苏州 2 府（3 000 两/人）	6 000
巡　抚	12 000	松江、常州、镇江、淮安和扬州 5 府（2 000/人）	10 000
巡　察	1 200	同知 7 员（500 两/人）	3 500
清查御史	1 000	通判 8 员（400 两/人）	3 200
学　政	1 500	管河同知 9 员（500 两/人）	4 500
水利郎中	1 000	管河通判 5 员（400 两/人）	2 000
布政使	10 000	州县 66 员养廉并备公银（1 200 至 2 400 两/人）	103 900
按察使	8 000	微员出差路费银	3 000
江镇、苏松和淮扬 3 道（2 500 两/人）	7 500	总　计	184 300

资料来源：[美]曾小萍：《州县的银两——18 世纪中国的合理化财政改革》，第 145 页。

用于通省公事费有 213 000 余两，尚可剩余 36 000 两。②按照雍正和陈时夏的想法，如果以这每年的 36 000 两去弥补 8810 000 亏空巨额，那终清一朝，难有补完亏空之日。何况曾小萍所用的这个表亦不是最终耗羡银的分配表，一年后尹继善又提出了修改意见，他将学政养廉银从 1 500 两提高到 2 000 两，又把苏松、常镇、淮扬各道从 2 500 两提高到 3 000 两，设置押运人员四十三员给银 200 两，押运同知一员 250 两，又设置了江宁府江防同知、苏松常三府

① 陈时夏：《奏报耗羡归公之法折》，《宫中档康熙朝奏折》第九辑，第 230 页。

② 王玑《奏报通省提解司库耗羡银两情形折》，中国第一历史档案馆编：《雍正朝汉文朱批奏折汇编》第十五册，第 308 页。

同知、通判、淮徐道、太湖水利同知等，各给养廉银，[①]这样下来仅有的36 000两剩余火耗银也为数不多了，又怎么能去弥补亏空？所以说朝廷与地方政府征收耗羡、设置养廉银虽然目的是要弥补亏空，但是从实际数目来看根本不可能做到这一点。但是提解耗羡与设置养廉银对于地方财政也有一定的帮助，即把官员可以肆意花销的陋规银变为了属于省内的公用银，将官员可能获得陋规银转变为地方财政的收入，虽然雍正和陈时夏要以耗羡银来弥补亏空是一句大空话，但是这些银两可以减少地方亏空的出现和降低地方亏空的数额，就如顾炎武所论“京债”，他说官员待在京城等候派遣任职时，花销甚大以至于负债累累，到了地方就不得不去贪污挪移来弥补负债，以至于形成地方亏空，[②]而现在朝廷给了养廉银，最起码这些官员就不再需要或者只需要很少的一部分正项钱粮去弥补自己的负债了。

四、病根与药方，“官侵”与“养廉银”

雍正认为官侵是造成亏空的重要原因，地方吏治腐败、存留银不足则又是导致官侵的原因，为此即位伊始就派鄂尔泰整肃江苏官场，对前任的督、抚、布政使等地方要员作了处置，继而推行了“耗羡归公”与设置了“养廉银”，希冀从制度上避免官侵亏空的出现。但是官侵真是亏空的主要根源吗？对此，必须作一个定量的分析。从雍正六年开始，雍正委派官吏对江苏亏空作了一次清查，主持清查工作的吏部左侍郎彭维新提出了“俾官侵不混入吏蚀，吏蚀不混入民欠，民欠不混入官侵、吏蚀，始不负澈底清厘之至意”[③]的清查原则，清查大臣在调查过程中发现了大量胥吏私藏的赋税征收簿册，这些簿册较之于官方清册更接近于真实的数据。在清查原则指导下以及私藏在胥吏手里的赋税征收簿册的帮助下，雍正九年九月二十六日彭维新上奏称江苏各属积欠钱粮10 106 325两，其中官侵30 681两，役侵4 289 569两，包揽人侵406 054两，合计侵银4 726 311两，民欠5 390 014两。

表25-7　雍正九年清查亏空结果表　　单位(两)

江苏积欠	民欠	民欠比重	非民欠				非民欠比重
			官侵	吏蚀	包揽	合计	
10 116 325	5 390 014	53.33%	30 687	4 289 569	406 054	4 726 310	46.77%

资料来源：彭维新：《奏报清查江苏积欠钱粮事竣折》，《宫中档雍正朝奏折》第十八辑，第861页。

从这个表中可以看出，整个亏空中，比例最大的是民欠钱粮，占了整个亏空53.33%，而官侵不过3万余两，尚不足1%。上述是就江苏一省的积欠而言，接下来可以再看江苏各个

---

① 〔清〕尹继善：《奏报核查官员养廉银两浙》，《宫中档康熙朝奏折》第十六辑，第232页。
② 〔清〕顾炎武：《日知录》卷二十八，清乾隆刻本。
③ 〔清〕彭维新：《与马虞樽少司空书》，贺长龄编：《清经世文编》卷二十七，清光绪二年思补楼重校本。

州府的情况：

表 25-8　江苏各州府亏空情况一览表　　单位(两)

	最初的积欠	清查所确认责任				民欠占积欠百分比	吏蚀包揽占积欠百分比	官侵占积欠百分比
		官侵	吏蚀	包揽	实际的民欠			
苏州府	2 579 594	3 740	978 287	3 967	1 593 600	61.80%	38.10%	0.14%
松江府	2 309 457	17 679	877 873	263 997	1 149 980	49.80%	49.40%	0.77%
常州府	1 967 198	7 226	745 426	55 849	1 158 697	58.90%	40.70%	0.37%
太仓府	1 844 148		1 026 719		817 429	44.30%	55.70%	
镇江府	680 259		114 987	53 253	512 019	75.30%	24.70%	
淮安府	376 034		310 903	26 934	38 197	10.20%	89.80%	
江宁府	332 877	751	106 435	196	225 495	67.70%	32.00%	0.23%
扬州府	154 031		89 411	47	64 573	41.90%	58.10%	
通　州	44 599		18 489	1 762	24 348	54.60%	45.40%	
徐　州	40 060		360	47	39 653	99.00%	1.00%	
所有卫所	38 655	17	2 291		36 347	94.00%	5.90%	0.04%
邳　州	36 061	1 071	12 457		22 533	62.50%	34.50%	2.97%
海　州	26 978		5 928		21 050	78.00%	22.00%	
总　计	10 429 951	30 484	4 289 566	406 052	5 703 921	54.70%	45.00%	0.29%

资料来源:《清查江苏各属康熙五十一年至雍正四年积欠钱粮年款清欠数目文册》,雍正八年十一月二十一日,《内阁大府现存清代汉文黄册》,第 598 号。转引自[美]曾小萍:《州县官的银两——18 世纪中国的合理化财政改革》,“表 6—2”。①其中略有改动。

从曾氏的此表中,可以看出在江苏除卫所以外的 12 个州府级行政单位:

第一,其中 8 个州府民欠比例占到了 50%以上,分别是:徐州 99.0%、海州 78.0%、镇江府 75.3%、江宁府 67.7%、邳州 62.5%、苏州府 61.8%、常州府 58.9%、通州 54.6%。

第二,另外 4 个州府民欠不足 50%。分别是:松江府 49.8%、太仓州 44.3%、扬州府 41.9%、淮安府 10.2%。

第三,江苏除卫所以外的 12 个州府级行政单位中,太仓州、镇江府、淮安府、扬州府、通州、徐州、海州七个州府不存在官侵钱粮。官侵最多的松江府不到 2 万两,而最少只有 751 两,五个存在官侵现象的州府中比例最高的为邳州,官侵占亏空的 2.97%,而其他州县甚至不足 0.1%。

很显然,面对这样的数据,无论从省级总体的财政亏空来看,还是从州府的财政亏空来看,地方钱粮亏空的主要原因是民欠,次要原因是吏蚀,官侵尚不足 1%,又怎么能说官侵是

① [美]曾小萍:《州县官的银两——18 世纪中国的合理化财政改革》,第 237 页。

产生亏空的重要原因？既然亏空的病根都找错了，那么朝廷所开出的打击官吏腐败行为和设置“养廉银”的药方又怎么能治愈地方财政亏空的痼疾。

五、结　　语

官侵一直被作为造成地方财政亏空的重要原因，一方面由于地方官员操守有问题，陋规肆行，贪污腐化，另一方面也是由于地方存留银太少，以至于地方官员不得不挪移钱粮补贴公办私用。康熙基于对地方存留银太少的认识从而宽免了造成亏空的官员，而雍正更关注官员的自身素质，乃至于认为亏空“或系上司勒索，或系自己侵渔，岂皆因公那用”，为此他即位伊始便整顿江苏吏治。此后雍正与江苏地区官员推行了“耗羡归公”和“养廉银”，希冀以此解决地方财政亏空问题。但是，亏空调查的数据很明显地揭示出来：官侵并不是造成亏空的主要因素，其所占比重尚不足全部亏空的1%。是以但就江苏地区而言，“耗羡归公”和“养廉银”改革中提出的弥补亏空只不过是一句空话，对官员吏治的整顿亦不可能解决地方财政亏空问题。

（龚洪，中央财经大学财政学院博士研究生）

清代江南地区水驿制度初探

□李 家 涛

［摘　要］ 清代江南地区水驿制度为该区域水驿的运行与功能的发挥提供了制度性保障。那么清王朝是如何进行制度建设来确保水驿能够发挥其功能的；既然为制度，其构成要素又有哪些；水驿制度的运行机制如何？对这些问题的回答可以再现江南地区水驿运行的实态。

［关键词］ 清代；江南地区；水驿制度；水驿运行

江南地区水驿是清王朝为巩固统治，有效地加强对江南地区的管辖治理，在考虑江南地区的河网密布的现实交通环境的基础上，进行的江南交通基础设施的建设。水驿在江南地区确实有建设交通网络、传递信息、递送公务人员与外使朝贡、调防军队、运输饷银、发展地区经济等六个方面功能。无论就清王朝的统治而言，抑或江南地区区域的发展，还是江南地区与其他区域之间的物质、信息的沟通交流而论，水驿无疑都发挥着不可替代的作用。水驿之所以能够发挥如此重要的功用，实与清王朝对水驿进行的制度建设密不可分。那么清王朝是如何进行制度建设来确保水驿能够发挥这些功能的；既然为制度，其构成要素又有哪些；水驿制度的运行机制如何？本文拟从清代水驿制度相关章程入手，结合对水驿制度构建要素的分析，探析水驿制度的构建与运作问题。

一、水驿制度的典章解读

清王朝的驿传制度安排是就整个驿传体系的运作而言的，水驿作为驿传体系组成部分，其制度安排便可从驿传体系的制度性章程中得以窥探一二。政书是为记录一代典章制度的专门书籍，故而有清一代的政书即是解读清代江南地区的水驿制度的主要文献基础。

光绪朝《清会典》卷五一“车驾清吏司二”载有一段清王朝置邮设驿的制度性章程：

> 凡置邮，曰驿，曰站，曰塘，曰台，曰所，曰铺，各量其途之冲僻而置焉。备其夫、马、车、船。差，以驰报，岁终则题销。凡差给驿者，皆验以邮符，曰勘合，曰火牌。凡给驿，各以其等。禁令，凡差役过境护以兵者，则验以兵牌。凡驿递，验以火票，定其迟速之限。若报匣，若夹板，若印封，各考其所达之程，而记以日时，铺递亦如之。泄漏沉匿者、

稽迟者，畀察焉。凡发递，各办以缓急。

此段内容记述的是清代驿传体系构建的指导性方针。水驿制度的章程亦可从中辑录，如设置、管理、驿夫、驿船、经费、题销、邮符、驿程、驿禁，而此等与水驿相关的典章构成了水驿制度的主要内容。

设置。“凡置邮，曰驿。各量其途之冲僻而置焉。各省腹地所设为驿。盛京所设亦为驿，各省之驿隶于州厅县，间有专设驿丞以司驿务者。其钱粮夫马仍归印官管理，均以道府稽查，复以按察使兼驿传事务总核一切。”①可知，内地省份腹地所设者为驿，江南地区水驿亦为驿。

管理。兵部车驾清吏司条载：“凡邮驿皆掌之。”②清王朝中央政府管理驿传事务的机构，即为车驾清吏司。而地方各省管理机构则较为多元，“各省之驿隶于州厅县，间有专设驿丞以司驿务者。其钱粮夫马仍归印官管理，均以道府稽查，复以按察使兼驿传事务总核一切。”各省之驿的相关事务多以州厅县管理，或设驿丞以司驿务。至于各驿钱粮夫马车船事务则归印官管理，并以道府稽查，复以按察使兼驿传事务总核一切。道府及按察使则负责驿务的监察，尤其是按察使总核地方驿传事务。

驿夫。各驿皆备其夫，以供差使。各省驿站夫役：“江苏、安徽有马夫、差夫、驿船水手、水驿夫，浙江有驿皂、走递夫、马夫、扛轿夫、兜夫、驴夫、驿船水手、水驿夫。”③活跃于水驿的驿夫则以差夫、驿船水手、水驿夫为主，当然包含江南地区水驿所用驿夫。纤夫是江南水驿所必不可少的驿夫，据《清会典事例》载江苏省、浙江省各水驿皆设有纤夫以备不时之需。④目的在于枯水期以纤夫拉船，增加船行速度。

驿船。驿船，内容有三。一、为设驿地区及驿船类型。如“江苏、安徽、江西、福建、浙江、湖北、四川、广东、广西水驿俱设船。江南湖北有宣楼船、站船，浙江有座船、站船，四川有站船、渡船，广东有座船、楼船、河船、马船、粮船、快船、小船、站船，江西、福建、广西有站船”。⑤长江以南省份皆设水驿，以驿船为交通工具，且驿船种类尤多。具体到本文的江南地区驿船则以宣楼船、站船、座船为主，除此之外江苏省驿船尚有大马船、小马船，浙江省尚有太平、沙飞、明堂、江山等船。⑥二、为驿船修造年限。其修造年限“宣楼船，江南三年小修、六年中修、九年大修，十二年拆造。浙江三年小修，六年大修，十年拆造，内有四十二只每年岁修，十年拆造。修造时责成按察使专管，委员监修，造具丈尺物料工价清册，分送兵工二部查核，兵部主稿，会同工部题销”。江南地区所有在用驿船皆须按规定年份或修或拆造，修造时责成专人监管、监修，修造工价清册由六部中兵部及工部核查、题销。三、为驿船管理。《清会典》车

---

① 〔清〕昆冈修，吴树梅等纂：《清会典》卷五一《车驾清吏司二》，中华书局1991年版，第620、622页。

② 〔清〕昆冈修，吴树梅等纂：《清会典》卷五〇《车驾清吏司一》。

③⑤ 〔清〕昆冈修，吴树梅等纂：《清会典》卷五一《车驾清吏司二》。

④ 〔清〕昆冈：《清会典事例》卷六九一《邮政·驿夫二》，中华书局1991年版，第　页。

⑥ 〔清〕昆冈：《清会典事例》卷六九五《邮政·驿车·驿船一》。

驾清吏司项记录驿船管理为“站船每十船编为一甲，每甲立一甲长。如不足十船，五六船者亦编为一甲，一二船者即附入各甲之内。均令挨号衔尾停泊，不许离帮。每船给保甲牌一面，将船丁头舵水手姓名年貌籍贯注明悬挂船首。一甲之内互相稽查保洁，如有容隐匪类，及酗酒赌博等事，不出首者并坐。若遇出差加雇水手，亦将姓名年貌籍贯注明，以备沿途盘诘。”对驿船、船员实行“保甲制”，以加强管理。“至应差站船不敷，准雇民船。每一里给银三分，其例应给纤夫者，以百里为一站，每名给银一钱与船户雇佣，多者照数增给。”为免额设驿船不敷使用，允许雇用民船应差，并按里数给予相应船资。

运饷船则根据不同的驿船，拨给一定的运输费用。如：“浙江运送饷鞘拨沙飞船者，每船给水脚银九十两；拨太平船者，每船给水脚银八十五两。”

经费。“驿站夫役工食银，马牛草干银及外备棚厂槽铡等项银，雇募车船脚价银，俱按各处价值定制于驿站款内动支。”①驿站所需银钱俱按各处价值定制于驿站款内动支，既说明各驿所需经费根据不同地区的价值定制而定，而款项则归于驿站经费内动支。作为邮传系统组成部分的水驿亦当如此，江南地区水驿经费则更符合。

题销。题销，依据记录一驿年度接受差驰公务的奏销册进行驿费奏销。即“差，以驰报，岁终则题销”。而奏销册则为“每省造一省总，每府造一府总，以节年存胜为旧管，以额设实征为新收，以夫马车船各项工料及廪给杂支雇募价值为开除，以本年支用存胜及建旷皮脏变价并节年存胜为实在。统限次年五月由督抚核明具题，造册分报部科察核”。奏销册不仅各省、府皆须造册，记录各驿收支状况，且须于次年五月报督抚核查，并抄送部科查核，以便明了驿费与公务驰报情况。

邮符。邮符，是乘驿的依据，“凡差给驿者，皆验以邮符”②。邮符分为两类，一曰勘合，官驰驿者，给以勘合；二曰火牌，兵役驰驿者，给以火牌。“勘合、火牌内填注奉差官役姓名，并所给夫马车船廪给口粮数目。”③邮符为乘驿凭证，根据所受公务和乘驿人员的不同身份，相应给以勘合、火牌。邮符内应注明乘驿人员姓名，所达之目的地，沿途各驿按制须提供的物质、设备、人员。至于邮符发放与使用机制，亦有制度规划章程。其内容如下：

> 凡各省督抚、提镇、将军、都统每年所用由部豫给或并给勘合，遇应驰驿之差，临时填用。湖广、云贵、陕甘、两广、闽浙、四川总督及漕运总督俱给火牌二十张，直隶总督、两江总督、东河河道总督及江苏、安徽、浙江、湖北、湖南、陕西、甘肃、新疆巡抚俱给火牌十八张，山东、山西、河南、江西、福建、广东、广西、云南、贵州巡抚，俱给火牌十六张，甘肃提督给勘合十张、火牌四张，各省提督给火牌四张，各省总兵给火牌三张，奉天府府尹、各省学政给火牌四张，盐政给火牌二张。至管理驿务之按察使所用勘合火牌不定额，于将次用完之时，约计一年应用之数，请部颁发。

---

①② 〔清〕昆冈修，吴树梅等纂：《清会典》卷五一《车驾清吏司二》。

③ 〔清〕昆冈：《清会典事例》卷六八四《兵部·邮政·邮符》。

凡总督、巡抚、提督、学政、盐政将每年颁发及用过数目，于岁底造册咨报本部汇总题销。提督、总兵送总督咨报，无总督省分送巡抚咨报。

“勘合、火牌由部豫给，遇应驰驿之差，临时填用。”可知，邮符的发授机构为兵部，且所发之邮符为空白邮符，待需驰驿时，再依据乘驿需要填用。不同省份的不同官职授予的邮符数目亦不同，但均有定额。一般说来兵部发给各省总督的邮符多于发给巡抚、提镇、将军、都统、学政、盐政等官员的，却都需每岁岁底造册汇报兵部题销。各省按察使为总核一省驿务的官员，所用邮符不受定额限制，采取量出为入的预算原则，依据上年度所用之额，向兵部申请颁发需用邮符数目。

给驿。“凡给驿，各以其等”。①所谓各以其等，《清会典》中注释为：

勘合火牌填给之数，奉差出京者，陆给坐马纵马引马包马，水给船夫，水陆不兼支。……水路皆给船，不予廪给口粮。外国贡使回往俱给驿护送。官回日照品给驿。……水路无坐马跟马，改给船一支，并给纤夫。一品纤夫十四名，二品十二名。

江浙解饷给水路勘合。浙江饷银自不及十万两至十六万两给太平船，十六万两至二十万两给沙飞船，二十万两以上酌量办理；江苏饷银三十万两给三号船，四十万两给二号船，五十万两给头号船。

无论官员乘驿，或外国贡使来朝，抑或江浙解饷，均须按照乘驿规制及邮符内容驰驿。水驿给驿，当然以提供驿船为乘驿工具。江浙两省解饷皆给船，浙江解饷根据饷银数量拨给太平船、沙飞船不等，江苏解饷则依饷银数量拨给不同等级船只，如三号船、二号船、头号船等。

禁令。禁令，为驰驿时官方禁止的事情，如《大清律例·邮驿律》中提及的私役铺兵、驿使稽程、多乘驿马、多支廪给、占宿驿舍上房、文书应给驿而不给等。《清会典》规定：“奉差员役执有勘牌，籍称紧急，不予司驿官验看，多索夫马车船者，司驿官揭报部院参奏。凡差役过境护以兵者，则验以兵牌。凡驿递，验以火票，定其迟速之限。若报匣，若夹板，若印封，各考其所达之程，而记以日时，铺递亦如之。泄漏沉匿者，稽迟者界察焉。”各驿传递之报匣、夹板、印封，皆按起始驿至目的驿的行程设定所需日期。“自京师至江宁省城二千三百十九里，水路二千八百六十一里；苏州省城二千七百四十三里，水路三千一百四十一里。由京至两江总督二十三日，江苏巡抚衙门二十七日，浙江巡抚衙门三十日。”为确保公文在各驿之间传递时，不被损坏，对公文传递过程中出现的擅拆、损坏现象处罚极为严厉。

递送报匣、夹板及本部加封事件关系军务者，如有擅拆，该管大臣立即究明，勿论官

① 〔清〕昆冈修，吴树梅等纂：《清会典》卷五一《车驾清吏司二》。

役均按军法从事。若文移、札稟事关军需粮饷调遣兵马，及官员升调参革者，拟以流罪，管台员弁分别议处，查出之员免议。通政司收到本章，查有角泾破损者，如在内面，将题奏官议罚，如在外面别其专差驿递，将官役分别罚俸则处。

禁令条目中关系紧要军务者惩处最为严厉，皆以军法处置。若涉军需粮饷、兵马调遣与官员升调参革，以流放的方式予以议处。当然也视所递公文破损情形，分别处理。正如禁令中所言："查有角泾破损者，如在内面，将题奏官议罚，如在外面别其专差驿递，将官役分别罚俸则处。"

为确保公文完好的递送，清制要求管驿大臣、通政司、各省大员查明驿弊情况，予以惩处。尤其是要求各省大员"专差递奏，均出具随咨印文，令差员同奏折并交奏事官查明转奏，以凭查核其咨行部院公文，另具印单，开明角数年月日期，令提塘官随文分投，收到衙门验明，于原单填注文到日期发还原衙门查核"。递送公文过程中严格实行出具印文与填具印单的规章，并令提塘官与收受公文的衙门互为存证，相互查核。甚至以各驿互为存证的办法来应对此类驿弊的发生。"州县驿站各立印簿，上站用下站印信，每月终彼此移考，倘有迟延沉匿，详报题参。"①

二、水驿制度构建的要素分析

通过驿站章程解读，可知水驿制度作为一种上层建筑在清王朝中央政府的推动下，已获建立，当然此制度在水驿遍布的江南地区。那么这种制度的运行情况是什么样的，有没有达到构建者的预期呢？欲得到该问题的答案，势必要对江南地区水驿制度的要素，如水驿的管理者、使用者、监察者等进行分析。因水驿制度实施与运行，皆以水驿为载体，故首先需梳理水驿驿内设施。

（一）驿内设施

驿内设施首推驿馆。"驿馆本皇华驻节之所"②，驿馆为承接皇华使臣驻节之所，故江南各驿皆建驿馆。有些驿馆规模不可谓不宏大，如镇江府京口驿。据光绪《丹徒县志》载：

京口驿在大西门外北首，旧制滨河朝西。大石码头一座，左右小码头二座，左右□亭二座，东西辕门石狮二个。第一进，头门，左首轿监狱一间，右首夫头房一间，八字墙。第二进，仪门，东西角门。第三进，皇华亭三间，□棚三间，左首文书房二间，差头房一间，旁有差厅三间，跟随房三间，厨房二间，役房一间；朝南马王殿三间，戏台三间，东西耳台二间，东西马棚十八间，草料房二间，兽医房一间，过道二间，驿卒房二间，萧王堂一

① 〔清〕昆冈修，吴树梅等纂：《清会典》卷五一《车驾清吏司二》。
② 〔清〕魏嵲：康熙《钱塘县志》卷五《公署》，清康熙刻本。

间，徒犯房三间，外瓜洲腰站马房三间。另设扬州槽房三间。①

京口驿“浜河朝西，有大码头一座，左右小码头二座”，大小码头即为驿船停泊、出航之所。“皇华厅京口迎送之宾馆也”，皇华厅所迎送者为“衔命之使臣，上司之伴使，奉官书至者”。②皇华厅不仅为皇华驻节之地，更为往来公务人员停歇之所。驿馆除为过往公务人员提供停歇与便利外，亦予驿内人员如文书、差头、驿卒等提供庇护之所。“文书房二间，差头房一间，旁有差厅三间，跟随房三间，役房一间；过道二间，驿卒房二间”，为此等驿吏、驿夫居住之所，即使如押解过境的囚犯各驿也提供休歇之所，“徒犯房三间”功用即在于此。“厨房二间”，应为驿馆及往来停宿者，供应饭食。

驿船，为乘水驿者必须仰仗和凭借的交通工具。“凡驿船，江苏、安徽、浙江、湖北、湖南、四川、广东、广西均设船以供差使，船各烙号于上，以杜私赁、私借，编保甲以防奸匪。小修、大修、拆造，责成驿传道经理届期督抚报部会工部察核题覆。”③“各省水驿各按冲僻设船五只至二十只不等”④，凡为水驿皆设驿船，且驿船数目在五至二十只之间。江南地区各水驿驿船以宣楼船、站船、座船为主，除此之外江苏省驿船尚有大马船、小马船，浙江省尚有太平、沙飞、明堂、江山等船。驿船修造年限“宣楼船，江南三年小修、六年中修、九年大修，十二年拆造。浙江三年小修，六年大修，十年拆造，内有四十二只每年岁修，十年拆造”，“修造时责成按察使专管，委员监修，造具丈尺物料工价清册，分送兵工二部查核，兵部主稿，会同工部题销”。⑤“站船每十船编为一甲，每甲立一甲长。如不足十船，五六船者亦编为一甲，一二船者即附入各甲之内。均令挨号衔尾停泊，不许离帮。每船给保甲牌一面，将船丁头舵水手姓名年貌籍贯注明悬挂船首。一甲之内互相稽查保洁，如有容隐匪类，及酗酒赌博等事，不出首者并坐。若遇出差加雇水手，亦将姓名年貌籍贯注明，以备沿途盘诘。”⑥对驿船、船员实行“保甲制”，以加强管理。驿船皆有名号，“京口驿站船一十五只，该打造银六百两，实造十只，以乾、元、亨、利、贞、仁、义、礼、智、信为号”⑦。

驿船设有水手。“江东驿，宣楼船四十三只，水手四百三十名”⑧。“京口驿，快船十五只，水手四十五名”⑨。“浙江驿，站船七只，船头水手四十二名”⑩。“西水驿，船十一只，水手四

---

① 何绍章：光绪《丹徒县志》卷二〇《武备志·兵制·驿传》，江苏古籍出版社1993年版。

② 康熙《信江府志》卷五五，转引自仇润喜、刘广生：《中国邮驿史料》，北京航空航天大学出版社1999年版，第112页。

③ 〔清〕允祹：《大清会典》，卷六六《兵部》，景印文渊阁《四库全书》第619册，台北商务印书馆1986年版，第44页。

④ 〔清〕李卫：雍正《浙江通志》卷八八《驿传》，景印文渊阁《四库全书》第519册，第1752页。

⑤⑥ 〔清〕昆冈修，吴树梅等纂：《清会典》卷五一《车驾清吏司二》。

⑦ 〔清〕高龙光：乾隆《镇江府志》卷九《赋役四·驿传》，乾隆十五年增刻本。

⑧ 〔清〕昆冈：《大清会典事例》卷六五六《兵部·邮政·置驿》。

⑨ 〔清〕尹继善修：乾隆《江南通志》卷九七《武备志·驿传》，景印文渊阁《四库全书》第507册，第1877页。

⑩ 〔清〕郑沄：乾隆《杭州府志》卷四五《赋税·驿站》，乾隆刻本。

十八名”①。“吴山驿，都字号座船二只，船头水手二十八名”②。每船水手由三至十四名不等。

驿船皆配置随船什物。船上什物配置：

每只，桌一张银一钱六分，校椅一把银一钱六分，锡朱匣一副银六分，笔架一个银三分，锡水罐一个银一分，铜茶匙四张银一分，茶壶一把银八分，茶盘一个银一分五厘，磁盘一桌银四分，筯十双银一分，酒壶一把银五分，酒盅二个银二厘，磁碗十个银三分，锡旋一把银四分，厨刀一把银三分，托盘一个银一分五厘，缸灶二只银四分，磁茶钟四个银一分六厘，铁杓一把银五厘，铁锅二口银二钱，铁锅铲一把银三厘，锡盆一个银一钱二分，锡烛台一副银一钱，水桶一只银三分，吊桶一个银一分，浴盆一个银一钱，浴裙一条银八分，手巾一条银二分，脚布一块银二分，火盆一个银一钱，火架一座银三分，火筯一双银四厘，青布包袱一条银五分，铜锣一面银一钱，皮鼓一面银一钱五分，旗号一副银六分，锡夜壶一个银四分，桶一只银三分，雨伞一把银五分。

船上什物以普通生活用品为主，虽用钱不多，却也面面俱到。置办随船什物，费用“照数于船价内支办”，“如有损坏、遗失，责令本船夫赔补，五年一置。磁木漆器官为验视，量为修补”。费用来自船价，若有损坏、遗失，须由该船船夫赔补；至于磁木漆器，则为官府负责修补。

驿船铺陈。铺陈为乘驿人员，休息之用。驿船铺陈分上、中、下，三等。上等铺陈按例：

上等铺陈每副合用银一十两九钱二分。毛毯一条阔五尺银七钱，青纻丝硬褥一条银一两，锦心软褥一条银一两五钱，单布被一床银二钱，纻丝沿边席一条银一钱二分，红纻丝夹被一床银一两四钱，红绫帐一顶银二两，青纱帐一顶银一两二钱，桃红纻丝绵被一床银二两，铜帐钩一副连银一钱，细藤枕一个银二钱五分，纻丝獬豸枕头一个连席银二钱，长手巾一条银五分，浴裙一条银一钱，靸鞋一双银八分，汤布一方银二分。③

中等铺陈：

每副合用银七两三分。毛毯一条阔四尺银四钱五分，红绫帐一顶银一两二钱，纻丝软硬褥各一条共银一两五钱，青纱帐一顶银八钱，纻丝沿边席一条银八分，铜帐钩一副银五分，绣枕一个连席银一钱二分，单布被一床银一钱八分，锦夹被一床银八钱，细凉枕一个银一钱二分，手巾一条银四分，红纻丝绵被一床银一两五钱，浴裙一条银八分，靸鞋

---

① 〔清〕昆冈：《大清会典事例》卷六五六《兵部・邮政・置驿》。

② 〔清〕郑沄：乾隆《杭州府志》卷四五《赋税・驿站》。

③ 〔清〕高龙光：乾隆《镇江府志》卷九《赋役四・驿传》。

一双银八分，汤布一方银二分。

下等铺陈：

每副合用银一两八钱九分。毛毯一条阔三尺五寸银三钱，席一条银三分，青布软硬褥各一条银二钱五分，斗枕一个银二分五厘，凉枕一个银三分，单布被一床银一钱二分，红布绵被一床银三钱，夹被一床银二钱五分，夏布帐一顶银四钱，角帐钩一副银二分五厘，靸鞋一双银四分，手巾一条银二分。

铺陈所需银费“官造发下”，“如有损坏、遗失，责令经领人役赔补。三年一置，仍将上改中，中改下，不堪者收候申请议处”。①上、中、下等铺陈，虽为驿船所必备之物，然无论在铺陈规格，还是铺陈物品种类，皆有定制。为不同身份之乘驿人员使用，处处体现着乘驿原则，“凡给驿，各以其等”。②

驿夫。“各站设有夫役”，③“原以备公事之用”。“有水驿之处，有水手、水夫、纤夫”，④“供舟楫牵挽之役”，⑤“直省驿夫……船夫车夫，均按地方冲僻差使繁简设立。所有工食各照定数支领，于驿站钱粮内动用，汇入奏销案内造册送部察核”。⑥驿夫种类有：递夫、差夫、抬扛、探夫、报夫、水夫、运夫、肩舆夫、渡夫、坝夫、水驿等夫。除此之外，水驿尚有水手、纤夫。京口驿“站座船水手五十七名，水夫一百五十名，飞捷快船十只，水手六十名，长养水夫九十名，扣留水夫一百三十五名”。⑦若各驿驿夫“应付不敷”，“乃募于民，计里授直”。⑧

驿费，即“驿站岁需夫马工料、修造船车、廪给口粮及棚铡、鞍屉、柴薪、灯油、药材、杂支所有各项钱粮”。至于驿费“约计应用之数”，则于“各省田赋内照数编征”。⑨具体到每一驿，其驿费开支便向府县动支，府驿向府库动支，县驿为县库负责。镇江府京口驿与丹阳县云阳驿，虽同属镇江府，且“京口、云阳二驿支应银两，一体官为追征”，但“系京口驿者解贮府库，系云阳驿者贮县库”。⑩驿费管理极为严格“每月一次驿官吏具领回驿，督同相应人役买办支应，日逐登记簿籍，月终送府县查算。如有支剩就作下月之数，季终申呈抚按上司知会，年终通将支应数目册报”。

驿费开支，主要分布在驿船修造，驿夫工食及公差人员过驿供应。例如镇江府京口驿：

---

①⑩ 〔清〕高龙光：乾隆《镇江府志》卷九《赋役四·驿传》。

② 〔清〕昆冈修，吴树梅等纂：《清会典》卷五一《车驾清吏司二》。

③ 〔清〕昆冈：《大清会典事例》卷六九一《兵部·邮政·驿夫一》。

④ 〔清〕张廷玉等纂：《清朝文献通考》卷二三《职役考二》，商务印书馆1936年版。

⑤ 〔清〕允祹：《大清会典》卷六六《兵部》。

⑥ 〔清〕昆冈：《大清会典事例》卷六九〇《兵部·邮政·驿夫一》。

⑦ 〔清〕何绍章：光绪《丹徒县志》卷二〇《武备志·兵制·驿传》。

⑧ 〔清〕允祹：《大清会典》卷六六《兵部》。

⑨ 〔清〕刘锦藻：《皇朝续文献通考》卷三七四《邮传考十五·邮政·驿站》。

"站船一十五只，该打造银六百两。实造十只，以乾、元、亨、利、贞、仁、义、礼、智、信为号，停造五只以抵五年小修之费。"[①]"长养水夫九十名，每名日支工食银四分，共银一千二百九十六两，遇闰加银一百八两；水手四十五名，每名日支工食银二分，共银三百二十四两，遇闰加银二十七两扣留水夫一百三十五名；工食大差雇募银一千九百四十四两，遇闰加银一百六十二两；修船银九十九两。"[②]差夫与纤夫亦计日给予工食，"差夫工食，每名各日给银四分；纤夫工食，每名各日给银四分"[③]。

公差人员过驿供应，各驿除提供驿馆供其休息外，其余多为廪给支应。廪给支应项中，作为乘驿人员口粮的廪米，是各驿必备物品，按"廪米行三坐五"原则供应。廪给分上等下程、中等下程、下等下程，不同等级之间廪给物品亦不尽相同。乾隆《镇江府志》对上、中、下三等供应的物品有如下记录：

> 上等下程除廪米外，每副该银三钱。鸡二只三斤银四分五厘，猪肉三斤银六分，牛肉一斤八两银二分二厘五毫，鱼二斤银二分六厘，鸭蛋十个银一分五厘，面一个银八厘，枝圆共八两银一分，桃枣共十二两银七厘五毫，细茶四两银七厘五毫，油八两银五厘，花胡椒、砂仁三色银一分六厘，酱菜四色银一分，盐、酱、醋各八两银七厘五毫，小菜一盘银一分，油烛十枝银二分，柴十束银三分。
>
> 中等下程除廪米外，每副该银二钱。鸡一只二斤银三分，猪肉二斤银四分，鱼一斤八两银一分九厘五毫，鸭蛋十个银一分五厘，枝圆共八两银一分，桃枣共十两银七厘五毫，粗茶一两银一厘五毫，面一个银八厘，花胡椒、砂仁三色银一分六厘，油八两银五厘，盐、酱、醋各八两银七厘五毫，酱菜四色银一分，小菜一盘银五厘，油烛五枝银一分，柴五束银一分五厘。
>
> 下等下程除廪米外，每副该银一钱。猪肉三斤银六分，菜二色银八厘，粗茶二两银三厘，盐二两银一厘二毫，花椒三钱银一厘八毫，酱二两银八毫，烛二枝银一分，油醋二色银六厘二毫，柴三束银九厘，口粮一分折银五分，饭食一分折银三分。[④]

上、中、下三等之间，无论廪给物品种类，抑或数量，不同规格之间层次分明。如肉制品，上等下程为"鸡二只三斤银四分五厘，猪肉三斤银六分，牛肉一斤八两银二分二厘五毫，鱼二斤银二分六厘"，鸡、猪肉、牛肉、鱼配备齐全；中等下程则减少为"鸡一只二斤银三分，猪肉二斤银四分，鱼一斤八两银一分九厘五毫"，非但少了牛肉的供应，鸡、猪肉、鱼的供应规格亦相应降低；下等下程仅为"猪肉三斤银六分"。如此分明的下程廪给，完全依据"乘驿，各以其等"的原则备办。

---

①④　〔清〕高龙光：乾隆《镇江府志》卷九《赋役四·驿传》。

②　〔清〕何绍章：乾隆《丹徒县志》卷二〇《武备志·兵制·驿传》。

③　〔清〕昆冈：《大清会典事例》卷六八六《兵部·邮政·驿费二》。

（二）使用者

“夫驿传之设有冲有僻，所以供皇华之使臣，朝贡之方国，赍奏之员役者，谓之驿站。”①既点明了驿站设立的目的与初衷，也道出了乘驿人员为“皇华之使臣，朝贡之方国，赍奏之员役者”，当然乘水驿者同。按《大清会典事例·兵部　邮政　给驿》载，乘水驿者为各级文武官员、外国贡使、官兵。“文武各官奉旨驰驿者，夫船马匹照例填给”，可知乘驿者须依据填给的勘合、火牌内容，照例乘驿。表 26-1 是根据《大清会典事例》载录的各级文武官员给驿标准制作的。

表 26-1　清朝文武官员水驿乘驿规格标准

官员品秩	乘驿原由	乘驿凭证	船只数目/只
一品	奉差出京，以礼回籍给假治丧，在外起升赴京，进表赴任，以礼予告致仕，给假守制。	勘合	二
二品	奉差出京，钦取起升赴任，予告致仕，给假守制，奉命起升赴任，奉调远行出征，以礼回籍，正一真人朝贺及袭封赴京回籍。	勘合	二
三品	奉差出京，在外起升赴任，以礼予告致仕，给假守制，以礼予告致仕给假回籍者，奉命起升赴任，奉调远行出征，以礼回籍。	勘合	一
四品	奉差出京，进表赴任来京，给假守制，奉命起升赴任，朝觐进表来京，以礼致仕守制。	勘合	一
五品	奉差出京，给假守制。	勘合	一
六品	奉差出京，给假守制。	勘合	一
七品	奉差及赴任，进表代觐来京，在京领敕赴任，奉调监军督粮，在任按行所部，并解紧急钱粮马匹进京，进表来京，奉调隔省征剿者。	勘合	一
八品	奉差出京，经博士朝贺来京，奉旨勘事及别项题差出京，奉调监军督饷随征，奉调隔省征剿。	勘合	一
九品	奉差出京。	勘合	一

资料来源：昆刚《大清会典事例》卷六百九十八《兵部·邮政·给驿一》，中华书局 1991 年版。

从表 26-1 可以看出，各级文武官员自一品至九品，乘水驿者，皆给船只。唯一品、二品给驿船二只，其余三品到九品，乘水驿俱给驿船一只。但凡乘驿，须有兵部所颁发的勘合，并以勘合所填内容为准。

“外国朝贡入京，夫马船廪粮，按人数、方物多寡，给予勘合。”②如：“安南国贡使进京，广西巡抚给予勘合。由广西、湖南、湖北、江西、江南、山东、直隶水路行。回日由部照原勘合换

---

① 〔清〕薛福成：《振兴中国三大纲》，〔清〕邵之棠辑：《皇朝经世文统编》卷一〇三《通论部四》，上海宝善斋 1901 年版。

② 〔清〕昆冈：《大清会典事例》卷六九八《兵部·邮政·给驿一》。

给，仍由水路归国。”[①]再如琉球国，其贡使便沿京师至福建驿路，北上京师入供，清朝嘉庆五年入琉球国封使李鼎元在其出使琉球国往返途中对此记载尤为精细。“兵部给予勘合，沿途支取夫马、船只、廪给、口粮”[②]。李鼎元亦是沿京师至福建驿路，至福建出海的。外国贡使朝贡，亦须按例乘驿，来程勘合由地方督抚颁给，返程则有兵部给予。

官兵乘驿，分出征及驻防两类。“大兵进征及驻防官兵家口由水路前往，俱用户部回空漕船。其余各项所需船只，兵部给发”，“往江宁、京口、杭州者给船”。出征及驻防官兵由水路行者，按人数多寡给船，除给船外，仍配备纤夫。“上水头号船坐五十人，给纤夫十有五名；二号船坐四十人，纤夫十有二名；三号船坐三十人，纤夫九名；小船酌量坐人，纤夫不过五六名”。“出征官兵下水船仍给纤夫外，其余驻防官兵及移扎官兵，下水不给纤夫”。[③]

（三）监管者

清代邮驿系统自中央至地方有一套较为完整的监管体系。兵部车驾清吏司为掌管全国驿传事务的最高行政机构，按察使为总揽地方驿传事务官员，州县或驿丞负责各驿具体的日常事务。至于监督邮驿系统运行的机构与官员，则有车驾清吏司、地方督抚及管驿官吏。

车驾清吏司，为清代中央执掌驿传事务机构，隶属“掌中外武职铨选、简核军实，凡荫袭、镇戍、军功、邮传之政令，咸督理焉”[④]的中央六部之一的兵部。车驾清吏司“郎中满洲三人、汉人一人，员外郎满洲二人、蒙古一人，主事满洲、汉人各一人，掌驿传、邮符及中外牧马之令”[⑤]。“凡邮传，在京师曰会同馆，在外曰驿，曰递运所，皆以符验关券行之。”[⑥]车驾清吏司设有郎中、员外郎、主事，掌管天下驿传事务，邮符如勘合、火牌，都由车驾清吏司填给。凡关涉驿传事务，须报车驾清吏司知晓并抄送兵部。据韩世琪《福惠全书》记载有关上奏驿传事务的奏疏得到兵部回复时，均有“内（咨）开车驾清吏司案呈奉本部送兵科抄出该本部覆”字样。[⑦]车驾清吏司也是全国驿传事务的最高监察机构，凡邮符填给、廪给口粮、驿费的核销等项，最终皆须汇总至车驾清吏司题销。

按察使，为清代各直省总核驿传事务的地方官员。按察使，全称提刑按察使司，《清史稿·职官志》按察使项下：“省各一人，正三品。其属经历司经历正七品，知事正八品，照磨所照磨正九品，司狱司司狱从九品，各一人。按察使掌振扬风纪，澄清吏治，所至录囚徒、勘辞状，大者会藩司议以听于部院，兼领阖省驿传，三年大比充监试官，大计充考察官，秋审充主

---

①③ 〔清〕昆冈：《大清会典事例》卷六九八《兵部·邮政·给驿一》。

② 〔清〕李鼎元：《使琉球记》，陕西师范大学出版社 1992 年版，第 12 页。

④ 《清文献通考》卷八一《职官考》，景印文渊阁四库全书第 632 册，台北商务印书馆 1986 年版。

⑤ 《清通典》卷二五《职官》，景印文渊阁四库全书第 642 册，台北商务印书馆 1986 年版。官员车驾清吏司郎中人数，《清通典》、《清文献通考》载为“满洲三人、汉人一人”，《清会典》载为“郎中宗室一人、满洲一人、汉一人”。

⑥ 《清文献通考》卷八一《职官考》。

⑦ 〔清〕韩世琪：《抚吴疏草》卷九、十四，清康熙五年刻本。

稿官。知事，掌勘察刑名；司狱，掌检察系囚；经历、照磨所，司视藩署。”[①]“江苏按察使一人，经历一人，司狱一人”，“浙江按察使一人，经历一人，照磨一人，司狱一人”。[②]乾隆四十五年圣谕：“奏准各省驿站事务，令各守巡道分管。其向来经管驿务道员养廉，分别议裁。除直隶省驿务，向系按察使专管，毋庸另议。”[③]《清会典》明确界定各驿“钱粮夫马仍归印官管理，均以道府稽查，复以按察使兼驿传事务总核一切”，且水驿驿船“修造时责成按察使专管”。因按察使为管理一省驿传事务官员，得益于此，清制规定：“至管理驿务之按察使，所用勘合、火牌，不定额。”[④]

州县官与驿丞是管理驿传事务地方基层官员，清前期驿站多设驿丞专司驿务。“驿丞，未入流，掌邮传迎送。凡舟车夫马，廪糗庖馔，视使客品秩为差，支直于府、州、县，籍其出入。”[⑤]驿丞虽未入品流，但因其为专司驿务的小吏，长期驻扎驿务前线，对驿内事务较为熟悉，故而亦能将驿务处理的井井有条。对驿丞的作用，清人董诰曾论述道：“查从前州县设立驿丞专司邮递，其职分至卑，俸入至薄。职分卑，呵斥不为辱；俸入薄，过往无所贪。凡有差使，各按品级……照常廪给之外一无使费，使臣及家人等亦知驿丞之俸入无可诛求也。日久相安，罕有骚扰之事，迨后裁归州县而百弊丛生矣。”[⑥]“迨后裁归州县”是指乾隆十九年(1754)大规模裁撤驿丞，将驿务划归州县兼理的事件。此后各驿驿丞陆续裁撤，驿务全归州县兼理，府驿归知府兼理由知府派员管理，县驿由知县兼理。

记录驿传事务的奏销册，是清代各级管理驿传事务机构与官员了解、总核驿传事务的依据。“各省驿站奏销册，每省造一省总，每府造一府总，以节年存胜为旧管，以额设实征为新收，以夫、马、车、船各项工料及廪给、杂支、雇募价值为开除，以本年支用、存胜及建旷、皮脏、变价并节年存胜为实在。统限次年五月由督抚核明具题，造册分报部科察核。”[⑦]奏销册由两级构成，一为府册，一为省册，记录了各驿年度收支廪用状况，并于次年五月由督抚造册分报部科核查。督抚负责核查一省驿务，车驾清吏司负责核查全国驿务，由于车驾清吏司与督抚核查的依据来源于奏销册，故而难免落为“纸上谈兵”，无法真正获悉各驿驿务实况。为保证驿传运转，清制规定上下两驿之间以邮符为准，相互监督。该法是指“各省驿站递送公文，令管站官各立印信号簿，上站号簿用下站官印，于每月底彼此移明查考”，[⑧]邮符即勘合或火牌，上载明“兵部给予勘合，沿途支取夫马、船只、廪给、口粮”。[⑨]如此一来，凡有沉匿稽延等情，擅拆夹板报匣等事，抑或多支廪给，滥索乘驿，查看上下两驿邮符，便一目了然。

---

① 赵尔巽：《清史稿》志九一，1928年清史馆本影印本。
② 〔清〕昆冈：《大清会典事例》卷二四《吏部・官制》。
③ 〔清〕昆冈：《大清会典事例》卷二六二《户部・俸饷・外官养廉二》。
④⑦ 〔清〕昆冈修，吴树梅等纂：《清会典》卷五一《车驾清吏司二》。
⑤ 赵尔巽：《清史稿》志九一《职官志三・外官》。
⑥ 〔清〕王杰：《请核实亏空变通驿站疏》，引自董诰编：《皇清文颖续编》，清嘉庆武英殿刻本。
⑧ 〔清〕三泰修：《大清律例》，景印文渊阁《四库全书》第672册，第　页。
⑨ 〔清〕李鼎元：《使琉球记》，第12页。

三、水驿的运行

水驿作为驿传系统的组成部分，能够“供皇华之使臣，朝贡之方国，赍奏之员役者”往来提供乘驿，[①]具有“通辖轩、达羽檄，实与军政相表里”的功能。[②]那么水驿尤其是江南地区的水驿是如何“供皇华之使臣，朝贡之方国，赍奏之员役者”，江南地区水驿是否按照制度构建的要求规范运行的，其具体的运转又呈现为何种情形？

清人乘驿按期乘驿人员及递送公文紧要程度有大差、紧差、小差、散差之分。各差划分依据为：

> 有钦命公干之大臣，有朝贡之蕃使，有入觐莅任之督抚提镇、巡鹾监税之部院台卿，是谓大差；有奉一命星驰、急檄飞递、克限以赴者，是谓紧差；有承含赍奏本章，佐傺代捧庆贺大计表册，是谓小差；悯劳恤死、许给邮骑，是谓散差。官则给以勘合，役则给以火牌；勘合之廪给按员，火牌之口粮按分。而水驿之船只，陆驿之夫马则遵照部填。[③]

大差、紧差、小差、散差等乘驿规范，体现着“凡给驿，各以其等”的原则。不同等级之间，乘驿人员与差务程度不同，给驿规格亦不同。且官给勘合，持勘合乘驿者，按员廪给；役给火牌，持火牌乘驿者，按分廪给。所涉给驿及廪给，处处彰显“各以其等”，而“各以其等”也在制度上保障了水驿乘驿有序有节的运行。

邮符，即勘合与火牌是给驿的依据，也是乘驿的凭证。乘驿者驰驿至沿途途经各驿时，均须将所持勘合或火牌递交各驿司驿官查看，并抄牌造册以作记录。

> 凡大差则有兵部差官前站，随带勘合、火牌；散差则员役自带，一到接替之所，先抄牌。其抄牌簿用棉连装钉，用印记明张数，挂内号发该驿兵书。但差使一到，按某年某月某日某时，南来某差，北来某差，自某州县某驿，骑马几匹。如官员则有勘合，按勘合内某字第某号某官，前往某处公干，由某路□递骑马几匹，有无人夫，廪给饭食照例应付，某年月日给等字样，俱一一填明。簿上又注水陆不兼支字样，盖应马则不给船，应船则不给马之说也。火牌亦照牌逐件填明。[④]

抄牌一般是在乘驿人员到达一驿时，立即要做的事情。抄牌簿内记录乘驿差使到驿时间，从何处来，去往何处，沿途经过哪些驿与州县，此次乘驿公干所谓何事，廪给支应标准等

---

① 〔清〕薛福成：《振兴中国三大纲》。

② 〔清〕尹继善：乾隆《江南通志》卷九七《驿传》。

③ 〔清〕黄六鸿：《福惠全书》卷二八《邮政部·总论》，康熙三十九年金陵濂溪书屋刊本。

④ 〔清〕黄六鸿：《福惠全书》卷二八《邮政部·抄牌》。

等。并且注明水陆不兼支。抄牌完成后，还需送至司驿官员钤盖印信。如果司驿官员因公事出行，导致无印可钤，就只能便宜从事，“即照印式四角填，‘印随公出’四字，所用印信要朱迹明白又不可倒用”。如果抄牌这一流程未能顺利完成，出现“印字模糊及用印颠倒，或遗落未用，公出失填”的情况，司驿官员就会为“大部咨行，督抚查报”，甚至会“例有处分”。[①]各驿司驿官对勘合、火牌的抄录，以实载的形式，详录乘驿者途经各驿情况，以此形成的抄牌便成为造册的依据以及日后核销的凭证。同时承接驿务之司驿官，可依据勘合或火牌上的填给，照例提供廪给。而一旦乘驿时出现问题，亦可依据抄牌上下各驿核对。抄牌实为各驿记录乘驿情况，管驿机构处理乘驿问题的例证。严格的抄牌造册程序，对维持水驿的运行是极为有益且必要的。

至于乘驿流程，在嘉庆年间出使琉球的册封使李鼎元的《使琉球记》中亦有记述。李鼎元在其中写到：

向例，取前行牌一面，于封使起行前期，交兵部饬发沿途，飞递琉球国，俾知预备。此次应照例办理。

向例，正副使恭赍诏敕、恤赏等项，自京启程，沿途拨护守官兵。并酌拨修船匠役带往。此次亦应照例办理。

向例，正副使许自带谙晓医术医士二名随往。至家人、跟役，正使许带二十名，副使许带十五名。兵部给予勘合，沿途支取夫马、船只、廪给、口粮。此次亦应照例带往支给。[②]

李鼎元记述出使前各种准备皆以“向例”为准，说明此前使臣或大臣乘驿，是有定例的，此次出使琉球也是按照该定例办理的。所记给驿，沿途各驿乘驿，直至到达目的地琉球，全部都有涉及，且明了了乘驿流程。乘驿及支给的依据为勘合，因其出使琉球为大差，故乘驿前便拨给前行牌一面，“于封使起行前期，交兵部饬发沿途，飞递琉球国，俾知预备”，李鼎元等出使琉球，朝廷给予沿途拨给官兵护守与修船匠役的待遇以及允许带两名通晓医术人员前往，保证册封使能够顺利到达完成驰驿使命。水驿的功能也在此得以彰显。

虽然水驿在江南地区具有建设交通网络、传递信息、递送公务人员与外使朝贡、调防军队、运输饷银、发展地区经济等六大功能，而水驿制度的构建又使得江南水驿在保障清王朝政令传达、舆情通畅方面发挥了极为重要的作用。驿政也被视为有清一代国家大政。即便如水驿制度建构的如此完整，对乘驿者亦有各种规范，然而水驿在具体的运行中还是有对制度构建带有适当的变通。

嘉庆年间出使琉球册封副使李鼎元在其所著《使琉球记》中的记录就已经透露出江南水驿在实际运行中与上层制度建构方面的不同了。即为使节船停泊姑苏驿时的情景。李鼎元

① 〔清〕黄六鸿：《福惠全书》卷二八《邮政部·抄牌》。

② 〔清〕李鼎元：《使琉球记》，第10—12页。

写道："泊苏州府姑苏驿时，织造全公德来，恭请圣安。闻王梦楼先生在号船，因访之。以梦楼曾从全公至琉球，可资考问。又系雨村房师，礼宜进谒。号船者，乃备运铜铅、兵粮之船，闲泊时，人即赁为旅舍，便于旅店。""号船者，乃备运铜铅、兵粮之船，闲泊时，人即赁为旅舍，便于旅店。"①号船作为备运铜铅、兵粮之船，是为朝廷进行南粮北运与调动驻防军队以及生产武器弹药之用的运输工具，关系极为重要。但此时的号船闲泊时，人即赁为旅舍，便于旅店，竟将号船租赁出去作为旅店，赚取往来行商利益。虽说在闲泊时，租赁为旅店，是为便宜从事，在不影响正常履行驿务的前提下增加各驿及驿内人员的收入，并非不可。此举实际亦为地方官员默认，因为并无地方官员或乘驿人员举报这一行为的事件出现过。但此举终归是将备运官物的驿船，化为商用、民用，制度构建在此已经在实际运行中出现了灵活的变通。

水驿运行中的某些变通，并非为水驿制度贯彻施行的威胁与隐患，真正的问题乃是屡禁不止的各类驿弊现象，以至于对驿弊现象的弹劾不时见诸奏折，要求整饬驿弊的呼声不绝于朝堂。

清人黄六鸿所著《福惠全书》对驰驿流程及驿务记述，较为详尽。黄六鸿在《福惠全书》中对官员乘驿越例需索情形，各驿司驿人员疲于应付的情况一一记述：

> 若遇水陆交冲之地，既索诸费入手，又要坐船。及拨至官船，又嫌滞重要坐民船。于是埠头行户四出封拿，及集河千众皆敛金馈送，方坐一船而行，或竟不坐船。又乘驿马而去，所乘不过数马，所坐不过一船，而官役受其骚扰，水陆遭其剥削。前差甫去，后差又来。冲繁疲驿，何堪此纷纷之迭累乎！然此犹其小差也。若大差出京，部文先行，知会沿途督抚地方州县，预期料理，伺候供帐办买诸项用物，传集各行工匠以及剃头修脚之人，无不毕备，远遣马夫侦探于数百里之外。闻其所至凶威，百般凌辱，需索则官役诸人尽皆胆落。②

一驿承接小差时，既要应对乘驿人员忽船忽马的要求，又要准备乘驿人员需索的诸费，使得承驿人员倍受骚扰。及至承接大差时，情况更为复杂。大差自京城出行时，便发出部文通知沿途地方州县，预先准备妥当。承驿人员不仅要置办大差过境时所需物项，还要征集各类夫役以供差使。为了保证大差到驿时，顺利完成承驿任务，司驿官员甚至派遣夫役到几百里之外的地方打探大差的行程。无论承接大差又或小差，对各驿而言都不胜烦扰，惧于乘驿官员威慑，司驿官员或州县长官唯尽力应承。继而造成地方承接驿务时"印官稍有才调应付粗具者，尚能黾勉支撑以图侥幸；倘庸劣之员，则束手无策，惟办临时坚闭城门之一着而已"的诡谲之像。承接驿差一变为地方的负累。

以上仅为平时供应驿差，尚且如此。若遇军兴，大兵征调过境，各驿境遇则更为凄凄，甚至波及所在地方的民船役夫。

---

① 〔清〕李鼎元：《使琉球记》，第37页。

② 〔清〕黄六鸿：《福惠全书》卷二八《邮政部·总论》。

向者军兴之际，兵马征调。凡水路经过地方所需船只，在在封拿。无论商贾阻羁，行旅断纪，即渔舟、钓艇，靡不搜罗。更有州县奸差，受贿卖放，因之为利。封捉既无定数，骚扰亦无宁晷。甚至集候多时舟工冻饿，遂有纵火焚船而星遁者。以故各省大吏具疏请造官船，以资应付稍有不足，所需无几。又定有按船坐人之限，不致如前追索之无已也。至于拉船纤夫，上司行文州县雇募，刻难迟缓，四乡按烟拨派夫丁，与津市所雇游乞，严行差押。或闭之空舍，禁之庙宇，以候大兵之至。然而饭食不充，昼夜冻馁，臭秽熏蒸，多成疾疫。

军兴之际，军队过境之时，征调地方船只以作军用，沿途因军队调动，商路不通，本就给承接各驿及地方百姓带来过多的差役，扰累民间。而不肖官吏，州县奸差竟因公谋私，受贿卖放，因之为利，借机鱼肉百姓。所征调的舟船因集候多时，舟工冻饿难忍，便采取消极怠工的形式，焚毁船只，逃避役差。拉船纤夫本由州县出资雇募而来，州县出资，纤夫出力，各取所需，而此时却变为向四乡征用夫役。征派的夫役或被关闭于空舍或圈禁庙宇，静候大兵到来。临时征集的夫役，被关闭在一处，应付差事，其待遇可想而知。“饭食不充，昼夜冻馁，臭秽熏蒸，多成疾疫”的情形，或有夸张，但亦透露出被征夫役境遇之惨。军队过境时给承接驿务的驿站以及地方百姓造成的扰累，因地方不肖官吏的因公谋私而被放大，而征派的舟船、夫役的凄惨境遇必定会导致他们的各种反抗，无论是对驿站的运行、驿务的承接，还是对清王朝驿传系统的运转而言，已经出现了问题。解决甚至杜绝各类驿弊问题，维持驿传系统的正常运转，就理所当然地成为清王朝驿政中的头等大事。

驿政本就为清王朝一项大政，清王朝每年的驿费支出达三百余万两，且驿政关系军政，故而清王朝统治者极为重视维持驿传系统的正常运转，严厉打击种种驿递弊端。如雍正六年，雍正皇帝就曾颁布圣谕惩治滥用、滥索夫役：

各省所设驿站夫役，原以豫备公事之用。国家岁费帑金，本欲使州县无赔累之苦，民间无差派之扰，官民并受其福也。但闻各省往来人员，有不应用驿夫而擅自动用者。该管之人，或畏其威势而不敢不应，或迫于情面而不得不应。积习相沿，骤难禁止。地方夫役，并受扰累。重负朕加惠官民之至意。嗣后惟兵部勘合，钦差大臣及督抚入境学差试差，或知府下县盘查及他员奉督抚差委盘查者，准其动用夫役。其余概不准动用。倘有违例妄索者，着该管官即行揭报督抚题参。若该管官违例滥应，发觉之日，照例治罪。着各省管理驿站之道员，不时查察。倘有徇隐，一并处分。①

此圣谕表明设立夫役的目的，乃为“预备公事之用”。国家每年在雇佣驿站夫役应差方面投入大量的帑金，其出发点在于使官民并受其惠，而非州县有赔累之苦，民间有差派之扰。面

---

① 〔清〕黄六鸿：《福惠全书》卷二八《邮政部・抄牌》。

对擅用、妄索驿站夫役的弊端，雍正皇帝设定了何等情形下准予动用夫役的准则，即"惟兵部勘合，钦差大臣及督抚入境学差、试差，或知府下县盘查及他员奉督抚差委盘查者，准其动用夫役"，其余一概不准。只能是在上述情况下并持有兵部颁发的勘合，方才允许动用驿站夫役。为保证此项圣谕内容的贯彻执行，雍正皇帝要求司驿官员对违例索取夫役者，直接呈报督抚予以参核，并敕令各直省管理驿站事务的官员经常到驿务一线进行巡查。对于妄索、滥用夫役与滥应者，照例治罪。从雍正皇帝的这份圣谕中不难看出，朝廷对于治理违例滥用驿站夫役问题的态度的严厉与坚决。

清律对于多乘、多索驿船及枉道驰驿及经驿不换船者的处罚亦是相当严苛的。

> 凡出使人员，应乘驿船驿马数外。多乘一船一马者，杖八十，每一船一马加一等。若出使人员枉道驰驿及经驿不换船马者，杖六十。若军情警急及前驿无船马倒换者，不坐不偿，亦究不倒换缘由。①
>
> 奉差官役执有勘合、火牌，藉称紧急，不与司驿官验看，骚扰驿递。多需夫马车船者，司驿官毋得钤盖印信。一面将骚扰多索情由，揭报本部并都察院据揭参奏。将骚扰驿递者，系官革职，系役杖一百。多索马一匹、车一辆、船一只者，官降三级调用，役杖八十。马二匹、车二辆、船二只者，官降四级调用，役杖九十。马三匹、车三辆、船三只者，官革职，役杖一百。②

上述乘驿规定中，可知清律对违例乘驿的处罚是极为严苛的。即使被称作"大差"的出使人员，有多乘驿船、枉道驰驿及经驿不换所乘驿船者，也会受到相应处分。唯有军情警急及前驿没有可用的驿船予以倒换时，才会不坐不偿，但是也要查明不倒换的原委。对于执有勘合、火牌的奉差官役，如果借口事情紧急而不与司驿官员验看，希图多索驿船者，司驿官员有权不与钤盖印信，并以骚扰之例可直接上呈兵部与都察院进行参核。根据多索的情节，予以相应的惩处。如遇多索夫马车船者，而司驿官员又因种种原因而容隐不揭的情况，下一站的司驿官员便会予以揭露并上报相关的管理部门，不仅多索夫马车船之人要受到处罚，隐忍不报的司驿官员也要受到相应的处分。至于并未持有勘合、火牌，诈索夫马车船的情况，处罚就更为严厉了。清律规定如遇诈索夫马车船者，司驿官员既要将详情上报该管督抚题参，又要呈报兵部参核。倘若诈索夫马车船者，为有官职者，则直接予以革职，没有职者，则审明治罪。即便如驻防军官乘驿，也必须按例索驿，否则也要受到处罚。清律中"驻防各官，有骚扰多索者，照此例议处"的条例，即是对驻防官员的乘驿人员的规范与约束。从清律相关条例中，可以得知，清王朝既利用司驿官员对乘驿人员进行监督，也要求上下站的司驿官员之间相互监督，还利用各站司驿官员等身处驿务一线的基层驿官与地方大吏督抚、中央职能部门

---

① 〔清〕昆冈：《大清会典事例》卷七七八《刑部·兵律·邮驿》。

② 〔清〕昆冈：《大清会典事例》卷七九六《兵部·邮政·驿禁》。

兵部、都察院的互动，依例对诈索、妄索、多索等骚扰驿递官役人等的乘驿弊端进行相应地处罚，加强对驿弊问题的处理。

驿弊的存在给正常的驿务运行造成了极大地不便，严重扰乱了乘驿秩序，对清王朝设立的水驿制度造成了冲击，亦阻碍了水驿功能的正常发挥，甚至危及民生。故而整饬驿弊的呼声不断，汪价即是其中一员。汪价在《驿递议》中分析各类驿务弊端现象，痛斥驿站运行中的弊端对国计民生之害。

> 大军之更调日烦，差员之驰驱如织，京官之致餐授馆者，络绎而不绝。额银不给，势必请增于大部。岁耗金钱无算，则病在国。大帅贵僚，悍差健卒，逞威横索。有司虽竭力以奉之，而怒诃笞辱，靡所不加，则病在官。驿中浮费，日甚一日。正供不足，不得不出于借支，借支不足，不得不出于佥派。船之官雇者而民雇矣，车马之官办者而民办矣，骚扰搜括，膏血为枯，则病在民。夫病国而国为之虚，病官而官为之惫。至于病民而其害可胜道哉。①

汪价从国、官、民，三个层面分析驿弊，国家层面的问题在于每年耗费金钱无算，最终病国；官员层面则为虽有司竭力应驿，正供不足，而不得不借支，即便如此仍难免诃笞辱骂加身；至于民间层面难逃佥派，向为官雇、官办的事情，皆被转嫁到民间，使得民间倍受骚扰，出现“膏血为枯”的病状。汪价认为病国则国家用度因之渐虚，病官则官员为驿弊所累，疲于应付，病民则贻害无穷。基于此，汪价看到了驿弊现象的实质乃用度问题，即“过往之差，其所望于有司者，大兵不过犒劳之资，刍秣之费；过客不过会燕之需，赆馈之礼。至于夫船车马，不过照数给之而已”。此问题以“折干”的形式显现出来，却发展至“病国、病官、病民”的程度，造成“国计所以日蠹，而民生所以日瘵”的窘境。分析了种种驿弊及其危害之后，汪价提出解决之法：

> 为今之计，莫若设为内外稽核之法。内而兵部颁发号册，给与各省驿传道，驿传道分给各属驿吏。凡有过往差使应用夫马名数，呈部印发。凡遇仕官兵丁来往，悉照官设额数给与。缺则借取邻封应用，不得求之额外，不得问之民间。以上二项，俱令本差自填号册，年终缴部稽查。如有越数诛求者，据实题参，请以大法治之。庶人人知警，不敢苛索。而驿吏与地方守令，皆不至疲于奔命矣。至若折干之说，起于横索，闾阎不能如数，故为此无可奈何之计。今既立有定额，官办官付，此风不戢而自息矣。②

汪价解决驿弊问题的方法，是以其对国、官、民分析的基础上，基于用度问题的对症下药。汪价提出兵部发号册给各省驿传道，再由驿传道分给所属的驿吏。兵部所发的号册上印明过

---

① 〔清〕汪价：《驿递议》，贺长龄编：《皇朝经世文编》卷七三《兵政四·马政》，清光绪十二年思补楼重校本。
② 〔清〕汪价：《驿递议》。

境差使人员乘驿所需夫马车船数额，驿吏承驿时只按兵部设定的标准给驿，并将差使人员索驿与驿吏承驿的情况记录在案。而这种记录，是由乘驿人员与承驿驿吏双方各自填写的，等到年终呈报兵部查核时，两份记录可作比较，多索、妄索问题，一目了然。至于某一驿站用度不足需要借取的问题，汪价解决思路是，只能由该驿站向邻近的驿站进行借取，在各驿站之间周济，而非向民间敛派，另开费源。至于"折干"问题，本就起于向民间横索敛派，既然不能向民间敛派，另开费源，只能按照兵部设立的定额，由官办官付，这一问题也就迎刃而解了。

汪价解决驿弊之法，在于严厉执行内外稽核之法，把解决问题的关键寄希望于由兵部与地方驿传道及驿传道所属的驿吏结合形成的监察管理体制。汪价的方法虽为传统驿传体制内依靠贯彻实施已经构建好的制度进行自身理疗，却也是改善驿弊问题的可行性方案。

小　结

本文从清代水驿制度的章程入手，结合对水驿制度构建要素的分析，考察江南地区水驿制度的构建与运作问题，可以得出以下结论：

江南地区水驿制度兼具礼制与法制的双重特点。清王朝为保障江南地区水驿的正常运转，构建了水驿制度，为江南地区水驿的运行提供了制度性保障。为确保水驿制度的有效贯彻实施，清王朝从礼制与法制两个层面对水驿制度进行构建。江南地区水驿制度"礼制"的特点主要表现为"凡给驿，各以其等"的原则。①清制规定，各级官员自一品至九品，自额驸公侯伯至部院衙门及地方官员，甚至外国贡使，都需按照官方根据不同官秩等级制定的乘驿标准，各以其等，不准逾越。森严的乘驿等级制度，为江南地区水驿烙上了礼制的色彩。而《大清律例·邮驿律》与《大清会典事例·刑部兵律篇》对规范乘驿与违例索驿的规定，是维护"各以其等"原则运转的法理依据。对乘驿过程中不守规制者以及驿站运行过程中出现种种驿弊，都有详细的处治规定。又为江南地区水驿制度的运行提供了坚实地法制保障。得益于明确的法理依据和清政府的积极监管，清代江南地区的水驿虽自设立始便伴有种种驿弊，然而江南地区水驿还是在传统王朝体制内继续得以运行，并发挥着其应有的功能。

水驿运行监管的多维度互动。清代江南地区水驿的监管，既有人的维度，亦有物的层面。中央至地方有一套较为完整的监管体系。清王朝中央监管全国驿传事务的车驾清吏司是江南水驿运行的最高职能机构。各省按察使总核地方驿政事务。州县官与驿丞为监管水驿运行的基层机构。如此形成了从中央至地方至驿务一线的纵向监管体系。不仅如此，清王朝还利用邮符、奏销册、印信号簿从物证的维度对水驿运行进行监管。奏销册记录了各驿年度收支廪用状况，且每省造一省总，每府造一府总，并于次年报部核销。邮符内填注奉差官役姓名，并所给夫马车船廪给口粮数目及所到之地。每驿承驿时将邮符上内容誊抄于印

---

① 〔清〕昆冈修，吴树梅等纂：《清会典》卷五一《车驾清吏司二》。

信号簿之上，且以上下两驿每月底相互查考的方式进行监督。水驿制度设计而言，从人和物两个维度进行监管，尽可能地确保水驿的有效运行。

制度运行与体制弊端之间的博弈。清王朝在江南地区的水驿制度构建可谓完备，无论水驿制度本身，抑或构成水驿制度的各要素皆规划妥帖，为江南地区水驿网络建设与水驿功能的发挥提供了制度性保障。我们也应看到，清王朝在江南地区苦心孤诣地营建水驿制度以维护水驿的运行，江南水驿在运行过程中仍出现种种弊端。虽然清王朝朝野上下对整治出现的驿弊的态度上是一致的，并制定专门的邮驿律例，规范水驿运行，给整治驿弊提供法律依据。然而此种体制性弊端，依附于统治体制而生，乘驿人员与司驿官员这两类与驿务直接相关的群体又有着不同的利益诉求，故而清王朝官方虽极力整治，始终未能剔除驿弊。

（李家涛，上海社会科学院经济研究所博士研究生）

从清季“思永执”分家阄书看胡适家世

□王 振 忠

［摘　要］ 关于胡适的研究，海内外的成果已相当丰硕。本文根据新发现的“思永执”分家阄书抄本，对胡适的家世作一较为细致的探讨，以便让世人对胡适的成长环境及早年历程有着更深切的体认。

［关键词］ “思永执”分家阄书；胡适；徽商

关于胡适的研究，海内外的成果已相当丰硕。本文则根据新发现的“思永执”分家阄书抄本，对胡适的家世作一较为细致的探讨。

一

笔者收藏有一册“思永执”分家阄书，内容是有关胡适兄弟子侄的分家阄书。该抄本稍有残破，内容也比较简单，其序文曰：

吾家祖遗旧产，仅基地一方、菜地一条而已。先夫仕宦十余年，清介自持，身后俸余，亦只数千金。其时稼儿虽已授室，秬、秠二儿年犹未冠，糜儿才五岁耳。余念家事之艰，诸儿之幼，不惮劬劳，悉心训督，迄于今日，已十五年，诸儿均已长成，各能自立，余心殊慰。自维对于先夫，亦可稍释其责，乃告诸儿，为作分析之计，俾各治其事，各安其居。综计先夫所遗，除历年日用婚娶所费，存口口口口口经营商业所亏外，举内外所存田地、屋宇口口口口口公亲代为主持配搭，立口[元]、口[亨]、利、贞四阄，盟于先夫之神前，拈阄执业，务求各极其平。其间应坐、应贴各款，或体先人之意，或尽为子之道，或推友爱之情。诸儿各顾大义，出自本心，深可嘉焉！至秠儿虽已继出，兹亦与派田产四分之一者，遵先夫之遗训也。外欠之款，归秬儿独任者，本其志愿也。夫兄弟如手足，友爱之情，初不因分合而有间。自分之后，愿诸儿相扶相助，亦如其未分之前，无少变异，是则余之厚望也夫！

宣统元年四月　日立阄书人胡冯氏　押

仝男　嗣稼　押

嗣秬　押

嗣糜　押

仝孙 思永 押

亲房 吉庭 押

嗣稷 押

嗣秫 押

胞弟 冯敦甫 押

凭公 钟宏 押

孝成 押

朗山 押

执笔 禹臣 押

从上文可见，分家阄书共一式四份。在阄书上押署者有分得家产的三个儿子：长子谱名排行为洪骏，乳名嗣稼；次子排行名洪骓，乳名嗣秬；四子排行名洪骍，乳名嗣穈（即胡适）。胡适的三哥排行名洪駓，乳名嗣秠，但他并未出现在分家阄书上。对于该份名单，稍微留心者便会发现，这家人谱名排行中的“骏”“骓”“駓”“骍”都与骏马有关，而乳名则皆带有“禾”字偏旁。[①]想来这蕴涵了胡氏先人对子嗣的殷切期盼——希望他们在本地守住祖业、辛勤耕种，在外则骏马奔腾、事业有成。

上述这份分家书的封面上题有“思永执”三字，可见当为胡适的侄子胡思永所保留。胡思永系胡适三哥胡洪駓（嗣秠）之子，生于1903年，此次分家时不过7岁。后来，胡思永于1919年考入天津南开中学，因肺痨病及失恋之刺激，年仅21岁就含愤去世。他与绩溪人汪静之一样，皆属“五四”新诗人，其遗诗后由好友、同乡程仰之辑录，共成103首，名为《胡思永的遗诗》，于1924年由绩溪人汪孟邹在上海创办的亚东图书馆加以出版。关于该书，胡适曾为之作序，并声称：“如果新诗中真有胡适之派，这是胡适之的嫡派。”[②]这些，当然都是后话。

在传统中国的分家习俗中，诸子均分为各地民间分家之基本原则，徽州自不例外。订立分家文书时，通常是邀请众人（如族中亲戚等）做证，按照参与分家子孙的多少，将产业平均分成数份，每份标明字号。届时，要在祖先灵前燃香发誓，让诸子以拈阄的方式，决定自己所应分得的那份家产。也正因为如此，分家书通常亦被称作“阄书”[③]。

在胡适的老家绩溪上庄一带，旧时有些夫妻婚后多年无子，为确保“香火”传承，就要到别人家收养一个继子。收养继子的顺序，首先是本家兄弟之子。若长房无子，二三房兄弟，哪怕只有一个儿子，也要将他过继给长房，以确保长房不致乏嗣。倘若兄弟皆无子嗣，则由近及远地收养一个继子。据胡适之父胡传的《钝夫年谱》记载，光绪六年（1880年）“三月，心斋、理斋二叔祖及伯母汪氏，与珍兄之柩皆回里。钝夫以秠儿后珍兄，承继先伯考之祀”[④]。

---

① 胡成业：《徽州的胡适》，文汇出版社2012年版，第142页。

② 参见胡成业：《徽州的胡适》，第50—51页。

③ 参见王振忠：《明清以来徽州村落社会史研究》，上海人民出版社2011年版，第255—285页。

④ 欧阳哲生编：《胡适文集》第1册，北京大学出版社1998年版，第497—498页。

“秠儿”即胡洪骍(嗣秠),为胡适的三哥(亦即该册阄书的收执人胡思永之父),于光绪六年过继给“珍伯父”为嗣。胡传兄弟五人,其中,胡传最为年长,所以“珍伯父”显然应是年长于胡传的从兄。

胡洪骍被父亲过继给族伯父,据说因此而痛苦不堪。胡适对此有感而发,后来在《安徽白话报》上发表《论承继之不近人情》,认为过继一事,是“中国几千年来……最伤天理、最伤伦理、最岂有此理的风俗”。此文发表于1908年,比该份分家书还早一年。由于过继,胡洪骍丧失了在家庭中平等继承家产的机会,而只能由他的儿子胡思永获得部分家产。故此,上述这册分家书当为“利字阄”,因“三房继出,思永得”。从“利字阄”的家产清单来看,其田产不过六分八(不到一亩),远低于其他三房,各类“大买田”之收入共计46秤。所以序文中说,因嗣秠已过继给胡适的“珍伯父”,故田产并未均分,只是由他的儿子来收入该46秤。

这册分家阄书制作于宣统元年(1909)四月,序中的“先夫”,也就是胡适的父亲胡传(1842—1895)。胡传字铁花,号钝夫,出生于徽商世家,他本人也曾亲自运茶前往上海经销。胡适出生后两个月,胡铁花就被台湾巡抚邵友濂调往台湾,担任台东直隶州知州,兼统镇海后军各营。为此,胡适和母亲也曾在台南居住过10个月。1894年,中日甲午战争爆发,北洋海军全军覆灭。1895年,胡铁花将家眷送回徽州故乡,只留次子嗣秬跟他留在台东。此后,《马关条约》签订,台湾绅民坚决反对割让,决意自主抗日,遂推举唐景崧为“台湾民主国”大总统,帮办军务刘永福为主军大总统。1895年6月上旬,日军攻陷基隆,“台湾民主国”旋即解体,但抵抗日军的战斗仍然持续了数月之久。当时,刘永福坚持抗日,并请胡铁花协助。此后,胡铁花因病重,致两腿不能行动,只得内渡,不幸于8月病故于福建厦门。分家阄书序文通常会缕述家庭的创业历程,这册阄书虽然简单,但也提及:“先夫仕宦十余年,清介自持,身后俸余,亦只数千金。”对此,胡适在后来的《四十自述》中也指出:“父亲死后,只剩下几千两的存款。”与此恰可比照而观。

由于丈夫早逝,故而“立阄书人”为“胡冯氏”,亦即主持分家的长辈为胡适之母冯顺娣,这在徽州的分家书中,有时也被称为“主盟母”①。绩溪上庄一带的分家,财产搭配由父母做主,娘舅主事,另请中人撰写分家阄书。胡适的兄弟分家阄书就由舅父冯敦甫“主事”,而“中见”则是他的一些本家。“主事”者冯敦甫,也是后来胡适与江冬秀成婚的介绍人;而“中见”中的胡朗山,后来也成为胡适婚礼的主婚人。这些,都见于《胡适未刊稿·归娶记》②。另外,在传统徽州,私塾先生手头通常都有一些村落日用类书抄本,其中密密麻麻地抄录了各类的应用文活套,每当村民有所需要时,就会去找他们代为书写。而胡适兄弟的分家阄书,便是由他的私塾老师胡观象(禹臣)执笔代书。

---

① 阿风:《明清时代妇女的地位与权利——以明清契约文书、诉讼档案为中心》,社会科学文献出版社2009年版,第47—55页。

② 《胡适未刊稿·归娶记》,2014年6月22日《东方早报·上海书评》。

二

在传统时代，分家是人生的一件大事。宋人朱松曾写过一篇《戒杀子文》，其中提及徽州婺源人一般都只生育两个儿子，“过是不问男女，生辄投水盆中杀之。父母容有不忍者，兄弟惧其分己赀，辄亦从旁取杀之”。朱松是著名理学家朱熹的父亲，上述文字见其所著的《韦斋集》。此段描述说明，早在公元12世纪的南宋时期，分家时的财产纠葛，已深刻地影响到徽州人的家庭规模。

兄弟本是同气连枝，自竹马游嬉迄至骀背鹤发，彼此相与周旋常达数十年之久，但成人之后，有的却因分家时的财产纠葛而同室操戈，竟至不相往来。清人姚永朴在《旧闻随笔》中曾提及，著名学者俞正燮系徽州黟县人，其人嗜书如命。黟县有个孙姓富人，筑有“居敬堂”，藏书多达万卷，俞正燮只要返回故里，就常常前往那里读书。孙氏对读书人颇为尊重，不仅慷慨借阅，而且还免费为之提供饮食。有一天，俞正燮进城，见有衙役正在修葺一处新宅，装潢布置得相当华丽，俞氏便很好奇地问起何以如此大兴土木，对方回答说：“孙某富人，今兄弟析产，将讼于官，此吾辈获利时也！”听罢此言，俞正燮很是感慨，急忙赶回，将此事告诉了孙姓富商。结果，孙氏兄弟重归于好，分家亦得以和平落幕。①此一故事反映出分家析产在日常生活中是极为重要的一件事情，斗粟尺布，煮豆燃萁，稍有不慎，便会兄弟阋墙，引发诉讼纠纷。

关于徽州的分家惯习，晚近时期的民间文书中有不少描摹。譬如，抄本《通用杂字》就写道：“承分祖产，管业至今，拨单可据，品股均匀，拈阄为定，毋许争论，各遵规条，不可相侵。”②上述的四言杂字，是在徽州民间流传颇广的一种启蒙读物。一般说来，浅显易晓的启蒙读物所载，往往是当地民众最为实用的通俗常言，集中反映了民间社会通常的惯例。

胡适在家排行老四，乳名“嗣穈”，他所拈得的是“亨字阄”，在其名下的田产包括：

身字一百四十九号、一百五十一号，田税壹亩贰分，土名箬笠冲，
大买起佃田拾肆秤，佃人汪茂生；
盖字四伯[百]九十号、九十八号，田税柒分，土名粟里冲，
大买起佃田拾秤，佃人先友；
口字四十九号，田税柒分，土名柯家百邱，
大买原租田拾秤，实租柒秤，佃人柯细让；
……，田税叁亩肆分柒厘肆毫叁丝，土名西岭降，
大买起佃田五亩零五升，佃人叶运恩；
……一伯[百]六十二号口屋基地税捌厘肆毫，土名前村，
现造前后通眷楼屋全堂，并屋前廊步三间，晒坦壹片，通共西边一半，屋后厨灶公用。

① 姚永朴：《旧闻随笔》卷二《俞理初先生》，黄山书社2011年版，第90页。
② 《通用杂字》，抄本，私人收藏。

文昌会两股。

徽州的土地字号是以《千字文》为序加以编排,《千字文》中有"盖此身发,四大五常,恭惟鞠养,岂敢毁伤"之句,故此处的财产清单中有"身字""盖字"。从"亨字阄"来看,分在胡适名下的田产大约有10亩。就徽州的地权分配情况来看,当地农户一般耕地面积不到10亩,自有地如超过10亩,那就要雇用一些短工或长工,或是出租一部分土地。①胡适出身于徽商世家,将土地出租给他人代为耕种是常态。对此,胡适在《四十自述·九年的家乡教育》中曾指出:"每年秋天,我的庶祖母同我到田里去'监割'(顶好的田,水旱无扰,收成最好,佃户每约田主来监割,打下谷子,两家平分)。"②"监割"也就是地主临田监割,按当地通行分成比例征租,叫作监分(亦即分成租)。佃户交纳分成租,通常较交纳定额租要宽松一些。另外,徽州的地权形态分成"大买"和"小买"(即田底和田皮),前者是土地所有权,后者是佃农耕作权或土地使用权。就徽州的具体情况来看,每秤大约是20斤左右。

值得注意的是,亨字阄的最后,还有"文昌会两股",这与上庄一带的民间信仰密切相关。胡适在《四十自述》中有一节谈自己"从拜神到无神"的经历,其中提及:"我家中的女眷都是深信神佛的。……女眷的宗教领袖是星五伯娘……依家乡的风俗,我母亲也曾把我许在观音菩萨座下做弟子,还给我取了一个佛名,上一字是个'观'字,下一字我忘了。我母亲爱我心切,时时教我拜佛拜神总须诚心敬礼。每年她同我上外婆家去,十里路上所过庙宇路亭,凡有神佛之处,她总教我拜揖。"③"文昌会"是徽州绩溪一带常见的会社组织,迄今,在绩溪县委党校内还有清代金紫胡氏宗祠附属的文昌阁,为县级文物保护单位。而在上庄附近的旺川村,崇祯十一年(1638)的一份日记曾记载,村中的文昌阁悬钟重一千余斤,花费的白银31两6钱。当时,村民还在老屋立文昌会,共有24人参与祭灯和修屋,每人出银1两。及至11月,迎文昌神登座。次年2月,又立文昌会,参与者共计30人,每人出银5钱。④这段出自《应星日记》的记载,反映了当地文昌会的组织方式。举行文昌会的时间一般是在二月初三,参加者多达数十人,每人出银5钱,也就是一股。文昌会通常置有田产,并将其田产招租生息。各人所持有的文昌会股份,是参与会期的祭祀及分胙的一种权力,对于家庭而言则是一种财产,可以继承,也可以买卖。

三

20世纪50年代,胡适应美国哥伦比亚大学"中国口述历史学部"之邀,做过16次口述回忆。

---

① 参见章有义:《明清徽州地权分配状况的蠡测》,见氏著《明清徽州土地关系研究》,中国社会科学出版社1984年版,第2页。

② 欧阳哲生编:《胡适文集》第1册,第53页。

③ 欧阳哲生编:《胡适文集》第1册,第58—59页。

④ 关于《应星日记》,参见拙文《从〈应星日记〉看晚明清初的徽州乡土社会》,《社会科学》,2006年第12期。

20年后，当年协助胡适完成此项口述的唐德刚教授将之译成中文，取名为《胡适口述自传》。其中的第一章为《故乡和家庭》，对"徽州人"和"绩溪上庄胡氏"家族作了简单的描摹，其中指出：

徽州在旧制时代是个"府"，治下一共有六个"县"。我家世居的绩溪县，便是徽州府里最北的一县。从我县向南去便是歙县和休宁县；向西便是黟县和祁门县；祁门之南便是婺源县。婺源是朱子的家乡。朱熹原来是在福建出生的，但婺源却是他的祖籍。

徽州全区都是山地，由于黄山的秀丽而远近闻名。这一带的河流都是自西北向东南流的，最后注入钱塘江。因为山地十分贫瘠，所以徽州的耕地甚少。全年的农产品只能供给当地居民大致三个月的余粮。不足的粮食，就只有向外地去购买补充了。所以我们徽州的山地居民，在此情况下，为着生存，就只有脱离农村，到城市里去经商。因而几千年来，我们徽州人就注定的成为生意人了①。

以绩溪上庄为例，太平天国以后，胡氏一族在家的老幼男女大约是800余人，而"阖族为工商于外者"则多达400余人。胡适出自茶商世家，早在清嘉庆年间，他的高祖就在浦东川沙开设了茶叶庄，店号"万和"，及至其祖父时，胡万和老店大大发展，在上海开了茶叶分店，在汉口开设了徽馆(徽菜馆或徽面馆)。万和经营有方，财源颇旺。胡适14岁离开绩溪前往上海读书，学杂费用均由川沙店支付。川沙原为滨海盐村，嘉庆十年(1805)奏准在此设立抚民厅，及至清末宣统三年(1911)，方才改厅为县治。有鉴于此，据说在浦东当地，曾有"先有胡万和，后有川沙县"的俗谚。对此，胡适回忆说：

我家在150年前，原来是一家小茶商。祖先中的一支，曾在上海附近一个叫川沙的小镇，经营一家小茶叶店，根据家中记录，这小店的本钱原来只有银洋一百圆(约合制钱十万文)。这样的本钱实在是太小了。可是先祖和他的长兄通力合作，不但发展了本店，同时为防止别人在本埠竞争，他们居然在川沙镇上，又开了一家支店。后来他们又从川沙本店拨款，在上海华界(城区)又开了另一个支店。在太平天国之乱时，以及先祖和家人在受难期间，和以后如何挣扎，并以最有限的基金复振上海和川沙两地店铺的故事，都有详尽的记录。这实在是一场很艰苦的奋斗。据1880年(清光绪六年)的估计，两家茶叶店的总值大致合当时制钱二百九十八万文(约合银元三千圆)左右。这两个铺子的收入便是我们一家四房，老幼二十余口衣食的来源。②

另据胡铁花的《钝夫年谱》记载，其父胡奎熙"十余年间，竭力经理，外偿积欠，内给一家衣食婚娶之费，复扩而充之"。这十余年间，正逢战乱，胡奎熙在艰难竭蹶之中不断创业。从

---

① 唐德刚译注：《胡适口述自传》，华东师范大学出版社1993年版，第1页。

② 唐德刚译注：《胡适口述自传》，第4页。

1843 年他分川沙业于上海增设茂春字号起，到 1861 年止，胡奎熙先后扩充店业六处，最盛时有四处茶铺同时经营。不过，因兵燹等原因，这些茶铺旋设旋毁，最短的存在时间仅有 4 年。及至 1873 年胡奎熙去世时，只剩下上海、川沙的两处店铺。1880 年，胡铁花与其叔祖分家，川沙一处店业归铁花一脉门下。

此外，上揭的分家阄书序文中还提及："外欠之款，归秬儿独任者。"胡适的大哥从小就是败家子，吸食鸦片、赌博，钱一到手就很快挥霍一空，每年除夕，家中总有一帮债主前来讨债，所以在家里没有任何地位。[①]阄书中的"嗣秬"，也就是胡绍之（1871—1929），为胡适同父异母的二哥，此人是胡适三个哥哥中最能干的一位，曾随父亲前往台湾任职，1895 年胡铁花病故后，胡绍之扶柩返乡安葬。他 17 岁起就主持家业，统揽生意和家政，往来于上海、汉口之间，颇为辛劳。胡适在《四十自述》中说："我家本没有钱。父亲死后，只剩下几千两的存款，存在同乡店家生息，一家人全靠这一点出息过日子。后来存款的店家倒账了，分摊起来，我家分得一点小店业。我的二哥是个有才干的人，他往来汉口、上海两处，把这点小店业变来变去，又靠他的同学朋友把他们的积蓄寄存在他的店里，所以他能在几年之中合伙撑起一个规模较大的瑞兴[馨]泰茶叶店。"[②]正是得到友人的鼎力支持，胡绍之与人合伙，经营着瑞馨泰茶店以及汉口的酒楼、公义油坊等。直到 1915 年，绍之在给胡适的家信中才提及："七代之店（川店），何忍及吾身而闭歇。"[③]不过，当时的胡绍之已无意营商，家业因用人不善、疏于管理而江河日下。

值得注意的是，1909 年制作的这册分家阄书中，并没有涉及胡家店铺资产的分割。这一点，应与徽商的经营文化密切相关。胡适与徽墨名店"胡开文"的经营者同属于"明经胡"，也同样出自绩溪上庄村。1949 年以前，胡适与家乡的银钱汇兑，常常是通过芜湖的"胡开文"墨庄[④]。无独有偶，胡开文墨庄的分家阄书亦保留迄今。从阄书来看，"胡开文"就规定"分家不分店"，具体的做法是——每个儿子的利益，都以股份的方式在店铺中体现。也就是将店铺的资产分成数股，在儿孙中挑选一个人经营，其他人则以股份的形式每年参加分红，这就是"分家不分店"[⑤]。这样，便能很好地保证经营规模的不断扩大，不致因分家而造成商业竞争力的丧失。此种"分家不分店"的做法，在传统时代的徽州极为普遍。想来，胡适家的情况亦与此颇相类似。

---

① 1916 年 3 月 15 日，胡适在《禀母亲》信中曾这样评价他："大哥一生不长进，及老而贫，始稍稍敛迹，然已来不及矣。大哥近年来处境大苦，生未必较死乐也。"见杜春和编《胡适家书》，河北人民出版社 1996 年版，第 82 页。

② 欧阳哲生编：《胡适文集》第 1 册，第 92—93 页。

③ 《胡绍之致胡适》，1915 年 10 月 19 日，见杜春和编《胡适家书》，第 520 页。

④ 如《禀母亲》，1910 年 6 月 30 日，"本月曾托方庆寿兄带上胡开文借票一纸，并嘱其向开文取款带家，不知已收到若干？"1910 年 7 月 22 日，"前托方庆寿兄带上开文借据及托其向开文取款寄家，不知有效否？"另见 1918 年 5 月 11 日、5 月 15 日的《禀母亲》，杜春和编：《胡适家书》第 13、183、186 页。关于胡适与胡开文墨庄的关系，可参见胡成业：《徽州的胡适 · 胡氏家族与胡开文》，文汇出版社 2012 年版，第 101—108 页。

⑤ 关于这一点，参见张海鹏对胡氏阄书的研究，见其主编《徽商研究》，安徽人民出版社 1997 年版。

四

光绪十七年十一月十七日(1891年12月17日),胡适生于上海大东门外的川沙(今属浦东)。据说,童年时代,胡适最喜欢背诵的一首诗是:"人心曲曲湾湾水,世事重重叠叠山。"现在,这首诗被镌刻在上庄胡铁花的墓园内。人心的曲折隐微,世事的复杂多变,生活在大家庭中的胡适,大概对此是感同身受。

胡铁花娶妻凡三次,前妻死于太平天国之乱,继妻生了三个儿子、四个女儿后也过世了。此后,胡铁花续娶了一位农夫兼裁缝的长女,此即胡适的母亲冯顺娣。冯顺娣17岁嫁与胡铁花做填房,两年后生了胡适。又过了四年,胡铁花去世,冯顺娣23岁就守寡,做了一个有许多成年儿女的大家庭之"晚娘"。她内持家务,外应门户,前后长达10余年,以少妇充当后母,周旋于各位成年子媳辈间,其困苦艰难可想而知。当时,胡适的大姐较冯顺娣大7岁,大哥比她大2岁,孪生的二哥、三哥仅比她小4岁。故此,她虽是名义上的一家之主,但丈夫前妻所生的儿子及媳妇,对她并不买账。特别是两位不明事理的儿媳,妯娌间常为一些小事闹得鸡犬不宁。谁也占不了上风时,她们便将气撒到婆婆身上,甚而会用刻薄寡情的语气,指桑骂槐地骂给婆婆听。每当此时,冯顺娣只能忍气吞声,尽量避免冲突,实在忍无可忍时,她便悄悄地来到邻家去坐一会,闲聊一阵,或者一个人独自卧床柔声大哭,哭她早丧的丈夫。

铁花先生的早逝,让冯顺娣这位倔强的女人将全部的希望聚焦在儿子胡适身上。对此,胡适在《四十自述》中这样写道:

> 我父亲在临死之前两个多月,写了几张遗嘱,我母亲和四个儿子每人各有一张,每张都只有几句话,给我母亲的遗嘱上说穈儿(我的名字叫嗣穈,穈字音门)天资颇聪明,应该令他读书。给我的遗嘱也教我努力读书上进。这寥寥几句话在我的一生很有重大的影响。我十一岁的时候,二哥和三哥都在家,有一天我母亲向他们道:"穈今年十一岁了,你老子叫他念书,你们看看他念书念得出吗?"二哥不曾开口,三哥冷笑道:"哼,念书!"二哥始终没有说什么。我母亲忍气坐了一会,回到了房里才敢掉眼泪。她不敢得罪他们,因为一家的财政权全在二哥的手里,我若出门求学是要靠他供给学费的。所以她只能掉眼泪,终不敢哭。但父亲的遗嘱究竟是父亲的遗嘱,我是应该念书的。况且我小时很聪明,四乡的人都知道三先生的小儿子是能够念书的。所以隔了两年,三哥往上海医肺病,我就跟他出门求学了……①

"遗嘱"也作"嘱书",也是对分家的简单交代。虽然该五份遗嘱没有保存下来,但在胡铁

① 欧阳哲生编:《胡适文集》第1册,第45页。

花日记中，还是保存了光绪二十一年(1895年)五月二十八日写给二哥嗣秬的一份遗嘱，其中对于自己一生的经历有着简单的描述。①从徽州分家书的惯例来看，如果主持分家的是他本人，这样的生平自叙通常会写在阄书序言的第一部分。

胡铁花病逝时，胡适仅3岁多，但严父生前每天用红笺方块教授，当时他已认得800多个汉字了，故而铁花先生认为牙牙学语的孺子可教，应“努力读书上进”。后来，胡适曾追忆：“先母督责至严，每日天未明即推适披衣起坐，为缕述先君道德事业，言：‘我一生只知道有此一个完全的人，汝将来做人，总要学尔老子。’天明即令适着衣上早学。”当时，在胡适故里上庄村西头有一座两层两进的普通民居，村人胡禹臣在屋内设一私塾，取名为“来新书屋”，寓意是前来就读的孩子日新月异地成长。胡适就曾在此读书，度过了童年和少年的大部分时光。胡适曾说：“我们做小孩子时候，天刚亮便进学堂，去上早学，空着肚子，鼓起喉咙，念三四个钟头才回家去吃早饭，从天亮直到天黑，才得回家。晚上还要念夜书。”既没有星期天，也没有假日，直到年终才放学。其时，与胡适同一私塾读书的有十多个孩童，他们大多不爱学习，对读书没有兴趣，时常逃出去，躲在麦田里，宁可在麦田里挨饿也不愿念书。而胡适则与他们不同，他天资聪颖，悟性又好。另外，其他学生家每年只给先生两块银圆的学金，先生认为学金太轻，故而只教他们念书、背书，并不加以讲解，因此越学越觉兴味索然。而胡适的母亲渴望他读书，所以学金特别优厚，第一年送六块银圆，以后每年增加，最后一年加到十二圆。冯顺娣对先生的要求是对胡适严加管教，要为儿子讲解书本的内容，一字一句，皆须讲明意思。正是在这种环境下，胡适的学业突飞猛进。

因先祖商业的关系，胡适的二哥、三哥都在上海接受过教育，他们在大都市受到了时代思潮的洗礼，因此不要胡适“开笔”做八股文，也不要求他学做策论经义，而只是要胡禹臣为之讲书、教其读书。对此，胡适在《徽州谈》一文中，对徽州的教育及其前景有过精彩的描述：

> (徽州人)到了十三四岁，把那些什么《开宗明》哪，《天文》哪，《梁惠王》哪，都读完了，做父母的，便不叫儿子读书了。穷苦的庄稼人家，便叫儿子帮着老子做活，一天辛苦到晚，自不用说了；以外的人家，儿子到了十三四岁，便叫他“出门”。怎么叫做“出门”呢？譬如有人到上海来，便叫儿子跟他来上海，找一家店铺，送进去学生意。这叫“当学生”。②

对于徽州的这种商业传统及其文化影响，胡适有过颇为贴切的回忆：

> 我乡人这种离家外出，历尽艰苦，冒险经商的传统，也有其文化上的意义。由于长住大城市，我们徽州人在文化上和教育上，每能得一个时代的风气之先。徽州人的子弟

---

① 《胡传日记》，见欧阳哲生编《胡适文集》第1册，第623页。该份遗嘱，亦见唐德刚译注《胡适口述自传》，第17—18页。

② 原载1908年11月14日《安徽白话报》第5册。

由于能在大城市内受教育，而城市里的学校总比山地的学校要好得多，所以在教育文化上说，他们的眼界就广阔得多了。因此在中古以后，有些徽州学者——如十二世纪的朱熹和他以后的，尤其是十八、九世纪的学者像江永、戴震、俞正燮、凌廷堪等等——他们之所以能在中国学术界占据较高的位置，都不是偶然的。①

当时，在全国的各大商埠，处处都留下徽商活动的足迹。不少商人甚至在各处落地生根，他们的子弟往往是在大城市接受良好的教育，从而在各行各业中崭露头角。也正是在这种背景下，胡适于14岁时(1904)跟随三哥赴上海，入梅溪学堂(后改入澄衷学堂、中国公学和中国新公学)，在上海住了六年，从此学业日积月深，并在1910年以后赴美，先后就读于康奈尔大学、哥伦比亚大学，最终成为新文化运动的领袖人物。

五

据说，胡适曾随叔父在泾县药店做过几个月的学徒，但他无意于商贾，曾写信给二哥绍之要求读书。1904年，胡绍之自上海返乡，他认为适之天资聪颖，父亲又有"要穈儿好好读书"的遗嘱，父命不可违，遂问胡母说："我想带穈弟到上海读书，不知你放心吗?"胡母速声答曰："好好，这也是还你父亲的愿。"这是胡适一生的关键性大事。后来，他在上海六年的学习，一切全靠二哥的关照。

胡适的二哥胡绍之是位颇有见识的人物，他在胡适到达美国康奈尔大学之初，曾致信鼓励：

> 吾弟天资超卓，宜可大成，频年为家境所限，中途废学，又无名师益友以相砥砺，故所成未广。今幸得此机会，此实先灵之默佑。万望从此矢志向上，专心力学，以收桑榆之效。
>
> 至家中各事，有余力任，尽可不必置怀。堂上薪[菽]水之奉，已照来信代寄，以后按年当照此办理，毋庸弟之分心。以后弟经费如有所余，或暂存银行，积成巨资，以为日后所需；或置购图书仪器，以资学问之研究，不必急于还债，亦不必兼顾家中。总以全付精神，贯注于学问之上，务求达此目的然后已。其余均不重要，一概抛之九霄云外，所谓智者急先务也。②

当时，胡家四房虽已分家，但二哥对于胡适仍颇多关照。1909年7月29日，胡适在《禀

---

① 唐德刚译注：《胡适口述自传》，第4页。

② 《胡绍之致胡适》，杜春和编：《胡适家书》，第492—493页。

母亲》的家信中曾指出："家中析产阄书，均已见过。"[①]此外，他在《四十自述》中也提到此次的分家析产：

> 戊申、己酉(1908—1909)两年之中，我的家事败坏到不可收拾的地步。己酉年，大哥和二哥回家，主张分析家产；我写信回家，说我现在已能自立了，不要家中的产业。其实家中本没有什么产业可分，分家时，兄弟们每人不过得着几亩田、半所屋而已。

当时，胡适正在中国新公学学习，虽然手头并不宽裕，但见过大世面的他显然再也看不上老家的那几亩地、半所屋了。这位乳名嗣穈、学名胡洪骍的徽州乡下少年，1906年入上海澄衷学堂读书，接触到严复的《天演论》，取"物竞天择，适者生存"之意，改名胡适之。1910年7月赴北京参加"庚款"留美官费生考试，起用了"胡适"的名字。此后，"文章革命何疑？且准备搴旗作健儿，要前空千古，下开百世，收他臭腐，还我神奇。为大中华，造新文学，此业吾曹欲让谁？诗材料，有簇新世界，供我驱驰！"这位"带着兰花草"走出徽州的少年"嗣穈"，此后脱胎换骨，成了叱咤风云、舍我其谁的文坛祭酒。

不过，尽管胡适欲放弃这份祖业，但分家是徽州的传统，显然无法率性而为。兄弟分家阄书中"亨字阄"所列的田产，仍然一直挂在他的名下，想来是由母亲冯顺娣代为经管，故而1915年8月2日，冯氏在写给胡适的信中仍然这样说道："家中自分析以后，每年所收租谷，只得一人之粮，此外毫无一丝出息。"[②]所谓分析，也就是指1909年的分家析产。1928年3月29日，胡适在致江冬秀的信中写道：

> 家中的事，我想起一两件，请你替我办理：
>
> (1) 我自已名下的田，请你托几个本家来谈谈，分作两份，一份归稼嫂收租，一份归秠嫂收租。田虽不多，于他们两家总有点小补。
>
> (2) 膳茔田仍照旧由他们轮年收租。
>
> (3) 书田也轮年收租。但我的意思，最好与膳茔田不同年轮收。今年秠嫂收膳茔，则稼嫂收书田；明年秠嫂收书田，则稼嫂收膳茔。
>
> (4) 几家老佃户，都同我家有感情，不必更换。[③]

可见，直到母亲去世，胡适才对自己名下的田产重新作了安排。是时，他的大哥和三哥皆已去世，胡适如此安排，显然具有照顾两位寡嫂起居的意思。另外，根据徽州的惯例，佃农承租耕种，需与地主签订契约，其中详细规定了双方的权利和义务，如有违约(比如欠租、短租

---

① 杜春和编:《胡适家书》，第8页。

② 《胡母谕胡适》，杜春和编:《胡适家书》，第446页。

③ 《致江冬秀》，杜春和编:《胡适家书》，第247—248页。

等)，地主可以另行雇佣他人。历经十数年，胡家所雇的佃农皆是乡里乡亲，主佃关系似乎颇为融洽，地主与佃农之间并未出现剑拔弩张的情形。①

胡适的兄弟分家阄书作于清末宣统年间，迄今已100余年，此份简单的徽州文书能够保留至今，大概要归因于天壤间的种种机缘巧合。面对着数页泛黄的故纸，我无法想象，如果没有铁花先生的那几份遗嘱，如果没有母亲冯顺娣的坚持和悉心栽培，如果茶商之家的生计日用朝不保夕，如果不是二哥的支撑门户，以及对异母兄弟血浓于水的亲情扶持等等，胡适是否还会是中国现代史上辉煌耀目的那一位？想来，多少"少时了了"的"糜先生"们，也曾靠着一纸阄书上的几亩薄田，在皖南乡间日出而作、日落而息，最终成了胼首胝足的一介老农，或是终老于"无徽不成镇"的各地商铺间，锱铢必较着银钱的出入。

（王振忠，复旦大学历史地理研究中心教授）

① 直到抗战时期，为避战火，江冬秀携其幼子胡思杜迁居上庄，仍然请绩溪县田赋管理处的胡国庆，帮助整理出胡适名下的一份田亩总册。参见胡维平:《胡雪岩、胡适家世家乡》，内部资料，2005年，第175页。

南浔顾家、常州盛家与上海百乐门饭店

□马　军

[摘　要]　1933年开幕的百乐门是老上海的“娱乐之王”，声名显赫，大红大紫，在远东也具有“执牛耳”的地位。在百乐门十多年的经营历程中，它与江南豪族：南浔顾家、常州盛家有着极为密切的关系。

[关键词]　百乐门；南浔顾家；常州盛家

1933年开幕的百乐门是老上海的“娱乐之王”，声名显赫，大红大紫，在远东也具有执牛耳的地位。在百乐门10多年的经营历程中，它与江南豪族：南浔顾家、常州盛家有着极为密切的关系。

顾家、盛家与百乐门的诞生

百乐门是如何诞生的？是谁投资建造的？关于这个问题，1933年11月15日《申报》第13版有一个简要的解释，即“本埠自大华饭店停歇以后，各界仕女每感缺乏相当地点，以供交际宴会之需。兹有绅商巨子，纠集巨金，筹建百乐门大舞厅兼设饭店（PARAMOUNT BALLROOM and HOTEL）于沪西，兴建至今，已届一年”。百乐门建筑的总设计师杨锡镠稍后也宣称：“独公共宴舞厅（Ball Room）自大华饭厅因地权易主而发展停业后，数年来无相继者。虽后起一二，亦非隘即陋，与大华饭店已不可同日语矣。近来上海繁荣日甚，社会需要日亟，沪上人士，亦莫不渴望大规模之新颖宴舞厅实现，遂有百乐门大饭店之计划，拟为宴舞事业开一新纪元。”①显然，百乐门的出现和沪西大华饭店的停业，以及海上舞潮发展到一定程度，舞客对超大、豪华舞厅的需求有一定关系。

上文中所说的“绅商巨子”又是谁呢？近年来的诸多上海史出版物在涉及百乐门的创办人时，通常会分别涉及两个人，其一是浙江南浔富商顾联承（又作顾联丞），其二是晚清名臣盛宣怀的七女儿盛瑾如（爱颐）。

第一种说法是，祖上以出口丝绸而致富的南浔“四大象”（所谓“大象”是指家产达到1 000万两白银）之一——顾家的掌门人顾联承，除了在沪涉足百货、珠宝等行当外，还置有不少房

① 《百乐门之崛兴》，《中国建筑》第2卷第1期，1934年1月。

地产。他独具慧眼，见沪西一带相对荒僻，地皮远较东部便宜，便投资 70 万两白银，向静安寺购置了一片寺属土地，在其上兴建了百乐门饭店，以此发展娱乐事业。①

第二种说法大致是，盛瑾如在父母死后，按照中国传统大家庭的做法，女儿是分不到遗产的。但进入民国以后，女子地位不断提高，盛七小姐又西化很深，便毅然诉诸法律，经过几年官司，竟获得了 150 万现银的遗产，她便和丈夫庄铸九拨出了其中的 60 万兴建了百乐门。②

这两种说法，虽然流传甚广，但迄今未见有人提出确实的证据。而笔者新近倒是在上海市档案馆找到了一份资料(馆藏号 Q275-1-2033，第 56 页)，颇能说明一些问题。它是 1935 年 4 月 11 日上海商业储蓄银行对经营百乐门饭店的大成公司所作的调查，内开：

> 大成公司
>
> 地址：上海愚园路极司非而路。
>
> 营业种类：经营百乐门大饭店。
>
> 设立：民国二十二年。
>
> 资本：国币十九万元。
>
> 组织：股份有限公司。
>
> 董事长：顾重庆，前任东方汇理银行买办。
>
> 常务董事：庄铸九，年约三十余岁，系常州巨族之后裔。周芝生，年约三十余岁，上海人，周芝记营造厂主人。
>
> 董事：顾联丞、钱南山、洪左尧、周炳臣、郑希涛。
>
> 董事兼总经理：朱虹如，年三十九岁，上海人，以前经营地产事业。
>
> 简史：该公司为朱虹如君主办，各股东均系著名富商，如常州盛氏及顾联丞等，庄铸九君即系代表盛氏者。
>
> 设备：该公司房屋系向股东顾联丞等所设之地产公司租赁(查该地产公司迄已三易其名)，每月房租四千元……

另一份该行调查“大成股份有限公司百乐门饭店”的表格(夹在 Q275-1-2033 之内)则表明，列名董事的有周芝生、顾联承、庄铸九、郑希陶、杨锡镠、张芹伯、朱虹如等。此外，在 Q275-1-2033 之内还有一份盛瑾如的个人状况表，内称：住愚园路 838 弄 10 号，江苏武进人，35 岁左右，系逊清盛宣怀之第七女，家庭状况颇佳，在上海商业储蓄银行静安寺分行有活存往来，并有定存单 5 万元。

从上述资料中，我们大致可以归纳如下：房主(顾联承)和向其租房的经营者(大成股份

---

① 例如，《长袖善舞的顾联承》，董惠民、史玉华、李章程：《浙江丝绸名商巨子南浔“四象”》，中国社会科学出版社 2008 年版。

② 例如，甫一青：《盛七的百乐门》，《中国西部》2012 年第 23 期。

有限公司)并非一家;但顾联承有双重身份,既是原房房主(是否是土地业主尚待考),又参资了大成公司,是该公司重要的股东和董事;盛家(应主要是盛瑾如)则通过庄铸九出面参资大成公司,其他主要参资者并列名董事的还有顾重庆(董事长)、朱虹如(总经理)、钱南山、洪左(佐)尧、周芝生、周炳臣、郑希涛、杨锡镠、张芹伯等。由此看来,房子确实是顾联承建造的,但花了多少钱则并未提到(另据董事长顾重庆在落成典礼上的欢迎词,百乐门的建筑花了40余万元,装修又花了20余万元,总计当为70万元,而非70万两白银①)。但可以明确的是,众人出资组成的大成公司,其总资本是国币19万元,每月花费的房租是4 000元。

综上所述,如果要问谁是百乐门商业的创办者,那么从广义上说,上述诸人均可名列。

近年来,上海文史专家宋路霞在对顾联承等后人进行口述采访后,撰成了《海上旧梦百乐门》(《财富堂》2012年第4期)一文。笔者拜读之下,觉其对前述档案资料颇能有所佐证。是文宣称:百乐门的建成实际上是南浔"大象"们和常州巨族的集体杰作。顾家由于在出口丝绸的业务中,与洋行洋商打交道多了,所以自家的生活也早已洋派起来,顾联承的父祖辈就曾在南浔老家自建的洋楼内设有一座舞厅,以供交际和娱乐。所以,顾联承对舞厅是并不陌生的,亦有心在上海再建一座。恰巧他的连襟张芹伯(即张乃熊,南浔名人张石铭之子、张静江堂侄)正力图投资娱乐业,两人便一拍即合。而常州系统的庄铸九、盛瑾如夫妇之所以也投资百乐门,同样由于亲戚的关系,因为盛的六姐盛静颐嫁了给南浔刘家(南浔"四象"之首)的刘俨亭,而顾联承的侄子顾乾麟又娶了刘家小姐为妻。由于大家都是远近亲戚,你中有我,我中有你,便不难携起手来,这样就有了经营百乐门的动议和本钱。

此外,笔者搜寻相关材料,还找到了其他几个重要投资者的概况:担任董事长的顾重庆其实是顾联承的兄弟,肄业于圣约翰大学,曾任东方汇理银行、巴勒保险公司、东方汇理银行买办;洪佐尧是上海证券交易所的经纪人;周炳臣陈是浙江余姚人,曾任自来水公司总办,还与赵如泉、黄楚九等合开过三星舞台及三星地产公司;郑希涛也是浙江人,曾任时事新报馆营业经理;杨锡镠则是百乐门建筑的总设计师。

顾家、盛家与百乐门的经营

所谓的"大成公司百乐门饭店"实际上是由舞厅和旅馆两大部分组成的,前者开幕于1933年12月15日,后者开业于1934年年中。饭店的总经理是朱虹如,但实际负责舞厅运营的是一个名叫发能(Joe Farren)的奥地利人。由于发能片面地走"高消费"的外向型路线,所谓"打肿脸充胖子",再加既不顾经济萧条的大背景,又缺乏合理运作的经验。虽然声名日隆,来客数量尚佳,但自身却因开支过于庞大浩繁,年年亏损,以致最终入不敷出。这家开业不过2年8个月的大成公司百乐门饭店,最终因欠债30多万元,于1936年8月5日宣布倒

① 《开幕辞》,1933年12月15日《申报》。

闭破产。

继大成公司之后接盘百乐门的是1936年12月16日开幕的国都公司，持股者是一些顾家和盛家之外的舞厅执业人员和小商人。国都公司最初便无心兼营百乐门的旅馆部，曾登报招商承办。未果后，遂将该部退还给了房主，自己专心经营舞厅事业。于是，房主顾联承便与他人合伙于1938年3月1日开始自行经营旅馆部，定名为“百乐门大旅店（The Paramount Hotel, Shanghai）”，大门设在愚园路238号，主要由顾联承次子顾森康负责经理。从此，百乐门的舞厅和旅馆便脱离开了，成为各自独立的经济实体。原先“百乐门饭店”的说法，则成了一种总称、统称或俗称。

这一时期，顾联承成立一个名叫百乐门体育会的组织。原来他和他的长子顾利康、次子顾森康都是体育迷。尤其是顾氏兄弟，由于曾在圣约翰大学求学，受校风感染，非常热爱网球和篮球运动，便在家中的花园里建造了三个网球场常邀同学打球。1932年两人还在此成立了强华体育会。鉴于会员逐年增多，原场地已难容纳，兄弟俩后来征得父亲的同意，把百乐门旅店后面的一处空地辟为球场。1938年秋，顾联承将自己的融社俱乐部与儿子的强化体育会合并为百乐门体育会，并自任会长，该会办公室就设在百乐门旅店的405室。由于赛事活动颇多，来访的中外球队常常下榻在顾森康任经理的百乐门大旅店内。太平洋战争爆发后，百乐门体育会解散。

在国都公司经营百乐门舞厅的数年期间，房主顾联承曾多次试图收回自行经营，但碍于合同而始终未果。直至1941年5月间国都公司结束，顾联承之子顾利康、顾森康才和郁克飞等人组成永和公司，继续经营百乐门舞厅。然而此时，顾联承已将房屋产权交给慈惠房产公司经租，所以永和公司是从慈惠公司获得了场所和设备的租赁权。①

永和公司亦采用股份制，资本总额国币10万元，股东有郁克飞、顾利康、顾森康、艾国藩（律师）、李宝森（律师）、杨存国（定海人，另开设扬子五金号）、朱健文（广东中山人，后为百乐门舞厅常务理事）、钟德荣（鄞县人，后为百乐门舞厅账房、场务主任）、吴锦堂（宁波人，后为新仙林舞厅襄理）。孰料永和公司成立不过三个月，即遭到了流氓父子王茂亭、王伟、王文骏（以汪伪76号特务机关特工吴世宝为后台）的百般纠缠，三人以扔炸弹和放毒蛇为威胁，强要入股。顾利康、郁克飞等人颇不得已，只能忍痛退让。于是，王伟、王文骏两兄弟以同益公司入股国币10万元的方式加入其中，两公司遂各取一字，合并为同和公司，于9月1日起共同经营百乐门舞厅，由郁克飞任经理，顾利康任副经理。尽管如此，事情并没有平息，双方人员后来纷争不断，②甚至延续到了抗战胜利之后。先是郁克飞、顾利康到淞沪警备司令部和苏浙皖敌产处理局控告王茂亭父子是附逆分子（以汉奸吴世宝为后台），继而王氏父子以通日罪名指控郁克飞。结果，1946年9月21日上海高等法院检察处训令扣押百乐门舞厅扣押属

① 上海市档案馆馆藏号Q187-2-535，第SC0151至SC0153页。

② 详见上海市档案馆馆藏号Q187-2-535，《上海高等法院关于王茂亭、王伟、王文骏汉奸案》。Q187-2-794，《上海高等法院关于郁克飞、王伟汉奸案》。

于王氏父子的股份。次年6月11日又以涉嫌汉奸罪起诉已经逃往香港的父子三人。但奇怪的是，郁克飞在1948年8月25日竟也被上海高等法院判定汉奸罪成立。郁氏于1949年初离沪去港。1951年9月，百乐门舞厅改为剧院。

需要提到的是，顾联承于1943年去世后，顾家的产业便完全由其子顾利康、顾森康继承。这一时期，百乐门大旅店依然在顾森康的经理之下，它加入了上海旅店业方面的同业组织。根据其历年所填的表格，房间总数在23—25间，雇用人员30—50人。新中国建国初，顾森康赴港后，改由其兄顾利康负责。

1953年顾利康因私藏一个朋友留下的枪支，被判罪发配青海劳动改造，最后客死他乡。以后，顾家就成了老"运动员"，全部资产先后被"公私合营"，家庭生活靠定息维持。"文革"开始后，又数次被抄家，顾夫人陈美蓉遭批斗游街。他们的6个儿女虽然从小受到良好的教育，但由于"阶级成分"问题，没有一个读到大学，都过着平淡的生活。改革开放后，移居加拿大的顾森康曾返沪探亲，但不久也去世了。

20世纪50年代时，顾家住在胶州路120弄7号，他的一个邻居至今仍记得当时的情景：

> 顾利康接家产后订下静安寺附近的新式里弄"贻思里"7号，三上三下，并带有两间车库。顾家三代同堂，顾利康的母亲笃信佛教，在延安西路镇宁路建有私家寺庙——"园明讲堂"，专供老太烧香拜佛。顾利康和夫人陈氏育有四女二子，家里雇了十余个佣人，清一色南浔人。有专服伺主人的，有照管孩子的，还有车夫、厨子、奶妈等。当时我家住贻思里3号一间三层阁，虽然贫富悬殊，但孩提时代与顾家子女一起游戏欢乐并无隔阂。顾家的琐事是弄堂里大人们谈论的新闻，顾家的红白喜事当然更是孩子们的看点。顾家的小儿子叫小弟，比我小两岁，是我的好朋友。解放初"百乐门"改作戏院仍属顾家，那时主要演京戏。我们俩一放学就去看白戏，戏院看门的见是顾家公子自然放行。因为不懂戏，只爱看武打戏。记得那段时间真还看过不少戏，其中不乏京剧名家关肃霜、王桂秋等……①

（马军，上海社会科学院历史研究所研究员）

① 《"百乐门"和南浔顾家》，http://blog.sina.com.cn/s/blog_564844fb0100kd2c.html.

江苏近现代社会救济与慈善文献述说

□江庆柏、郭超颖

江苏近现代社会救济与慈善文献，是指晚清与民国时期形成的有关江苏地区社会救济与慈善活动的文献。这批文献对研究近现代江苏社会、近现代江苏社会救济与慈善事业，有着重要价值。

一、近现代江苏社会救济、慈善活动与近现代江苏社会状况

近现代江苏，是经济快速增长、社会稳步发展的时期，同时也是战争祸害深重、自然灾害频发、社会分化加速的时期。这导致在社会上产生相当一部分富裕群体的同时，形成了大量生活无着的人群，同时也由于各个家庭及各个个体的不同遭际，使得社会上产生了大量需要救济的人口。

影响近现代江苏社会发展和家庭、个人生活的主要有如下因素：

战争。从咸丰时期的太平天国战争开始，近现代江苏境内发生了一系列战争。战争对江苏造成了极大破坏。经济破产，社会凋敝，人民流离失所，无家可归。许多善后救济及慈善活动都是在这一大背景下展开的。

自然灾害。自然灾害是指给人类生存带来危害或损害人类生活环境的自然现象。自然灾害对江苏经济的摧残不亚于战争，从全省范围内的影响看，主要是干旱、洪涝灾害。从已收集的文献看，如嘉庆十九年，江浙大旱，常州一带因地势高仰，旱情更为严重。时任无锡知县韩履宠统计灾民不下20万。(《锡山荒政存稿》)光绪十八年，江宁、扬州各属山乡田地遭受旱灾，灾地人民困苦颠连。(《江苏赈捐援照顺直请奖章程》)

而在各种自然灾害中，又以水灾的危害最大。江苏地势低下，水网密布，一旦水灾发生，受灾人口往往有达几十万人、甚至上百万人的。如丹徒县境东西南三面山田，北面临江。光绪二十七年，自五月下旬至六月初三，昼夜大雨，丹徒圩内积水平岸，圩外江潮盛涨，也差不多与岸相平。十九日，东风狂吼，怒涛山立，护圩者多被漂没。爬到屋顶、树梢上的人，也多被狂风卷入波涛中。三昼夜狂风过后，滨江十余万户口遭灾，民房衣服器具尽为漂没。(《光绪辛丑丹徒水灾征信录》)又1935年长江流域发生特大洪灾，江苏省水灾救济总会成静生委员于九月十四日至十七日到徐州视察水灾状况，所见“到处汪洋。灾民多撑船筏络绎水中，

搭盖临时茅舍暂避风雨”,“人声鼎沸,惨凄万状”。(《江苏省水灾救济总会成委员静生视察灾区报告》)又1946年秋,苏北徐州、淮阴、海州(今连云港)属下17县市因河道失治、堵口未复,值霪雨连绵,致泛滥成灾,淹田三千万亩、灾民九百万人。(《江苏省水灾急赈会工作总报告》)

而就个人或家庭来说,生病、失业及其他不可预测事件等,也往往会使一个家庭的经济生活陷入困境。在没有相应的社会保障制度的情况下,通常只能等待社会救济。

在任何时候,妇女、儿童都是社会中最弱势的群体,他们最容易受到伤害,因而命运也最悲惨。在我们收集到的文献中,有不少反映这个群体悲惨遭遇的记载。如《镇江济良所征信录》卷末附有光绪三十四年三月份开办济良所截止宣统元年三月底所有留养、现存暨开除、择配各女姓名、年岁、籍贯清册。其中记“柏兰花”道:“姓蒋,高邮人,现年十九岁。”附注云:“本名蒋小押子,于三十三年十月十五日由余善堂择配与施鸿恩。讵施具领后仍令为娼。经本所查确追回留养,另待择配。”又记“薛竹清”道:“泰州人,现年十四岁。”附注云:“经亲父捆于薛森家为娼,逐日龟鸨捆打,遍体鳞伤。久恐无命,自愿投所,泣求收养。”可以考见女性之凄苦遭际。

又如鲍庆熙编《镇江育婴堂恤嫠堂留养所普仁堂辛酉年征信录》记道,旧有婴儿175口,民国10年新收345口,包括收门口乳婴163口,收门口病婴182口。在开除数中,病故婴儿92口。可见婴儿的被遗弃及病亡率十分惊人。鲍氏所编《镇江育婴堂恤嫠堂留养所普仁堂壬戌年征信录》记道:在开除数中,病故婴儿有133口。其数量比上一年有大幅增加。

在儿童中,女婴的遭难又更甚。周家楣《保婴保节局记》记道,常州太平天国战事之后,“元气未复,室家多艰,于是莠民浇俗,各乡间往往有抢孀溺女之事”,即记此事。(《保婴保节局收支清册》)《苏州育婴堂志续稿》中有《育婴堂婴孩统计表》,据统计,男孩每年寄养在育婴堂10人以下,而女婴则在400余人左右。由此可以看到当时社会重男轻女的思想是何等严重。《江苏苏松太道办理保婴禀稿条规》开篇即写道:“苏省民间素有溺女之风……多由家计银窘、虑难养赡,子女过多……而有力之家每以养女多费亦复为之。今当大乱之后,生齿雕疏,若不痛惩此习,难为生聚之谋。然有力者之溺女当由地方官严申禁令以重惩,而无力者之溺女则必思所以保之。各州县皆有保婴堂之设,原为保全溺女,然堂皆设于城镇,而乡郊之僻远者势难抢送,且甫经出胎之婴体质柔脆,难禁风露,抱送之时每多受病,堂中乳妪难觅,一人辄哺数婴……又近来洋人亦多设堂收婴,以中华子女弃之异域。”可见,当时弃婴(尤其是女婴)情况十分严重。

二、近现代江苏社会救济与慈善活动

近现代江苏社会救济、慈善活动,就是在上述背景下展开的。

与我国这一时期其他地区的社会救济、慈善活动一样,江苏近现代社会救济、慈善活动也可以分为官府与民间两大部分。官府采取的措施,主要在建立社会救济机制、提供一定的救济储备方面。其中义仓的设立是最重要的设施。江苏民间的社会救济与慈善活动，是指江苏民间力量（民间团体和个人）自愿组织与开展的，对遭遇自然灾害、遭受严重疾病、失去劳动能力、没有生活来源、失去家庭庇护等各类人员给予物质帮助，以维持其基本生活需求、保障其最低生活水准、或给以相对安定处所等的活动。从现有文献看，江苏民间的社会救济与慈善活动渗透在各个方面，而且有相当的成效。民间机构和个人参与社会救济，有助于整个社会救济体系的完善。

当然官办、民办的界限并不是非常清楚，官、民的社会救济与慈善事业往往互相交错，很难明确区分。在许多情况下，官办、官督绅办或官督商办、民办等类型，呈现着一种“混合”状态。除此以外，宗教机构也经常参与这类活动。

以爱人仁人、安民保民思想为基础的我国古代社会救济与慈善活动，滥觞于上古，数千年间未曾断绝，而鼎盛于明清。明清两代，我国的社会救济与慈善活动达到顶峰。江南之地实为晚晴至民国时期全国社会救济与慈善活动最活跃的地方。具“天下粮仓”“鱼米之乡”之美称的江苏一省，社会救济、慈善活动尤为活跃发达，具体表现在：社会救济、慈善组织数量丰富，相关事业之门类全备，相关制度与规则的建设与探索自觉积极，相关活动呈现出长效性和持久性特点，并且社会参与性广泛，效果明显。

究其原因者，有以下这些方面：第一，政治因素。逮乎晚清，国势日颓，大厦难支，因此借民间之力量以补政府社会救济与慈善之窘境，迫在眉睫。如道光年间地方大吏陶澍、林则徐，见吴俗奢靡，民无积蓄，倘遇荒歉，遂创设苏州丰备义仓，由郡人捐田一万四五千亩备义仓之用。咸丰十年兵燹后，旧仓全毁，邑人潘遵祁复兴之，改为官绅会办。南京国民政府成立后，江苏作为政治之中心区域，必然成为政府救济与慈善之优先顾及之地，故江苏地区之慈善事业于全国之领先地位。第二，经济因素。晚清之时，江苏自然经济和商品经济都比较发达，是当时天下钱粮之地，此直接为江苏的社会救济与慈善事业提供了坚实的财用支撑，这也是慈善事业能长期坚持的重要原因。第三，传统因素。江苏慈善传统优良，慈善思想与行为得到社会各阶层普遍认同，且有蔚然成风之象，而以苏州之地最是鲜明。第四，著名慈善家之带动效应。与慈善事业之繁荣相应，江苏一地产生了诸多著名慈善家，他们的模范行为对江苏慈善事业的发展起到了极为重要的作用。如无锡之余治、南通之实业家张謇，是这方面的代表人物。正是得此历史背景，江苏地方之慈善文献才蔚为壮观，非其他地区之可比拟。

借此所辑之文献约可观江苏晚晴至民国时期社会救济与慈善活动之大概情形。从其内容来看，有四个特点：第一，儒家思想是其核心指导思想。这一点无疑渗透到慈善活动之方方面面。第二，凸显了清代社会民生之普遍问题。如溺婴问题，是有清一代之社会痼疾，也是清代社会慈善最重要问题之一。江苏慈善文献涉及此问题者，极为丰富，透过江苏一省，亦可见其江南，甚至当时全国之大概情形。第三，地理因素对社会救济与慈善活动影响极大。江苏处季风气候区，多河流水道，故水旱灾害频发，与此相关之活动亦成为江苏地区之基础慈善主题。因其地水网密布，水上交通繁忙，人们出行多与船只、河道相关，所以水上救生、义渡等慈善行为甚被重视。又因江苏是稻米主要产地，仓储保产问题亦多有涉及。第四，随着西风东渐，外国的一些慈善机构在江苏也开展了一系列活动，西方的慈善思想对江苏的慈善活动产生了一定的影响。江苏的社会救济与慈善活动开始逐步接受这种影响，同时对此也存在着一定的排斥性，这一点在《重订得一录》中表现得最为明显。

现存江苏社会救济与慈善文献表明，江苏不仅对发生在本省范围内的灾情尽力自救，同时对发生在其他地方的灾情等同样积极展开救济。如光绪初年，陕西、河南爆发了历史罕见的大旱灾，历时三年，蔓延陕西、直隶、山东等省，并波及江苏北部、安徽北部、江西东部、四川北部。三年不雨，庄稼绝收，北方，尤其受灾最重的山西、河南两省民众困苦流离。对此旱灾，江南士绅开始了跨地域的长期、大规模、有组织的义赈活动。最初由李金镛前往山东地区救济，其后，出现了谢家福、经元善、严佑之、熊其英等著名的社会救济人士，并相继成立了专门的救济机构。苏松地区则成立了桃花坞筹赈公所，在河南、山西各地设立赈局，同时开展救济，以解灾民燃眉之急。赈事结束后，著《苏州桃花坞收解豫赈征信录》二卷，公布义赈全部清单。

同样，江苏的慈善事业，也同样得到许多外地热心人士的支持。如张謇创办南通养老院，经费捐助者，除本地人外，还有不少外地人，本省的有太仓、如皋、宜兴、淮安等，外地的有江西、芜湖、歙县、湖州、杭州、徽州等。(《南通养老院征信录》捐助经费姓名书目表)江苏在遇到灾难时，也接受了来自其他地区的救济。

在江苏的社会救济与慈善活动中，很多时候已经注意到了“养”“教”结合的问题。管理者希望“被救济”最终能“自救”。因此一些社会救济及慈善机构注意不仅仅是从物质上帮助那些需要帮助的人，还注意培养他们一定的技能，使受助者掌握一定谋生的本领，能自己解决自己的生活困难，而不完全依赖社会救济。如南通县救济院编《南通县救济院概览》指出：“救济行政之目的，即在促其自新，扶其自立，俾由被救而达于自救。故礼义廉耻之诱导，职业技能之训练，较之衣食住所之供给，关系尤重。”(序一)如此之慈善观，颇可称道。再如清徐寿基等在常州成立具有社区慈善组织性质的集义会。徐寿基认为，现有的慈善组织，无论是育婴还是施棺，虽然“法至善，意良美矣”，但仍有阙失，集义会的主要资助对象是补充这些阙失，诸如“给贫户生产、医药、殓葬、被火等用”及“津贴贫户读书暨因病失馆失业者”。(《集义会收支清账》)

对妇女也是如此，不仅给以一定的救济，还教以一定的技能。如《江苏省会员警厅修订江宁济良公所章程》之总纲指出，江宁济良公所以拯救善良，授以简单之工艺教育，俾择配后能以经理家政为宗旨。济良公所为教养无归妇女自谋生计起见，所定科目以家政、烹饪、认字、习字、国文、缝纫为主，以算术、造花为辅。如以后经费充足，再增加养蚕、刺绣等科目。由此可据以了解当时社会对妇女的援助政策及具体措施。

如上所说，儿童在社会上最易受到伤害，而儿童又是国家的未来。为此，在江苏地区，有关儿童收养机构特别多，而这些机构，大多关注儿童的教育问题。在相关文献中，有许多记载。《通州新育婴堂初办章程》指出，一俟经费充裕，“当附设蒙养院(仿日本幼稚园)、初等小学及手工传习所，俟婴儿至七八岁时，即量其所能而教之，俾成人后得自谋生业。”设立在苏州苏州城内的善堂轮香局，道光间创施棺、掩埋、惜字，咸丰十年废，同治四年里人谢家树重建，并设义塾，教里中子弟。该局所编《轮香局征信录》卷首有轮香局建筑图，其下列东塾师、西塾师，附列生徒名。就可以见到这种情形。

民国年间由陈经畬发起、委托杨叔平亲临主持，创办了南京第一所私立孤儿院。民国23年7月，孤儿院正式开始收容、教养孤儿。其学科除仿照高初小学教授外，另加工艺、园艺两门，以为孤儿毕业后生活之出路。该院认为，孤儿亦为国家之元气，因此该院收此失恃失怙儿童，建舍以育之，延师以课之，或讲求农圃，或习练工艺，借长其技能；或全以礼义之习，或导以勤俭之方，俾复其善性，于培植孤儿生计之中教以做人之道，以造福一方茕独。《常州贫儿教养院概况报告书》则指出：贫儿院设立之宗旨，一为补充家庭教育之无力或不足者；二为试验学校教育。其课程设置基本按照普通小学教学之设置，并体现学校教育之精神；三为改造人生观念，培养学生的自治习惯与组织能力；四为适应社会需要，为今后之立业成家作准备。此外还提出几点注意事项，认为贫儿院应注意体育、德育、群育（要重情谊）、艺育，新学制要将形象艺术、工用艺术列为必修课。末附民国13年订《常州贫儿教养院添办高小学级招收自费生简章》，指出“以增进知识，培养人格为宗旨”。

再以无锡平民习艺所为例。平民习艺所，也称贫民习艺所，是清末各省、县官办的手工业工厂，收容无业贫民和部分罪犯从事纺织、制鞋、印刷等劳动。辛亥革命后，平民习艺所成为各地官办手工业的主要组织形式。平民习艺所的开办，体现了实业救贫、实业救民的思想，同时也是一种社会救济方式，也体现了社会改造的观念。《无锡平民习艺所专刊》的《发刊辞》说：“关心社会现状的人，都肯定地说，经济衰落，教育饥荒，民族性颓唐，造就了中国社会普遍的无秩序而不安宁状态。”《发刊辞》因此指出，开办无锡平民习艺所的目的，就是“梦想地要把稗草变成五谷，垃圾化作材料，于民族精神，社会经济，求有补济”，也正是体现了这种实业救贫、社会改造的意愿。专刊转录薛明剑编辑《无锡杂志·平民习艺所专号》书后一文指出，无锡平民习艺所与无锡地区的恒善堂、救生局等相比，根本的区别在于传统的慈善机构“止于养而不知教”。这些都体现了养、教并重的思想。

“教”的结果，就个体来说，就是增加了受教育者的自我生存能力，养成健全人格，如《无锡平民习艺所简章》第一章“总纲”第一条所指出的：“本所以教授无业游民学习各项工艺技术，使能自谋生活，养成健全国民为宗旨。”而就社会来看，则减少了潜在的危害。《民国六年苏州苦儿院报告账略》卷首陆树藩《民国六年度报告书序》云：“我院办已六年。……溯辛亥迄今，苟无我院之设，不知沿门托钵、市上吹箫辈，每年增出若干。至流为邪侈、陷为盗贼、习为痞棍流氓，日以欺诈拆梢胠箧拐骗为事业者，每岁加多若干。商市秩序藉以维持，绅富闾阎藉以宁谧。我虽无保全治安之责，惟恃此区区不忍之心，俾社会少游民，举凡愚不肖皆能自食其力，乃可谓偿我素愿矣。”

当然我们也需要意识到，近现代江苏社会救济与慈善的历史局限性。对于当时处于内忧外患，民不聊生的国家和人民来说，这些社会救济和慈善，虽援世之心也汲汲，解悬之志也謳謳，然终是杯水车薪，不可能从根本上解决民生问题。而且需要提出的是，这类活动自身存在和显示出来的问题也很多。慈善活动的组织管理、运营监督等都存在不可忽视之缺陷。这一点在当时亦被很多有识之士所诟病。

还有一个普遍困扰社会救济与慈善活动正常开展的问题是经费情况。据文献所记，这类机构的经费来源主要来自政府拨款、捐助善款（包括长官捐廉）、田租房租收入、部分存款利息等方面，而绝大多数善堂都困于经费的筹措。姜鹄编《镇江育婴堂留养所恤嫠会普仁堂癸亥年征信录》记道，自己于民国12年接手镇江育婴堂、留养所、恤嫠会、普仁堂四堂堂事，其时办堂事最难在经费。据姜鹄所记，自己曾几次到扬中县恳请加租济用，"数次邀集耆旧，磋商劝晓，奈始终抗拒，迄无解决"。在其收支各款所记中，有不少标注"借"字，系借用。可见堂中困难之情。

经费不足是这类慈善机构共同面临的问题。另一个问题是对受助者的管理困难。据1927年《苏州市贫民乞丐习艺所第二届收支报告清册》所记，自民国13年7月至民国15年6月，共计收养贫民、乞丐537名，加上原有贫民18名，共计555名。其中脱逃者有48名。可见这类机构的经费既严重不足，而管理也极为不易。

三、近现代江苏社会救济与慈善文献

我们收集到的近现代江苏（指截至2014年江苏省所管辖的地区）社会救济与慈善文献，计有100余种。

这批文献的年代，最早的成于清代嘉庆道光年间，如嘉庆刻本《锡山荒政存稿》，嘉庆抄本《江宁救生局公牍》，道光四年刻《娄东荒政汇编》等，最晚止于1948年，如1948年7月铅印本《江苏省水灾急赈会工作总报告》、1948年铅印本《无锡县平民习艺所复所三周纪念刊》等，其中又以光绪及民国初年的文献为多。文献涉及的组织机构，有常备者，有应急者；有综合者，有专门者；有传统者，有新生者。具体有义仓、平粜局、普济堂、同善堂、儒嫠会、恤顾堂、养老院、清节堂、济良所、育婴堂、苦儿院、孤儿院、盲哑学校、平民习艺所、栖流局、乞丐习艺所、隐贫会、施诊给药局、施棺代赊会、永安会、义园、救生局、义渡、地方公所、救济院等。所涉及之内容有灾荒赈济、恤顾嫠老、拯弃育幼、惜丐栖流、施医施药、义冢助丧、救溺救火、保产借资、义学习艺、教诫良善等。文献之种类有征信录、章程、办事细则、报告书、帐略、专志等。

近现代江苏社会救济与慈善活动对维护社会稳定、醇化当地民风、培养人们的社会责任意识等方面，有着非常重要的作用。这批相关文献的形成与大量出现，体现了江苏社会救助与慈善活动的普遍性、规范性。

目前，社会救济与慈善研究正引起许多学者的关注，这是我国慈善事业发展的必然趋势，同时也为我国慈善事业的长效健康发展提供了学术保障。但现今一些已出版的慈善研究论著，所使用的文献大多来自地方志，而这类专门性的文献尚未引起研究者足够的注意，一些论著多未提及与使用这类第一手的史料。我们希望近现代江苏社会救济与慈善活动文献的整理，有助于对近代江苏社会救济与慈善活动的运行机制、组织结构、社会效应、经费来源、经费使用、基本特点，民间社会救济及慈善机构与官方机构的联系、与地方政权的关系、与当地社会的关系，地方士绅在民间社会救济与慈善活动中的作用等一系列问题作出更好更深入的研究，同时也为我国的社会救济与慈善研究提供具体的内容、翔实的数据，并为当前的这类活动提供历史借鉴。

（江庆柏，南京师范大学古文献研究所研究员；郭超颖，山东大学儒学高等研究院博士生）

商务印书馆的方志收集、出版及其历史贡献*

□巴 兆 祥

[摘　要] 自清代方志成为著述大业以来，我国对地方志的编纂出版与收藏愈益重视，方志事业得到了较好的拓展。商务印书馆是近代最著名的出版机构，对推动方志事业发展贡献显著。本文通过详尽的史料收集，重点论述商务印书馆在方志收集、整理出版等方面的业绩，并以此阐述其对近代方志事业发展所产生的深远影响。

[关键词] 方志；商务印书馆；东方图书馆；涵芬楼

地方志是我国重要的历史文化遗产。自近代以来，社会各界对地方志的日益重视，研究者日益增多。其中，书商这一群体对地方志事业的发展起到相当重要的用。商务印书馆作为近代最著名的出版机构，在弘扬方志文化传统、扩大方志影响等方面的贡献尤著。①

一、方 志 收 集

商务印书馆创办之初并没有留意地方志。1902 年张元济受夏瑞芳之邀加入商务印书馆，担任编译所所长，因编辑图书之需，开始重视方志等古籍收藏。"余既受商务印书馆编译

* 本文为国家社科基金(批准号:11BZS004)、上海市社科基金(批准号:20008BTQ002)、复旦大学"985"工程(批准号:07FCZD007)、光华人文基金(批准号:2011RWXKZD017)的阶段性成果。

① 对商务印书馆的方志收集已有研究，如张翔《张元济与涵芬楼》(《大学图书情报学报》1998 年 1 期)提到地方志是涵芬楼的藏书特色之一。吴永贵《商务印书馆对我国近代图书馆事业的贡献》(《出版发行研究》2001 年 9 期)分东方图书馆的馆藏、开放、复兴三部分论述，提及方志收藏是其特色之一。张喜梅、杨杰《张元济·东方图书馆·地方志》(《沧桑》2002 年 3 期)简述张元济创办东方图书馆的经过及东方图书馆的方志收藏状况。刘应梅《张元济与地方文献的收集整理和出版》(《文献》2005 年 2 期)论述了张元济在地方志收藏、汇编出版地方文献、襄助族谱修纂等方面的贡献。张喜梅《张元济与地方志藏书》(《中国地方志》2007 年 6 期)简要论述张元济的求书四法及其为东方图书馆收藏地方志情况。吴芹芳《张元济图书馆事业研究》(华中师范大学硕士论文，2004 年)、郑帮军《商务印书馆与近代图书馆事业关系之考察:以张元济、王云五为中心》(浙江大学硕士学位论文，2007 年)对东方图书馆的方志收藏特色均有论及。但尚欠全面深入，还有不少领域尚未涉及。

之职……每削稿，辄思有所检阅，苦无书……乃思访求善本暨收藏有自者。”①地方志由于是地情的实录，记载系统，“虽不在善本书之列……其间珍贵之纪述，恐有比善本为尤重者。”②商务印书馆参与收集方志的人很多，如王云五、孙毓修、孙壮、施梓英、郭希生、梁宝田、郭丽中、陶惺存、施敬康、程雪门、孙伟等。其中，张元济、王云五贡献最著。

商务印书馆收集地方志的方式主要有：

(一) 本馆购买

商务印书馆常年的购书经费为4万元，这在当时图书馆中名列前茅。商务印书馆不时会发布收购志书广告，招徕书估送方志上门。1922年8月23日，商务印书馆在《申报》上登专门收集方志的广告：“敝公司附设图书馆收罗群籍内志书一类，业经购到一千五百余种，惟所缺尚多，兹特登报访求，凡有收罗各省府厅州县志书愿意割爱者，无论新旧但不重复均可收购。在本埠者，请送至‘棋盘街敝公司总发行所美术柜’阅看，如果合用，当面议值。在外埠者，请将书名、卷数、册数、纂修人姓名、刊印年月及书价开单见示，即当通函商购。”③其后又于1922年9月7日、1922年10月4日、1922年10月19日、1923年1月7日、1923年2月7日、1923年3月15日，连续在《申报》广告，购买志书。商务印书馆在北京、天津、香港、成都等各地设置了分馆，这些分馆也为总馆附设图书馆搜集不少方志。如1917年11月8日“托伯恒(北京分馆经理孙伯恒)代访直隶府、县志书”④。另外，馆员出差购买方志也是重要途径。如：1918年6月24日至7月1日在北京，张元济替涵芬楼购入《泾州志》《景州志》《畿辅通志》《元城县志》《新城县志》《唐山县志》《德兴县志》和《鹤峰州志》《黔阳县志》《分宜县志》。⑤1922年3月17—27日，张元济到广州出差，买《清远县志》《佛山志》《德庆州志》《将乐县志》《雷州府志》《南澳志》《石城县志》《新宁县志》《文昌县志》《澄迈县志》《平远县志》《鹤山县志》《南海县志》。⑥

(二) 友人代购

商务印书馆的馆员常常托朋友帮助搜购方志。张元济常托平湖传朴堂主葛词蔚为商务印书馆代购方志。如1916年9月2日，“托葛词蔚代购西宁府、通威、淳安、桐庐等县志。计价三十一元五角。已交图书馆。”⑦1917年12月3日，“托甘省教育视察团董、何、汉、裴四人代购甘省府、县志。”⑧1929年，张元济托著名地质学家丁文江搜集贵州方志。“先生行踪所至，如遇有志书之为敝馆所无者，务祈代购。不能购，则托人代抄，虽费多金不惜也。”1930年1月31日，丁文江致信张元济：“前在贵阳接奉十二月十八日手书，嘱为

---

① 张元济:《涵芬楼烬余书录序》，见《张元济全集》第8卷，商务印书馆2009年版，第145页。

② 张元济:《涵芬楼烬余书录序》,《张元济全集》第8卷，第146页。

③ 1922年8月23日《申报》。

④⑧ 张元济:《张元济全集》第6卷，第276页。

⑤ 张元济:《张元济全集》第6卷，第374、376、377页。

⑥ 张元济:《张元济全集》第7卷，第278、280页。

⑦ 张元济:《张元济全集》第6卷，第108页。

搜集贵州县志，敬悉一切。所困难者，贵州屡遭兵祸，旧志遗失殆尽，如东方图书馆所已有之《独山州志》，独山本城反不可得。在贵阳购《贵阳府志》，在遵义购《遵义府志》，均未觅得，遑论其他。惟新修之《大定县志》尚为图书馆所未有，已函托人转购，如得一部，当即邮寄，以副雅意也。”①

（三）借抄名馆名家所藏方志

“求之于市而不得者则展转借钞……俾得录存副本，藉供众览。”②如 1922 年 3 月 6 日，张元济致函吴兴嘉业堂主刘承幹借抄（乾隆）《长洲县志》。③1923 年 10 月 26 日，向胡适借抄（万历）《绩溪县志》、（康熙）《绩溪县志》。④1931 年 4 月，向常熟铁琴铜剑楼借抄《重修崇明县志》《霍丘县志》《长乐县志》《郃阳县志》《尤溪县志》《彭泽县志》等志书。“兹据东方图书馆报告，志书二十四种，业经发抄完竣，应将原书送还，并请续借十种。……至续借志书十种亦蒙允假十余部，不必以十部为限，尤为铭感。”⑤

（四）接受馈赠

如：1927 年，余绍宋托梁启超将所纂《龙游县志》赠送给商务印书馆。⑥1925 年获赵熙寄赠《云南昭通县志》，五年后又获赠赵熙自己主持修纂的《荣县志》。⑦

经过多年的收集，商务印书馆方志收藏量持续增加，至 1932 年“一·二八”事变前，已达 2 644 种，25 692 册。⑧数量在当时名列前茅。时人誉称：“搜罗赅备，蔚成巨观，国内殆无伦匹。”⑨其中，不乏珍稀善本志书，如濮自昆吴兔床校藏之宋朱长文《吴郡图经续记》（抄本）、《乾道临安志》（旧抄本）、《三山志》（明刊本，黄丕烈跋）、《吴郡志》（明汲古阁刊本）、《海盐澉水志》（抄本，马笏斋藏印）、《澉水志》（抄本，刘泖生藏印）、吴枚庵黄荛圃校藏之元徐硕《嘉禾志》（抄本）、《至正昆山志》（抄本）、《四明图经》（抄本）、《琴川志》（明汲古阁刊本）、《琴川志注草》（抄本）、《昌国州志》（抄本）、（弘治）《吴江志》、《宁化县志》（明刊本）、《大昌县志》（明万历刊本）、《嘉兴府图记》（明刊本、朱士楷藏印）、《宁古塔志》（抄本）、（乾隆）《吴县志》等⑩。十分不幸的是，这些志书在 1932 年 1 月 28 日基本被日军炸毁。这是中国藏书史上最大的一次方志损失。

---

① 张元济：《张元济全集》第 1 卷，第 6、5 页。
② 张元济：《张元济全集》第 1 卷，第 428 页。
③ 张元济：《张元济全集》第 1 卷，第 425—426 页。
④ 张元济：《张元济全集》第 2 卷，第 537 页。
⑤ 张元济：《张元济全集》第 3 卷，第 528 页。
⑥ 张元济：《张元济全集》第 2 卷，第 117 页。
⑦ 张元济：《张元济全集》第 2 卷，第 530 页。
⑧ 何炳松《商务印书馆被毁纪略》，见刘寅生，房鑫亮编《何炳松文集》第 2 卷，商务印书馆 1997 年版，第 646—648 页；张元济：《张元济全集·涵芬楼烬余书录》第 8 卷，第 278—279 页。
⑨ 刘寅生，房鑫亮编：《何炳松文集》第 2 卷，第 648 页。
⑩ 张元济：《涵芬楼烬余书录》《涵芬楼原存善本草目》，载《张元济全集》第 8 卷，第 476—477 页。

二、方志类图书的整理出版

商务印书馆作为出版单位，出版图书是其主业。据统计，从 1902 年到 1950 年 6 月约出书 15 116 种，28 058 册。①其中，也包括一部分方志类图书，约有 69 种(详见表 30-1)。

表 30-1　民国时期商务印书馆出版方志类图书一览表

书　名	作　者	所据版本	出版时间
《元和郡县图志》四十卷(附考证三十四卷逸文一卷)	〔唐〕李吉甫撰，〔清〕张驹贤撰考证，〔清〕孙星衍辑逸文	嘉庆《岱南阁丛书》本、光绪《畿辅丛书本》	1937 年 12 月《丛书集成初编》
《太平寰宇记》(补阙)	〔宋〕乐史撰	《古逸丛书》本	1936 年 12 月《丛书集成初编》
《舆地广记》三十八卷(附札记二卷)	〔宋〕欧阳忞撰，〔清〕黄丕烈撰札记	《士礼居丛书》本	1939 年 3 月《国学基本丛书》
		《士礼居丛书》本	1937 年 12 月《丛书集成初编》
《元丰九域志》十卷	〔宋〕王存撰	《聚珍丛书本》	1937 年 6 月《丛书集成初编》
嘉庆《大清一统志》五百六十卷附索引	〔清〕穆彰阿等纂	清史馆进呈钞本	1934 年 4 月《四部丛刊续编》
嘉庆《重修一统志表》二十卷	胡文楷辑		1935 年
民国《中国分省地志》	王金绂编		1927 年 5 月
《华阳国志》十二卷	〔晋〕常璩纂	清《函海》本	1939 年 12 月《丛书集成初编》
			1936 年《国学基本丛书》
		明嘉业堂藏钱叔宝钞本	1922 年《四部丛刊初编》
《吴地记》一卷(附后集一卷)	〔唐〕陆广微纂	嘉庆十年《学津讨原》本	1922 年影印《学津讨原》
		明天启三年《盐邑志林》	1937 年《影印元明善本丛书十种》
		嘉庆十年《学津讨原》本	1939 年 12 月《丛书集成初编》
《长安志》	〔宋〕宋敏求纂	明《说郛》本	1927 年《说郛》
《吴郡图经续记》三卷	〔宋〕朱长文纂	嘉庆十年《学津讨原》本	1922 年影印《学津讨原》
		光绪十四年《琳琅秘室丛书》本	1939 年 12 月《丛书集成初编》
《吴郡志》五十卷	〔宋〕范成大撰	道光《守山阁丛书本》	1939 年 12 月《丛书集成初编》
《乾道临安志》十五卷(附札记一卷)	〔宋〕周淙纂，〔清〕钱保塘撰札记	光绪《式训堂丛书》本	1937 年 12 月《丛书集成初编》

① 王余光等:《中国新图书出版业的文化贡献》，武汉大学出版社 1998 年版，第 5 页。

续表

书　名	作　者	所据版本	出版时间
《严州图经》三卷	〔宋〕陈公亮修，刘文富纂	光绪《渐西村舍丛书》本	1936年12月《丛书集成初编》
《景定严州续志》十卷	〔宋〕钱可则修，郑瑶等纂	光绪《渐西村舍丛书》本	1936年12月《丛书集成初编》
《澉水志》	〔宋〕常棠纂	明天启三年《盐邑志林》	1937《影印元明善本丛书十种》
			1939年12月《丛书集成初编》
《辽东志略》一卷	〔元〕戚辅之纂	明《说郛》本	1927年
《云南志略》一卷	〔元〕李京纂	明《说郛》本	1927年
《校正康对山先生武功县志》三卷	〔明〕康海撰，〔清〕孙星烈校注	道光《得月簃丛书》本	1936年12月《丛书集成初编》
《槜李记》	〔明〕王樵撰	明天启三年《盐邑志林》	1937《影印元明善本丛书十种》
康熙《柳边纪略》五卷	〔清〕杨宾纂	光绪《仰视千七百二十九鹤斋丛书》本	1936年12月《丛书集成初编》
道光《吉林外纪》十卷	〔清〕萨英额撰	光绪《渐西村舍丛书》本	1939年12月《丛书集成初编》
康熙《宁古塔纪略》一卷	〔清〕吴振臣撰	光绪《渐西村舍丛书》本	1939年12月《丛书集成初编》
嘉庆《黑龙江外纪》八卷	〔清〕西清撰	光绪《渐西村舍丛书》本	1936年12月《丛书集成初编》
道光《蒙古游牧记》十六卷	〔清〕张穆纂		1938年1月《国学基本丛书》
嘉庆《西陲要略》四卷	〔清〕祁韵士撰	道光光绪《粤雅堂丛书》本	1936年6月《丛书集成初编》
嘉庆《西陲闻见录》一卷	〔清〕黎士宏撰	道光《学海类编》本	1936年6月《丛书集成初编》
同治《畿辅通志》三百卷(首一卷附索引)	〔清〕李鸿章等修，黄彭年等纂	光绪十年刻本	1934年12月
乾隆《永清县志》七卷	〔清〕章学诚纂		1936年9月《章氏遗书》
宣统《山东通志》二百卷(首九卷附录一卷补遗一卷附索引)	〔清〕杨士骧等修，孙葆田等纂	民国七年铅印本	1934年12月
《金陵历代建置表》一卷	〔清〕傅春官撰	光绪《金陵丛刻》本	1936年12月《丛书集成初编》
雍正《浙江通志》二百八十卷(首三卷附索引)	〔清〕李卫等修，嵇曾筠、傅玉露等纂	光绪二十五年刻本	1934年8月；1934年10月再版
道光《硖川志略》一卷	〔清〕蒋宏任纂	清《别下斋丛书》本	1923年《别下斋丛书》

续表

书　　名	作　　者	所据版本	出版时间
《硖石山水志》一卷	〔清〕蒋宏任撰	清《别下斋丛书》本	1939年12月《丛书集成初编》
乾隆《和州志》	〔清〕章学诚纂		1936年9月《章氏遗书》
康熙《台湾纪略》一卷	〔清〕林谦光撰	乾隆《龙威秘书》本	1937年6月《丛书集成初编》
嘉庆《湖北通志检存稿》四卷	〔清〕章学诚纂		1936年9月《章氏遗书》
光绪《湖南通志》二百八十八(卷首八卷末十九卷附索引一卷)	〔清〕李瀚章等修,曾国荃等纂	光绪十一年刻本	1934年7月
道光《广东通志》三百三十四(卷首一卷附索引)	〔清〕阮元修,陈昌济纂	同治三年刻本	1934年
嘉庆《罗江县志》十卷	〔清〕李调元撰	清《函海》本	1936年6月《丛书集成初编》
康熙《黔书》四卷	〔清〕田雯撰	道光光绪《粤雅堂丛书》本	1936年6月《丛书集成初编》
嘉庆《续黔书》八卷	〔清〕张澍撰	道光光绪《粤雅堂丛书》本	1936年6月《丛书集成初编》
嘉庆《黔记》四卷	〔清〕李宗昉撰	光绪三十四年《问影楼舆地丛书》本	1936年6月《丛书集成初编》
《西藏记》二卷	〔清〕佚名撰	乾隆《龙威秘书》本	1936年6月《丛书集成初编》
嘉庆《卫藏通志》十六(卷首一卷)	〔清〕和琳撰	光绪《渐西村舍丛书》本	1936年12月《丛书集成初编》 1937年4月《国学基本丛书》
光绪《西藏考》一卷	〔清〕佚名撰	光绪《仰视千七百二十九鹤斋丛书》本	1936年6月《丛书集成初编》
民国《无棣县志》二十四卷(首末各一卷)	侯阴昌修,方墀纂		1924年
民国《大中华山西省地理志》	林传甲、李泰棻		1919年
民国《洪洞县志》十八(卷首末各一卷)	孙奂伦修,韩垧等纂		1917年
民国《青海志略》	许公武编		1943年11月,1944年再版,1945年3版
民国《玉树调查记》	周希武纂		1920年
民国《大中华江苏省地理志》	林传甲撰		1918年8月
民国《江苏六十一县志》二卷	殷惟和撰		1936年
民国《江苏省乡土志》	王培棠撰		1938年7月

续表

书　　名	作　　者	所据版本	出版时间
民国《沛县志》十六卷(末一卷)	于书云修,赵锡蕃等纂		1920年
民国《金坛县志》十二卷	冯煦等纂修		1921年
民国《栖霞新志》一卷	陈邦贤撰		1934《史地小丛书》
民国《双林镇志》三十二卷(首一卷)	清蔡蓉升原纂,蔡蒙续纂		1917年
民国《龙岩县志》三十七(卷首一卷)	马龢鸣修,杜翰生纂		1920年
民国《湖北通志》一百七十二卷(附索引)	吕调元等修,张仲炘等纂	民国十年刻本	1934年11月
民国《海南岛新志》	陈植撰		1949年2月
民国《西康纪要》二卷	杨仲华撰		1935年
《方志学》	李泰棻撰		1935年1月
《中国方志学通论》	傅振伦撰		1935年12月
《中国地方志综录》(附索引)	朱士嘉撰		1935年5月
《方志略》二卷	清章学诚撰		1936年9月
《方志今议》	黎锦熙撰		1940年7月,1946年8月再版
《方志序例》	邬庆时撰		1940年9月
《方志中金石志目》一卷	容媛辑		1936年

资料来源:北京图书馆编《民国时期总书目·综合性图书》(书目文献出版社1995年版)、《民国时期总书目·历史传记考古地理》(书目文献出版社1994年版)、高校古文献资源库(http://rbsc.calis.edu.cn:8086/aopac/jsp/indexxyjg.jsp)

商务印书馆出版方志类图书有总志、方志、方志学著作三种类型:

总志代有所出,是研究全国政区制度变迁的重要史料。商务印书馆出版总志,主要是在编印《丛书集成初编》和《国学基本丛书》中收录唐李吉甫《元和郡县图志》、宋乐史《太平寰宇记》、欧阳忞《舆地广记》、王存《元丰九域志》,特别是出版《嘉庆重修一统志》影响最著,过程较曲折。有清一代曾三修《一统志》,一修成书于乾隆八年,二修成于乾隆四十九年,三修始于嘉庆十六年,道光二十二年完成,以《嘉庆重修一统志》最为赡博、精审。"居今日而治舆地之学,欲求一官本,且后出而可信者,宜莫如此书。"[①]《嘉庆重修一统志》成书后写本进呈,"久閟深宫"。1919年商务印书馆在创行《四部丛刊》后即有意重印该书,特嘱托北京分馆馆员前

① 张元济:《中华民族的人格》,辽宁教育出版社2003年版,第112页。

往清史馆，“取全书摄影，历数月始毕。影片既至，乃有一万三千余叶，事繁工巨，荏苒数年。”至“一·二八事变”爆发，商务印书馆被炸，“工厂尽毁，已成之书，先徙他所，故未被燔；然散乱浥烂，不可胜计。重加整理，残失三十余叶。”于是，借天津藏书家任凤苞所藏该书蓝印本抄补齐全，由天津分馆经理施敬康取回。1934 年 4 月编入《四部丛刊续编》影印出版，“盖至是而散佚之惧，可幸免矣！……使治舆地学者，稍得此尺寸之助。”①

方志，连续编纂，代代相传，与学术研究关系密切。商务印书馆在全国“率先搜购……各省通志悉备，府厅县志亦居七八成。”②曾经制定方志刊行计划，当“正拟择要影印，不幸毁于前年‘一·二八’之难。”该馆复业后，“以方志关系国史甚巨，仍继续搜求，所有各省通志业已购齐”，于是决定分期影印各省通志。第一期 1934 年出版了（雍正）《浙江通志》、（道光）《广东通志》、（同治）《畿辅通志》、（光绪）《湖南通志》、（宣统）《山东通志》、（民国）《湖北通志》等 6 种，“俾与最近印行之《嘉庆一统志》并行，以便学者之研究”。若不是日本全面侵华战争爆发，“各省通志定可完全影印”③。1935 年，商务印书馆开始编印大型古籍丛书《丛书集成初编》，陆续出版了晋常璩《华阳国志》、唐陆广微《吴地记》、宋朱长文《吴郡图经续记》、周淙《乾道临安志》、范成大《吴郡志》、刘文富《严州图经》、郑瑶等《景定严州续志》、常棠《澉水志》、明康海（正德）《武功县志》、清杨宾《柳边纪略》、萨英额《吉林外纪》、吴振臣《宁古塔纪略》、祁韵士《西陲要略》、黎士宏《西陲闻见录》、和琳《卫藏通志》、佚名《西藏记》、《西藏考》、田雯《黔书》、张澍《续黔书》、李宗昉《黔记》、林谦光《台湾纪略》、李调元（嘉庆）《罗江县志》、傅春官《金陵历代建置表》、蒋宏任《硖石山水志》等方志。1937 年，商务印书馆影印明樊维城编《盐邑志林》，其中有唐陆广微《吴地记》、宋常棠《澉水志》、明王樵《槜李记》等方志 3 种。除再版前代志书外，商务印书馆还承接民国方志的出版任务，如 1917 年出版蔡蒙续纂（民国）《双林镇志》、孙奂伦修（民国）《洪洞县志》，1920 年出版马龢鸣修（民国）《龙岩县志》、赵锡蕃纂（民国）《沛县志》，1921 年出版冯煦等纂（民国）《金坛县志》，1924 年出版方墀纂（民国）《无棣县志》，1936 年出版殷惟和纂（民国）《江苏六十一县志》，1938 年出版王培棠纂（民国）《江苏省乡土志》，等等。

我国的方志学研究尽管历史悠久，但对方志理论进行近代学科体系的构建则大致始于民国。1924 年，梁启超在《东方杂志》上发表《清代学者整理旧学之总成绩——方志学》，首次创立“方志学”这一学科名词。其后，傅振伦、李泰棻、朱士嘉等学者纷纷投入方志学研究，或发为论文，或撰为专著。据北京图书馆编《民国时期总书目·历史传记考古地理》“方志学著作”“方志目录”类统计，民国共出版方志学著作 7 部，方志目录 11 部，其中商务印书馆出版方志学著作 4 部、方志目录 1 部，商务印书馆出版方志理论著作之多，当时无有出其右者。如 1931 年，李泰棻受聘编纂《绥远通志》，1934 年夏回到北平住所“不愠斋”，阅五月著成《方志

① 张元济：《中华民族的人格》，第 112—113 页。

② 王云五：《王云五文集》第 5 卷，江西教育出版社 2008 年版，第 478 页。

③ 王云五：《王云五文集》第 5 卷，第 461—462、478 页。

学》一书，商务印书馆 1935 年 1 月出版。1927 年，傅振伦主纂《新河县志》，越两年参修《北平市志》，1932 年又纂修《河北通志》，同时在国立北平大学女子文理学院讲授《中国地方志》一课。1934 年夏，在总结历代方志及自身修志经验基础上，对原来的讲稿进行增删，定为八篇十九章，取名《中国方志学通论》，次年 12 月商务印书馆予以出版。著名语言学家黎锦熙抗战时内迁陕西城固，任教西北联合大学。他把方志学术工作同抗战目标结合起来，率领师生编纂《城固县志》。1939 年他将《城固县志续修工作方案》以线装排印，不久又进行增订，易名《方志今议》。因"陕南工窳纸贵，重印不易，遂寄香港"①，再辗转长沙，于 1940 年 7 月由商务印书馆出版。目录为治学之门径。自 1930 年开始，朱士嘉在缪荃孙《清学部图书馆方志目》等馆藏方志专目基础上，调查、整理国立北平图书馆、北京大学图书馆、北平故宫博物院图书馆、北平人文科学研究所、燕京大学、天津天春园、大连图书馆、中央图书馆、江苏省立国学图书馆、上海东方图书馆、上海合众图书馆、金陵大学、浙江天一阁、嘉业堂等 50 余家国内外公私图书机构的方志收藏情况，编成《中国地方志综录》3 册。1935 年 5 月商务印书馆出版该目录，著录方志 5 832 种 93 237 卷，首次基本弄清了方志的收藏分布，开创方志联合目录这一新的方志目录类型。这些著作均成为方志学史上的经典之作。

商务印书馆出版方志类图书，在选材上，一是非常重视名志佳作，如《华阳国志》《吴地记》《吴郡图经续记》《吴郡志》(正德)《武功县志》(光绪)《畿辅通志》《元和郡县图志》等都属于方志发展史上占有重要地位的志书；二是注意精选版本，尽可能选当时能见到的最佳版本，如《舆地广记》有《四库全书》本、武英殿聚珍本、黄丕烈《士礼居丛书》本、光绪金陵书局本等多个版本，其中《士礼居丛书》本是黄丕烈据朱彝尊藏宋刻本付梓，并作了校勘，版本最佳，商务印书馆便以此为底本选入《丛书集成初编》《国学基本丛书》。在整理方式上，"近世竞言整理国故，表扬国粹，于是方志之书，颇引起学者之注意"②。商务印书馆对学术研究用的方志类图书，如《嘉庆大清一统志》《六省通志》基本采用影印；而作为国学入门用的，如《吴郡志》(康熙)《柳边纪略》(嘉庆)《罗江县志》(嘉庆)《卫藏通志》等，均改易版式、重新句读排印。为提高使用效率，商务印书馆在《嘉庆大清一统志》《六省通志》后皆编制有四角号码索引，"检查便捷，尤为可贵"③。鉴于各省通志卷帙浩繁，携带不便，商务印书馆利用成熟的石印术在影印时加以缩印，每种不过几厚册，引领当时出版界争先出版"缩印便览书"。

三、对近代中国方志事业的贡献

商务印书馆所收藏、整理、出版的方志尽管今天已成历史记忆，但上述方志相关工作可

① 黎锦熙:《方志今议》黎锦熙序，商务印书馆 1940 年版。

② 傅振伦:《中国方志学通论》，商务印书馆 1935 年版，第 2 页。

③ 王云五:《王云五文集》第 5 卷，第 478 页。

谓蔚为壮观，对近代中国方志事业贡献甚大。

（一）扩大方志传播

方志总体上说刻印数量不多，且分散，容易散佚。从整个方志史看，方志总是处于由分散到集中、由私家向官府、公共图书机构的流动之中。商务印书馆将分散在全国各地的方志或原本，或录制副本，收集到图书馆中，妥善保管，制定相关借阅规则，并由最初的向馆员开放转向社会开放，“东方图书馆几无异为全上海知识食粮供给之重心。”[①]1927 年 9 月 4 日，张元济在给余绍宋信函中说：“图书馆搜辑全国方志，迄于今凡得二千余种。海滨通衢，舟车云集，四方之士出于其涂，有来观者偶检其乡闾之事，几无不满所欲而去。”[②]除满足到馆读者需求外，商务印书馆甚至向外地读者提供远途借阅。1924 年 1 月 3 日，张元济致书胡适，“敝处所藏《旌德县志》系万历所修，凡十卷，系抄自江南图书馆。如需检阅，亦即寄奉。”[③]1928 年 12 月 20 日，著名学者傅增湘以“目前急欲遍翻四川府县志，京馆存者不及半，涵芬楼中则尚完富，欲借则卷帙太多，无法运致。南来检钞，苦无此暇。且亦非数日所能了，奈何奈何。”[④]去信张元济，请求借阅四川方志。商业印书馆没有迟疑就答应了。1930 年 5 月 15 日借给傅增湘四川志书一百册。7 月 8 日，张元济致信傅增湘询问：“何以至六月杪尚未到？不可解。已函津馆追查。”[⑤]此外，商务印书馆还为其他图书馆收集或扩大馆藏服务：一是利用其分馆遍布全国各地或馆员出差的便利为它馆收集方志，如 1918 年 6 年 18 日张元济出差，在天津为平湖葛词蔚购得《南皮县志》一部（价小洋八角），27 日在北平又替葛词蔚购买了《宁远县志》《昌黎志》。[⑥]1920 年 11 月 29 日，张元济特地给葛词蔚寄去一份“代买志书清单”。著名史学家朱希祖也是方志收藏的喜好者，不仅与商务印书馆交换方志，而且互为代买方志。1923 年 6 月 22 日，朱希祖书札给张元济：“前日承寄地方志十种，后曾奉上一函，谅已达览。兹托舍亲朱汇丞奉上……银三元八角（此系地方志八种尾找之款，未知有误否），收到后祈回信。”[⑦]地方志也是浙江湖州嘉业堂的藏书重点。1925 年 2 月 19 日张元济对刘承幹说：“各省志乘如须补购，敝处各分馆极当效劳。可否即请钞示一目，以便分饬采配。”[⑧]二为向他馆出借方志，供其抄录，从而增加副本流通。商务印书馆收藏方志之丰富闻名遐迩，慕名而来要求借抄者不少，商务印书馆多慷慨允诺。“有清之季……东方图书馆搜集全国方志历二十年，凡得二千一百余种，并边远各区计之，已十具其九。民国既建，四方议修新志者，书缺有间，每驰书假贷。图书馆借抄者尤络绎不绝。”[⑨]1930 年 9 月 30 日，编辑江畬经受托帮助葛词

---

① 浙江图书馆编：《陈训慈百年诞辰纪念文集》，北京图书馆出版社 2006 年版，第 211 页。

② 张元济：《张元济全集》第 2 卷，第 117 页。

③ 张元济：《张元济全集》第 2 卷，第 537 页。

④ 张元济、傅增湘：《张元济傅增湘论书尺牍》，商务印书馆 1983 年版，第 197 页。

⑤ 张元济：《张元济全集》第 3 卷，第 374 页。

⑥ 张元济：《张元济全集》第 6 卷，第 371、376 页。

⑦ 王翠兰整理：《朱希祖致张元济书札（续）》，《历史文献》第八辑，上海古籍出版社 2004 年版，第 174 页。

⑧ 张元济：《张元济全集》第 1 卷，第 430 页。

⑨ 张元济：《张元济全集》第 10 卷，第 123 页。

蔚代抄《房山县志》《保安县志》《安定县志》《平罗县志》《怀远县志》《成县志》。葛词蔚传朴堂、朱希祖等方志收藏的递增，商务印书馆多有贡献。

（二）拓展方志利用

地方志是以资料见长的历史地理文献，在古代常以“治天下者以史为鉴，治郡国者以志为鉴”“志以述事，事以藏往，藏往以知来，劝戒不惑”而著称，多为“资治”“教化”所取材，但用来注经校史的并不多见，即是利用方志最著名的顾炎武也不过是汇编方志资治素材而已。到了晚清，由于近代西方学术研究方法的传入，研究视野的扩大，方志的利用渐渐扩大了范围，商务印书馆当有推动首功。早在1908—1915年编纂《辞源》之时，为“贯通典故，博采新知”，就利用了《润州志》《澳门纪略》《明一统志》等志书。《辞源》完成后，商务印书馆启动《中国古今地名大辞典》《中国人名大辞典》的编纂。《中国古今地名大辞典》由谢冠生、臧励龢、方宾观、陈镐基、谢寿昌、傅运森、殷惟龢、谭廉、张堃等编辑，陆尔奎、方毅校订，至1931年出版。所录地名包括州、郡、道、府、省、县、村镇，山川、铁路、矿山、商港、墟集、城堡、要塞、名胜、寺观、园亭、台榭等，共4万余条。除参考历代正史、名籍外，大量采用总志、方志。“唐以后之最著者，如《元和郡县志》《太平寰宇记》《舆地记胜》《读史方舆纪要》《清一统志》，各省通志等，均分别采取，以补史志之所不及。郡县志之名世者，如《吴郡》典赡、《朝邑》杰作，本书固加收录。其他各志，凡所得见，亦资采辑。……村镇墟集，更仆难数。以历史名，以军事名，以胜迹名，以及铁路汽船之所经，电局邮局之所在，旧时佐治各员之所驻者，本书钩考志乘，并据最近调查，详为纂录。”①该书出版后，日本史学研究杂志对其有专门的之介绍，称其“凡于《元和郡县志》《太平寰宇记》《舆地记胜》《读史方舆纪要》《清一统志》及郡县志之杰出者，无不采录。”②《中国人名大辞典》于1921年成书发行，所收人物上起于上古，下止于清末，主要依据经史、碑传、志乘。对方志所载列女、忠义、孝友“虽有事实而无特殊之表见者，概不备录。志乘所载，有关系较少，或语涉迷信，事类稗官者，亦从阙略”③。这种对方志资料信而不盲从的科学态度，难能可贵，也有助于研究成果质量的提高。1919年前后，白话文运动兴起，商务印书馆敏锐地捕捉这一文化发展信息，1920年2月，商议编纂《白话词典》，提出各志书方言亦要采入。④受商务印书馆的启发，金陵大学农林科广泛集方志地理书用于农学、中国农史研究。刘作桢编纂《古今同姓名大辞典》，“惟方志及他传记，学者不必皆能购置，故采辑事实较详”。为便于方志利用，刘作桢还于1931年，“致信商务印书馆，请其搜印各省通志人物名宦”⑤。商务印书馆1934年影印《六省通志》就是对刘作桢来函的呼应。商务印书馆收集、出版地方志，为其文化事业服务，扩大了方志的应用领域，产生了很好的社会反响。

---

① 减励龢：《中国古今地名大辞典·例言》，商务印书馆1931年版。

② ［日］管原著，杨炼译：《日本史学研究杂志对于〈中国古今地名大辞典〉之介绍》，《出版周刊》新167号，1936年，第11页。

③ 减励龢：《中国人名大辞典·例言》，商务印书馆1921年版。

④ 张元济：《张元济全集》第7卷，商务印书馆2008年版，第187页。

⑤ 刘作桢：《古今同姓名大辞典·凡例》，1946年印，好望书店发售。

（三）提高方志社会地位

方志尽管历史悠久，但长期以来社会地位并不太高，著名学者黄宗羲把方志当作类书看待，在编《天一阁书目》时就没有收方志。从明清私家藏书史看，被收藏的方志多是名志或宋元志，而专注方志收藏的屈指可数。在清末，国人还没有意识到方志的价值，方志的价格很便宜。“是时我国学者，多喜读集部书，故对于府州县志，无人过问；厂肆志书，多被他人买去。普通本以罗计，每罗一文明杖高，仅售现银一元。其他善本稀见者，如《三关四镇志》，价亦相当低廉。”①“普通地方志没有人买，只有日本人买。”②由于日本人的大事收购引起了张元济的注意，“吾辈生当斯世，他事无可为，惟保存吾国数千年之文明，不至因时势而失坠。此为应尽之责。能使古书多流传一部，即于保存上多一分效力。”③于是商务印书馆首先介入收集，颇开国内注意收集方志风气之先。“收藏方志之风，盛于民国五六年。民国初过问者甚鲜，书贾视同废籍。民八九经商务印书馆之征求，稍稍为人所重。”④同时，又因商务印书馆利用方志编纂、校订图书、教材取得较好的社会反响，方志的价值得到社会的认可。“其为用也，不惟关系一邑之乡邦文献，备史氏之要删已也；他若研求一时代一地域民生之休戚，社会之状态，交通之修阻，地势之险易，与夫文化之递嬗，胥于是焉取材。方志之重要，殆为学术界所公认矣。”⑤北平图书馆馆长袁同礼也云：“近来学风丕变，文史道分，凡著述之可探资探讨者，不以其辞之不雅驯而轻之，于是读者渐以读方志相倡。”⑥各高校图书馆、出版社、机关团体、个人纷纷加入收集行列。“自此以后，方志渐为风气所推重，各图书馆至有争先购置以相矜耀者。”⑦如燕京大学图书馆在1919年成立后即重视方志等古籍收购，“凡有价值可收之版本，皆广事罗致，其孤本，则借抄以藏之。”1933年秋，方志已达1 200余部，与丛书、文集、金石成为该馆收藏大宗。⑧金陵大学1923年开始拨款收集旧农书及方志、地理图籍，到1932年夏“共得五万余册，内以方志为大宗……计二千一百零四种，二万二千零五十六册。”⑨著名盐商王体仁1927年始致力搜集地方志，成绩颇为显著，迄1937年抗日战争爆发，所藏方志达2 500余种。武汉大学图书馆也是当时收集方志的著名机构，“迩年以来，中外图书馆竞事搜藏，而本馆之购入，曾未三载，数达千四百余部，中亦有未见著录者。”⑩

（四）助推上海成为南方方志图书市场的中心

方志需求日众，导致方志价格日涨，原来“普通每册值银一二角，三四角者已目为昂，不即购。民国十六七年以来……则普通每册索价一二元，多且数十元”⑪。1931年1月22日，

---

① 孙殿起：《琉璃厂小志》，北京古籍出版社1982年版，第371页。

② 邓云乡：《书肆书价杂谈》，见范用编《买书琐记》，三联书店2005年版，第125页。

③ 张元济、傅增湘：《张元济傅增湘论书尺牍》，商务印书馆1983年版，第145页。

④⑨⑪ 万国鼎、储瑞棠编：《金陵大学图书馆方志目》序，金陵大学1933年印行。

⑤⑩ 武汉大学图书馆：《武汉大学图书馆方志目》皮高品序，1936年印行。

⑥ 袁同礼：《北平图书馆方志目录序》，《图书馆学季刊》第7卷第2期，1933年，第340页。

⑦ 张国淦著，杜春和编：《张国淦文集》，北京燕山出版社2000年版，第497页。

⑧ 燕京大学图书馆编：《燕京大学图书馆概况》，1933年印行，第10页。

傅增湘致信张元济称："近来此间买书争价甚烈，如王富晋之明代方志数十种，一百九十余册，出值至八千五百元，可谓破天荒矣。"①经营方志能大获其利成为书商普遍的想法。商务印书馆总部在上海。商务印书馆在国内率先树起大规模方志收集的旗帜，且拥有巨大的人才、资金与读者群的优势，不仅书商们趋之若骛，送书上门，而且还有方志收藏者请其代售方志，如 1930 年罗振玉就曾将所藏嘉靖、万历《四川总志》各一部"在此出售"，结果被南下访书的北平图书馆馆员赵万里购去。②再加上东亚同文书院、中华书局、上海徐家汇天主堂藏书楼、上海南洋中学图书馆，以及常住上海的方志收藏大家刘承幹、王体仁等方志采购大户，上海无疑成立了除北平外最大的方志需求中心。上海的古旧书店，如古物书画流通处、通艺馆、中国书店、同文书店、受古书店、树仁书店、蟫隐庐书庄、汉文渊等多增加了方志销售，北平的富晋书社、来薰阁、苏州的来青阁等外地书商也前来上海开设分号销售方志等古籍，上海来青阁甚至比苏州总店销售的方志还要多很多。杭州抱经堂书局朱遂翔专门为盐商王体仁购方志，经常从杭州送方志到上海。朱遂翔后来回忆："直至民国十六年，有杭州盐商王绶珊大量收购旧书，尤喜各省府县志，因本人居上海，故杭州各同业皆送书至沪，数年来所购之书，其价达四十余万元。"③

总之，商务印书馆以保存古籍、介绍学术、传承文化为己任，通过地方志及方志学著作的收集、整理、出版，不仅为其获取良好的社会声誉与可观的经济效益，而且也大大推进我国近代方志事业进一步向广度与深度发展。

（巴兆祥，复旦大学历史系教授）

---

① 张元济、傅增湘：《张元济傅增湘论书尺牍》，第 257 页。

② 张元济：《张元济全集》第 3 卷，第 374、376 页。

③ 朱遂翔：《杭州旧书业回忆录》，张静庐《中国现代出版史料》丁编，中华书局 1959 年，第 657 页。

试论美国华裔汉学家杨联陞英文书评的特点、影响及其启示*

□吴 原 元

[摘　要]　杨联陞是一位在国际汉学界享有盛誉的著名汉学家。在其学术中，书评占据着不可或缺的地位。杨联陞基于渊博的知识，灵敏的触觉，在书评中能指出著作的症结所在；另一方面，他在指正著作中的误述谬论时，往往就事论事，不妄下断语，态度又和缓公允，故其书评为著者所乐于接受。他的学术书评，在国际汉学界有着广泛的影响，并对国际汉学，尤其是美国汉学的发展发挥了重要作用。具体而言，主要表现在：矫正西方汉学界误解误译汉文献的流弊、推进了汉学专门领域内的知识发展、把中国学术引进西方汉学。杨联陞书评带给我们的启示是，对于学术发展而言书评是不可或缺的，尤其是在强调学术创新、强调中国人文学术应走向国际的今天。

[关键词]　汉学家；杨联陞；英文书评

杨联陞是一位在国际汉学界享有盛誉的著名汉学家，①无论是在海峡彼岸还是新旧大陆以至港澳等地都蜚声驰誉。贺凯(Charels O. Hucker)称："在传统中国研究方面没有人比杨联陞更具权威和博学。"②1969 年，杨联陞接受圣路易斯华盛顿大学颁授荣誉文学博士学位，赞词说："杨联陞：汉学宗匠，其博学明识所树立之楷模，已为学人所矜式，而其于东西大同之旨，深有领会，则尤为爱好和平诸人士所更宜矜式者也。"1976 年，接受香港中文大学颁发荣誉博士学位，赞词称："杨教授博闻强记，学贯中西，尤精研中国制度史及中国经济史，其有关此等专史之论著，备受国际学术界之推崇"。③杨联陞去世时，哈佛大学为他发的讣告说："杨联陞教授在国际上以学术辨析能力与才思敏捷著称，是几代学生所亲切怀念的好老师，是协力培育与造就美国汉学的先驱者之一。"④由这几段话，我们不难想见杨联陞在国际汉学界之

* 本文为国家社科基金青年项目"民国史家与美国汉学"(批准号：12CZS004)的阶段性成果。

① 有关杨联陞的生平，可参见杨联陞：《杨联陞自传》，蒋力编：《哈佛遗墨——杨联陞诗文简》，商务印书馆 2004 年版；关国煊：《民国人物小传：杨联陞》，《传记文学》第 79 卷第 4 期；赵赓扬：《东方伯希和：汉学家杨联陞》，《中外杂志》第 49 卷第 5 期。

② Charles O. Hucker, "Reivew Studies in Chinese Institution History. by Lien-sheng Yang", *The Journal of Asian Studies*, Vol.21, No.2(Feb.1962), p.224.

③ 林聪标：《迎杨联陞教授到新亚书院讲学》，杨联陞：《中国文化中"报"、"保"、"包"之意义》，贵州人民出版社 2009 年版，第 63 页。

④ 周一良：《毕竟是书生》，十月文艺出版社 1998 年版，第 173 页。

影响和地位。

20世纪90年代之后，伴随着杨联陞的去世，一批学者相继撰写有关他的纪念或回忆的文章，如周一良的《纪念杨联陞教授》、余英时的《中国文化的海外媒介》、[1]刘广京的《挽杨联陞先生》、[2]刘子健的《斯学传斯风——忆杨联陞先生》、[3]李弘祺的《海滨拾贝壳的学者——怀念杨联陞教授》、[4]宫崎市定的《悼杨联陞教授记交游》、[5]张凤的《一怀孤月映清流——追怀汉学大师杨联陞教授》[6]以及吴兴文的《花果飘零那是家——一九四八年后的董作宾、杨联陞与钱端升》[7]等。加之，《汉学论评集》《中国语文札记——杨联陞论文集》《中国现代学术经典——洪业、杨联陞卷》《中国制度史研究》《国史探微》《东汉的豪族》等杨联陞撰著的学术著述相继结集并在中文学术界出版；更为重要的是，《论学谈诗二十年：胡适杨联陞往来书札》和《哈佛遗墨：杨联陞诗文简》的先后刊印，为学者研究杨联陞提供了第一手的史料；由此有关杨联陞的研究逐渐进入学界的视阈。例如，李显裕撰有《试论杨联陞的史学及其精神之涵义》和《博雅的通人：杨联陞史学精神再探》，考察了杨联陞的成学过程与学术思想；[8]林郁婷的《敢比仰山杂货铺　何堪舜水再来人——杨联陞及其史学思想研究》则主要是探寻追索杨联陞的学术脉络、史学思想，并重建其治学路径；[9]徐小玲的《论杨联陞的中国社会经济史研究》，探讨了杨联陞治中国社会经济史的特点与史学精神；[10]刘秀俊的《"中国文化的海外媒介"——杨联陞学术探要》，在林郁婷论文基础上，借助尚未整理出版的《杨联陞日记》对杨氏与国际汉学界的交往进行了较为翔实的考察。[11]

令人遗憾的是，在已有的杨联陞研究中，鲜有人涉及其书评。[12]然而，书评是构成杨联陞学术不可缺少的部分，亦为学界和杨联陞本人所极为推重。刘子健曾言："他最精彩的学问，多半见于他写的书评。"[13]余英时如是言道："杨先生的博雅，在他的书评中显露无遗。"[14]何炳棣亦如是写道："（杨联陞）任教30余年间写作广涉经济史、宗教史及中国语文，尤以七八十篇

---

① 余英时：《中国文化的海外媒介》，余英时：《钱穆与现代中国学术》，广西师范大学出版社2006年版。

② 刘广京：《挽杨联陞先生》，《历史月刊》（台北）1991年第36期。

③⑬ 刘子健：《斯学传斯风——忆杨联陞先生》，《历史月刊》（台北）1991年第37期。

④ 李弘祺：《海滨拾贝壳的学者——怀念杨联陞教授》，《历史月刊》（台北）1991年第36期。

⑤ 宫崎市定：《悼杨联陞教授记交游》，《历史月刊》（台北）1991年第37期。

⑥ 张凤：《一怀孤月映清流——追怀汉学大师杨联陞教授》，张凤：《哈佛心影录》，上海文艺出版社2000年版。

⑦ 吴兴文：《花果飘零那是家——一九四八年后的董作宾、杨联陞与钱端升》，《印刻文学生活志》（台北），第1卷第9期，2005年。

⑧ 此两文分别载于台湾"中央"大学历史所《史汇》1996年创刊号和彭明辉、唐启华主编：《东亚视角下的近代中国》，台北政大历史系，2006年。

⑨ 林郁婷：《敢比仰山杂货铺　何堪舜水再来人——杨联陞及其史学思想研究》，台北辅仁大学2006年硕士学位论文。

⑩ 徐小玲：《论杨联陞的中国社会经济史研究》，华东师范大学硕士学位论文，2009年。

⑪ 刘秀俊：《"中国文化的海外媒介"——杨联陞学术探要》，山东大学博士学位论文，2010年。

⑫ 余英时的《中国文化的海外媒介》一文中提到了杨联陞的书评，但并未有专门系统论述。林郁婷和刘秀俊的学位论文，虽各自都有一小节探讨杨联陞的书评，但基本上是重述杨联陞《书评经验谈》一文之内容。

⑭ 余英时：《中国文化的海外媒介》，第147页。

书评闻于海外汉学界。”[①]柳存仁回忆道，杨联陞“最大的名气是写书评”[②]。香港中文大学在颁给杨联陞荣誉博士学位时的赞词称：“杨教授除长于著书立说外，兼善评论他人之著作，其书评之精细公允，深为学界人士所乐道。”[③]杨联陞自己也说过，书评是“心血所集”[④]。如果不对杨联陞学术书评进行深入分析和探讨，即无法透彻了解其史学思想及其治史之方法和旨趣。基于此，本文拟以杨联陞的学术书评为基本史料，[⑤]探讨其书评的特点、影响及其书评对当下中国大陆人文学术国际化、学术评价体制改革等问题的启示，并借此进一步理解 20 世纪 40 年代前后移居美国的华人史家对美国汉学发展之影响。不当之处，恳盼方家批评指正。

一、杨联陞学术书评的特点

杨联陞所撰的学术书评，涉及语言、官制、考古、地理、边疆史、文学史、科技史、哲学史、经济思想史、书画史、佛教史、史学史、敦煌学、法制史、经济史、社会史、陶瓷史、财政史等专门领域，可谓包罗了中国文化史的全部。遍览杨联陞的书评，笔者以为其书评有如下几个显著特点：

（一）秉持“训诂治史”之方法

周一良曾这样评价杨联陞的治学特点，“他善于发现问题，从大处着眼，从小处着手，由小以见大。论著每多创获，深得陈寅恪先生学风的三昧”[⑥]。戴密微(Paul Demieville)亦曾这样指出：“杨联陞的学问是出于把一己的才性灵活运用在中国最好的博雅传统上面。因此，

---

① 何炳棣：《清华史学对我影响深远》，《清华大学学报》(哲学社会科学版)，2005 年第 5 期。

② 李怀宇：《柳存仁：做人与做学问，都是中国的味道》，2007 年 6 月 13 日《南方都市报》。

③ 林聪标：《迎杨联陞教授到新亚书院讲学》，杨联陞：《中国文化中“报”、“保”、“包”之意义》，第 63 页。

④ 1984 年 6 月 7 日，杨联陞致周一良函。引自周一良：《周一良集》第五卷，辽宁教育出版社 1998 年版，第 259 页。

⑤ 有关杨联陞的书评之总数，何炳棣曾言：“杨学历上列有‘论文’104 篇，内约四分之三实系书评。”(何炳棣：《读史阅世六十年》，广西师范大学出版社 2005 年版，第 334 页)杨联陞外孙蒋力认为，其书评加在一起估计可达 100 篇上下(见蒋力：《〈东汉的豪族〉杂谈》，收入杨联陞：《东汉的豪族》，商务印书馆 2011 年版，第 375 页)。笔者曾以“L.S.Y”“Lien-sheng Yang”为搜索关键词在西文过刊数据库 JSTOR 中检索出杨联陞所撰书评 61 篇；据赵赓扬统计，杨联陞自 1966 年出任《清华学报》主编后曾在该刊发表了 7 篇书评；自《食货》在台湾复刊后，杨联陞应陶希圣所邀，曾先后在该刊发表了 10 余篇文章，其中有《关于唐宋商业的两本书》《池田温〈中国古代籍帐集录〉评介》、《寺田隆信〈山西商人的研究〉》等三篇书评；杨联陞还曾在《思想与月刊》上先后发表了《评韦尔柏〈前汉奴隶制度〉》(第 28 期)、《富路特，中华民族小史》(第 36 期)、《全汉昇：〈唐宋帝国与运河〉》(第 43 期)等三篇书评。另外，1936 年 9 月 18 日《大公报·史地周刊》刊载了其书评《冀朝鼎的〈中国历史中的经济要区〉》、《北京大学学报》1983 年第 4 期刊载其书评《〈敦煌吐鲁番文献研究论集〉读后》。据此，笔者以为杨联陞所撰书评总数应在 80 篇左右。由于英文书评面向的是西方学界，故此本文主要是以杨联陞所撰 61 篇英文书评为考察对象，这样能深入了解面对西方读者杨联陞是如何撰述书评、杨联陞是如何评价西洋汉学界、如何借助书评向西方宣传中华文化及其学术书评对于西洋汉学界有着怎样的影响。

⑥ 周一良：《纪念杨联陞教授》，《周一良集》第五卷，第 259 页。

他擅长于对浩博的资料进行精密的分析并从而得出综合性的结论。”①周、戴的上述概括，用杨联陞自己的话说就是“训诂治史”。他曾就“训诂治史”这样解释，“‘训诂’一词即西文 philology 语文”，“中文一字多义（西文亦多如此）有其妙用。语文与思想，关系甚密，有人说：不会德文则不能了解康德哲学。同样也可说不会古汉语，很难了彻古代思想。”②因此，训诂即“彻底掌握史料的文字意义，尤其重要的是能扣紧史料的时代而得其本义”，对于史料中的歧漏错谬，则需要运用方法加以考证。只有通过对史料的严格鉴定和精确理解，比较可靠的客观史实才能建立起来。故此，杨联陞认为治史者必须通训诂，他曾如是陈述道，“要研究中国史的人必须具有起码的训诂学素养。够不上这种要求的研究者，只能算是玩票性质，而不会成为一个全健的汉学家。毕竟中国史的主要资料仍旧是典籍，虽然考古材料与口耳相传的掌故也很重要。训诂学的一大法宝——典籍考证学能够使研究工作者在使用文献的时候，保持高度的谨慎。一旦有了一份典籍，其他训诂学的技巧就能够帮助研究者正确地去了解它的意思。我得承认这些东西并不就构成汉学的全部，但它们确实是汉学的基础”。③杨联陞在其所有的著述中，屡屡反复提示：中国的各类历史文献都有其耐人寻味的“训诂”问题，治史之士首先要深探到中国文献的内核，尽其一番曲折，然后才进一步提出一己之所得。

杨联陞在评论李约瑟等人合著的《中国科技史》第一册时，即批评李约瑟没有认真对待训诂问题。在杨联陞看来，“相当多的发现或争议完全取决于中文文献的解读。在总论这一册中，几乎没有什么地方涉及中文文本。但不幸的是，大量证据说明作者并没有考虑到训诂问题。”例如，李约瑟（Joseph Needham）在前言中以“刻镂”的翻译为例，批评“许多最值得信赖的汉学家尽管理解所使用的科学术语，但在使用时却极为粗心”，他认为“刻镂”适用于由固体材料所作物品和纺织品的装饰，并认为公元前 4 世纪即已在中国存在的刻镂指代的是“刻丝”。杨联陞对此指出，佛尔克（Alfred Forke）对于刻镂的翻译存在错误这是正确的，但其他汉学家并没有犯这一错误，理雅各（James Legge）正确地翻译了《礼记·哀公问》中的“器不刻镂”、沙畹（Edouard Chavannes）正确地翻译了《史记·礼书》中的“刻镂文章所以养目也”、德效骞（Homer H.Dubs）正确地翻译了《汉书》中的“雕文刻镂伤农事者也”，杨联陞进一步指出，李约瑟将“刻镂”译为“cut and engraved”是可以接受的，但这一词仅指适用于器具、运输工具及建筑物等由固体材料所作物品的装饰，并不适用于纺织品，而将“刻镂”等同于“刻丝”则更是毫无根据。杨联陞分析指出，在中国，刻丝的技术是从宋代才开始有了极大发展，汉文献中最早使用这一词仅是从 1005 年开始，这一技术的历史涉及汉族与其他民族之间来回借用。刻这一技术名称与丝这一材料之间的关系仍存在困惑，整个问题非常复杂还有待公开讨论，但认为刻丝技术在公元前 4 世纪的中国即已存在显然是错误的。杨联陞还以

---

① Lien-Sheng Yang, *Sinological Studies and Reviews*, Shih-Hjo Publisher, 1982, p.8.

② 杨联陞：《中国文化中“报”、“保”、“包”之意义》，第 2 页。

③ 杨联陞：《国史探微》，新星出版社 2005 年版，第 137 页。

"秦人"为例证明训诂的价值。李约瑟讨论了《史记》中一个著名的段落:公元前101年李广利将军率汉军围攻大秦国都城。中原军队认为城中无井,故此正试图并已成功从外部切断水源供应以迫使城中之人投降。但与此同时,李广利将军得到的情报是城中可能并不缺水,因为大秦国人最近得到知晓打井技术之"秦人"的帮助,因此城中可能并不缺水。于是,汉军决定接受被围困之大秦国人所提出的和平条约。然而,在关于这一段的讨论中,李约瑟可能参考了夏德(Friedrich Hirth)关于这段的翻译和W.W.Tarn最新的研究,故其无法断定"秦人"是中原人(夏德和其他学者提出的观点)还是来自罗马帝国的叙利亚人或希腊巴克特里亚等地的大秦人(Tarn所提观点)。最后,他关于此问题的结论是"神秘依然"。杨联陞指出,事实上伯希和(Paul Pelliot)发表在《通报》上的《"秦人"名字的由来》及其《关于秦人之名的注释》两文以及王国维的《西域井渠考》都已翔实地证实了这里的"秦人"即指的是汉人,所不幸的是伯希和和王国维的这些研究都为作者所忽略。①

在其他书评中,杨联陞亦多次强调这一标准:汉学家须通训诂。从关键字词着眼,再还原到原本的历史情境,作深入分析、比较并尝试着再解释,以此进行对汉学家们批判,揪举出其误读之处或者作更进一步的加强补充。例如,在评介怀履光(William Charles White)的《古代中国的青铜文化》一书时,杨联陞指出作者将"龚司女锡商贝于司女用作父乙彝"译成"龚氏诸侯王的后宫主管得到一笔贝钱,这位后宫主管即用这笔钱制作了一尊名为父乙的礼器"是不正确的。他结合文献,认为"司女"不是"Supervisor of women"或"minister of the harem","司女"实际上构成的是一个字符,代表的是名为"姒"的氏族。因此,"龚司"指的是出生于姒氏族中的一位嫁给了一位龚姓诸侯王或者龚姓诸侯王公子的女性。基于"龚司女"的重新解释,杨联陞认为这段铭文应理解为,"龚姒氏从姒氏家族收到一批贝钱,并用这笔钱制作了一尊父乙礼器"。②又如,对于汉文献中的"烽"或"蓬"字,传统上将其解释为一种烟的信号。杨联陞在关于马伯乐(Henri Maspero)的《斯坦因第三次中亚探险所发现的文书著录》的书评中,根据居延汉简认为,"烽"也表示一种由丝或其他布料制作成的帆状信号。通过对于"烽"或"蓬"字的重新解读,他对法国学家沙畹和中国学者王国维、劳幹已讨论的汉代信号系统增补了诸如白天使用什么信号、夜间使用什么信号等许多仍不清楚细节,认为在汉代信号站之间所使用的信号包括:燃烧堆在塔外面的木材或积薪,无论是白天还是晚上都可使用;烟状信号同帆状信号一同升起,这主要在白天使用;晚上在一巨火上升起火焰;当晚上被围困时,使用离合火的火焰信号;和平时期则击鼓、升起表或升起火焰。在书评中,杨联陞还基于对"长行马"的解读,结合唐代马管理的相关文献以及《唐会要》《通典》等,详细说明了在唐代银钱和铜钱的使用区域及其他们之间的汇率变化情况。③再如,杨联陞通过对"盐策"的

---

① L.S.Yang, "Review Science and Civilisation in China. by Joseph Needham; Wang Ling", *Harvard Journal of Asiatic Studies*, Vol.18, No.1/2(Jun1955), pp.269—283.

② L.S.Y, "Review Bronze Culture of Ancient China, an Archaeological Study of Bronze Objects From Northern Honan, dating From about 1400B.C-771B.C. by William Charles White", *Harvard Journal of Asiatic Studies*, Vol.20, No.3/4(Dec., 1957), pp.771—775.

③ Lien-sheng Yang, "Notes on Maspero's Les documents chinois de la triosieme expedition de sir Aurel Stein en Asie Centrale", *Harvard Journal of Asiatic Studies*, Vol.18, No.1/2(Jun1955), pp.142—158.

训诂，认为魏特夫和冯家升在其《中国社会史：辽》一书中也将“盐策”译为“salt permits”，并不恰当，并认为“（盐策）盐许可证这一制度开始于太祖”这一观点也是错误的。他指出，“盐策”这一表述取自于《管子》，指的是登记盐的消费，是控制盐的政策。因此，《辽史》中的盐策其意应是“盐的控制”而不是“盐的许可证”。在中国历史上，盐的生产者由官府控制，但是否发给他们许可证却是值得怀疑，没有文献表明颁布“盐的许可证”。对于盐策的这种翻译很容易与用于买、运输及销售盐的盐引相混淆。然而，盐引始于1103年，其前身是盐钞，但不是在辽太祖时。杨联陞还通过对辽的“云为户”的训诂，指出从公元1世纪的王莽政权开始一直到满清时期都存在这样一种现象，受官府委托利用官府的钱放贷获取利息以支付官员薪水或解决政府机构的公共开支，而受委托之人或免除劳役或免除税赋；并由此联系到金的“营为户”、蒙元的“干脱钱”、宋朝的“捉利钱户”和“俸户”，提醒史学研究者应注意“相类似的制度既存在于中原王朝也存在于非中原王朝，全面理解一个既定的制度不可能不对其他王朝的相类似的机构制度进行研究。”①杨联陞“以小见大”“观微知著”的治史风格，亦由此可见一斑。

（二）直言批驳著述中的误述谬论

中古史名家严耕望曾这样看待他的同辈杨联陞：“莲生天分极高，学问极博，自己谦称杂家，其实他的学术触觉灵敏，境界很高，常能贯通各方面的知识，提出新颖论点，岂止他自谦的‘杂货摊’而已！他通晓数国语文，凡中外学人讨论中国学术问题，他发现谬论，必直言批驳，不留情面，为国际间公认的汉学批评名家。莲生亦自谓为‘汉学的看家狗，看到人家胡说，必高叫一声’，不啻为胡说的一股吓阻力量。”②确如严耕望所言，自诩为“汉学看家狗”的杨联陞，在其书评中罕见空洞的表扬，更无廉价的吹捧，更多的是以其灵敏的触觉、博通的知识，或商榷问题，或指出误述谬论。例如，杨联陞在评述芮沃寿（Arthur F.Wright）的《中国历史上的佛教》一书时，即指出作者所认为的范仲淹“先天下之忧而忧，后天下之乐而乐”这种理想是源自1 000多年前的佛教（或者更确切地说是借自佛教中的菩萨）的观点显然不正确，儒家传统对范仲淹的这种思想有着更早更强烈的启示。另外，“伟大的没有城墙的城市，渐成商业和手工业的中心，产生新的财富和渴望权力的新家族”这种表述是一种误导，因为一直到19世纪结束，中国的城市仍保留有城墙，没有城墙的商业和手工业生活的新中心，绝大多数只能被称之为镇。③顾立雅（H.G.Creel）在《孔子：其人及神话》一书中认为，“《论语》中关于‘正名’是后世一位法家所窜改添写”，因为孟子没有提及正名的思想，但标题为正名的论述却在《荀子》中找到，另外《荀子》中没有提到孔子或《论语》，这似乎表明荀子自己并不知道

---

① L.S.Y，“Review History of Chinese Society，Liao(907—1125). by Karl A.Wittfogel; Feng Chia-sheng”，*Harvard Journal of Asiatic Studies*，Vol.13，No.1/2(Jun1950)，pp.216—237.

② 严耕望：《钱宾四先生与我》，台北商务印书馆1992年版，第133页；《治史三书》，上海人民出版社2011年版，第281页。

③ Lien-sheng Yang.，Review “Buddhism in Chinese History by Arthur F.Wright”，Harvard Journal of Asiatic Studies，Vol.23(1960—1961)，pp.215—217.

它。对此,杨联陞批评其"证据远离其结论",因为《论语》中的正名与《荀子》中的正名之间存在区别,前者代表的是一个不明确的思想,而后者则代表着关于名的非常宽泛的问题;更重要的是,经常引用以解释孔子关于正名思想的谚语不仅存在于《论语》而且出现在《论语》的段落中。同时,杨联陞在书评中还批评顾里雅忽略了为中国学者所强调的"孔子与孟子在雄心抱负上存在差别":孔子所教的是如何为邦,而孟子的目标在于王天下。因此,作者关于孔子像后来的孟子一样认为最好是重建一个新的权威中心以取代周这一猜想是不合理的。①再如,在关于杜润德的《唐代财政管理》的书评中,杨联陞指出作者几个观点需修正:一个是他低估了地方行政长官在均田中的作用,"尽管地方长官被认为应亲自监督田地的分配,但他从来没有处理过有关此类的争议案件",这些案件虽没有牵涉争议纠纷,然而每一项都有地方行政长官的签名;另一个是关于 780 年盐的垄断税占整个政府年财政收入的一半甚至超过一半的观点,杨联陞认为应是在所收货币收入中占到一半,政府还收取大量以实物交付的税收。②卫理(Arthur Waly)在《白居易的生平与时代》中将"和糴"误解为"官府在丰年时以高于市场价格买进谷物,在歉收之年则以低于市场价格卖出",并认为"分司"仅限与太子事务有关的职位。杨联陞指出,"和糴"在实践中类似于常平制的买入阶段,但这两个术语不应被混淆,"常平"旨在稳定谷物价格,而"和糴"是保证谷物供应,尤其是前线军队的供应;"分司",并不仅限于卫理所理解的与太子事务有关的职位,其实它指的是洛阳作为东都在理论上与长安有相类似的地位,其内有着各种不同类型的官员;另外,唐代的两税法改革并不是始于 785 年而是 780 年,所要求的并不是所有税都以货币形式交纳,户税是以货币形式确定,而地税仍然以谷物交纳。③

杨联陞亦常指正中国学人著述中的错讹或不足。例如,对于李俊的《中国宰相制度》,杨联陞直言其没有对不同文献中相关材料进行很好消化,另外也没能利用诸如邓之诚发表在《史学年报》上一篇关于宰相制度的权威论文等现代学者的研究成果。④对于张光直的《古代中国的考古》,批评其关于青铜器时代中国文化的讨论存在明显不足,"很少有古代著作被提及,尤其是没有使用甲骨文、青铜器铭文及其他材料的铭文,事实上这些材料可参考钱存训的《书于竹帛:中国古代的文字记录》一书","著述对布币、铜币、蚁鼻钱没有作任何解释,实际上这三个例子中的每一个在王毓铨的《中国早期钱币史》一书或他相同主题的其他中文著作中都有介绍";另外,书中引用古代中国人的著作时暴露出两个缺陷:一是完全漠视西方学

---

① L.S.Y, "Review Confucius: The Man and the Myth by H.G.Creel", *Harvard Journal of Asiatic Studies*, Vol.12, No.3/4(Dec.,1949), pp.537—540.

② Lien-sheng Yang, "Review Financial Administration under the T'ang Dynasty by D.C.Twitchett", *Harvard Journal of Asiatic Studies*, Vol.24(1962—1963), pp.298—303.

③ Lien-sheng Yang, "Review The Life and Times of Po Chu-i by Arthur Waley", *Harvard Journal of Asiatic Studies*, Vol.15, No.1/2(Jun.,1952), pp.259—264.

④ Lien-Sheng Yang, "Review Chung-Kuo Tsai-Hsiang Chih-tu. by Li Chun", *Far Eastern Quarterly*, Vol.9, No.2(Feb.,1950), pp.216—217.

者所作的早期翻译，而其自己的翻译却又在罗马拼音和中文文献的理解上出现错误；另一个缺陷是没有对古代文献和传统神话持应有的批判态度。尽管传说中的英雄人物可能反映了文化发展早期阶段的朦胧记忆，但不应将发明或发现的果实归功于传说中的人物，使用这些时代中的传说英雄以说明文化发展阶段实际上会被误解为是建立在考古学证据上。①

即使是师长辈的权威中国学人之著作，杨联陞亦毫不避讳指陈其著述中偶存的错讹。例如，杨联陞在评介洪业的《杜甫：中国最伟大的诗人》一书时，除指出其中所存的不正确拼音外，还就书中"一般家庭可能是七口务农之家，有田地300亩，年产谷物160斛左右"这一绝对性观点提出质疑，认为所拥有的土地似乎太大，每亩的产量被夸大，"因为在唐代时期去壳与不去壳谷物间的比率应是三到五，在汉代也同样如此"。②王力在《汉语语法理论》一书中认为"排行"这种习俗不会早于唐代，杨联陞指出仅就唐宋诗的标题并不能证明在更早之前就不存在排行这一现象。古代中国人常称其孩子为伯仲叔季即被认为是排行的前身。就诗的标题而言，至少6世纪的诗人庾信即为我们提供了两个例子："别庾七入蜀"和"和庾四"，这指的是他兄弟中的两个，庾七和庾四，即庾氏家庭中第七和第四个儿子。另外，杨联陞还指出王力在合成词形成的时期方面存在一些错误。如作者两次称合成词"虽则"是现代创造的，事实上"虽则"在《诗经》中出现了不少于七次。③在评述卜德(Derk Bodde)英译的冯友兰《中国哲学史》时，杨联陞指出冯友兰对于其所引《晋书》中"(阮瞻)见司徒王戎。戎问曰，圣人贵名教，老庄明自然，其旨同异。瞻曰，将无同"这一段存在误解。冯友兰将"其旨同异"的答复"将无同"理解为"是的，没有答案"。杨联陞则认为，由于那个时代的绝大多数人都认为儒家与道家的区别在于"贵名教"和"明自然"。问者提出"其旨同异"是因为他怀疑这种区别仅仅是表面上的，而其朋友以"将无同"回答意含他们既不能说完全相同也不能说完全相异。另外，合成词"将无"是一种古老的口语表达，用于提出含有温和建议的"难道你不同意"的反问。因此，"将无同"这一回答的主要目的是强调相类似的看法并附合儒家和道家的区别仅是表面的这种看法。④

(三) 评介错讹时以宽温忠厚为原则

与杨联陞有着50年浓厚情谊的周一良曾去函称，莲生的书评可以媲美法国汉学家伯希和。杨联陞即复信说"来示以双承寅老与伯希和为说，莫不敢当，廖化作先锋而已。伯公晚

---

① Lien-Sheng Yang, "Review the Archaeology of Ancient China by Kwang-Chih Chang", *American Anthropologist, New Series*, Vol.66, No.1(Feb., 1964), pp.200—202.

② Lien-sheng Yang, "Review Tu Fu, China's Greatest Poet by William Hung", *Harvard Journal of Asiatic Studies*, Vol.15, No.1/2(Jun.,1952), pp.264—269.

③ L.S.Y, "Review Chung-kuo yu-fa li-lun by Wang Li", *Harvrad Journal of Asiatic Studies*, Vol.12, No.1/2(Jun., 1949), pp.245—252.

④ L.S.Y, "Review A History of Chinese Philosophy. Vol.II: The Period of Classical Learning(From the Second Century B.C. to the Twentieth Century) by Fung Yu-lan; Derk Bodde", *Harvard Journal of Asiatic Studies*, Vol.17, No.3/4(Dec., 1954), pp.478—483.

年以汉学界之警犬自命，不可相迩。其书评不留余地，非弟所从”。[①]1984年，杨联陞受邀到台湾“中研院”作题为“书评经验谈”的胡适生日纪念讲演；次年，他根据现场讲演纲要补充内容增写为《书评经验谈》一文，其特意增补的内容称，“1957年，我代表哈佛燕京学社来台湾组织中国学会。当时‘教育部长’张其昀晓峰先生召开大会，赠我文化奖章，奖状颂词说有人以我的书评比伯希和，实是称许过实，万不敢当。我的书评很少火气，作风与伯希和大不相同，在《汉学论评集》的自序已有申明，读者可以共鉴”。[②]杨联陞对于同辈或师友以伯希和相比屡屡表示称许过实不敢担当，其关键之处在于“其书评不留余地，非弟所从”。[③]一言蔽之，杨联陞的书评与伯希和书评的差别在于批评学术著作时“留不留余地”的问题。刘子健曾就杨联陞的批评技巧总结道，“尤其让人敬服的是他对于西方学人的态度。他以为西方人学中文，本来就难，偶有小误，不必深责。在私人谈话时，顺便提醒他们一下，也就行了。遇见看法不同，尽可在会场上自提正面的意见，无需多发挥反面的批评，其意自明。但是碰到有关大体，就得纠谬。尤其是妄执一词，自以为是的人，不便放过。就在这种情形时，理直而不必气壮。只要抓住要领，点到为止。杨先生在自己正式讨论时，饶于风趣，时常在严正批判之中，加几句诙谐的插话，缓和空气，被批评的人心服口服。这些地方，决非仅是技巧，也不止是风度，基本上是出发于宽温勤学的精神”。[④]

正如刘子健所说，杨联陞的书评不像伯希和那样兀自批驳。他在书评中，常会先肯定此书的价值所在，然后方指出书中所存在的错讹或值得商榷的问题。比如，杨联陞即这样评价芮沃寿的《中国历史上的佛教》，“作者精通行为科学的概念与方法，同时又是佛教研究领域的专家，正是基于这种少有的融合，使能够在这样一本小册子中包含了如此多的现代学科成果，并非常富有技巧的将其编织进富有吸引力和启示意义的地毯之中”，“在这样一本学术性和富有启发性的著述中，我注意到仅有 only a few 的表述似乎存在错误或误导”；[⑤]Arthur Waley 的《白居易的生平与时代》，“这本著作中相当多的篇幅撰述得如此之好，以致无论是对普通读者还是严谨的中国史研究者都富有启发意义”。只是在“a few places，作者存在错误或误导读者的危险”；[⑥]法国学者索伯（Alexander Coburn Soper）的《郭若虚的绘画史》，“他的专业知识在解释专业术语时非常有帮助，尤其是那些与绘画、建筑、画像有关的术语。例如，他将颇有争议的术语‘破墨’译为‘Graded ink wash’即是基于非常合理的观点”。然而，“尽管翻译总体上具有可读性，不幸的是它的质量是不均衡的。我对照中文文本核查了一半以上的翻译，发现一页平均有两到三个错误”。[⑦]李约瑟等人合译的《Heavenly Clockwork》，

---

① 周一良：《纪念杨联陞教授》，《周一良集》第五卷，第259—260页。

② 蒋力编：《哈佛遗墨——杨联陞诗文简》，第143—144页。

③ 杨联陞曾称，伯希和主编《通报》时，常写书评，对被评者往往失于刻薄，不留余地，自称汉学界之警犬。参见蒋力编：《哈佛遗墨——杨联陞诗文简》，第143页。

④ 刘子健：《斯学传斯风——忆杨联陞先生》，《历史月刊》（台北），第37期。

⑤ Lien-sheng Yang, “Review Buddhism in Chinese History by Arthur F.Wright”, pp.215—217.

⑥ Lien-sheng Yang, “Review The Life and Times of Po Chu-i by Arthur Waley”, pp.259—264.

⑦ L.S.Y, “Review Kuo Jo-hsu's Experiences in Painting by Alexander Coburn Soper”, *Harvard Journal of Asiatic Studies*, Vol.15, No.1/2(Jun., 1952), pp.255—259.

"在有关天文和钟表术语的翻译方面，作者极为细心，取得了非凡的成功"，"然而，从文献学的角度看，这部著作在文本的翻译上出现偶尔的粗心大意"。①L.Petech 译注的《水经注中的印度北部》，"关于文本的译注和讨论，作者展示出其在佛教史籍方面的良好素养和西语中的相关研究之熟悉。其态度是严谨的，著述是严密的"，"不幸的是，他对于中文文本的理解却不能适用于同样的话"。②在描述著述中的错误数量时，杨联陞用词非常慎重。如果错误是三、五个时用 a few 或 only a few；如果是五到七个时，用 several；some，a number of，即表示若干（前者较少）。③杨联陞常言："中国人自己看书，有时不免大体领会，明白这意思就成了。可是翻译成英文，等于切实考验。"④故此，他在书评中虽常指正作者翻译中文文献时存在的误解误译，但在指正错误之同时会站在作者角度为其错误作些说明。例如在评介雷斐氏（*Howard S.Levy*）的《黄巢传》时，杨联陞指出，"我注意到翻译部分有两打的错误"，但"这些错误都是由于没有仔细核对其他文献中相似段落所导致的结果"；⑤杨联陞在对照中文文献核查法国学者索伯（Alexander Coburn Soper）《郭若虚的绘画史》一书中一半以上的翻译，发现一页平均有两到三个错误。对于这些错误，他这样解释道："索伯教授应该是在其翻译上花费了相当长的时间，但没能对其翻译作一总体上的核查"，"最后，我想说的是尽管这部著作在改进方面有很大空间，但大量基础性工作已完成，这足以为将来修订本成为标准翻译提供充分保证"。⑥杨联陞在指正了张光直著述中的不足后这样评述道："上面的这些批评仅仅在于再一次证明，研究古代中国尤其是史前时期需要史学家、考古学家、古文书学家以及其他学科的专家合作。作为考古学家，张光直在撰述这部引人注目的著作中取得了可信赖的贡献。"⑦华兹生在英译《史记》时所出现的错误，杨联陞认为："上面绝大多数错误主要是没有参考词典或其他参考书的结果，他们反映的仅是偶尔的不细致或草率。"⑧列出戴何都（*Robert des Rotours*）在翻译《新唐书》百官志和兵志中的错误后，杨联陞指出"人们如果记得这部著作超过 900 页的话，这个列表（指错误）不能称之为长。"⑨杨联陞虽以"汉学的看家狗"

---

① Lien-sheng Yang, "Review Heavenly Clockwork, the Great Astronomical Clocks of Medieval China by Joseph Needham; Wang Ling; Derek J.de Solla Price", *Journal of the American Oriental Society*, Vol. 80, No.4(Oct.-Dec., 1960), pp.371—374.

② L.S.Y.Review Northern India According to The Shui-ching-chu. by L.Petech. Harvard Journal of Asiatic Studies, Vol.14, No.3/4(Dec., 1951), pp.660—664.

③ 杨联陞：《书评经验谈》，蒋力编：《哈佛遗墨——杨联陞诗文简》，第 148 页。

④ 刘子健：《斯学传斯风——忆杨联陞先生》，收入《历史月刊》（台北），第 37 期。

⑤ Lien-sheng Yang, "Review Biography of Huang Ch'ao by Howard S.Levy", *Artibus Asiae*, Vol.18, No. 1(1955), pp.84—85.

⑥ L.S.Y, "Review Kuo Jo-hsu's Experiences in Painting by Alexander Coburn Soper", pp.255—259.

⑦ Lien-sheng Yang, "Review the Archaeology of Ancient China by Kwang-Chih Chang", pp.200—202.

⑧ Lien-sheng Yang, "Review Records of the Grand Historian of China. by Burton Watson", *Harvard Journal of Asiatic Studies*, Vol.23(1960—1961), pp.245—246.

⑨ L.S.Y, "Review Traite des Fonctionnaires et Traite de l'Armee by Robert des Rotours", *Harvard Journal of Asiatic Studies*, Vol.12, No.1/2(Jun., 1949), pp.237—245.

自命，遇有误述谬论，一定直言评论，但并非丝毫不留情面地兀自批驳，毕竟与他待人宽厚热忱的行事作风不甚吻合。

（四）“细枝末节”中探寻出“大义微言”

周法高曾就杨联陞书评的特点这样评论道：“以前法国的汉学家伯希和以擅长写书评得名，那是由于他具备广博的学识，特别是对于十几种亚洲语言的知识方面，更加上他对于中国学也有相当的了解……在中国学者中，杨联陞先生的书评也是很有名的，他对于中国方面的知识，也是相当广博的。另一方面，也是相当细心，对于大义微言和细微末节，都不肯轻易放过。”①确如周法高所言，杨联陞在书评中常就著述中的某一两个细节问题，作详细解释和说明。例如，杨联陞在评阅戴何都的《新唐书·百官志·兵志》时，注意到作者两次在“抄旁”一词旁边打了一问号，故此他在书评中专门就此考查“抄旁”“钞”“傍”之意。②德效骞（Homer H. Dubs）在译注《汉书》时，就王莽所建政权应称为“新”这样注解道：“这个国号取自于王莽之前的领地新都，正如高祖皇帝的称号来自于他以前的汉领地。”这一解释引起杨联陞注意，他在关于此书的书评即主要围绕王莽政权称为“新”的原因进行专门探讨；③李约瑟在关于明代的描述中有这样一句话，“像鸵鸟、长颈鹿、斑马在中国是第一次看到”，对此杨联陞在书评中专门就这一观点进行评述。④在评述 Luciano Petech 的《18 世纪初期的中国与西藏》一书时，杨联陞主要探讨的是作者没有正确理解“招”和“招地”实指拉萨或拉萨地区这一地名，并就此进一步探讨了招的词源学问题；⑤在评述《中国西部的汉代墓葬艺术》时，所探讨的主要是根据一浮雕画像中人物穿戴判断其为“诏所名捕”，并解释“诏所名捕”的职责等；⑥在评述《古代中国的青铜文化》时，亦主要围绕“大于”并非取自“雨”这个同音异义词而是指“大雩”以及“龚司妇锡商贝于司女用作父乙彝”这一铭文献词的理解。⑦在杨联陞的书评中，有相当书评即是围绕著述中的某一问题、某一观点甚或是某一注解而进行详细阐述，以进一步解释作者所提出的观点或指正作者的错误。

然而，杨联陞对于细节的关注并非为细节而细节，他是在关注“细枝末节”之同时往往

---

① 周法高：《读书集序》，转引自周一良：《纪念杨联陞教授》，第 259—260 页。

② L.S.Y, “Review Traite des Fonctionnaires et Traite de l'Armee by Robert des Rotours”, pp.237—245.

③ L.S.Y, “Review The History of the Former Han Dynasty by Pan Ku by Homer H.Dubs; P'an Lo-chi”, *Harvard Journal of Asiatic Studies*, Vol.19, No.3/4(Dec., 1956), pp.435—442.

④ L.S.Yang, “Review Science and Civilisation in China. by Joseph Needham; Wang Ling”, pp.269—283.

⑤ L.S.Y, “Review China and Tibet in the early 18th Century by Luciano Petech”, *Harvard Journal of Asiatic Studies*, Vol.14, No.3/4(Dec., 1951), pp.655—660.

⑥ L.S.Y, “Review Han Tomb Art of West China, a Collection of First-and Second-Century Reliefs by Richard C.Rudolph; Wen Yu”, *Harvard Journal of Asiatic Studies*, Vol.14, No.3/4(Dec., 1951), pp.665—667.

⑦ L.S.Y, “Review Bronze Culture of Ancient China, an Archaeological Study of Bronze Objects From Northern Honan, dating From about 1400B.C—771B.C. by William Charles White”, pp.771—775.

能从中考察出更大更深之问题，即周法高所说“大义微言”之意。例如，杨联陞之所以关注戴何都在“抄旁”一词旁所打问号，是因为这个词在中国经济史上有着重要意义。为此，杨联陞在书评中专门考证“抄旁”“钞”“傍”，指出《唐六典》中的“抄旁”与《宋会要稿》中的“钞旁”相类似，都是一种说明已缴税的凭证；在宋代收税时通常都有四人一组的证人填写并密封之凭证称为“钞旁”，这个词也被简写为“钞”，而凭证一直被缴税人称为户钞、县钞、住钞，由官府印刷后卖给百姓；至于“钞旁”与“傍”，杨联陞根据《令义解》及日文文献，指出在日文中“傍”是出入宫廷以及需要带武器进入时出示给宫廷侍卫的凭证，考虑到这些日文的使用是复制于中国，故将“傍”解读为“钞旁”即凭证之意是可靠的。由此，杨联陞对诸如“盐钞”“茶钞”“交钞”“钞引”等术语亦加以说明，指出宋代的盐钞、茶钞都指的是商人通过凭证方可得到官府允许买卖盐茶，这些凭证也称为“钞引、交引或引”；尽管宋代纸币有其他名字如“交钞”，但从晋朝以来的纸币“交钞”和“钞”很明显都是源自“凭证”之意。①又如，杨联陞在指正李约瑟所提出的鸵鸟一直到明朝才出现于中国这一观点不正确之同时，他还详细考证了鸵鸟何时出现在中国及其在中国史书上的名称，指出鸵鸟早在汉代即从帕提亚来到中国，西汉时期一直养在皇家花园中；鸵鸟在中国史书上有着不同名称，如《汉书》中有“大马爵”、《通典》中有“大马大爵”、《册府元龟》中有“大鸟爵”、《汉书》注解中说的是“大爵”等。劳费尔(Berthold Laufer)对于鸵鸟在汉代也称之为“大马鸟”这一说法没有持批判态度，杨联陞通过考证认为在汉代更可能用“大马爵”称呼鸵鸟。②再如，杨联陞在书评中用相当大的篇幅阐述王莽取国号为“新”的原因，意在驳斥王莽所取国号仅是基于领地之名的理论。他认为，国号取名为“新”既可能是基于其领地之名，也可能是基于“美号”，因为以《论衡》为代表的地名理论和以《白虎通》为代表的美号理论在古代中国都有其传统，故此杨联陞认为这两说宜并存，并称“也许王莽所开心的是他的国号是一双关语”。③

当然，杨联陞的学术书评除了上述特点外，其书评还具有多从中国社会经济史这一角度入手之特点。且不论他对于杜润德的《唐代财政管理》、孙念礼的《汉书·食货志》译注、魏特夫与冯家升合著的《中国社会史：辽》以及马伯乐的《大英博物馆藏斯坦因第三次中亚探险所发现的敦煌文书著录》等与中国社会经济史直接相关著作的评述，即使是对诸如洪业的《杜甫：中国最伟大的诗人》、卫理的《白居易的生平与时代》、李约瑟的《中国科技史》这些著述，亦如前述所言，多是从社会经济史的角度切入。由于杨联陞的治学专长即是中国中古时代的社会经济史，正是由于结合个人专长优势，从而使其书评能从容优游于其间。杨联陞在撰写书评时还特别注意引述前贤或时贤的成果，尤其是常提及日本学者的

① L.S.Y，“Review Traite des Fonctionnaires et Traite de l'Armee by Robert des Rotours”，pp.237—245.

② L.S.Yang，“Review Science and Civilisation in China. by Joseph Needham；Wang Ling”，pp.269—283.

③ L.S.Y，“Review The History of the Former Han Dynasty by Pan Ku by Homer H.Dubs；P'an Lo-chi”，pp.435—442.

研究成果。[①]例如，关于《论语》真实性的讨论，杨联陞提醒顾立雅（H.G.Creel）应参考日本学者武内义雄的《论语之研究》；[②]在评论魏特夫的《中国社会史：辽》时，认为关于辽代的精彩综合解释应参考日文著作《异民族的支那统治史》，关于辽代刑法研究应参考泷川政次郎和岛田正郎的《辽律研究》；关于“生口”在中国早期历史上指的是“俘虏”“奴隶”，可参看桥本增吉的《东洋史上所见日本上古史研究》等。[③]由此亦可见，杨联陞的书评真正有世界眼光。

二、杨联陞学术书评的影响与贡献

杨联陞基于其渊博的知识，灵敏的触觉，在书评中能指出著作的症结所在；另一方面，他在指正著作中的误述谬论时，往往就事论事，不妄下断语，态度又和缓公允，故此其书评为著者所乐于接受。刘广京曾言：“先生于专著及论文集之外，常为《哈佛亚洲学报》作书评，时人著作由其改正谬误之处甚多，而其态度平和公正，原书著者多为之心折。”[④]例如，杨联陞评戴何都（Robert des Rotours ）译注《新唐书・百官志・兵志》的书评刊发不久，即收到戴的来书作谢，并与杨氏往复论学。[⑤]评论孙念礼（Nancy Lee Swann）译注的《汉书・食货志》时，杨联陞提出疑问及改正三十几处。1946 年过年时孙念礼给杨去了一封很客气的谢信，并希望杨到纽约时能顺访谈谈；[⑥]杨联陞曾在文章中指出，翟林奈（Lionel Giles）将公元 942 年晋皇帝

---

① 著述中常引用日本学者研究成果与他对日本学者汉学研究的熟悉和甚高评价有关。早年在清华大学求学期间，杨联陞即受清华大学日文教授钱稻孙之影响常读日本书报并得以接触平冈武夫、森鹿三、宇都宫清吉、竹内好等日本学者。后经周一良和钱稻孙介绍推荐，为美国学者贾德纳（Charles S.Gardner）做助手，帮他看日本《支那学》《东方学报》等，协助他编日本论文摘要。另据周法高回忆，在返美之后的一次燕京学社访问学人的野餐会上，“杨先生提到：假使把汉学各部门分成一百门，每门举出一个第一名，那么日本学者要占过半数。换言之，日本学者占各部门第一位的比中欧美三地的学者都多。”（周法高：《论汉学界的代表人物》，《汉学论集》，台北正中书局 1965 年版，第 17 页。）此文发表后杨联陞即致信周法高，对这种议论予以修正称：“说老实话，我已经不记得当时怎么说的了，不过照您记下来的，颇易引起误会。因为把汉学分成一百门（或若干门），有如何分法的问题。每门的第一名，又是非常难决定的。我当时的意思，只是觉得有很多日本学者治中国学问比咱们本国人还认真，也很有成就，不宜忽略。当时随便聊天，矫枉过正措辞失当，想是有的。照我现在的看法，那种比法，不能成立。”并补充道：“我想论学问最好不要谈第一人，而谈第一流学人与第一线学人（或学徒）……在汉学可能包括的各部门中，有若干部门，以现在生存的学者而论，日本的第一线学人或学徒，似乎比中国还多。第一流学人，也有不少。算总数则很难说。无论如何。所谓‘过半数’，似乎失之过高。理应更正。”（杨联陞：《与周法高先生论汉学人物书》，周法高：《汉学论集》，第 26—27 页。）以杨联陞修正后的观点来看，他对日本学者究仍给予了高度评价。正是因为如此，他在书评中常列举日本学人的汉学研究成果。

② L.S.Y，“Review Confucius：The Man and the Myth by H.G.Creel”，pp.537—540.

③ L.S.Y，“Review History of Chinese Society，Liao(907—1125). by Karl A.Wittfogel；Feng Chia-sheng”，pp.216—237.

④ 刘广京：《挽杨联陞先生》，《历史月刊》（台北），第 36 期。

⑤ 刘秀俊：《“中国文化的海外媒介”——杨联陞学术探要》，第 105 页。

⑥ 胡适纪念馆编：《论学谈诗二十年——胡适杨联陞往来书札》，安徽教育出版社 2001 年版，第 62、74 页。

给契丹皇帝耶律德光的这封信理解为“出帝给北方契丹皇帝耶律德光宣称其前任已被废的信”是错误的，并指出他在此信理解方面的其他错误。让杨联陞高兴的是，当他于1951年参观大英博物馆时发现其所指出的错误为翟林奈所接受并改正。①杨联陞在给其女儿杨忠平的信中不无自豪的写道，“虽然写过很多书评，只有一两次作者来信反驳”②。由此亦可见，杨联陞的书评为著者所称服，并为国际汉学界所接受。日本年轻学人告诉刘子健：“他们的老师对于杨先生极为敬重。凡是他的著述，都觉得无瑕可击，奉为规范。”③杨联陞自己亦曾提到，“其书评确为人注意，例如德国汉学家福·赫伯特(Herbert France)所著《汉学》一书，就列举我不少书评”④。

1985年杨联陞受邀到香港新亚书院为“钱宾四先生学术文化讲座”作三场论坛后，在致新亚书院的谢函中附了两首打油诗，其中即以“瓦砾沙金杂货铺”自喻。⑤1987年，杨联陞作联自嘲“瓦砾沙金　敢比仰山杂货铺；探微识小　何堪舜水再来人”。⑥对于自己的“杂货铺”，他自认为杂家无法同专家的成就相提并论。1963年，杨联陞在给周法高的信中称：“我因在外国教书关系，只能开杂货。歧路亡羊，常常引以为戒。说不上什么成就，绝不敢与在各部门卓尔成家的诸位前辈相比。”⑦如果说有所作用，他认为那也不过是为他人提供些仅供参考的杂货。1984年，在受邀到台湾“中研院”作题为“书评经验谈”的胡适生日纪念讲演时，杨联陞再次言道：“杂家遇专家，小巫见大巫，岂敢相比。只我是所谓华裔汉学家(指西洋式)，混了几十年，评论别人卖的中国膏药，或有可供参考之处。”⑧然而，杨联陞著述之价值决不像他自己所说。何炳棣回忆到，1965年初夏杨联陞在家对何言道，“你是历史学家，我是汉学家。什么是汉学家，是开杂货铺的”。自视甚高的何炳棣立即响应，“可是你这杂货铺主人的货源确实充足，连像我这样‘傲慢’的历史家有时还非向你买货不可”。⑨治学取径与杨联陞大相径庭的新儒家杜维明亦指出，“他的功力表现在书评方面，书评的特色是他人做主，评者必须迁就题材及问题，即使如此，杨先生往往能指出许多著作的症结所在。他给我的博士论文初稿八十几个评语，个个经过深思熟虑，极富启发。他的汉学鉴赏力令我了解什么叫做汉学界的学术庄严，此绝非限于考据之能事而已”。⑩就书评而言，笔者以为杨联陞对西方汉学界的贡

---

① Lien-sheng Yang, “Review Descriptive Catalogue of the Chinese Manuscripts From Tun-huang in the British Museum. By Lionel Giles”, *Harvard Journal of Asiatic Studies*, Vol. 21 (Dec., 1958), pp.211—213.

② 蒋力编：《哈佛遗墨——杨联陞诗文简》，第328页。

③ 刘子健：《斯学传斯风——忆杨联陞先生》，《历史月刊》(台北)，第37期。

④ 蒋力编：《哈佛遗墨——杨联陞诗文简》，第145页。

⑤ 杨联陞：《中国文化中“报”、“保”、“包”之意义》，第167页。

⑥ 蒋力编：《哈佛遗墨——杨联陞诗文简》，第303页。

⑦ 杨联陞：《与周法高先生论汉学人物书》，《汉学论集》，第26页。

⑧ 杨联陞：《书评经验谈》，蒋力编：《哈佛遗墨——杨联陞诗文简》，第139页。

⑨ 何炳棣：《读史阅世六十年》，广西师范大学出版社2005年版，第339—340页。

⑩ 黄进兴访问杜维明，《儒学的最后先锋》，《当代》，第3期。

献主要体现在以下几个方面：

(一) 矫正西方汉学界误解误译汉文献的流弊

1960年，杨联陞在华盛顿大学召开的中美学术合作会议上，借用傅斯年讥讽拉铁摩尔的云林之喻，指出美国人研究中国史往往富于想象力，如果不加以适当控制，他们可能会“误认天上的浮云为地平线上的树林”①。他在写给女儿的信中亦曾提及说：“西洋人对于古汉语的误解，可以出一本《笑林广记》。”②正因为如此，杨联陞在书评中常揪举出西方汉学家著述中的误读之处，并为其纠正。例如，索伯在《郭若虚的绘画史》中，由于没有正确的理解“都内或入内都知”是皇家总管，而将“刘都知”误解成“刘者，他知道”，“入内阁都知”变成“皇家图书馆的监管人”；文献中缩写的官职或文学形式的官衔，由于其更难以辨识而为作者所误解，如枢密直学士的缩写“密学”被理解为“勤奋学习”、掌管国库的官员“内藏”被误译成“我的收藏”，吏部下级官员的文学称呼“少列”被理解为“在如此不合时宜的年龄就去世”；其他理解错误还有，如“字则未闻”理解为“称则未：我已听闻”，“属宫车晏驾”不是“装饰皇宫的工作人员”而是“碰巧皇帝去世”，“盛传杨朏波斯”其意是“杨朏所画为波斯人熟知”。而不是“杨朏是一个为波斯人所广为相信的人”等。③华兹生在英译《史记》时，将“旦暮”理解为“早晚”，“朗中令”解为“宫廷侍卫”，“南海民王织”理解成“织，南海王”，“仕宦”理解为“朝臣和太监”，“长公主”理解为一个人名字等错误。④杜百胜(A.C.H.Dobson)在译注《孟子》时，“府库”被理解为“武器和仓库”，应为“金库与仓库”；“博弈”理解为“赌博，下棋”，应为“玩六博游戏和围棋”；“食色”误译为“食物和味道与感觉”，应为“食物与美或性”等。⑤鲁惟一(Michael Loewe)在《汉代行政管理》中，将本意为“赊销”的“贳卖”理解为“租赁或销售”，意为“登记付给官员的薪水”的“吏奉赋名籍”理解成“在册官员的薪水和税赋”；翟林奈(Lionel Giles)在著录大英博物馆敦煌文书时，误将“末劫”和“永业”理解为地名，“剌员外散骑朗”误解为一种官衔，“莫懒惰”误解为一个印度和尚的名字；⑥牟复礼在《高启诗人传》中，将意为“银与丝织品”的“银币”理解为“银与现金”，“索居”理解为“寻找另外一个地方生活”，“中朗幼女”理解为“他的小儿子和年幼女儿”，其意为“秋风在鬓角即太阳穴位置的头发上”的“秋风鬓脚”理解为“在你的头和脚上”。⑦李约瑟在其著述中误解四七二十八、三八二十四这样简单计算却说原文四七、三八恐有误字，将“六博”这种游戏理解为“六位博学的学者”，并将“泥

---

① 杨联陞：《关于萧公权、叶公超、赵元任三位老师》，《传记文学》，第40卷第6期。

② 蒋力编：《哈佛遗墨——杨联陞诗文简》，第328页。

③ L.S.Y, “Review Kuo Jo-hsu's Experiences in Painting by Alexander Coburn Soper”, pp.255—259.

④ Lien-sheng Yang, “Review Records of the Grand Historian of China. by Burton Watson”, pp.245—246.

⑤ Lien-sheng Yang, “Review Mencius: A New Translation Arranged and Annotated for the General Reader by A.C.H.Dobson”, *Harvard Journal of Asiatic Studies*, Vol.25(1964—1965), pp.292—296.

⑥ Lien-sheng Yang, “Review Descriptive Catalogue of the Chinese Manuscripts From Tun-huang in the British Museum. By Lionel Giles”, pp.211—213.

⑦ Lien-sheng Yang, “Review The Poet Kao-Ch'I, 1336—1374 by F.W.Mote”, *Harvard Journal of Asiatic Studies*, Vol.24(1962—1963), pp.291—297.

靴”误解为“泥船”;[①]Lee E.Serman 误将意为“佛教寺院”的“招提”误解为“堤坝”;[②]费正清(John K.Fairbank)误将利用在身边或现场优势的“就近”理解为“利用第一次机会”,“爵宫保”误解为“封为继任者的监护人”等。[③]杜润德在其《唐代财政管理》中,将意为“免除税赋作为补偿特殊劳役服务的方式”的“以色役免”误解为“逃避特殊的劳役服务”,其意为“除了征收实物外”的“兼调”理解为“以实物偿付的补充税”、其意为“由于所供物品非常轻微,因此他们很容易提供”的“所贡至薄,其物易供”理解为“所供物品质量非常差,他们可以被交换”,“吏畏如夏日”其意不是“在夏季他的下属很暴虐”而是“他的下属怕他就像夏季的太阳”,“无物不取”其意是“没有什么东西他们不想拿走”而不是“如果没有东西,他们就不能拿走什么”等。[④]

杨联陞在书评中谦称这些错误并不太重要。但是,我们不应忽视这些小的错误,因为治史者假使在文献理解方面发生严重的错误,则其所构建的历史图像无论采行何种观点,充其量只是空中楼阁。魏特夫(Karl A.Wittfogel)在《东方专制论》曾提及,汉代某件碑刻记载了一条驿道的修筑动用了 76.68 万人,其中 2 690 人是刑徒,以此证明汉代人民迫于服役之劳动力比刑徒大得多。然而,杨联陞却指出,76.68 万这个数字是 2 690 位刑徒乘上工作日的总和。换言之,这些刑徒已经构成全部的劳动力,因此这件石碑不足以证明汉代的公共工程有人民大量服劳役。[⑤]卫理由于未能正确理解圣或圣人是唐代对皇帝的一种称呼,可以说是敬称但不一定表示真的敬意,故此他在《白居易的生平与时代》中提到安禄山时称中国史家将安禄山称之为土匪、背信弃义之人这一说法不可取,并认为他的部下一定很敬服他,因为他们称他为神圣的人物(Holy man)。[⑥]由于杨联陞的存在,西方汉学界减少了许多像魏复古那样把“浮云”误读为“树林”的事例。由此观之,杨联陞在书评中直斥著述者之误解与误读,对于西方汉学界而言正如严耕望所说“不啻为胡说的一股吓阻力量”,弥患西方汉学对汉文献误解与富于想象之流弊于无形,这是他对西方汉学的一种看不见的贡献。

(二) 推进了专门领域内的知识发展

周法高曾评论道,“伯希和及杨先生专门学术性的书评,虽然一般人不见得有兴趣和看得懂,却也构成了他们高度学术化的特色”。[⑦]余英时亦同样认为杨联陞的书评是“高度学术

① Lien-sheng Yang, “Review Heavenly Clockwork, the Great Astronomical Clocks of Medieval China by Joseph Needham; Wang Ling; Derek J.de Solla Price”, pp.371—374.

② L.S.Y, “Review Streams and Mountains Without End: A Northern Sung Handscroll and Its Significance in The History of Early Chinese Painting by Sherman E.Lee; Wen Fong”, *Harvard Journal of Asiatic Studies*, Vol.18, No.3/4(Dec., 1955), pp.494—497.

③ L.S.Y, “Reivew Ch'ing Documents, an Introductory Syllabus. by John K.Fairbank”, *Harvard Journal of Asiatic Studies*, Vol.16, No.1/2(Jun., 1953), pp.284.

④ Lien-sheng Yang, “Review Financial Administration under the T'ang Dynasty by D. C. Twitchett”, pp.298—303.

⑤ 杨联陞:《国史探微》,第 139—140 页。

⑥ Lien-sheng Yang, “Review The Life and Times of Po Chu-i by Arthur Waley”, pp.259—264.

⑦ 周法高:《读书集序》,转引自周一良:《纪念杨联陞教授》,第 259—260 页。

化的书评”,“更难能可贵的是他的书评篇篇都有深度,往往能纠正原著中的重大失识或澄清专家所困惑已久的关键问题,其结果是把专门领域内的知识向前推进一步”。[①]

杨联陞高度学术化的书评,在许多方面推进了专门领域内的知识发展。例如,关于陶瓷的制作,明清文献中常提到一种青料叫作“苏泥勃”或“苏勃泥”,又有“苏麻离”“撒卜泥”“撒孛尼”等种种异称。由于这种青料来自回教国家,因此一般也称之为“回回”青。但究竟这是一种什么样的“青料”,则专家之间在20世纪50年代中期还没有取得定论。一般的意见是以“苏泥勃”为外国地名,例如傅振伦的《明代瓷器工艺》即将“苏泥勃青”解释为“苏门答腊的泥”和“婆罗洲的青”。杨联陞在评论John Alexander Pope的《伊朗阿尔达比勒所藏中国瓷器著录》一书时对这个问题进行了系统的研究,他在考察中英日文现代专著中的各种说法,断定日本专家之说最为合理,即以“苏勃泥”是一种石质的外语译音。但日本学者追溯“苏勃泥青”一词仅到1591年高濂的《遵生八笺》为止,且未明言其为“石”。杨联陞则在1587年周梦旸所编《水部备考》中找到了“回回青又名苏嘛呢石青”的记载。《水部备考》不但年代更早,而且明著“石青”两字。由于此书是官方编纂,这条证据因此也更具有权威性。[②]又如,有关唐朝末年,即公元877—878年叛军在攻陷“广府”后屠杀外国人之事,一般学者认为这支叛军是在黄巢领导之下,“广府”这座城市被权威学者伯希和和桑原骘藏认为是广州。杨联陞在评述Howard S.Levy的《黄巢传》时指出,根据中文史料广州是于879年才陷落,并指出叛军领导者不是黄巢而是广西起义者庞勋。由此,阿拉伯文本的作者在记载此事时有可能将庞勋与黄巢搞混淆了,尽管他们在文本中的描述主要与后者领导的起义有关。[③]再如,在评述贝塚茂树的《中国古代史学的发展》时,杨联陞注意到作者将西周早期一段金文中的“周公子明保”解释为“明保,周的公子”,并根据“明”是周公所取“旦”这一名称的同义词而倾向于认为明保是周公自己。中国学者将这些字解释为“明保,周公的儿子”,但他们对于明保的身份持有不同看法。对于贝塚茂树的解释,杨联陞在书评中专门就此指出这一解释是不能成立,因为至少在春秋时期,公子与太子之间还是存在着明显的区别,没有理由这种区别在西周时期即不再存在了。无论如何,文王的儿子周公不可能被称为公子(son of a feudal lord)。当然,人们可能会争辩说,根据文王一生都将自己视为商朝一诸侯这一惯例,而认为其仅是一个被册封的王;然而,在周王朝建立后,还称周公这几乎没有任何可能性。[④]另外,杨联陞在评论孙念礼(Nancy Lee Swann)译注的《汉书·食货志》时,不仅专门讨论了争讼纷纭的井田制,还讨论了中国古代税赋名目和汉代兵役和劳役的问题。其中,就“赋”一词,他通过训诂指出,“赋”在各个时期确实有着如周代指兵役税、秦汉时指“人头税”这些特定的含义,但基本上亦

---

① 余英时:《中国文化的海外媒介》,《钱穆与现代中国学术》,第143页。

② Lien-sheng Yang, “Review Chinese Porcelains From the Ardebil Shrine. By John Alexander Pope”, *Harvard Journal of Asiatic Studies*, Vol.21(Dec., 1958), pp.214—220.

③ Lien-sheng Yang, “Review Biography of Huang Ch’ao by Howard S.Levy”, pp.84—85.

④ Lien-sheng Yang, “Review Devolpment of the Study of Ancient Chinese History. by Kaizuka Shigeki”, *The Far Eastern Quarterly*, Vol.12, No.1(Nov., 1952), pp.60—61.

可以肯定的是它又有着像“税、敛;征税,敛取”这样一般性的含义。①其他还有,在现代文献中“太半”和“少半”指的是超过一半和不到一半,但杨联陞指出在汉代或更早则指 2/3 和 1/3 。②《辽史》中的“杖有二,大者重钱五百,小者三百”,杨联陞指出法律条文通常会具体规定杖的长度和直径而不是他们的重量,这项规定可能与辽管理杖即当鞭挞数超过 50 时即用沙袋的实践有关。③我们不要认为这些都是些偏僻的小问题而加以轻忽,其实许多历史上的大问题都是要靠无数小问题的解决才能得到答案的。

另外,杨联陞在书评中还就某些领域的进一步研究提出了富有价值的建议。在评论瞿同祖的《传统中国的法制与社会》一书时,杨联陞即指出法与政府、法与经济仅是在这里或那里偶有触及。事实上,这两个问题都包含了许多有价值的问题,每一个都值得成为一部专著。有关法与政府方面,可关注地方统治者作为法官的作用;作为法律制定者和拥有最终及最高权威裁判者的皇帝,并不是可以随意无节制的统治下去,他还受到天道、儒家道德及祖制的制约;至于法与经济领域,人们可以关注土地所有权法规与水利工程、国家在货币及诸如盐茶等关键性物品方面的垄断性经营法规、高利贷及利息,以及市场与对外贸易方面的管理法规等。④“招”或“招地” 指的是“拉萨”或“拉萨”地区。至于“招”或“召”的含义,魏源在《圣武记》中将其解释为寺庙,称“大招寺”和“小招寺”指的就是大寺庙、小寺庙。杨联陞在评述意大利藏学家毕达克教授(Luciano *Petech*)的《18 世纪初期的中国与西藏》一书时,通过对相关文献和学者研究成果的梳理,认为美国藏学家柔克义(William W. Rockhill)将“招”解释为“如来”即指佛的观点是正确的;并在书评中进一步指出,大招小招不可能是来自蒙古人对这些寺庙所取名字的音译;蒙语中的 Jun 反过来应是源自藏语的 Jo-bo;至于藏语中 Jo-bo 或 Jo-wo 的词源学问题,杨联陞认为这是一个难题但却是一个有意思的问题。传统观点认为中文名大招小招可能是藏语 Jo-bo 的音译,藏语中的 Jo-bo 则可能是源自中文官衔“主簿”的音译,杨联陞则认为“主簿”可能是藏语 Jo-bo 的音译,但碰巧与中文官衔相同,因为在其他相关语言中也能找到对应藏语 Jo-bo 的词语。⑤再如,Marion J.Levy 在其《近代中国的家庭革命》中虽然也偶有提到有关仆人问题,但杨联陞在书评中指出,应将诸如奶妈、看妈、女仆纳为妾、女仆收为养子或养女、以及陪嫁丫鬟等收集在专门的一章予以讨论,这对于理解士绅家

① Lien-sheng Yang, “Notes on Dr. Swann's Food and Money in Ancient China”, *Harvard Journal of Asiatic Studies*, Vol.13, No.3/4(1950), pp.524—557.

② L.S.Y, “Review Economic Dialogues in Ancient China: Selections from the Kuan-tzu, A Book Written Probably Three Centuries Before Christ. by Lewis Maverick”, *Harvard Journal of Asiatic Studies*, Vol.18, No.1/2(Jun., 1955), pp.284—288.

③ L.S.Y, “Review History of Chinese Society, Liao(907—1125). by Karl A.Wittfogel; Feng Chia-sheng”, pp.216—237.

④ Lien-sheng Yang, “Review Law and Society in Traditional China by T'ung-tsu Ch'u”, *California Law Review*, Vol.49, No.5(Dec., 1961), pp.1018—1019.

⑤ L.S.Y, “Review China and Tibet in the early 18th Century by Luciano Petech”, pp.655—660.

庭非常有必要，也有助于增强作者关于角色分化之模式的论述。①

（三）把中国学术引进西方汉学

杨联陞常在书评中常提及中国学人的著述以资佐证其评述、或提请著者注意书中观点学界已有人提及论述、或供著者修订某一观点以及就某一问题作进一步阐述时以备参阅等。例如，卫理（Arthur Waley）《白居易的生平与时代》一书中关于“白乐天在仙女山有一座曾为一位商人所拜访并为其向往的庭院”这一想象，杨联陞指出可参看陈寅恪在《岭南学报》第10卷第1期（1949）上有一篇极为精彩的文章。②卜德（Derk Bodde）在英译冯友兰《中国哲学史》时误将“异端造作，大小大费力，非自然也。故失之远”中表示多少的“大小大”这一古老俗语译为“无论是大还是小”，杨联陞提醒卜德“可参见徐嘉瑞于1948年出版的《金元戏曲方言考》”③。在讨论德效骞（Homer H.Dubs）英译《汉书》中所提到的关于“刚卯护身符”这一主题，杨联陞在书评中提到可参看劳干发表在《中央研究院历史语言研究所辑刊》（1956年，第27辑）上的《玉佩与刚卯》一文；关于王莽改匈奴称号及其他匈奴名称，方壮猷的《匈奴语言考》中有讨论；④评论鲁惟一（Michael Loewe）的《汉代行政管理》时，杨联陞指出关于以“分配、给予、付给”之意使用“赋”的例子可参看劳干的《居延汉简·考释之部》；关于意指治所或候长总部的“省卒”、“省作”这类短语中“省”字，可参见张春树1966年发表在《清华国学研究季刊》上的《居延边境的汉代移民和他们的定居者》一文。⑤评论华兹生（Burton Watson）的《中国的早期文学》一书时，杨联陞指出有关《左传》与《国语》之间语法与词汇区别的讨论，张以仁的《中央研究院历史语言研究所辑刊》一文有专门讨论。⑥评论郝立庵（Leon Hurvitz）的《魏书·释老志·释部》英译本时，杨联陞指出有关“调役”和其同义词“课役”，可参看陈观胜发表在《哈佛亚洲研究》上的《会昌灭佛的经济背景》一文。⑦在讨论“龚司女锡商贝于司女用作父乙彝”中“司女”应是一个字这一观点时，杨联陞指出周法高在其《金文零释》中已讨论过；关于“锡商”所涉及的古汉语语法时，提到了沈春晖的《周金文中之双宾

① L.S.Y，“Review The Family Revolution in Modern China by Marion J.Levy”，*Harvard Journal of Asiatic Studies*，Vol.12，No.3/4（Dec.，1949），pp.541—544.

② Lien-sheng Yang，“Review The Life and Times of Po Chu-i by Arthur Waley”，pp.259—264.

③ L.S.Y，“Review A History of Chinese Philosophy. Vol.II：The Period of Classical Learning（From the Second Century B.C. to the Twentieth Century）by Fung Yu-lan；Derk Bodde”，pp.478—483.

④ L.S.Y，“Review The History of the Former Han Dynasty by Pan Ku by Homer H.Dubs；P'an Lo-chi”，pp.435—442.

⑤ Lien-Sheng Yang，“Review Records of Han Administration by Michael Loewe”，*Bulletin of the School of Oriental and African Studies*，*University of London*，Vol.31，No.3（1968），pp.636—638.

⑥ Lien-sheng Yang，“Review Early Literature by Burton Watson”，*Harvard Journal of Asiatic Studies*，Vol.（1962—1963），pp.303—306.

⑦ Lien-sheng Yang and Kenneth Ch'en，“Review Wei Shou，Treatise on Buddhism and Taoism，an English Translation of the Original Chinese Text of Wei-shu CXIV and the Japanese Annotation of Tsukamoto Zenryu by Leon Hurvitz”，*Harvard Journal of Asiatic Studies*，Vol. 20，No. 1/2，（Jun.，1957），pp.362—382.

语句式》。[①]在讨论杜润德(D.C.Twitchett)《唐代财政史》一书的主题时,杨认为将这部著作中所关注的主题与鞠清远的《唐代财政史》中所讨论的主题进行比较将非常有意思,并认为,"鞠清远的这部著作是中文学界关于这一主题的最佳著作"。[②]在评介贝塚茂树的《中国古代史学的发展》一书时,杨亦指出此书没有收录董作宾的《殷历谱》、胡宣厚基于甲骨文所作的关于商代史的三篇论文等最新出版的著述。[③]杨联陞在其书评中多提及中国学人的著述及观点,这有助于使中国学人的著述进入西方学人的视阈中,勾起他们了解中国学人著述的欲望。

杨联陞常借助于书评对批评甚或贬损中国学人研究成果的观点进行驳斥。牟复礼(Frederick W.Mote)曾就傅路德(L.Carrington Goodrich)翻译的陈垣《元西域人华化考》英译本发表了一篇评论文章。他在此篇书评中指出,陈垣在"中亚人为中华文化同化影响的狂热中,在其总的判断中没有对同时出现的相反趋势作任何评价。中亚文化的形式和标准同样也渗透到中华文化,并影响着许多中国人放弃中华方式"。对于牟复礼的这一批评,杨联陞在其为傅路德的《元西域人华化考》英译本所写的书评中如是驳斥道:"牟复礼教授在这里可能忽视了此著的中文标题或此书的英文副标题。即使同意他在讨论中提出的陈垣教授有些以中国为中心的观点,我仍然认为没有理由去期待就诸如采用蒙古人的姓名这类'中原方式的野蛮化(barbarization of Chinese manners)'进行全面的对比,这甚至都不属于关于中亚文化对中原人的影响这样一本专著。不用说,博学的作者绝不可能不熟知这种现象。"[④]在关于内藤湖南的《中国近世史》和《支那史学史》这两著的书评中,杨联陞就内藤湖南对其同时代中国学者所提出的批评进行了辩护。内藤批评王先谦的《汉学补注》没有什么价值,因为它仅是利用了其他学者的成果。杨联陞对此回应道,"集注的主要价值正在于成为学者方便的工具,内藤似乎忽视了这一点";再如,内藤在关于清代史学部分结尾处的几行史评中,批评梁启超于1922年出版的《中国历史研究法》,"梁启超,不知其意而妄作者"。杨联陞就此在书评中写道:"此书尽管有一些错误和遗漏,著作至少对入门者仍是有价值的。内藤的批评似乎不必要如此严厉尖刻。"杨联陞在书评中还以注释的方式提醒读者,可参看另一位日本学者桑原骘藏关于此书所作的尽管带有批评性但相对公正书评。[⑤]另外,

---

① L.S.Y, "Review Bronze Culture of Ancient China, an Archaeological Study of Bronze Objects From Northern Honan, dating From about 1400B.C—771B.C. by William Charles White", pp.771—775.

② Lien-sheng Yang, "Review Financial Administration under the T'ang Dynasty by D.C.Twitchett", pp.298—303.

③ Lien-sheng Yang, "Review Devolpment of the Study of Ancient Chinese History. by Kaizuka Shigeki", pp.60—61.

④ Lien-sheng Yang, "Review Western and Central Asians in China under the Mongols. Their Transformation into Chinese by Ch'en Yuan; Ch'ien Hsing-hai; L.Carrington Goodrich", *Journal of the American Oriental Society*, Vol.89, No.2(Apr.-Jun., 1969), pp.425—426.

⑤ Lien-sheng Yang, "Review History of Early Modern China By Naito Torajiro, History of Chinese Historiography. by Naito Torajiro", *The Eastern Quarterly*, Vol.12, No.2(Feb., 1953), pp.208—210.

在评述英国学者斯图尔特·柯尔比(E.Stuart Kirby)的《中国经济史导论》一书时,杨联陞不无愤慨地指出:"这部著作的主要贡献在于对众多日本学人有关中国经济史研究成果的总结概括,甚至大量提及日本学人译自中文和西语的著作,然而在关于最近千年的著述部分时作者甚至没有提及像从事宋代研究的全汉升、从事明代研究的梁方仲这样一流的经济史家。"①

杨联陞书评更大的贡献在于将中国学术中成熟而健康的成分引入西方汉学。20世纪50年代以后,西方汉学发生重大变化,逐渐和各种不同学科特别是社会科学融合起来,"社会科学化"成为一种时尚。②在社会科学化风潮影响下,美国的汉学研究呈现"钢筋(概念构架)太多,水泥(材料)比较少,个人发挥太多"之特点。萧公权曾如是描述美国汉学界的中国史研究景象:各大学里有些研究中国历史的美国学者,不愿(或不能)广参细考中文书籍,但又必须时时发表著作,以便维持或增进他们的声誉,或博取升级加薪的待遇。天资高一点的会从涉猎过的一些资料中'断章取义',挑出'论题',大做文章。只要论题新鲜,行文流畅,纵然是随心假设,放手抓证的产品,也会有人赞赏,作者也沾沾自喜。这种作风竟有点像王阳明在《书石中卷》中所说:"今学者于道如管中窥天,少有所见即自足自是,傲然居之不疑。"③杨联陞承认社会科学概念有助于中国史研究的开展,但他并没有照单全收,坚持认为治中国史者首先必须深入中国文献的内部而尽其曲折,然后才能进一步提出自己的心得。李雪曼(Sherman E.Lee)和方闻(Wen Fong)的《溪山无尽:北宋的山水画及其在中国早期绘画史上的重要性》一书,将宋代画作分为宫廷风格、经典风格、写实风格、抒情风格及自然风格,并按照这一顺序描述宋代画作的发展。对此,他在书评中批评其"显然沉迷于过度概括",忽略了历史发展的复杂性。④杨联陞在书评中指斥这些对中国文献的误解误译,就是要严守史学研究的基线,防堵"随心假设""放手抓证""断章取义"的流弊,同时让沉迷于社会科学化的西方治中国史者领略到"训诂"之重要性,这亦是其对西方汉学界的一大贡献。正如余英时所说:"杨先生对于西方汉学界的最大贡献毋宁在于他通过各种方式——课堂讲授、著作、书评、学术会议、私人接触等——把中国现代史学传统中比较成熟而健康的成分引进汉学研究之中。"⑤

---

① Lien-sheng Yang, "Review Introduction to the Economic History of China by E.Stuart Kir," *Annals of the American Academy of Political and Social Science*, Vol.294, America and a New Asia(Jul.1954), pp.160—161.

② 有关20世纪50年代以来美国汉学界的社会科学化趋向,可参见拙著《隔绝对峙时期的美国中国学》第五章第一节"社会科学介入中国学",上海辞书出版社2008年版。

③ 萧公权:《问学谏往录——萧公权治学漫忆》,黄山书社2008年版,第225—226页。

④ L.S.Y, "Review Streams and Mountains Without End: A Northern Sung Handscroll and Its Significance in The History of Early Chinese Painting by Sherman E.Lee; Wen Fong", pp.494—497.

⑤ 余英时:《中国文化的海外媒介》,《钱穆与现代中国学术》,第147页。

三、杨联陞学术书评的启示

透过杨联陞所撰的这60多篇英文学术书评，在让我们领略海外汉学界的研究成就及其特点之同时，亦让我们能够更为清醒的面对海外汉学著作。自20世纪80年代以来，海外汉学再次引起中国学术的重视，大量美国汉学著作被译介引入中国学界。①面对海外汉学著述，不少中国学者又轮回到了晚清“视西人若帝天”的时代，似乎海外著述总是要比国内学者要好。然而，杨联陞的学术书评告诉我们，海外汉学著述中当然不乏优秀的作品，但大多数著述无论是观点还是在汉文献的理解方面并非无可挑剔。由于杨联陞经常在书评中指正海外汉学著述中对汉文献的误解误译，以至当年他在英国游学时，剑桥大学退休的Moule教授面对到老人休养院去看他的杨联陞突然问道，“你想我们西洋人真能读懂中文吗?”杨联陞委婉的言道：“焉有不能之理，只有深浅之别而已。”②事实上，许多民国学者在评述海外汉学著述时有着同杨联陞一样的感受，海外不少汉学者由于在古汉语方面的修养不够，在其著述中尤其是解释和译注史料时常存在误解误译。③杨联陞和民国其他学者关于海外汉学著述的书评，对当下中国学界而言不能不说是一剂清醒剂。面对海外汉学著述，一方面我们不能漠视或拒绝，应尽可能将其贡献纳入视野，以开放的心态面对；另一方面，我们不应顶礼膜拜，完全丧失批判反思的能力，而应坚持一种批判研究的态度，在充分注意其局限之同时，亦尽可能挖掘有助于中国学术之可取处。

杨联陞书评带给我们更为重要的启示是，对于学术发展而言书评是不可或缺的，尤其是在强调学术创新、强调中国人文学术应走向国际的今天。不可否认，当下的中国学术界不乏书评，但大多数书评是一些对所评之书的概述和夸奖，只受作者和出版社的重视，因为其中一些书评是作者或出版社编辑找人写的。葛兆光曾就中国学界的书评这样批评道：“中国的书评有几个问题：首先，是吹捧太多而批评太少，批评性的书评甚至被认为是‘吹毛求疵’或‘酷评’。其次，太多泛泛而论或借题发挥的书评，而缺少专业的研究性书评。再次，对国外的学术著作，包括海外中国学论著，缺少平等而尖锐的批评……海外学者听不到来自中国的批评和意见，自以为掌握了解释中国的权柄。”④

当下中国学界所需要的是批评的、专业的国际相互的学术性书评。这类书评，不仅可给其他在这一领域从事研究之人提供丰富的学术史资料，亦迫使自己拓展学术视野。更为重要的还在于，专业的学术书评，会使学界变得更有秩序、更加干净。究其原因就在于，批评的、专业的学术性书评使得学术界有了“舆论监督”和“公共批评”，这就像一个社会，有舆论、

① 参见拙文：《改革开放以来中国的海外中国学研究》，《国际社会科学杂志》(中文版)，2009年第2期。

② 杨联陞：《书评经验谈》，蒋力编：《哈佛遗墨——杨联陞诗文简》，第147页。

③ 具体可参见拙文：《民国学者视野中的美国汉学研究》，《华南农业大学学报》(社会科学版)，2014年第3期。

④ 葛兆光：《从学术书评到研究综述——与博士生的一次讨论》，《杭州师范大学学报》，2012年第5期。

清议一样，有个关于好坏是非的公论，学界才有秩序；另外，权威而内行的书评会使一些假冒伪劣的产品，特别是一些“隐瞒证据”的论著得以曝光，如此方可使大量“伪著作”得以现其原身。[①]自喻为“汉学看家狗”的杨联陞即是最好的例证。杨联陞在1956年致胡适的三封书信中，曾谈及Reifler及其发表在《华裔学志》上讲“无念尔祖”的这篇文章。Reifler此篇文章投给《哈佛亚洲研究》，为杨联陞所退，并告知他傅斯年在《性命古训辨证》中已说：“胡适之先生谓：‘王子荩臣，无念尔祖’云云，皆对殷遗士言，勉此辈服事新朝无怀祖宗荣光之想，但求应天之新命自求多福耳。其说甚当”。Reifler后将此文刊载在《华裔学志》上，并在文末加一小注，言傅斯年书中已及此点，又言1955年在美国东方学会年会曾面询胡适而胡适已不记得，而且向他要reference。杨联陞对Reifler所加这一小注极为不满：“第一注（即全文末尾之注）最后一句，可恶之极！一个人研究到殷周之际而不读《说儒》及其他有关文字，是‘愚’！听了先生的话不懂假装懂，还要像煞有介事的主To my surprise是‘妄’！此君有些小聪明，但太喜卖弄，例如他大讲形声字声中有义，仿佛是他的空前发现，而不知（或假作不知）古人早有‘右文’之说，清儒及近代学者又已大加发挥，真是可笑亦复可哀也。”[②]

杨联陞不仅仅是在私人书信中作如此批评，在公开的书评中亦同样如此。他在评论冯家昇和魏特夫（Karl A. Wittfogel）的《中国社会史：辽》时，即对由魏特夫所撰总论部分毫不客气的批评道，魏特夫“有关辽代社会是一种‘双重体系’的概念并不完全是新的。早在1918年，津田左右吉即出版了《满鲜地理历史研究报告》，其中有一篇题为《辽代制度的二重体系》的论文，这是日本学者研究辽史的一部经典。这篇论文虽在书的附录部分中被标示为‘哲学上有分量的研究’，亦被认为‘是对更全面理解契丹社会的一项重要贡献’，但在总论中却并没有提到，也没有出现在综合性的参考书目中。很有可能，双重体系概念是作者依赖于津田论文而得出。毕竟，阅读辽史的学者不会为像北面南面、北院南院这类词打动而将其认为是双重体系，辽史中使用这些词是令人困惑的”[③]。在评介石田干之助于1952年出版的《唐史丛钞》一书时，对于石田干之助引用唐代的几个故事以证明和解释唐代仍保存着吃饭与饮酒分开以及依次饮酒这一古老的习俗，杨联陞在书评中指出尚秉和在1938年出版的《历代社会风俗事物考》一书中有着相同的发现，尚不仅引用了相同的唐代故事还引述了更早的文献来说明；并且，尚还引用《老学庵笔记》说明这一习俗一直延续到宋代。[④]在评论郝立庵（Leon Hurvitz）的《魏书·释老志·释部》英译本时，杨联陞特意将其译本同魏楷（James R. Ware）发表在《通报》第30卷上的《魏书·释部》译本、周一良关于魏楷译本的评论文章进行对照核查，指出：“令人遗憾的是，赫立庵似乎没有足够认真阅读魏楷的论文或周一良的评论。”最后，杨

---

① 葛兆光：《从学术书评到研究综述——与博士生的一次讨论》，《杭州师范大学学报》，2012年第5期。

② 胡适纪念馆编：《论学谈诗二十年——胡适杨联陞往来书札》，第301—313页。

③ L.S.Y, “Review History of Chinese Society, Liao(907—1125). by Karl A. Wittfogel; Feng Chia-sheng”, pp.216—237.

④ Lien-Sheng Yang, “Review Miscellaneous Notes on the History of the T'ang Period. by Ishida Mikinosuke”, *The Far Eastern Quarterly*, Vol.13, No.1(Nov., 1953), pp.78—79.

联陞还加重说明："无论什么时候，前人学者已认真将中文文献译成一种西方语言，不管其翻译是二十、三十甚或有时是五十年前，后人再译注时，认真细致的参阅前人译本是明智之举。"①在评论华兹生两大册的《史记》英译时，杨联陞指出作者在英译陈涉列传时不应将"骊山徒奴产子"译为"卒、奴隶以及他们在骊山的儿子们"，因为卒是指征集自己服兵役或力役中的平民，而徒是指被判处一年至五年徒刑的罪犯，这句话指的是"骊山的囚徒和可能来自帝国境内各地的奴隶之子。"由于在沙畹、德效骞、韦慕庭（Martin Wilbur）以及何四维（A.F.P.Hulsewe）等诸家的著作中或提到过或对卒与徒之区分作具体讨论，故此杨联陞直斥作者："这种对制度史的无知实在不可原谅，何况韦慕庭、何四维等人的扎实作品一点都不难得到"！② 专业的批评性书评之重要性，由此可见一斑。

正因为书评的重要，1945 年在给胡适的信中杨联陞即提议，出版一个像《史学评论》一类的特别注重批评介绍的杂志（书籍文章都好。中国需要很多像伯希和一类的"汉学界的警察"）。③1984 年，杨联陞在作题为《书评经验谈》的胡适生日纪念讲演时再次强调："许多人认为书评不重要。我则以为一门学问之进展，常有赖于公平的评介。很盼望像西洋、日本，养成良好的风气。"④现下的中国学界，确是需要杨联陞所言的以专业而具批评的学术书评为工具的学界警察。唯其如此，中国学界才能变得不会像现在"良莠不分，泾渭不明，滥竽可以充数，鱼目可以混珠，整个学术界好像根本无法界定什么是好的研究、什么是坏的研究"⑤。一个有秩序，更加干净、富有活力的学界才能真正实现。

当然，撰写专业性的学术书评并非易事。它首先要求作者要懂得这个领域的"行情"。正如杨联陞所说："写书评最重要的，是要先知道这一门学问的现状、行情，这自然不是一朝一夕能做到的。"⑥据刘子健回忆："白天我去图书馆看书，书里往往看见铅笔轻写的行书眉批，只简短一两句。有的批语说，该处字有疑误；有的是注释，说该处当作何解；有的说宜查某书，或参考另一书。都是杨先生的字迹。换言之，他博览群书，脑子里有他自己博闻强记的索引，知道某书里有什么。为了将来查对时简捷，顺便记上眉批。"⑦如果对这个领域的学术史和学术现状不甚了解，显然也就无法对这本书的价值进行判断。因此，杨联陞特别注意不随意为没有把握的著述撰写书评。他在给女儿的信中言道："要是自己没把握而做'醉雷公（胡劈、胡批）'，反而替在国外的中国学人丢脸，那是我尽量避免的。"⑧正因为如此，杨联陞

---

① Lien-sheng Yang and Kenneth Ch'en, "Review Wei Shou, Treatise on Buddhism and Taoism, an English Translation of the Original Chinese Text of Wei-shu CXIV and the Japanese Annotation of Tsukamoto Zenryu by Leon Hurvitz", pp.362—382.

② 杨联陞：《国史探微》，第 146—147 页。

③ 胡适纪念馆编：《论学谈诗二十年——胡适杨联升往来书札》，第 71—72 页。

④ 杨联陞：《书评经验谈》，蒋力编：《哈佛遗墨——杨联陞诗文简》，商务印书馆 2004 年版，第 139 页。

⑤ 葛兆光：《从学术书评到研究综述——与博士生的一次讨论》，《杭州师范大学学报》，2012 年第 5 期。

⑥ 杨联陞：《书评经验谈》，蒋力编：《哈佛遗墨——杨联陞诗文简》，第 143 页。

⑦ 刘子健：《斯学传斯风——忆杨联陞先生》，《历史月刊》（台北），第 37 期。

⑧ 蒋力编《哈佛遗墨——杨联陞诗文简》，第 328 页。

所撰书评才能非常到位。

另外，书评要写得好，书评者还必须有勇气敢于指正著述中的错讹。当下中国学界的书评之所以为人所诟病，就在于"吹捧太多而批评太少"。有些书评者或碍于师友之情面，或畏服于著述作者在学界的权威等，不敢或不愿批评著述中的错讹以免得罪人。反观杨联陞的学术书评，之所以能够得到国际汉学界的公认，就在于无论是师友还是学界权威的著述，他都毫不避讳指陈其误谬或可商榷处。如前所述，面对中国学人的著述，即使是洪业、王力、冯友兰等师长辈的著述，亦是直言其错讹或可商榷之处。对于像伯希和这样被公认为国际汉学界的大师，他的著述被认为是无可挑剔，在很多西方学人眼中"伯希和是不会有错的"。然而，在杨联陞看来，"伯希和也不能保险"，他多次在书评中指正伯希和的错讹或不足。例如，伯希和认为"国史志可能是一部现已遗失的著作中关于两朝史的书目，此著作成书于1082年，由王圭(Wang Kuei)所撰"，杨联陞则指出这里的志很显然指的是国史中的一些专论，可能是关于天文方面，并不完全是书目；[①]伯希和将《汉书》的"贯头"译为"花的头"，杨联陞在书评中认为《汉书》中的"贯头"指的是"长袍"，并指出这个词在其他史著中也可找到，如《梁书》中的"贯头衫"、《后汉书》中的"贯头衣"等，指的是毛衣长袍。[②]再如，伯希和认为《情天宝录》这部作品集无法确认，杨联陞在书评中指出这部作品编撰于1600年左右，收录的是以文学风格描述爱情的掌故和各类故事，它的另外一个标题是《情史类略》，哈佛燕京学社的中日馆中有一复本。[③]在伯希和门下求学的Vandier-Nicolas曾将其译注的米芾《画史》法文译稿拿给杨联陞看，说这是她老师伯希和审正过的。但杨联陞认为那也不一定没有问题，并指出几条错误。此书出版后，杨联陞撰有一书评，在书评中他仍指出书中十几处有问题。[④]

要在书评中揪举著述的误述谬论，书评者需要面对人情与学术公器这道难题。1955年，杨联陞曾在《哈佛亚洲学报》上撰一长文评论李约瑟的《中国科技史》第一册，指出其中不少错误；1956年，他到英伦访学与其再会面时就有些冷落了。杨联陞在给胡适的信中就其与李约瑟的会面如是写道，"Needham因我对他第一册书的书评，挑错太多，不甚高兴，但仍谈话，又在剑桥开车载我出游一次，并请吃茶(五一年我是作他College的客人)，郑德坤说，可算cold peace。第二册刚出来，听说其中颇有怪论，只好接着再评吧。"[⑤]同年8月10日，杨联陞在致胡适的信中提到："这两天正看李约瑟Joseph Needham的第二册大书，主要是科学思想

① Lien-sheng Yang, "Review Heavenly Clockwork, the Great Astronomical Clocks of Medieval China by Joseph Needham; Wang Ling; Derek J.de Solla Price", pp.371—374.

② Lien-Sheng Yang, "Review Accounts of Western Nations in the History of the Northern Chou Dynasty. by Roy Andrew Miller", *The Journal of Asian Studies*, Vol.19, No.4(Aug., 1960), p.450.

③ Lien-Sheng Yang, "Review A List of Published Translations from Chinese into English, French, and German. by Martha Davidson", *The Far Eastern Quarterly*, Vol.13, No.3(May, 1954), pp.347—348.

④ Lien-sheng Yang, "Review Le Houa-che de Mi Fou(1051—1107)ou le carnet d'un conaisseur a l'epoque des Song du Nord by Nicole Vandier-Nicolas", *Harvard Journal of Asiatic Studies*, Vol.25(1964—1965), pp.290—292.

⑤ 胡适纪念馆编:《论学谈诗二十年——胡适杨联陞往来书札》,第356页。

史。他倒真是很认真地写作。其中可取的话不少(有很多是根据前人及时贤的),荒谬浅陋之处也有。我这次在英国,同他讲了'冷和'(实则本无"冷战"),这次评第二本,倒有些难于措词 。"①如何既维护学术公器又保持学人之间的友谊,这确是一个两难的问题。对此,杨联陞的原则是"评介仍应以心存忠厚、以不得罪人为原则"②。需要说明的是,他所强调的"心存忠厚""不得罪人",指的是其书评不像伯希和那样用语尖刻,不留情面、兀自批驳。如前所述,他在批驳错讹时用词尽可能和缓,并常站在作者的角度解释出现错讹的原因。但是,杨联陞所强调的这些书评技巧是以不牺牲学术公心为前提。杨联陞曾在给胡适的信中说:"Balazs(白乐日)译《隋书·食货志》书评(JAOS)油印本一份,并请指教。此君甚努力,也有见解。故书评写得很客气。"③但即使是这篇写得很客气的书评,杨联陞亦直指其中几个地方存在错误或令人可疑之处,如"生口"不能译为"牛",在唐代及更早之前的文献中这一词指的是战争俘虏或奴隶而不是牲畜;"输庸停防"和"免役收庸"是同义词,而不是两种制度措施等。④杨联陞这样的一种做法,其实也是中国学术古已有之的传统,如乾嘉学派的重要学者钱大昕就曾在给王鸣盛的《答西庄书》说:"学问乃千秋事,订讹规过,非以訾毁前人,实以嘉惠后学。但议论须平允,词气须谦和,一事之失,无妨全体之善,不可效宋儒所云'一有差失,则余无足观'耳。"

杨联陞能很好处理人情与学术公器这道难题,亦得益于西方良好的书评制度。在西方,每个学术出版社出版一本学术专著后,都要寄给权威的学术期刊,由期刊主编挑选其中值得评的书,去约请与该专著研究领域相关的专家来撰写书评。这种由杂志自身来选择权威专家的做法,很好地避免了由作者本人或出版社的责任编辑把自己写的书或编的书送给书评作者,后者必然产生人情稿。由于书评是由杂志约请的专家撰写的,所以主动权牢牢掌握在杂志自身手中,杂志也把自己所发表的书评水准,看作是该杂志的学术水准,这样的一种学术认定的结果,是杂志要约请权威来写稿,而不接受书评投稿。同时,由于杂志对自己发表的书评水准的认定,所以一般来讲是不接受反批评的。被批评作者可以在其他刊物上发表商榷文章,但在发表书评的刊物上是不行的,即使作者的反批评很有道理,一般情况下也不给刊登。良好的书评制度,一方面使得一本杂志的书评保持较高的信誉,拥有更多的读者,另一方面亦使书评者可相对公正的评价,拒绝人情书评。杨联陞就曾提到:"要是书太坏,可以拒绝学报找我写书评的要求"。⑤

概而言之,要厘清中国学界"良莠不分,泾渭不明"的学术秩序,构建中国学术在国际学

---

① 胡适纪念馆编:《论学谈诗二十年——胡适杨联陞往来书札》,第357—358页。

② 蒋力编:《哈佛遗墨——杨联陞诗文简》,第328页。

③ 胡适纪念馆编:《论学谈诗二十年——胡适杨联陞往来书札》,第279页。

④ Lien-sheng Yang, "Review Le traite economique du 'Soueichou', Etudes sur la societe et leconomie de la Chine medievale I by Etienne Balazs", *Journal of the American Oriental Society*, Vol.74, No.3(Jul.-Sep., 1954), pp.170—171.

⑤ 蒋力编:《哈佛遗墨——杨联陞诗文简》,第328页。

界的话语权，当然与学术评价机制改革分不开。正如学者许纪霖所说："今天的中国，已经是一个失去了学术权威的时代，即使有学术大家，也是有权力而无权威，其学术判断能力和道德信誉未必为公众所信任。权威已逝，秩序何在？唯一的希望是学术共同体本身，在学术共同体内部建立起一套民主的讨论与协商机制，通过竞争性的评审、对学术的专业讨论、多种价值与利益的博弈、协商与投票，逐步建立起学术共同体的内在价值标准和程序性规范。"①然而，学术共同体为主体的内在价值尺度和评价机制的建立，学术性书评是其中必不可缺的至关重要的环节。唯有中国学术界建立良好的书评制度，公允、和缓但又不失专业性的批评性学术书评之清风吹起之时，以学术共同体为主体的学术评价机制方能真正落到实处，一个有秩序，更加干净、富有活力的学界才能真正实现，中国学术亦借此方能回归其本义，在国际学界赢得尊重和话语权。

（吴原元，华东师范大学社会科学部副教授）

① 许纪霖：《回归学术共同体的内在价值尺度》，《清华大学学报》2014 年第 4 期。

社会网络与学术成长:复旦大学高分子科学家于同隐个案分析

□张　剑

[摘　要] 家乡江苏无锡和母校浙江大学是中国高分子科学奠基人之一、复旦大学于同隐教授学术成长道路上构建社会网络最为重要的两个因素。无锡成熟的工商业与先进的文教体系,不仅为他提供了衣食无忧的青少年生活,并给予他正规的国民教育,培养了他的化学兴趣,而且在其人生道路的多次选择中也时时有关键性作用。浙江大学的师生、同学与同事关系为他构建中国高分子科学的学术网络奠定了基础,直接促进他的学术成长与发展。当然,留美获得博士的经历所编织的社会网络,也为他后来将复旦大学高分子科学系带上国际学术舞台有相当的作用。

[关键词] 于同隐;高分子科学;社会网络;学术成长

1917年9月,于同隐出生于江苏无锡县城大娄巷一个小康家庭。1934年考入浙江大学化学系,1938年在抗战离乱中毕业。先后在国民政府兵工署、资源委员会从事化学工程方面的实际工作。1943年回母校浙江大学任教,1947年留美入密西根大学,1951年获得博士学位。同年回国,任浙江大学教授。翌年院系调整到复旦大学,从事有机化学教学与研究,并组织编写《有机化学》《有机结构理论》等教材。1958年,根据国家发展高分子工业的需要,负责筹建高分子研究所(复旦大学与中国科学院联合筹办)和化学系高分子教研室,从此转向高分子科学教学与研究,先后出任高分子教研室主任、高分子研究所副所长、材料科学研究所所长、高分子科学研究所名誉所长等,奠定了复旦大学高分子科学在中国高分子科学发展史上的地位,成为我国高分子科学的奠基人之一和复旦大学高分子科学的开创者和奠基人。科学家成长的社会关系网络特别是家庭、师承关系与学术共同体网络的建构是科学社会学的重要研究内容,哈里特·朱克曼的研究是标志性成果。①本文试图以于同隐为个案,分析他从出生到后来的求学、工作经历所结成的各种社会关系及编织的多种网络,在其人生道路与学术成长过程中所起作用。

---

① [美]哈里特·朱克曼著,周叶谦、冯世则译:《科学界的精英:美国的诺贝尔奖金获得者》,商务印书馆1979年版。

一

于同隐出生时，其家乡无锡作为近代中国工业的发祥地之一，已经是当时中国重要的城市之一，工商业之繁盛，为江苏省各县之冠，“每逢茧麦两市，各地商贾，蚁集云屯，贸易之盛，仅次上海市”①。以荣家、唐家、杨家、薛家为代表的民族工业蓬勃兴起，在全国建立起广泛的工商业网络，于同隐父亲于观海通过同乡介绍进入了天津周学熙创办的华新纱厂担任会计主任，自然和这个网络与无锡发达的工业体系有关。

于观海虽然长年在外工作，但对于同隐的成长影响甚大。于家原本是无锡县东北塘镇严埭村一户农民，生于同治十一年(1872)的于观海，排行老二，早年也曾应试科举，屡试不第，弃学经商。②因接触维新思想，痛恨农村鄙陋落后的习俗，事业有所成后举家迁居无锡城内大娄巷，使于同隐从出生就能沐浴在无锡城厢的文教与工商氛围中。于观海在华新纱厂担任会计主任，收入不错，不仅能维持一个大家庭的日常生活，退休后还在离大娄巷不远的小娄巷买了三间平房，并在房子后面庭院里盖了三间两层的楼房。于观海对子女教育较为开明，让他们自由发展，凭自己能力尽可能接受教育。他主张“实业救国”，给于同隐讲“实业救国”的道理，并举出天虚我生创制“无敌牌”牙粉打倒日本货“金刚钻牌”、吴蕴初制造味精打败日本货“味之素”的事例勉励于同隐。③这对于同隐后来选择化学并以此为终身职业产生了极大的影响。

无锡自古文教兴盛，近代以来也是江南文教中心之一。于同隐出生时，不仅有完备的近代中小学教育体系，还有学前教育机构。于同隐被母亲抱着上“半年级”，然后进入崇安寺小学读初等小学，并尽情地在崇安寺的商业街区游玩。初小毕业后，进入东林小学(时称无锡县立第二高等小学)读高小。1928年考入无锡县立初级中学，1931年毕业考入江苏省立无锡中学读高中。在这里，他有幸在名师张式之的引导下，对化学产生了浓厚的兴趣。④毕业于中央大学化学系的张式之(1904—1979)，知识渊博，治学严谨，并著有多种著述，后曾任苏州中学校长、江苏师范学院化学系副主任等。他上课只带二支粉笔，边讲边写，整本教材，每堂教案，都了然于心，粉笔写完，教案教完，下课铃也响了，实在是引人入胜。于同隐对他钦服不已，更进一步加强了他学习化学的愿望。

于同隐就读的这些中学都是当时无锡的名校，不仅有高水平的教师，也有高水平的同学。1934年高中毕业的无锡藉同学包括无锡中学、私立锡中、竞志中学等成立一个同学会“二三级友”⑤，其中就有后来在学术上与于同隐有长期交往的钱保功(1916—1992)。钱保功

---

① 殷惟龢编:《江苏六十一县志》，商务印书馆1936年版，第29页。

② 于同隐口述，2012年9月24日，存采集工程。

③ 于同隐:《入党报告》，复旦大学档案馆藏。

④ 于同隐口述，陈雁主编:《师道:口述老师中的复旦名师文化》，复旦大学出版社2009年版，第2页。

⑤ 天适:《从一年的苏中生活说到二三级友的成立》，《二三级友》，内部出版物，第33—34页。

与于同隐同年考入无锡中学，先后求学交通大学和武汉大学化学系，留美获纽约布鲁克林理工学院硕士学位，曾任中国科学院武汉分院研究员、院长，1980年当选为中国科学院学部委员。钱保功在同学中以性格直率见称，因此被同学批评为“太傲气横秋”。但也有人为他辩护说：“要在保功身上找傲气，简直是件难事；除了他的鼻子似乎太高了些，这或者就是他给人家一道傲气横秋的印象的唯一原因。……他的特点是想到就说，心直口快，胸中绝无城府。”在这个同学会组织中，于同隐的乐观精神感染了不少人，“小于的乐天精神真够佩服，没有一天他的纺绸长衫不湿了半身，可是没有一分钟会在他长发覆额的孩儿面上找不到笑容，吃吃的笑，这是他天真本色”①。“二三级友”同时考取浙江大学的还有过鑫先、严自强、金良方等。

二

于同隐进入浙江大学时，作为国立大学的浙江大学无论是学校管理层校长、院长，还是系科领导都处于风雨飘摇中，学校的发展极不稳定，在当时国内大学中还处于二流水平，不能与清华大学、北京大学、中央大学相匹敌。作为浙大历史上首位科学家出生的校长郭任远(1898—1970)没有汲取在复旦大学失败的教训，引发了学生们“驱郭风潮”。身处其间的于同隐自然也参加了这个“运动”，也深知在那个时代一校之长对学校发展的重要性。1936年4月，浙江大学迎来其“真命天子”竺可桢，学校也由此走上了快速发展的正道。于同隐就读的文理学院化学系虽然1929年就宣告成立，但无论是系主任还是授课老师都变动不居，因此其教学水平与学术水准可想而知。到1934年，短短几年间先后有张子高、程延庆、程瀛章、郦坤厚担任过系主任，直到留法博士周厚复出任系主任后，化学系可以说才真正有了一位安心其位的领导。

江苏江都人周厚复(1902—1970)曾先后就读厦门大学和东南大学化学系，1932年获得巴黎大学有机化学博士学位，并在德国柏林大学从事军用毒气研究。1933年到化学系教授有机化学。离开浙大进入军工署的军工专家郦坤厚后来回忆说：

浙大化学系虽然比较后进，但由于纪育沣先生做了几年的植物的研究，有机化学方面的设备较为完善。纪育沣先生随庄长恭先生进中央研究院化学研究所，载之〔周厚复〕先生就补了纪先生的遗缺，除了讲授两门课程外，还要指导四年级学生的毕业论文。在此以前七八年，我做学生的时候，毕业论文不过是某一项文献的阅读与评述，而二十年代国内较好的大学，都要求有一点研究实验的毕业论文，浙大化学系自亦不甘后人。其目的是为培养学生眼到(阅读能力)、心到(训练能力)、手到(实验技巧)和口到(发表

① 微流：《随想随写》，《二三级友》，第40—41页。

论文，提出报告）的能力。①

正是在周厚复这样学术水准较高，又比较负责的系主任的领导下，浙大化学系水准有很大的提升。于同隐在校期间，成绩优秀，三年级总评分近 80 分，四年级总平均超过 82 分，深得周厚复的喜爱。

1938 年，于同隐以优异成绩从浙大毕业，周厚复与郦坤厚、军工署材料试验处处长兼技正周志宏和兵工署署长俞大维都比较熟悉，于是推荐他到材料试验处任职。当年 8 月，于同隐达到位于重庆的兵工署材料试验处，开始作为一名技术人员为抗战建国贡献力量。在试验处，业务上影响于同隐最大的自然是直接领导周志宏。江苏丹徒人周志宏(1897—1991)，北洋大学矿冶工程系毕业，留美先后获得卡内基理工学院硕士学位和哈佛大学博士学位。1929 年回国，入兵工署工作。他领导材料试验处从事相关国防材料的研制，有力地支援了抗战事业。于同隐主要从事煤焦、矿石及钢铁方面的分析，工作很认真，也很努力，进步很快，周志宏对他非常满意。②

在试验处真正对于同隐学术发展和人生道路产生影响的是浙大同学。同班同学李德埙毕业后与他一同到材料试验处工作，1939 年《化学通讯》曾报道他们一道工作，从未分开，被引为"美谈"。③李德埙"单纯技术观点"深刻地影响了于同隐，使他不热心于政治，专意于技术进步。1940 年，李德埙考取清华大学化学系研究生④，离开了重庆赴昆明。其更为重要的是，无锡同乡、浙大化工系同级同学顾振军(1915—?)，刺激了于同隐向"出国的路上走"。顾振军中学与于同隐在同一个学校无锡县立初中与省立高中学习，只不过比于同隐早毕业一年。与于同隐同年考入浙大入化工系，同年毕业，同年进入兵工署工作。1941 年留美，入俄克拉荷马大学，翌年获得硕士学位。再入麻省理工学院，1945 年获得博士学位⑤。李德埙的升学再造、顾振军的留美，极大地刺激了于同隐，使他也产生进一步深造特别是留美的想法。李德埙的"纯技术观点"和顾振军的留美交相作用，使于同隐不再安心于材料试验处实际而又"平庸"的技术工作，有了"更上一层楼"的念头。同时，兵工署因俞大维的清廉，成为一个清水衙门，薪水低，吃的军粮里还有石子等；因是军工单位，所有人都被宣布为国民党党员，按月扣

---

① 郦坤厚：《悼周厚复教授》，中国人民政治协商会议浙江省委员会文史资料研究委员会编：《天涯赤子情港台和海外学人忆浙大》(《浙江文史资料选辑》第 34 辑)，1987 年，第 243—245 页。

② 周志宏证明材料，复旦大学档案馆藏。1949 年后，周志宏曾任大同大学教授、上海交通大学教授，1955 年当选为学部委员。在于同隐后来的生活占据一定的位置，因为他要证明于同隐在兵工署工作的正当性与合理性。

③ 《会员动态》，《化学通讯》，1939 年第 2 期，第 11 页。

④ 李德埙 1938 年毕业于浙江大学化学系，1940 年与朱汝瑾(朱棣文姑姑，曾任美国化学会会长)一同考取清华大学化学系研究生，1945 年考取公费留美。曾参加留美中国科学工作者协会，1980—1981 年任北美浙大校友会会长。

⑤ 顾振军 1946 年回国，历任浙大、大同大学、华东化工学院、交通大学教授，同在上海，与于同隐保持着非常紧密的联系。

除党费，也是不小的损失。理想与现实的因素交织在一起，终于促使于同隐离开兵工署。

1941 年 6 月，经同学姚元恺(1915—2008)介绍，于同隐到昆明国民政府资源委员会化工材料厂任职，从事化工制造与设计。无锡人姚元恺，与于同隐同年考入浙大化工系，同年毕业。曾任昆明练铜厂、云南钢铁厂公务员、副工程师等职。①于同隐在化工材料厂从事化工制造与设计，收入、待遇都不错，也从助理工程师升格为副工程师，感觉比兵工署好多了。但他似乎已经厌倦了这种在工厂中抛洒青春的生活，希望改换另一种生活方式，实现他出国留美，汲取知识，扩展视野的理想。

三

1943 年 8 月，于同隐离开资委会昆明化工材料厂，回到了母校，成为浙江大学一名年轻的教师。毕业整整 5 年之后，年满 26 岁，于同隐选择重新回到学术界，并以出国深造为目标，这可以说是他人生中最为重要的选择之一。对于这个选择，他后来说：

> 为了贯彻出国的愿望，同时痛恶这些机关中的生活，所以虽然那时学校的待遇低得多，仍旧决心回到学校，一方面自己觉得“清高”，同时可以准备考公费。在回到学校的这两年中，埋头做实验和读书，总算为苦烦的心情找到了出路。②

于同隐义无反顾地选择回到学校，除可以达到留美目标之外，获得心理上的“清高”也是一个非常重要的原因。可见，在当时像他这样的一辈年轻人中，认为在工厂中“混”并不是一件高尚的事情。回到学术界，从事知识制造才是青年们的追求。他这次人生选择，中间介绍人是浙大理学院院长胡刚复。无锡堰桥镇人胡刚复(1892—1966)，中国近代物理学奠基人之一，是竺可桢哈佛大学同学，旨趣投合，感情甚笃。竺可桢就任浙大校长后，立马聘请他担任物理系教授兼理学院院长，成为竺可桢在学校最为倚重的人物。在浙大西迁中，竺可桢被认为是“元帅”，胡刚复是“总参谋长”。③

1943 年的浙大，在竺可桢等人的苦心经营下，与于同隐读书时的浙大已不可同日而语，被到中国公干的英国生物化学家李约瑟誉为“东方的剑桥”。此时浙大化学系，可谓名师云集，有王葆仁(有机化学)、张其楷(有机化学)、吴征铠(物理化学)、刘云浦(物理化学)、王琎(分析化

---

① 1945—1947 年，姚元恺奉派去美国见习钢铁检验及炼钢技术等。回国后，历任资源委员会钢铁事业管理委员会及上海材料研究所工程师、冶金工业部钢铁研究院高级工程师、《光谱学与光谱分析》主编等。

② 《于同隐入党报告》，复旦大学档案馆。于同隐后来在填写各种“表格”与“自述”中指称，他在资委会昆明化工材料厂也发现了与兵工署一样的腐败情形，因而对“抗战必胜”“自力更生”产生了怀疑，可能不是当时的真实感受，而是事后的“叠加”。

③ 喻朝碧等：《永远的大学精神：浙大西迁办学纪实》，贵州人民出版社 2006 年版，第 156 页。

学)、王子晗(无机化学)等教授[①]。于同隐做系主任王葆仁助教,辅导《高等有机实验》《高等分析》两门课程,帮助批改作业,指导学生做实验。1944年晋升讲师,开始为学生讲授《有机化学》《工业分析》《普通有机》等课程。湄潭山清水秀,美丽的湄江环绕整个城区,有"江南小县城"的美誉。在抗战最为艰苦时期,湄潭不啻为世外桃源,是一个读书做学问的好地方。[②]

于同隐就读大学时并没有专业方向,在兵工署与资委会工作期间,主要从事一些相关无机分析、非铁金属分析等,也没有形成自己的研究领域与方向。这次回归浙大,他终于找到他学术成长的领路人,那就是系主任王葆仁,跟随他从事有机化学研究,第一次在扩展人类知识视野的海洋中荡漾。江苏扬州人王葆仁(1907—1986),1927年毕业于中央大学化学系,留校任助教。1933年以第一名考取首届中英庚款,赴英国伦敦大学帝国学院深造,1935年获博士学位。同年秋,应墨尼黑高等工业大学诺贝尔奖获得者费歇尔(H.Fischer)邀请,赴该校任客籍研究员。1936年9月回国,筹办同济大学理学院,并担任理学院院长兼化学系主任。[③]1941年9月应浙大校长竺可桢之聘,来到浙大担任化学系主任,后又兼任教务长。王葆仁一直注重科研,浙江大学设备较好能进行科研,这是浙大吸引他的地方。

王葆仁讲课内容丰富新颖,每年都有新的充实,"深入浅出,循循善诱,既提出自己的见解,又启发学生独立思考,而要求又十分严格,深受学生欢迎"[④]。王葆仁更重视科研,对年轻人的学术成长非常关心。他常对助教们说,一个老师不能仅仅教学不做科研,"否则他接触不到科学的前沿,教学内容也得不到更新"。又说:"做科研的人也要讲课,讲课可与年轻人接触,年青人思维活跃。"[⑤]在青年教师中,王葆仁最看重于同隐、杨士林和他从同济大学带来的高善娟三人。[⑥]在王葆仁的指导下,于同隐与高善娟合作完成了他学术生涯中第一个科研成果《对氨基苯磺酰胺衍生物——第Ⅰ部分:2-磺胺基—6-磺酸基-苯并噻唑及其衍生物》,显现了他在有机化学领域的研究天赋。这篇相关有机合成的研究,开启了于同隐在该领域的研究之门,此后无论是留美期间的博士论文,还是在复旦大学做有机化学教授、高分子化学学科领导人时,他都在这个领域留下了辛勤耕耘与跋涉的身影。

王葆仁不仅是开启于同隐有机合成研究大门的指导者,也是未来中国高分子科学最重要的领军者与奠基人,在于同隐漫长的学术生涯中有举足轻重的影响与作用。1951年8月,于同隐留美归来,时当王葆仁被调往中国科学院上海有机化学所任副所长,他推荐于同隐接任其浙大化学系有机化学等课程。可以说王葆仁是于同隐编织学术网络的第一个网线,也是他老师辈中对他影响最大的人。1952年,王葆仁转向高分子科学研究,成为中国高分子科学的领路人。翌年任高分子化合物委员会实际负责的副主任,并筹备后来成为例会的全国

---

①②⑥ 杨士林口述访谈,资料保存在采集工程。

③ 关于王葆仁的传记,除注明外来源于王葆仁《我的业务自传》、王治浩《王葆仁年表》,载《王葆仁先生百年诞辰纪念文集》编委会:《王葆仁先生百年诞辰纪念文集》,浙江大学出版社2009年版。

④ 杨士林:《在遵义湄潭时的浙大化学系》,贵州省遵义地区地方志编纂委员会编:《浙江大学在遵义》,第174页。

⑤ 杨士林、陈义镛:《王葆仁先生在浙大》,《王葆仁先生百年诞辰纪念文集》,第47页。

高分子学术会议。1956年十二年科技规划中，王葆仁负责制定“高分子与重有机合成”规划及高分子科学的学科规划。他还是中国化学会高分子专业委员会主任，创办了《高分子通讯》等刊物，积极参与国际学术交流，出版巨著《有机合成反应》等，1980年当选了中国科学院学部委员。1958年，于同隐也由有机化学转向高分子教学与科研，师徒俩又走在一起，他们的关系因教学与科研的共同转变又有共同的“语言”。中科院院士江明1958年提前从复旦大学化学系毕业，跟随于同隐参与高分子学科的创建。于同隐“每每以敬仰的口吻”向他们谈起，他在浙大的老师王葆仁的“人品与学术成就，说他是学化学的中国留英学生中获得博士学位第一人”。①后来无论是在学术交流还是其他学术活动中，于同隐与王葆仁师生俩总是多有交集，共同致力于中国高分子科学的发展。

四

于同隐选择回归浙大，不仅找到了学术的领路人，确定了自己的学术研究方向，更重要的是，此时浙大日益提升的学术地位与良好的学术氛围吸引大批的年轻人，在此期间后来在中国高分子科学发展历程中的领军人物钱人元、杨士林、冯新德、徐僖等或任教或求学于浙大，彼此就有了交集。与于同隐同年同月生于江苏常熟的钱人元(1917—2003)，1935年考入浙大化学系，1939年毕业后被物理系主任王淦昌聘为助教。1943年赴美国留学，1948年回国任厦门大学副教授，翌年回浙大任副教授。1951年调任中国科学院物理化学所任研究员，1953年从事高分子物理研究，与王葆仁一道成为最早从事高分子研究的中国科学家。此后几十年，作为我国高分子物理化学及高分子物理学研究及教学的开创者，他在高聚物分子量、溶液性质、表征与剖析、加工-结构-性能关系等方面作出了重要贡献，1980年当选中国科学院学部委员。②正是因为于同隐与钱人元有同学、同事关系，复旦大学高分子科学与王葆仁、钱人元领导中国科学院化学所有比较密切的关系。1958年，钱人元在中国科学院化学所主办了三次“全国高聚物分子量测定学习班”，于同隐派江明前往学习。1963年，钱人元应邀在上海科学会堂举办高分子物理系统讲座，于同隐率复旦大学高分子教研室师生赴会，江明认为那是他“受到的最好的高分子启蒙教育”。当时，钱人元在《中国科学》《化学学报》等刊物上发表的论文，也是复旦高分子教研室师生阅读的重要资料，他出版的专著《高聚物的分子量测定》也是复旦师生的重要参考书。③于同隐也派叶锦镛前往化学所进修。当然，于同隐在几十年的高分子科学教学与科研中，与钱人元建有深厚的友谊与密切的学术交往。

江苏吴县人杨士林(1919-)，1937年考入浙大化学系，与于同隐、钱人元先后同学。1941

① 江明：《我的科研生涯第一奖——缅怀尊敬的前辈王葆仁先生》，《王葆仁先生百年诞辰纪念文集》，第68页。
② 《钱人元》，汪前进、黄艳红主编：《中国科学院人物传》第1卷，科学出版社2014年版，第430—431页。
③ 江明：《我经历的高分子学科五十周年》，《科学》，2009年第6期。

年毕业留校任教，成为王葆仁得意门生。1943年于同隐回浙大后，两人不仅是同事，而且同时是王葆仁最为看中的年青才俊。他们在工作、学习上多有交集，而且共住一间寺庙。①于同隐离校留美后，杨士林也于1948年赴丹麦哥本哈根多科性工业大学深造，1951年与于同隐先后回国任教母校，再次成为同事。院系调整时，于同隐到复旦，杨士林留守母校，先后担任化学系主任、科研处处长、教务长、副校长、校长等职，从事化学教学科研50余年，在有机合成、阳离子聚合及配位聚合等方面造诣颇深，奠定了浙大高分子科学基础。2008年12月，91岁高龄的于同隐还专门赴浙大参加了"浙江大学高分子学科创建50周年暨杨士林教授九十华诞庆祝会"。

与钱人元、杨士林浙大本科毕业不一样，冯新德浙大硕士研究生毕业生。江苏吴江人冯新德(1915—2005)，1937年毕业于清华大学。辗转流徙中先后执教云南大学、中央工业专科学校等。1941年底到浙大化工系随李寿恒读研究生，后留校任教。于同隐回校与他成为同事，在此期间两人是否有所交往不得而知。1946年冯德新留美，1948年获诺脱丹大学博士学位回国，任教清华大学。翌年开设高分子课程，为我国讲授高分子科学第一人。从此，他将生命全部奉献给我国高分子科学事业，从事高分子化学基础理论和功能高分子研究，1980年当选中国科学院学部委员。于同隐领导复旦大学高分子科学既无科研基础也无教学经验，冯新德的教学成为他借重的资源，他派叶锦镛等学生到北京大学高分子教研组上课和做实验。后来在中日"自由基聚合"研讨会，冯新德与于同隐是中方的主要负责人，一起合作成功举办会议。

南京人徐僖(1921—2013)，1940年考入浙大化工系，1944年毕业后师从侯毓汾攻读研究生。当年年底因日军进攻贵州，随侯毓汾到四川永川的唐山交通大学矿冶系任助教，战后任上海光华大学化学系讲师。1947年留美，翌年获里海大学硕士学位，1949年回国。先后任重庆大学化工系副教授，成都工学院、成都科技大学、四川联合大学、四川大学教授，担任高分子材料工程国家重点实验室主任等，1991年当选中国科学院院士。于同隐后来招收的博士生李光宪、刘剑洪都是成都科技大学高分子材料硕士，与徐僖有比较密切的关系。

可以说，浙大为中国高分子科学培养了第一代科学家中的大部分人才，也因此为于同隐构建高分子学术网络共同体奠定了坚实的基础。②

五

除浙大这一层关系之外，于同隐与中国高分子科学共同体其他领军人物也有比较密切的关系。江苏无锡人钱宝钧(1907—2011)是中国化纤工业和纤维高分子科学的开拓者和奠基人之一，1929年毕业于金陵大学，留校任教。1935年英庚款留英，1937年获曼彻斯特理工

---

① 杨士林口述访谈(2014年1月18日)，资料保存采集工程。

② 在高分子学界一般以为中国高分子科学奠基人按照年龄排序为王葆仁、钱宝钧、钱保功、冯新德、于同隐、钱人元、何炳林、徐僖、黄葆同。

学院硕士学位。1938年回国，历任成都金陵大学、铭贤农工专科学校化工系主任、教授，上海公益纺织研究所研究员。1951年参与筹建华东纺织工学院（中国纺织大学、东华大学），任副院长兼教务长、染化系主任、院长。对于这位前辈与乡贤，因同在上海，于同隐与他交往密切，相互作为研究生答辩委员、评阅人或主席。1987年，于同隐还曾受聘为中国纺织大学兼职教授。

生于上海的黄葆同（1921—2005）和浙江海盐人冯之榴（1921—　）夫妇，也是于同隐学术共同体网络中重要的网线。黄葆同1944年毕业于中央大学化学系，1952年获美国纽约布鲁克林理工学院博士学位，曾任中国科学院长春应用化学研究所研究员、副所长，从事生漆结构和干燥机理、乙丙橡胶新催化/活化体系、聚烯烃为组分的多相聚合物等方面研究，1991年当选为中国科学院院士。冯之榴1944年毕业于南通学院纺织工程系，1948年获得美国罗威尔纺织学院硕士学位。1953年与黄葆同结婚，回国后长期在中科院长春应用化学研究所工作，从事高分子物理方面的研究。夫妇俩与于同隐有比较密切的关系，晚年还有明信片往来。福建永定人林尚安（1924—2009），是复旦大学和中山大学在高分子科学方面合作的联络人，他1946年厦门大学化学系毕业，1950年岭南大学研究生毕业。长期在中山大学任教，曾任化学系主任、高分子所所长，对烯烃高效催化聚合、共聚合与聚合理论及各种聚烯烃的合成等进行系统研究，1993年当选为中国科学院院士。于同隐与林尚安曾共同举办学术讨论会，晚年也明信片往来。

作为中国高分子科学创始人之一，于同隐在中国高分子学界与前辈学人王葆仁、钱宝钧，同辈学人钱保功、钱人元、杨士林、冯新德、徐僖、黄葆同、林尚安等建立了良好的学术网络。与后辈学人卓仁禧、沈家骢、史观一、孙桐、王源身、吴美琰等也时常往来，沈家骢院士曾将于同隐培养后辈人才的风格总结为“于同隐模式”。

于同隐留学美国，求学密西根大学时似乎并没有建立起一个留学生的化学学术圈层，但他参加留美中国科学工作者协会，在朱光亚领导下曾接任曹锡华担任密西根支会负责人。这层关系为他解除了“文革”中的“美国特务”嫌疑，对他后来的学术发展自然有相当的作用。更为重要的是，他的留美经历为改革开放后他的中外学术交流活动奠定了基础，他也在国际高分子界建立起广泛的学术交流圈层。奥地利裔美籍高分子科学家奥托·沃格尔（Otto Vogl，1927—2013），专长于醛聚合及大分子不对称（手性）、功能聚合物、大分子结构，曾任麻省大学聚合物科学与工程教授、纽约大学理工学院聚合物科学 Herman F.Mark Chair 教授。1981年首次访问复旦大学，1997年再次访问复旦大学。1998年，与于同隐学生府寿宽合作在美国《高分子新闻》撰写文章向于同隐80岁寿辰致敬。[①]纽约州立大学石溪分校杰出教授朱鹏年（Benjamin Chu），与于同隐也有学术合作。1981年于同隐“文革”后首次访美，就曾拜访他。次年，邀请他来复旦讲学，影响了一批复旦学生的学术成长。

---

① Otto Vogl etc. “Personalities in Polymer Science. Honoring professer Yu Tongyin on his 80th birthday”, *Polymer News*, Vol.123(No.1), pp.11—12.

于同隐建立的这种广泛的国际国内学术上交流与交游网络，不仅对他自己的学术成长产生了积极的影响，扩展了他在高分子科学界的影响，奠定了他的地位。而且通过这个学术网络，他将他在复旦大学的同事与学生介绍给这个网络，使他们通过这个网络也逐渐成长起来，极大地影响了复旦大学高分子科学的发展。当然，这个学术交流与交游的网络，是整个中国高分子科学界甚至世界高分子科学界的一个部分，通过这个网络高分子科学界也获得了发展的信息与资源。二十世纪八九十年代，复旦高分子学科80%以上的教师，通过于同隐的国际关系，先后分赴国外著名高分子研究机构，在高分子合成、高分子物理、膜科学、核磁共振和高分子结晶等方面进修和合作研究，回国后均成为科研和教学的骨干力量。①

当然，于同隐在复旦大学几十年的教学与科研过程中，与年轻的教师和学生也建立起广泛的交流网络，不仅促进了自己的学术发展，也极大地提升了这些后辈的学术成长，更成为中国高分子科学界的一笔财富。据不完全统计，自1956年与学生叶锦镛联合署名发表论文以来，与他联合署名发表的学生与老师有叶锦镛、江明、杨玉良、徐凌云、吴世晖、府寿宽等140余人。

在于同隐人生道路与学术成长过程中，从家庭出生与社会关系这样的社会网络看，有两个重要的因素在其间扮演着极为重要的关系。一是家乡无锡。近代无锡相对发达的工商业与文教，不仅使于同隐从小基本衣食无忧，能够得到系统正规的新式教育，而且“无锡”这个符号在未来的学术成长道路上也非常重要。父亲的言传身教、高中老师张式之的兴趣培养，无锡同乡顾振军留美对他的刺激，姚元恺的工作介绍，从国营企业回归浙大无锡同乡胡刚复的中介，对他人生道路的选择无不是关键性的因素；另外，在高分子科学领域内无锡前辈钱宝钧、中学同学钱保功也有其作用。第二因素是浙大，恩师周厚复、王葆仁的教育与指导不必说，同辈学人钱人元、冯新德、徐僖、杨士林等都是他在高分子科学领域奋进的学术网络线，同学李德埙的“纯技术观点”也一再影响到他的思想与选择。当然，这两个因素之外，他长期供职的复旦大学及复旦大学化学系与高分子科学系自然也是一个必须考虑的因子，但比较而言，在其学术成长道路上上述两个因素作用更大。

家庭出生、接受教育历程、学术师从关系、同学关系网络的结成等作为一个科学工作者学术成长道路上除政治、经济和其他社会大环境之外，是更具有个人性的社会因素，也更为直接地影响到科学工作者的成长。中国是一个人情社会，宏大的政治、经济和其他社会大环境对个人成长的影响也往往会细化为个人社会关系而起作用。以个案研究为起点，探讨这些因素对中国近代科学家群体的影响及其对中国近代科学发展的影响，是中国近代科学史特别是科学社会史研究的一个非常重要的内容。本文仅为抛砖引玉，有待于学界共同的努力，以更好地理解与了解中国近代科学发展的是是非非与成败得失。

（张剑，上海社会科学院历史研究所研究员）

① 府寿宽、邵正中：《于同隐》，白春礼主编：《20世纪中国知名科学家学术成就概览·化学卷》第4分册，第259页。

上海公共租界治理制度的生成、演进及其启示

□李 志 茗

[摘　要] 近代上海从江南的边缘进据江南的中心，从一个普通的滨海县城跃升为国际性大都市，主要靠的是公共租界当局从西方引进的一整套城市治理制度。这套制度是逐渐引进的，并随着上海社会的演进、现实的需要不断调适、完善，经历了一个由简而繁、由疏而密的体系化、建制化、在地化过程。上海公共租界治理制度及其变迁是近代上海城市发展的内在动力，不仅促成上海的崛起和繁荣，而且也推动近代江南城市的变革和转型，其中的某些内容如管理者要树立责任意识、服务意识、法制意识等，对今天的城市治理也具有一定的借鉴和参考价值。

[关键词] 上海公共租界；城市治理制度；借鉴与启示

制度经济学认为，经济增长的关键在于制度因素。近代上海从江南的边缘进据江南的中心，从一个普通的滨海县城跃升为国际性大都市，靠什么？主要靠的是公共租界当局从西方引进的一整套城市治理制度。然而，这套制度并非一劳永逸、全盘移植的，而是逐渐引进，并随着上海社会的演进、现实的需要不断调适、完善，经历了一个由简而繁、由疏而密的体系化、建制化、在地化过程。上海公共租界治理制度及其变迁是近代上海城市发展的内在动力，不仅促成上海的崛起和繁荣，而且也推动近代江南城市的变革和转型，其中的某些内容至今对我们的城市治理具有价值和借鉴意义。①

一、制 度 初 创

如果说上海被英国人选为通商口岸与上海是东南都会、南吴壮县有关，那么上海租界的建设和治理则与上海都会的条件和优势关系不大。因为租界位于县城北面，是一派田园风光。据一位开埠初期来沪的外侨回忆："其时黄浦滩英总领事馆之旧址乃一营垒，半就荒圮，

① 上海公共租界城市治理的研究成果较为丰富，但多为卫生、道路、建筑、公用事业等方面管理的具体研究，缺乏较为系统全面的宏观研究。近年来此种局面有所改观，马长林等著《上海公共租界城市管理研究》（中西书局 2011 年版）就是一个很好的尝试和突破。该书专列一章论述公共租界的管理体制与管理特点，其余五章分别就公共租界的卫生管理、交通管理、建筑管理及公共设施建设管理展开专门研究，不仅是公共租界城市治理较为出色的宏观研究成果，而且也是一部集大成之作。唯书中对作为租界治理顶层设计的《土地章程》的创设、演变及其影响的论述稍显不足，本文爰拟就此作些补充。

四周有沟围绕。自该处至洋泾浜(即今之爱多亚路),沿浦之地,多旧式船厂、木行,其后面皆稻田、棉花田,更后稍远处有一小村落。"①租界后来的繁华就是奠基在这样的一块乡野之地上的。其实对于租界的开发而言,这未尝不是一件好事,犹如在一张白纸上可以随便涂抹一样。事实也是如此,当《土地章程》还在谈判之际,第一批来沪的外商便迫不及待地在黄浦江沿岸抢占有利位置,着手租地。1844 年 5 月,宝顺洋行最先在当时相对较为繁荣的九江路沿江一带租地,紧随其后的是李百里、怡和、和记、仁记等洋行。结果因无章可循,不仅租地活动混乱不堪,矛盾重重,而且已租地块的开发建设也毫无规划,杂乱无序。为了迅速开张贸易,赚取第一桶金,洋商草签租地协议后,即开始自行建屋造码头。但他们急功近利,目光短浅,不免粗制滥造:"黄浦江滨所能看到的沿江建筑多为'港脚商人'出身的洋行大班们建造的两层楼砖石砌成的洋行,这些房屋底层几乎都没有什么装饰、陈设,旁侧建有买办小屋和堆存鸦片的栈房,大多相当杂乱;屋前筑有泥路直通黄浦江滩私家狭小的木质码头和高低不一的简陋篱笆,江边私家驳船码头密密匝匝,长短不一地伸向黄浦江心,给人以杂乱而生厌的观感。"②

房屋、码头是自家使用的,洋商尚且如此不讲究;那么对于道路、卫生等公共设施,他们更是事不关己,高高挂起。道路他们只肯"留出一条恰够装一包货物的马车通过"的宽度,而且不愿好好修筑,路身很坏,结果"到了雨天,更是泥泞难行";公共卫生设施相对道路来说,必要性和需求度没那么高,于是"卫生的设置毫无,垃圾堆积浦滩"。③当时英国驻沪领事巴富尔正在与上海道台宫慕久商议《土地章程》,注意到了这些情况,为此作了一些有针对性的制度安排。后来,他向上司报告说:"包括各条章程在内的有关土地问题的往来函件,在前年综合成为一份租地章程。……从这份章程可以看到土地占有的性质、租金以及其他的各项安排。"这"其他的各项安排",他直言不讳地说是"完全照顾到外侨在公共卫生、警卫、安全、秩序等方面所应做的安排","指望英国商人能一起来执行其中的条款,以便取得各项合理的权益"。④可见,《土地章程》的核心是租地,但巴富尔鉴于租界建设中存在的问题,加入了洋商自我管理的内容和办法,亦为上海道台所接受。"就此而言,这个章程已明显地超出了《土地章程》的应有之义,而带有《居留地章程》的性质。正是在这个意义上,这个章程被视为上海英

---

① 胡祥翰:《上海小志》,上海古籍出版社 1989 年版,第 1 页。据此可知,上海开埠前英租界所在地是一个生机勃勃的乡村社会,这也可从兰宁、库龄所著《上海史》中得到印证。该书第 49 章在论述租界社会生活时,追叙说:"如果我们在 1843 年 11 月 17 日,这个港口正式开放的那一天,和一位初次来到的人一起登陆上岸,展现在我们面前的就是一片本地风光。我们登上纤道,也就是今日的外滩,星罗棋布的散布着许多村庄。"(兰宁、库龄著,李德靖摘译《旧上海租界的社会生活》,《档案与历史》1988 年第 4 期)。然而,许多上海史研究者为了强调这块地的无用,没有价值,都喜欢把它说成是一片泥滩荒地,显然并非实情。不过,就租界的城镇化过程而论,的确是零起点,通过殖民手段和商业开发,西方人直接把一个中国传统的城郊乡村建成为一座国际大都市。

② 钱宗灏等:《百年回望——上海外滩建筑与景观的历史变迁》,上海科学技术出版社 2005 年版,第 64 页。

③ 李必樟译编:《上海近代贸易经济发展概况》,上海社会科学院出版社 1993 年版,第 182 页;蒯世勋编著:《上海公共租界史稿》,上海人民出版社 1980 年版,第 318 页。

④ 吴乾兑:《鸦片战争与英租界》,《近代史研究》,1990 年第 6 期。

侨居留地‘根本法’。”[①]这个“根本法”中有关外侨自治的制度安排主要有这么几方面：

1. 道路码头规划：拟修补、拓建东西道7条、南北路3条，其中沿浦大路和打绳路以粤海官尺二丈五尺宽为准、其余也应以官尺二丈宽为准。出浦大路须在滩地公修码头，以便上下。道路、码头修建费用由各租户公摊，数目多少请领事派公正商人三名酌议。

2. 城市基础设施建设：各租户应该公同履行修补桥梁、修除街道、添点路灯、添置水龙、种树护路、开沟放水、应募更夫、开设市房等义务，费用由领事劝令大家捐钱解决。

3. 城市安全卫生管理：各租户在界内不得非年非节点放枪炮，更不得打弹射箭，妄作危险伤人等事，惊吓居民；不得搭盖易烧房屋，如草棚、竹屋、板房等；不得屯贮违禁货物，如火药、硝磺及多存火酒等；不得占塞公路，如造房、搭架、檐头突出、长堆货物等；并不得堆积污秽、沟渠流出路上、无故吵闹喧嚷等。[②]

《上海法租界史》作者认为这些制度安排是巴富尔以自己的权力，“为自己负责的地区建立一个切实可行的行政管理规章”[③]。据此，侨民可以参与市政，在租界内实现自我管理。但因为当时租界规模还较小，外侨不多，而且刚开始生意不好做，市场比较惨淡，所以尽管有制度作保障，但租界的管理却无法到位。如1846年成立的道路码头委员会是由侨民推选产生的，可它不是一个市政机构，只是一个公益组织，负责租界内基础设施的建设。它“向各洋行征收建设道路与公用码头费用时，是以‘公同商捐’‘公议均摊’的名义，属协商性的收取费用，因此还时常遭到一些自建码头的大洋行拒绝。1850年，该委员会决定，无论公私码头，都必须根据上下货物吨位按比例征收码头捐，但在实际行使过程中仍然阻力重重”[④]。正因为此，它的作为有限。根据档案记载，除了例行的征收土地税、码头捐及维修道路码头外，从1849年3月至1853年6月，道路码头委员会共修建6座码头，建造4座砖桥，还维修了“苏州河水闸”和一座桥梁。[⑤]

二、制度落实

随着租界的发展，界内的秩序越来越难维持了。“从1852年起，对于租界上许许多多欧洲人经营的小酒馆里可怕的狂饮胡闹，敏体尼和阿礼国经常互诉苦衷，每天晚上那些喝醉酒的水手在那里寻衅打架，他们就差没有结帮抢劫了。”[⑥]为此，阿礼国想成立治安机构，可苦于没有法律依据，不知如何着手。不久，因为太平军从武汉沿长江东下，并占领了南京，引起上

---

① 周武、吴桂龙：《上海通史》第5卷，上海人民出版社1999年版，第23页。

② 《1845年〈上海土地章程〉》，《档案与史学》1995年第1期。

③ [法]梅朋、傅立德著，倪静兰译：《上海法租界史》，上海译文出版社1983年版，第178页。

④ 陈正书：《上海通史》第4卷，第92页。

⑤ 据马长林等著《上海公共租界城市管理研究》第2页表1—1《1849—1854年历届道路码头委员会情况表》整理而来。

⑥ [法]梅朋、傅立德著，倪静兰译：《上海法租界史》，第179—180页。

海的恐慌。为确保租界安全,维护英国侨民利益,1853 年 4 月,阿礼国组织英侨成立合作委员会,组织义勇队,构筑工事,决定武装自卫。①但因义勇队力量有限,且各国侨民各自为政,阿礼国深感租界安全堪忧,招集全体外侨开会,促成大家共同组织保卫任务,为避免自己承担过重的责任,他还提议英、美、法三国租界合并,通过签订一个协定,"为整个租界地区制定一个统一的行政管理制度,并在租地人的协助下建立一个由选举产生的董事会"。后来有外侨评价说,阿礼国的这一计划具有极大的好处,因为成立市政管理机构,就不仅"有保护自己的权利和义务",而且可以用维持秩序的名义,"采用有效的办法甚或镇压的手段"。②

然而,小刀会起义的突然爆发,暂时中断了阿礼国的计划,却也为其计划提供了实施的必要性和可行性。首先,难民逃进租界,引发新的社会问题。县城陷落后,无家可归的难民涌入租界,住进仓促造起来的危房里,给租界增加火患之危险,并且这些难民"昼则见其拥挤于街道,将污秽之物抛掷途中;入夜则沿街喧呼酣歌,扰人安睡",为维持"租界内之良好秩序起见,必须筹设一种使其就范之切实办法"。其次,华洋杂处,要求管理上适时作出改变。租界本专为外侨居住而设,实行华洋分居,现在难民进来,侨民租地或建房给他们居住,有利可图,并不排斥华人。而华人因为租界安全,觉得"就经商与职业而言,倘许久居,当以长此居住为有利"。这样,"中外居民方面,均发生一种新意向与新感应",而使租界之性质发生变化,必须通过修改《土地章程》以"承认此种新情势"。再次,为了租界的安全,必须为租界僭取的特权提供合法性。租界本来是中国的领土,受中国政府管辖,但因为内战发生,外侨担心财产及利益受损,遂借口自卫公例,擅自宣布租界享有防卫权、武装中立权、拒绝华人武装军队出入租界之权,但他们自知这些权力"非为国际法所曾许可","在条约方面亦无法律根据",所以"欲就法律之意义以求解决"。③

正是鉴于上述情况,阿礼国重提他联合租界的计划。他说:"各国侨民与就地华民同居于五方杂处之租界,须有一种权力能将各种分子镕冶于一炉,并须有一种统一之组织、宗旨以及治制以谋公共利益。就执行领事职务每日所遇之事件而言,此种需要常深印于脑际,而不容遗忘或忽视。"他认为此时租界有两种需要,"一为有组织之设备,以抵御外来之危险,二为改良之统治机关,以办理内部之行政。然在能切实适应此两种需要以前,必须以所有侨民所能接受之组织方法先行联合,而成立一种团体"④。《北华捷报》也为其宣传说:"由于应履行的义务以及'对所有进入界内的人的施政权力'日益扩大,一系列问题接踵而来,致使以前的章程失去了作用;因此需要三个缔约国齐心协力,并且获得中国官方的同意,使提出的章程能发挥充分的作用,而且,没有比现在这个时刻更需要采取有效的措施来保卫租界,使它的安全、秩序或兴旺免于遭到不可挽救的破坏。"⑤

---

① 上海社会科学院历史研究所编:《上海小刀会起义史料汇编》,上海人民出版社 1958 年版,第 592 页。

② [法]梅朋、傅立德著,倪静兰译:《上海法租界史》,第 181—182 页。

③ 工部局华文处译述:《费唐法官研究上海公共租界情形报告书》第 1 卷,1931 年版,第 57—59、71—72 页。

④ 工部局华文处译述:《费唐法官研究上海公共租界情形报告书》第 1 卷,第 66、64—65 页。

⑤ [法]梅朋、傅立德著,倪静兰译:《上海法租界史》,第 183 页。

这样的舆论攻势起了作用。1854 年 7 月 11 日，英、美、法三国领事召开租地人会议，49 个租地人出席。会上毫无异议地通过租界合并的决议，与此同时也通过了修改过的土地章程，并选举一个由七人组成的董事会，成立了工部局。对于这次会议的内容及其影响，美国史家霍塞不吝赞美之词："这次的地皮章程载有使上海成为世上没有先例的市政区的根芽条例"，"上海租界从此成为一个自有主权的、自治的国际的政治体系"，"工部局董事会实已高踞租界之王座，而成为这自有主权的、财阀的、民主的政府之最高统治人了"，"这批眼光远大的上海先生们，利用中国政府的缺乏能力，替未来的上海先生树立了这个市区之特殊的法律基础，而使后人得在其中自由活动，使这上海滩逐渐滋长而成为一个供人以发财机会、不尚感情的、乐观的、门户开放的城市"。①

诚然如此，修改过的《土地章程》弥补了第一次《土地章程》在城市治理制度安排方面的粗疏和不足，"奠定了地方自治的初步原则，而使上海租界从此脱离了一切官府的拘束，造成了它的特殊的法律地位"，并且成立了落实这一制度安排的执行机构工部局。工部局"代表市民而行使之职权非道路码头委员会之职权，但系保护外侨生命财产之职权"，具体说来，就是"维持清洁，办理公共卫生，组织警察及创设并管理捐务等"。②所以，7 月 17 日，工部局成立后召开的董事会第一次会议就成立了两个委员会——道路码头及警务小组委员会和税务及财务小组委员会，并决定招聘 1 名督察员、1 名副督察员和 30 名巡捕。九天后的第二次会议要求"道路码头及警务小组委员会从派克弄的外滩一端至五圣殿铺设一条马路"，"还要求竖立路名牌，漆上马路名称，靠墙固定"，并"立即采取措施清除沿江全部垃圾"，给"每座码头的末端安装路灯"。③可见，工部局成立后确实承担了市政管理的职能，迅速展开工作，致力于公共安全、公共设施、公共卫生之建设。由于法租界很快退出了租界的合并，自主发展，所以工部局的管辖范围仅限于英、美租界，后合称为"公共租界"。

但不管怎样，工部局成立后，公共租界的治理体制发生了变化。与其前身道路码头委员会只是服务性的公益组织不同，工部局是一个行政机构，不仅"有统治租界内之中外居民，并令其缴纳捐税之权"，而且"能对于抵御之方略给以法律上之认可，并可使各该外侨有权自行组织力足维持秩序与安宁之警政"。④正因为工部局对公共租界中外居民拥有管辖权、征税权和治安保卫权等，所以它能够贯彻执行现有的制度安排，实施有效的城市治理。当然，工部局的城市治理一方面是建立在侵犯中国主权的基础上，诚如阿礼国坦言："部分是由于失去控制，环境所逼，部分是出于居住在这个国家的西人社会的愿望，中国政府已经在很大程度上放弃了维护外国租界治安、秩序和良好管理的责任和义务，这些责任和义务无疑本应属于领土主权国的。不过通晓对华外交史，熟悉华人者不乏其人，他们从国际观点，以过去的眼

① [美]霍塞著、越裔译：《出卖上海滩》，上海书店出版社 2000 年版，第 32—33 页。

② [美]霍塞著、越裔译：《出卖上海滩》，第 32 页；工部局华文处译述：《费唐法官研究上海公共租界情形报告书》第 1 卷，第 67、68 页。

③ 上海市档案馆编：《工部局董事会会议录》第 1 册，上海古籍出版社 2001 年版，第 569、570 页。

④ 工部局华文处译述：《费唐法官研究上海公共租界情形报告书》第 1 卷，第 66、73 页。

光看问题，诚挚地认为沿此方向走的每一步已是对中国政府的损害。”①另一方面则是随着公共租界的扩张，人口的增多，工部局机构逐渐庞大，管理日益专业。

从工部局董事会会议录来看，早期工部局的机构设置非常简单，初成立时拟定的有薪人员只有四种 33 人，分别为捕房督察员 1 名，薪金每月 150 元；捕房副督察员 1 名，薪金每月 75 元；巡捕 30 名，薪金每人每月 30 元；董事会秘书 1 名，薪金每月 50 元。可见，刚开始工部局实际只有捕房一种机构，而秘书单枪匹马仅是一个职位而已。有人认为，“当时的董事会秘书负责处理董事会交办的各项事务，对工部局各职能部门的工作进行协调”②。事实并非如此，当时秘书的位置远没有那么重要，事务也不是很多。他的任务是从各国领事馆收集租地人名单以及开具清单、记账等，而且人选不固定，更换频繁，第一任秘书布赖恩仅干了四个月就辞职，由 L.麦克安德鲁接替，而后者仍然只工作四个月就走人，不得不请督察员克莱夫顿兼任。③

而这个克莱夫顿所担任的督察员才是真正负责处理董事会交办各项事务的人，责任重大，地位重要。据工部局董事会会议录记载，督察员的职责共 17 条，主要的有下列几方面：1.听从董事命令，接受董事会委派；2.训练、管理其手下的巡捕；3.巡视租界，清除障碍物，保证市容清洁、照明情况良好；4.防止抢劫案件，制止乞讨和吵架，捉拿罪犯和可疑分子；5.不许私藏武器、军火，若有非法携带武器者，要当场没收；6.禁止不道德行为，发现女人主动勾搭路人时，应予警告劝阻；7.协助收税和修路。④由此不难看出，督察员事务庞杂，几乎无所不包。像前面所提的克莱夫顿在第一任督察员任职期满后继续留任，工部局董事会就规定他除了警务职责外，还要负责主管道路和码头，并担任董事会秘书以及承担一些其他额外的职务。这很能反映出早期工部局建制不全、因陋就简的状况。

尽管后来工部局陆续聘用了道路承包人、道路检查员、收税员、记账员、财务员、卫生稽查员等人员，以分担督察员的职责，但同样存在兼职、因人设岗、不讲究任职要求和资格的问题。如收税员由在海关任职的连德兼任，财务员系董事克雷兼任，道路检查员则为巡官沃特斯转任。⑤而卫生稽查员是为一名退伍军人设置的，在 1861 年 9 月 4 日的董事会会议上，“总办报告说，詹姆斯·卡莱尔，原炮兵部队军士，获准从陆军退伍后，已从天津来到上海，他是高级奖状获得者，因而如果董事会认为任命他担任卫生稽查员或任何其他要职是适当的话，他可能会作出有益的贡献”。可是，一个月后，“卫生稽查员詹姆斯·卡莱尔被董事会任命为主管老闸分遣队的捕房副巡官，迈克尔·里根被任命为卫生稽查员，接替卡莱尔的位子”。⑥据上可知早期工部局聘任公职人员不仅没有门槛，而且比较随意，致使所用非人，人员流动频繁。这种情况在 20 世纪 60 年代以后逐渐改观。工部局聘用专业人员，成立专门委员会，还设

---

① 上海市档案馆编：《工部局董事会会议录》第 3 册，第 549 页。

② 马长林等：《上海公共租界城市管理研究》，第 16 页。

③ 上海市档案馆编：《工部局董事会会议录》第 1 册，第 570、580、575、580 页。

④ 上海市档案馆编：《工部局董事会会议录》第 1 册，第 576—577 页。

⑤ 上海市档案馆编：《工部局董事会会议录》第 1 册，第 582、583、606 页。

⑥ 上海市档案馆编：《工部局董事会会议录》第 1 册，第 623、626 页。

立了各种门类的职能机构，如总办处、警务处、工务处、财务处、卫生处、火政处等，使工部局的行政体制越来越完备，组织越来越严密，能够确保其顺利开展工作，有效实施城市治理。

三、制 度 完 善

一位洋人曾深有感触地说："上海是为了许多事件而著名的，上海是订立了许多土地章程的一处地方。"①前一句所言不虚，后一句与事实有出入。其实上海只在 1845 年出台过一份《土地章程》，以后的历次《土地章程》都是在此基础上修订的，撇开这些章程的合法性、正当性不论②，单就城市治理的制度安排而言，则是越来越具体，越来越完善。

1845 年《土地章程》中有关城市治理的内容上文业已论列，可以看出都是些最基本的规定，且约束力不强。1854 年修订的《土地章程》面对租界人口增加、华洋杂居的现实，"为了使章程具有迫使公共租界内的所有人遵守的力量，为了界内所有居民的平安、舒适和健康"③，作出更细致、更有针对性的制度安排。第一，即如前文所述的为设立自治的市政机关工部局提供依据，并赋予其通过征税来办理市政之权。第二，要求租地人一律留出公用之地，作为建设公共设施如道路、码头等之用，并禁止占用公共空间，"起造房屋，札立木架及砖瓦、木料货物，皆不得阻碍道路，并不准房檐过伸各项，妨碍行人"。第三，出台处罚等强制性措施。凡占道，"饬知后不改，每日罚银五元"；禁止华人在洋房附近"起造房屋、草棚，不遵者即由道台究办"；禁止侨民用"一切易燃之物起造房屋，并不许存储硝磺、火药、私货、易于着火之物及多存火酒，违者初次罚银二十五元，如不改移，按每日加罚二十五元，再犯随事加倍"；"禁止堆积秽物，任沟洫满流，放枪炮，放辔骑马赶车，并往来遛马，肆意喧嚷滋闹，一切惹厌之事，违者每次罚银十元"。第四，规定征税办法。办理市政费用由租界居民缴纳捐税解决，每年年初，先由领事召集各租主会商税项，或按地输税，或由码头纳饷，再派人经收。如不肯纳税者，即禀明领事饬追，倘该人无领事转移道台追缴，给经收人具领。④

然而，"此项章程对于为公共租界设立良好政府一层，尚无充分之规定"，使工部局的权力受限，屡遭质疑，加上租界扩张、公共建设增多、所需经费不敷等原因，《土地章程》的修订又被提上议事日程。1865 年，上海西人成立了专事修改章程的委员会，次年修订完成并经租地人会议通过，但直至 3 年后才得到英、法、美、俄、德五国驻华公使的批准，正式生效。这个章程主体部分 29 款超过了 1845 年的 24 款和 1854 年的 14 款，而且额外多出了 42 条附则，较之前两次章程改动很大，内容增加不少。不过，细究其实，"贯彻全部修正地产章程及其附

---

① 徐公肃、丘瑾璋：《上海公共租界制度》，《上海公共租界史稿》，第 43 页。

② 这些章程制订过程中的不正当性和不合法性已得到充分的研究，详见夏晋麟编著：《上海租界问题》、徐公肃等：《上海公共租界制度》、蒯世勋编著：《上海公共租界史稿》等书，这里不赘述。

③ 工部局华文处译述：《费唐法官研究上海公共租界情形报告书》第 1 卷，第 66 页。

④ 王铁崖编：《中外旧约章汇编》第 1 册，生活 · 读书 · 新知三联书店 1957 年版，第 81—82 页。

则之原则,可以简括叙述为一种权力之授与”,即租界外侨社会授予工部局行使市政的权力。[①]新修改的《土地章程》明确提出“设立办事公局”,并对公局产生和组成的人员、办法、职务、权力、责任等都作了一系列规定,这不仅给予工部局一个合法身份,而且也树立了其权威。工部局由此获得广泛的权力,可以名正言顺地施行城市治理。其治理的范围更加广泛,内容更加具体。如关于沟渠就有八条规定:一,租界所有的公用沟渠归工部局管理;二,工部局有随时查勘、开通沟渠的权力;三,工部局可以随时对沟渠进行改造或拆除、填没;四,私造沟渠未经允许擅自接通公共沟渠,工部局即可处以罚款;五,凡欲在公共沟渠上造房者须经工部局批准,否则予以拆除;六,租界内所有公私沟渠均要做盖子盖上;七,工部局在沟渠上的一切花费均从抽收的捐税中支出;八,凡在租界内盖房子必须先造沟渠,并报知工部局,由工部局派人予以指导,否则罚款。其他诸如修路、造房、打扫街道等也有类似具体的规定,可见新修改的章程对城市治理非常重视,出台了许多细致入微的措施。

除保持租界安全洁净、兴造各项工程及常年修理之事这些权力和职责外,工部局还享有的主要权力有:一,抽收各项捐税权;二,控追欠捐及追缴罚款权;三,捐税和罚款的支用权;四,附则的续订权;五,应办事项的调度权;六,工部局下属机构的设置权;七,工部局内部的用人权;八,原告和被告权;九,接受纳税西人的监督控制权。[②]应该说新修订《土地章程》所赋予的这些权力,既给工部局独立、自主的空间,又让它受到一定的约束和牵制。这种制度安排合情合理,较为完善,所以尽管后来公共租界不断发展变化,《土地章程》又屡有修改,但都以“一八六九年章程为根据,择其‘需要最迫切’的增订修改数次”,而“不作任何通盘修改之想矣”。[③]就此而言,如果说 1845 年的《土地章程》是英租界的根本大法,那么 1869 年的《土地章程》就是公共租界的根本大法,后者是对前者的继承和发展。

虽然说顶层的制度设计很重要,但毕竟制度是死的,真正落实和发挥效用还得靠人和更加接地气的管理规章,甚至必要的处罚手段。如针对租界里的违章搭建和占道问题,刚刚成立的工部局发出告示:“凡在道路界线确定之前搭建的一些围墙或建筑物,如发现有必要拆除时将予以拆除。”不久,工部局发现 W.霍格、W.麦肯齐、A.J.杨、亚当森等 9 位侨民无视告示,擅自违建或占道。于是,1854 年 9 月 21 日的工部局董事会会议专门讨论了此事,决定予以制止,并由总董亲自书面发出“给上述九位先生的必要通知”,“允许给予一星期时间”自行整改。可这些人漠然置之,毫不理会。10 月 28 日,董事会会议议决向英国领事法庭提出控诉,31 日即已将起诉状提交法庭,要求“对霍格先生、亚当森先生以及其他人的案件通过领事馆立即催办”[④]。尽管如此,仍未能起到惩戒的作用。侨民违建和占道行为依然存在。1856 年 4 月因为洋泾浜外滩一带道路堵塞,工部局决定修建一条经过麦家圈房屋东端的道路,结

---

① 工部局华文处译述:《费唐法官研究上海公共租界情形报告书》第 1 卷,第 101、104 页。

② 王铁崖编:《中外旧约章汇编》第 1 册,第 293—307 页。

③ 蒯世勋编著:《上海公共租界史稿》,第 450 页。

④ 上海市档案馆编:《工部局董事会会议录》第 1 册,第 571—573 页。

果发现“E.M.史密斯先生在该房屋东侧所侵占的土地”，于是从 12 日起，董事会会议就连续开会讨论这件事情，决定先派董事曼去拜访史密斯，劝说他停止侵占。5 月 8 日，曼和另一董事腊肯拜访了 E.M.史密斯，“向他说明了董事会对于从麦家圈房屋旁边经过，也从史密斯先生产业西面经过的那条道路路线的看法，并解释了他们在昨天会议记录中所阐明的什么是董事会所考虑的职责和权力。他们力图说服他把他已经建造好的南面围墙再向后移，但他坚持认为这垛墙应屹立原地，不打算拆迁，并公然反抗领事或董事会（他对他们表示了极度的不尊敬）要他拆迁围墙的指令。”经过长时间的耐心会谈，并相互妥协退让，才最终得到圆满解决。经历了这些事件后，董事会不得不去找英国领事商量对策，英领事表示，“如果任何人侵占道路路线上的土地……工部局可以请求领事执行他们的愿望”①。正是通过反复劝说及必要的强制手段，加上后来的立法禁止，公共租界的违建和侵占现象才逐渐得到解决。

再比如道路交通管理方面。工部局成立初期，租界内出现了马车、小车等交通工具。马车是从西方引进的，小车则从江北农村传入。城乡本来差异明显，又何况是在西方式城市，所以后者的不受待见和被规训是可以想象的。而工部局的管理也的确主要针对小车。首先是要求车主消除其刺耳噪音。1868 年 11 月 9 日，工部局发出告示称：“计照得洋泾浜、虹口两界内常有中国手车来往，惟嫌邻邻（辚辚）之声不堪入耳，为此谕车夫人等知悉，嗣后小车须在轮轴两端多滴油膏或换铁耳，自无声音，庶免喧闹。各宜懔尊，如违，提究不贷。切切特谕。”其次是强迫车主办理营业执照。1869 年 9 月 15 日，工部局告示云：“照得英界内及虹口地方常有小车往来……为此出示晓谕，凡有推卸小车者一体知悉，限于华六月十八日为止，速即亲自赴巡捕房内领取执照，方准在界内往来。……本工部现已议定小车每辆每年捐费洋贰元，分作四季缴收，每季三个月为止。倘车夫惜此小费，未曾赴本巡捕房领取执照，如过期无执照者仍在界内推载，一经巡捕查出，立拿送巡捕房不贷。切切特示。”②复次是采用西方的交通规则。工部局规定在租界实行“西国车行例”：“马车中驰，小车与行人傍行；来者右行，去者左行”③，如果华人因不遵守交通规则而遭到巡捕的野蛮执法，甚至发生死伤事故，则咎由自取。

上述最后一条最是冷酷无情，对租界华人伤害很大。因为中国没有交通规则一说，对于百姓来说，一直以来走路是没有规矩的，爱怎么走就怎么走，因此在租界的华人包括小车车主对“西国车行例”很不适应，往往走在马路当中，甚至缓步当车，结果经常遭到西人马车的碾压和街头巡捕的殴打。对此，《上海新报》时有报道。1871 年 8 月 8 日（同治十年六月廿二日），一则《马车压死》的报道说：“上海洋泾浜道阔可十马并行，外国例马车中驰，小车与行人傍行，来者右行，去者左行，如是则无相冲相压也。乃行人每有不知者多中行，致有车压之事。五月二十三日上海大马路有人为马车冲仆，车从身上碾过，伤重想即毙

① 上海市档案馆编：《工部局董事会会议录》第 1 册，第 585—586 页。

② “工部局告示”，转引自马长林《上海租界内的小车夫抗捐》，《中国档案》2008 年第 12 期。

③ 1871 年 8 月 8 日《上海新报》。

矣，哀哉。”11 月 2 日(九月二十日)，则有《巡捕棍打车夫》的报道：“十七日午后，新北门外兴圣街北首有推小车者因行走街中，突被巡捕见之，逐其由街边行走，车夫置若罔闻。巡捕以棍击之，车夫惧，而坐客不服，谓车夫无罪不应辱之，与巡捕争闹，惜两造语言不通，如两个黄鹂鸣翠柳也。巡捕怒以棍击坐客之首，血流满面。……旁人劝坐客曰：‘车夫应行街旁，今误行街中，巡捕嘱其由街边行走，恐马车冲撞无坏意也。车夫不理，巡捕责之。君不解外国租界规例，为车夫抱屈，与巡捕争闹，无益也。请速行，毋再取辱。’坐客闻言唯唯，抱头而去。”

尽管在付出这种血的代价中，一部分中国人吃一堑长一智，学会了西方的规例，但由于不断有中国人来租界讨生活，于是这种惨痛的事件就反复上演。如同《上海新报》所揭示的那样，“上海地方倘小车中行，则巡捕击之，车夫知例者多矣。然去岁小车约三千辆，近将万辆矣。新来车夫未谙者多，于是近益多冲伤事”①。面对交通事故的频繁发生，工部局不得不对横冲直撞、屡屡伤人的西人马车也列入管制范围，于 1872 年 6 月发布告示说：“凡马车及轿子必于路上左边行走；或马车及轿子于路上行走后，又有马车或轿子行走，如前之车、轿走快则后跟之马车必须赶从右边过去；凡轿子往来必由大路不许从旁路行走；凡小车必由大路左边往来，惟不许走旁路即由大路与旁路相近之路行走；凡小车必在定规之处毋得于路上往来逗留；凡马车自日落一点钟之后至日出一点钟之先必得点灯，如违章程每车罚洋五元；凡马车于十字路来必得走慢……凡街道上跑马以及车马往来，巡捕人必得照应，不准过速。”②这个告示涵盖了当时所有的交通工具，可谓公共租界的第一个交通规则，由此工部局的交通管理走上规范化、法制化的道路。后来随着租界的发展，交通工具种类和数量的不断增多，工部局又陆续补充和完善交通法规，构建了一个较为完备的公共交通管理体系。

理论是灰色的，而生活之树常青。从以上工部局处理违建、占道和交通问题，即可看出顶层的制度设计固然必要、重要，毕竟只是纸面的行为规范和准则，现实的情况非常复杂，必须要靠人去灵活运用。公共租界的城市管理虽然有《土地章程》作为依据，实际却是工部局里的人从简单的事情做起，注重细节，反复进行，而后才逐渐扩展开来，管理不断细化，领域不断拓展，最后在促成租界大繁荣、大发展的同时，也打造了一套完整、广泛的城市管理机制和体制，可以说是制度和人物相互为用、相互促进的一个成功典范。但需要指出的是对于西人，工部局是有耐心、讲文明的；对于中国人，则相反，粗暴，野蛮。不过中国人也是在这种野蛮粗暴中逐渐适应了现代文明和城市生活。20 世纪初年，姚公鹤就著书说：“租界侨寓之华民，为数已达八十万。而历经英人熏蒸陶育之余，知识与程度，虽犹是陋劣不可名状，服从法律习惯则已较胜于内地。”③

---

① 1871 年 11 月 11 日《上海新报》。

② 1872 年 6 月 26 日《申报》。

③ 姚公鹤：《上海闲话》，上海古籍出版社 1989 年版，第 46 页。

四、借鉴与启示

城市让生活更美好。但是,城市的治理却是一个世界性难题。现如今,城市获得前所未有的发展,人类文明也有长足的进步,都知道城市的发展应该文明和谐,绿色低碳,方便快捷。可道理人人明白,做起来却南辕北辙,所以还需要约束和管理。比如违建和占道历经开埠以来170多年,仍在上海这座城市存在,并且成为一个顽疾,至今令城市管理者头疼不已。由此我们反观工部局对公共租界的城市治理经验,或许可以从中获得一些借鉴与启示。①

(一) 管理者要树立责任意识

工部局的管理者——董事都是商人,各有自己的事业,也不从工部局支领薪水。但当他们被选举出来组成工部局的董事会后,对工部局这个机构及其治理的租界城区,都是竭尽所能,十分负责。工部局的一切费用来自纳税人,因此董事会是尽可能不乱花钱,根据财力来聘用有薪人员,一旦聘任,能兼职的就兼职,"尽量减少不必要人员和费用支出"。刚开始经费比较紧张,工部局一度"不设总董,董事会中每位成员对一切问题共同过问",甚至兼任财务员、秘书等职务。对于所聘任的公职人员,董事会管理也较为严格。督察员克莱夫顿曾提出承包修理道路、清理码头、路灯照明等工作,被董事会一致否决,认为公职人员经商"是不可取的"。巡长贾勒特跑官要官,提出想担任主管捕房之职,也被董事会拒绝。而一旦发现公职人员有贪渎、违纪、玩忽职守等行为,就立即予以惩处甚至解聘。如巡捕弗雷德里克·沃思因酗酒和多次玩忽职守被解雇,道森因严重殴打几个华人的罪行被逮捕;克莱夫顿在管理方面存在严重不正当行为被解职;译员良惠因擅自向华人征税也被解职。②

至于工部局经费使用情况,董事们也坚持做到公开透明,"一切收进、付出账目"都经纳税人会议"公同会议允准",并请专人审计后,"刊呈众览",接受纳税人监督。③而对于租界的城区的治理,董事们也是有多大能力做多大事,从最基本、最需要、最急迫的事情做起,如装路灯、竖路牌、清垃圾等,没有全盘规划,大干快上。荀子说:"不积跬步,无以至千里;不积小流,无以成江海。"工部局董事们正是从这些简单琐碎、平淡无奇的小事起步,逐渐把租界从一块乡野之地建成一座魔幻般的新城。

---

① 公共租界的城市治理制度当时也对上海华界及江南城市产生了相当的影响。在租界的示范下,华界也采取了一些新的城市管理措施,以改善公共卫生及道路交通状况等。这些措施都仿照租界章程办理,不仅改变了原来的城市管理的模式和理念,而且也使华界的城区面貌得到一定改善,从而逐渐从传统城市向现代城市转型。对此,何益忠《老城厢:晚清上海的一个窗口》(上海人民出版社2008年版)第五章已做了比较深入的论述,这里不作重复研究。而上海城市的发展,也为近代江南城市树立榜样,推动其变革和转型。

② 上海市档案馆编:《工部局董事会会议录》第1册,第579、583、603、609、611、604、609页。

③ 王铁崖编:《中外旧约章汇编》第1册,第295页。

（二）管理者要有服务意识

如上所述，工部局董事们视事之初，所干的都是些小事，但这些小事体现的是其对人的生存状况、生活环境的重视，是对人的外在尊严和内在需求的关切，“是实现工部局为公众利益服务这一目标的最好办法”①。由此出发，董事们很重视公共设施、公共卫生、公共环境的建设和管理。道路是一个城市发展的基础。工部局成立之初即着手规划道路网络，对于任何对道路的不法侵占都采取零容忍态度。1856 年 6 月，董事曼发现太平洋行在教堂路建造的突出式阳台对道路有可能造成损害，便与另一名董事腊肯走访洋行主人鲍曼和瓦彻，要求拆除。鲍曼和瓦彻辩解说：“道路上方的阳台仅突出约两英尺，如加装一个檐槽，雨就会顺着檐槽流下，不会流至道路上，而且阳台离地面又是如此之高，实际上并不会对道路造成障碍，再者房子有阳台比没有阳台更显得起装饰作用。”但董事会经讨论后认为，“就听任这种情况存在的危险性而言，先例一开，将会引起更严重的侵占事件”，坚决要求太平洋行拆除阳台，并商定对于任何侵占事件，“将提出正式诉讼，保留工部局清除侵占行为的权利，今后任何时候，在他们认为需要清除这种侵占行为时，即行清除”。②至于牵涉公共卫生的粪便和垃圾清理问题，已有史料表明，到 1864 年，董事们也已作出了统一的安排。③

可见工部局董事具有较强的服务民生意识，同时他们也要求工部局的公职人员也如此，如规定捕房督察员保证巡捕在“服役中正当的行动”，如有酗酒行为应马上报告，不听从告诫者即开除；还要求“使用他指挥下的警力，使租界保持平静，巡视租界，保证市容清洁、照明情况良好，或者对遗漏事项提出报告，消除有害社会的事物，防止抢劫案件，制止乞丐的乞讨活动，在发生意外事故时提供帮助，清除在公共道路和码头旁的障碍物，阻止喧闹吵架”，“值星期日基督徒做礼拜之际，督察员应注意到这种场合应没有被经过做礼拜地点的肩挑担子的苦力的吵闹声所打断”。而对于督察员本身，董事们则希望他工作积极主动，与董事会保持密切联系，如有任何疑问，要及时请示，“以应付当前任何突然事件或请求今后的指导”④。当然，因为工部局董事都是西方人，他们的服务都是以西方人为中心，对中国人的服务意识和服务态度都很差。

（三）管理者要有法制意识

工部局董事在治理公共租界的过程中非常重视依法行政，一方面，作为租界根本大法的《土地章程》是他们自己参与制定的，已经把他们认为重要的社会规范和规则写进《土地章程》中，特别是他们拥有续订附则的权力，可以随时根据需要制定规章，有法可依；另一方面对于公共租界这个国际社区来说，侨民来自不同的国家，只有采取法治，才能令人信服，并确保董事们的权威，维持他们的统治。那具体他们是怎么做的呢？主要有这么几方面：

1. 主动进行普法宣传。“工部局不仅将有关法令随时以布告形式告示于众，而且还常常

---

① 上海市档案馆编：《工部局董事会会议录》第 1 册，第 579 页。

② 上海市档案馆编：《工部局董事会会议录》第 1 册，第 587—588 页。

③ 马长林等：《上海公共租界城市管理研究》，第 60 页。

④ 上海市档案馆编：《工部局董事会会议录》第 1 册，第 576 页。

载诸报端，甚至‘送谕上门’。1872 年，工部局首次制定的交通规则曾在《申报》上连载一个多月。1877 年，工部局把有关的交通规则印成中文，分送所有马车行，要求车主知照马夫。”①

2. 法无授权不可为。1854 年 8 月，有外国领事致函工部局，要求“制止西人出售和出租土地房屋给华人”，工部局董事会议认为《土地章程》并无此条规定，对此“不发表意见”。②

3. 执法必严。工部局交通法规规定：“凡马车自日落一点钟之后至日出一点钟之先必得点灯，如违章程每车罚洋五元。”1872 年 2 月，侨民詹金斯・西华因无灯驾车被罚。他写信给工部局辩称：“他眼睛有毛病，把灯装在马车上后，他就看不出路了。”代理总办奉命答复说：“董事会不能考虑此类理由。为了公众的安全，在任何情况下都要强制执行管理章程。”③

4. 违法必究。1897 年，美国驻沪副领事易孟士所雇马夫违反交规停车碍路，并对捕房的传讯抗传不到，被解送会审公廨判罚银洋 10 元。1898 年，泰兴洋行装载货物的塌车违反禁行规定行经南京路，被判罚银洋 15 元。④

5. 勇于承担过失。作为一个行政机构，工部局在实施治理的同时，也有不当和疏失之处，对此工部局是该任罚的认罚，该吃官司的吃官司，并不高高在上，刻意规避和掩盖。1885 年 5 月，侨民 C.W.海致函工部局称静安寺路的排水沟下陷，致使他的马受伤，要求赔偿 30 两银子。工部局认为排水沟是斜桥总会的私产，与工部局无关，不愿认赔。但海坚持是工部局的责任。经过咨询法律顾问，董事会会议决定如数赔偿。⑤此外，据统计，1882 年至 1841 年间工部局被正式起诉 34 起，只胜诉 8 起，败诉 26 起。⑥可见工部局不搞特权，尊重法律，遵从司法机关判决。

上海公共租界是西方列强侵略中国的桥头堡，严重侵害了中国的主权。但从另一方面来看，工部局对租界的治理还是很有成效的，租界安全有序，文明卫生，当时的中外人士均赞不绝口。有侨民甚至自称是“上海人”，直言上海是他们乐意生活和居住的地方。因此工部局成功的经验值得总结，上述三点即剔除其丑陋、阴暗的一面，专就其有效治理的一面而言，应该说即使在今天看来也有借鉴之处，希望能给有关部门提供参考。中国自古有“有治人无治法”之说，与其批评为重人治不讲法治，毋宁理解为制度重要，但人更重要。因为制度是人创造的，也只能通过人来实现。人和制度不可偏废，租界制度和工部局人物——那些“上海先生”相得益彰可谓最好的注脚。

（李志茗，上海社会科学院历史研究所研究员）

---

① 袁燮铭：《中西交汇里的历史变迁》，上海辞书出版社 2007 年版，第 23 页。

② 上海市档案馆编：《工部局董事会会议录》第 1 册，第 571 页。

③ 上海市档案馆编：《工部局董事会会议录》第 5 册，第 537 页。

④ 袁燮铭：《中西交汇里的历史变迁》，第 23 页。

⑤ 上海市档案馆编：《工部局董事会会议录》第 8 册，第 618—619 页。

⑥ 马长林等：《上海公共租界城市管理研究》，第 55 页。

“新旧共栖”的二元性：近代上海经济社会发展与江南传统述论

□江 文 君

［摘　要］ 从1843年开埠以来，上海城市受到外来的经济、社会及文化冲击，最明显反映在租界的存在——租界既是中国受制于帝国主义的耻辱象征，又是中国人民体验异国情调（甚至是现代经验）的开端；外国势力掌控下的近代上海，迅速地由一座江南县城一跃而成为中国的经济首都。伴随传统士农工商的社会等级划分逐渐瓦解，新的社会阶级则在西方冲击影响下逐渐产生。对于上海这样一个工业化进程中城市而言，“等级秩序”和“阶级分层”的二元分层体系，似乎会提供更多的真知灼见。这种“等级秩序”和“阶级分层”新旧共栖的格局还体现在都市新社会阶层所产生的语境，由于其历史短，尚处于“构成”阶段，因此其面目是模糊的、复杂的、新旧粘连的。

［关键词］ 近代上海；江南传统；二元格局

1843年11月17日，上海正式对外开埠。西方资本主义工业文明逐渐侵入并接替上海的传统城市区域。英国首先于1845年在上海设立英租界，1848年上海又出现了美租界。英美租界于1863年正式合并成立了公共租界。与此同时，法租界也于1849年宣告成立。两大租界在19世纪余下的半个世纪内不断向华界越界筑路、渗透扩张，不断完善各自的市政管理机构。这样，上海出现了“一城三市（政府）”的格局，沦为一个半殖民地化的口岸城市。从1843年开埠以来，上海城市受到外来的经济、社会及文化冲击，最明显反映在租界的存在——租界既是中国受制于帝国主义的耻辱象征，又是中国人民体验异国情调（甚至是现代经验）的开端；生活在租界里的华人既受到二等公民的待遇，又得以在外国势力的庇荫下免于军阀及中国政府的骚扰。这些上海独有的特色使中外学者纷纷投入上海研究。

上海作为中国近代最繁华的都市，由此而来的所谓“上海模式”对整个近代国家的发展具有重大意义。一位美国学者曾认为上海是打开现代中国的钥匙，了解上海的发迹过程，就能掌握中国发展的脉动。事搁20年后他推翻了自己先前的看法，认为上海并非认识中国的正确钥匙，反而是“另一个中国”。目前，研究上海城市史学者仍然继续探讨这个问题：从这个角度看，究竟上海与中国的关系如何？我们看到的是一个愈来愈像上海的中国，还是一个愈来愈像中国的上海？

一、上海的现代经济部门

外国势力掌控下的近代上海，迅速地由一座江南县城一跃而成为中国的经济首都。到20世纪30年代，大约有46%的外国直接投资集中在上海，36%集中在东北地区，剩下的18%散布在中国其他地区。1936年时，有37%外国投资集中在对外贸易与银行业方面，运输与通讯领域的占30%，工业方面的投资占20%，其余的则主要投资在房地产。中国的关内出口总额中，上海占了46%，天津和广州分别占了15%和7%。从1865—1936年间，上海囊括了中国对外贸易的45%—65%。①

外资首先进入上海，引入了一系列新的现代产业部门。葛元煦在《沪游杂记》中就描绘了当年上海租界洋行之鼎盛。据他在书中介绍，当时租界洋行共有：德丰银行、天裕洋行、旗昌洋行、会德丰洋行、元芳洋行、汇中洋行、仁记洋行、义源洋行、别发洋行、怡和洋行、汇丰洋行等，以上在英界沿浦滩。南京路即大马路则有老德记药房、福利洋行、公道洋行、泰兴洋行、兆丰洋行等。②

现代部门的成长中首先就是工业或现代制造业的发展。1843年，上海开埠以后不久，就出现了外国人投资的近代工业。在1843年到1859年的17年间，共开办了18家外资工厂。1860年以后，上海的外资工业发展迅速，到1864年，共有38家，门类扩展到10个，其中船舶工业发展最迅速，共开办12家。③英商怡和洋行于1860年初率先在上海创建了拥有100部西式丝织机的怡和纺丝局，紧接着法、美、意等国商人也纷纷在沪投资设厂，其中较著名的有英商怡和丝厂、公平丝厂和美商旗昌丝厂。④到了1913年，外资企业的总资本额估计达到6 346万元，比1894年的975万元增长了5.5倍，平均每年增长率为10.3%。⑤紧随其后，中国人自办的现代企业也逐渐发端。1865年，上海江南制造总局创办，20世纪70年代以后，轮船招商局、上海机器织布局等洋务企业设立。

效仿外资企业的近代化管理与技术，民族工业也渐渐发展起来。到了20世纪初，据统计，1895年至1911年在上海新办的民族资本工业企业为112家，占全国总数的1/4，开办的资本额2 799.1万元，占全国的1/4强。⑥一战期间是中国资本主义的黄金年代，在这一时期，由于欧洲列强间的世界大战，外资资本的势力大为受挫。以买办与民族资本家为代表的上海资产阶级乘机迅速崛起。以华人资本于1914年至1922年创办的纱厂而言，上海有16家，

① [英]麦迪森著，伍晓鹰、马德斌译：《中国经济的长期表现：公元960—2030年》，第50页。
② 葛元煦：《沪游杂记》，上海书店出版社2006年版，第334页。
③ 熊月之：《上海通史》第四卷，上海人民出版社1999年版，第193页。
④ 徐新吾、黄汉民主编：《上海近代工业史》，上海社会科学院出版社1998年，第15页。
⑤ 张仲礼主编：《近代上海城市研究》，上海人民出版社1990年版，第333页。
⑥ 唐振常：《上海史》，上海人民出版社1989年版，第527页。

天津有 6 家，此外，无锡、武汉各 2 家，芜湖、济南、武进、长沙、武陟、石家庄各 1 家，上海的设厂，几乎占全国的一半，特别需要指出的是上海纱厂承办人的出身背景与天津等城市有显著的差别，1920 年上海有华商纱厂 19 家，负责人有资料可查的 18 人，出身实业界的 2 人，官宦之家的 3 人，商人家庭的 8 人，另 4 人具有多重身份。[①]可见上海的民族资产阶级更多的来自商人家庭（当时所谓好人家），即所谓的传统上海士绅。其中卓有成就者，多半是曾接受过新式教育的高学历人士，比如留洋的范旭东、李烛尘、侯德榜和穆藕初，圣约翰大学的高材生刘鸿生，还有出身知识界的卢作孚，以及金融界的陈光甫（沃顿商学院 MBA）等，因此具有较强烈的民间色彩。与之相反，其他区域的资产阶级出身，其官僚家庭背景甚重，有着较为显著的官僚主导型工业化特色。

伴随着现代制造业在上海的产生，新的产业类别也蓬勃发展。按照 20 世纪 30 年代经济学家龚骏的统计，1845 年至 1894 年间，有近代化的船舶修造业、印刷业、食品工业、缫丝业等数个新型的工业门类；1895 年至 1911 年，在不到 10 年时间里又涌现出 11 个新的工业门类；据 1933 年的统计，短短 20 年间上海近代化工业门类从 22 个增加到 62 个。[②]新的产业类别的产生说明了现代产业部门正在向纵深发展，上海正渐渐摆脱单纯的以港兴市的贸易城市格局，进入工业化的初始阶段。当然也应该客观的认识到，上海现代制造业的产业结构仍然过于偏重纺织工业等轻工业，这一产业结构是工业化早期的普遍现象。1933 年，上海工业总产值达到 11 亿元，超过了当时全国工业总产值的一半。[③]1936 年，上海全部近代工业产值（包括全部外资产值）为 118 225.5 万元。[④]其中生产总值在千万元以上的主要产业类别有以下四大类：除原有的棉纺织业（19 966 万元）、缫丝业（1 685 万元）、面粉业（6 891 万元）以外，又有卷烟业（5 179.8 万元），这四个行业的总产值共达 30 322.6 万元，占全部民族工业产值 8 亿元（内有小部分外资产值）的 37.6%。[⑤]

当然须注意到中国的现代制造业水准仍然相当低下，缺乏效率，更多地呈现出一种压榨工人血汗的剥削方式，即所谓利用廉价劳动力。据有关研究证实，一直到 20 世纪 30 年代，中国产业工人的生产力仍然严重地落后于当时先进的资本主义国家。20 世纪 30 年代中期，中国工厂工人的人均净产值只相当于一个德国工人或英国工人的 1/9 左右；对比美国工人而言，则更下降为 1/19 。[⑥]上海工业结构畸形，生产消费资料的轻纺工业同制造生产资料的重工业，两者的比重极不相称。据统计，1949 年轻纺工业产值占全市工业总产值的 88.2%，其

---

① 张玉法：《中华民国史社会志（初稿）》上册，台北“国史馆”1998 年版，第 414—415 页。

② 龚骏：《中国都市工业化程度之统计分析》，商务印书馆 1931 年版，第 31—32 页。

③ 黄汉民：《1933 和 1947 年上海工业产值估计》，《上海经济研究》1989 年第 1 期。

④ 吴承明：《中国资本主义与国内市场》，中国社会科学出版社 1985 年版，第 132 页。

⑤ 徐新吾、黄汉民：《上海近代工业史》，第 213 页。

⑥ L.Rostas, Industrial Production, Productivity, and Distrition in Britain, Germany and U.S.1935—1937, *The Economic Journal*, Vol.53, No.209(Apr., 1943), pp.39—54; Pao-San Ou, Foh-Shen Wang, Industrial Production and Enployment in Pre War China, *The Economic Journal*, Vol.56, No.223(Sep., 1946), pp.426—434.

中纺织、面粉、卷烟、造纸、橡胶、制革、制皂、火柴8个行业产值即占全市工业总产值的76%。而重工业产值却仅占全市工业总产值的11.8%，重要生产资料基本上依赖进口。机器工业经长期发展，而其主要业务不过为舶来机器设备修配、保养，制造机器不多。①

与现代制造业的兴起相一致，银行、保险等金融产业也在外资的引导下逐渐产生、发展、壮大。1847年英国丽如银行在上海设立以后，20世纪50年代又有汇隆、呵加剌、有利和麦加利四家英资银行在上海设立分支机构。1860年法兰西银行在上海设立分行，随后英国的汇川、利华、利生、利升、汇丰，德国的德华银行、日本的横滨正金银行、俄国的华俄道胜银行、法国的东方汇理银行、美国的花旗银行、比利时的华比银行也相继开办。外资银行业的发展相当迅猛，据中国银行发行的《旧中国外商银行调查资料》显示，到1936年设立在上海的外资银行计有20余处。其主要经营的业务有国外汇兑、存款、放款、抵押放款、套汇、现货与期货金银交易、外汇与黄金套利交易、外汇套利、发行纸币、经营债券本息、投机买卖等10余项。②与中国银行不同，外资银行的商业运作更加大胆，注重所谓中间业务的提升，而不仅仅依靠存贷差维持。他们积极地开展中间业务营业如外汇投机买卖，追求无风险套利，即所谓的绝对收益。

与之同时，中国传统的钱庄也在借鉴外国银行先进管理经验的基础上有所发展。到20世纪80年代，上海的一些大钱庄"招揽往来户头百十，所放之账辄盈数十万"，但由于本身的财力有限，大钱庄的资本"至多无过五万"。③

总之，近代上海经济的发展是中国现代化的第一次尝试。正是在这一进程中，伴随市场因素的介入，上海中产阶级也由之萌发。

二、"新旧共栖"的二元分层体系：等级还是阶级

伴随传统士农工商的社会等级划分逐渐瓦解，新的社会阶级则在西方冲击影响下逐渐产生。也就是说近代中国社会正在逐渐由建立在伦理本位基础上的讲究等级的身份制社会向建立在不具人格的市场基础上的现代契约社会转型。传统中国社会是等级社会，公共活动则主要以一个社区或宗族为单位运作，并以宗庙和祠堂作为共同体生活中的主要公共空间。社区或宗族则是一个熟人社会；除了宗教认同感外，传统社会中人们的主观认同感一般都是以地域性的血缘和泛血缘关系为基础的，社会的阶级分化程度相当之低。恰如罗威廉在对传统汉口城市社区的研究后所指出的："我们将看到，居住在一起的邻居们是混杂的，城市社会组织最普遍的形式——同乡会，有意涵盖了各种阶级。阶级分化的水平之低，足以让同时代的、已经经历了很长时间工业化之社会后果的英国人深感惊讶。"④此外，传统社会的

① 徐新吾、黄汉民：《上海近代工业史》，第309页。
② 《旧中国外商银行调查资料》，《档案与史学》2003年第6期。
③ 《综论沪市情形》，1884年1月23日《申报》。
④ [美]罗威廉著，鲁西奇、罗杜芳译：《汉口：一个中国城市的冲突和社区(1796—1895)》，第67页。

经济形态是小生产性质的，中国历朝历代的财政政策都是想方设法直接向农民征收赋税以防止地主阶级以及商人集团的出现，从而与政府争利，威胁到中央政府的专制权力。在这样的小生产经济结构下，互信基本都是建立在宗族等熟人网络中。因为在内部人社群中，信息网络是畅通的，某一个人一旦失信，马上该社群内所有人都知道此人是不可靠的。

在传统中国这样讲究伦理本位的身份制社会中，自然会因所谓品性高下分出儒家的“君子”与“小人”，“上智下愚”，这已然是种人格上的不平等了。这种以礼仪规范等伦理价值建构起来的社会要求社会成员安于本分、恪守大义名分，人分尊卑贵贱，满足于自身的社会地位与身份。这与西方自文艺复兴之后人性的觉醒、个人权利的伸张与人人生来平等观念的萌发有很大的不同。就西方历史发展而论，资本主义产生于中世纪的西欧基督教社会。自14世纪起的文艺复兴(即西人所谓之三百年)一直到16世纪的“宗教改革”运动，为市场经济社会奠定了一个核心价值理念：上帝面前人人平等。对于每一个新教徒而言，工作是天职，人生的目的乃是显明上帝的荣耀。上帝与人类之间建立了互信的契约，社会则产生了合理化的“规范”。现代社会中，随着传统“城乡连续体”的瓦解，稳定的熟人社会或社群已经渐趋松散。现代社会就是建立在身份平等基础上的市场化社会。熟人社会产生公共权威的规则在市场社会上是不能被使用了，这就需要合理的市场规则。

传统社会到现代社会的转型意味着传统等级社会的消解以及随之而生的现代认同的发端。这种新社会认同是建构在社会阶级与现代民族这两个大型社会共同体的基础之上。而那些刚刚从农村共同体分离出来，并开始作为以职业为中心的都市人在城市内流动的民众则是一种新的、不定型的存在形态。

然而须注意到的是，西方各国快速的实现工业化、社会阶级的分化也愈益明显，以中产阶级为主的城市居民逐渐产生出一个愈益与国家相分离的市民社会。正如恩格斯在论证国家起源时所指出，国家从经济利益互相冲突的阶级社会中产生，“但又自居于社会之上并且日益同社会脱离”①。市民社会中的各种志愿性中层组织通过职业团体、社区组织等多种形式将各个孤立的公民组织整合起来，结成紧密的利益共同体，既阻止国家公共权力的过分扩张和对私人权利的不当侵犯，又能在市民社会内起到自治的作用，从而呈现出一种平等、自由多元化社会格局。安东尼·吉登斯也指出，在欧洲，资本主义社会的阶级制度与其先前社会形式中的阶级制度都截然不同。在封建社会，支配当然是建立在对生产工具(即土地财产)控制的差异程度上。但是，身份差异所体现出的封建阶级结构，并没有完全使个体脱离与共同体的关系，“社会”领域与“经济”领域之间并没有明确的分界线。资本主义的出现把市民社会关系转换成纯市场关系：个体只是抽象意义上的“社会共同体”(community)成员，在该共同体中，个体在一个独立的“政治”领域中享有作为公民的权利。②

---

① 弗里德里希·恩格斯：《家庭、私有制和国家的起源》，《马克思恩格斯选集》第四卷，人民出版社1972年版，第165页。

② [英]安东尼·吉登斯著，郭忠华、潘华凌译：《资本主义与现代社会理论：对马克思、涂尔干和韦伯著作的分析》，第268页。

这正如亨利·梅因爵士(Sir Henry Maine)在其不朽名著《古代法》中所指出的:“所有进步社会的运动在有一点上是一致的,在运动发展的过程中,其特点是家族依附的逐步消灭以及代之而起的个人义务的增长。……用以逐步代替源自‘家族’各种权利义务上那种相互关系形式的……关系就是‘契约’。……可以说,所有进步社会的运动,到此处为止,是一个‘从身份到契约’的运动。”①他还通过研究发现,在古典文明中,“人们不是被视为一个个人而是始终被视为一个特定团体的成员”。②从身份到契约,个人意识的觉醒,人人平等观念的深入人心,凡此种种恰如其分地展示了西方社会演进的轨迹。

与西方形成鲜明对比的是,近代中国的现代化却历经坎坷。直至今日,传统社会的思想意识残存仍然深刻地烙印在中国人的价值观念中。梁启超就曾指出:西方近代的革命“大率在中等社会”,“皆团体革命”,其以生计问题(切身经济利益)为枢纽决定革命和革命后的政治目标,结果是得自由民权。中国历史上的革命,则“有上等下等社会革命,而无中等社会革命,泰西革命之主动,大率在中等社会”。他预言般的写道“我国每一度大革命,长者数十年,短者亦十余年”,往往群雄并起,且伴有外族势力入侵,折腾不休,天下鼎沸,“故一度革命,而所积累以得之文明,与之俱亡”,并直言不讳地指出:“革命之多数下等社会,其血管内皆含黄巾、闯献之遗传性也。”③他主张以和平、渐进的改革,来育成中等社会,从而奠定“泰西文明革命”的基础。然而,梁启超所言的具有切身经济利益的、常以本身利害关系而奋起之中等社会的主体成员(城市中产阶级)非但人数甚少,社会基础薄弱。而且这些新都市群体作为近代中国“断裂”社会的新成员,其本身的价值观念也是断裂和碎片化(fragmentation)的。这体现在社会流动很快,社会结构尚未定型,社会构造上的新旧交叠与粘连。在很多情况下,阶级内部的差异甚至大于阶级之间的差异。在其价值体系中显著地存在着“新旧共栖”现象,既有如西方社会那般基于人格平等的横向社会阶级互动与利益关切,更有对居于上位者的身份地位与暴力强权的顶礼膜拜和人身依附。时代则在这两种观念力量的交错中向前推移。

这种传统等级、身份的观念残存或者“心灵的习惯”甚至影响、阻碍到了经济活动的合理运作与效率。例如,与西方原生态的业主型资本主义起源模式不同。近代中国近代企业的产生却是所谓清政府官督商导的官僚资本主义。权力跟市场不能有效区隔,政府无法有效的规制自身,民族资本发展和市场公平交易饱受近代政府的掠夺和破坏,私人财产权得不到法律的承认和保护。而自由生长起来的现代工商机构则始终生活在对国家权力的畏惧和不确定之中。于是企业经营者纷纷“结驷连骑,束帛之币聘享诸侯”。在这种国家机会主义制度化的情况下,企业规模的继续扩张遭遇了制度瓶颈。基于制度性缺陷的高昂交易成本使得经营企业越来越无利可图,于是商人只好将大量的资金流向买官鬻爵、修园建楼、置办田产等非经营性的领域。

---

① [英]亨利·梅因著,沈景一译:《古代法》,商务印书馆 1984 年版,第 96—97 页。

② [英]亨利·梅因著,沈景一译:《古代法》,第 105 页。

③ 梁启超:《梁启超全集》第 5 卷,北京出版社 1999 年版,第 1248—1252 页。亦可参见梁启超《中国历史上革命之研究》,1904 年 2 月 14 日《新民丛报》。

这种政策与西欧国家进入近代社会前的重商主义政策颇有几分类似。官僚们利用自身的身份与特权，流入商业领域，钱与权的混合，进而压制、摧残民间资本的积累。国家权力无法给财产权提供必要的制度条件，即包括对财产权的界定、财产的保护和尊重。因而严重阻碍了市场规模扩大的前提——自主交易性。在这样的情况下，正如麦克米兰（John Mcmilan）所指出的："在市场上，决策的自主性是关键的。交换的参与是自愿性质的，买者和卖者都可以拒绝任何一项交易，他们都是分立的个体。""如果人们失去了自主权，那么根据这个定义，他们的交易将不是'市场交易'。在存在权力关系的任何情况下，比如一方管辖着另一方，或者双方都受另一个更高的权力机构管辖时，所发生的交易都将是其他形式的交易，绝不是'市场交易'。"①

与此同时，民国时期的官僚阶层则具有极强的"老爷心态"和特权观念，这种官僚依仗自身特权身份、等级垄断稀缺经济资源的商业模式与市场经济讲究平等竞争的原则格格不入，是权威文化在经济领域实践的结果。与西方社会结构以人们个性为依据，以横向组织为中心发展的社会阶级体系不同，中国传统社会则一直强调伦理本位的纵向上下身份关系。即儒家所谓的须恪守"君君臣臣父父子子"的秩序。这种等级秩序、身份意识的残存、平等意识的匮乏。其恶果诚如陈独秀所言"损坏个人独立自尊之人格"，"剥夺个人法律上平等之权利"。②因而也是阻碍近代中国人产生社会阶级、职业认同，并形成新的都市利益聚合体的最大障碍。

事实上，这种传统身份等级阻碍了现代阶级关系的发展并非中国所独有的现象。追随韦伯的传统，可以认为近代中国社会是二元分层体系（dual stratification systems）。根据韦伯有关等级和阶级的理论，他把"阶级"和"社会等级"或"身份团体"区别开来。这个二元分层体系是以传统封建等级秩序和现代社会阶级这两种竞争的逻辑为出发点的。这里需要特

图 34-1　民国初年的法租界外滩，黄浦江水漫堤岸。

① ［美］约翰·麦克米兰：《市场演进的故事》，余江译，中信出版社 2006 年版，第 5、6 页。

② 秦维红编：《陈独秀学术文化随笔》，中国青年出版社 1999 年版，第 132 页。

别指出的是，韦伯是在以欠发达发展观点来讨论19世纪普鲁士社会的背景下提出这一理论的。在他看来，容克的持续支配扭曲和阻碍普鲁士阶级关系的发展。这一点，正如不少研究者所同意的，在不少后发展国家内，可以发现不同的分层条件，因而二元分层体系可以并存。①前述费孝通关于传统的知识分化依旧存在的证据，以及他引用费正清有关传统的社会结构阻碍了现代因素进入民间的论述，都说明这一"新旧共栖"的二元分层体系。这种二元分层体系可以用不同的方式组合在不同的关系中，在多半根据纵向等级所架构的一系列相互重叠的地位阶层中，正如我们所见，从而产生了相当薄弱的阶级意识。

这种"等级秩序"和"阶级分层"新旧共栖的格局还体现在"中产阶级"所产生的语境，由于其历史短，尚处于"构成"阶段，因此其面目是模糊的、复杂的、新旧粘连的。譬如生活于其间的上海中产阶级常以帝制时代"长衫先生"一词自称。用昔日表达身份等级的语言来比喻今天的阶级分层的世界。这一点颇类似于同时代日本的办公室事务员等新中产阶级沿用江户时代"腰便"一词自称。都是用过去的词语来描述新事物，用老的框架来对新情况获得理解。

按照伯克的说法："等级模式似乎最适合于前工业社会，而阶级模式最适合于工业社会。"②对于上海这样一个工业化进程中城市而言，"等级秩序"和"阶级分层"的二元分层体系，似乎会提供更多的真知灼见。然而，问题的症结在于，韦伯对"等级秩序"和"阶级分层"所作的区分，仍然难以超越其所带来的"传统"与"现代性"之间的二律背反。这种二律背反理念是韦伯与其他现代化论者共同持有的观点，它遭到了更为晚近的学者的质疑。尽管韦伯采用了大量的跨国比较分析，但他仍然认为现代性只有一个单一的终点，它奇迹般地诞生在一个欧洲独特的历史条件下。在韦伯矢志不渝的理性论题中，为了使理性的论证能够自圆其说，他将西方界定为"合理的"，这样其所有特征也就变得"合理"了。从某种程度上，现代化理论的单一进化终点、"传统"与"现代性"的二律背反与其说是理论预设，不如说是一个世俗化了的神学概念。在这其中，可以隐约窥探到了基督教善恶二元论和预定论的文化遗产。

如此看来，韦伯关于后进国家（如19世纪的普鲁士）"等级"与"阶级"区分的概念隐含着这样一个分层逻辑：经济制度仍然嵌入于传统的政治和法律结构中。具体而言，韦伯严肃地判断所想展示的是以身份等级为基础的政治资本主义（如他当时所生活之德国社会展现的容克资本主义）给社会发展强加了沉重的代价，阻碍了工业化和自由主义的进程。这样，问题的关键就是：在一个既定社会的运作中，其社会基础是什么——是阶级，还是等级？因此，就不能简单的将这两种逻辑解释为竞争性的，即从传统到现代的进化替代路径。是否可能存在另外一种逻辑？依据这样一种逻辑可能性，"等级秩序"和"阶级分层"的二元分层体系的关键所在便是"嵌入性"问题。按照现代化理论的描述，这种"嵌入性"是传统社会的基本特征，具体表现在：人对共同体的依附性，个体没有脱离与共同体的关系；经济是嵌入社会以

① Vijai P.Singh, Caste, *Class and Democracy*: *Changes in a Stratification System* (University of Wisconsin, 1970), p.2.

② [英]彼得·伯克：《历史学与社会理论》，姚朋等译，上海人民出版社2001年版，第76页。

及政治制度之中,"社会"领域与"经济"领域之间并没有明确的分界线;国家与社会互嵌,没有二元分离为独立本体论意义的对等实体。依据这一理论框架,随着现代性的扩展,"理性内核"不断扩展,经济与社会行为变得越来越自主,社会活动不再以社会和亲缘义务来定义,而是以个人利益的理性计算来定义。更有甚者,有时进一步的讨论甚至认为,现代与传统的情况是相反的:不是经济生活沉浸在社会关系之中,而是这些关系变成了市场的附庸现象,所有的伦理与人性的温情,都被功利计算和利益的争夺冲得烟消云散。

我在这里引入"嵌入性"变量这一假设,这就意味着"新旧共栖"的格局是一个嵌入性变量,现代化进程中新与旧的关系也不再是二律背反的进化替代轨道,而是一个互嵌的、彼此塑造的二元共生关系,是一个潮起潮落的"双重运动"的概念。就"旧"的一面而言,这是一种"创造性的传统主义",是"不变之变";而就"新"的一面而言,则是一种"保守的进步",是在协调、融合中坚守,是"变之不变"。这寓意着我们不应去寻求"现代"替代"传统"的竞争性结果,而应该追求不同的社会文化结构与现代化之间的相容和配合。

通过对"嵌入性"问题的引入,从而为发展型国家典型的官僚主导型工业化提供了相当的学理基础,并确认其有着自身运作的逻辑。按照这一假设,当法理支配的科层制被引入中国后,却与传统的等级秩序和庇护网络有机地融为了一体,从而形成了一个既有利于稳定又促成冲突的自相矛盾的体系。在这里,我遵循了卡尔·波兰尼的传统,即认为经济生活嵌入社会关系中,不能超验地认为其是一个孤立的、日益分离和分化于其他领域的法理型支配领域。与大多数现代化论者将这种"新旧共栖"的嵌入性视为传统的残余,或者社会转型时期的暂时性、过渡现象,并认为嵌入性会随着现代化的发展而断裂的观点不同,我认为"新旧共栖"的嵌入性表达了一种现代化的可能性选项。它为我们提供了——不同于现代化理论所规定的欧洲发展道路的——新的可能途径。在这一逻辑图景下,等级秩序有着其内在的逻辑,而且也是随着新的情境的嵌入,共生演化而非僵硬不变的。在相当程度上,等级秩序通过诉诸权威的做法,淡化了组织内机会主义的威胁,维持了相当的稳定与秩序。问题的关键是:什么样的等级制需要我们去批判?我们又需要维护哪种等级制的合法性?我们是否意识到等级制或者更大而言的"传统"可能经历了丰富多样的变革与重构,是一个经过"创造""发明"的动态存在,有着其自身的逻辑而不是僵化的或者静止的?正如我们所知,"传统"作为"心灵的习性"本身无法自动的传递和延续下去,它需要借助于诸如父母、老师等文化代理人的不懈努力规训才能习得。而在这种"文化复制"的过程中,正如生物界中所发生的那样,"传统"的内涵必然会由于新的情境和经验的介入而产生改变(变异)。显然这是一个取舍选择、重构定义的问题,而不是非黑即白的肯定与否定。在这一逻辑假设下,我试图重新评价那些现代化理论所习以为常给予负面性论述的传统价值规范。诸如宗族、身份团体、熟人网络、庇护网络甚至威权主义,都不再被简单的本质论还原为一定会被现代性的成长所取代的,这种"新旧互嵌"也不再被视为势必会因为现代化的发展而断裂,它有着自身内在的逻辑。传统不再是落后的、黑暗的负面论述;而现代也不再是金光闪闪的,它的阴暗面毕露无遗。

我的观点是,在"嵌入性"假设中采用因果分析的层次,是导因于社会变迁对社会关系的影响，而经济生活嵌入社会关系中。整个生活世界形成一个复杂系统，牵一发而动全身，而我们所指称的"脱嵌"领域更多的呈现为一种理想类型或者"他者化"的知识建构。最近以来，西方学术界的类似理论探讨，更使我相信嵌入性观点具有非常普遍的应用性。譬如，继承了德国伟大的思辨与批判传统的哈贝马斯自20世纪90年代后对其公共领域理论作出了重大的修正。他认为国家与社会分离的趋势已经被逆转，取而代之的则是"国家和社会之间的相互渗透作用消解了私人领域"①。"作为国家干预政策的结果，国家和社会之间的分离趋势真正消失了。"根据这一融合过程在法律层面上的反映，他将其称之为新社团主义的"国家的社会化"和"社会的国家化"。②哈贝马斯所指称的"国家的社会化"和"社会的国家化"，即本文所假设的"嵌入性"观点，也就是国家与社会互嵌的网络形态。在这里，尽管我对韦伯所开创的现代化理论谱系中的"世界的合理化过程"与"理性内核"有所不确信。然而，我仍然希望揭示韦伯论题和"嵌入性"观点在某些见解上是一致的，前者可被后者进一步推进。在许多方面来看，韦伯都不愧是与众不同的人物。他将现代性理解为一个祛魅了的实体，是一个"铁笼"，现代化的故事也就是一个有关"祛魅"的故事。作为时代精神的先驱，他也清醒地意识到人类为现代性的实施所不得不付出的代价，他开始将这种代价看作越来越沉重的负担。

（江文君，上海社会科学院历史研究所副研究员）

① ［德］哈贝马斯著，曹卫东等译：《公共领域的结构转型》，学林出版社1999年版，第204页。

② ［德］哈贝马斯著，曹卫东等译：《公共领域的结构转型》，第12页。

近代沪宁铁路土地征收及其影响研究*

□岳 钦 韬

［摘　要］ 铁路建设引发了中国历史上第一次大规模的土地征收，沿线基层社会由此受到了铁路带来的第一波冲击。从沪宁铁路的案例可见，土地征收的制度缺陷使得作为征收者的铁路部门往往处于强势地位，从而与作为弱势群体的被征者产生了各种形式和程度的对抗，并引发社会风潮。此外，征地的影响还引起了农业生产和铁路土地管理等社会经济领域的相应变动。

［关键词］ 近代；沪宁铁路；土地征收；社会影响

史学界关于土地问题的研究集中于制度、产权、税收、管理等方面，但针对土地征收方面的研究却是凤毛麟角，这是因为土地征收的概念及其相关法律均为西方舶来品，是在出现近代交通工程的新情况下才出现的新问题，但妥善处理土地征收问题一直是交通建设的首要任务，更是维护社会稳定的重要环节。

当前学界的征地研究普遍存在制度层面研究多于实际操作的问题①，抑或受研究对象和史料限制而缺乏对征地引发的基层社会变动的深入探讨②；而在铁路史领域中，现有的对铁路建设问题的研究多集中于外债、路权等政治经济史问题，近年来征地问题虽已有涉及③，但

* 本文为中国博士后科学基金项目（批准号：2014M550240）、上海市教育委员会科研创新项目（批准号：15ZS039）、上海市高原学科上海师范大学中国史规划项目、上海师范大学校级人文社科研究项目的阶段性成果。

① 杨士泰：《清末民国土地法制研究》，中国政法大学博士学位论文，2008 年；郭春华：《试论南京国民政府的土地征收制度》，《民国档案》2004 年第 4 期；郭春华：《国民政府时期的征地补偿》，《南京农业大学学报》（社会科学版）2005 年第 4 期；王瑞庆：《学术史视野下近代中国土地征收思想的演进》，《华南农业大学学报》（社会科学版）2011 年第 4 期；童旭：《论民国南京政府时期的土地征收制度》，华中科技大学硕士学位论文，2011 年；王方：《上海近代公共租界道路建设中的征地活动》，《全球视野下的中国建筑遗产——第四届中国建筑史学国际研讨会》，2007 年。

② 王瑞庆：《1927 年—1937 年南京市征地补偿研究》，南京师范大学历史系硕士学位论文，2008 年；《涨价归公与南京国民政府时期土地征收地价补偿研究》，《中国社会经济史研究》2012 年第 1 期。

③ 黄华平：《民国成渝铁路土地征收问题考察》，《重庆工商大学学报》（社会科学版）2009 年第 5 期；《1932 年上海新站之争》，《兰台世界》2009 年第 17 期；戴建兵、顾雪静：《近代土地产权转移的新方式——以获鹿铁路购地为中心》，《河北广播电视大学学报》2011 年第 3 期；王斌：《近代铁路技术向中国的转移——以胶济铁路为例（1898—1914）》，山东教育出版社 2012 年版；丁戎：《津浦铁路工程时代建设用地购买问题解读》，《兰台世界》2012 年第 10 期；丁戎：《津浦铁路研究（1898—1937）》，苏州大学历史系博士学位论文，2013 年。

对其引起的基层社会变动仍关注不够[①]。因此笔者以沪宁铁路[②]为例，对近代中国铁路土地征收及其社会影响作一探讨。

一、近代土地征收的起源

土地既是人类的劳动对象，又是人类的劳动资料。不仅具有提供经济收益和生活保障的效用，对社会稳定、粮食安全、生态环境也都具有特有的功效。在14世纪、15世纪西欧农奴制解体过程中，英国新兴的资产阶级和新贵族通过暴力把农民从土地上赶走，强占农民份地及公有地，剥夺农民的土地使用权和所有权，并把强占的土地圈为私有的大牧场、大农场。这就是英国历史上著名的"圈地运动"，可视作世界历史上较早的土地征收事件，但圈地运动并不具有补偿性，极大地损害了农民的权益。因此法国大革命时期出台的《人权宣言》中规定："私人财产神圣不可侵犯，除非当合法认定的公共需要所显然必需时，且在公平而预先赔偿的条件下，任何人的财产不得受到剥夺。"资产阶级革命促使西欧各国开始推行宪政，土地征收的法律制度也逐步建立起来，至19世纪已相当完备。[③]

近代中国的土地征收正是起源于以铁路为主的交通基础设施建设。1897年，盛宣怀就向清政府上奏拟定的《卢汉铁路购地章程》，其核心是"官地既由官给"和"民地定给官价"。[④]此后修建的淞沪、沪宁等铁路也先后制定了各项"购地章程"。1906年，清政府鉴于沪宁等铁路在"购地"过程中产生的纠纷日趋严重，令其下属的商部制定颁布了中国历史上第一部具有土地征收性质的法规《铁路购地章程》，共计18条。1910年邮传部又颁布了多达58条的《铁路征地通行条例》。虽然近代中国土地征收法的制定起源于西方土地所有权观念的引进和相关法律的翻译，但这些铁路征地章程无疑是制定完整法律的重要基础。1915年，北京政府颁布了《土地收用法》，成为中国第一部现代意义上的土地征收法律。南京国民政府成立后，国民政府为了实践孙中山"平均地权"的纲领，相继颁布了更为完备的《土地收用法》和《土地法》。近代中国的土地征收制度至此得以完善。[⑤]

---

① 朱从兵：《张之洞与粤汉铁路——铁路与近代社会力量的成长》，合肥工业大学出版社2011年版。其"社会力量"包括绅商阶层、新知识分子群体（新式学堂里的学生和海外留学生）、农民、小手工业者、小商业者等，是与政府力量或官僚阶层相对的概念。从全书来看，社会力量的兴衰对基层社会变动的影响似可进一步深入。

② 1903年中英双方签订的《沪宁铁路借款合同》第23款规定将淞沪铁路并入沪宁铁路，由于前者的前身——由英国自行建设的吴淞铁路是近代中国第一条通车运营的铁路，也是第一条实行标准化土地征收的铁路，因此本文将吴淞铁路、淞沪铁路的土地征收情况都纳入考察范围。

③ ［德］马克思·韦伯著，姚曾廙译：《经济通史》，上海三联书店2006年版，第50—63页。

④ 《购地运料援案办理片》，盛宣怀：《愚斋存稿》卷一，思补楼民国二十八年（1939）刻本，第31—32页。

⑤ 王瑞庆：《学术史视野下近代中国土地征收思想的演进》，《华南农业大学学报》（社会科学版），2011年第4期；童旭：《论民国南京政府时期的土地征收制度》，华中科技大学硕士学位论文，2011年。

铁路在促进地方经济发展的同时，由于占用了大量土地而带来了不少负面影响，最早出现的就是征收者与被征者之间各种形式和程度的对抗。铁路建设提高了土地的使用价值，所以补偿费用也必须相应增加。[①]但征收者和被征者双方的利益目标显然是不同的：前者的目标是保证征地工作按期完成，并尽可能多地减少补偿费用，而后者的主要行为标准是收益，即希望获得尽可能高的补偿收入。目标的不一致导致双方行为的不协调，以致产生利益争端，并成为铁路征地过程中矛盾最集中的环节。

近代中国的铁路土地征收一般都由铁路建设部门直接办理，并不通过地方政府。虽然减少了一个环节，但在"半殖民地半封建"的环境下，征收者、被征者以及相关利益群体的结构比较复杂。征收者由中、外各铁路建设者以及中方的中央铁路管理机构组成，被征者为中、外土地业主，相关利益群体包括地方官员、士绅等。

二、反征地的纠纷及其当下影响

早在1863年，英、法、美洋行向江苏巡抚李鸿章提出建设上海至苏州的沪苏铁路时，李就以"一旦因筑路而剥夺中国人民的土地的时候，将会引起极大的反对"等为由断然拒绝。[②]以反对土地征收来反对修建铁路成为此后清政府的惯用理由，具体可分为铁路破坏风水和震动房屋、坟墓二端。1865年英国方面计划建设上海至吴淞铁路时，其工程师亨利鲁滨逊(Henry Robinson)曾提议采用旱桥(高架)的方案经过墓地，"这样或者可能避免与业主发生冲突"。但该建议并未收效，反对筑路的声浪仍十分尖锐，所以该计划未能实现。[③]

1872年11月，英国吴淞道路公司(Woosung Road Company)向上海道台沈秉成提出兴建虹口至吴淞的普通道路，因此获得了沈秉成的支持。沈派其助手协助公司进行征收，并在上海、宝山两县境内的沿线地区张贴告示，严禁民众妨碍征地。[④]但次年初出现了沿线民众拔除勘测时钉下的木桩的情况，[⑤]唐家宅村被征者则出面反对，后由道台劝导并同意提高征收价格至270—300两，被征者"始得允洽"。[⑥]

1876年1月26日，在未经清政府同意的情况下，英方擅自铺下了吴淞铁路的第一根铁轨。[⑦]次年，吴淞铁路即被清政府收回拆除，这是其反铁路理念的延续和政策的实施。但当甲

---

① 按照当代的相关政策，土地征收不仅要对土地、房屋、墓地、地面附着物的自身价值以及拆除、迁移等项目进行补偿，还要对失去土地的集体和个人进行必要的补偿与安置，对失去土地的间接损失也需给予补偿。

② [英]肯德著，李抱宏等译：《中国铁路发展史》，生活·读书·新知三联书店1958年版，第4页。

③ [英]肯德著，李抱宏等译：《中国铁路发展史》，第11页。

④ FO228/571.No.25.；FO228/577.No.18.

⑤ 《论陈司马会县续勘吴淞马路工程事》，《申报》1873年1月13日。

⑥ 《筑马路事补遗》，《申报》1873年1月24日。

⑦ Richard C Rapier, *Remunerative railways for new countries*; *with some account of the first railway in China*, London: E. & F.N.Spon, 1878, p.5.

午战后重建吴淞铁路并新建沪宁铁路时，虽然清政府已转变为铁路的主导者，而民众的对抗态度并无太大的变化。

1904年开工的沪宁铁路绵延300多千米，涉及的土地类型和被征者远较淞沪铁路复杂。其土地类型主要包括耕地、房屋、商店、工矿企业、坟墓等各种生产生活用地以及农作物、花草树木等地面附着物。因此在铁路勘测的同时，专门负责征地事宜的"购地局"即宣告成立。此后，上海至无锡段分为五段(全线分为十段，每段又分为东西两段①)，由各段"购地委员"(即征地人员)会同地方官员出示布告，并传令各地保人等集合，按照设计图查明土地和被征者，并按照购地章程"给价圈用"。②这就是沪宁铁路土地征收的基本程序。此时征地工作刚刚开始，遭遇的各方阻力尚小。随着铁路向内地延伸，部分地区的民众"惑于风水之说，聚众阻挠"③，勘测工作不免受到阻碍。同时，地方绅民积累了交涉经验。因此征地阻力不断增大，双方的争端也随之增多并日趋严重。

(一) 讨价还价

在征地过程中，补偿政策与实际操作的不配套、不连贯以及政策的不落实都会影响被征者的切身利益，所以他们往往因不满补偿条件而提出各种要求。1905年2月，嘉定知县李乐善致函林贺峒，反映该县办理征地的士绅要求尽快一次性发放补偿款之事。其中，诸晞沆等人报告称陈店、封家浜、南翔、真圣堂、方泰、黄渡、安亭等40余里沿线内的房屋、坟墓"勘估给价，均在虚悬"。而基层民众与房屋"相依为命"，即使先行支付补偿款，新房建造、迁移坟墓也需要时间，且此时正值冬种时期，不应迅速迁移。因此诸晞沆等人一方面强调如果若洋工程师再强迫迁移，"必致民怨沸腾，地方滋扰，亦于路工有所窒碍"。一方面请求购地局尽快筹款，派员由地保指引"随勘随记，随估随给"。南翔镇绅董周承奭等人除陈述类似理由外，另表示部分坟墓或材料坚固、或棺椁腐烂，且境内有族葬者数百具，墓前的华表、石门、石窗等均需要大笔费用，故请求"格外矜怜，从丰给费"，并要求先行支付费用"俾免阻挠"。林贺峒对此深表认同，随即上书盛宣怀，盛亦表示同意随征随付，希望"趁此农隙，赶紧拆迁"，以尽快推进项目建设。④

由于沪宁铁路征地进展缓慢，而上海县境内地价从1905年5、6月起"异常倏涨"，所以被征者都"按照现时价值索价"，反对按照铁路征地前的地价标准。⑤6月间，上海至无锡段的征地工作已基本完成，但宝山县延绪山庄、王姓房屋以及无锡吴姓士绅的祖坟等"坚执不让，不允议价"。⑥7月初，镇江部分士绅认为镇江车站选址之地"适当要冲"，遂担心"因给价过廉，致肇事端"，故禀报两江总督周馥转令铁路方面"秉公定价"。他们估计站西京畿岭一带土地每亩为三四百元，虽然充作公用，但至少也应定为二百元。⑦上海县廿七保十一图村民因当地

① 交通、铁道部交通史编纂委员会编:《交通史路政编》第11册，1935年印行，第3132页。

② 《宁沪铁路购地公文》,《申报》1904年10月15日。

③ 《常镇道会同各员勘丈铁路轨道经行山路地段》,《申报》1905年8月15日。

④ 《沪宁铁路工程购地局札铁路所经各县文》,《申报》1905年2月21日。

⑤ 交通、铁道部交通史编纂委员会编:《交通史路政编》第11册，第3142页。

⑥ 《沪宁铁路调查杂录》，沪宁铁路研究会编:《沪宁铁路研究资料》，申报馆1905年印行，第7页。

⑦ 《绅士因铁路地价公禀江督》,《申报》1905年7月6日。

将建设潘家湾铁路码头、仓库而曾联名上书知县汪懋琨，请求增加补偿金额。11 月 7 日汪作出批复称“地亩非民间所能居奇”，且补偿标准由铁路总公司制定，“非本县所能主持”，只能通过与购地局委员协商办理，同时警告村民“不得要挟，贻误要工”。①

1906 年 6 月初，上海县境内自廿七保十一图起（今闸北铁路沿线）的土地起征时，被征者均嫌“价值过廉，群欲加增”，故请闸北图董徐松泉上书知县汪懋琨，同时与太阳庙巡防局员唐二尹商议后请示林贺峒，林同意在原定每亩三百至六百两的基础上再增加三成。②

（二）拒绝领费

被征者在无法获得更高补偿费用的情况下，往往通过拒绝领取补偿款的手段抵制或拖延征地工作的实施。1905 年 6 月，林贺峒奉盛宣怀之令致函长洲知县苏静庵，要求将该县境内增购的土地于月内一律处理完毕，如有拒领者则按照购地局章程将补偿款转存于县署以待领取，同时撤销购地局以节约经费。苏静庵于 17 日通知未领款的被征者尽快前往购地局领取，如在该局撤销后领款则须前往位于苏州城内的长洲县署。③8 月初，镇江境内田地征收数经修正后由官方通知被征者尽快前往购地局领款，“幸弗观望自误”。④但到 1907 年 8 月 8 日购地局奉邮传部令撤销时，长洲、元和、嘉定、华亭四县仍有部分被征者未前往领取。⑤而前述 1906 年开征的上海县自廿七保十一图的土地直到 1908 年 4 月铁路通车后仍有被征者未领取。同月 30 日，购地委员致函上海知县转令该图地保通知被征者“领价了案”⑥

图 35-1　沪宁铁路购地局征地登记册封面（笔者藏）

① 《请增铁路地价批词》，《申报》1905 年 11 月 8 日。

② 《环请加增铁路地界》，《申报》1906 年 6 月 4 日。

③ 《展限铁路领价》，《申报》1905 年 6 月 24 日。

④ 《铁路购地局优给田价》，《申报》1905 年 8 月 3 日。

⑤ 《沪宁铁路工程购地局林道咨沪道文》，《申报》1907 年 8 月 27 日。

⑥ 《催领地价》，《申报》1908 年 5 月 1 日。

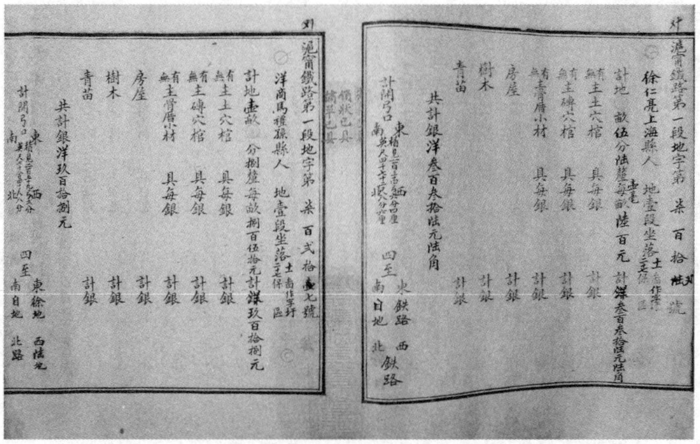

图 35-2　沪宁铁路购地局征地登记册内页(笔者藏)

(三) 抗拒拆迁

在心理预期得不到满足的情况下,被征者极易产生心理上的不平衡,进而采取各种手段抗拒拆迁,阻碍施工。1905 年,因扩建原淞沪铁路机车厂(即后来的吴淞张华浜机厂)和新建仓库需要,格林森前往勘测并划定了南北长 2 600 尺,东西宽 1 000 余尺约 267 亩的土地,随即请宝山知县通知被征者等候征收。7 月开征后,因地价上涨而仅购 40 余亩,进展缓慢,①但后来沪宁铁路购地局又增加了达到原计划总数一半的用地规模。次年 1 月 6 日,铁路总管理处华洋各职员前往当地会同地保钉立界桩,并由知县发布土地禁售令。当地村民闻讯后“大为惊忿”,准备联名上书知县请其主持公道。②但丈量工作并未因此中止,购地局与知县联合命令各地保、甲长通知被征者于 20 日支付补偿费,同时表示“房屋可以暂缓拆让”。③到 8 月份,补偿款虽已支付,但当地殷姚宅村民房仍未搬迁。总管理处遂请知县勒令居民于 19 日前(农历六月底前)搬迁完毕,居民只得“纷纷迁移,至邻近人家暂住矣”。④

1906 年 12 月底,沪宁铁路第九段(镇江至丹阳、常州)沿线仍有坟墓、房屋因民众不满补偿条件而未搬迁,但该段工程已定于次年 1 月 15 日开工。12 月 19 日,丹阳知县在接到铁路总管理处的通知后随即令民众“刻日一律迁让,毋得稍延而挠路政”。⑤铁路第十段在江宁分为三条支线,直通长江边的下关商埠。该段购地委员会同上元知县通知被征者迁移后一直没有动静。1907 年初,知县再次命令乡董、地保“上紧查催,从速呈办”⑥。但到 8 月上旬,各

---

① 《沪宁铁路购地总办林道禀复督办大臣盛文为声明并未多购事》,沪宁铁路研究会编:《沪宁铁路研究资料》,第 52 页。

② 《沪宁车站圈定地址》,《申报》1906 年 1 月 9 日。

③ 《示期发给沪宁铁路地价》,《申报》1906 年 1 月 18 日。

④ 《饬让铁路应需地基》,《申报》1906 年 8 月 16 日。

⑤ 《示谕迁让路线内坟墓房屋》,《申报》1906 年 12 月 24 日。

⑥ 《铁路催迁房屋坟墓》,《申报》1907 年 1 月 8 日。

被征者仍未领费拆迁。①

(四)暴力抗争

最后,当僵局无法化解而施工方强行开工时,被征者往往奉行"法不责众"的观念,通过暴力手段以求达到自身目的,即所谓"大闹大解决,小闹小解决,不闹不解决"。1905 年 5 月间,沪宁铁路在征用镇江宝盖山隧道西侧、云台山脚下的一片草屋时向每户人家发放迁移费一块大洋,但被征者并不买账。工程局人员遂于 14 日下午前往该地进行强制拆迁,但抵达后发现男丁都不见踪影,只有百余名村妇出面反抗,其间一名外籍工程师的衣服被秽物弄脏。常镇道道台郭月楼闻讯后随即前往查办,但村妇坚持要求增加迁费,"围绕如堵墙"。最后,郭月楼只能在护卫的掩护下"踉跄回署"。②

常州府阳湖县戚墅堰附近有一大片荒田,购地局虽曾公示价格,但当地村民均不愿领取。1906 年 9 月初,当建筑工人在洋工程师的监督下开挖土地时,男性村民纠集妇女数百人手持器械将该工程师及数名工人打伤,工程师"伤势颇为沉重",亦有数名村妇受伤。该县知县随即致电上峰,12 日江苏提刑按察使司朱廉访奉巡抚之命,在赴江宁途中特地前往常州府调查此事。③

同年 11 月 25 日,江宁神策门外数十名铁路工人在被征者尚未获得补偿款的情况下"先行动工",并踩毁了村民施锦春的菜地。施因与之争论而遭到殴打,其妻遂唤来邻里解救。工人见对方人多而纷纷逃走,只有张某因带病工作,"不及奔避"而被打死。上元知县前往调查后决定先行收殓,但工人反对并要求偿命。最后经乡绅方某央求路工经理人出面调停,由村民赔偿衣棺、超度等费用后才将事端平息。④

三、土地征收的后续影响

铁路土地征收引发的影响除了体现在上述有直接利益相关的征收者与被征者之外,也体现在更大范围中的利益各方;既出现在征地过程中,又延续到铁路建成后。

(一)农业生产问题

早期铁路土地征收因制度不健全或地方政府相关政策的不配套,往往损害被征者的后续权益。例如土地被征后,土地产权已归征收者所有,理应由征收者缴纳田赋,但在实际过程中仍出现由被征者继续缴税的现象,给被征者带来了沉重的负担。

1876 年吴淞铁路建成后,各被征者在拿到每亩 50 千文的补偿费后仍须缴纳地丁钱粮,

---

① 《购地委员禀请销差之批词》,《申报》1907 年 8 月 13 日。

② 《乡妇因铁路让地聚众辱官》,《申报》1905 年 5 月 17 日。

③ 《洋工程师为乡妇殴伤》,《申报》1906 年 9 月 15 日。

④ 《乡民殴毙路工》,《申报》1906 年 11 月 27 日。

每年年终尚需支付年租。铁路由清政府收回拆除后，被征者还需要继续上缴路基空粮，"每年约需二百数十千文"。到30多年后的1906年初"包空之粮"仍未能免除，并已达到"七千数百千文"，给被征者带来了沉重的负担。因此当地民众联名上书宝山知县，请求将空粮转由铁路总公司缴纳，"以抒民困"。①但该请求并未获准，所以《宝山县续志》认为该路土地"终清之世，未办豁粮"。②

1905年夏，沪宁铁路嘉定、青浦两县境内土地征收完毕后，当地士绅向参与铁路筹建的李经方报告称当地县署仍向已被铁路征收的土地征粮，以致"民不堪命"，故请李经方向两江总督和江苏巡抚反映情况。李随即致函盛宣怀称铁路总公司已完成上海、宝山、嘉定、青浦、昆山、新阳、长洲、元和、吴县、无锡、金匮各县的征地工作，目前正由各段购地委员开列花户亩清单，分别送往各县署盖章，然后再过户到铁路名下，归总公司缴纳赋税。由于此时造册工作尚未完成，所以尚未请各县豁免被征者的赋税。此外他还请盛宣怀饬令各县按照购地委员开列的清单办理，③力求总公司与地方政府步调一致以减轻农民负担。

1908年2月，邮传部颁布了《铁路地亩纳税章程》，其中第一条规定官办、商办各铁路需缴纳地税，按照被征者原有的田赋标准实施。④随着该制度的不断健全，被征者的后续权益也逐步得到保障，如民国初年宝山县境内"又豁除铁路注缓田一顷五十二亩六分一毫"。⑤

由于沪宁铁路土地征收规模过大⑥，其直接后果就是出现大量闲置的"余地"。1911年沪宁铁路沿线的荒地达2 000余亩，出租者极少。⑦因此铁路部门开始通过出租闲置土地的方式提高土地利用率，并以此增加收入。闲置土地根据其租用性质可分为以下两种：

> 繁荣区域，租与商人建筑厂栈房屋为业者，称为营业用地；旷野区域租与农民种植者，称为耕种用地。营业地租价昂，视地点与用途分等定租；耕种地租价廉，按土质之肥瘠、耕种种类分等订定。⑧

1911年3月13日，广东籍商人郑殿勋鉴于上述2 000余亩荒地"数年以来，租出寥寥无几"而向沪宁铁路局请求设立股份公司，由该公司承租包括淞沪铁路在内的全部闲置土地，

---

① 《禀免淞沪铁路空粮》，《申报》1906年1月18日。

② 张允高等修，钱淦等纂：民国《宝山县续志》卷四，民国10年(1921)铅印本，第14页。

③ 《上海李京堂来电(补六月廿五日)》，《沪宁铁路往来电报抄存》第2册，上海图书馆藏盛宣怀档案(以下简称盛档)，档案号：002237。

④ 《会奏拟订铁路地亩纳税详细章程折》，邮传部编：《邮传部奏议类编·续编》(沈云龙主编：《近代中国史料丛刊》第14辑)，台北文海出版社有限公司1974年版，第747—753页。

⑤ 张允高等修，钱淦等纂：民国《宝山县续志》卷四，第14页。

⑥ 该问题可参见笔者的相关研究，本文不赘。

⑦ 《郑殿勋致盛宣怀函》(1911年3月13日)，盛档，档案号：117427-6。

⑧ 苏从周：《铁路地亩问题之探讨》，《铁路杂志》第1卷第4期(1935年9月)，第43页。

或自行耕种或转租给他人耕种。[①]同时拟定了《包租沪宁铁路全路车站余地及两旁荒地章程》，共计17款，大致内容概括如下：

车站闲置土地承租年限为20年，租约签订后由公司付给路局1 000元的保证金，年息8厘；已经签订的租约到期后全部转归该公司续租，尚未签订者即刻归入公司名下，“原租人均无得异言”。吴淞至无锡各站每亩每年租金为1元5角，无锡至南京各站为1元，三年后分别增至2元和1元5角，南京镇江之间的高资、炭渚（今桥头镇）、龙潭、孤树村（今栖霞山）四站因地价最低，每亩每年仅为1元，三年后不变。每年分6月和12月两期交租。[②]

但正如后世所言，“耕种各种余地之租佃，与铁路业务关系较小”[③]，郑殿勋对沿线荒地也没有什么兴趣，章程中表示如果路局将各车站全部闲置土地全部租给该公司，那么铁路两旁的荒地公司“亦可承租”。标准为宽20英尺（6.1米左右）以上的荒地每年每亩5角，10英尺以上者3角，10英尺（约3米）以下及不具备耕种条件的土地不收租金，交租期同上。吴淞至无锡段自租约签订之日起抛荒一年，无锡至南京段两年，均免予缴租，“俾可从容开垦”，但已耕种的土地须即刻起租。此后，无论车站闲置土地还是荒地，路局均任凭农民随时耕种除罂粟外的各种植物，并允许农民建造草屋、牛棚等生产生活用房。可以栽种的河沟、池塘租金照上述20英尺宽的荒地计算。[④]

根据后来的史实判断，郑殿勋的公司并未成立，但沪宁铁路局仍推出相关的招租办法，每年每亩可收入2、3元不等。然而，路局方面对荒地耕种并不重视，任其“自生自灭，未加人力之经营”，所以荒歉频仍，收益不佳。[⑤]因此1918年秋，路局增加了平均每亩1元的租金，并表示将在租约期满后再调价，不愿续租者都可以退租，由路局另行招租。[⑥]

（二）铁路土地产权问题

上述出租计划一经推开，沪宁铁路局就遇到了因地籍混乱而难以界定土地产权的问题，其根源即为清末铁路土地征收的制度缺陷。地籍即土地的户籍，地籍管理的核心是依法掌握铁路部门用地的权属界线问题。[⑦]沪宁铁路地产除路基和各站房屋的铁路用地外，其他土地“因开办之初未造鱼鳞细册，无准确之亩数”。[⑧]淞沪铁路地契、图纸则被实际掌握沪宁铁路经营权的英国中英银公司（British & Chinese Corporation, Ltd.）遗失。[⑨]

除了制度方面的缺陷外，由于“筑路以后，地形全变”[⑩]，沿线民众往往出于私利而移动铁

---

① 《郑殿勋致盛宣怀函》（1911年3月13日），盛档，档案号：117427-6。

②④ 《包租沪宁铁路全路车站余地及两旁荒地章程》，盛档，档案号：117427-7。

③ 苏从周：《铁路地亩问题之探讨》，《铁路杂志》第1卷第4期，第42页。

⑤ 苏从周：《铁路地亩问题之探讨》，《铁路杂志》第1卷第4期，第43页。

⑥ 《增加铁路租产之收入》，1917年11月24日《申报》；《沪宁铁路余地加租》，1918年10月12日《申报》。

⑦ 张宏吉：《铁路用地管理模式的构思》，张宏吉、汤士安主编：《铁路用地规划与管理研究》，东北师范大学出版社1991年版，第12页。

⑧ 交通、铁道部交通史编纂委员会编：《交通史路政编》第11册，第3157页。

⑨ 苏从周：《铁路地亩问题之探讨》，《铁路杂志》第1卷第4期，第33页。

⑩ 《路局呈覆交部文两则》，《申报》1918年12月16日。

路界石，加之民国初年沿线大小战事不断，路局无暇顾及土地事务，所以铁路土地尤其是闲置土地与铁路两侧土地之间的界线日益模糊，从而导致土地产权纠纷不断。

沪宁铁路局认为沿线农民侵占铁路用地现象“屡戒不应”的原因与“铁路小工”（养路工人等）的纵容或舞弊分不开。因为养路工人的工作是沿路巡查，负责铁路设备的维护与修理，同时兼具报告沿线情况的职责。但如果养路工瞒不上报，路局在不派专员调查的情况下就无从知晓相关情况。此外，工人均隶属于工程处，管理土地的庶务科“虽有罚办私种成案，而执行每碍于权限”，一旦出现纠葛“则工程处必多误解”。[①]

为了根治这一顽疾，明确土地界线和产权归属，早在上述事件发生前的1917年6月，时任路局代理局长周万鹏就鉴于土地出租“弊窦丛生，积重难返”而要求地务科准备进行土地产权的清理工作。[②]与此同时，北京政府交通部也注意到了全国铁路普遍存在的地籍混乱问题，因此于1918年秋命令其管辖的各铁路局开展“清理地亩”工作，训令如下：

> 查各路购用地亩，多在工程时代，当时工事倥偬，未曾绘列图表，详送清册，历时既久，一旦发生纠葛，检契测地，废事需时，自应及早分别清理。惟清理之始，事极繁重，须组织清理地亩委员会以资办理，并予抽调别处科人员，以及学习员司，帮同清理，庶几克日成功。但各路情形不同，办法恐难一致，应由各局长就各该路情形，迅慎审度，速拟清理法，限一月内具文呈部，以凭核办。[③]

路局随即进行讨论，认为沪宁铁路“所有地亩，情形不同，清理较难”，故可设立清理委员会，并饬令地亩委员等人从清查契据入手，一有头绪再拟订详细办法。[④]11月27日，沪宁铁路“清理地亩会”正式成立，由地务科地亩委员及办事员开展清理册契图表的工作，并按照交通部规定的办法呈报。[⑤]但根据史料判断，清理工作未能有效开展，如1924年沪宁、沪杭甬铁路局刊印的《沪宁沪杭甬铁路史料》记载，沪宁铁路地产情况因未出租土地“无详确记载，故未填注”[⑥]。1933年的《京沪沪杭甬铁路日刊》上的论文则称，“地亩契据历久封藏，从未加以检点”[⑦]。

南京国民政府成立后尤其是1928年铁道部从交通部独立出来之后，产权清理工作才开始迈入正轨。1930年2月25日，铁道部在南京召开“整理地产会议”，决定由该部组织铁路地产清理处，专门负责清理事宜，并派员分赴土地纠纷最多的铁路监督指导，同时责

---

① 《铁路用地内不许耕种》，《申报》1918年2月15日。

② 《两路局务纪要》，《申报》1917年6月13日。

③ 《各路要闻：清理地亩》，《铁路协会会报》第7卷第10册（1918年10月），“内国路事”第2—3页。

④ 《路局呈覆交部文两则》，《申报》1918年12月16日。

⑤ 《路局设立清理地亩会》，《申报》1918年11月27日。

⑥ 沪宁沪杭甬铁路管理局编查课编：《沪宁沪杭甬铁路史料》，1924年印，“沪宁篇”105页、“沪杭甬篇”第129页。

⑦ 《清点两路地亩契据纪要》，《京沪沪杭甬铁路日刊》第683号（1933年6月1日），合订本第4页。

成各路局将地产限期清理完毕。①但因上海市政府推出了铁路改造计划以及受淞沪抗战的影响，京沪②沪杭甬铁路局直到1933年才着手办理，③至1935年基本完成，大致情况如下：

表35-1　京沪、沪杭甬铁路土地用途及租金价格表(1935年)

项　　目			京　沪	沪杭甬	合　计
铁路用地			17 702.767	18 874.578	36 577.345
出租土地	商业用地	亩数	560.464	950.377	1 510.841
		租金	53 053.37	52 561	105 614.37
	农业用地	亩数	12 107.381	4 512.614	16 619.995
		租金	19 743.14	16 840.33	36 583.47
	合　计	亩数	12 667.845	5 462.991	18 130.836
		租金	72 796.51	69 401.33	142 197.84
面积总计			30 370.612	24 337.569	54 708.181
土地原价			2 610 848.7	—	—

附注(原文)：(一)本表所列地亩系根据旧存清册计算，不无出入现在丈量地亩完竣，正在绘图，一俟图成，再行清算；(二)荒地亦因地图未成，无从推算，故除出租地外，暂归路用地。

资料来源：苏从周：《铁路地亩问题之探讨》，《铁路杂志》第1卷第4期，第33页。

从上表可算得1935年京沪铁路的出租土地占到总面积的42%，沪杭甬铁路占22%，两路平均为33%，而且荒地尚未计算在内。由于铁路运营时期仍有土地征收的行为，以上数字无法直接反映建设时期的征地情况，但沪宁铁路征地规模过大的问题还是可以窥得一斑。

结　　论

圈购地亩，困难特多，乡愚阻挠，地痞垄断，或谓伤害田禾，或谓隔断河流，迁墓拆房，争执尤力，通商大埠，更时有外交纠纷。铁路建筑之始，无不有购地轇轕，甚至诉讼连年，解决维艰。④

上文历数了铁路土地征收过程中遇到的各种困难，作者站在征收者的角度指责了被征者的种种不当行为，虽不无道理，但由于铁路部门拥有强制征地的权利，并在实施过程中往

① 《各路地产整理办法》，《申报》1930年2月26日。

② 1929年10月18日，铁道部改沪宁铁路为京(南京)沪铁路。参见铁道部编：《铁道部十八年十月份工作报告》，1929年印行，第8页。

③ 参见《清点两路地亩契据纪要》，《京沪沪杭甬铁路日刊》第683号。

④ 苏从周：《铁路地亩问题之探讨》，《铁路杂志》第1卷第4期，第29页。

往将自身利益的寻求和表达反映在制度中，所以征收者更负有不可推卸的责任。作为征收者的铁路部门在土地征收过程中处于强势地位，而被征者这一弱势群体难以获得平等的地位，两个博弈主体实力和地位的不对等最终导致被征者成为博弈的失败者。因此笔者认为，出现纠纷的根源在于土地征收的制度缺陷和征收者的操作不当。

但以上现象在当代铁路征地过程中也普遍存在甚至更为复杂，其原因除了利益纠纷无法避免外，地方政府也参与其中并成为博弈主体。当代中国铁路征地的参与者分为铁道部、地方政府和被征者三方。铁道部为降低交易成本，一般不直接介入征地工作，而是委托地方政府办理。铁道部与铁路所经各省签署的《省部协议》及其实施，实际上就是一个铁道部与地方政府讨价还价的过程，而地方政府也在追求自身利益的最大化，因此铁道部、地方政府、被征者三方利益的难以实现均衡化。①

从本文可知，近代长三角地区的铁路土地征收均由铁路部门直接办理，其中国有铁路由该铁路管理局奉中央铁道管理部门的命令办理，商办铁路由各民营公司自行办理，一般都不委托地方政府全权代理，地方官绅也只是充当协作者的角色。所以笔者认为，既然利益纠纷不可避免，那么就应当减少征地参与主体的数量，从而减少程序和环节，降低征地工作的复杂程度。因此，近代长三角铁路土地征收的历史经验值得借鉴。

综上所述，铁路建设引发了中国历史上第一次大规模的土地征收，沿线基层社会由此受到了铁路带来的第一波冲击，而且并未随着征地工作的结束而中止，其影响除了体现在有直接利益相关的征收者与被征者之外，也体现在间接相关的利益各方；既出现在征地过程中，又延续到铁路建成后。这引起了农业生产和铁路土地的管理问题等地方经济社会的相应变动，在近代中国内外交困的环境中非常容易引发社会风潮。

（岳钦韬，上海师范大学人文与传播学院历史系讲师）

① 参见吴沛然：《我国新建铁路征地现状研究及对策建议》，北京交通大学硕士论文，2008年。

近代上海的慈善事业与江浙丝商

□冯志阳

［摘　要］ 近代以来，江浙丝商在上海的慈善事业中占有重要地位。在庚子救援行动中，中国救济善会和东南济急善会这两大救援组织的主持者以江浙丝商为主。在近代上海的传统慈善事业中，租界、闸北等上海新兴城市化区域的慈善事业，主要由江浙丝商担任领袖角色。在近代上海的义赈事业中，施善昌及其丝业会馆筹赈公所长期居于执牛耳的地位。江浙丝商之所以在近代上海的慈善事业中占有重要地位，是因为他们拥有着雄厚的经济实力，而江浙丝商的巨额财富来源于19世纪下半叶在上海经济中居于支柱地位的蚕丝对外贸易。

［关键词］ 江浙丝商；慈善事业；蚕丝贸易

一、庚子救援与江浙丝商

光绪庚子年闰八月二十二日，一艘名叫"爱仁"的轮船，载着82人，驶离上海，前往天津大沽口。这82人均属于一个名叫中国救济善会的慈善组织，其中最著名者为"洋帮办陈敬如、严又陵"①。所谓"洋帮办"，是指协助"总理洋人喜士"处理对外交涉事务的人员。喜士，德国人，是驻沪德国领事推荐给中国救济善会的，一并推荐的还有"德国医官贝尔榜"。事实上，"爱仁"轮船一切事务主要由这两个德国人掌控。②之所以如此，是因为当时京津地区正处于以德国为首的八国联军的控制下。此前，先是义和团暴起于华北平原，阻断了由北南下的陆路通道；后是八国联军封锁天津出海口，又切断了由北南下的海路通道。不久，两宫仓皇西狩，扔下来自全国各地的大批京官、候补官员，以及京津地区的无数商民。失去生活来源的京官们，和失去物资供应的京津两城，官绅商民困于危城，只能坐以待毙。为了拯救京津地区的难官难民，更为了将这些难官难民中的南省人士援救回南，中国救济善会于八月十六日在上海成立。③正是为了前往京津地区展开救援行动，中国救济善会不得不向驻沪德国领事请求"颁给护照"，并接受德国领事的人员推荐。④

① 《救济善会京津办事人员名单》，光绪二十六年闰八月十九日《中外日报》。

② 《济急第六号公函》，光绪二十六年九月三日《申报》。

③ 《救济善会启》，光绪二十六年八月十六日《申报》。

④ 陆树藩：《咨上海道余》，《救济文牍》卷二，光绪丁未苏省刷印局印，第1页；《筹创中国红十字会启》，《救济文牍》卷一，第42页。

沈瑜庆在《陈季同事略》中曾如此叙述“洋帮办陈敬如”在庚子救援中的功绩：上海绅商准备仿照红十字会例救济京津难民，而中国船不得入战地，“众咸束手。季同曰：我在则行，可无事。为发电告驻京各公使及主兵之酋。西人闻季同名，皆遵约束，于是季同率救济轮船悬龙旗直入大沽，两岸洋兵欢呼雷动，而中国避难士民群集救援。盖南北隔绝音问已数月矣。”①陈季同曾留学法国，精通法语，为清末著名翻译家。与严复将西方经典译为汉文不同，陈季同是将汉语经典译为法文，因此在巴黎文学界享有盛誉，“西国文学之士无不折服”。即便如此，陈季同在庚子救援中的作用也不可能像沈瑜庆所说的那么夸张。中国救济善会标榜“红十字”②，并通过上海道从驻沪德国领事那里获得护照，“至津时通知联军会中所办各事，当承许可并承随时保护”③，才是中国救济善会得以在八国联军控制的京津地区展开救援行动的根本原因。

若进一步追溯，则无论是“红十字”的创意，还是争取德国领事的认可和保护，包括聘用陈季同和严复，都来自中国救济善会的组织和筹划，而中国救济善会的成立、组织和运作，均与陆树藩紧密相关。陆树藩，字纯伯，号毅轩，浙江湖州人，清末著名藏书家陆心源之子。④“陆心源在世时，在上海曾办有缫丝厂、钱庄，在湖州亦有当铺多家。陆心源于光绪二十年(1894)逝世后，开始家产未分，后由陆树藩做主，上海缫丝厂由陆树藩经营，上海钱庄由其大弟树屏经营，当铺则由湖州管家配合二弟树声经管。”显然，陆家产业是以上海缫丝厂为核心，上海钱庄和湖州当铺都是围绕缫丝厂展开经营的。因此，当光绪二十九年至三十年中国缫丝业由于日本人的竞争而不景气时，其家族“经营的振纶缫丝厂、钱庄先后倒闭破产”。⑤

庚子国变时期的陆树藩无法预料到，仅仅三四年后其家族产业便会遭遇没顶之灾，当时的他“因见同乡亲戚流离长安杳无音信者不知凡几，日后严冬势将饥寒交迫”，而“创立救济善会，先行筹垫数万金”。⑥中国救济善会的救援行动总共花费将近白银二十万两⑦，而善会从社会上募得捐款仅七、八万两⑧，亏空部分便主要由发起人兼善会总办陆树藩负担。换言之，中国

---

① 转引自桑兵：《沟通欧洲汉学的先进——陈季同述论》，《国学与汉学——近代中外学界交往录》，中国人民大学出版社 2010 年版，第 101、102 页。据该文所言，“《陈季同事略》的作者前人多写陈衍，实由沈瑜庆主撰”，本文采纳此观点。

② 许多学者均将救济善会的救援行动视作中国红十字会的起源，如闵杰：《中国救济善会——红十字的先声》，《近代中国社会文化变迁录》第二卷，浙江人民出版社 1998 年版，第 181 页；朱浒、杨念群：《现代国家理念与地方性实践交互影响下的医疗行为——中国红十字会起源的双重历史渊源》，《浙江社会科学》2004 年第 5 期；池子华的《从中国救济善会到上海万国红十字会》，《史林》2005 年第 2 期；周秋光、杨智芳：《论中国红十字会的起源》，《湖南师范大学社会科学学报》2006 年第 4 期。

③ 陆树藩：《筹创中国红十字会启》，《救济文牍》卷一，第 42 页。

④ 徐桢基口述，虞云国整理：《陆树藩其人与皕宋楼藏书售日事》，《史林》2007 年增刊。

⑤ 顾志兴：《关于皕宋楼藏书之出售原因及评价——〈藏书籍陆心源〉的序外文》，王绍仁主编：《江南藏书史话》，上海古籍出版社 2009 年版，第 15、20 页。

⑥ 陆树藩：《致王晋叔、倪锡畴》，《救济文牍》卷四，第 6 页。

⑦ 《拟办天津工艺局启》，《救济文牍》卷一，第 19 页。

⑧ 顾志兴：《关于皕宋楼藏书之出售原因及评价——〈藏书籍陆心源〉的序外文》，王绍仁主编：《江南藏书史话》，第 20 页。

救济善会用于庚子救援的资金，一半多都来自陆树藩及其家族。正是由于这一点，再加上陆家产业相继倒闭，使得陆树藩终于在光绪三十一二年间将皕宋楼藏书卖给日本人。[①]陆树藩虽然有愧于民族大义，但其在庚子年间的救援之举，亦可谓功德无量。且不论救济善会在京津地区开展的赈济平粜和发衣施药等慈善活动，单是将南省人士援救回南一项，便达 7 000 余人。[②]不过，这是中国救济善会在另一大慈善组织——东南济急善会的协助下完成的。

东南济急善会也是专门针对庚子救援而成立的慈善组织，其前身济急善局的成立时间比中国救济善会仅晚了 9 天。[③]与陆树藩此前甚少参与慈善活动不同，济急善局的五个发起人——严信厚、席裕福、杨廷杲、庞元济、施则敬基本上都是当时上海乃至江南慈善界的领军人物。[④]其中，庞元济、施则敬两人均出身丝商。庞元济，字莱臣，号虚斋，原籍安徽，后迁居浙江南浔。[⑤]庞家为著名的"南浔四象"之一，而"南浔四象"皆"因治丝而起家致富"。庞家"以丝起家沪上，善同洋行周旋"，开设有庞怡太丝行。[⑥]后来，庞元济还在杭州创办世经缫丝厂，在塘栖创办大纶丝厂，在南浔创办南浔汽机缫丝厂等。[⑦]因家资巨富，庞元济多次凭借赈捐获得朝廷奖赏，如光绪十六年九月，"以捐助巨款，赏浙江乌程县廪生庞元济举人"[⑧]。施则敬，字子英，祖籍浙江钱塘，生于吴江震泽，[⑨]后随父施善昌迁居上海，经营商业，为上海丝业董事。[⑩]施则敬投入慈善事业，与其父施善昌的引领有莫大关系。施善昌，字少钦，长期主持上海丝业会馆筹赈公所和仁济善堂筹赈公所，是严信厚等人崛起之前负责统筹上海地区义赈事宜的慈善界头面人物。[⑪]在施善昌的引导下，施则敬"历办山东、顺直、江苏、河南、安徽等地抗洪劝捐义赈"，"先后九次奉旨嘉奖"。[⑫]施善昌去世后，施则敬全面继承了其父开创的慈善事业。

---

① 皕宋楼藏书去国之后，陆树藩长期为人所不齿，"后人对皕宋楼藏书去国原因，总是过多归咎于陆树藩个人的坐吃山空与有亏大义"。随着陆树藩与中国救济善会相关史实的发掘，以及一些新视角的产生，不少研究者如徐桢基、顾志兴、来新夏、虞云国诸先生，为陆树藩讲了一些"公道话"，对陆树藩"无可言说的无奈与胶柱鼓瑟的错误，给以理解与同情"。参见徐桢基：《陆树藩其人与皕宋楼藏书售日事》，《史林》2007 年增刊；顾志兴《关于皕宋楼藏书之出售原因及评价——〈藏书籍陆心源〉的序外文》、来新夏《关于"皕宋楼事件"罪责之我见》、虞云国《皕宋楼藏书去国原因新探》等，载王绍仁主编《江南藏书史话》。

② 陆树藩：《筹创中国红十字会启》，《救济文牍》卷一，第 41 页。

③ 《济急善局公启》，光绪二十六年八月二十五日《申报》。

④ 朱浒：《地方性流动及其超越——晚清义赈与近代中国的新陈代谢》，中国人民大学出版社 2006 年版，第 336—340 页。

⑤ 姚沐：《庞元济虚斋书画收藏研究》，中央美术学院硕士学位论文，2011 年，第 11 页。

⑥ 李学功：《南浔现象——晚清民国江南市镇变迁研究》，中国社会科学出版社 2010 年版，第 144、145、151、152 页。

⑦ 姚沐：《庞元济虚斋书画收藏研究》，第 13 页。

⑧ 《德宗实录》卷二八九，第 846 页。

⑨ 金天翮：《贞惠先生碑》，《笠泽施氏支谱》，http://nj-yhml.cn/00jp12b.htm。

⑩ 池子华：《施则敬与中国红十字会的创始》，载池子华：《中国红十字运动史散论》，安徽人民出版社 2009 年版，第 10 页。

⑪ 朱浒：《地方性流动及其超越——晚清义赈与近代中国的新陈代谢》，第 328—336 页。

⑫ 《中国红十字会创始人——施则敬》，《笠泽施氏支谱》，http://nj-yhml.cn/00jp12.htm。

济急善局以及随后扩展而来的东南济急善会，其日常办公地点便设于"盆汤弄丝业会馆"①；有关济急善局或东南济急善会各种救援信息的发布，也均以"盆汤弄丝业会馆庞元济、施则敬"署名。②可以说，东南济急善会的具体救援活动主要是在"庞元济、施则敬"这两位丝商的主持下实施的。东南济急善会除了将困于京城的难官难民护送至天津，再与中国救济善会合作运回上海之外，更重要的救济方式是，打通京沪之间被义和团运动阻断了的汇兑通道，将东南各省筹集的善款源源不断地输送到京城，以接济不肯离京的留守官员和旗、汉民众。③据统计，东南济急善会"先后汇款至五十余万两"，使得京城内外"居者免饥寒之苦"。更有论者认为，"迨冬腊月间，而阛阓闾阎稍稍复业，未始非此款散在民间支撑市面之效也"。④

在庚子年的救援行动中，除了中国救济善会、东南济急善会两大救援组织之外，还有一个规模较大的救援组织——协济善会。协济善会成立于十月一日，由于庚子年闰八月，故其成立时间比救济、济急两大善会组织晚了两个多月。当时，救济、济急两善会的救援重心在海路，而不少人由于各种原因选择了由陆路自行返回南方，结果到达山东之后，便饥寒交迫，陷入困境。在时任山东巡抚袁世凯的呼吁下，杨兆鏊等另设协济善会，"集资万金"，派专人赶赴山东，"择其逃难最多之区，或给资南归，或给衣食"。⑤杨兆鏊，字信之，浙江归安人，太平天国时逃至上海，"自置缫丝场于上海、苏州，持业六十年"⑥。协济善会设于泰康祥丝栈，而该丝栈即杨兆鏊之产业。⑦

综上可知，江浙丝商，尤其是湖州丝商，在庚子救援中起着举足轻重的作用。除施则敬外，陆树藩、庞元济和杨兆鏊都是浙江湖州人氏，而湖州尤其是南浔，是当时中国最为著名的蚕丝产地。可以说，庚子救援是一场主要由江浙丝商发起并主导的救援行动，而庚子救援行动的顺利实施，并取得显著成效，也充分彰显了江浙丝商群体深厚的经济实力，及其在上海乃至东南社会的巨大号召力。

二、近代上海慈善界中的江浙丝商

事实上，江浙丝商群体的卓越表现，绝不仅止于庚子救援这一次慈善行动，其在整个近代上海慈善界都拥有着相当重要的地位。这可以从两方面看出来。

---

① 《声明代办》，光绪二十六年十月二日《申报》。

② 冯志阳：《庚子救援研究》，华东师范大学博士学位论文，2012年，第124页。

③ 冯志阳：《庚子救援研究》，第129—132页。

④ 《戴鸿慈奏稿》，盛宣怀档案资料选辑之七《义和团运动》，第676页。

⑤ 《协济善会启》，光绪二十六年十月一日《申报》；《照录协济善会禀南北洋大臣稿并两江督部堂刘批词》，光绪二十六年十月二十四日《申报》。

⑥ 章炳麟：《二等嘉禾章农商部顾问杨君行状》，钱仲联主编：《广清碑传集》，苏州大学出版社1999年版，第1087页。

⑦ 唐力行：《商人与中国近世社会》，浙江人民出版社1993年版，第278页。

首先就近代上海的传统慈善事业而言。所谓“传统慈善”，主要是指明清以来地方精英对自身所在区域实施的慈善救济活动，这主要体现在善堂善会的慈善义举上。据研究，明清两代在上海设立的善堂善会总共有39个，创办于1861年之后的有22个。①由此可见在整个晚清时期，上海的善堂善会始终是一种相当活跃的慈善形式。其中，成立于咸丰五年的同仁辅元堂，是晚清上海最重要的综合性慈善组织，可谓“上海善堂之首”。同仁辅元堂的前身是成立于嘉庆九年的同仁堂，由时任上海知县的汤焘倡导设立，有浓厚的官办色彩。咸丰年间，为应对难民潮进入上海县城造成的各项问题，上海富绅郁松年、经纬、江承桂、沈大本、叶介寿、张佳梅等“筹款劝捐”，安置难民，并“奉宪谕”将同仁堂和创设于道光二十三年的辅元堂合并为同仁辅元堂。②

值得注意的是，同仁辅元堂正式成立时各位堂董的身份及其所在行业。“郁松年、经纬、沈大本系咸丰年间沪上八大沙船主中的三家”，“江承桂系咸丰元年(1851)举人”，“叶介寿系沪上米行业董”，张佳梅“袭父业”，“操豆米业”。③上述堂董除一人外，均是商人身份，尤其是以沙船商人为主。沙船业是上海开埠前后最为显赫的行业，当时上海的华人巨富多产生于此。其中最为著名的便是郁松年，因其拥有近百家米铺、典当和商号，遍布上海县城，故有“郁半城”之称。④慈善事业以财力为基础，作为“上海善堂之首”的同仁辅元堂，其创立与上海沙船主的这种紧密关联，也从侧面体现了沙船业在19世纪上半叶上海经济中的支柱地位。

同仁辅元堂服务的范围主要是上海老城厢，对于日渐兴旺发达的租界地区，也曾于1860年创立同仁保安堂以兼顾之。不过，租界区域最重要的慈善组织是创立于1880年的仁济善堂⑤，承担创立之责的是一群主要来自江浙两地的商人⑥。其中，丝商扮演了相当重要的角色，如仁济善堂的主要主持者便是出身丝商的施善昌。更能体现丝商在仁济善堂中独特地位的，是1888年仁济育婴堂的成立过程。当时上海老城厢虽有育婴堂，但从租界抱送过去，“路途遥远更兼城门阻隔”，很不方便，且无人稽查，稍不注意，婴儿“性命即归乌有”。施善昌因此向上海道提出，由仁济善堂在租界创办一所育婴堂。创办育婴堂最重要的经费问题，由纪小亭、陈春兰、姚守梅等丝业商人互相劝募，“遂众商乐滋，无论黄白丝常年提捐，一则扩大经费来源，不致支绌，二则有更多办事人士，不至于后继无人”。仁济善堂育婴堂得以顺利兴办，置产金额达22 000两，此前善堂“建造堂宇”，耗资也不过2 000元。⑦

---

① 梁其姿：《施善与教化》，联经出版社1997年，第186页。

② 梁元生：《慈惠与市政：清末上海的“堂”》，《史林》2000年第2期；阮清华：《试论近代上海民间慈善事业的网络化发展》，《华东师范大学学报》(哲学社会科学版)2014年第1期。

③ 易惠莉：《同光年间上海本邑绅士的生活价值取向——以张焕伦为主要考察对象(上)》，《历史教学问题》2005年第3期。

④ 倪所安主编：《嘉定县简志》，方志出版社2008年，第291页。

⑤ 张礼恒：《略论民国时期上海的慈善事业》，《民国档案》1996年第3期。

⑥ 胡兵：《近代国家意志与上海仁济善堂对外地灾荒的赈济——以20世纪30年代为中心》，《濮阳职业技术学院学报》2013年第1期。

⑦ 胡兵：《上海仁济善堂的运行机制初探》，《安庆师范学院学报》(社会科学版)2013年第1期。

近代上海的传统慈善事业，随着上海城市化范围的不断扩大而不断发展，但也因此呈现出较为明显的区域性特色。城市化最早的老城厢区域，逐渐形成了以同仁辅元堂为中心的慈善网络，并于民国初年组成上海慈善团，“统一办理”“主要业务范围在上海老城厢”的各项慈善事业；城市化稍晚的租界区域，则逐渐形成以仁济善堂为中心的慈善组织网络；1903年才开辟“通商场”的闸北区域，“慈善组织多是进入20世纪之后成立的”，其中最主要的慈善机构是也成立于民国初年的闸北慈善团。①作为闸北慈善团发起人和总董的沈联芳，以经营缫丝厂起家，曾创办振伦洽记缫丝厂、恒丰丝厂、庆华丝厂、锦成丝厂等，并于1915年被推举为苏浙皖丝茧业总公所总理。在闸北慈善团的议董中，经营丝茧业的商人也不少，如开办绅记缫丝厂的黄播臣等。②

如上所述，在近代上海的传统慈善事业中，除了老城厢区域以外，开埠以后的新兴城市化区域，江浙丝商都在其中扮演了领袖角色。

其次就近代上海义赈而言。所谓“义赈”，乃20世纪70年代最先在江南社会兴起的一种新型的慈善救济模式，“大大突破了地方藩篱的限制”，且“独立于官赈之外”的“民捐民办”。据朱浒的研究，义赈是江南的地方性慈善传统在对抗西方赈济丁戊奇荒的过程中被激发出来的。因此，在最初的义赈活动中，不少善会善堂参与其中，且处于领衔地位，而上海也并非天然的义赈中心。大约从光绪九年(1883)赈济山东水灾开始，上海终于成为毫无争议的义赈中心，而义赈组织也完全实现了协赈公所模式对善堂善会模式的替代。③

也是在光绪九年，因家乡江苏震泽一带受灾，施善昌在自己主持的上海丝业会馆内设立了一个收捐处，募款救济震泽灾民，这是施善昌首次独立办理义赈活动的起点，也是丝业会馆协赈公所开始义赈活动的起点。在丝业会馆赈所创办之前，作为江南社会第一代义赈领袖的谢家福、经元善和郑观应，曾分别创办过苏州桃花坞赈寓、仁元钱庄赈所和新太古赈所，但这些赈所“随灾而起，灾停则消”。丝业会馆赈所最早实现了赈所的日常化存在和发展，也正是由于这一点，朱浒将“连续办理了约25年的义赈活动”的丝业会馆赈所在1908年宣告关闭，视作赈所体制衰落的首要标志。④

继丝业会馆赈所之后，陈竹坪主持的陈与昌赈所、王松森主持的文报局赈所和李秋坪主持的高易公馆赈所成立并实现常规化发展，而施善昌、陈竹坪、王松森、李秋坪四人也逐渐形成了对先前义赈领军人物的冲击和替代，成为上海和江南社会的第二代义赈领袖。对此，经元善曾如此表述：“厥后风气大开，有李君秋坪、陈君竹坪暨施少钦封翁相继而起。因思宇内

---

① 阮清华：《试论近代上海民间慈善事业的网络化发展》，《华东师范大学学报》(哲学社会科学版)2014年第1期。

② 沈联芳，名沈镛，字联芳，浙江吴兴人，最初是在湖州商人吴少卿创办的瑞伦缫丝厂工作，后自行集资创业。参见张笑川：《闸北城区史研究(1843—1937)》，复旦大学博士学位论文，2008年，第91、142页。

③ 朱浒：《地方性流动及其超越——晚清义赈与近代中国的新陈代谢》，中国人民大学出版社2006年版，第27、100、101、345、350、382页；朱浒：《民胞物与：中国近代义赈(1876—1912)》，人民出版社2012年，第9、45、46页。

④ 朱浒：《地方性流动及其超越——晚清义赈与近代中国的新陈代谢》，第328、329、342、352页。

愿力只有此数，沪上滨海一隅，似不必务名而多树帜，人取我弃，渐渐退舍。”①在这四人中，除了施善昌外，陈竹坪也出身丝商。陈竹坪，名煦元，“是以产丝闻名的浙江湖州人氏，是（19世纪）六十年代上海最有名的丝商”②，曾发起创办上海丝业会馆③，并担任旗昌洋行买办，而陈与昌赈所也是因为设在陈竹坪创办的陈与昌丝栈而得名。

在第二代义赈领袖中，“仅为丝商出身”的施善昌，“筹赈能力也是最强的”。在江南绅商社会和慈善界拥有巨大影响力的盛宣怀，曾在光绪十五年（1889）称：“从前劝赈，均推桃花坞首座，自丝业公所声闻天下，官商信托，妇孺咸知，他人皆望风钦佩矣。”在另外三家赈所坚持数年后便纷纷撤止的情况下，施善昌又于光绪十五年开办了仁济善堂赈所，“从而形成了他一人长期主持两家赈所的局面，这在当时是独一无二的”。也因此，“在光绪十七年到光绪二十二年间，主要由施善昌负责统筹上海地区的义赈事宜”。在施善昌于光绪二十二年（1896）去世后，严信厚、施则敬等才正式成为新一代义赈领军人物。④

施善昌作为一个普通的丝商，却成为19世纪最后20年上海慈善界的头面人物，不但一人主持两家赈所，负责统筹上海地区的义赈事宜，还是仁济善堂的主要负责人，承担了上海租界区域的传统慈善事宜。施善昌能在近代上海的慈善界拥有如此成就和地位，除了他个人的善心和恒心之外，其作为江浙丝商的代表，应是一个相当重要的原因。因为在施善昌强大筹赈能力的背后，有着江浙丝商群体的财力支撑。

需要补充提及的是，中国红十字会的前身——上海万国红十字会在1904年成立时，全面继承了其父事业的施则敬是两位办事华董之一，而且声明“一经议定办法，同人即就盆汤弄丝业会馆设局开办”，即在丝业会馆“设立总收发所，所有华董办事、劝捐等事，即以丝业会馆为总汇之区”。因此，有学者表示，“中国人士负责的这部分万国红十字会的活动，起步于丝业会馆协赈公所”。⑤

三、近代上海的慈善、财富与蚕丝贸易

1862年，琼记洋行驻上海的负责人兼合伙人A.F.侯德在一封信中谈及陈竹坪时说：“他是靠丝发迹的，这里所有富人都是丝客。”郝延平在其著作中论述买办收入时曾引用了A.F.侯德的一封信，信中谈及陈竹坪多么富有时说：“‘山东号’（轮船）的盘出真是一大幸事，因为这打通了同陈裕昌（陈竹坪的别号）的关系，他是此地的大亨之一。他在旗昌的计

---

① 经元善：《沪上协赈公所溯源记》，虞和平编：《经元善集》，第327页。

② 郝延平著、李荣昌等译：《十九世纪的中国买办——东西间桥梁》，上海社会科学院出版社1988年，第63页。

③ 李学功：《南浔现象——晚清民国江南市镇变迁研究》，中国社会科学出版社2010年，第144页。

④ 朱浒：《地方性流动及其超越——晚清义赈与近代中国的新陈代谢》，第332、336、383页。

⑤ 朱浒：《民胞物与：中国近代义赈（1876—1912）》，第199、200页；朱浒：《地方性流动及其超越——晚清义赈与近代中国的新陈代谢》，第471、472页。

划里投下 13 万两，拥有'苏格兰号'、'竞赛号'、'山东号'和'查理·福士爵士号'，还有房产和地产也占半个外国租界。他现在同我们非常友好，是一个掌握钱财的人，我们要向他磕头求拜。"①

在近代中国，买办的财富一直以一种令人炫目的方式吸引着人们的注意。②郝延平认为："买办不仅属于条约口岸最富有的华商之列，而且就整个中国言之，他们也是最富有的"。③许涤新、吴承明主编之《中国资本主义发展史》认为，从 1840 年到 1894 年的 50 多年间，买办总收入"合计达 5 亿两"，"差不多相当于将近 10 年的国库收入"。④但无论是《十九世纪的中国买办》，还是《中国资本主义发展史》，其所开列的买办收入细目中，"洋行买办薪金"所占比重都很小，其大部分收入都来自"私人经商收入"或"一般商品贸易佣金及其他收益"或"出口商品货价差额"。⑤也就是说，洋行买办的收入大部分还是来自商品贸易。事实上，近代中国的买办主要来源于商人，即当时报纸上经常说的，"洋行要求买办，首先必须是一名商人"⑥。在郝延平看来，"浙江买办似乎是专营生丝贸易的"⑦。"湖州人顾福昌、陈熙元、杨涵斋、黄佐卿、杨信之、沈志云、沈联芳、沈静轩、顾寿岳等都由丝栈(号)主而成为买办。"⑧所谓丝栈，其实就是代产区丝行把生丝卖给外商洋行的中间商。因此，买办的巨额财富与其说是通过担任买办而获得的，不如说是因为垄断对外贸易而获得的。

在琼记洋行合伙人眼中如此富有的陈竹坪，不过是南浔"四象、八牛、七十二狗"中的"八牛"之一。南浔所谓"四象、八牛、七十二狗"之谚，即是以拥资多寡而排列座次："百万以上者称象，五十万以上者称牛，三十万以上者称狗。"⑨其中"四象"中的"刘家拥资达 2 000 万元，张家也达 1 200 万"，"照此估算，这一丝商群体的资产总额当近六千万，相当于 1894 年本国产

---

① 郝延平：《十九世纪的中国买办——东西间桥梁》，第 63、122 页。

② 黄逸峰、郝延平、严中平、汪熙等人对"买办总收入"都曾有过估算，最少的也有"四亿两"。参见许涤新、吴承明主编：《中国资本主义发展史》第二卷，人民出版社 2003 年，第 169 页。

③ 郝延平：《十九世纪的中国买办——东西间桥梁》，第 122 页。

④ 许涤新、吴承明主编：《中国资本主义发展史》第二卷，第 174 页。

⑤ 在《十九世纪的中国买办》中，"薪金"占买办收入比重仅为 8.3%，"对外贸易佣金"占 30.3%，"私人经商收入"占 50%。(郝延平：《十九世纪的中国买办——东西间桥梁》，第 129 页。)在《中国资本主义发展史》中，"洋行买办薪金"占买办收入比重为 17.6%，"一般商品贸易佣金及其他收益"占 36.8%，"出口商品货价差额"占 16.8%。(许涤新、吴承明主编：《中国资本主义发展史》第二卷，第 175 页。)

⑥⑧ 陶水木：《浙江籍买办的崛起及其影响》，《历史教学》1998 年第 7 期。

⑦ 郝延平：《十九世纪的中国买办——东西间桥梁》，第 62、63 页。

⑨ 据李学功言，此谚最早载于刘大钧、李植泉所著《吴兴农村经济》(上海文瑞印书馆 1939 年版，第 72、123、124 页)。许涤新、吴承明主编《中国资本主义发展史》第二卷曾引用此谚，"说明丝商巨富人数之多"(第 252 页)。陶水木在《近代湖州商帮兴衰探析》中言，南浔丝商出现"二狮、四象、八牛、七十二狗"的丝商家族群，"拥资千万以上者称狮"(《浙江学刊》2000 年第 3 期)。朱从亮《南浔文献新志纪余》称，1922 年《六苏阁丛刊》载徐珂《可言》："湖州之南浔镇之丝商，同光之繁富，甲于浙中，数富室者有'五虎、六羊、八牯牛、七十二只焦黄狗'之喻，其最富有逾千万。"(李学功：《南浔现象——晚清民国江南市镇变迁研究》，第 144 页。)

业资本总额”。[①]“四象”之一的顾福昌,“买进上海最大的外洋轮船码头——金利源码头,独占上海进出口装卸业务”;“四象”之首刘墉在上海等地也拥有许多房地产,“甚至连房地产大王哈同也自叹弗如”。[②]仅从这些有限的史料,也足以能够让人感受到丝商群体所拥有的财富在近代上海的地位及影响。江浙丝商群体在近代上海慈善事业中的表现如此抢眼,正是以如此雄厚的财富实力作为基础。

江浙丝商群体之所以能够在19世纪下半叶聚敛起如此庞大的财富,与上海开埠后的对外贸易有着直接关系。在整个19世纪,茶叶和蚕丝占了“中国出口贸易的主要部分”,“1867年这两项占出口总值的90%, 1894年仍占50%以上”。[③]英国驻上海领事哲美森在1892年度的“贸易和商业报告”中甚至表示,“在中国向外贸开放后的许多年来,对外国出口的商品几乎只有丝茶两种”。其中,茶叶长期占据第一位,蚕丝占居第二位,如1870年,茶叶占中国出口总值的49%,蚕丝占39%; 1875年,茶叶占53%,蚕丝占36%。[④]直至1887年,蚕丝才取代茶叶成为中国最主要的出口物,“到1898年,蚕丝的出口值约为茶叶出口值的2倍”。[⑤]虽然茶叶长期占据中国出口商品的首位,但是在上海的出口商品中,却一直是蚕丝占据首位。

上海开埠前,中国的蚕丝出口只能通过广州十三行,上海开埠后,中国生丝出口中心迅速转移至上海。“1845年,上海、广州共出口生丝约10 576担,其中上海约占一半;到1853年,骤增至52 400担,其中上海占93%。”[⑥]1850年,蚕丝占上海出口货物的比重为52%,茶叶为46%; 1860年,蚕丝为66%,茶叶为28%。[⑦]英国驻上海领事达文波在“1878年度上海贸易报告”中写道:“1878年出口商品总值28 303 976两,其中1 800万两为蚕丝,800万两为茶叶。”次年,副领事阿连璧在“上海贸易报告”中直接指出,“蚕丝在中国的出口商品目录上列于第二位,而在上海的出口商品目录上则列于首位”。[⑧]进入20世纪以后,上海的出口货物

---

① 这种估算方法正如陶水木所言,“只是根据口碑资料估算,无法核实查证,但也并非是无稽之谈”,汤寿潜、张謇均曾言及南浔之富“与通奉(刘墉曾封通奉大夫)相埒者,凡十数家”。(陶水木:《近代湖州商帮兴衰探析》,《浙江学刊》2000年第3期)另外,有关“四象八牛”的说法不一,李学功在其《南浔现象》一书中有过梳理,此处不再具列。目今所言“四象”,一般是指刘墉家族、张颂贤家族、庞云鏳家族、顾福昌家族。(李学功:《南浔现象——晚清民国江南市镇变迁研究》,第145—149页。)

② 李学功:《南浔现象——晚清民国江南市镇变迁研究》,第167页;方福祥:《近代上海湖州商帮的演变及其特征》,《学术月刊》2003年第3期。

③ 李明珠著、徐秀丽译:《近代中国蚕丝业及外销》,上海社会科学院出版社1996年,第88页;许涤新、吴承明主编:《中国资本主义发展史》第二卷,第285页。

④ 李必樟译编,张仲礼校订:《上海近代贸易经济发展概况(1854—1898年):英国驻上海领事贸易报告汇编》,上海社会科学院出版社1993年版,第783、784页。

⑤ 李明珠著、徐秀丽译:《近代中国蚕丝业及外销》,第88页。许涤新、吴承明认为,“甲午战争前,我国出口商品以茶占第一位,丝居第二位”。见许涤新、吴承明主编:《中国资本主义发展史》第二卷,第285页。

⑥ 许涤新、吴承明主编:《中国资本主义发展史》第二卷,第246、247页。

⑦ 黄苇:《上海开埠初期对外贸易研究(1843—1863年)》,上海人民出版社1979年版,第166页。

⑧ 李必樟译编:《上海近代贸易经济发展概况(1854—1898年):英国驻上海领事贸易报告汇编》,第464、540页。

日趋多样化，生丝所占的比重也日趋减少：1910 年为 26%，1920 年为 20%，但 20%的比重使得生丝仍然占据上海出口货物的头把交椅。①

之所以出现这种状况，是因为茶叶为多口岸出口。以 1881 年为例，“上海出口茶 62.3 万担，福州出口 66.3 万担，汉口出口 26.8 万担，三大茶埠出口占全国茶出口量的 73%”。②与茶叶不同，中国蚕丝的出口几乎都集中在上海。英国驻沪领事达文波在 1876 年的贸易报告中写道：“上海市场的吸引力如此之大，以致四川和山东两省都运来了大量蚕丝。”实际上，“上海出口的大部分蚕丝是湖州、南浔以及江浙两省边界其他地区生产的白丝”。据 1878 年的贸易报告，该年“生丝出口额计 51 278 担”，其中“包括了约 2 900 担的汉口黄丝，955 担的烟台黄丝，500 担的宁波丝和 156 担的芜湖丝”，其他便全部来自“湖州、南浔以及江浙两省边界”。在 1879 年的贸易报告中，则直接称：“上海是湖州、南浔等大产丝区的出口港”，“浙江省比其他任何一省运来的中国商品的数量都要多些，因为产丝区位于该省境内。”③江浙丝商的巨额财富正是在这样一种外贸背景下获得的。

由于江浙丝商的财富主要来源于对外贸易，而这些蚕丝又主要是通过苏州河从江浙地区运至上海的。苏州河的河道较之黄浦江，显然更为窄小，能够进出其间的船舶一般也较小，蚕丝等货物需要远涉重洋，因此必须转载大型海船。于是，靠近黄浦江的苏州河两岸成为卸载丝茶的天然码头。由于丝价年年不同，华人丝商和外国洋行之间每年都需要一番讨价还价之后才能达成交易，因此丝茶运至上海后也多要存放一段时间才会放洋外运。苏州河两岸的丝栈、丝行、丝号林立，正是基于此。闸北区境长安路东段(华盛路以东)闸北老街为蚕茧集散地；长安路西段(华盛路以西至广肇路今天目西路)，开设有湖丝站，形成湖丝一条街。④也正是由于这一点，苏州河两岸的租界区域和闸北区域，成为江浙丝商在上海比较集中的生活区域，而这两个区域的华人慈善事业由江浙丝商主导，也就是顺理成章的事情了。

一般情况下，一个城市的慈善事业总是与一个城市的经济状况互为表里的。因为慈善事业总是以财富实力作为支撑的，而掌握财富的人多半产生于这个城市的支柱产业中。开埠之前，沙船业是上海城市经济的支柱产业，因而作为“上海善堂之首”的同仁辅元堂兴办之时的堂董多为沙船主。同理，江浙丝商在 19 世纪末 20 世纪初的上海慈善界中独领风骚，则从侧面展现出蚕丝对外贸易在 19 世纪下半叶上海经济中的支柱地位。

(冯志阳，上海社会科学院历史研究所助理研究员)

---

① 罗兹·墨菲：《上海——现代中国的钥匙》，上海人民出版社 1986 年，第 141 页。

② 许涤新、吴承明主编：《中国资本主义发展史》第二卷，第 227 页。

③ 李必樟译编：《上海近代贸易经济发展概况(1854—1898 年)：英国驻上海领事贸易报告汇编》，第 416、496、497、540、546 页。

④ 金武陵：《蚕丝萦牵海内外》，钟修身、张丽丽主编：《峥嵘闸北》，上海文史资料选辑 2004 年第 1 期，第 18 页。

征稿启事

《传统中国研究集刊》(Journal of Ancient China)为一年两期,创始于2006年,入选2012—2013、2014—2015南京大学中文社会科学引文索引CSSCI来源集刊。本刊致力于传统中国研究,不分畛域,刊载相关各领域研究论文,同时也注意古籍文献整理及刊发已故前辈学者的遗稿。期盼海内外学者师友惠赐大作,共同弘扬传统中国文化。

凡赐稿者,务请写明所在单位、职称、研究方向和通讯地址。本刊概不收取版面费,一经采用,即致薄酬。中文投稿信箱:yezhou@sass.org.cn;英文投稿信箱:chizhen@sass.org.cn。

稿件格式

(一) 本刊一律采用"宋体—简体"字体。

(二) 文章标题用三号黑体,二级标题用四号黑体,三级标题用小四号黑体。级次一般用"一二三"、"(一)(二)(三)","1、2、3","(1)(2)(3)"。序数后用顿号(、)分开。

(三) 文章前须附:

1. 摘要:300字以内,宋体小五号字体。

2. 关键词:3—5个左右,中以分号分割。最后一词后不用标点。

(四) 正文采用宋体五号。凡另起一行的整段引文用五号"楷体",前(左)面缩进四格,后(右)面不缩进。

(五) 注释一律采用脚注,注码用"①②③……""每页重新编号"。注释码置于句号、逗号、引号之后,不出现在顿号后,句中不出注。

注释格式如下:

1. 一般著作标注方法:责任者与责任方式/文献题名/出版者/出版时间/页码。责任方式为著时,"著"可以省略,其他责任方式不可省略。引用翻译著作时,于国外作者前加[],将译者作为第二责任者置于文献题名之后。如:

赵景深:《文坛忆旧》,北新书局1948年版,第43页。

[英]弗思:《人文类型》,费孝通译,华夏出版社2002年版,第25页。

2. 古籍标注方法:责任者与责任方式/文献题名(卷次、篇名、部类)/版本/页码。如:

姚际恒:《古今伪书考》卷三,光绪三年苏州文学山房活字本,第9页。

3. 期刊报纸:责任者/文献题名/期刊名/年期(或卷期,出版年月)或者责任者/篇名/报纸名称/出版年月日/版次。如:

何龄修:《读顾诚〈南明史〉》,《中国史研究》1998年第3期。

《上海各路商界总联合会致外交部电》,《民国日报》(上海)1925年8月14日,第4版。

4. 外文书刊:责任者与责任方式/文献题名/出版地点/出版者/出版时间/页码。其中文献题名用斜体,出版地点用英文冒号,其余各标注项目之间,用英文逗号隔开。如:

Peter Brooks，*Troubling Confessions*：*Speaking Guilt in Law and Literature*，Chicago：University of Chicago Press，2000，p.48

（六）所有引文均需核实无误，文献版本应信实可靠。

图书在版编目(CIP)数据

传统中国研究集刊.第12、13合辑/上海社会科学院历史研究所《传统中国研究集刊》编辑委员会编.—上海:上海社会科学院出版社,2015
ISBN 978-7-5520-0959-0

Ⅰ.①传… Ⅱ.①上… Ⅲ.①中华文化-文集 Ⅳ.①K203-53

中国版本图书馆CIP数据核字(2015)第260451号

传统中国研究集刊　第十二、十三合辑

编　　者:上海社会科学院历史研究所《传统中国研究集刊》编辑委员会
责任编辑:章斯睿
封面设计:黄婧昉
出版发行:上海社会科学院出版社
上海淮海中路622弄7号　电话63875741　邮编200020
http://www.sassp.org.cn　E-mail:sassp@sass.org.cn
照　　排:南京理工出版信息技术有限公司
印　　刷:上海新文印刷厂
开　　本:787×1092毫米　1/16开
印　　张:30.5
插　　页:1
字　　数:660千字
版　　次:2015年12月第1版　2015年12月第1次印刷

ISBN 978-7-5520-0959-0/K·295　　定价:79.80元